法学核心课程系列辅助教材

法理学

核心知识点精解

主 编 雷 磊

撰稿人（以撰写章节先后为序）

雷 磊 郑玉双 宋旭光 孟 涛

中国人民大学出版社

·北京·

作者简介

雷　磊：1982 年 5 月生，浙江杭州人。中国政法大学钱端升学者，教授，博士研究生导师，国家万人计划青年拔尖人才入选者；德国基尔大学、海德堡大学，瑞士弗里堡大学访问学者。出版专著《类比法律论证》《规范理论与法律论证》《法律体系、法律方法与法治》《规范、逻辑与法律论证》《"法的渊源"意味着什么？》，教材《法理学》等 3 部，在《中国社会科学》《法学研究》《中国法学》等刊物发表论文一百余篇。主持国家社会科学基金项目、教育部人文社会科学基金项目、教育部哲学社会科学研究后期资助重大项目、北京市社会科学重大项目数项。曾获霍英东教育基金会高等院校青年教师奖、北京市高等学校青年教学名师等称号，主讲课程入选首批国家级一流本科课程。

郑玉双：1987 年 6 月生，山东日照人。中国政法大学法学院副教授，博士研究生导师，钱端升青年学者，美国普林斯顿大学、英国牛津大学访问学者。2005—2015 年就读于中国政法大学，获法学学士、硕士、博士学位。从事法理学和政治哲学研究。目前在《中国法学》《清华法学》等各类刊物发表多篇论文。翻译《合法性》《法律简义》等书。主持国家社会科学基金项目、教育部人文社会科学基金项目等多项课题。

宋旭光：1989 年 4 月生，山东滕州人。深圳大学法学院副教授，特聘研究员，法学博士，荷兰阿姆斯特丹大学访问学者。出版独著《理由、推理与合理性：图尔敏的论证理论》，译著《当代德语法哲学》《作为合理性的理性：论法律证成》，并先后在《法制与社会发展》《环球法律评论》《比较法研究》等刊物上发表文章四十余篇。主持国家社会科学基金项目 1 项，教育部、司法部等省部级课题 4 项。

孟　涛：1984 年 1 月生，安徽蒙城人，中国人民大学法学院副教授，博士研究生导师，当代政党研究平台（CPPS）研究员。主要从事法理学、党内法规学、纪检监察学的教研工作。在《中国社会科学》《法学研究》等学术期刊发表论文三十多篇，出版独著《中国非常法律研究》《法治评估与法治大数据》等两部，合编教材《党内法规制定理论与实务》等三部，合著《中国法律发展报告》等十多部。

前 言

《法理学核心知识点精解》旨在按照法理学自身的学科体系和内在逻辑，以马克思主义理论研究和建设工程（以下简称“马工程”）重点教材《法理学》（第二版）的章节内容为编写基础，梳理主流的法理学教材的知识，尽力丰富中国法理学的知识体系。它围绕法理学核心知识要点展开解析，并辅之以必要的案例研习和同步练习，以帮助学生掌握法理学基本原理、基本知识和基本方法，提高学生的理论分析能力和法理思维能力，为学生未来参加法律职业资格考试和研究生入学考试打下基础。

本书包括“导论”和 15 章，在内容上可划分为三个板块：

第一板块是法理学导论部分，即本书的“导论”，它讲授法理学是什么，法理学从哪里来、往哪里去的问题。本板块的主要教学任务是让学生了解法理学的性质和来龙去脉。

第二板块是一般法理学部分，即本书的第一章至第八章，主要回答法的基本理论、基本范畴、基本方法。本板块又分为三个部分：第一部分是法的基本理论（第一章至第四章），分别回答了法的本体论、历史论、价值论和形式论；第二部分是法的基本范畴（第五章至第七章），分别讨论了法律关系、法律行为、法律责任等三个基本范畴；第三部分是法的基本方法（第八章），讨论了三种思维（法律思维、法治思维、法理思维）和三种方法（法律解释、法律推理、法律论证）。本板块的主要教学任务，是引导学生打牢法理功底，练就法理功夫，提升法理功力，能够熟练运用法的基本理论、基本范畴、基本方法思考和分析法律问题。

第三板块是中国法理学部分，即本书的第九章至第十五章，主要回答中国社会主义法理、法律、法治等问题。本板块又分为三个部分：第一部分是中国社会主义法理学的历史文化基础（第九章），这一章起从第二板块向第三板块过渡或切换的作用；第二部分是中国社会主义法律论（第十章至第十二章），分别讨论了中国社会主义法的“内外”两个方面，其中第十章讨论中国社会主义法的内在规律（产生规律和本质规律），第十一章至第十二章讨论中国社会主义法与其他现象（政治、经济、科技、文化、社会、生态）的外在关系；第三部分是中国社会主义法治论（第十三章至第十五章），讨论了中国社会主义的立法（第十三章）和法律实施问题（第十四章），以及社会主义法治原理问题（第十五章）。本板块的主要教学任务，是引导学生在把握中国社会主义法律和法治所体现的共通性法理的基础上，进一步把握中国社会主义法律和法治所蕴含的殊异性法理。

本书力求达到三个“立起来”的目标：一是把法理学在整个法学学科中的基础性地位立起来，二是把中西法理学思考的基本成果立起来，三是把马克思主义法理学和中国特色社会主义法治理论的科学坐标立起来。

本书的写作分工如下（以撰写章节先后为序）：

雷磊（中国政法大学教授）：导论、第九、十一、十二章；

郑玉双（中国政法大学副教授）：第一、二、三、四章；

宋旭光（深圳大学副教授）：第五、六、七、八章；

孟涛（中国人民大学副教授）：第十、十三、十四、十五章。

当然，由于能力所限，本书难免存在缺漏讹误，文责由作者共担。也欢迎各位读者批评指正。

雷　磊

2022 年 8 月

目 录

导　论

第一部分　本章知识点速览

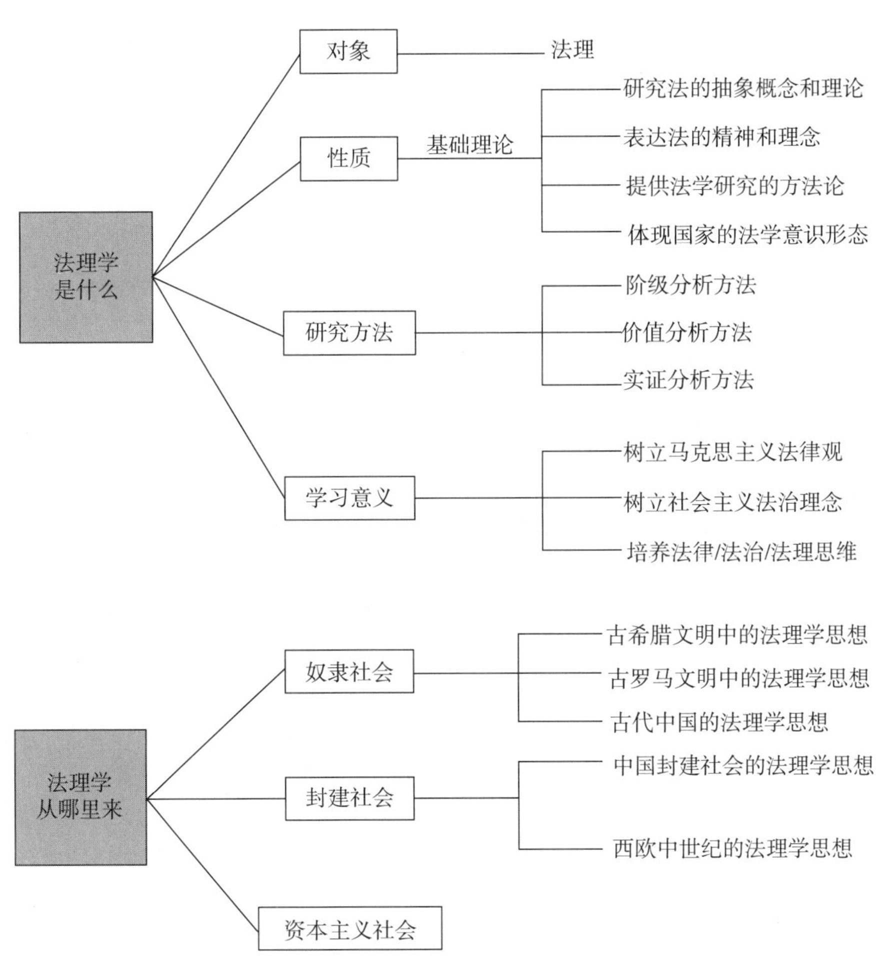

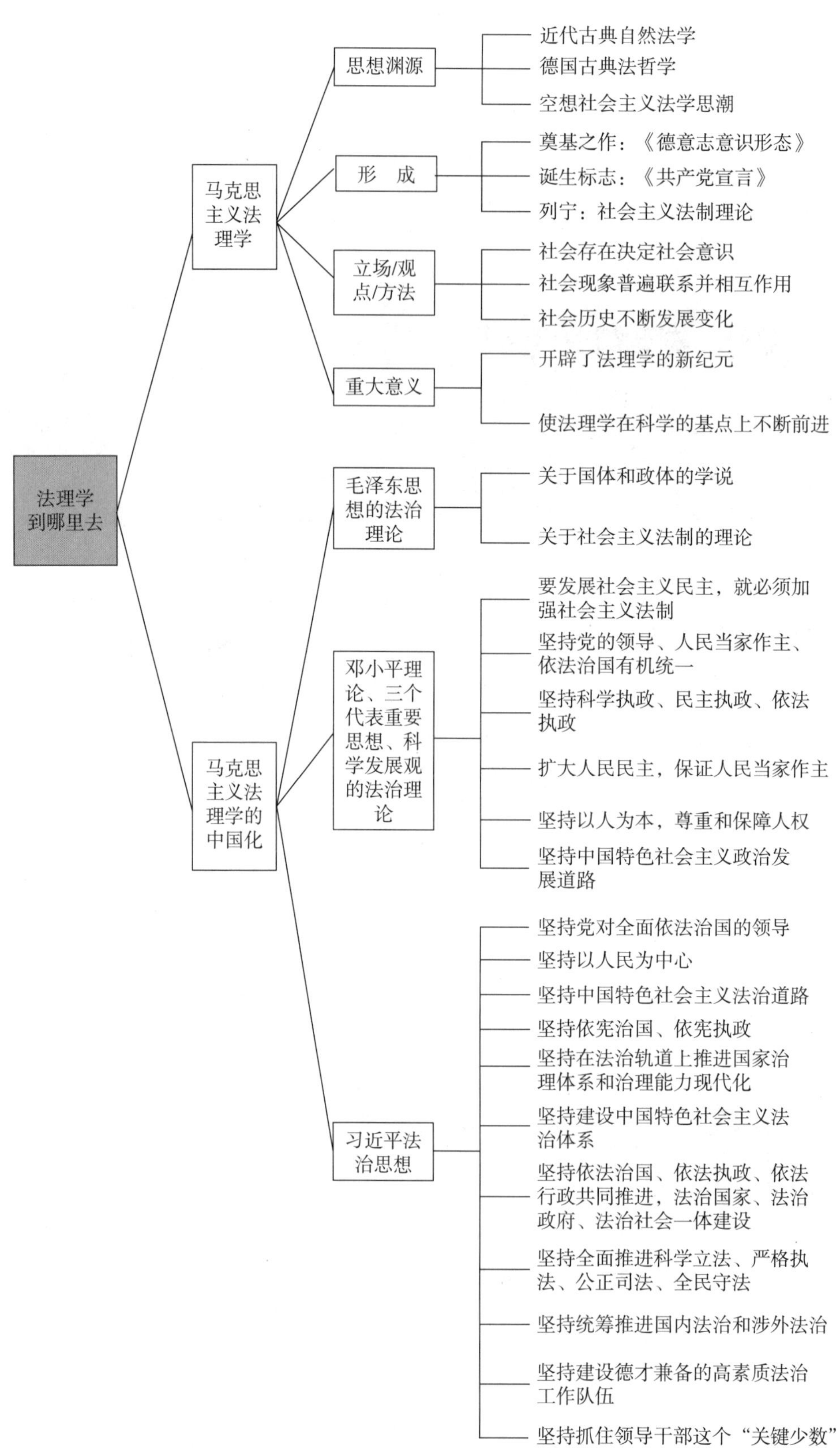
法理学到哪里去
马克思主义法理学
思想渊源
近代古典自然法学
德国古典法哲学
空想社会主义法学思潮
形　成
奠基之作：《德意志意识形态》
诞生标志：《共产党宣言》
列宁：社会主义法制理论
立场/观点/方法
社会存在决定社会意识
社会现象普遍联系并相互作用
社会历史不断发展变化
重大意义
开辟了法理学的新纪元
使法理学在科学的基点上不断前进
马克思主义法理学的中国化
毛泽东思想的法治理论
关于国体和政体的学说
关于社会主义法制的理论
邓小平理论、三个代表重要思想、科学发展观的法治理论
要发展社会主义民主，就必须加强社会主义法制
坚持党的领导、人民当家作主、依法治国有机统一
坚持科学执政、民主执政、依法执政
扩大人民民主，保证人民当家作主
坚持以人为本，尊重和保障人权
坚持中国特色社会主义政治发展道路
习近平法治思想
坚持党对全面依法治国的领导
坚持以人民为中心
坚持中国特色社会主义法治道路
坚持依宪治国、依宪执政
坚持在法治轨道上推进国家治理体系和治理能力现代化
坚持建设中国特色社会主义法治体系
坚持依法治国、依法执政、依法行政共同推进，法治国家、法治政府、法治社会一体建设
坚持全面推进科学立法、严格执法、公正司法、全民守法
坚持统筹推进国内法治和涉外法治
坚持建设德才兼备的高素质法治工作队伍
坚持抓住领导干部这个“关键少数”

第二部分 本章核心知识要点解析

第一节 法理学的对象、性质和方法

一、法理学的对象

（一）难度与热度

难度：☆☆* 热度：☆☆

（二）基本理论与概念

1. 法理学是法学的一个分支，法学、也包括法学中最具理论色彩的法理学，具有实践性的特征。

2. 法学的研究对象是法律现象。

3. 法理学是“法理之学”，其研究对象是“法理”（法之理）。法理，是指法律条文背后所蕴含的观念、规律、价值追求及正当性依据。

（三）疑难点解析

对于法理学的研究对象，主流教材中的表述有所差异。以前的主流表述，通常保持了与法学研究对象的连贯性。因为法学研究的对象是法律现象，而作为法学组成部分之法理学的研究对象就是法律现象背后的一般问题、原理、原则和制度问题，是对每一法学学科中带有共同性、根本性的问题和原理的考察。例如，舒国滢教授主编的《法理学导论》(第三版)（北京大学出版社 2019 年版）就认为：“法理学的研究对象主要是法学的一般原理（哲理）、基本的法律原则、基本概念和制度以及这些法律制度运行的机制。”马工程《法理学》教材则将法理学的研究对象简洁地表述为“法理”。这大概始于张文显教授的纲领性论文《法理：法理学的中心主题和法学的共同关注》(《清华法学》2017 年第 4 期)。随后，张文显教授主编的《法理学》第五版（高等教育出版社、北京大学出版社 2018 年版）纳入了这一观点，认为法理学即“法理之学”，是以“法理”为中心主题和研究对象的各种科学活动及其认识成果的总称。此后，许多学者纷纷对“法理”的内核、意义、表现、来源等方面进行了阐述。应当看到，将法理学的研究对象表述为“法理”与以前的界定并不矛盾，而是一脉相承的。因为以法理为研究对象，就是重点研究法律现象中的规律性、终极性、普遍性、根本性问题，研究法律和法治的目的性、合理性、正当性问题，研究法律制定和实施的原理问题、法治文化以及法与其他社会现象的关系。

---

* 本书知识点难度与热度说明：

难度：	热度：
☆ 易	☆ 冷
☆☆ 较易	☆☆ 较冷
☆☆☆ 中	☆☆☆ 一般
☆☆☆☆ 较难	☆☆☆☆ 较热
☆☆☆☆☆ 难	☆☆☆☆☆ 热

（四）拓展延伸阅读

法理，作为一个统合概念，其内涵十分丰富和深邃。至少有以下基本语义、精义：

1. 法之道理，法之“是”理。有些法学家把法理看作法律或法律体系背后恒定不变、超越时空、具有普遍意义的东西，属于法的规律性、本质性因素。借用毛泽东关于“实事求是”的论断，法理就是法这一客观事物（“实事”）的内在机理和规律（“是”），法学研究中的实事求是方法，就是通过法律或法律体系去研究法理。

2. 法之原理，法的学理、学说。《汉语大词典》将“法理”解释为“法律原理”。《辞海》对“法理”的解释是：“形成某一国家法律或其中某一部门法律的基本精神与学理。”学说是对法理的探求，法理则在学说中得到阐发与体现。

3. 法之条理。条理，或事理，泛指事物的规矩性，是社会生活中处理事务的当然之理、伦理纲常、道德教义。

4. 法之公理。意义和规范层面的公理，是与正义、良善、信念、公德、共同价值等关联的公理，它具有融通性、普遍性、普适性。法学上的公理是指长期以来已经被法学界普遍接受的理论命题。在现代法理学的理论体系之中，“公理”也时常被界定为公共理性。在这个意义上“理性”并不仅仅意味着法治要合乎认知理性，更重要的是合乎道德理性、价值理性；法治不仅要合乎真理，还要合乎情理；不仅要合乎私人良知（同情、友善、博爱），还要合乎公共良知（正义、平等、自由、人权等）。

5. 法之原则。法律原则是法理的普遍形态。在法理学中，法律原则是指可以作为法律规则的基础或本源的综合性、稳定性的原理和标准。法律原则，特别是其中的普适性原则和基本原则，体现着一个社会的基本法理，是整个法律活动的指导思想和出发点，构成一个法律体系的灵魂，决定着法律的内在统一性和稳定性。

6. 法之美德。法理，也意味着法的美德。认真对待法理，就是要认真对待美德。美德是一个包容性很强的概念。自古以来，很多思想家、政治家、法学家把法与美德相连，以至于用“美德”指称良法。在法的美德中，人们尤其重视法的正义性。

7. 法之价值。法的价值一方面体现了作为主体的人与作为客体的法之间需要和满足的对应关系，即法律价值关系；另一方面它又体现了法所具有的、对主体有意义的、可以满足主体需要的功能和属性。秩序、自由、平等、人权、正义、和平、发展、包容、和谐等都是法的重要价值。

以上考据和语义分析表明，“法理”作为词语和概念，体现了人们对法的规律性、终极性、普遍性的探究和认知，体现了人们对法的目的性、合理性、正当性的判断和共识，体现了人们对法律之所以获得尊重、值得遵守、应当服从的那些内在依据的评价和认同。

——张文显. 法理：法理学的中心主题和法学的共同关注. 清华法学，2017（4）.（节选）

从本体论上看，所谓“法理”，其实是指法律规整或法律规范规定的待处理事项，尤其是事项处理的行为构成要件（或“事实类型”诸条件）结构和法律后果之要素结构内嵌的根据（原因性的规定根据）。在认识论意义上，“法理”同样可以表现为人的“言理”。这种“言理”根本的是要证成“法理”之“（实践）正确”，而被证成的“（实践）正确之理”的实质是“正义”（法的先验终极规范性原理），故此“法理”也可以称为“正义之理”。

——舒国滢. “法理”：概念与词义辨正. 中国政法大学学报，2019（6）.

二、法理学的性质

（一）难度与热度

难度：☆☆ 热度：☆☆

（二）基本理论与概念

1. 法理学是法学的基础理论。

2. 法理学的发展与法律制度建设以及法学观念的发展密切联系。法理学在中国的发展历史：新中国成立前（“法学通论”“法学绪论”）→新中国成立后（“国家和法的理论”）→党的十一届三中全会后（“法学基础理论”）→20 世纪 90 年代初（“法理学”）。

3. 法理学的定位。

第一，法理学主要研究法的抽象概念和理论。

第二，法理学是一定时代的基本法理，亦即法的精神和理念的表达。

法理学的一项重要功能，就是通过反映和表达其所处时代的法理，为法律制度和法学体现的发展提供思想动力和学理支撑。

第三，法理学为研究法律制度、推动法学发展提供方法论。

(1) 当运用理论（法理学）去思考、研究和解决（法律）问题时，理论（法理学）已成为指导或规范（法律）研究活动的方法。

(2) 法学方法论本身是法理学的重要研究内容。

从宏观上讲，法学方法是认识法律现象的工具和手段。

从微观上讲，法学方法是解决法律问题的方法和途径。

第四，法理学集中体现一个国家的法学意识形态。

(1) 法理学提炼了法学的基本立场、观点和方法，是整个法学体系的理论基础和方法论的核心部分。中国特色社会主义法理学是当代中国法学的意识形态，也是中国特色社会主义理论体系的重要内容。

(2) 法理学观察、思考、解决各种法律问题的基本立场、观点、方法，都是在一定的意识形态指导下进行的。

（三）疑难点解析

1. 上述法理学定位中的前三点，其实就是法理学体系的三个构成部分——法本体论（法概念论）、法价值论和法认识论（法学方法论）：(1) 法本体论（法概念论），研究法的概念、本质、作用、效力等；(2) 法价值论，研究法的价值、价值冲突及其解决的原则等；(3) 法认识论（法学方法论），研究法学知识形成的条件、性质和方法等。

2. 法理学研究的法的抽象概念，包括法的概念（法是什么）与其他法学的基本概念（法律规范、法律部门、法律体系、法的渊源、法的效力、法律关系、法律行为、法律权利、法律义务、法律责任等）。这些法学概念在其他部门法中也同样被研究（如民事法律关系、刑事法律关系、民事权利、民事义务、民事责任、刑事责任等），但法理学对这些概念的研究与部门法的研究并不相同。例如，法理学和部门法学都研究权利问题，但部门法学主要研究具体的权利，如民法学主要研究财产权，关注财产权的种类、特征、范围、界限、法律保护等；法理学则主要研究何谓权利，人应当有哪些权利等根本问题。

换言之，法理学研究的是超越各个部门法、各种具体权利之上的一般意义上的“权利”本身的问题。在此意义上，我们称之为“法学基本概念”。

3. 要注意区分法认识论意义上的法学方法论与作为法律适用方法的法学方法论。马克思主义认为，方法是主体在认识世界和改造世界的实践活动中所采取的手段。在法理学的性质上所说的“法学方法（论）”指的是认识法律现象的工具和手段，以及解决法律问题的方法和途径。而作为法律适用方法的法学方法论也被称为“法律方法”，重点研究的是法律适用中的技术和方法，如法律解释、法律推理、法律论证等。我们要注意区分这两种法学方法论，后一种法学方法论（法律方法）将在本书第八章中论述。

4. 法理学定位的第四点，即法理学集中体现一个国家的法学意识形态，其实就是法理学之政治性的体现。意识形态是反映一定社会物质基础的政治、法律、哲学、道德、艺术和宗教等社会学说的完整的思想体系，其目的是建立或巩固一定的政治制度，维护本阶级或集团的根本利益。它是一定社会统治阶级或集团的政治纲领、行为准则、价值取向和社会理想的理论依据。法学意识形态是社会意识形态的重要组成部分，同样服务于特定的政治制度和政治统治。不同流派的法学家在法的一般性、普遍性、根本性问题上的许多理论分歧，归根结底是意识形态的不同。我国的法理学坚持以马克思主义基本原理为指导，紧密联系中国特色社会主义建设实践，形成了不同于西方法理学的中国特色社会主义法理学。这是中国法理学不同于西方法理学的政治性所在。

（四）拓展延伸阅读

抽象性是“法律的一般理论”即法理学的显著特点，这种抽象性是同法律实践的具体性相对而言的。法律实践一般而言是具体的，它或者涉及某一法律制度、法律规范，或者涉及某类具体的案件或某一具体的个案。而法理学所关涉的则是对整个法律现象、法律实践的阐释，这种阐释也可能是对制度本身的抽象思考，也可能是对制度之外、制度背后因素的抽象思考。……法理学的抽象性并非是空想性，它不是空灵之物，而是有其坚实的基础，这个坚实的基础便是丰富的法律实践；法理学正是在对大量的丰富的法律实践和法律现象考察的基础上，抽象出其带有共同性和规律性的理论来的。

法理学的另一个重要特点是它的概括性。法理学的概括性是指它将许许多多个别的、具体的法律现象作为研究对象，从中概括出一些带有共性的、普遍性的结论，这种结论对那些具体的、个别的法律现象具有普遍性的阐释作用。如关于权力学说，法律实践中所呈现的是一个个具体的、个别的权力形态，像立法权力、司法权力、行政权力、监督权力等；而法理学则在这种多样性的具体的权力形态基础上，概括出、抽象出具有普遍性特征的一般权力理论。

法理学与部门法学都是法学学科中平等的一员。但它们之间有区别，其中最大的区别是：部门法学是以某一个单一的部门法体系为依托和研究对象，而法理学则以所有的法律制度和法律现象为依托和研究对象，视野更开阔、更广泛。

——刘作翔. 法理学的定位——关于法理学学科性质、特点、功能、名称等的思考. 环球法律评论，2008 (4).

三、法理学的研究方法

（一）难度与热度

难度：☆☆　热度：☆☆☆

（二）基本理论与概念

1. 法学的研究方法可以分为方法论原则和基本方法两个层面。

2. 方法论原则是认识问题、解决问题的出发点和基本思路，也是关于如何运用具体方法的一种根本方法。

▶马克思主义法学以唯物辩证法和历史唯物主义作为根本方法，它坚持实事求是的思想路线，坚持社会存在决定社会意识的观点，坚持社会现象普遍联系和相互作用的观点，坚持社会历史的发展观点。

3. 法学研究的基本方法可以分为三类，即阶级分析方法、价值分析方法和实证分析方法。

4. 三种基本方法的内容（见下表）。

方　法	含　义	观　点	进一步说明
阶级分析方法	用阶级和阶级斗争的观点去观察和分析阶级社会中各种社会现象的方法	•阶级的存在仅仅同生产发展的一定历史阶段相联系 •阶级斗争是阶级社会历史发展的直接动力 •现实阶级关系决定阶级社会基本的经济、政治和法律制度 •阶级斗争必然导致无产阶级专政 •无产阶级专政是消灭阶级的必由之路 •社会主义社会中阶级斗争仍将在一定范围长期存在	防止两种错误倾向： （1）将阶级分析方法片面归结为“阶级斗争之学”和“对敌专政之学” （2）以虚无主义的态度对待阶级分析方法，贬低、轻视甚至否认阶级分析方法的理论意义和认识价值
价值分析方法	•以价值判断为出发点和落脚点对各种法律现象进行分析的方法 •马克思主义法学：在进行价值分析时始终坚持以无产阶级和人民大众的需求为出发点和落脚点	•法作为调整社会生活的规范体系，它的存在本身并不是目的，而是实现一定价值的手段 •社会中所有的立法、执法、司法、守法活动都是一种进行价值选择的活动	•马克思主义法学的价值分析方法与阶级分析方法是相通的 •马克思主义法学在运用价值分析方法时遵循生产力标准和人道主义标准，坚持现实主义原则和历史主义原则
实证分析方法	•通过对经验事实的观察和分析来建立和检验各种理论命题 •类型：社会调查方法、历史考察方法、比较研究方法、逻辑分析方法、语义分析方法等	•经验事实：可以通过人们的直接或间接观察而发现的确定的社会事实和事实因素 •法学实证研究的经验事实：既包括与法律的制定和实施有关的一切社会事实，也包括法律文本中的语词、句法和逻辑结构等事实因素	

（三）疑难点解析

1. 马工程《法理学》教材第二版新增了这一知识点，须引起高度重视。这说明在法理学体系的三个构成部分中，教材编纂者尤其重视法学方法论这一部分，也尤其希望同学们在从事法学研究和学习时能够自觉贯彻马克思主义方法论，也即唯物辩证法和历史唯物主义，并在这一方法论的指导下具体运用各种基本方法。

2. 法理学的研究方法与整个法学的研究方法具有共通性。根据张文显主编《法理学》第五版，以马克思主义为指导的法学理论研究必须坚持以下几条基本的方法论原则：第一，实事求是的思想观点；第二，社会存在决定社会意识的观点；第三，社会现象的普遍联系和相互作用的观点；第四，社会历史的发展观点。具体展现为阶级分析方法、价值分析方法和实证研究方法，实证研究方法又包括社会调查方法、历史研究方法、比较研究方法、逻辑分析方法、语义分析方法。

3. 尤其要注意法学研究基本方法中的实证分析方法。通常讲的“实证”既包括“经验实证”，也包括“分析实证”，前者研究关于法律的经验事实，后者研究作为社会事实的法律本身的问题。从教材的表述看，本书所说的实证分析方法既包括关于法律的经验事实（制定和实施）的研究，也包括对作为社会事实的法律本身的问题（法律文本的要素和结构）的研究。

第二节　法理学的历史

一、奴隶社会的法理学思想

（一）难度与热度

难度：☆　热度：☆

（二）基本理论与概念

1. 古希腊文明中的法理学思想

（1）古希腊哲学发达，促进了政治学、伦理学、文学、美学等专门知识体系的形成。但法学（法理学）在古希腊并没有成为一门独立的学科，当时的法理学思想蕴含在政治学、伦理学、文学、美学等作品之中。

（2）当时已涉及法与权力、理性的关系，法与利益、正义的关系，人治与法治的关系，守法的道德基础与政治基础等“永恒的主题”。

2. 古罗马文明中的法理学思想

（1）古罗马的法律制度是古代西方世界法律制度发展的顶峰，为法理学思想的发展提供了制度基础。恩格斯说，罗马法是“商品生产者社会的第一个世界性法律”。

（2）古罗马出现了职业法学家集团、法律学校和法学流派，为法理学思想的发展提供了组织基础。罗马法学家们不仅提出并解决了许多涉及立法、执法、司法的方法问题，创造了精湛的法律概念和技术，而且提出了诸如契约自由之类具有深远历史影响的法律原则。

3. 古代中国的法理学思想

（1）从公元前21世纪夏代的“禹刑”开始，经过商、周、春秋战国的发展，中华法系已现雏形，与此相应的法理学思想也很活跃。

（2）春秋战国时期百家争鸣，其中儒、法两家的思想及其争议对后世影响最为深远。

儒家重视道德礼教的作用，主张德主刑辅，综合为治。法家把法治推崇为立国和治国之本，轻视圣贤或道德教化的作用，明确提出“缘法而治”“以法治国”。

二、封建社会的法理学思想

（一）难度与热度

难度：☆☆　热度：☆☆

（二）基本理论与概念

1. 中国封建社会的法理学思想

（1）先秦时期，法家对法律的本质、起源和作用等基本问题都提出了自己的看法。

（2）秦汉以后，以儒家思想为核心的封建正统法律思想逐步形成。儒家思想成为封建社会指导立法、执法和司法活动的基本原则，经学渗透到法律领域，导致律学的兴起。

（3）封建正统法律思想占据统治地位，压抑了法理学的发展，关于法律基本问题的不同主张和争论少，但对具体法律问题的不同理论争议仍然存在。

2. 西欧中世纪的法理学思想

（1）中世纪世界观本质上是神学的世界观，所以当时的法理学思想和宗教神学思想有着千丝万缕的联系。

（2）到中世纪后期，日益发展的商品经济和资本主义生产方式对法律产生了更为迫切的需求，法学教育和法学研究作为专门的职业开始出现。

（3）当时的法学教育和法学研究以复兴罗马法为中心任务，先后出现了意大利的注释法学派和评论法学派，以及法国的人文主义法学派。这些流派的传播为后来资本主义法律在欧洲大陆的形成奠定了学术基础。

（三）疑难点解析

关于中国封建社会法理学思想中的“律学”的说明：汉兴之后，统治者吸取秦代二世而亡的教训，注重将治理国家的不同手段结合起来。尤其是在汉武帝之后，罢黜百家、独尊儒术，儒学成为封建大一统时代的正统思想，得到了官方的支持和制度上的保障。儒学的昌盛使得法学成为其附庸。所谓“德礼为政教之本，刑罚为政教之用”，明确了道德规范与法律规范的体用关系，或者说目的与手段关系。所谓“出礼入刑”“礼之所去，刑之所取”，明确了二者的适用关系：常态社会适用的是道德规范，只有当道德规范被违反时才需要法律规范（刑）来纠偏。在司法实践中则出现了“春秋决狱”，即采用以《春秋》为代表的儒家经典原理学说来处理刑事案件。后来科举取士，行政官员大多出身儒门，地方行政官员又兼理司法，这又强化了以经释律、以经补律，甚至以经破律的倾向。与此相应的是法学降格为了律学。律学的研究对象是“律”，即国家的成文法典（如唐律、明律、大清律等），它的基本内容是对成文法法条的含义进行解释，重考据而轻义理，重技巧而轻论证，本质上是一种法律解释学。

要注意的是，律学是一种根据儒学原则对以律为主的成文法进行讲习、注释的法学。但它不仅从文字上、逻辑上对律文进行阐释，也阐述法理，如关于礼与法的关系、条文与法意的联系、律与例之间的关系、定罪与量刑、刑法的宽与严、肉刑的存与废、刑名的变迁以及诉讼的理论等。

三、资本主义社会的法理学思想

（一）难度与热度

难度：☆☆☆　热度：☆☆☆

（二）基本理论与概念

1. 资本主义社会法理学思想的发展

（1）17 世纪开始的资产阶级革命肇生了资产阶级法学，新的法权世界观的核心是自由、平等、人权和法治，其典型的表达形式是自然法学派的“社会契约论”和“天赋人权论”（自然权利论）。

（2）从 18 世纪末开始，欧美等西方资本主义国家陆续出现了形形色色的法学思潮和流派，包括哲理法学派、历史法学派、分析法学派等。

（3）20 世纪初，西方社会进入帝国主义阶段，社会立法大量涌现，法的社会化成为时代潮流，社会法学派得以形成。同时，新黑格尔主义法学派和新康德主义法学派在德国、意大利等国传播。

（4）20 世纪 50 年代中期以后，出现了西方法学史上的繁荣局面。自然法学派、社会法学派和分析法学派成为西方法理学的三大主流学派。

（5）20 世纪 70 年代以后，出现了经济分析法学派、批判法学派、新马克思主义法学派、后现代法学派等。

2. 资本主义社会主要法理学派观点总结（见下表）

学　派	主要观点
自然法学派	反对神性和神权，主张人性和人权；反对专制和等级特权，主张自由和平等；反对人治，主张法治。提出了契约自由、法律面前人人平等、罪刑法定主义等现代法律制度的基本原则
哲理法学派	以抽象的概念命题、保守的理论形式、精致的哲学语言传播天赋人权、自由主义、法治等启蒙思想
历史法学派	反对古典自然法学派，强调法律民族精神或历史传统
分析法学派	以功利主义和实证主义哲学为理论和方法论基础，以对实在法律的逻辑分析为己任
社会法学派	强调研究法律的社会作用、法律的实效、法律规则生效的条件、法律与其他社会控制方式的联系
经济分析法学派	主张运用经济学的理论和方法分析法律制度和法律活动，以实现最大经济效益为目标改革法律制度
批判法学派	以批判西方法律制度和法律文化为宗旨
新马克思主义法学派	以人本主义为哲学基础，宣扬非意识形态化，宣布对马克思主义实行“扬弃”
后现代法学派	否定资本主义法治原则，对资本主义法治进行深刻批评

（三）疑难点解析

1. 作为独立的分支学科和完整的知识体系的法理学直到 19 世纪才出现。但是，作为对法的一般性、普遍性、根本性问题进行思考的认知活动和知识成果的法理学思想则古已有之，可以追溯到古希腊罗马和中国夏商周时代。

在人类的历史长河中，法理学思想的发展经历了奴隶社会、封建社会、资本主义社会、社会主义社会几个历史阶段。法理学思想的发展阶段是与法的历史类型相应的。法的历史类型，是指按照法的阶级本质和它所赖以建立的经济基础对法律所作的一种基本分类，凡是建立在同一经济基础之上、体现同一阶级本质的法律，就属于同一历史类型。据此，历史上曾产生四种法的历史类型，即奴隶制法、封建制法、资本主义法、社会主义法。由于法学（包括法理学）的发展总是与一个国家法律制度的发展相关联，也由于法理学集中体现一个国家的法学意识形态（参见法理学定位的第四点），所以相应地，法学思想（包括法理学思想）的发展也可以分为这四个阶段。

2. 西方法理学的三大主流学派，即自然法学派、社会法学派和分析法学派，并非逻辑严密的分类，而是从历史影响力角度所作的描绘。要注意这一描绘与今天已为人所熟知的法律实证主义—自然法学（非实证主义）这一二分法的区别。法律实证主义与自然法学（非实证主义）是一种法概念立场上的分歧，主要围绕法律的性质问题展开争议。法律实证主义认为法律是一种社会事实，法律与道德在概念和效力上不存在必然联系；而非实证主义认为法律不仅是一种社会事实，而且具有理想的维度，法律与道德在概念和效力上存在必然联系。法律实证主义与自然法学（非实证主义）的分类是一种逻辑上严密的分类。

（四）拓展延伸阅读

汉译“法理学”一词来自于日本法学家穗积陈重。穗积陈重早年留学英国，历史法学派的亨利·梅因以及法律实证主义的代表人物杰里米·边沁、约翰·奥斯丁都对他产生了很大的影响。他回国后，于1881年在东京帝国大学法学部（原开成学校）开设“法论”这门科目，对应于德国的Rechtsphilosophie（英语：Legal Philosophy）这门学科，因为认为当时流行于日本的译法“法哲学”形而上学的味道太浓，所以采取了“法理学”这个译名。这显然是因为受到实证主义法学思想之影响。其实，如果在此意义上来使用“法理学”这一称呼，可能更接近于英语中的Jurisprudence。这个词源于拉丁语Jurisprudentia，原本指的就是一般意义上的法学（法的实践智慧）。只是到了1832年，奥斯丁在其代表作《法理学范围之限定》中使用了General Jurisprudence（一般法理学）这一称呼，一方面区别于限定于一国的实在法知识，另一方面则区别于政治哲学、道德哲学等，以凸显出其“实在法哲学”的性质。此后，Jurisprudence就被限定为“法理学”。

——雷磊. 法理学. 2版. 北京：中国政法大学出版社，2021：14.

第三节　马克思主义法理学的形成及其意义

一、马克思主义法理学的思想渊源

（一）难度与热度

难度：☆☆　热度：☆

（二）基本理论与概念

1. 近代理性主义的古典自然法学（代表人物：洛克、孟德斯鸠、卢梭）。

（1）近代古典自然法学对马克思早期的法学观产生了重要影响。

（2）近代古典自然法学从自然状态和社会契约理论出发，提出了自由、平等、安全、财产等自然权利学说，主张实行民主和法治，主张权力的分立和制衡，反对君主专制和暴政。

2. 德国古典法哲学（代表人物：康德、黑格尔）。

（1）德国古典自然法学是马克思主义法学产生以前西方法学的最高理论成就。

（2）马克思在创立历史唯物主义法学理论的过程中，批判地继承了康德的自由观，强调人的权利和自由，抨击专制法律和资产阶级法律制度对人的价值和尊严的践踏；同时对黑格尔的法学辩证法思想及其方法论原则进行唯物主义改造。

3. 空想社会主义法学思潮（代表人物：圣西门、傅立叶、欧文）。

（1）马克思恩格斯在展望未来社会主义法律时吸收了空想社会主义法学思潮的某些合理观点。

（2）空想社会主义法学思潮猛烈批判了资本主义社会的法律制度，描述未来理想社会的法律，主张人人平等，实行财产公有制，男女平等、婚姻自由，劳动产品按劳分配或按需分配，主张法律应由全体人民制定、体现人民意志。

二、马克思主义法理学的形成

（一）难度与热度

难度：☆☆　热度：☆☆

（二）基本理论与概念

1. 马克思早期法律思想：继承和发展了古典自然法学的理性法、自由法的思想，阐述了一系列富有时代价值的法学论断，实现了从唯心主义法律观向唯物主义法律观、从革命民主主义向共产主义的转变，关键在于弄清了国家和法与经济的关系。

2. 马克思主义法理学的奠基之作：《德意志意识形态》。

（1）它系统阐明了历史唯物主义原理，即生产力决定生产关系、经济基础决定上层建筑的原理（马克思主义法理学赖以建立的理论和方法论基础，是与非马克思主义法理学的根本区别）。

（2）它深刻论述了马克思主义法理学的核心思想，如法律是统治阶级共同意志的体现，是以国家意志形式表现出来的统治阶级意志，国家和法律的基础是不以个人意志为转移的物质生活，国家和法律都是人类历史一定发展阶段的产物。

3. 马克思主义法理学诞生的标志：《共产党宣言》（1848 年 2 月）。

它揭示了人类社会历史运动的客观规律以及与此密切相关的法的现象的运动规律，分析并揭露了资产阶级法律的阶级本质、特征。

4. 马克思主义法理学的后续发展：进一步充实了马克思主义法理学。

（1）在唯物史观的基础上分析法与经济基础之间的关系，既指出经济基础对法的决定作用，又强调国家、法律等上层建筑对经济基础的反作用。

（2）明确分析了法律本身的阶级性和历史性，指出法律产生的一般规律。

（3）在回答法的历史起源问题的同时，科学论证了法的继承性和相对独立性。

5. 列宁对马克思主义法理学的深化和完善：社会主义法制理论。

（1）阐释了国家与法之间的关系。

（2）具体阐释了社会主义国家和法的功能与作用。

（3）提出了“法制统一”思想、法律监督理论、社会主义民主理论、废除旧法的理论、党员和领导干部要守法的理论等。

三、马克思主义法理学的立场、观点和方法

（一）难度与热度

难度：☆☆☆　热度：☆☆☆

（二）基本理论与概念

1. 马克思主义法理学旗帜鲜明地坚持无产阶级和人民大众的立场，以维护最大多数人的利益为根本宗旨。

2. 马克思主义法理学以辩证唯物主义和历史唯物主义为世界观和方法论，具体见下表。

观　点	具体内容	错误观点对比
社会存在决定社会意识	•社会物质生活过程决定社会精神生活过程 •法作为社会的上层建筑，是由经济基础决定的，是经济关系的记录 •社会物质生活条件决定着什么样的社会意识占据统治地位，决定着法定权利和义务的基本内容	历史唯心主义： •力图从所谓宇宙理性、上帝意志、人类理性、绝对精神或民族精神等因素出发，去说明法律这种社会现象
社会现象普遍联系并相互作用	•经济基础之外的、同为上层建筑的其他因素（如政治、宗教、道德等）同样与法律有着普遍联系，并且对法律产生着影响（同时，法对于同为上层建筑的其他因素也产生着影响） •法对于经济因素也具有反作用，这种反作用对社会的发展具有重要作用	经济决定论： •唯有经济因素才是历史发展的积极的起推动作用的因素，而非经济的因素是被动的 •只要了解了社会存在决定社会意识、经济基础决定上层建筑这一基本观点，就掌握了马克思主义的方法
社会历史不断发展变化	•世界上根本没有体现“永恒正义标准”的超时空的法律制度 •任何法律体系都具有一定的时空特征，它必须与自己时代的社会条件相适应，并随着社会条件的变化而变化 •一种法律制度，只有在准确反映社会发展的主题和基本趋势的条件下，才能为推动社会进步贡献力量，并在自身的运动和发展过程中获得强大的生命力	教条主义思想： •认为法具有永恒不变的标准 •认为法是静止的、超越时空的理想存在

（三）疑难点解析

1. 导论第二节论述的是非马克思主义的法理学思想（奴隶社会、封建社会、资本主义社会的法理学思想），第三节和第四节论述的则是马克思主义的法理学思想（社会主义社会的法理学思想）。其中第三节说的是马克思主义法理学（一般法理学），而第四节说的是马克思主义法理学的中国化（中国法理学）。

2. 古代中国和西方各个历史时期的法理学思想尽管都解释了法律现象的某些方面的特征，也不乏关于法律本质的某种程度上的认识，但由于阶级立场、世界观和方法论的局限，不可能完全科学地揭示法的本质和发展规律。马克思主义法理学是迄今为止人类历史上最进步、最科学、最富有生命力的法理学。

3. 掌握马克思主义法理学的立场、观点和方法，关键是把握两个“根本方法”，两个“基本原理”，两个“基本模型”。两个“根本方法”，就是唯物辩证法和历史唯物主义。两个“基本原理”，即生产力决定生产关系、经济基础决定上层建筑的原理，可以被统括为“社会存在决定社会意识”。两个“基本模型”：一个是“关系模型”，也即“社会现象普遍联系并相互作用”，用到法律与其他社会现象的关系上，就是经济基础决定作为上层建筑的法律，但法律对于经济基础亦有反作用；同为上层建筑，政治、宗教、道德与法律相互影响、相互制约（其中政治对法律有主导作用，法律反作用于政治）。另一个是“时空模型”，就是“社会历史不断发展变化”，所以法律有自己的空间限定，也有自己的时间限定（历史局限性），它在不同的国家和地区有不同的发展，在不同的历史时期有不同的发展，总是随着社会条件（尤其是生产关系和经济基础）的变化而变化。

第四节　马克思主义法理学的中国化

一、毛泽东思想的法治理论

（一）难度与热度

难度：☆☆　热度：☆☆

（二）基本理论与概念

1. 形成时间：1919 年五四运动，马克思主义日益与中国革命的具体实践相结合之后。

2. 基本定性：毛泽东思想是马克思主义与中国革命实际相结合的标志，它蕴含着丰富的法治理论。这些理论是马克思主义法理学在中国的运用和发展，是被实践证明了的关于中国新民主主义革命和社会主义革命法制建设的正确的理论原则和经验总结。

3. 主要内容：

（1）关于国体和政体的学说：

1）国体：社会各阶级在国家中的地位。我国的国体是工人阶级（经过共产党）领导的以工农联盟为基础的人民民主专政。人民民主专政的国家，包括对人民实行民主，对反动派实行专政。

2）政体：政权构成的形式问题，一定的社会阶级取何种形式去组织反对敌人保护自己的政权机关。我国的政体是人民代表大会制度，这是我国的根本政治组织制度。

3）国体决定政体，政体体现国体。

（2）关于社会主义法制的理论：

1）强调要从新民主主义革命的实际出发建设新民主主义法制，强调革命的法律应体现阶级性和人民性的统一。

2）提出了一系列重要的法律思想、法律原则和法律制度，包括：坚持原则性和灵活性相结合的立法思想；坚持有法可依、有法必依的法制原则；坚持以事实为依据、以法律为准绳的诉讼原则等。

（三）疑难点解析

1. 毛泽东思想不是毛泽东同志的个人思想，而是以毛泽东同志为领导核心的党的第一代领导人的集体智慧结晶。所以，作为毛泽东思想组成部分的法治理论也来源于包括、但不限于毛泽东在内的党的第一代诸多领导人（周恩来、刘少奇、董必武、彭真等）的相关思想。

2. 毛泽东法治思想主要是在中国新民主主义革命和社会主义革命时期形成的，从当时的内容和表述看，它本身还不是今日意义上的“法治”理论，而是“法制”理论；但它构成了今日中国特色社会主义法治理论的重要渊源。

二、邓小平理论、“三个代表”重要思想、科学发展观的法治理论

（一）难度与热度

难度：☆☆　热度：☆☆

（二）基本理论与概念

1. 形成时间：1978 年党的十一届三中全会，中国进入改革开放新时期后。

2. 基本定性：邓小平理论创立了中国特色社会主义法治理论，“三个代表”重要思想、科学发展观丰富和发展了中国特色社会主义法治理论，初步形成了中国特色社会主义法治理论体系。中国特色社会主义法治理论体系是中国特色社会主义理论的重要组成部分。

3. 主要内容：

（1）要发展社会主义民主，就必须加强社会主义法制。

1）为了保障人民民主，必须加强法制。必须使民主制度化、法律化，使这种制度和法律不因领导人的改变而改变，不因领导人的看法和注意力的改变而改变。

2）民主是法制的前提和基础，法制是民主的体现和保障。民主只有以法制为依托，才具有可靠的保障；法制只有以民主为基础，才具有至上的权威。

（2）坚持党的领导、人民当家作出、依法治国的有机统一。

1）坚持“三者有机统一”是社会主义民主法制建设的根本特征和内在要求。

2）党的领导是人民当家作主和依法治国的根本保证，人民当家作主是社会主义民主政治的本质要求，依法治国是党领导人民治理国家的基本方略。

（3）坚持科学执政、民主执政、依法执政。

1）要坚持党总揽全局、协调各方的领导核心作用。

2）要始终把人民当家作主作为根本出发点和落脚点。

3）要始终正确认识和处理党和国家机关、人民团体、群众团体、社会团体的关系。

4）要善于把党的主张通过法定程序上升为法律。

5）要完善决策规则和程序，推进决策科学化、民主化。

（4）扩大人民民主，保证人民当家作主。

通过体制创新，健全民主制度，丰富民主形式，拓宽民主渠道，依法实行民主选举、民主决策、民主管理、民主监督，保障人民的知情权、参与权、表达权、监督权。

（5）坚持以人为本，尊重和保障人权。

1）坚持公民在法律面前一律平等，促进社会公平正义。

2）要统筹城乡发展，依法保证全体社会成员平等参与、平等发展的权利。

3）要健全社会保障制度。

4）要积极扩大就业，完善最低工资标准制度，依法维护劳动者权益，建立和发展和谐劳动关系。

5）要在经济发展基础上，更加注重社会建设，着力保障和改善民生，推进社会体制改革。

（6）坚持中国特色社会主义政治发展道路。

1）要坚持社会主义政治制度的特点和优势（人民代表大会制度、中国共产党领导的多党合作和政治协商制度、民族区域自治制度、基层群众自治制度）。

2）各项改革和发展措施，都要有利于增强党和国家的活力，有利于发挥社会主义制度的特点和优势，有利于充分调动人民群众的积极性创造性，有利于维护国家统一、民族团结和社会稳定，有利于促进经济发展和社会全面进步。

3）要坚持从中国国情出发，始终立足于改革开放和社会主义现代化建设的伟大实践。

4）要研究借鉴人类政治和法律文明的有益成果，但决不照搬西方政治和法律制度的模式。

（三）疑难点解析

1. 以 1978 年 12 月党的十一届三中全会为标志，中国进入了改革开放的新时期，开辟了中国特色社会主义道路，形成了中国特色社会主义理论。所以，只有从邓小平之后的法治理论才能被称为“中国特色社会主义法治理论”。

2. 邓小平理论、“三个代表”重要思想和科学发展观都包含着中国特色社会主义法治理论的要素。

三、习近平法治思想

（一）难度与热度

难度：☆☆☆　热度：☆☆☆☆☆

（二）基本理论与概念

1. 形成时间：党的十八大以来（中国特色社会主义进入新时代以来）逐步形成，2020 年 11 月召开的中央全面依法治国工作会议明确提出“习近平法治思想”。

2. 基本定性：

（1）习近平法治思想是顺应实现中华民族伟大复兴时代要求应运而生的重大理论创新成果，是马克思主义法治理论中国化最新成果，是习近平新时代中国特色社会主义思想的重要组成部分，是新时代全面依法治国的根本遵循和行动指南。

（2）习近平法治思想是当代中国马克思主义法治理论、21 世纪马克思主义法治理论，是思想深邃、内涵丰富、意蕴深刻、逻辑严密、系统完备的科学理论体系。

3. 主要内容：深刻回答了新时代为什么实行全面依法治国和如何推进全面依法治国的重大理论和实践问题，阐明了全面依法治国的政治方向、重要地位、工作布局、重点任务、重大关系、重要保障等。

习近平法治思想的核心要义是“十一个坚持”：

（1）坚持党对全面依法治国的领导。

1）党的领导是中国特色社会主义最本质的特征，是社会主义法治最根本的保证。

2）党的领导是中国特色社会主义法治之魂，是我们的法治与西方资本主义法治最大的区别。

3）坚持中国特色社会主义法治道路，最根本的是坚持中国共产党的领导。把党的领导贯彻到依法治国全过程和全方面，更好落实全面依法治国基本方略，是我国社会主义法治建设的一条基本经验。

4）坚持加强党对全面依法治国的领导，就要党领导立法、保证执法、支持司法、带头守法。

（2）坚持以人民为中心。

1）以人民为中心，是社会主义法治的核心价值。全面依法治国最广泛、最深厚的基础是人民，必须坚持为了人民、依靠人民。

2）法治建设为了人民，把实现好、维护好、发展好最广大人民的根本利益作为法治建设的根本目的，把体现人民利益、反映人民意愿、维护人民权益、增进人民福祉、促进人的全面发展作为法治建设的出发点和落脚点。

3）法治建设依靠人民，人民是法治实践的主体，要弘扬人民权益靠法律保障、法律权威靠人民维护的社会主义法治精神，做到法律为人民所掌握、所遵守、所运用，增强全社会尊法学法守法用法的自觉意识。

（3）坚持中国特色社会主义法治道路。

1）中国特色社会主义法治道路是中国特色社会主义道路在法治领域的具体体现，是建设社会主义道德国家的唯一正确道路。

2）坚持中国特色社会主义法治道路，核心要义是坚持党的领导、坚持中国特色社会主义制度、贯彻中国特色社会主义法治理论。

（4）坚持依宪治国、依宪执政。

1）宪法是国家的根本大法，是治国理政的总章程，是中国特色社会主义法律体系的总依据，是中国共产党长期执政的根本法律依据。

2）依法治国首先是依宪治国，依法执政首先是依宪执政。

3）宪法和法律的生命力在于实施，宪法法律的权威在于实施，宪法法律的伟力也在于实施。中国特色社会主义法律体系形成后，依法治国的重点是保证宪法法律实施，尤其是把宪法实施作为首要任务和基础工作。

4）宪法实施的关键：一是确保宪法确定的中国共产党的领导地位不动摇，确保宪法确定的人民民主专政的国体和人民代表大会制度的政体不动摇，确保宪法确定的社会主义基本经济制度、基本政治制度得到巩固和发展；二是建立健全宪法实施机制，完善宪法监督程序，确保宪法法律的规定落到实处。

（5）坚持在法治轨道上推进国家治理体系和治理能力现代化。

1）国家治理体系和治理能力现代化属于制度现代化的范畴。党的十八大以来，在原有的农业、工业、国防、科技等物质层面的现代化之外，把制度现代化也纳入现代化的范畴，推动中国进入全面现代化的新时代。

2）法治是国家治理体系和治理能力的重要依托，我国社会主义法治具有支撑国家治理的强大制度力量，是中国治理的制度根基。

3）在法治轨道上推进国家治理体系和治理能力现代化，是国家治理现代化的必由之路。

（6）坚持建设中国特色社会主义法治体系。

1）建设中国特色社会主义法治体系是全面依法治国的总目标、总抓手。

2）建设中国特色社会主义法治体系，要加快形成完备的法律规范体系、高效的法治实施体系、严密的法治监督体系、有力的法治保障体系，加快形成完善的党内法规体系。

（7）坚持依法治国、依法执政、依法行政共同推进，法治国家、法治政府、法治社会一体建设。

1）坚持依法治国、依法执政、依法行政共同推进，法治国家、法治政府、法治社会一体建设，是建设法治中国的要求。建设法治中国理论的形成，旨在解决法治建设碎片化和各自为政的问题，增强法治建设的系统性、协同性。

2）依法治国、依法执政、依法行政是一个有机整体，关键在于党要坚持依法执政，重点在于政府要依法行政。

3）法治国家、法治政府、法治社会三者各有侧重、相辅相成，法治国家是法治建设的目标，法治政府是建设法治国家的主体，法治社会是构筑法治国家的基础。

（8）坚持全面推进科学立法、严格执法、公正司法、全民守法。

1）这四个方面是全面推进依法治国、建设社会主义法治国家的基本任务。

2）科学立法是全面推进依法治国的前提，严格执法是全面推进依法治国的关键，公正司法是全面推进依法治国的重点，全民守法是全面推进依法治国的基础。

3）科学立法保证良法善治，严格执法维护法律权威，公正司法确保公平正义，全民守法提振社会文明。

（9）坚持统筹推进国内法治和涉外法治。

1）必须统筹国内国际两个大局，综合运用国际国内两个市场、国际国内两种资源、国际国内两类规则，坚定不移维护国家主权、安全、发展利益，维护世界和平、促进共同发展。

2）要加快涉外法治工作战略布局，强化法治思维，运用法治方式。

3）要秉持共商共建共享的全球治理观，推进国际关系民主化法治化公正化，推动构建人类命运共同体。

（10）坚持建设德才兼备的高素质法治工作队伍。

1）人才强法是人才强国的重要组成部分，是全面依法治国的根本保证。

2）法治专门队伍建设：按照政治过硬、业务过硬、责任过硬、纪律过硬、作风过硬的要求，推进法治专门队伍革命化、正规化、专业化、职业化，确保做到忠于党、忠于国家、忠于人民、忠于法律。

3）法律服务队伍建设：大力加强律师队伍思想政治建设，教育引导律师等法律服务工作者坚持正确政治方向，依法依规诚信执业，认真履行社会责任。

4）法学专家队伍建设：重点打造一支政治立场坚定、理论功底深厚、熟悉中国国情的高水平法学家和专家团队。

5）法治人才培养机制：创新法治人才培养机制，培养造就熟悉和坚持中国特色社会主义法治体系的法治人才及后备力量，注重培养通晓国际法律规则、善于处理法律实务的涉外法治人才队伍。

（11）坚持抓住领导干部这个“关键少数”。

1）全民守法既要抓住“绝大多数”，也要抓住“关键少数”。

2）领导干部必须带头尊崇法治、敬畏法律，做尊法学法守法用法的表率，切实做到守规则、重程序，法定职责必须为、法无授权不可为。

3）领导干部要提高运用法治思维和法治方式的能力，努力以法治凝聚改革共识、规范发展行为、促进矛盾化解、建设和谐社会。

（三）疑难点解析

1. 习近平法治思想是习近平新时代中国特色社会主义思想的重要组成部分，其核心要义在于“十一个坚持”。“十一个坚持”涵盖全面依法治国的政治方向、工作布局、重大任务和重要保障。具体而言，属于全面依法治国的政治方向的有：坚持党对全面依法治国的领导、坚持以人民为中心、坚持中国特色社会主义法治道路；属于全面依法治国工作布局的有：坚持在法治轨道上推进国家治理体系和治理能力现代化，坚持建设中国特色社会主义法治体系，坚持依法治国、依法执政、依法行政共同推进，法治国家、法治政府、法治社会一体建设；属于全面依法治国重大任务的有：坚持依宪治国、依宪执政，坚持全面推进科学立法、严格执法、公正司法、全民守法，坚持统筹推进国内法治和涉外法治；属于全面依法治国重要保障的有：坚持建设德才兼备的高素质法治工作队伍，坚持抓住领导干部这个“关键少数”。

要注意结合马工程《法理学》教材第十五章第二、三、四节，以及马工程《习近平法治思想概论》（高等教育出版社 2021 年版）第二编（第五章至第十五章）来深化对本知识点的学习。

2. 要注意到习近平法治思想中的一切不同于以往法治理论的新表述，如“**新时代**中国特色社会主义法治理论”“**全面**依法治国”等。

3. 几个具体“点”的说明：

（1）关于坚持党对全面依法治国的领导。党政军民学、东西南北中，党是领导一切的。党的全面领导是中国特色社会主义法治与西方资本主义法治的根本区别所在，是法治中国的第一要义。中国特色社会主义法治所取得的瞩目成就，充分说明了在一党执政的前提下同样可以实行法治，也有力回击了某些西方国家认为中国有专制而无法治的谬论。

（2）关于坚持以人民为中心。依法治国是党领导人民治理国家的基本方式，是指广大人民群众在党的领导下，依照宪法和法律规定，通过各种途径和形式管理国家事务、管理经济文化事业、管理社会事务，保证国家各项工作都依法进行，逐步实现民主的制度化、法律化，使这种制度和法律不因领导人的改变而改变，也不因领导人看法和注意力的改变而改变。社会主义民主的本质是人民当家作主，人民享有管理国家事务、管理经济文化事业、管理社会事务的一切根本权力。党是全面和依法治国的领导者，但人民是法治实践的主体。它包括两个方面的含义：一是法治建设为了人民。这讲的是全面依法治国的目的。二是法治建设依靠人民。这讲的是全面依法治国的主体。前者要求保障民生和私权利，后者要求确保人民的政治地位和公权力。

（3）关于坚持中国特色社会主义法治道路。习近平总书记说："每一种法治形态背后都有一套政治理论，每一种法治模式当中都有一种政治逻辑，每一条法治道路底下都有一种政治立场。"[①] 无论人才培养还是干部教育，无论理论创新还是法治实践，都有一个坚持什么样的政治理论、政治逻辑和政治立场的问题。我国人民民主与西方所谓的"宪政"本质上是不同的。坚持中国特色社会主义法治道路，就是要旗帜鲜明地讲政治，讲中国法治与西方法治的不同。

（4）关于坚持在法治轨道上推进国家治理体系和治理能力现代化。国家治理体系和治理能力现代化属于制度现代化的范畴。党的十九届四中全会《中共中央关于坚持和完善中国特色社会主义制度 推进国家治理体系和治理能力现代化若干重大问题的决定》强调："突出坚持和完善支撑中国特色社会主义制度的根本制度、基本制度、重要制度，着力固根基、扬优势、补短板、强弱项，构建系统完备、科学规范、运行有效的制度体系"。坚持在法治轨道上推进国家治理体系和治理能力现代化，就是要运用法治去发展和完善中国特色社会主义制度的根本制度、基本制度、重要制度。

中国特色社会主义制度的根本制度包括社会主义制度、中国共产党的领导制度、马克思主义的指导思想制度、人民代表大会制度四个制度。其中，社会主义制度是总制度，其他一切制度都是为了坚持、巩固和发展这个总制度。中国共产党的领导制度是我国的根本领导制度。马克思主义在意识形态领域指导地位这一根本制度，在我们国家制度架构中属于总的指导思想。人民代表大会制度是我国的根本政治制度。

中国特色社会主义制度的基本制度分为政治、经济、法律三个方面。基本政治制度包括中国共产党领导的多党合作和政治协商制度、民族区域自治制度以及基层群众自治制度等三个。基本经济制度包括公有制为主体、多种所有制经济共同发展，按劳分配为主体、多种分配方式并存，社会主义市场经济体制等三方面。基本法律制度是指中国特色社会主义法律体系。

重要制度是在根本制度架构下，在基本制度基础上，在党的领导、政治、法治、行政、经济、文化、民生、社会、生态、军队、国家统一、外交、监督等各领域中发挥重要作用的具体制度。重要制度从属于根本制度和基本制度，服务于根本制度和基本制度。

（5）关于坚持依法治国、依法执政、依法行政共同推进，法治国家、法治政府、法治社会一体建设。要结合"一规划两纲要"，即《法治中国建设规划（2020—2025 年）》《法治社会建设实施纲要（2020—2025 年）》《法治政府建设实施纲要（2021—2025 年）》进行本部分的学习。

（6）关于坚持统筹推进国内法治和涉外法治。这是基于国内国际两个大局的思想提出的法治要义。要注意这里的"涉外法治"的含义，它既指涉国际法律规则，也指涉中

① 习近平 2015 年 2 月 2 日在省部级主要领导干部学习贯彻党的十八届四中全会精神全面推进依法治国专题研讨班上的讲话.

国国内法律体系中的涉外法律部分，还指涉外国的内国法律。在当前复杂的国际环境中，某些西方大国利用自己的强国地位抛开国际法律规则，强调本国利益优先，频频运用“长臂管辖”原则用国内法来处理涉外问题。为此，培养一方面具有坚定的政治立场、维护中国国家安全和利益，另一方面又通晓其他国家法律规则、善于处理法律实务的涉外法治人才队伍就显得尤为重要。

(7) 关于坚持建设德才兼备的高素质法治工作队伍。这里要注意法治工作队伍的构成：第一类是法治专门队伍，主要包括在人大和政府从事立法工作的人员，在行政机关从事执法工作的人员，在司法机关从事司法工作的人员，也就是俗称的“体制内人员”。第二类是法律服务队伍，主要指律师队伍，也包括公证、司法鉴定、仲裁、调解等法律服务队伍。第三类是法学专家队伍，包括高素质学术带头人、骨干教师和专兼职教师队伍，他们的任务是加快构建中国特色法学学科体系、理论体系和话语体系。

(四) 拓展延伸阅读

习近平法治思想的理论体系划分为三个层次三大板块，即法治的基本原理、中国特色社会主义法治的基本理论、全面依法治国的基本观点。法治原理，是在法治实践中形成的对法治之本质属性及其发展规律的科学认识，是关于法治的基本立场、观点和方法的一般法理（概念论、关系论、发展论）。中国特色社会主义法治基本理论是习近平法治思想的理论内核，科学回答什么是中国特色社会主义法治、怎样实行中国特色社会主义法治的问题。如果说法治基本原理是关于法治的一般理论，那么，中国特色社会主义法治基本理论则是关于中国法治的特殊理论，即法治的中国理论。全面依法治国的基本观点，是习近平法治思想关于法治的基本原理和中国特色社会主义法治的基本理论，运用到新时代全面依法治国的具体实践中，形成的覆盖全面依法治国各领域各方面各环节的一系列具有时代性、原创性、标识性的具体观点。

——张文显. 习近平法治思想的理论体系. 法制与社会发展，2021 (1).

习近平法治思想是内涵丰富、论述深刻、逻辑严密、系统完备的法治理论体系。近年来，对习近平法治思想的阐释和解读逐渐深入，形成了“三新”“三基”“六论”等学理范式。“三新”，即全面依法治国新理念、新思想、新战略；“三基”，即关于法治的基本原理、中国特色社会主义法治基本理论、全面依法治国基本观点；“六论”，即关于全面依法治国的政治方向、重要地位、工作布局、重点任务、重大关系、重要保障等六个方面的重要论述。

一是关于全面依法治国重大意义的论述，即全面依法治国是新时代坚持和发展中国特色社会主义的基本方略，全面依法治国是国家治理的一场深刻革命，全面依法治国是社会主义现代化建设的有力保障。二是关于全面依法治国政治方向的论述，即坚持党对全面依法治国的领导，坚持以人民为中心，坚持中国特色社会主义法治道路。三是关于全面依法治国工作布局的论述，即坚持在法治轨道上推进国家治理体系和治理能力现代化，坚持建设中国特色社会主义法治体系，坚持依法治国、依法执政、依法行政共同推进，坚持法治国家、法治政府、法治社会一体建设。四是关于全面依法治国重点任务的论述，即坚持依宪治国、依宪执政，坚持全面推进科学立法、严格执法、公正司法、全民守法，坚持统筹推进国内法治和涉外法治。五是关于全面依法治国重大关系的论述，即政治和法治的关系，民主和专政的关系，改革和法治的关系，依法治国和以德治国的关系，依法治国和依规治党的关系，发展和安全的关系，活力和秩序的关系。六是关于全面依法治国重要保障的论述，即坚持建设德才兼备的高素质法治队伍，坚持抓住领导干部这个“关键少数”。

习近平法治思想是当代中国马克思主义法治理论、21世纪马克思主义法治理论，是科学的、实践的、开放的、人民的理论体系。习近平法治思想是在深刻把握人类历史演进规律、时代发展变化规律、中国法治建设规律的基础上顺应实现中华民族伟大复兴时代要求应运而生的重大理论创新成果，与马克思主义法治理论、毛泽东思想法治理论、中国特色社会主义法治理论既一脉相承又创新发展。

——张文显. 习近平法治思想的基本精神和核心要义. 东方法学，2021（1）.

第三部分　拓展阅读文献、案例研习与同步练习

第一节　拓展阅读文献

1. 张文显. 法理：法理学的中心主题和法学的共同关注. 清华法学，2017（4）.
2. 舒国滢. “法理”：概念与词义辨正. 中国政法大学学报，2019（6）.
3. 刘作翔. 法理学的定位——关于法理学学科性质、特点、功能、名称等的思考. 环球法律评论，2008（4）.
4. 张文显. 马克思主义法学中国化的百年历程. 吉林大学社会科学学报，2021（4）.
5. 徐显明. 中国法理学进步的阶梯. 中国社会科学，2018（11）.
6. 张文显. 习近平法治思想的理论体系. 法制与社会发展，2021（1）.
7. 张文显. 习近平法治思想的基本精神和核心要义. 东方法学，2021（1）.

第二节　本章案例研习

案例名称：葛长生诉洪振快名誉权、荣誉权纠纷案（狼牙山五壮士案）

（一）基本案情

2013年11月8日，洪振快在《炎黄春秋》杂志发表了《“狼牙山五壮士”的细节分歧》（以下简称“《细节》”）一文。该文分为“在何处跳崖”“跳崖是怎么跳的”“‘五壮士’是否拔了群众的萝卜”等部分。文章通过援引不同来源、内容、时期的报刊资料等，对“狼牙山五壮士”事迹中的细节提出质疑。文章发表后，“狼牙山五壮士”中的葛振林之子葛长生认为，《细节》一文以历史考据、学术研究为幌子，以细节否定英雄，企图达到抹黑“狼牙山五壮士”英雄形象和名誉的目的。据此，葛长生于2015年8月25日，分别诉至北京市西城区人民法院（以下简称“西城法院”），请求判令洪振快停止侵权、公开道歉、消除影响。洪振快认为，其所发表的文章是学术文章，没有侮辱性的言辞，且文章每一个事实的表述都有相应的根据，而不是凭空捏造或者歪曲，不构成侮辱和诽

谤。进行历史研究的目的是探求历史真相，行使的是宪法赋予公民的思想自由、学术自由、言论自由权利，任何人无权剥夺。葛长生的起诉没有事实依据，不同意全部诉讼请求。

（二）法院判决

2016 年 4 月 29 日，上述案件在西城法院公开开庭审理。法院经审理认为：1941 年 9 月 25 日，在易县发生的狼牙山战斗，是被大量事实证明的著名战斗。在这场战斗中，“狼牙山五壮士”英勇抗敌的基本事实和舍生取义的伟大精神，赢得了全国人民高度认同和广泛赞扬，是“五壮士”获得“狼牙山五壮士”崇高名誉和荣誉的基础。“狼牙山五壮士”的英雄称号，是国家及公众对他们在反抗侵略、保家卫国中作出巨大牺牲的褒奖，也是他们应当获得的个人名誉和荣誉。和平年代，“狼牙山五壮士”的精神，仍然是我国公众树立不畏艰辛、不怕困难、为国为民奋斗终生的精神指引。洪振快发表的文章虽无明显侮辱性的语言，但其采取的行为方式是通过强调与基本事实无关或者关联不大的细节，甚至与网民张某对“狼牙山五壮士”的污蔑性谣言相呼应，质疑“五壮士”英勇抗敌、舍生取义的基本事实，颠覆“五壮士”的英勇形象，贬损、降低“五壮士”的人格评价，引导读者对这一英雄人物群体英勇抗敌事迹和舍生取义精神产生怀疑，从而否定基本事实的真实性，进而降低他们的英勇形象和精神价值。这种“学术研究”“言论自由”不可避免地会侵害“五壮士”的名誉和荣誉，以及融入了这种名誉、荣誉的社会公共利益。2016 年 6 月 27 日，西城法院一审判决：洪振快立即停止侵害行为；公开发布赔礼道歉公告，向原告赔礼道歉，消除影响。一审败诉后，洪振快提起上诉。2016 年 8 月 15 日，北京市第二中级人民法院作出二审判决，驳回上诉，维持原判。

（三）法理分析

本案涉及法理学的研究对象即法理这个知识点。

《民法典》第 185 条规定，侵害英雄烈士等的姓名、肖像、名誉、荣誉，损害社会公共利益的，应当承担民事责任。本案所涉及的，是 1941 年 9 月 25 日在易县狼牙山发生的、被大量事实证明的著名战斗。在这场战斗中，“狼牙山五壮士”英勇抗敌的基本事实和舍生取义的伟大精神，赢得了全国人民高度认同和广泛赞扬。新中国成立后，五壮士的事迹被编入义务教育教科书，五壮士被人民视为当代中华民族抗击外敌入侵的民族英雄。这是五壮士获得“狼牙山五壮士”崇高名誉和荣誉的基础。“狼牙山五壮士”这一称号在全军、全国人民中已经赢得了普遍的公众认同，既是国家及公众对他们作为中华民族的优秀儿女在反抗侵略、保家卫国中作出巨大牺牲的褒奖，也是他们应当获得的个人名誉和个人荣誉。案涉文章对于“狼牙山五壮士”在战斗中所表现出的英勇抗敌的事迹和舍生取义的精神这一基本事实，自始至终未作出正面评价；而是以考证细节为主要线索，通过援引不同时期的材料、相关当事者不同时期的言论，全然不考虑历史的变迁、各个材料所形成的时代背景以及各个材料的语境等因素。在无充分证据的情况下，案涉文章多处作出似是而非的推测、质疑乃至评价。因此，尽管案涉文章无明显侮辱性的语言，但通过强调与基本事实无关或者关联不大的细节，引导读者对“狼牙山五壮士”这一英雄烈士群体英勇抗敌事迹和舍生取义精神产生怀疑，从而否定基本事实的真实性，进而降低他们的英勇形象和精神价值。洪振快的行为方式符合以贬损、丑化的方式损害他人名誉和荣誉权益的特征，因而判处他承担《民法典》第 179 条规定的停止侵害、赔偿损失、消除影响、恢复名誉、赔礼道歉等责任承担方式，是于法有据的。《英雄烈士保护法》第 22 条规定，禁止歪曲、丑化、亵渎、否定英雄烈士事迹和精神。英雄烈士的姓名、肖像、名誉、荣誉受法律保护。任何组织和个人不得在公共场所、互联网或者利用广播电视、电影、出版物等，以侮辱、诽谤或者其他方式侵害英雄烈士的姓名、肖像、名誉、荣誉。这些条款对英雄烈士的名誉权和荣誉权保护作出了明文规定。

此外，对于英雄烈士的名誉权和荣誉权不仅是对英雄烈士个人利益的侵害，也是对公共利益的侵害。因为“狼牙山五壮士”是中国共产党领导的八路军在抵抗日本帝国主义侵略伟大斗争中涌现出来的英雄群体，是中国共产党领导的全民抗战并取得最终胜利的重要事件载体。“狼牙山五壮士”的事迹经由广泛传播，已成为激励无数中华儿女反抗侵略、英勇抗敌的精神动力之一；成为人民军队誓死捍卫国家利益、保障国家安全的军魂来源之一。在和平年代，“狼牙山五壮士”的精神，仍然是我国公众树立不畏艰辛、不怕困难、为国为民奋斗终生的精神指引。这些英雄烈士及其精神，已经获得全民族的广泛认同，是中华民族共同记忆的一部分，是中华民族精神的内核之一，也是社会主义核心价值观的重要内容。比如《英雄烈士保护法》第 3 条就明确规定，英雄烈士事迹和精神是中华民族的共同历史记忆和社会主义核心价值观的重要体现。

社会主义核心价值观是社会主义核心价值体系的内核，体现社会主义核心价值体系的根本性质和基本特征，反映社会主义核心价值体系的丰富内涵和实践要求，是社会主义核心价值体系的高度凝练和集中表达。习近平总书记在十九大报告中指出，要培育和践行社会主义核心价值观。要以培养担当民族复兴大任的时代新人为着眼点，强化教育引导、实践养成、制度保障，发挥社会主义核心价值观对国民教育、精神文明创建、精神文化产品创作生产传播的引领作用，把社会主义核心价值观融入社会发展各方面，转化为人们的情感认同和行为习惯。深入挖掘中华优秀传统文化蕴含的思想观念、人文精神、道德规范，结合时代要求继承创新，让中华文化展现出永久魅力和时代风采。要用社会主义核心价值观引领社会思潮、凝聚社会共识。我国《民法典》第 1 条明确规定“弘扬社会主义核心价值观”。可以说，社会主义核心价值观已成为我国法律体系的内在精神支柱和价值内核，已成为公共良知意义上的法之公理，成为《民法典》第 185 条背后的“法理”。

案涉文章通过刊物发行和网络传播，在全国范围内产生了较大影响，不仅损害了葛振林的个人名誉和荣誉，损害了葛长生的个人感情，也在一定范围和程度上伤害了社会公众的民族和历史情感，违反了社会主义核心价值观，违背了我国民法的法理。洪振快作为具有一定研究能力和熟练使用互联网工具的人，应当认识到案涉文章的发表及其传播将会损害到“狼牙山五壮士”的名誉及荣誉，更会损害到社会公共利益。在此情形下，洪振快有能力控制文章所可能产生的损害后果而未控制，仍以既有的状态发表，在主观上显然具有过错。

第三节 本章同步练习

一、选择题

（一）单选题

1. 下列关于法学的表述，正确的是？（　　）（考研）
A. 法学是社会科学，不具有人文科学的性质
B. 马克思主义法学认为，超阶级的法学是不存在的
C. 法学在资产阶级革命胜利后成为一门独立的学科
D. 作为法学的一般理论和基础理论，法理学不是方法论
2. 下列有关法理学的表述，哪项是正确的？（　　）（考研）
A. 法理学是一门理论法学，因而没有实践价值
B. 汉语中“法理学”一词来自日语，与法哲学没有任何关系
C. 法理学既是沟通法学诸学科的桥梁，也是法学与其他学科联系的纽带
D. 法理学在整个法学体系中具有基础地位，因此部门法学对法理学的研究没有影响
3. 下列关于法学与法理学的表述，正确的是（　　）。（考研）
A. 凡有法律的地方，就一定会有法学
B. 法理学对法律创制和法律适用没有直接价值
C. 法理学的研究应当为法治建设提供理论支持与指导
D. 法学的研究对象是有效的法律规范与现行的法律制度

（二）多选题

1. 下列关于法学的认识，能够成立的有（　　）。（考研）
A. 法学以法为研究对象，通常先有法后有法学
B. 法学作为科学，它与神学、哲学和道德学说之间没有联系
C. 法学考察法的产生、发展及其规律，具有社会科学的性质
D. 法学为人们在规则下生活提供精神导向，具有人文科学的性质
2. 下列关于法理学的表述，能够成立的有（　　）。（考研）
A. 法理学与部门法学的关系是一般与特殊的关系
B. 法理学为部门法学的研究提供了立场、观点和方法
C. 法理学属于应用法学和国内法学
D. 法理学只研究现行有效的法律规范
3. 下列选项中，产生于19世纪的法学流派有（　　）。（考研）
A. 分析法学派　　B. 历史法学派
C. 自然法学派　　D. 经济分析法学派
4. 马克思主义法学与以往法学的主要区别有（　　）。（考研）
A. 坚持以辩证唯物主义为指导
B. 承认经济以外因素对法律的影响

C. 认为法是由社会物质生活条件决定的

D. 否认新法与旧法之间的继承性

5. 下列哪些表述代表着马克思主义法学对法的问题的看法？（　　）（考研）

A. 法不是单个人的肆意横行

B. 法既执行政治职能，也执行社会公共职能

C. 法最终决定于历史传统、风俗习惯、国家结构、国际环境等条件

D. 法受到社会物质条件的制约

二、论述题

汉译“法理学”一词来自日语。据考证，1881 年，日本法学家穗积陈重在东京帝国大学法学部讲授“法论”时，认为当时来自德国的并流行于日本的“法哲学”名称的形而上学气味太浓，提出用“法理学”来代替前者。在我国，新中国成立前曾使用“法理学”的称呼。从 20 世纪 50 年代一直到 70 年代末，受苏联的影响，相关的学科与教科书的名称都叫做“国家与法（权）的理论”。20 世纪 80 年代后改称“法学基础理论”，90 年代后重新叫回“法理学”。

请回答：（考研）

（1）法理学与法哲学在研究主题和范围上是否有区别？请进行具体说明。

（2）法理学是部门法学的基础理论还是它的“高阶理论”？请具体谈谈你对法理学与部门法学关系的理解。

参考答案及解析

一、选择题

（一）单选题

1. 答案：B

解析：法学既是社会科学，也具有人文科学的性质，A 项错误；古罗马共和国时期，法学已发展成为一门独立的学科，C 项错误；法理学在法学体系中占有特殊的地位，它是法学的一般理论、基础理论和方法论，D 项错误。马克思主义法学认为，超阶级的法学是不存在的，故选 B。

2. 答案：C

解析：法律是社会规则，具有很强的实践性特征。这决定了法学，包括法学中最具理论色彩的法理学，也具有实践性的特征。法理学是法律实践的抽象，它来源于社会实践，反过来又为社会实践服务。A 项错误。汉译“法理学”一词来自日本法学家穗积陈重。因为他认为当时流行于日本的译法“法哲学”形而上学的味道太浓，所以采取了“法理学”这个译名。事实上，法理学和法哲学是两个交互使用并可以相互替代的概念。B 项错误。法理学一方面是对各个部门法中的共通概念和原理的提炼，另一方面是法学与其他学科（如经济学、政治学、历史学、心理学等等）打交道的中介，所以选项 C 说它“既是沟通法学诸学科的桥梁，也是法学与其他学科联系的纽带”是对的。法理学在

整个法学体系中具有基础地位，但不能因此就说部门法学对法理学的研究没有影响。一方面，离开了部门法的具体概念和原理，法理学就无法从各部门法中归纳和提炼出共通的基本概念和原理；另一方面，从历史起源看，某些法理学理论和原理正是起源于特定部门法的（如法律解释理论就起源于民法解释学）。所以D项错误。

3. 答案：C

解析：法学是以法或法律现象为研究对象的科学，但不是一有法就有了法学，法学是在法发展到一定阶段时才产生的。法学的产生至少具备两个方面的条件：有关于法律现象的材料的一定积累；有专门从事研究法律现象的学者阶层的出现。A选项不正确。法学以法律现象为研究对象，不只研究现行有效的法律规范与法律制度，也研究古代的、已经废止的法律规范和法律制度，研究法律规范和法律制度的发展历程。D选项不正确。法理学从总体上研究法和法律现象的一般规律，法理学的研究对象是一般法，是法和全部法律现象及其规律性。法理学要概括出各个部门法及其运行的共同规律、共同特征、共同范畴，从而为部门法学提供指南，为法治建设提供理论服务。C选项正确。研究法理学，有助于提高社会主义法律意识、法律文化水平，增强社会主义法治观念，对于法律的创制和法律适用具有重要价值，B选项不正确。

（二）多选题

1. 答案：ACD

解析：法学是以法或法律现象为研究对象的科学，社会有了法或法律现象，就有了关于这些现象的思想、观点，但不是一有了法就有了法学，法学是在法发展到一定阶段时才产生的。法学的产生晚于法。法学作为科学，它与神学、哲学和道德学说之间有密切联系，法学的产生离不开神学、哲学以及道德学说。法学以法律现象为研究对象，考察法的产生、发展及其规律，研究各种法律规范与法律制度的性质、特点及其相互关系，研究法的内部联系和调整机制，研究法与其他社会现象的联系、区别及相互作用。法学应当属于人文社会科学，人们一般将科学划分为社会科学、人文科学和自然科学。在这一分类标准下，我们把法学界定为一种存在于社会科学和人文科学之间的知识形态。所以B选项错误。

2. 答案：AB

解析：法理学是对每一法学学科中带有共同性、根本性的问题和原理的考察，而部门法学只研究本部门的具体问题，所以两者是一般与特殊的关系，A项正确。法理学为研究法律制度、推动法学发展提供方法论，对于部门法学的立场、观点和方法供给养料，B项正确。法理学属于理论法学，而民法学、刑法学等部门法学才属于应用法学，C项错误。部门法学（法教义学）研究现行有效的法律规范，而法理学超越现行有效的法律规范，研究根本原理、根本概念，D项错误。

3. 答案：AB

解析：自然法学派产生于17世纪开始的资产阶级革命。从18世纪末开始，欧美等西方资本主义国家陆续出现了形形色色的法学思潮和流派，包括哲理法学派、历史法学派、分析法学派等。20 世纪 70 年代以后，出现了经济分析法学派、批判法学派、新马克思主义法学派、后现代法学派等。所以，选项中，产生于 19 世纪的法学流派是分析法学派和历史法学派。

4. 答案：AC

解析：马克思主义法学以辩证唯物主义和历史唯物主义为根本方法，A 项正确。马克思主义一方面认为，社会存在决定社会意识，经济基础决定上层建筑（包括法）；另一方面认为社会现象普遍联系并相互作用，经济基础之外的、同为上层建筑的其他因素（如政治、宗教、道德等）同样与法律有着普遍联系，并且对法律发挥着影响。所以，马克思主义法学承认经济以外因素对法律的影响。但是，这不是马克思主义法学与西方资产阶级法学的区别所在，有许多西方资产阶级法学流派（如法社会学），在研究法的社会作用、法律的实效、法律规则的生效条件时，都承认这些因素对法律的影响。所以 B 项错误。马克思主义法学认为法作为上层建筑的一部分，最终法是由社会物质生活条件决定的，C 项正确。马克思主义法学既承认法的阶级性和政治性，也承认法的相对独立性，即法的历史性与继承性，所以 D 项错误。

5. 答案：ABD

解析：马克思主义法理学认为，法律是统治阶级意志的体现，法律体现的是统治阶级的整体意志，而非某个统治者个人的意志，所以 A 项正确。法律具有双重功能，一重是政治统治，另一重是社会公共管理，所有的法律都同时体现这双重功能，B 项正确。社会存在决定社会意识，法作为社会的上层建筑，是由经济基础决定的，是经济关系的记录，故而 C 项错误。马克思主义法理学以辩证唯物主义和历史唯物主义为根本方法，其认为法律既体现统治阶级意志，又受到特定社会物质条件的制约，其中阶级意志性是法浅层次的本质，物质制约性是法深层次的本质，故而 D 项正确。

二、论述题

参考答案：(1) 法理学与法哲学都可以在广义和狭义上使用，广义上两者是等义的，今天一般也不区分使用。在狭义上，法理学等同于法理论（国家与法的理论），它是研究实在法的一般理论，与传统的以法理念或价值哲学为取向的法哲学是相并列的分支。

(2) 法理学与部门法学的关系为何，要看对于法学知识体系构造的基本思路。如果以部门法学知识为逻辑起点，那么法理学就是对这些具体知识之上的一般性概念、原理的归纳和提炼，那么它就是部门法学的高阶理论；如果以法理学为法学知识的起点，认为法理学是任何部门法学“最薄的”共通原理，只有掌握了这套原理才能去构造和学习部门法知识，那么它就是部门法学的基础理论。

第一章　法的概念与本质

第一部分　本章知识点速览

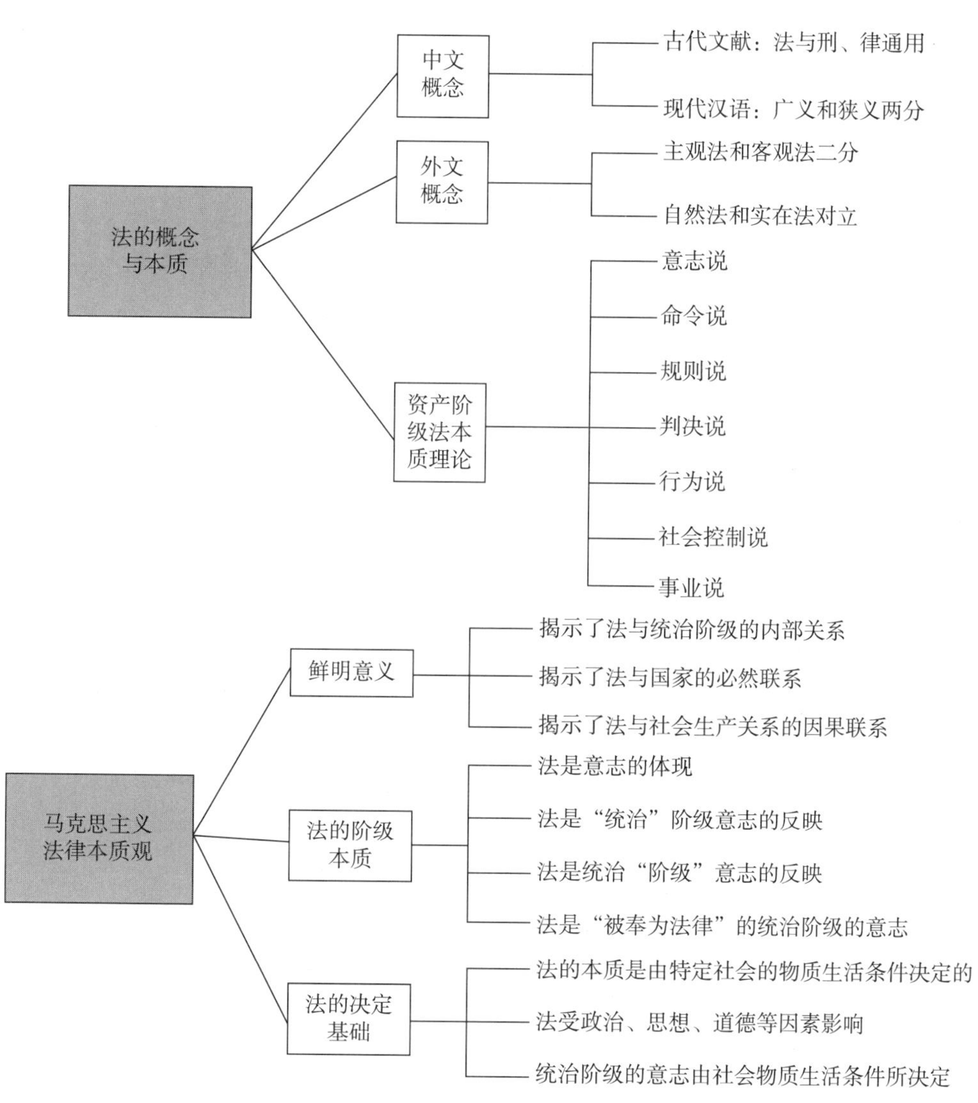

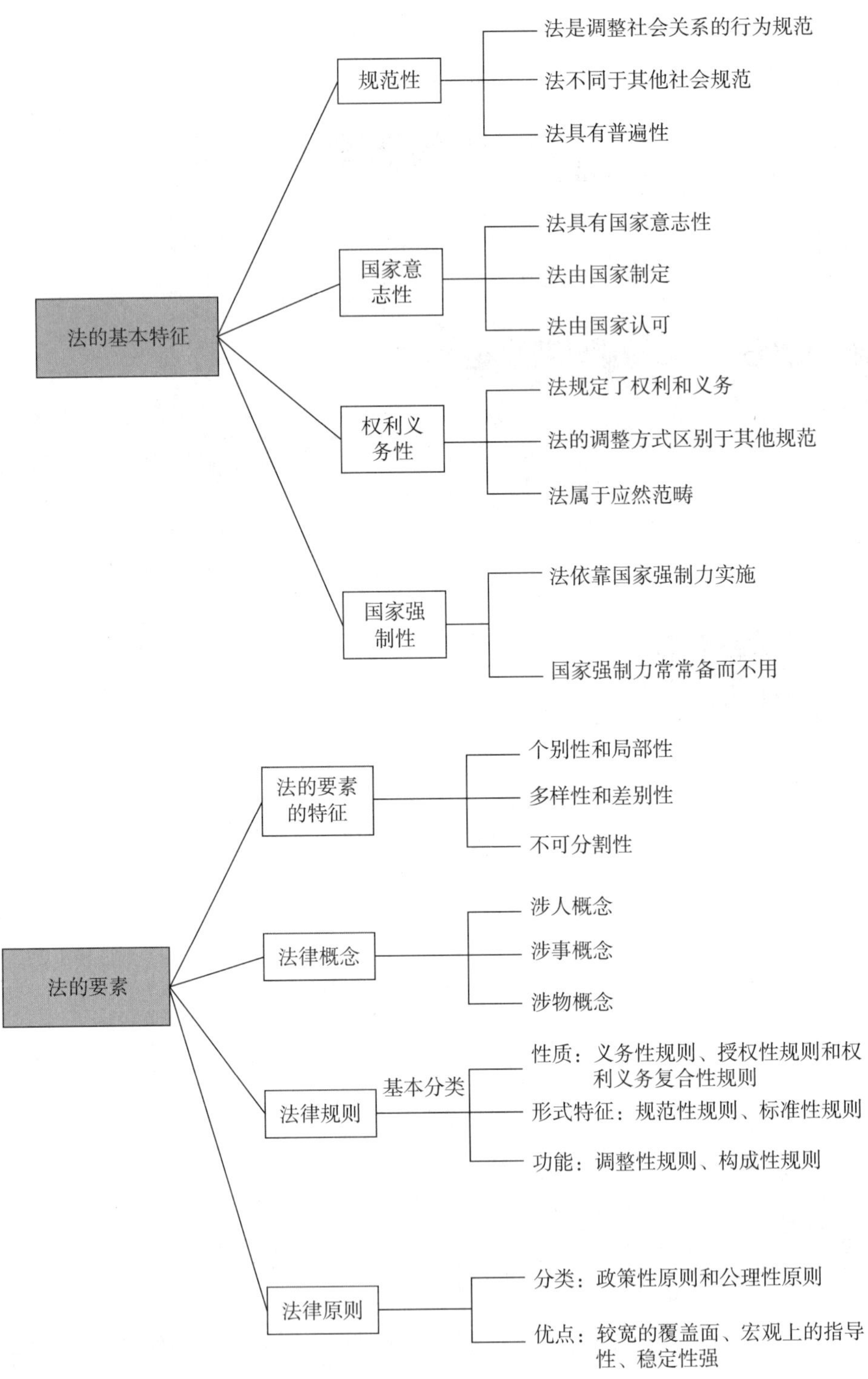
法的基本特征
规范性
法是调整社会关系的行为规范
法不同于其他社会规范
法具有普遍性
国家意志性
法具有国家意志性
法由国家制定
法由国家认可
权利义务性
法规定了权利和义务
法的调整方式区别于其他规范
法属于应然范畴
国家强制性
法依靠国家强制力实施
国家强制力常常备而不用
法的要素
法的要素的特征
个别性和局部性
多样性和差别性
不可分割性
法律概念
涉人概念
涉事概念
涉物概念
法律规则
基本分类
性质：义务性规则、授权性规则和权利义务复合性规则
形式特征：规范性规则、标准性规则
功能：调整性规则、构成性规则
法律原则
分类：政策性原则和公理性原则
优点：较宽的覆盖面、宏观上的指导性、稳定性强

第二部分　本章核心知识要点解析

第一节　法的概念

一、汉语中的“法”“法律”及相关概念

（一）难度与热度

难度：☆　热度：☆

（二）基本理论与概念

1. 汉语中法的古体是“灋”：法与刑通用，体现公平和威严。

2. 在古代文献中，法也与律通用。

3. 在现代汉语中，法律具有广义和狭义两种用法：广义的法律指法律的整体；狭义的法律指全国人大及其常委会制定的法律。

（三）疑难点解析

对于法学初学者来说，抽象地理解“法”这个语词和概念具有一定的难度。本节内容主要是介绍法律这个词的词源基础及变迁。不同时代、不同文化背景下的人们在使用法这个语词的时候，对其内涵的理解和采取的态度都是不同的。因此，学习本节内容，需要开阔的视野和清晰的思辨。首先，虽然古代与现代都使用法这个词，但在不同时代，法律的内涵和发挥的功能都是不同的，所以不应将此处法的概念、内涵与本章后面关于法的本质的知识点相混淆。其次，无论是汉语中的法，还是西方语境下各种表达法的语词（law，Recht），都是一种文化符号，即把本质上属于法的那个事物通过这些语词表达出来。虽然语词千差万别，但这些语词背后的法律这种事物具有客观性。

（四）拓展延伸阅读

水若不能“循道而流”而肆意泛滥，它就会毁坏一切，人类就会失去生命的依托；人若没有“准则”，譬如“德性”与“法”，世界就犹如“洪水”无常无序。然而，要把无拘无束的水引入河道，并不是一件易事。除了具有熟知“水性”的经验，也须具有开沟引渠必要的丈量工具。《史记·夏本纪》中就有夏禹治水“左准绳，右规矩”“行山表木，定高山大川”的记载。“准绳”与“规矩”这些概念在中国早期的形成，肯定与中国古人对水以及治水的经验有着密切的关联。在有关作为“准（绳）”的“法”的早期概念中，“水”大体提供了两个面向，一是由治水的丈量工具所提供的对“水”的“规范行为”（引水入河道）经验的援用：“准绳”对治水的意义对“治人”照样有用；二是中国古人对“静止的水”的观审中，体认到水自身所具有的“准绳”意象。荀子、庄子以及孔子对静止的水的物象所建构的“法”的意义，是中国法概念不同于西方“罗马—日耳曼”法文化最精彩的一笔。

——王人博．水：中国法思想的本喻．法学研究，2010（3）．

二、外文中的“法”“法律”及相关概念

（一）难度与热度

难度：☆　热度：☆

（二）基本理论与概念

1. 外文中的法与法律的语词更为复杂，很多语言中的“法”用不同的词语来指代法的广义和狭义内涵。

2. 一些国家的“法”的语词具有多重含义，比如德文中的Recht既具有“法”的意思，也具有“权利”“公正”的意思。

（三）疑难点解析

本部分内容主要以西方国家中的“法”的含义作为知识点。西方法律文化历史悠久，发展历程复杂，由于语言多元，“法”在不同的国家有不同的语词，而且有多重含义。本部分内容的学习可以与《外国法制史》相结合，此处仅作为比较对照的素材进行了解便可。教材中提到一些国家的法律具有多重含义，学者于是对主观法和客观法进行了区分。这个知识点对于初学者来说在理解上具有一定难度，需要结合“法的价值”这部分知识点才能更好理解。客观法强调的是法律客观存在的意义，即法律被立法机关制定出来，在一个国家中开始实际地生效，比如我国制定《个人信息保护法》，意味着这部法律在我国客观地存在和生效。而这部法律对个人信息加以保护，规定了个人在信息上的各种权利，个人在主观上享有这些权利，可以按照自己的意愿行使，这体现了法律的主观方面，即个人按照法律在主观上享有权利，可以按照个人意志提出合法诉求。

第二节　法的本质

一、资产阶级法学家关于法的本质的论述

（一）难度与热度

难度：☆☆　热度：☆☆

（二）基本理论与概念

资产阶级法学家关于法的本质的代表性论述有以下几种（见下表）。

理论学说	主要内容	代表性人物
意志说	法是意志的体现，意志是自由的，自由构成了法的实体和规定性	卢梭、黑格尔
命令说	法是主权者所发布的命令	霍布斯、边沁、奥斯丁
规则说	法律是一个社会为决定什么行动应被公共权力惩罚或强制执行而直接或间接地使用的一批特殊规则	哈特
判决说	法律是在司法判决中所展现和规定的东西	格雷、卢埃林、弗兰克
行为说	法存在于可以观察的行为之中	布莱克

续表

理论学说	主要内容	代表性人物
社会控制说	法律是高度专门化的社会控制形式	庞德
事业说	法是使人们的行为服从规则治理的事业	富勒

（三）疑难点解析

本部分内容是对西方法律思想史中出现的关于法的本质的各种不同理论学说的高度提炼，可以与西方法律思想史课程结合起来学习。在本章中，学生只需要初步理解每种学说的基本立场，识记每种学说的代表性任务便可。法的本质不同于上一节的法的概念或语词，本质指向的是一个事物自身的属性或结构，语词指向的则是表达某个事物的符号。

由于法律实践非常复杂，包括立法、司法、执法等各个环节，同时受到文化、历史、政治等因素的影响，因此法律呈现为多种"面孔"，比如法律所规定的内容可能非常完善和完美，但在司法裁判的过程中受到法官的意识和裁判技艺的限制，裁判结果与法律规定并非完全一致，因此"判决说"的支持者主张法律的本质不在于立法者所规定的内容，而是法官在实际司法裁判中是如何判决的。在思想史中，不同思想家针对法律实践的不同突出特征而提出了关于法律的本质之主张，在几个世纪的思想长河中贡献了关于法律的真知灼见，加深了我们对法律的认识。但是，正如马克思深刻揭示的，这些关于法律的本质学说只是揭示了法律实践的某个切面，反映了资产阶级的阶级立场，并未完全揭示出法律的最根本属性，因此具有局限性。

二、马克思主义经典作家关于法的本质的论述

（一）难度与热度

难度：☆☆　热度：☆☆

（二）基本理论与概念

1. 认识法律本质的一组范畴：现象和本质。现象是法律本质的外在体现，并不是本质，但可以揭示本质。

2. 马克思主义创始人对法学的贡献：从辩证唯物主义和历史唯物主义揭示了法律的本质。

3. 马克思主义法学的主要文献：

（1）《德意志意识形态》：法律是国家意志的体现。

（2）《共产党宣言》：法律体现了阶级意志，最终由社会物质生产条件所决定。

（3）对黑格尔的法哲学批判：法的关系根源于物质生产关系。

4. 马克思主义法本质论与资产阶级法本质论的区别。

资产阶级法学家通常诉诸抽象的人性、精神世界、权力意志来寻找法的本源，马克思主义经典作家深入法律现象背后，深刻揭示了资产阶级法学家所忽视的法律深层本质，主要体现在三个方面：

（1）揭示了法与统治阶级的内在关系；

（2）揭示了法与国家的本质联系；

(3) 揭示了法与社会生产方式的因果联系。

三、法的阶级本质

(一) 难度与热度

难度：☆　热度：☆

(二) 基本理论与概念

1. 法是统治阶级意志的体现

我国法学界将马克思主义关于法的本质的学说总结为：法是统治阶级意志的体现→统治阶级泛指在经济、政治、意识形态上占支配地位的阶级。

2. 具体内涵：

(1) 法是意志的体现。

(2) 法是“统治”阶级意志的反映。

(3) 法是统治“阶级”意志的反映。

(4) 法是“被奉为法律”的统治阶级的意志。

四、法的本质是由特定社会的物质生活条件决定的

(一) 难度与热度

难度：☆　热度：☆

(二) 基本理论与概念

1. 彻底认识法的本质，认识法产生和发展的规律，还必须深入到那些决定着统治阶级意志或人民意志的社会物质生活条件之中。

2. 社会物质生活条件指与人类生存相关的地理环境、人口和物质资料的生产方式，其中物质资料的生产方式是决定性的内容。

3. 除了社会物质生活条件外，政治、思想、道德、文化、历史传统、民族、科技等因素也对统治阶级的意志和法律制度产生不同程度的影响。

4. 在法的意志性与社会物质生活条件制约性的关系上：统治阶级的意志和社会物质生活条件是其不同层次的本质。

(三) 疑难点解析

马克思主义关于法律本质的学说是法理学学习的核心内容，其意义重大。

首先，法律的本质是法理学需要研究的基础命题，自古以来也是大量思想家不断探索的一个核心问题。资产阶级理论家关于法的本质的阐述对于理解法律现象和推动法律实践具有重要意义，但始终未能揭示出法律的真正本质。马克思主义创造性地、真理性地揭示出法律的阶级意志性和社会物质生产条件属性，属于法学的“哥白尼革命”。

其次，在学习马克思主义关于法律本质的学说时，应当将本节二、三、四部分的内容结合起来，作为一个整体。第二部分作为理解马克思主义关于法的本质学说的文献和思想背景，第三部分从法的阶级意志属性展示了法律现象背后的统治阶级意志，第四部分则更进一步，揭示了统治阶级意志背后的社会物质生活条件。阶级意志与社会物质生活条件之间存在辩证统一关系。通过法的统治阶级意志属性和社会物质属性的结合，可

以充分地揭示出决定法律的真正力量。

最后，学习本节内容，需要采取发展和动态的眼光。马克思主义关于法的本质是真理性的，但具体呈现形式会随着时代变化和受其他社会因素的影响而不断发展。所以我们不能采取教条的方式理解马克思主义法律观，而是在实践过程中结合具体的社会生活条件而不断加以发展和充实。同时，马克思主义法律观也不排斥文化、历史和地理等因素对法律现象所产生的影响，这些因素都会对法律的制定、执行产生积极的促进作用或消极的阻碍作用，因此不能忽视，也不能将它们视为法的阶级意志性和社会物质属性的否定因素。

(四）拓展延伸阅读

思想、观念、意识的生产最初是直接与人们的物质活动，与人们的物质交往，与现实生活的语言交织在一起的。人们的想象、思维、精神交往在这里还是人们物质行动的直接产物。表现在某一民族的政治、法律、道德、宗教、形而上学等的语言中的精神生产也是这样。人们是自己的观念、思想等等的生产者，但这里所说的人们是现实的、从事活动的人们，他们受自己的生产力和与之相适应的交往的一定发展——直到交往的最遥远的形态——所制约。意识在任何时候都只能是被意识到了的存在，而人们的存在就是他们的现实生活过程。如果在全部意识形态中，人们和他们的关系就像在照相机中一样是倒立成像的，那么这种现象也是从人们生活的历史过程中产生的，正如物体在视网膜上的倒影是直接从人们生活的生理过程中产生的一样。

——马克思，恩格斯．德意志意识形态（节选本）．北京：人民出版社，2018：16－17.

从本质上来说，法律是经济关系的意志表达。“人们的生活自古以来就建立在生产上面，建立在这种或那种社会生产上面，这种社会生产的关系，我们恰恰就称之为经济关系”。经济关系在资本主义社会阶段，主要通过契约关系加以表达。“这种具有契约形式的（不管这种契约是不是用法律固定下来的）法的关系，是一种反映着经济关系的意志关系。这种法的关系或意志关系的内容是由这种经济关系本身决定的。”“生产当事人之间进行的交易的正义性在于：这种交易是从生产关系中作为自然结果产生出来的。这种经济交易作为当事人的意志行为，作为他们的共同意志的表示，作为可以由国家强加给立约双方的契约，表现在法律形式上，这些法律形式作为单纯的形式，是不能决定这个内容本身的。这些形式只是表示这个内容。这个内容，只要与生产方式相适应，相一致，就是正义的；只要与生产方式相矛盾，就是非正义的。”只有符合正义要求的，才能被制定成法律规则，进而作用于社会关系。例如，“只要生产力还没有发展到足以使竞争成为多余的东西，因而还这样或那样地不断产生竞争，那么，尽管被统治阶级有消灭竞争、消灭国家和法律的‘意志’，然而它们所想的毕竟是一种不可能的事”。在这样的情况下，法律规则必定要体现经济关系要求的竞争关系。也就是说，一旦生产力的发展使以资本竞争为基础的社会竞争不再必要时，社会就必然消除竞争，随之法律规则也必然不再以此作为设定目标。

——蒋传光．马克思主义法学的基本原理及其科学意义．法律科学，2018（6）.

第三节 法的基本特征

一、法是调整社会关系的行为规范

（一）难度与热度

难度：☆☆ 热度：☆☆

（二）基本理论与概念

1. 法的规范性：法是调整社会关系的行为规范。

2. 调整对象：社会关系。

3. 独特性：法是一种不同于其他规范的社会规范。

①法在形式上具有规范性、一般性、概括性的特征。

②法具有指引、评价、预测、教育和强制等规范作用。

（三）疑难点解析

法的特征是与法律本质紧密关联的。法律本质指的是法律的内在属性，法律的特征则是法的内在属性的体现。本质和特征是一组辩证统一的概念范畴，本质是内在属性，特征是外在标识。

法是调整社会关系的行为规范，在法理学教材中一般界定为“法的规范性特征”。规范性是一个相对抽象的概念，在哲学上有很多讨论。社会规范通常都具有规范性，比如法律、道德、宗教和礼仪规范等。但不同的社会规范的规范性，体现是不同的，比如道德的规范性体现在影响人们的道德观念和行为上，礼仪规范则通常只影响外在的行为表现，比如中国古代的跪拜礼。法律的规范性指的是法律作为一种规范，能够指引人们的行为并作出相应的评价。

要深入地理解法的规范性特征，可以从两个方面切入。第一，法律调整的是社会关系。社会关系是一个很宽泛的概念，可以说在社会发展中，只要涉及人们的社会交往和互动，就存在社会关系，也就存在法律进行规范的可能。这一点区别于道德规范，道德规范通常只调整人们在道德生活中的行为。第二，法的规范性具有独特性。道德规范的规范性与道德的内容相关，比如“不可欺骗他人”的规范能够对人们产生约束力，是因为欺骗是一件损害他人利益、破坏社会合作的行为。法律的规范性并不来自法律规定的内容，而是来自法律是由权威性的立法机关制定这个事实。比如在特定路段限速 70 千米/小时（而不是 75 或者 80 千米/小时）的规定，并不是因为 70 千米/小时的限速能够最大限度地保障交通安全，而是因为这是立法者的决定，所以对人们的驾驶产生指引和评价作用。

（四）拓展延伸阅读

无论何时法律提出一项让你做某事的义务或要求，都向我们传递了一个双重信息：你应当这么做，以及你应当这么做，因为法律是这样规定的。当法律规定了某种特定的行为模式时，它意在制造一种实践差异（practical difference），亦即这样做是法律所要求的。如果你回想一下加州高速公路的电子路标关于手机使用免提的规定，这些路标规定得恰到好处：它们提醒我们应当使用免提设备，因为“这一规定就是法律”！这是道德要求以及其他社会规范不同于法律的一个十分关键的方面。当你面对一项行为的道德理由并且在此情形下将它施加给你时，或者当你被告知有一个社会规范要求你做某事时（比方说，向熟人问好或者带瓶葡萄酒去参加晚宴），如果你要问“是谁这么说的”，这将是十分荒唐而又无益的。当然，没人会这样做；这不是一个相关的问题。但是在法律场合，却时常会这么问。这常常关系到，它是法律（或一些特定的法律权威）这样说的。对法律规范性之解释的主要挑战之一恰恰是要解释行动理由与“是谁这么说的”这一问题的答案相关性之间的联系。

——安德瑞·马默. 法哲学. 孙海波，王进，译. 北京：北京大学出版社，2014.

二、法是由国家制定或认可的行为规范

（一）难度与热度

难度：☆　热度：☆☆

（二）基本理论与概念

1. 法律规范是社会规范中的一种。它区别于其他社会规范的首要之点在于：法律规范是由国家制定或认可的普遍适用于一切社会成员的规范。

2. 国家制定的法是“成文法”，国家认可的法是“习惯法”。

3. 法具有国家意志的属性，因此具有高度的统一性和极大的权威性。

（三）疑难点解析

法是由国家制定或认可的行为规范，通常指的是法的国家意志性。这是法律与其他形式的社会规范之间的重大差别。道德规范、宗教规范、经济规范等都是自发地在社会生活中发挥规范意义，而不需要国家专门的认可。但需要注意的是，这些规范无须国家认可，并不意味着与国家制度和法律没有关系。国家可以基于社会生活的需要将道德规范和经济规范纳入法律规定之中，提升它们的权威性和社会意义。比如我国将社会主义核心价值观写入法律，是为了通过法律的保障使得社会主义核心价值观得到更好的贯彻和遵守。

法的国家意志性体现为两种形式。第一种是国家制定，即将国家意志通过创制法律的形式表达出来，比如我国为了更好地促进社会主义市场经济的发展，保障各种社会主体的民事权益，以制定《民法典》的形式将这种意志表达出来。第二种是国家的认可，即通过立法机关或司法机关赋予某些习惯、教义、礼仪以法律效力的形式体现国家意志。这种形式的意志表达不需要国家主动创制一些规范，而只需要把社会中既有的规范加以认可和确认便可。我国存在很多商事交易习惯，比如拍卖中的“三声报价法”，是拍卖活动中长期存在的交易习惯，我国司法实践认可这种报价法的效力，体现的是国家意志的认可。

三、法是规定权利和义务的社会规范

（一）难度与热度

难度：☆☆ 热度：☆☆☆

（二）基本理论与概念

1. 法是通过规定人们的权利和义务，以权利和义务为机制，影响人们的行为动机，指引人们的行为，调节社会关系的。

2. 法的这种调整和指导方式也使它与道德、宗教和习惯相区别。

（1）道德和宗教主要强调义务，通过义务来培养人们的道德感和宗教情怀。

（2）习惯是一种长期形成的行为模式，但并不具有强制性。

（3）社会规范（党章、公司的规定）虽然也规定权利和义务，但这些权利义务规定在内容、范围和实施方式上与法律有较大差别。

3. 法以规定人们的权利和义务为主要内容，所以法属于“应然”的范畴，而不属于“实然”的范畴。

（三）疑难点解析

1. 法律规定了权利和义务，因此具有权利义务性。权利义务性是法律的一项重要特征，是法律区别于其他社会规范的重要标志。法律所规定的权利和义务也是法律的内容。需要注意的是，法律所规定的权利和义务与本书第五章“法律关系”中的法律权利和法律义务在内涵上存在不同。本部分所讲的权利和义务指的是法律通过在法律规范中规定人们所享有的权利和承担的义务对人们的行为进行指引，比如《民法典》第240条规定“所有权人对自己的不动产或者动产，依法享有占有、使用、收益和处分的权利”。这一条指的是法律赋予人们物权，所有权人可以行使这种权利。在法律关系中，权利和义务则限定在产生法律关系的特定当事人之间的主张。比如张三的电脑被李四占有，张三有权利主张李四返还该电脑。

2. 本部分同时也提到一对范畴，即应然和实然。应然和实然属于哲学中比较重要的一组范畴，但也存在理论上的争议。本部分知识点可以这样来理解。实然的内涵是客观的规律性，只要一种条件达到，则结果就会出现。比如万有引力定律是实然的，把一个篮球从三层楼上扔下去，则篮球必然会落地。应然的内涵指的是当一种条件成就时，则应该会出现某种结果，但不必然会出现。结果的出现会受到条件和环境的影响。法律所规定的权利和义务是应然的，指的是当我们说存在某种权利时，则应该会出现某种权利受尊重和保护的结果；存在某种义务时，则应该会出现义务得到遵守的结果。比如，张三对自己的电脑享有所有权。在应然的意义上，张三的所有权应当得到保护，其他人不能侵犯。但实际上，李四可能会将电脑偷走。因此，张三的所有权意味着他的权利应当受到尊重，但实际上可能会受到侵犯。这对于法律实践的启示是，我们应当强化人们的权利和义务观念，形成尊重权利和履行义务的意识；同时也要优化法律实施机制，使得权利得到充分保障，义务得到充分履行。

3. 法律所规定的权利和义务是相辅相成、缺一不可的。但权利和义务内涵不同，其所体现出的价值也有差异。在我国法律思想发展历程中，也曾出现“权利本位论”与“义务本位论”之争。权利强调了对个人利益和权益的尊重，义务则强调个人所承担的特定责任和约束。在现代社会，基于对个人尊严和权利的尊重和保障，权利本位论已经成为理论和法律实践的共识。

（四）拓展延伸阅读

凡是以权利为本位的法律制度都有这样一些突出的特征（或者说基本原则）：1. 社

会成员皆为权利主体，没有人因为性别、种族、肤色、语言、信仰等差异而被剥夺权利主体的资格，或在基本权利的分配上被歧视。2. 在权利和义务的关系上，权利是目的，义务是手段，法律设定义务的目的在于保障权利的实现，权利是第一性的因素，义务是第二性的因素，权利是义务存在的依据和意义。3. 在权利和权力的关系上，公民、法人、团体等权利主体的权利是国家政治权力配置和运作的目的和界限，即国家政治权力的配置和运作，只有为了保障主体权利的实现，协调权利之间的冲突，制止权利之间的互相侵犯，维护权利平衡，才是合法的和正当的。4. 在法律没有明确禁止或强制的情况下，可以作出权利推定，即推定为公民有权利（自由权）去作为或不作为。5. 权利主体在行使其权利的过程中，只受法律所规定的限制，而确定这种限制的唯一目的在于保证对其他主体的权利给以应有的同样的承认、尊重和保护，以创造一个尽可能使所有主体的权利都得以实现的自由而公平的法律秩序。

——张文显. “权利本位”之语义和意义分析——兼论社会主义法是新型的权利本位法. 中国法学，1990 (4).

四、法是由国家强制力保证实施的社会规范

（一）难度与热度

难度：☆☆ 热度：☆☆

（二）基本理论与概念

1. 不同社会规范的强制性在性质、范围、程度和方式等方面是不尽相同的。

（1）道德的强制性依赖于人们的内心信念和社会舆论。

（2）社会组织的强制性通过组织处分来实现。

（3）法律的强制性是由国家强制力保证实施的。

2. 法依靠国家强制力保证实施是指国家强制力是法的最后一道防线。

3. 法是由国家制定或认可并依靠国家强制力保证实施的，反映由特定社会物质生活条件所决定的统治阶级意志，规定权利和义务，以确认、保护和发展对统治阶级有利的社会关系和社会秩序为目的的行为规范体系。

（三）疑难点解析

强制性指的是特定规范对行为的要求和指引是不以规范对象的意志而改变的。不同的社会规范在强制性的体现上是不同的。虽然道德的规范性需要以人们的道德认同加以体现，但道德规范也是具有强制性的，只不过这种强制性是通过社会外在压力改变人们的内心信念来实现的。

另外也要区分法律的强制力和暴力。强制力指的是国家能够让公民服从法律的能力，但这种能力不等同于暴力。当法律规定汽车在高速公路上禁止超速时，司机遵守这条规则就是法律强制力的体现，也即法律的规定对司机产生了实际的约束。所以，强制力和法律的规范性是相关的。但在一些特定的情况下，法律的强制力会以暴力的形式呈现，比如对于罪行严重的犯罪分子施加徒刑，甚至是死刑。

第四节 法的要素

一、法的要素的特征

（一）难度与热度

难度：☆☆ 热度：☆

（二）基本理论与概念

1. 法律要素是法律系统的构成元素。

2. 法律要素的特征：

（1）个别性和局限性：法的要素表现为在系统中有机联系的一个个元素或个体。

（2）多样性和差别性：不同的要素在系统中呈现为不同的地位和作用。

（3）不可分割性：法律要素作为法律系统的构成元素，对于系统来说是不可分割的。

3. 当代中国法律体系的要素可简化为法律概念、法律规则和法律原则。

（三）疑难点解析

法的要素这个概念对于初学者来说会比较抽象。法律是一个系统，指的是法律是由不同的要素和成分构成的。要素是构成这一系统的组成部分。世界上的事物很多都可以被视为一个系统，比如一个西瓜可以是一个系统，而构成这个系统的要素是瓜皮、瓜瓤和瓜子。这三个要素共同构成了西瓜这一个系统。法律是一个复杂的系统，可以从不同的角度进行剖析分解。本章所采取的一种立场是，从法律所表现出来的形式来理解法律的系统性。在社会实践中，法律所表现出的形式是法律规范，即能够规范和指引人们的社会行为的权威性社会规范。在实践中，这种规范主要表现为法律概念、法律规则和法律原则。

二、法律概念

（一）难度与热度

难度：☆☆ 热度：☆☆

（二）基本理论与概念

1. 法律概念是对各种法律事实进行概括，抽象出它们的共同特征而形成的权威性范畴。

2. 法律概念以其涉及的内容为标准，大体分为涉人概念、涉事概念和涉物概念。

（1）涉人概念是关于人的概念：公民、合伙人、法人、近亲属、法官。

（2）涉事概念是关于法律事件和法律行为的概念：选举投票、合宪性审查、紧急避险。

（3）涉物概念是具有法律意义的有关物品及其质量和数量、时间、空间等无人格的概念：动产、不动产、标的、国家财产。

3. 法律概念与权利和义务相关联。

4. 在法的体系中，概念的特点和独特功能是：它对法律事实进行定性，从而为人们认识和评价法律事实提供必要的结构。

（三）疑难点解析

法律概念是理解法律规范和法律现象的一个重要因素。法律现象是纷繁复杂的，比如在司法实践中，世界上没有完全相同的两片树叶，也没有完全相同的两个案件，每个案件的事由和发生过程都不是完全相同的，但在不同的案件中，人们使用相同的概念进行分析，比如“故意”“损失”“原告”“被告”等。通过使用这些概念，法律事实之间的共同特征就可以呈现出来。

学习本部分内容，要能够对不同的法律概念类型进行区分。划分法律概念的主要依据是概念所涉及的内容。如果与人相关，则是涉人概念。如果与社会中发生的事件或行为相关，则是涉事概念。比如张三在面临歹徒持刀威胁的时候，通过抢夺刀具把歹徒刺伤而脱离危险。正当防卫是对张三的防卫过程所作出的高度概括。

注意法律概念的特点和功能。如果没有法律概念，人们就无法理解法律现象，也无法解决法律难题。如果我们不能对张三的行为进行准确的概念定性，那么就无法正确地评价张三对歹徒的刺伤行为是合法还是非法，可能就会定性为故意伤害。正是因为存在正当防卫这个概念，所以我们不仅能够对张三防卫行为的“自然性质”——歹徒流血、倒地——作出判断，也能够对行为的“社会性质”——受到威胁时的防卫行为——作出判断，从而最终对行为的“法律性质”——合法的防卫行为——作出判断。

（四）拓展延伸阅读

“法律概念”（legal concepts，Begriffe im Recht）不同于法理论中经常运用的“法概念”（the concept of law，Rechtsbegriff），尽管在有的中文文献中并没有区分这两种表述。无可置疑，法理论的核心问题是法概念的问题，即“法是什么”；而法律概念涉及的是那些具有法律意义、在法律活动中得以适用的具体概念，如公民、所有权、死刑等。同时，本文所谓的“法律概念”是在广义上而非在狭义上来使用的。狭义上的法律概念指的是为法律和法学所独有、具有特定之法律意义的概念，如无因管理、紧急避险。而广义上的法律概念指的则是一切具有法律意义的概念，它既包括狭义上的法律概念或者说专门概念，也包括其他可能起源于日常生活但具有法律意义的概念，如自然人、财产。有学者将它们分别称为首要概念与次要概念，或者真正的法律概念（或“专业法律概念”“纯法律概念”）与法律上相关的概念。本文认为没有理由从一开始就将后一类概念排除在外。相反，一种关于法律概念的一般法理论研究应当同时关注这两类概念，并成为它们的共同基础，否则就将割裂法律概念论与一般概念论之间的联系。因此，“法律概念”应被理解为在法律和法学活动中所使用的一切具有法律意义的概念。

在此基础上，关于“法律概念”的一般法理论研究主要包括四个层面：（1）性质论，即法律概念究竟是什么；（2）类型论，即法律概念可以被分为哪些类别；（3）体系—结构论，即不同类型之法律概念是否能，以及如果能的话以何种方式被构造为一个有序的整体；（4）功能论，即法律概念在法律活动，尤其是在法律推理活动中的作用。这四个方面当然是相互联系在一起的，尤其是第 2 和第 3 方面，因为划分类型的依据往往预设着构造体系的方式。但本文并不想对法律概念的所有理论层面依次进行教科书式的铺陈，而是打算集中讨论性质论和功能论两个层面。分类标准往往受制于区分的角度和目的，基于角度和目的的多样性，法律概念的分类从逻辑上讲几乎是无限的。法律概念的体系结构问题则十分复杂且本身存疑，需要另行处理。而不论持何种分类标准和体系观，法律概念的性质论和功能论都是任何相关的法理论回避不了的问题。

——雷磊. 法律概念是重要的吗. 法学研究，2017（4）.

三、法律规则

（一）难度与热度

难度：☆☆　热度：☆☆☆

（二）基本理论与概念

1. 规则的内涵：规则是指具体规定权利和义务以及具体法律后果的准则，或者说是对一个事实状态赋予一种确定的具体后果的各种指示和规定。

规则的逻辑结构：假定＋行为模式＋法律后果

2. 法律规则的分类（见下表）：

划分标准	类型	内涵
性质	义务性规则	直接要求人们从事或不从事某种行为的规则。义务性规则依其规定人们行为的方式，分为命令式规则和禁止式规则
	授权性规则	指示人们可以作出或可以要求别人作出一定行为的规则
	权利义务复合性规则	兼具授予权利和设定义务两种性质的法律规则
特征	规范性规则	规范性规则的“假定”“行为模式”“后果”，都是明确、肯定和具体的，且可以直接适用，而不需要加以解释
	标准性规则	标准性规则的有关构成部分（事实状态、权利、义务或后果）不甚具体和明确，往往需要根据具体情况或特殊对象加以解释和适用
功能	调整性规则	调整性规则的功能在于控制人们的行为，使之符合规则概括出来的行为模式
	构成性规则	构成性规则的功能在于组织人们按照规则授予的权利（权力）去活动

3. 规则的优点和独特功能：（1）微观的指导性；（2）可操作性；（3）确定性和可预测性。

（三）疑难点解析

法律规则是法理学学习中的重点内容，也是各种考试常考的知识点，需要重点掌握。法理学中对法律规则的研究文献非常丰富，教材所列的知识点属于理解法律规则的基础知识，主要展现了法律规则的逻辑结构和类型，相对来说并没有理论上的疑难。

1. 关于法律规则的逻辑结构：规则具有很强的逻辑属性。关于规则在逻辑上由几个要素构成，在理论上存在争议。本教材采取的是通说，即分为三个要素：假定、行为模式和法律后果。“假定”指的是法律规则所规定的行为模式的条件，即什么人、什么时间、什么背景。“行为模式”指向人的行为，即人可以做什么、应当做什么、禁止做什么。法律后果是与行为模式相应的后果，符合行为模式，则得到肯定性后果，违背行为模式，则得到否定性后果。肯定性后果一般在法律中不做规定，而否定性后果必须在法律中明确加以规定。

2. 规则的三个要素是缺一不可的，缺少一个要素，都不是一个完整的规则。但注意，这里的三要素是逻辑意义上的，就如同人的逻辑要素是“能直立行走的会思想的动物”。当法律规则在法律条文中表达出来时，这三个要素并不需要都在条文中规定出来，否则条文会非常冗杂。比如《刑法》第389条规定：“为谋取不正当利益，给予国家工作人员以财物的，是行贿罪。”该条文只规定行为模式，而没有规定假定和法律后果。

3. 本书中关于法律规则的分类与一些教材中的分类有差异，其他教材中不太提及的是规范性规则和标准性规则的区分。规范性规则指的是假定、行为模式、后果等逻辑要素是非常明确的，无须解释即可适用。标准性规则则是指有关构成部分不太具体和明确，而需要解释之后才能适用的，比如《民法典》第147条规定：“基于重大误解实施的民事法律行为，行为人有权请求人民法院或者仲裁机构予以撤销。”重大误解是一个内容模糊的概念，需要先确定界限，才能准确适用。根据法律概念的内涵，大多数概念都需要根据具体情况加以解释，因此从本书的分类标准进行推断，大多数法律规则都是标准性规则。

（四）补充知识点

法律规则的其他分类：

1. 确定性规则、委任性规则和准用性规则（区分标准是规则内容的确定性程度）。

（1）确定性规则，指内容本已明确肯定，无须再援引或参照其他规则来确定其内容的法律规则。大多数法律规则都是确定性规则。

（2）委任性规则，指内容尚未确定，而只规定某种概括性指示，由相应国家机关通过相应途径或程序加以确定的法律规则。

（3）准用性规则指内容本身没有规定人们具体的行为模式，而是可以援引或参照其他相应内容规定的规则。

2. 强行性规则和任意性规则（区分标准是规则对人们行为规定和限定的范围或程度）。

（1）强行性规则，指内容规定具有强制性质，不允许人们随便加以更改的法律规则。义务性规则、职权性规则属于强行性规则。职权性规则又称权义复合规则，一方面被指示的对象有权按照法律规则的规定作出一定行为，另一方面作出这些行为又是其不可推卸的义务。职权性规则大多是有关国家机关组织和活动的规则。

（2）任意性规则，指规定在一定范围内，允许人们自行选择或协商确定为与不为、为的方式以及法律关系中的权利义务内容的法律规则。授权性规则一般都是任意性规则。

（五）拓展延伸阅读

在任何大型团体中，社会控制的主要工具一定是一般化的规则、标准和原则，而不是个别地对每一个个人所下的特定指示。唯有通过一般化的行为标准，才能够在没有随时发生进一步指示的情况下，让广大的人民能够理解，在某情况发生时，他们应该做什么。因此，如果一般化的行为标准无法被传播的话，就不可能有我们称为“法律”的东西存在。法律的内容所涉及的必须主要是（但不一定完全是）一整个阶层或种类的人、行为、事物与情况；而法律之所以能够成功地运作于范围广大的社会生活中，是因为社会的成员广泛地有能力将特定行为、事物和情况涵摄到法条文字所作的一般化分类中。

——哈特．法律的概念．许家馨，李冠宜，译．北京：法律出版社，2011.

在本质上，法律具有能极大地影响法律推理品格的特征。我认为这种特征有三个：一是每个国家的法律都构成一个法律体系（a system of law）；二是法律由规范或规则（norms of rules）组成——若非完全地也至少在显著程度上来说是如此；三是应用和遵守法律要求或预设了解释（interpretation）。认为这些特征单独属于法律是错误的。它们为一系列主要宗教和其他社会组织所分享。它们是所有制度化规范系统的标记，在较低程度上也显现于其他规范性领域中。但它们是法律的核心，它们赋予法律（还有宗教等）推理以特殊品质。法律的系统性（the systematic nature of law）、规则依赖性和解释相关性（dependence on rules and interpretation）——法律的这三个特征是紧密交互关联着的；作为结构性特征，据信它们影响了对法律推理而言普遍性的推理模式。换言之，法律推理正与任何其他推理一样，但进一步它同样表明了法律自身的特征，这些特征反映了法律的结构性（也可以说是形式性）品格。

——约瑟夫·拉兹．以规则来推理．雷磊，译．http://www.aisixiang.com/data/36639.html.

四、法律原则

（一）难度与热度

难度：☆☆　热度：☆☆☆

（二）基本理论与概念

1. 法律原则是指可以作为法律规则的基础或本源的综合性、稳定性原理和准则。

2. 原则可分为政策性原则和公理性原则两大类。

（1）政策性原则是国家为了实现经济和社会发展战略目标或实现某一时期、某一方面的任务而作出的政治设计或决策。

（2）公理性原则是从社会关系的本质中产生出来的，因此得到广泛承认并被奉为基本法理。

3. 政策性原则和公理性原则都可以分为基本原则和具体原则。

4. 在法的体系中，原则具有较宽的覆盖面、宏观上的指导性和强稳定性。

5. 在法的运行中，原则和规则之间具有两个重要区别：

（1）规则与原则的适用不同：规则的适用，要么有效，要么无效；原则的适用比较灵活。

（2）规则冲突与原则交错的解决方式不同：规则的冲突必有一方无效；原则的冲突则需要权衡二者的分量。

6. 立法应以规则为主体，而不应停留在一般原则上。在法律体系中，原则是必不可少的。

（三）疑难点解析

法律原则和法律规则属于紧密相关但又不同的两种法律要素。法律规则具有明确的逻辑结构，而法律原则是关于法律之精神和价值的抽象表达，因此缺乏明确的逻辑结构。

法律规则构成了法律条文的大部分内容，法律原则一般在法律的总则部分加以规定。在司法实践中，法律规则与法律原则相辅相成，共同构成了司法裁判的法律依据；但二者在适用方式上存在差异。在裁判时，法官首先要寻找法律规则，只有在法律规则无法解决疑难，或者适用法律规则明显不公正的情况下，才能适用法律原则。

（四）拓展延伸阅读

我刚刚提到的“原则、政策与其他种类的规范”。我通常使用“原则”一词泛指规则以外的规范；不过，我偶尔会更精确地区分原则与政策。尽管这项区分跟当下的讨论无关，我仍将说明我怎么区别它们。一项规范，如果提出一组应达成的目标——通常是社群的经济、政治或社会状况的提升（虽然有些目标是消极的，也就是，要求维持当下某些状况），我就称它为“政策”。一项规范，如果它之所以应该受到遵守，不是因为能够达成或确保可欲的经济、政治或社会状态，而是因为这是正义或公正或其他道德方面的要求，我就称它为“原则”。从而，“应减少车祸”是政策，“无人得由自身之错误获利”是原则。如果将原则解释为社会目标的陈述（换言之，“政策所欲达成之目标即有价值”这条原则），如果我们接受功利主义命题，也就是“正义原则是伪装下的目标陈述”（确保最大多数人的最大福利），这项区分就会崩溃。在某些脉络下，这项区分是有——在它不成立的状况下，也将不会存在的——用处的。

——德沃金．认真对待权利．孙健智，译．台北：五南图书出版股份有限公司，2013.

第三部分　拓展阅读文献、案例研习与同步练习

第一节　拓展阅读文献

1. 蒋传光．马克思主义法学的基本原理及其科学意义．法律科学，2018（6）.
2. 雷磊．法律规则的逻辑结构．法学研究，2013（1）.
3. 陈林林．法律原则的模式与应用．浙江社会科学，2012（3）.
4. 刘叶深．法律规则与法律原则：质的差别?．法律科学，2009（5）.
5. 范立波．论法律规范性的概念与来源．法律科学，2010（4）.
6. 王夏昊．法律原则的适用方式．学习与探索，2007（2）.

第二节　本章案例研习

案例名称：张某诉蒋某遗赠纠纷案（泸州情妇遗赠案）

（一）基本案情

四川省泸州市某单位职工黄某和蒋某于1963年结婚，但妻子蒋某一直未能生育，后来只能抱养了一个孩子。1994年，黄某认识了张某，并于次年同居。蒋发现这一事实后，对黄进行了劝告但没有奏效。1996年年底，黄和张公开租房同居，并以“夫妻”名

义生活，依靠黄的工资（退休金）及奖金生活，并曾经有过共同经营行为。

2001 年 2 月，黄在医院检查确诊自己已是肝癌晚期。在黄即将离世的日子里，张某面对旁人的嘲讽，坚持以妻子的身份在黄的病床边照料。黄于 2001 年 4 月 18 日立下遗嘱："我决定，将依法所得的住房补贴金、公积金、抚恤金和卖泸州市江阳区一套住房售价的一半（即 4 万元），以及手机一部遗留给我的朋友张某一人所有。我去世后骨灰盒由张负责安葬。"4 月 20 日，黄的这份遗嘱在泸州市纳溪区公证处得到公证。4 月 22 日，黄去世，张根据遗嘱向蒋索要遗嘱中涉及的财产和骨灰盒，但遭到拒绝。张遂向纳溪区人民法院提起诉讼，请求依据继承法等相关法律的规定，判令被告人蒋某按遗嘱履行交付义务，同时对遗产申请诉前保全。

（二）法院判决

从 2001 年 5 月 17 日起，法院经过 4 次开庭之后（其间曾一度中止，2001 年 7 月 13 日，纳溪区司法局对该公证遗嘱的"遗赠抚恤金"部分予以撤销，依然维持了住房补贴和公积金中属于黄某部分的公证。此后审理恢复），于 10 月 11 日纳溪区人民法院公开宣判，认为：尽管《继承法》中有明确的法律条文，而且本案中的遗赠也是真实的，但是黄将遗产赠送给"第三者"的这种民事行为违反了《民法通则》第 7 条"民事活动应当尊重社会公德，不得损害社会公共利益，破坏国家经济计划，扰乱社会经济秩序"，因此法院驳回原告张某的诉讼请求。

张某一审败诉后提起上诉。2001 年 12 月 28 日上午，泸州市中级人民法院开庭审理了此案，并当庭驳回张某的上诉。泸州市中院认为，按有关政策规定，抚恤金是死者单位对死者直系亲属的抚慰，黄某死后的抚恤金不是他的个人财产，不属遗赠财产的范围；黄某的住房补助金、公积金属夫妻共同财产，而黄某未经蒋某同意，单独对夫妻共同财产进行处理，侵犯了蒋某的合法权益。遗赠人黄某的遗赠行为虽系黄某的真实意思表示，但其内容和目的违反了法律规定和公序良俗，损害了社会公德，破坏了公共秩序，应属无效民事行为。上诉人张某要求被上诉人蒋某给付受遗赠财产的主张，法院不予支持。被上诉人蒋某要求确认该遗嘱无效的理由成立，法院予以支持。

（三）法理分析

本案是中国法治实践中的一个经典案例，虽然从发生至今已二十余年，但其法理学意义仍然非常显著。其中所涉及的核心问题即法律原则在司法裁判中的适用难题。在本案中，法律、人情、公德各种因素掺杂在一起，给司法判决增加了一定难度。一审和二审法官都以《民法通则》所规定的社会公德为由，否定了黄某所立遗嘱的法律效力。该案判决作出以后，在司法界和民众中获得了一致认同。

公序良俗原则的主要内涵是社会生活过程中逐渐形成的与每个社会成员相关的公共秩序和良好道德风尚，对培养人们的道德意识和巩固社会根基具有重要意义。我国《民法通则》和《民法典》都把社会公德确立为民法的基本原则，体现出社会公德的重要意义。在本案中，按照法院的判决意见，黄某与张某婚外同居的行为与社会关于婚姻忠诚的整体认识是相冲突的，有违社会公德。黄某立下遗嘱，将个人所有的财产遗赠给张某，并且通过公证处进行公证。黄某立下遗嘱是其真实意思表示和财产处置自由的体现，原《继承法》第 16 条规定："公民可以依照本法规定立遗嘱处分个人财产，并可以指定遗嘱执行人。公民可以立遗嘱将个人财产指定由法定继承人的一人或者数人继承。公民可以立遗嘱将个人财产赠给国家、集体或者法定继承人以外的人。”因此，按照《继承法》和《公证法》的相关规定，遗嘱行为是有效的。

然而，由于将财产遗赠给情妇的行为与公序良俗原则相冲突，因此《继承法》的相关法律规则与公序良俗原则之间出现了冲突，在这种情况下，是否应当适用法律原则，需要遵循法律规则与法律原则的适用条件。越过法律规则而直接适用法律原则的条件有两种：一是穷尽法律规则，适用法律原则。二是如果适用法律规则，则会引发不正义。按照本案案情，第一种条件并不适合。第二种条件相对来说具备，因为按照《继承法》的规定对黄某的遗赠行为进行法律认可，会造成对社会公德的破坏。审理该案的两级法院也持有类似立场。然而，法学学术界对于认可黄某的遗赠行为的合法性是否会导致不正义的问题存在不同的理论立场。

本案也可以从另外一个角度进行分析。黄某的遗赠行为是其真实意思表示的体现，按照民法中意思自治原则的内涵，法律应当尊重个人的意思自治行为。而按照公序良俗原则的内涵，黄某的遗赠行为当属无效，因此本案中出现了意思自治原则和公序良俗原则的冲突。按照法律原则的适用方式，当在一个案件中出现两个相互冲突的原则时，应该按照原则的分量进行权衡，分量重的原则胜出。按照本案的裁判意见，社会公德的分量要高于意思自治，因此被告能够胜出。

第三节 本章同步练习

一、选择题

1. 根据马克思主义法学观，原始社会的氏族习惯不属于法律的范畴，其主要原因有（　　）。（考研）

A. 它不是用语言或文字表述的

B. 它不是由国家制定或认可的

C. 它有过分浓厚的宗教、道德色彩

D. 它不是依靠法院、警察与监狱等机关保证实施的

2. 下列关于法律规则和法律条文关系的表述，正确的有（　　）。（考研）

A. 法律规则是法律条文的内容

B. 法律条文是法律规则的形式

C. 一个法律条文可能包含若干法律规则

D. 一个法律规则可以体现在若干法律条文中

3. 法是以国家强制力为后盾，通过法律程序保证实现的社会规范。关于法的这一特征，下列哪些说法是正确的？（　　）（考研）

A. 法律具有保证自己得以实现的力量

B. 法律具有程序性，这是区别于其他社会规范的重要特征

C. 按照马克思主义法学的观点，法律主要依靠国家暴力作为外在强制的力量

D. 自然力本质上属于法的强制力之组成部分

二、分析题

甲有3个儿子，最后一个乙是超生，乙幼时甲便将其送养他人。后来，甲的两个儿子做生意相继破产，甲生活拮据，而乙事业有成。甲希望乙可以尽赡养义务，但乙主张认为，依据《收养法》第23条第2款的规定："养子女与生父母及其他近亲属间的权利义务关系，因收养关系的成立而消除。"因此，自己无须对甲承担赡养义务。甲辩称当年将乙送养他人时并未办理正式的收养手续，因此收养关系不成立。这一事件被媒体曝光后，引发广泛的社会讨论。有人认为血浓于水，根据公序良俗原则、公平原则，被送养子女理应对其生父母承担赡养义务；有人认为依据《收养法》关于自愿、平等原则的规定，被送养子女无须承担赡养义务。（考研）

（1）结合材料分析，法律原则和法律规则的区别。

（2）结合法律原则的司法适用条件，分析本案中可否适用法律原则。

参考答案及解析

一、选择题

1. 答案：BD

解析：按照马克思主义法学观，法律具有规范性、国家意志性、权利义务性、国家强制性等特征，这些特征使得法律区别于其他社会规范，比如道德、宗教等。原始社会的氏族习惯虽然会对原始社会的人们产生行为的指引，但它们仅是习惯而已，并不具备法律所拥有的那些特征。具体来说，习惯仅仅是长期所形成的社会生活成规，对人们的行为不具有约束力。习惯通常不需要用语言或文字表述，但这并不是习惯不是法律的原因，因为法律也可以不用语言或文字表述，比如习惯法。所以A选项错误。

法律是由国家制定或认可的，所以法律具有国家意志性。国家意志通过制定法律或者认可一些规范加以体现。氏族习惯只是在氏族中被接受和认可的社会成规，并没有国家意志的参与，所以不属于法律，B选项正确。

氏族习惯通常是关于生产和生活的一些成规，比如以物易物等，可能会与宗教、道德相关，但很难说有浓厚的宗教色彩。而且，法律在最初产生的时候，也与宗教、道德有着千丝万缕的联系，所以这一点不能使习惯区别于法律。C选项错误。

法律具有强制性特征，体现为通过国家强制力加以保障，即实施国家力量的法院、警察和监狱等机关。习惯只是在氏族社会中被人们自发自觉地实践着，不需要国家强制力来保证实施。所以选项D正确。

2. 答案：ABCD

解析：法律规则和法律条文的关系是理解法律规则的重点知识。规则本身是一种规范性存在，需要通过文字的形式表达出来，表达出来的文字就是法条。所以规则和条文是内容和形式的关系，规则是内容，条文是规则的形式。A和B选项正确。

在立法过程中，基于立法技术的考虑，并非一个规则对应着一个条文，而是采取更灵活的形式。比如一个条文之中包含着多个法律规则，如《刑法》第141条规定的"生产、销售假药罪”的条文，就包含着生产假药和销售假药两种行为模式，实际上规定了两个规则。同样一个法律规则也可以在不同的法律条文之中体现出来，既可能在一部法律之中，也可能在不同的法律规定之中。比如刑法和著作权法都对侵犯著作权罪作出了规定，虽然是两个不同的条文，但指向的是同一个关于侵犯著作权行为的规则。所以C和D选项都正确。

3. 答案：ABC

解析：法律的强制性特征指的是法律由国家强制力加以保障，从而实现其规范性。警察、法院和监狱等是法律自身所具备的强制力的体现，因此法律具有保证自身得以实现的力量。相比之下，道德只是通过对人们的行为进行谴责而发挥其强制性，并没有专门执行实施道德的机构和强制力量。所以A选项正确。

法律具有程序性，指的是法律的制定、实施和适用的过程都必须遵循严格的步骤。虽然教材中并没有将这一特征列出，但从法律的权利和义务属性、强制性属性等中可以推导出法律的程序性，这一点也使得法律与其他社会规范不同。所以B选项正确。

法律的强制力是通过国家暴力加以保证的，虽然强制力不完全等同于国家暴力，但在强制力不能充分发挥出来的时候，则需要启动国家暴力，比如行政处罚、刑事处罚等。所以C选项正确。

自然力指的是在自然世界中存在的客观形态的力，比如电磁力、引力等。强制力是一种由人创造、对人实施的规范力量，显然不是自然力，所以D选项错误。

二、分析题

参考答案：(1) 法律原则是为法律规则提供某种基础或本源的价值准则或规范，法律规则是以一定的逻辑结构形式来具体规定人们的法律权利、法律义务以及相应法律后果的一种法律规范。法律规则与法律原则同属于法律规范，但二者之间仍有一定的差别，具体包括：

1) 在内容上，规则明确具体，原则宽泛抽象。

2) 在适用范围上，规则适用范围较窄，原则适用范围较宽。

3) 在适用方式上，规则以“全有或全无”的方式适用，原则以权衡分量的方式适用，分量高的原则胜出。

4) 在作用上，规则给法官以明确的裁判指引，原则则为规则提供价值基础，并填补规则的漏洞。

(2) 本案中可以适用法律原则。根据法律原则的性质，司法中适用法律原则应当满足一定的条件，主要有两个：第一，穷尽规则的时候，才能适用法律原则。第二，如果适用规则会产生明显的不公正或不正义，则适用法律原则。

解析：本案考查法律规则和法律原则的区别以及法律原则的适用条件。在本案中，规则是《收养法》第23条的规定，原则则是《收养法》中包含的自愿、平等原则，以及作为民法一般原则的公序良俗和公平原则。依据《收养法》的规定，收养关系成立后，原生父母与子女之间的关系就消除。但本案中，甲在送养乙时并非办理正式的收养手续，因此甲、乙之间的关系并不适用《收养法》的该条规定，所以出现了没有规则适用的情况。在这种情况下，可以适用法律原则。同时，本案涉及的自愿平等原则与公序良俗原则之间存在冲突。如果按照自愿平等原则，甲因自愿将乙送养，所以应当承担甲、乙之间关系消除的后果；如果按照公序良俗原则，因甲是乙的生身父母，虽然甲没有抚养乙，但按照血浓于水的亲情伦理观，在甲生活困顿的情况下，乙依自身经济状况，应当对甲施以援手，以彰显中国传统孝道伦理。因此，在本案中，综合权衡之下，公序良俗原则的分量比自愿平等原则略高，所以本案可以适用公序良俗原则。

第二章　法的产生、发展与历史类型

第一部分　本章知识点速览

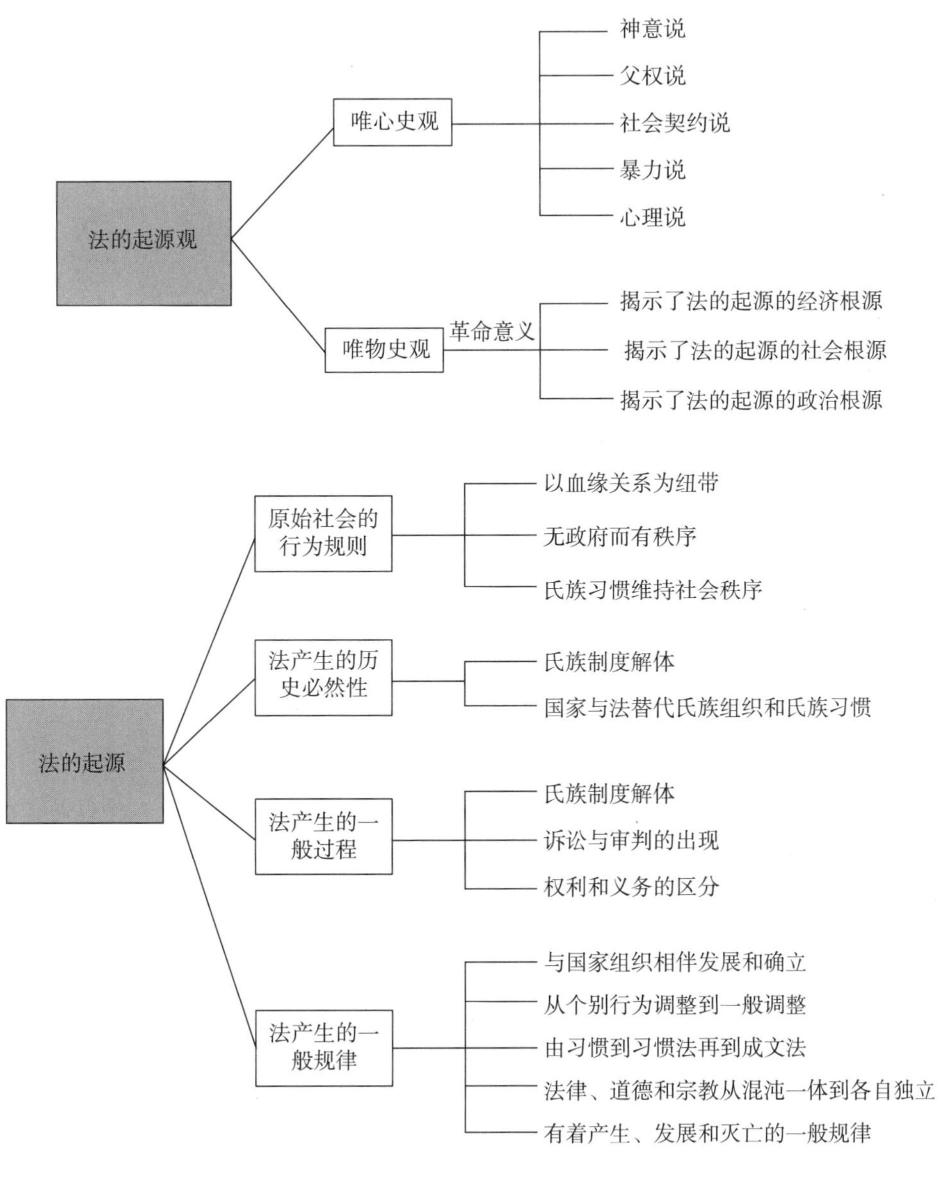

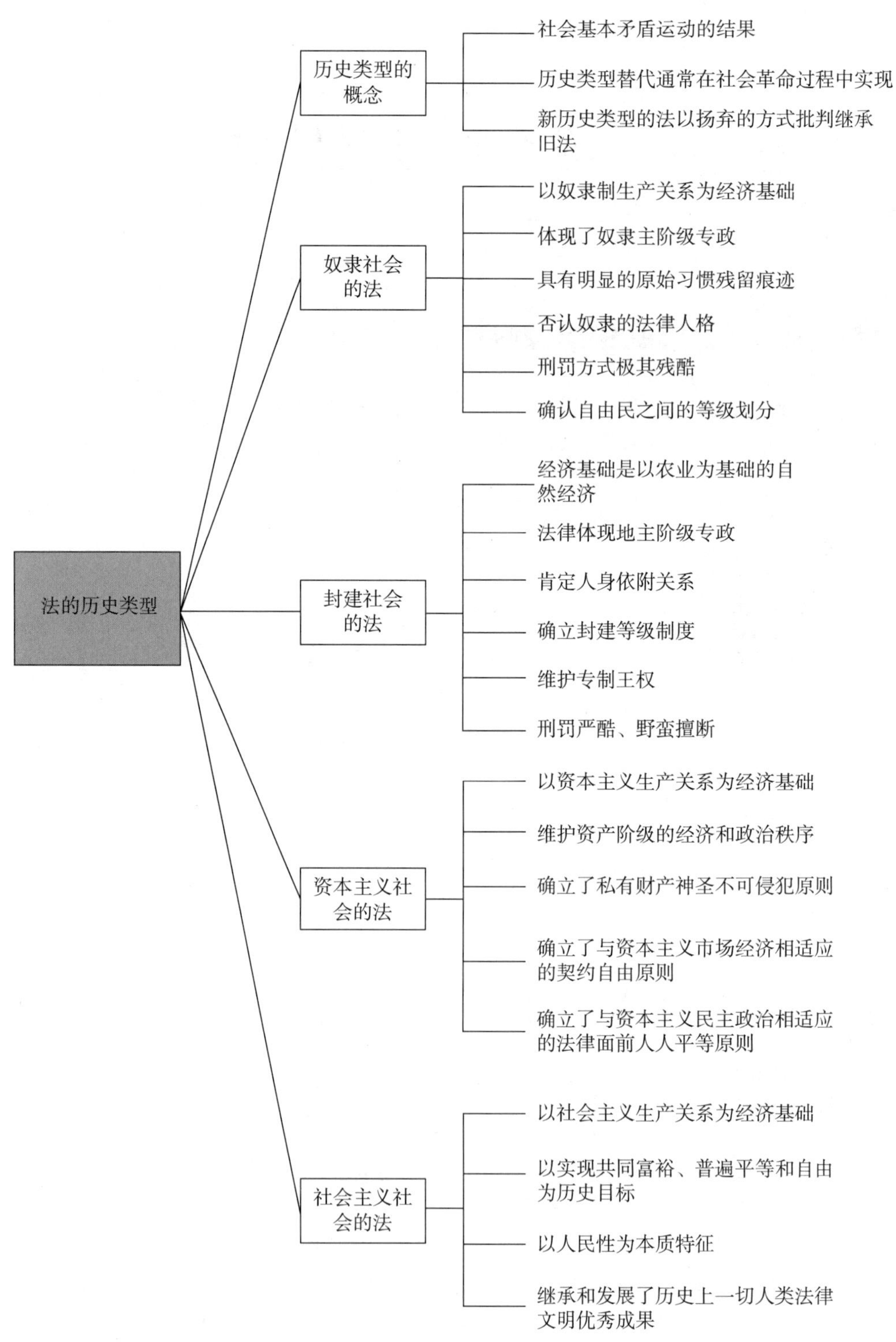
法的历史类型
历史类型的概念
社会基本矛盾运动的结果
历史类型替代通常在社会革命过程中实现
新历史类型的法以扬弃的方式批判继承旧法
奴隶社会的法
以奴隶制生产关系为经济基础
体现了奴隶主阶级专政
具有明显的原始习惯残留痕迹
否认奴隶的法律人格
刑罚方式极其残酷
确认自由民之间的等级划分
封建社会的法
经济基础是以农业为基础的自然经济
法律体现地主阶级专政
肯定人身依附关系
确立封建等级制度
维护专制王权
刑罚严酷、野蛮擅断
资本主义社会的法
以资本主义生产关系为经济基础
维护资产阶级的经济和政治秩序
确立了私有财产神圣不可侵犯原则
确立了与资本主义市场经济相适应的契约自由原则
确立了与资本主义民主政治相适应的法律面前人人平等原则
社会主义社会的法
以社会主义生产关系为经济基础
以实现共同富裕、普遍平等和自由为历史目标
以人民性为本质特征
继承和发展了历史上一切人类法律文明优秀成果

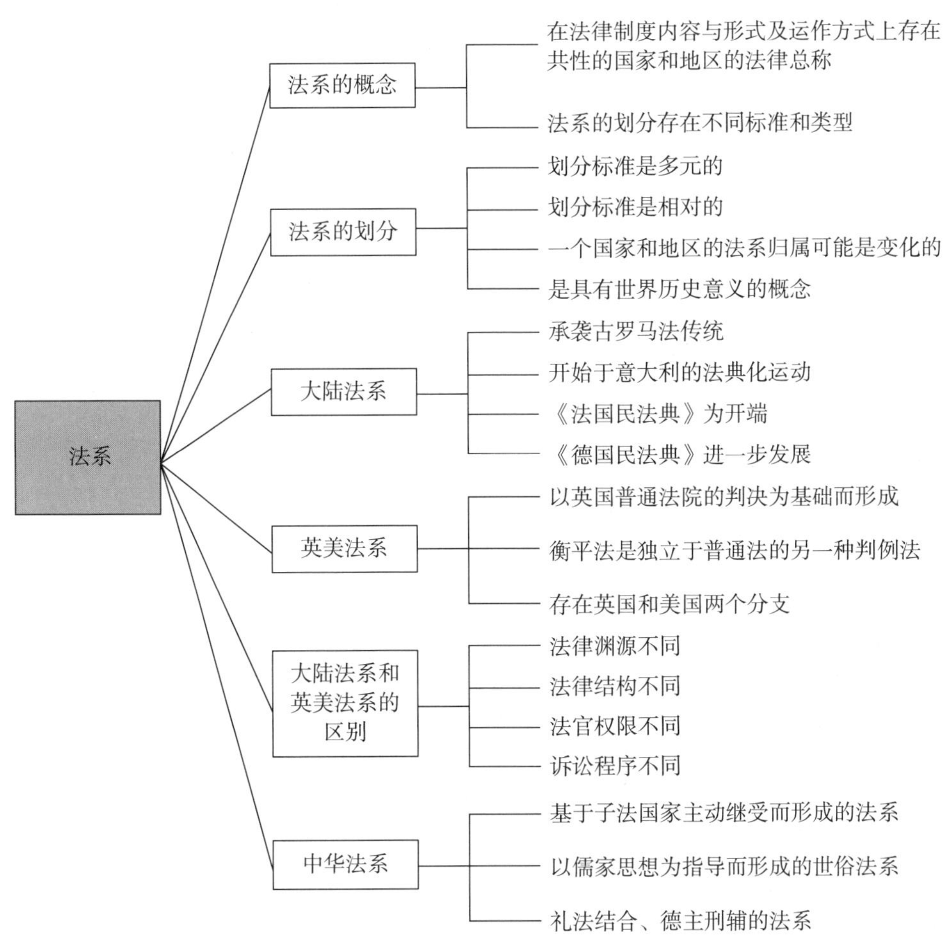

第二部分　本章核心知识要点解析

第一节　两种对立的法的起源观

一、唯心史观的法的起源理论

（一）难度与热度

难度：☆　热度：☆

（二）基本理论与概念（见下表）

学说	内容	发展
神意说	王权和法律形成于宇宙中一种主宰一切的神秘精神力量	背离人类发展历史的客观事实，如今已经基本成为法学思想史上的历史遗迹

续表

学说	内容	发展
父权说	上帝创造了亚当和夏娃，赋予了亚当统治世界的权力，并构成后世王权的渊源	随着近代自然科学的发展而日渐式微，已基本退出历史舞台
社会契约说	法律是社会契约的具体化	社会契约说在法律起源这个问题上已经被推翻
暴力说	强大部落以暴力征服弱小部落，征服者成为主人和统治者，国家和法律均是暴力征服的结果	暴力征服并非法的起源的主要作用
心理说	国家和法是普通人服从强者支配和引导的心理需要的必然结果	在同样的心理因素下，某些民族并未产生法律，所以心理难以立足
发展说	法是由于人类能力发展到一定阶段而产生的	
管理说	人类社会管理的需要导致法律制度的出现	

（三）疑难点解析

本节知识点与导论和第一章的内容是一脉相承的，但侧重点不同。按照马克思主义法学理论，法理学是以辩证唯物主义和历史唯物主义作为世界观和方法论的，这一立场贯穿在关于法律本质和法律起源的探讨之中。法律本质反映的是法律自身的结构和属性，法律起源则关注法律这种存在是从哪里产生，以及如何产生的。由于历史文献记录有限和时代久远，对于法律如何产生的问题存在各种理论学说。唯心史观主张法律是一种不由社会条件决定的存在，通常由社会之外的上帝意志或者观念力量所产生的。

唯心史观的法律起源说有各种不同的主张，在学习本节内容时，只需要掌握每种主张的基本内涵便可。需要注意的是，虽然这些学说主张并没有揭示出法律起源中的经济根源，但并不意味着这些学说是毫无价值的。例如，社会契约论对于理解法律的正义问题仍有启发，暴力说和心理说对暴力征服、心理因素的强调都能够揭示出法律在发展变迁中的一些特征，但这些学说过分突出了这些因素的决定作用。

（四）拓展延伸阅读

我认为人类曾经达到过这样一种境地：在自然状态下危及他们的生存的障碍之大，已经超过了每一个人为了在这种状态下继续生存所能运用的力量，因此，这种原始状态已不可能再继续存在。人类如果不改变其生存方式，就会灭亡。

然而，由于人类不可能产生新的力量，而只能联起手来使用现有的力量，因此，除了把大家的力量集合起来形成一股力量，在一个动机的推动下，一致行动，才能战胜阻力，否则，人类就不可能继续存在。这股大力量，只有靠许多人的共同协作才能形成。但是，由于每个人的力量和自由是他保持自己的生存的主要手段。因此，要怎样做，才能既把它们投入众人集合的大力量而又不损害自己，而且不忽视对自己应有的关怀呢？对于这一难题，根据我在本书阐述的原理，我的解决办法可以用下面这段话来表述：

“创建一种能以全部共同的力量来维护和保障每个结合者的人身和财产的结合形式，使每一个在这种结合形式下与全体相联合的人所服从的只不过是他本人，而且同以往一样的自由。”社会契约所要解决的，就是这个根本问题。

这个契约的条款，由于它本身的性质，是规定得如此明确，所以，只要稍微有一点儿改变，就会使它变为一纸空文，不起作用。尽管这些条款从未被人正式公布过，但它们在所有地方都是一样的，在所有地方都为人所默认和公认。社会公约一旦被破坏，每个人便立刻恢复了他原来的权利；只要一失去约定的自由，他就可以收回他早先为了得到约定的自由而放弃的天然的自由。

这些明白无误的条款，可以归结为这么一句话，每个结合者以及他所有的一切权利已全部转让给整个集体了。因为，首先，既然每个人都把自己奉献给集体，可见这个条件对大家都是同等的。既然条件对大家都是同等的，那么，就不会有人愿意使它不利于别人。

——卢梭．社会契约论．何兆武，译．北京：商务印书馆，2003.

二、唯物史观的法的起源理论

（一）难度与热度

难度：☆　热度：☆☆

（二）基本理论与概念

1. 唯物史观揭示了法的起源的经济、社会、政治根源。

2. 唯物史观的法的起源理论与唯心史观法的起源理论不仅在具体的理论观点上全然不同，而且在其各自理论思维的方法论原点上也存在根本差别。

3. 唯物史观承认对历史的理解必须以人为逻辑起点。

（三）疑难点解析

1. 学习本部分内容，需要结合马克思主义法学的基本立场，特别是关于法的本质的解释。马克思主义法学是以唯物史观作为科学指导的，主张法律是一种上层建筑，法的本质由特定社会的物质生活条件所决定。因此，法律的产生和发展也是社会物质生活条件发展的结果。

2. 唯物史观主张法律的起源具有深刻的经济、社会和政治根源。从根本上来讲，经济根源是法律产生的基础条件，即由于生产力的发展而带来社会生产关系发生变革，私有制的出现为法律创造了条件。社会和政治根源是经济根源的结果，私有制引发社会利益分化和氏族公社组织的崩溃，社会性公共权力转化为国家权力，国家和法律出现。

3. 注意区分唯物史观和唯心史观在方法论原点上的重大差异：

（1）唯心史观对人的理解是一种脱离了具体历史条件和社会关系的抽象之人，因此是不科学的。

（2）唯物史观也以人为出发点，但主张人的思想和行为的决定因素是由具体历史发展条件和社会关系来决定的。

简言之，唯心史观的方法论脱离了具体的历史发展条件和社会关系，因此是不科学的。唯物史观将社会物质生活条件作为社会发展和法律起源的决定性力量，因此是科学的。

（四）拓展延伸阅读

恩格斯在《家庭、私有制和国家的起源》中对原始公社社会作了一番精彩的描述："而这种十分单纯质朴的氏族制度是一种多么美妙的制度啊！没有士兵、宪兵和警察，没有贵族、国王、总督、地方官员和法官，没有监狱，没有诉讼，而一切都是有条有理的。一切争端和纠纷，都由当事人的全体即氏族或部落来解决，或者由各个氏族相互解决。”当然，不是靠这些人的个人意志来解决，而是靠反映全体氏族成员共同意志的习惯规范来解决。而这些习惯的范围是相当广泛的，有祭祀方面的、有道德方面的、有法律方面的。就是说，氏族的习惯规范和法律规范是有原则上的区别的，至少有下列几条：第一，氏族的习惯规范体现的是氏族全体成员的共同意志，而法律体现的是少数人的意志，在阶级社会，法律是统治阶级意志的体现。第二，习惯规范是氏族成员共同制定的，而法律则是少数人决定的。第三，违反习惯的行为也要受到制裁，但这种制裁不是依靠国家的强制力，不是依靠军队、警察和法庭；而法律的执行主要依靠国家的强制力。尽管社会主义国家法律的作用是以教育为主，但也是以国家强制力为后盾的，具有明显的阶级性。这就是人类历史上，法律的产生大都经历了由习惯到习惯法，再由习惯法到法律的过程。当然，习惯法与法律也是有区别的，因为习惯法大都是由习惯直接过渡而来，一般不是国家制定而是由国家认可的，大都体现了公共利益；而法律一般都是国家通过立法直接制定，并具有法律文本可查。当然，习惯法由国家有权机关认可，也具有国家强制性。以上论述表明，法律的起源有一个漫长的历史过程。

——李龙. 恩格斯晚年对马克思主义法学的杰出贡献——纪念恩格斯诞辰200周年. 法治现代化研究，2020（2）.

第二节　法的起源

一、原始社会的行为规则

（一）难度与热度

难度：☆　热度：☆☆

（二）基本理论与概念

1. 原始社会最典型的社会组织形式是氏族公社。

2. 每一个原始氏族社会都是一个无政府而有秩序的社会。秩序的维持主要依靠氏族组织机构和氏族习惯。

3. 氏族习惯是在氏族成员长期的共同生活中自发形成的，经过世代相袭，便成为全社会公认的神圣不可侵犯的传统。

（三）疑难点解析

注意区分原始社会的几个重要特征：

1. 原始社会是有组织的，但不是国家组织。原始社会存在氏族公社这种典型的社会组织形式，但这种组织是全民参与和民主的，不存在凌驾于社会之上的公共权力组织。

2. 原始社会是有秩序的，但没有政府。原始社会依靠氏族组织机构和社会习惯而维持秩序。因此，即使还没有发展出政府，原始社会也是存在秩序的。

3. 原始社会存在氏族习惯引导成员的行为，而不存在法律。氏族习惯是氏族成员长期共同生活中自发形成的行为模式和传统。这种氏族习惯不同于法律，不需要专门的机关保障实施，也不具有强制性。氏族习惯能够满足共同生活的需要，但随着生产力提高，会逐渐被淘汰。

（四）拓展延伸阅读

1931年，英国人马洛旺（Max Mallowan）在尼尼微对新亚述遗址进行深入发掘时，发现了史前时期的哈苏那陶器。1932年，在对阿尔帕吉那遗址进行发掘时，发现了世界上最早的蜂巢式（圆顶）建筑群。1934年对叙利亚境内查加尔-巴扎尔（Chagar Bazar）遗址进行发掘，共发现了15个居住层，最早的居住层大约处在公元前5000年，没有建筑痕迹，意味着当时的人可能仍然住在帐篷里，这里出土了萨马拉和哈拉夫彩陶，而厚厚的垃圾堆积层说明这种帐篷生活至少存在了几个世纪。而第5层约公元前3000—前2700年，相当于尼尼微Ⅴ期，明显受到亚述和埃兰文化的影响。1927年，美国的另一支考古队，在施派瑟尔（E. A. Speiser）的主持下，发掘了伊拉克境内的高拉（Tepe Gaura）遗址，发现有22个文化层，最早的约属于公元前5500年，最晚的是公元前1500年。最早的属于哈拉夫文化（公元前5500—前4500年），接下来的是欧贝德文化（公元前5000—前3500年），之后是乌鲁克文化（公元前3500—前2900年）。发现的一系列神庙皆属于乌鲁克时期，说明两河流域南北的交流。除了神庙以外，还发掘了一个较大的房屋建筑，周围筑有坚固的围墙，“说明这是重要人物——村社首领——的居址。高筑围墙说明危及生命或财产的因素很多”。从这一考古遗址可以了解到，至部落时代，一是村社（氏族、部落）首领有了明显多于平民的财富，这是私有制、所有权产生的表现；二是建立围墙要求调动大量人力、物力和财力，这除了表明当时的氏族部落已出现了部分拥有众多财富的权贵外，还表明这些部落权贵已经拥有了一定的公共权力，能够组织、动员乃至强制相当部分部落成员从事建筑城垣的工作；三是出现了构筑围墙的必要性，说明一部分富者怕被侵犯，说明当时氏族部落社会已经有了犯罪，有了侵权行为，有了纠纷，也出现了氏族部落之间为掠夺财富、扩张“领土”（生存空间）的战争。

——何勤华. 法律文明的起源——一个历史学、考古学、人类学和法学的跨学科研究. 现代法学，2019（1）.

二、法的产生的历史必然性

（一）难度与热度

难度：☆　热度：☆☆

（二）基本理论与概念

1. 氏族制度的解体。

（1）畜牧业与农业的分工以及手工业和商业的出现使得氏族制度的解体成为必然。

（2）私有制的确立摧毁了氏族制度赖以存在的经济条件。

（3）氏族内部阶级的出现打破了氏族制度中的平等关系。

（4）利益差别和利益冲突破坏了氏族制度中共同的行为标准。

2. 国家与法对氏族组织与氏族习惯的替代。

（1）国家组织体系的形成过程，是一个公共权力逐渐与社会相脱离、逐渐被少数人所垄断的过程。

（2）国家组织与法律规范所建立和维持的社会秩序，与原有的社会秩序有根本的差别。

（三）疑难点解析

学习本部分内容需要理解法律产生的历史必然性的根本条件和形式。法律产生的根本条件是经济条件的变化，即私有制的确立，使得氏族制度的平等关系被打破，而维持氏族秩序的氏族习惯无法应对私有制带来的利益冲突。因此，氏族习惯必然要被法律所替代。

要清晰把握法律产生的形式。原有的氏族组织和氏族习惯逐渐被国家和法律所替代。国家和法律相伴而生，即随着公共权力逐渐与社会脱离、被少数人所垄断，由强制力所保障的法律规范也逐渐替代氏族习惯。国家组织体系和法律规范体系成为建立和维持社会秩序的手段。人类社会由此进入法律所管理的社会。

三、法产生的一般过程和基本规律

（一）难度与热度

难度：☆　热度：☆☆

（二）基本理论与概念

1. 法产生的基本标志。

（1）法的产生标志。

1）国家的产生。

2）讼和审判的出现。

3）权利与义务的区分。

（2）与国家组织体系相匹配的法律规范体系与原有的氏族习惯有着根本的不同。

2. 法产生的一般规律。

（1）法律制度是在私有制和阶级逐渐形成的社会背景下孕育、萌芽，并与国家组织相伴发展和确立起来的。

（2）法律制度的形成过程是一个行为的调整方式从个别调整发展为一般调整的过程。

（3）法律制度的形成经历了由习惯演变为习惯法再发展成为成文法的长期过程。

（4）法律、道德和宗教等社会规范从混沌一体逐渐分化为各自相对独立的规范系统。

（5）法是一种历史的现象，它有着产生、发展和灭亡的一般规律。

（三）疑难点解析

1. 法律产生的基本标志有三个方面。首先，法律伴随着国家的产生而产生，法律与国家是互为标志、互相作用的。专门的国家机构、专业的官吏阶层和针对违规者的制裁表征了国家的出现，同时也需要法律的保障。其次，专门的诉讼和审判机制替代了氏族内部的传统解决机制和外部的战争方式，司法机制成为社会秩序的重要保障。最后，权利和义务之间的混同被打破，法律将权利和义务分配给不同的法律关系主体。

2. 学习过程中要掌握法律和氏族习惯之间的区别。氏族习惯是自发形成的行为准则，法律规范是与国家组织体系相匹配的行为规范，体现的是国家意志，以国家强制力为后盾，服务于统治阶级的利益。因此，法律和氏族习惯在本质上是不同的。

3. 理解法产生的一般规律，需要有发展的眼光。一方面，法律的出现在不同的民族和社会中有不同的历程，并不存在千篇一律的模板。另一方面，法律的产生不是一蹴而就，而是需要一个过程，在产生的过程中呈现出各种一般性规律。

4. 法律产生的规律可以总结为五个方面。掌握这五个方面，需要注意以下几点。

(1) 私有制是法律产生的制度条件，私有制使得社会利益分化，利益冲突加剧，为法律的产生创造了社会条件。

(2) 法律对人的行为调整是从个别到一般。法律最初只调整人们的个人行为，比如少数人的商品交易，随后慢慢演变成一般规则，针对同一类行为进行调整。

(3) 法律的形式从习惯到习惯法，再到成文法。最初法律是由习惯演化而来，成为习惯法。由于习惯法不具有成文形式，无法应对日益复杂的社会生活需求，所以国家明确制定的成文规则成为法律的主要形式。

(4) 由于原始社会中主要是以习惯作为行为准则，而习惯包含着道德、宗教等各种因素，所以一开始法律与道德、宗教等是混沌一体的，只有在社会生活越来越复杂、社会管理越来越需要精致的行为调整时，法律才与道德和宗教等规范逐渐分化，最终相互独立。

(5) 法律有着产生、发展和灭亡的一般规律，这意味着法律在历史发展到一定阶段而出现，到一定阶段也会消亡。所以，法律并非始终存在的。

第三节 法的历史类型

一、法的历史类型的概念

(一) 难度与热度

难度：☆ 热度：☆

(二) 基本理论与概念

1. 法律发展史上也相应地先后产生过四种历史类型的法律制度，它们分别是奴隶制的、封建制的、资本主义的和社会主义的法律制度。

2. 从法的历史类型发生更替的根本原因看，任何历史类型的法的出现或消失，都是社会基本矛盾运动的结果。

3. 从法的历史类型发生更替的方式看，新历史类型的法取代旧历史类型的法通常是在社会革命的过程中实现的。

4. 从唯物史观的角度来看法的历史类型更替，新的历史类型的法都可以而且必然会以“扬弃”的方式批判地继承旧法中的某些因素。

(三) 疑难点解析

法的历史类型是根据人类社会的发展形态而进行划分的。总体上来讲，法律制度的基本内容和性质是与所在社会的生产关系相适应的。虽然存在不同的历史类型，但在不同类型之间转化的过程中，其也呈现出一些共同的特征。比如历史类型更替的原因在于社会基本矛盾运动，新旧替代通常都是在社会革命之中发生的。本部分内容需要特别注意的是，法的历史类型的更替是一个扬弃的过程，因此新类型取代旧类型并非全盘推翻，而是体现为一定的历史继承性，因此才会出现本章后半部分所讲的法系概念。

二、奴隶社会的法

（一）难度与热度

难度：☆　热度：☆

（二）基本理论与概念

1. 奴隶社会法律制度的经济基础和阶级本质。

奴隶制的法律制度是人类历史上最早出现的剥削阶级类型的法。

2. 奴隶社会法律制度的基本特征。

（1）具有明显的原始习惯残留痕迹。

（2）否认奴隶的法律人格。

（3）刑罚方式极其残酷。

（三）疑难点解析

奴隶社会的法的特征与奴隶社会的社会特征是紧密相关的，奴隶制生产关系决定了奴隶制法的本质是奴隶主阶级专政的国家意志的体现。关于奴隶社会法律制度的基本特征，要注意的是，由于奴隶社会是从原始社会发展而来的，因此保留着大量的原始社会的习惯痕迹。

三、封建社会的法

（一）难度与热度

难度：☆　热度：☆

（二）基本理论与概念

1. 封建社会法律制度的经济基础和阶级本质。

封建制法是地主阶级对广大农民阶级实行统治的工具，以维护地主阶级的共同利益为根本使命。

2. 封建社会法律制度的基本特征。

（1）肯定人身依附关系。

（2）确立封建等级制度。

（3）维护专制王权。

（4）刑罚严酷、野蛮擅断。

（三）疑难点解析

封建社会的特征是以农业为基础的自然经济占据主导，实行地主阶级专政。因此，封建社会的法律维护的是地主阶级的统治，保护着自然经济基础之上的人身依附关系和封建等级制度。

四、资本主义社会的法

（一）难度与热度

难度：☆　热度：☆

（二）基本理论与概念

1. 资本主义法律制度的经济基础和阶级本质。

以资本主义生产关系为经济基础而建立的资本主义法律制度，其根本任务是维系有利于资产阶级的经济和政治秩序。

2. 资本主义法律制度的基本特征。

（1）确立了私有财产神圣不可侵犯原则。

（2）确立了与资本主义市场经济相适应的契约自由原则。

（3）确立了与资本主义民主政治相适应的法律面前人人平等原则。

（三）疑难点解析

资本主义社会的社会形态与奴隶社会和封建社会的有着较大差异，其法律也呈现出很多显著的特征。学习本部分需要重点掌握以下几点。

1. 资本主义法律确立了私有财产神圣不可侵犯的原则。这一原则是资本主义法律的精髓，体现为对绝对所有权的保护。虽然这一原则最终只能使少数资本家受益，但使其与奴隶社会和封建社会的法律截然区分开来。

2. 资本主义法律倡导契约自由，为市场经济的发展提供了充足的动力，也是现代民法发展的基础。虽然这一原则在当代受到一些限制，但仍然可以把契约自由作为资本主义制度的底色。

3. 资本主义法律在政治上倡导法律面前人人平等，破除了传统的人身依附关系，为现代政治文明的发展确立了精神基础。

4. 资本主义法律所倡导的私有制、契约自由、平等观念在最终意义上都是为了服务于资产阶级的利益，但这些原则是在资本主义法律之中明确规定的，在客观上有助于法治发展和政治稳定。

（四）拓展延伸阅读

西方国家的分权思想。自古希腊古罗马以来，西方就有了分权思想的萌芽。古希腊的亚里士多德在《政治学》中就阐述了国家机能的分设。他指出，国家机能要分为议事机能、执行机能、裁决机能。古罗马历史学家波利比阿在《罗马史》一书中研究了古罗马辉煌的原因，认为是采取了一种好的政治体制。这种体制既不是君主制，也不是贵族制，还不是贫民制，而是一种混合的政治体制。这种政治体制既体现了君主的意志，也体现了贵族的意志，还体现了贫民意志，它保持了政治力量的均衡，从而使政治秩序保持稳定。中世纪的历史就是教权与王权分立抗衡的历史。封建末期，法国布丹在《国家六论》中指出，司法权要从国王手中分离出来。英国近代思想家洛克在《政府论》中强调，国家权力应分为立法权、行政权、对外权。洛克主张立法权从国王手中分离出来，由议会掌握，并且认为立法权最高，行政权以及对外权仍然由国王掌握。法国近代思想家孟德斯鸠在《论法的精神》中强调国家权力应分为立法权、行政权、司法权，并分别阐述行使权力的国家机构。美国建国时期政治思想家们则把分权思想发展到顶峰。整个西方资本主义国家采取两党制与多党制，其根源也在于受分权思想文化的影响。

强调分权是为了制衡。西方政治思想家认为，权力集中会导致权力的失衡。从阶级阶层分化的角度讲，权力集中会导致政治力量不均衡，而政治力量不均衡则会导致政治秩序不稳定，不稳定的政治秩序不利于经济社会的发展。从权力导致腐败的角度讲，权力高度集中到一个部门，则会导致权力的腐败。孟德斯鸠对此有过深刻阐述："绝对权力导致绝对腐败。"西方文化总体上具有"非此即彼"的思想，强调"二元对立""分权制衡"。以"分权制衡"为核心的西方法治，不仅具有制衡权力、防止权力腐败的目的，更有着阶级或阶层利益平衡的政治目的。

对分权思想的评析。分权思想在近代资产阶级反对封建专制主义以及在维护资产阶级统治中起到过积极作用，但作为一种学说或思想，也有一定的局限性。首先，从阶级或阶层意义上讲，分权可能导致阶级或阶层之间的对立；从权力必须受到制约的角度讲，不仅分散的政治权力可能导致腐败，而且分权还可能导致权力部门的相互掣肘。其次，尽管资本主义国家的两党制或多党制都是为了维护资产阶级利益，但两党制或多党制的政党形态造成了在野党对执政党的掣肘。再次，分权掩盖了国家权力的阶级实质。马克思主义认为，国家权力是统一的、不可分割的，只能归属于经济上占统治地位的阶级。资产阶级政治思想家所主张的分权并不能改变国家权力统一的阶级性质。

——吴传毅. 中国特色社会主义法治——兼与资本主义法治相比较. 学习论坛，2019（4）.

五、社会主义社会的法

（一）难度与热度

难度：☆　热度：☆☆

（二）基本理论与概念

1. 社会主义法律制度的经济基础和阶级本质。

（1）社会主义法律制度是迄今为止人类历史上唯一的以公有制为基础，以消灭剥削、消除两极分化、实现共同富裕为历史使命的法律制度。

（2）社会主义法律制度产生的历史过程有两个重要特点：

1）社会主义法律制度是由社会主义的国家政权所创立的。

2）迄今为止，社会主义法律制度都是在资本主义发展不充分的经济相对落后国家产生的。

2. 社会主义法律制度的基本特点：

（1）社会主义法是以实现共同富裕、实现普遍的平等和自由为历史目标的法律制度。

（2）社会主义法是以人民性为本质特征的法律制度。

（3）社会主义法是继承和发展了历史上一切人类法律文明优秀成果的法律制度。

（三）疑难点解析

本部分内容是本章的重点，学习过程中需要重点掌握社会主义法律制度的经济基础和特征。按照唯物史观，生产力发展推动了生产关系和上层建筑的发展变化，所以社会主义法律制度必然会出现并替代资本主义法律制度。这种替代在历史上已经部分发生，主要特点有：（1）社会主义法律制度由社会主义国家政权所创立。（2）社会主义法律制度是在资本主义发展不充分的经济相对落后的国家产生的。

关于社会主义法律制度的基本特点，学习的重点在于掌握社会主义法律制度区别于其他社会制度中的法律的优势，比如社会主义制度追求的是共同富裕、自由和平等，社会主义法体现了人民性等；同时也要客观地认识到，社会主义法律制度还处于发展过程之中，尚处于历史起步阶段，存在一些不足也是正常的。

关于社会主义法律制度的阶级性和人民性之间的关系，需要作出清楚辨析。阶级性体现的是社会主义法律制度的工人阶级利益属性，虽然社会主义国家还存在阶级划分，但已经没有阶级对立，而且工人阶级领导下的全体人民都是国家的主人。所以，在社会主义法律制度之下，法律的阶级性和人民性是统一在一起的。

（四）拓展延伸阅读

当我们把法视为统治阶级的意志时，面临的实践困惑是在中华人民共和国成立以后，随着生产资料的社会主义改造的完成，我国的阶级结构发生了根本变化，作为统治阶级的集团已不复存在，代之以人民民主专政的国家政权。从历史的谱系上看，新中国的政治及法律文化在推翻帝制和官僚资产阶级、买办资产阶级之后形成了政法传统，它超越了传统帝制的皇权神圣思想，也超越了民国时期间接民主思想，直接将政治统治合法性的基础建立在人民同意的基础之上。例如现行宪法规定了“一切权力属于人民”，“人民依照法律规定，通过各种途径和形式，管理国家事务，管理经济和文化事业，管理社会事务。”人民是国家的主人。中国人民利益的代表中国共产党是一个“立党为公、执政为民”的政党。这样，法律必然是人民意志的体现。这种语言上的转换，实际上昭示我们关于社会主义法的本质的认识是无止境的，是法律的辩证运动过程在思维中的反应。我们对法的本质的认识是相对的、可变的，打上了时代的烙印。在现实基础上，法的本质究竟是理性的体现，还是国家意志的体现，或者是抽象的行为规范，诸如此类的理解，只有从中国的现实国情出发，从科学发展观这样一个理论基点来考虑问题，用人本法律观这样一种逻辑来分析，才能有准确的把握。

人本法律观作为一个理论框架，首先要求弘扬法律的人文精神。法学界有一个认识上的误区，那就是认为法律属于社会科学研究的领域。其实，在我们看来，法学是一门社会科学，但首先应该是一门人文学科。

理由之一是从法学获得独立地位来看，法学是人文主义的产物和体现。正是法学关注诸如公平正义、人道人权等人文精神，法学才成为一门经久不衰的学科。理由之二是从法的理念来看，自由、平等、权利、理性等人文精神贯穿现代法律，法学因此登上教育的殿堂，成为近代大学专业的“排头兵”。理由之三是实践也证明了这一点。古代罗马法是古代文明的重要标志，中国的唐律是封建文明的重要象征，《拿破仑民法典》是近代欧洲文明的历史文献。因此，我们的法学家都必须明确法学首先是一门人文学科。

人本法律观作为一个理论框架，其次要尊重和保障人权，促进人的全面发展。马克思、恩格斯在《德意志意识形态》中提出：“不是人为法律而存在，而是法律为人而存在。”依据马克思关于“法律为人而存在”的理论，人本法律观论证了“人是法律之本”这个原理。理由之一在于法源于人，是根据人的需要而产生，离开了人，法自己没有存在的必要，也没有存在的可能。理由之二在于人是法律的主体。任何一种法律关系首先要有主体，这就是人，或者由人组成的集合体——法人；任何权利与义务，都需要作为主体的人来享有和承担。理由之三在于人是法律的目的。任何一个法律活动都是围绕人这个主体，和为了人的某种利益（即目的）而展开的。理由之四在于人的社会物质生活条件决定法的内容。马克思主义法学与西方法学的根本分界线也正在于此。理由之五在于人的社会实践是检验法律的唯一标准。社会实践是检验真理的唯一标准，法律也不例外。①在社会主义制度下，人民的实践，人民在实践中对法满意不满意，就是检验社会主义法律的唯一标准。因此，人本法律观要求在法律运行的各个环节，必须使法律行为合乎人性、尊重人格、讲究人道、体恤人情、保障人权。我国的法治实践也表明："任何时候，人民的主体地位得不到尊重，人权得不到保障，人民的权益得不到维护，法治建设就将受到严重影响和破坏，甚至停滞、倒退。"②要以人民的根本利益和人的全面发展作为出发点与落脚点，使法律真正成为人民的保护神。法律不仅要保驾护航，而且要导航，要成为构建社会主义和谐社会的基石。

人本法律观作为一个理论框架，还要求学习和践行社会主义法治理念。社会主义法治理念是马克思主义法学的最新成果，是中国特色社会主义理论体系的重要组成部分，是建设社会主义法治国家的行动指南。需要指出的是，人本法律观完全符合社会主义法治理念的要求，是社会主义法治的重要内容"执法为民"的坚实的理论支撑。因此，我们在研究人本法律观时，必须以社会主义法治理念为指导。

根据人本的法律观，笔者同意将社会主义法的本质作这样的概括：社会主义法律是由国家保障实施的、以人的全面发展和人民根本利益为出发点与落脚点的、合乎人性、尊重人格、讲究人道、体恤人情、保障人权的行为规范。这种认识，可以说是我们对于什么是法、什么是法律的理解的深化，也是对社会主义法治理念的认识的深化。

——李龙，李玲．人本法律观对社会主义法本质的再认识．山东社会科学，2011(3)．

第四节　法　系

一、法系的概念

(一) 难度与热度

难度：☆☆　热度：☆☆

(二) 基本理论与概念

1. 法系是指由于在法律文明的传播过程中存在输出与继受关系而在法律制度的内容与形式及运作方式上具有共性的一些国家和地区法律的总称。

2. 在划分法系的标准上有着各种不同的意见。

3. 法系划分应注意的问题：

(1) 法系划分标准是多元的。

(2) 法系划分标准是相对的。

(3) 一个国家和地区的法系归属可能是变化的。

(4) 法系是一个具有世界历史意义的概念。

(三) 疑难点解析

法系是进行比较法研究的一个重要概念，也是学习借鉴其他法律制度的先进经验的一种框架。学习本部分首先需要明确法系的概念内涵。由于历史发展的多样性，不同国家的法律制度和法律文化存在不同的发展特征，受到相同或相似法律历史因素影响的国家在法律制度上存在一些共性，这些不同国家的法律制度形成一个集合，这个集合就是法系。由此可见，法系是一个集合概念，不是单指某一个国家或地区的法律制度，而是不同国家的法律制度所形成一个集合或“家族”。

关于法系的不同类型，需要注意的是，法系划分的标准是不同学者所提出的，因此各种类型划分是学术性的，并非绝对意义上的，教材上所列举的各种类型属于通说，提取了不同标准的最大公约数。由于一个国家的法律制度会受到不同法律文明的影响，而且其制度形态会发生变化，所以法系归属可能也会变化，比较典型的是日本。日本在明治维新之前受中华法系影响，而在明治维新之后，则转化为大陆法系。

二、大陆法系

（一）难度与热度

难度：☆　热度：☆☆

（二）基本理论与概念

1. 大陆法系（Continental Law System）又称罗马法系、民法法系、法典法系或罗马—日耳曼法系，是承袭古罗马法的传统，以《法国民法典》和《德国民法典》为代表的各国法律制度的总称。

2. 大陆法系的历史渊源可以追溯到古罗马法。

3.《法国民法典》的制定可被视作近现代意义上的大陆法系的开端。

（三）疑难点解析

大陆法系是非常有代表性的法系之一，应当从以下几个方面进行掌握。

1. 大陆法系的历史可追溯到罗马法。古罗马的商品经济比较发达，形成了与商品经济相一致的发达的法律制度。

2. 12—16 世纪的罗马法复兴运动，催动了罗马法的学习、研究和采用，为大陆法系的成形打下了基础。

3.《法国民法典》可被视为大陆法系的开端，《德国民法典》对《法国民法典》进行了发展，二者构成了大陆法系的两个分支，在立法精神上存在一定差异。《法国民法典》更为强调个人权利，注重对私权的保障和个人性的彰显；《德国民法典》则注重社会利益的保护，体现了垄断资本主义的价值追求。

三、英美法系

（一）难度与热度

难度：☆　热度：☆☆

（二）基本理论与概念

1. 英美法系又称海洋法系、英国法系、普通法系或判例法系，是承袭英国中世纪的法律传统而发展起来的各国法律制度的总称。

2. 英美法系是在罗马法传统之外独立形成和发展起来的法系。

3. 作为英美法系另一历史渊源的衡平法是独立于普通法的另一种形式的判例法。

4. 大陆法系与英美法系的主要区别在于：

（1）法律渊源的不同。

（2）法律结构的不同。

（3）法官权限的不同。

（4）诉讼程序的不同。

（三）疑难点解析

英美法系是另外一种具有代表性的法系之一，应当从以下几个方面进行掌握。

英美法系是承袭英国中世纪的法律传统而发展起来的各种法律制度的总称。在 11 世纪的英国，由普通法院的判决而形成的判例法被称为普通法。

与普通法相对应的是衡平法，即为了弥补普通法的僵化和缺陷而进行救济的特别规则。

英美法系存在英国和美国两个支系，二者在基础上相似，但也具有各自的独立特征。

大陆法系和英美法系的主要区别是本章学习的重点内容，学习时需要注意以下几点。

1. 大陆法系和英美法系在法律渊源上不同，大陆法系主要包括成文法，不包括判例法，但司法判例在大陆法系传统中并非没有意义。例如在当代德国，判例对于司法审判的意义越来越重要。（该知识点需要结合第四章内容加深理解）

2. 大陆法系以法典为结构特征，典型的是民法典的编纂。英美法系的法律结构在体系化上不如大陆法系，很少有法典编纂，但并不意味着不存在法典。

3. 随着全球化和法律文化的交流，大陆法系和英美法系之间的差别在逐渐缩小，但二者之间的差异在短时间内是不会消除的。

（四）拓展延伸阅读

由于哲学上的唯理论，大陆法系国家十分强调法学研究。法学界许多人为了发展和进一步完善法律概念的定义和法律的分类作了很大努力，然后又将这些定义和分类机械地、不加批判地运用于教学。于是，就形成了这样一种认识：一方面，把法学视为科学地从法律一般材料中提炼出来的定义和分类，另一方面，又把法学教育看成是权威的，不可指摘的活动。这种看法往往导致人们把法的概念和分类的定义看成是科学真理的表示；同时，不论法官还是律师原则上都必须在大学接受法学教育，学者的研究与大学合理主义化空气相辅相成，都以理想化、系统化的形式撰写论文著作。第二次世界大战以后，传统的法学理论和法学教育受到了抨击，但是传统法学至今具有强大的生命力，大学法律系的学生从低年级起就被灌输这种法学，从不对他们所学习的法学的特点和法律制度的永生不灭的模式进行思考质疑。所以，大陆法系国家的法被认为是来自法的理论，而不是法的实践；法学是科学方法、系统结构、抽象化、概念主义、形式主义和纯粹主义的理论法学；法学家来自大学教授而不是法官；法学家是法律这部机器的设计工程师，法官仅是机器操作工人，从而坚持了从理论到实际的唯理论原则，巩固了大陆法系特有的法律观念——崇尚理性主义。

由于哲学上的经验论，认识、研究法学的现象从未在英美法系国家真正占有地位。因为，法学是法学家的创造物，是法学家们辛劳的拙作，对法官起统率作用的英美法系来说，法学根本不屑一顾。在英美法系国家事实上是法律教育，而不是法学教育，这种传授法律实务而不是法学理论的教育是以实务家团体的律师学院为中心，而不是以理论家团体的大学为中心进行的。所以，英国法既不是大学传授的法律，也不是钻研原理的法律，而是熟悉诉讼程序者和开业律师的法律。在英国享有盛誉的法学家是出身于律师行列的法官而不是大学教授。大部分法学家完全是通过实践培养出来的，他们一面听法官讲课，一面参加律师工作。法官既是法律这部机器的设计工程师又是操作工人，从而坚持了从实践到理论的经验论原则，巩固了英美法系特有的法律观念——崇尚经验主义。

——董茂云. 大陆法系与英美法系的根本区别——两大法系法律观念比较. 法学研究，1987（1）.

四、中华法系

（一）难度与热度

难度：☆　热度：☆☆

（二）基本理论与概念

1. 中华法系是承袭中国古代法律传统而形成的东亚各国法律制度的总称，是世界历史上曾经存在过的影响最大的五大法系之一，古代的中国、朝鲜、日本、越南、琉球等国的法律均属于中华法系。

2. 中国的法律文明源远流长，形成了中国古代法制发展的三个高峰时期。

3. 与世界其他重要法系相比较，中华法系具有某些别具一格的特点。其中在文化方面的主要特点是：

（1）中华法系是基于子法国家主动继受而形成的法系。

（2）中华法系是以儒家思想为指导而形成的世俗法系。

（3）中华法系是礼法结合、德主刑辅的法系。

（三）疑难点解析

中华法系是历史悠久、影响深远的重要法系，对很多国家的法律制度产生较大影响，也具有独特的文化特征。与大陆法系和英美法系相比，中华法系的扩张不是基于武力，而是基于其他国家的主动继受。中华法系以儒家思想为指导，因此并没有很浓的宗教色彩，儒家对礼治和德治的推崇也反映在中华法系的制度设计之中。

关于中华法系，需要澄清的一个知识点是，当前我国并非属于中华法系，而是社会主义法系。虽然中华法系影响深远，但其已经于 19 世纪末解体。我国目前正在着力建设的社会主义法治体系，是在马克思主义原理指导下结合中国国情而进行的社会主义法治探索，对中华法系的优秀文化基因可以批判性地继承。

（四）拓展延伸阅读

尽管“今古律之存者，皆自唐以下”，但法史学通过对各类史料的甄别与梳理，还是能够就中华法系的法律史作出较为详尽而系统的叙事，并断定，至少自秦以降，历代王朝致力于律令典章的制定，而逐渐形成了“律系”或“律统”。如果将“礼制”视为中国固有的重要的法律样式和形态，中华法系的历史还可追溯至西周早期的“制礼作乐”；如果认为西周早期的“制礼作乐”是对夏商“典刑”的人本主义改造和系统性提升，中华法系的历史就更为悠久了。由于家国一体的宗法伦理政治自夏至清几无改变，历代立法都是在继承、吸收的基础上进行改造与创新，使得中华法系的整体制度架构越来越完善而稳固；西晋出现的泰始律令，表明“中古时代法典大备的开始”，且直接影响隋唐，与唐代律令法典体系一起流播海外，成为法律地理空间扩展和定型的标志，进而发展为名副其实的“天下之法”。中华法系“实有其广收博取之功，并非偶然所致”，乃至“中国法律绵延四千年才不至中断”，在世界五大法系中“能独立自成一个系统”。

中华法系因其独特的精神气质与价值内核，融合道德观念、伦理规范与法律制度为一体，的确可以“礼法传统”或“礼法之治”相标称。然而，“世人对于中华法系之认识每多误解”，“且仅知其偏，不知其全，错觉陋识，自亦因此而出，如谓中华法系民事、刑事不分，如谓中华法系道德、法律混淆，皆是”。“诸法合体、民刑不分”的判定，的确是支撑进化论语境下中华法系之否定性叙事的重要理据。为辨正这一严重误解，陈顾远从政治制度、狱讼制度和经济制度三方面梳理并重述了中华法系的制度史；杨鸿烈则运用纵向断代与横向分类相结合的方法，搭建起了自己重述中华法系的制度史框架，既突破了程树德《九朝律考》的传统体例，也丰富了陈顾远重述的法制内容。他在通过纵向断代展示自殷周至清代之制度沿革的同时，还通过横向分类详述了法典、法院编制、诉讼法、刑法总则、刑法分则、军法、民法的规范结构和内涵。

——赵明. 中华法系的百年历史叙事. 法学研究，2022（1）.

第三部分　拓展阅读文献、案例研习与同步练习

第一节　拓展阅读文献

1. 周长龄，李名. 恩格斯关于法律起源问题的经典论述新探——从《论住宅问题》到《家庭、私有制和国家的起源》. 中国法学，1993（4）.

2. 茨威格特，克茨. 比较法总论. 潘汉典，等译. 北京：中国法制出版社，2017.

3. 梅利曼. 大陆法系. 顾培东，禄正平，译. 北京：法律出版社，2004.

4. 冷霞，李彤，于南. 法律文明史：第8卷（英美法系）. 北京：商务印书馆，2021.

第二节　本章案例研习

案例名称：洛克纳诉纽约州案（Lochner v. NewYork）

（一）基本案情

19世纪末，工业化飞速发展，但资本家为了获取更多利益，不断通过延长工作时间等方式对雇工进行压榨。为了保护面包店工人的身体权益，1895年，纽约州通过了一部《面包店法》，其中包括对面包店的卫生规定，也包括了引起极大争议的工时条款——禁止雇员每天工作超过10个小时，但雇主不受限制。批评者认为这部法律将导致经济活动处于“家长式”治安权的监管之下，构成对契约自由的严重侵害。尤蒂卡面包店店主约瑟夫·洛克纳（Joseph Lochner）就是这一法案的反对者。1902年4月，洛克纳第二次因为违反工时条款被捕。他被指控要求其雇佣的一名工人每周工作超过60个小时。初审洛克纳被判决有罪，处50美元罚款并入狱50天。

洛克纳向纽约州上诉分院上诉，其律师主张：纽约州《面包店法》是一项带有阶级

偏向的立法，偏袒工人阶级，因此违反了联邦宪法第 14 修正案的平等保护条款。立法也限制了洛克纳与工人签订契约的自由，有违第 14 修正案的正当程序原则。但洛克纳的主张并未得到上诉分院的支持。之后，洛克纳又上诉至纽约州上诉法院，但法院依然判决洛克纳败诉，认定纽约州对工作时间的限制属于州政府正当的治安权管辖的范围。最终，不满三次败诉的洛克纳将案件上诉至美国联邦最高法院。

（二）法院判决

美国联邦最高法院的判决以五比四的投票判决洛克纳胜诉。在多数派意见中，鲁弗斯·佩卡姆大法官（Rufus Peckham）认定《面包店法》的工时条款侵害了受联邦院法第 14 修正案保护的契约自由。佩卡姆承认契约自由并非绝对的：当契约自由可能危及公共道德、卫生、安全和秩序时，州政府有权行使治安权以限制契约自由。但《面包店法》的工时条款对保护公共卫生和面包师的健康来说并非必不可少。在他看来，与之前联邦最高法院支持矿井工人 8 小时工作制的先例不同，烤面包并非一种特别不利于健康的职业。也有科学证据表明，面包师与普通职业的死亡率并没有太大区别。《面包店法》的工时条款并不构成基于健康理由的治安权措施，而“仅仅是对个人权利的多管闲事”，所以在实质上构成对契约自由的不当干涉。

（三）法理分析

洛克纳案是美国司法史上的经典案例，对后世影响深远，也是理解英美法系之特征的重要参考。英美法系是在判例法的基础上而形成的法系，其典型特色是法院在司法判决中所形成的判例，对后来的法官判决具有直接的约束力，因此这些判例发挥着法律的作用，形成了鲜明的判例法，与制定法并行不悖，成为法官判案的直接法律依据。

从本案可以看出，英美法系的法律渊源既包括成文法或制定法，也包括判例法。洛克纳案在判决作出之后，对后世的司法判决一直产生约束力，直到 21 世纪，在美国联邦最高法院的判决之中仍然被反复引用。所以，在英美法系之中，判例法是一种非常重要的正式法律渊源。

英美法系的法官权限与大陆法系的法官权限也存在差异。在英美法系，特别是在最高法院之中，可以对联邦或州立法机关制定的法律进行司法审查，判决这些法律是否与宪法相冲突。这种独具特色的司法审查制度在英美法系的土壤之中发展出来，构成了英美法系的一个特色。从本案来看，法官的裁判和推理与大陆法系法官钟情的司法三段论也存在很大差异。按照司法三段论的结构，法律推理遵循着从大前提和小前提得出结论的逻辑过程。但在英美法系的法官推理中，这种三段论式的推理模式很少见。法官更多的是对先例和法律规定进行实质性分析，判断法律规定的合理性与否，以及判断两个案件之间的相似性程度。比如在本案中，法官认为《面包店法》对面包师的保护与限制矿井工人工作时间的依据是不同的，限制矿井工人工时的先例不能适用于面包师，因此《面包店法》的规定是没有充分理由的。由此可见，法官的角色不是按照法律规定的大前提、案件事实的小前提推理出结论，而是基于先例、法律规定的合理性、不同事实之间的关联性等各种因素进行推理作出判决。

第三节 本章同步练习

选择题

(一) 单选题

有学者这样解释法的产生：最初的纠纷解决方式可能是双方找到一位共同信赖的长者，向他讲述事情的原委并由他作出裁决；但是当纠纷多到需要占用一百位长者的全部时间时，一种制度化的纠纷解决机制就成为必要了，这就是最初的法律。对此，下列哪一说法是正确的？（　　）（法考）

A. 反映了社会调整从个别调整到规范性调整的规律

B. 说明法律始终是社会调整的首要工具

C. 看到了经济因素和政治因素在法产生过程中的作用

D. 强调了法律与其他社会规范的区别

(二) 多选题

下列关于法的产生和发展的表述，能够成立的有（　　）。（考研）

A. 法是人类社会发展到一定历史阶段的产物

B. 法的产生先于私有制的产生和国家的产生

C. 法的产生的根本原因是社会生产力的发展

D. 法的产生未受到宗教、道德等因素的影响

参考答案及解析

选择题

(一) 单选题

答案：A

解析：本题考查对法律起源的一般规律的理解。法律的起源的一般规律之一是，对行为的调整从个别调整到规范性调整，即开始针对少数社会纠纷，慢慢地转向社会一般问题。在题干中，一开始是社会中的少数人根据个体找长者裁决，慢慢地发展成制度化的纠纷解决机制，体现的正是从个别调整到规范性调整的规律。A 选项正确。纠纷双方诉诸长者解决纠纷，体现的是对社会力量的信赖，而非法律，只有发展到一定层次，法律才成为社会调整的首要工具。B 选项错误。题干里指出制度化的纠纷解决机制的出现是因为解决纠纷的人力成本太高，这是一种社会因素，而不是经济因素和政治因素。C 选项错误。在本题中，并未体现出其他社会规范的意义，D 选项的内容与题目无关。D 选项错误。

(二) 多选题

答案：AC

解析：

本题同样考查法的产生和发展的过程和一般规律。法律并非一开始就存在，在原始社会并不存在法律。只有到了一定历史阶段，法律才出现。A选项正确。法律产生的社会物质条件是私有制的产生，原始社会的氏族制度解体。所以法律并非先于私有制而产生。B选项错误。根据唯物史观，法律的产生的根本原因在于经济原因，即社会生产力的发展。C选项正确。法律的产生与道德宗教等因素紧密相关，在法律产生的初期，很多规范都是从道德和宗教等规范转化而来的。D选项错误。

第三章　法的价值

第一部分　本章知识点速览

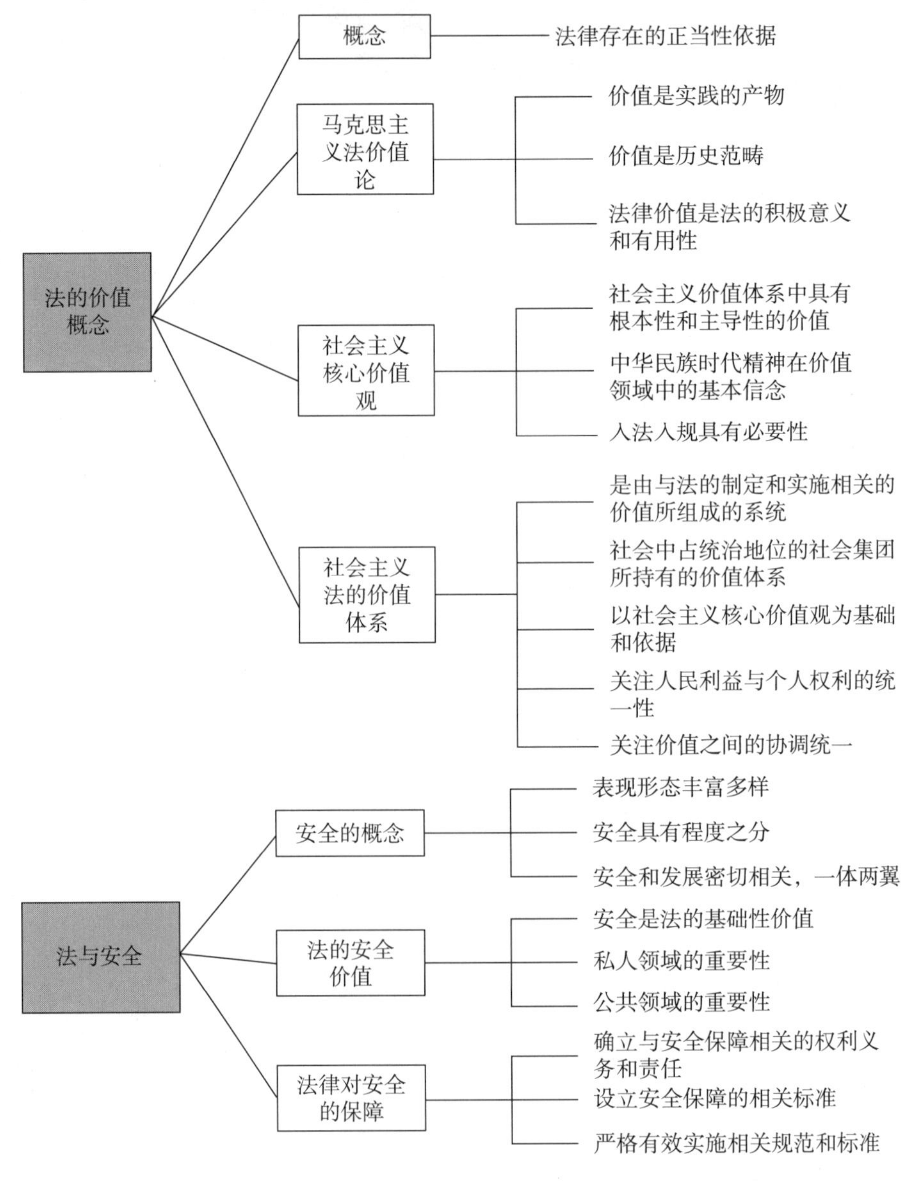

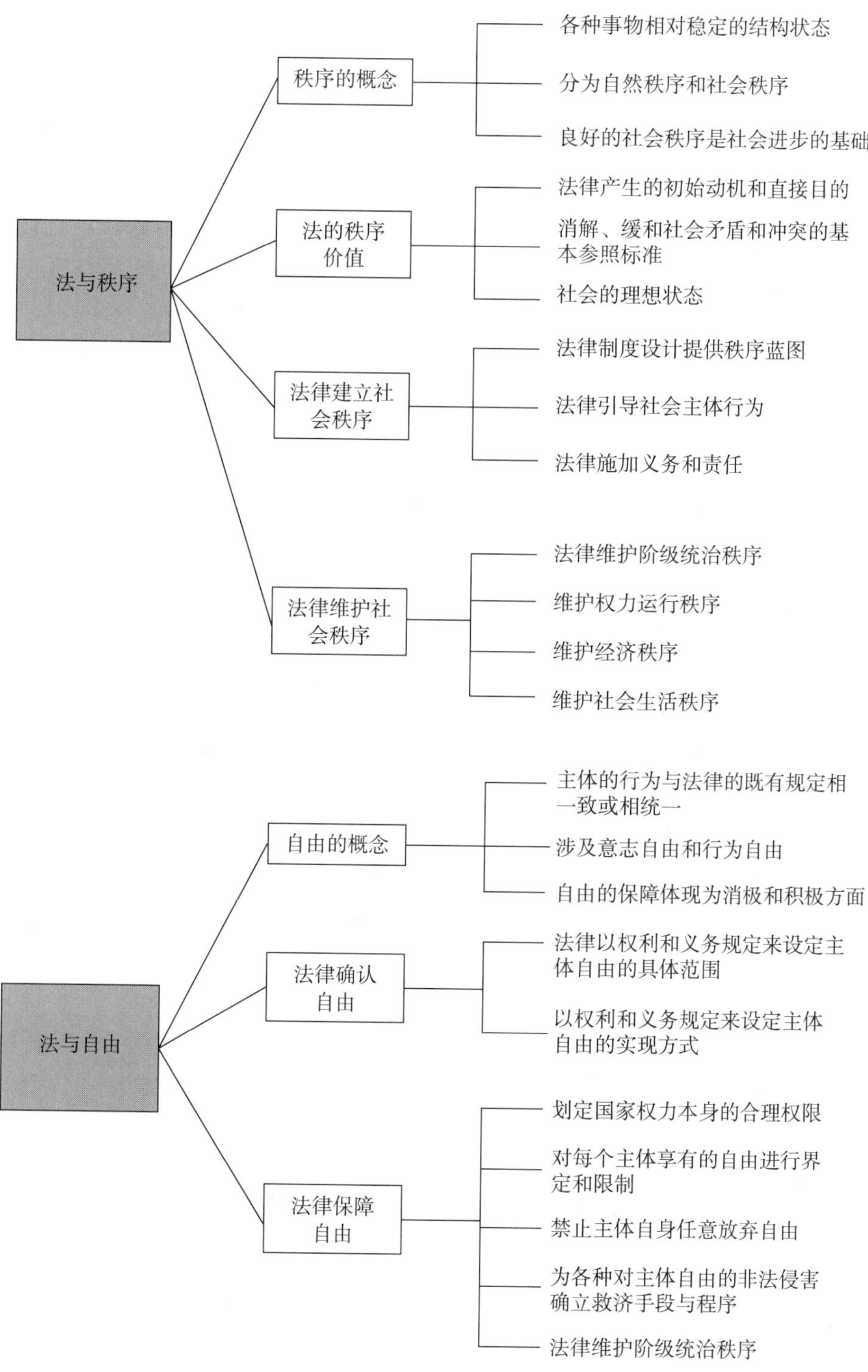
法与秩序
秩序的概念
各种事物相对稳定的结构状态
分为自然秩序和社会秩序
良好的社会秩序是社会进步的基础
法的秩序价值
法律产生的初始动机和直接目的
消解、缓和社会矛盾和冲突的基本参照标准
社会的理想状态
法律建立社会秩序
法律制度设计提供秩序蓝图
法律引导社会主体行为
法律施加义务和责任
法律维护社会秩序
法律维护阶级统治秩序
维护权力运行秩序
维护经济秩序
维护社会生活秩序
法与自由
自由的概念
主体的行为与法律的既有规定相一致或相统一
涉及意志自由和行为自由
自由的保障体现为消极和积极方面
法律确认自由
法律以权利和义务规定来设定主体自由的具体范围
以权利和义务规定来设定主体自由的实现方式
法律保障自由
划定国家权力本身的合理权限
对每个主体享有的自由进行界定和限制
禁止主体自身任意放弃自由
为各种对主体自由的非法侵害确立救济手段与程序
法律维护阶级统治秩序

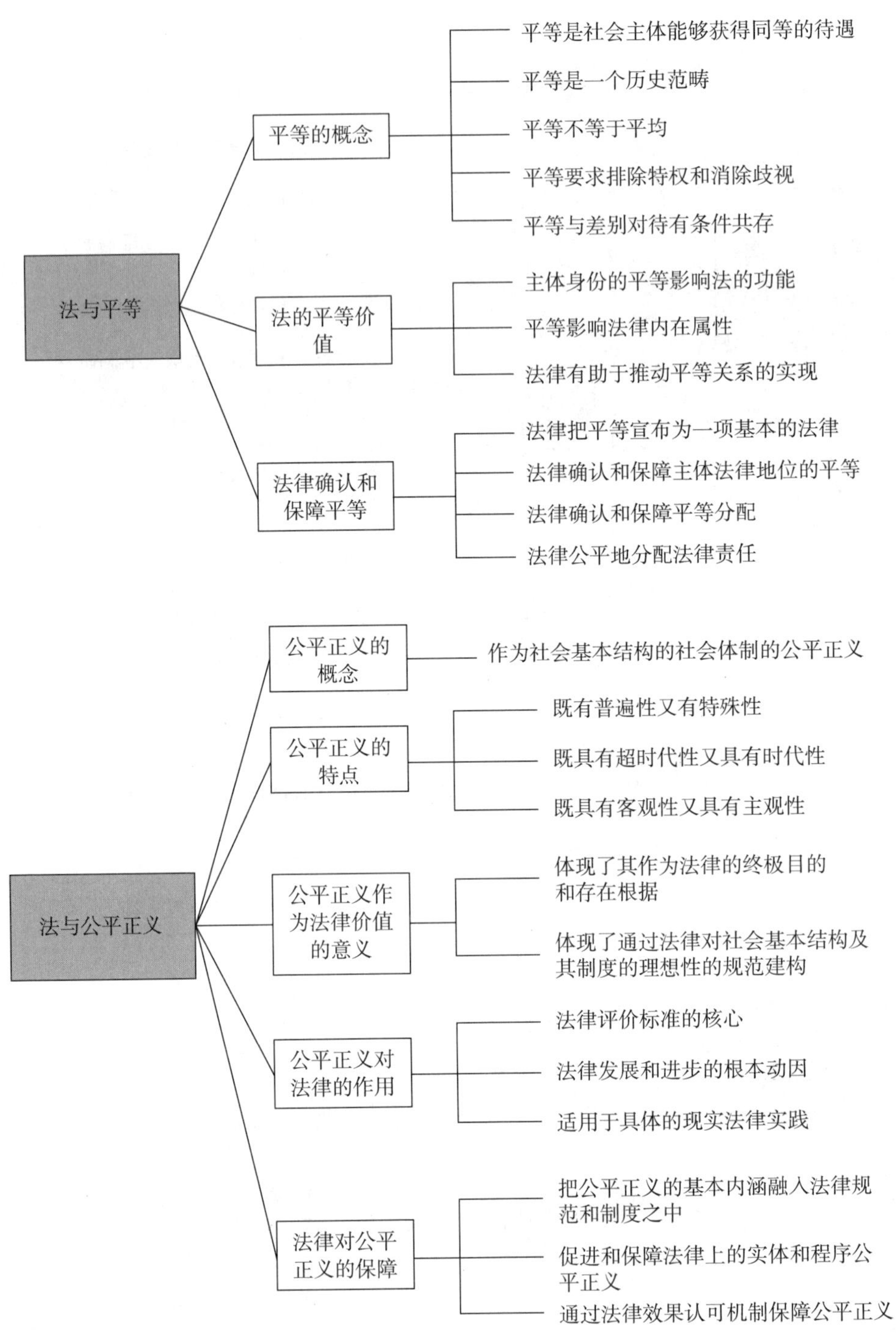
法与平等
平等的概念
平等是社会主体能够获得同等的待遇
平等是一个历史范畴
平等不等于平均
平等要求排除特权和消除歧视
平等与差别对待有条件共存
法的平等价值
主体身份的平等影响法的功能
平等影响法律内在属性
法律有助于推动平等关系的实现
法律确认和保障平等
法律把平等宣布为一项基本的法律
法律确认和保障主体法律地位的平等
法律确认和保障平等分配
法律公平地分配法律责任
法与公平正义
公平正义的概念
作为社会基本结构的社会体制的公平正义
公平正义的特点
既有普遍性又有特殊性
既具有超时代性又具有时代性
既具有客观性又具有主观性
公平正义作为法律价值的意义
体现了其作为法律的终极目的和存在根据
体现了通过法律对社会基本结构及其制度的理想性的规范建构
公平正义对法律的作用
法律评价标准的核心
法律发展和进步的根本动因
适用于具体的现实法律实践
法律对公平正义的保障
把公平正义的基本内涵融入法律规范和制度之中
促进和保障法律上的实体和程序公平正义
通过法律效果认可机制保障公平正义

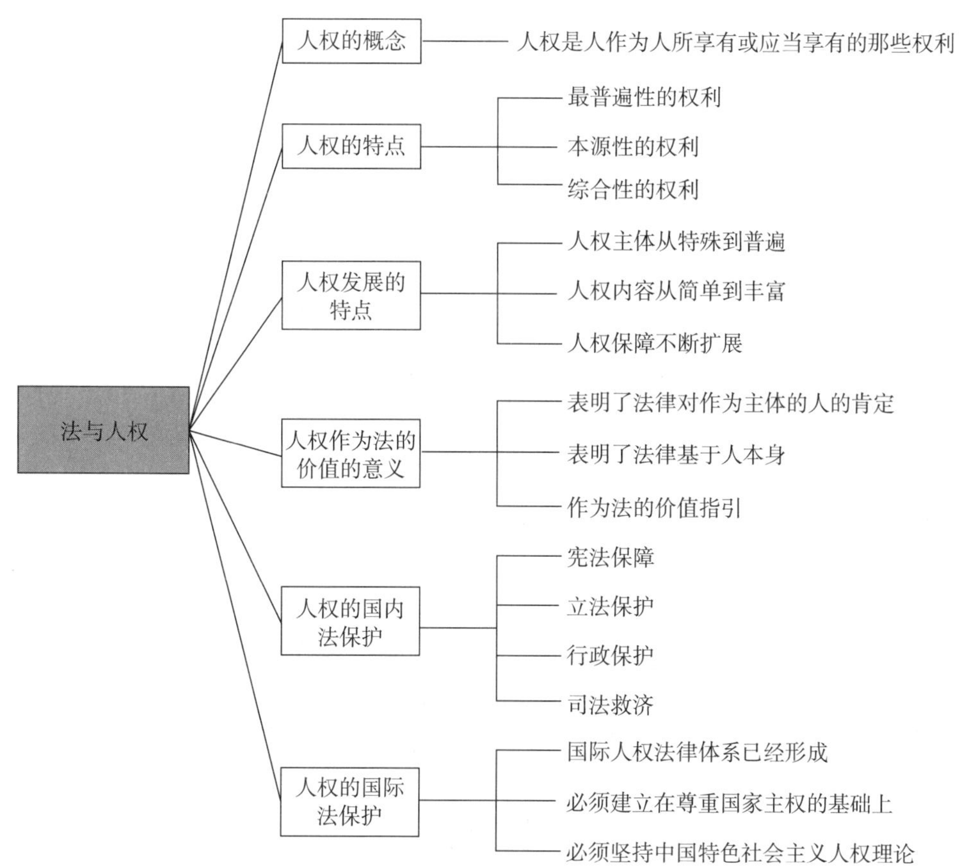

第二部分　本章核心知识要点解析

第一节　法的价值的概念

一、马克思主义关于法的价值的理论

（一）难度与热度

难度：☆　热度：☆

（二）基本理论与概念

1. 价值是一个与评价相联系的概念。

2. 马克思主义的价值概念主要有两方面的含义：

（1）价值是实践的产物，反映的是作为“主体”的人与作为“客体”的外界物的实践—认识关系。

（2）价值是一个历史范畴，在阶级分裂的社会也是一个具有阶级倾向的范畴，而不是超历史和超阶级的现象，每一个社会和每一个社会阶级都有着自己的价值体系。

（三）疑难点解析

法的价值是一个非常重要，但不容易理解的抽象概念。一般可以从两个角度来理解这个概念：

第一，价值是一个普遍性概念，我们可以用价值来评价很多事物。说某事物是有价值的，通常指的是该事物是好的，或者作为哲学之一部分的价值论对价值的本质作出了各种理论探讨，但只有马克思主义理论对价值的本质作出了科学的回答，即提出价值是实践的产物，体现了作为主体的人与作为客体的外界物之间的实践—认识关系，以及价值的历史性和阶级性。

第二，法律的价值是价值在法律实践中的具体体现，即法律在社会生活之中所展现出的积极意义和有用性。法律的价值拥有价值的一般属性，即实践性和历史性，同时也具有自身的特性，比如法律的积极意义和有用性更多地体现在为统治阶级服务这一点。

（四）拓展延伸阅读

“价值”一词，马克思对其作过专门考证，他引用了一本名为《试论哲学词源学》的书说，这本书认为“价值”一词与古代梵文和拉丁文中的“掩盖、保护、加固”词义有渊源关系，是它派生出“尊敬、敬仰、喜爱”的意思才形成了价值一词的“起掩护和保护作用的，可珍贵的，可尊重的，可重视的”的基本含义。

在我国，社会科学界一般认为价值一词有两种含义：一是指体现在商品中的社会必要劳动；二是指客观事物的有用性或具体的积极作用。随着我国哲学价值论研究的开展和深入，许多学者都提出了自己的价值概念。有的学者认为，价值一般是指客体对主体的意义；也有的学者认为价值是客体的属性对于满足主体需要的积极意义（正价值）或消极意义（负价值）；还有的学者认为，价值应是客体对主体的生存和发展的效用。有的学者认为，价值“是指客体的存在、作用以及它们的变化对于一定主体需要及其发展的某种适合、接近或一致”；也有人认为价值是指“一切能够满足人和社会需要的东西。换言之，‘价值’是指满足人和社会需要的那种属性，即物对人和社会的有用性，是指对人的生存、发展和享受具有积极意义的一切东西”。

马克思不仅揭示了经济学中的价值含义，而且还指出了作为一般意义的价值概念。他指出，“价值，这个普遍的概念是从人们对待满足他们需要的外界物的关系中产生的”，是“人们所利用的并表现了对人的需要的关系的物的属性”。马克思关于价值概念基本含义的论述，对法的价值研究具有十分重要的指导意义。

价值是客体对于主体——人的意义，对于人的需要的满足。价值的主体是人或人之延伸与结合——集体（组织）和社会，而不是物。最基本而最终意义的价值主体只能是人。价值的客体主要是物，这里的物并非物理学意义上的物，而是哲学意义上的物，是指人主观世界以外的客观实在。它可能是物质形态的，也可能是精神形态的。作为物质形态的物自不必多言，作为精神形态的物则包含着道德规范、宗教规范、法律制度、政治策略、社团规章、组织纪律等。价值客体不仅有物，而且也包括人。人在总体上是价值主体而不是价值客体。在特定的情况下，一部分人、一个人对另一部分人、对另一个人也有价值的问题。价值的前提是人的需要。没有人的需要，价值就不可能得以体现，就没有价值问题。价值的表现形式为人的某种利益或对人的某种效用，为“对于人的意义”或“对于人的需要的满足”。

——卓泽渊. 法理学. 2版. 北京：法律出版社，2016.

二、法的价值的基本特征

（一）难度与热度

难度：☆　热度：☆

（二）基本理论与概念

1. 阶级性与社会性的统一。

2. 主观性与客观性的统一。

3. 统一性与多样性的统一。

（三）疑难点解析

法律与其他实践事物一样，共享着价值的一般特征，但由于法律实践具有不同于经济、政治和宗教等社会现象的独特性，因此法的价值也有一些独特之处。可以从政治属性、需求和发展形态三个方面来理解法价值的基本特征的这三个方面。法的价值的阶级性和社会性的统一体现的是，法律维护阶级统治和承担社会公共职能的意义是统一在一起的。法的价值的主观性和客观性的统一体现的是，法律满足主体需求和法律由社会物质条件所决定的统一。法的价值的统一性和多样性的统一体现的是，人们对法的需求的多样性和法律体现社会共同价值追求的统一。从这三个方面的特征来看，法的价值是一种不同于其他社会规范和现象之价值的独特价值关系。

三、社会主义核心价值观与社会主义法的价值体系

（一）难度与热度

难度：☆　热度：☆☆

（二）基本理论与概念

1. 社会主义核心价值观的概念与内涵。

（1）社会主义核心价值是社会主义价值体系中具有根本性和主导性的价值。

（2）社会主义核心价值观是当代中国精神的集中体现。

（3）社会主义核心价值观是中华民族时代精神在价值领域中的基本信念，是指引我国经济改革、政治发展、社会和谐、文明进步和国家治理的基本共识。

（4）《社会主义核心价值观融入法治建设立法修法规划》明确规定，力争经过5年到10年时间，推动社会主义核心价值观全面融入中国特色社会主义法律体系。

2. 社会主义法的价值体系的概念。

（1）社会主义法的价值体系是由一组与法律的制定和实施相关的价值所组成的系统。

（2）法的价值体系是由一个社会中占统治地位的社会集团所持有的价值体系。

（3）社会主义法的价值体系是以社会主义核心价值观为基础和依据的，因此与社会主义核心价值观在本质上是一致的。

3. 社会主义法的价值体系的特征。

（1）社会主义法的价值体系关注人民利益与个人权利的统一性。

（2）社会主义法的价值体系关注价值之间的协调统一。

（三）疑难点解析

本部分需要从两个方面加深理解。一方面，需要掌握社会主义核心价值观的内涵与法律意义。社会主义核心价值观是中国特色社会主义的精神体现。社会发展需要追求很多价值，涉及生活的方方面面，而一个社会需要追求一些具有基础和核心意义的价值，这些价值构成了社会的底色。中国特色社会主义以共同富裕和人的解放为追求，因此在发展过程中的核心价值追求不同于其他类型社会的。党的十八大报告将社会主义核心价值观总结为“富强、民主、文明、和谐，自由、平等、公正、法治，爱国、敬业、诚信、友善”，系统全面地体现出社会主义的核心价值精髓。

另一方面，社会主义核心价值观具有重要的法律意义。培育社会主义核心价值观，有助于整合社会意识，促进国家治理体系和治理能力的优化，也有助于提高全社会的法治意识，促进社会主义法治的践行。因此，党中央通过多项文件推动社会主义核心价值观融入法治建设。

关于社会主义核心价值观和法治，有以下两点需要注意。

1. 社会主义核心价值观体现的是价值理念，和社会道德要求紧密相关，而社会道德和法律属于两种范畴。因此将社会主义核心价值观融于法律，并不等同于以核心价值观替代法律，或者完全通过法律的形式贯彻核心价值观。社会主义核心价值观进入法律，主要是通过完善社会主义法治体系、优化法律实施机制，将核心价值观的价值理念融入法治理念之中，使得社会民众在知法守法的过程中形成对核心价值观的强烈认同。

2. 按照教材的观点，社会主义核心价值观与社会主义法的价值体系是不同的。社会主义法的价值体系是与法律的制定和实施过程相关的价值，比如秩序、平等和公正等。社会主义法的价值体系在形态上与社会主义核心价值观并非完全一样，但社会主义法的价值体系是核心价值观在法律实践中的具体呈现，因此在本质上是一致的。比如秩序是法律的一种重要价值，秩序也是社会主义核心价值观中和谐、自由和敬业等价值的综合体现，正是因为人们追求和谐相处，相互尊重自由，以及在工作岗位上充分发挥各自才能，才能保障社会秩序的实现。

（四）拓展延伸阅读

国家和社会的有效治理离不开道德建设和法律建设的双重作用，只有双管齐下，德法并治，才能使中国特色社会主义社会刚柔并济，社会充满生机与活力。“中国特色社会主义中国，既是一个法治社会，也是一个德治社会；既要把中国建设成为一个法治国家，也要把中国建设成为一个德治国家。”法律与社会主义核心价值观相辅相成，具有密切的联系，我们可以从价值论、方法论和目的论的角度阐释法律与社会主义核心价值观践行的理论逻辑联系。

从价值论来看，法律的价值内涵和价值目标有利于提升社会主义核心价值观践行的实效性。一方面，法律的价值内涵与社会主义核心价值观的精神内涵深度契合，对于巩固社会主义主流意识形态具有重要意义。法律属于社会意识范畴，本身具有鲜明的价值导向，“体现着国家的价值目标、社会的价值取向、公民的价值准则”，不仅仅是制度规范，更是社会主流意识形态的体现。意识形态工作是一项极端重要的工作，社会主义核心价值观是我们应该坚持的意识形态。社会主义核心价值观融入法治建设，“法律通过把国家或社会的价值观念和价值标准凝结为固定的行为模式和法律符号，而向人们灌输占支配地位的意识形态，使之渗透于或内化在人们的内心之中，并借助人们的行为进一步广泛传播”。法律的规范、引导过程实际上也是主流意识形态巩固、内化的过程，通过法律加强主流意识形态建设，使意识形态工作真正落到实处、取得实效。社会主义核心价值观是当代中国化马克思主义在意识形态领域在价值观层面的高度浓缩，是中国人民团结和睦的精神纽带和共同思想基础。它同法律一同成为全体社会成员在思想和道德上共同认可、共同遵循、自觉践行的价值观念体系和行为规范体系。另一方面，法律的价值目标促进依法治国和以德治国相结合。习近平总书记指出，中国特色社会主义法治道路的鲜明特点就是“坚持依法治国和以德治国相结合，强调法治和德治两手抓、两手都要硬”。在全面推进依法治国的过程中，必须坚持社会主义核心价值观对立法、执法、司法、普法等各个过程的价值引领作用，将社会主义道德建设贯穿其中，同时切实发挥法治对社会主义核心价值观的保障作用，推动社会主义核心价值观在全社会的弘扬和培育，提高全体人民的思想道德素质，创造良好的法治环境。依法治国和以德治国作为社会有效治理的两种重要手段，是坚持不懈走中国特色社会主义法治道路的要求，二者相辅相成、相得益彰，共同推动国家治理体系和治理能力现代化。

——吴增礼，王梦琪．社会主义核心价值观入法的理论逻辑与现实省思．学习与实践，2019（10）．

第二节 法与安全

一、安全的概念

（一）难度与热度

难度：☆ 热度：☆

（二）基本理论与概念

1. 安全的存在范围非常广泛，几乎涉及人类生活的所有领域，其具体表现形态也丰富多样。

2. 在汉语中，“安全”是一个并列式合成词。有现实意义的安全是一个包含安全程度的概念。

3. 安全和发展密切相关，一体两翼。安全是发展的前提，发展是安全的保障。

（三）疑难点解析

理解安全价值的内涵，需要从安全的类型、安全的实现程度和安全与发展的关系三个角度展开。

1. 安全的存在范围宽泛，类型多样，既有个体安全，也有群体安全；既有实体的人身安全、生产安全，也有无形的财产安全、生态安全等，所以安全是一个类型非常丰富的概念。

2. 安全与危险是相对的，安全意味着没有危险和损害。然而安全并不意味着绝对地消灭损失或损害，绝对地消灭损失或损害是不可能实现的，所以安全是存在程度差异的，并不能追求绝对意义上的安全。

3. 安全和发展的关系是理解安全价值的重要部分，安全和发展密切相关，一体两翼。安全是发展的前提，即只有在安全环境中才能实现发展。发展是安全的保障，指的是解决安全的问题需要依靠发展的力量。

二、法的安全价值

（一）难度与热度

难度：☆　热度：☆☆

（二）基本理论与概念

1. 安全是基础性或者底线性法的价值，安全价值是其他法的价值的存在基础。

2. 法律对安全的保障

（1）确立与安全保障相关的权利、义务（含职责）和责任。

（2）设立安全保障的相关标准。

（3）严格和有效地实施与安全保障相关的法律规范和标准。

（三）疑难点解析

安全是社会发展的重要前提，因此需要通过法律的形式加以保障。但现代社会属于风险社会，风险与发展并存。因此，把安全作为法律的价值追求，需要明晰以下两点。

1. 法律通过强制性的方式对人们的行为进行指引，但法律并不能准确地判断风险何时发生以及如何发生，因此法律并不能实现绝对的安全，只能将安全控制在一定的合理范围之内。

2. 安全价值的实现需要全社会各个层面的共同参与，包括社会公众安全意识的提升、安全保障机制的优化等，法律在实现安全价值上发挥着独特的意义和功能，也体现出法律作为一种强制性规范的优势。法律通过设立安全规范标准对人们的行为形成有力约束，降低安全风险，保障人们的合法权益。

（四）拓展延伸阅读

习近平指出："做好新时代国家安全工作，要坚持总体国家安全观，抓住和用好我国发展的重要战略机遇期，把国家安全贯穿到党和国家工作各方面全过程。"党的十九大将"坚持总体国家安全观"作为新时代中国特色社会主义的基本方略之一，作为党和国家重要战略的总体国家安全观具有全面的指导作用，是整个国家安全工作的理论基础和指导思想，也是新时代推进国家安全法治建设的理论基础和指导思想。习近平强调："推进全面依法治国是国家治理的一场深刻变革，必须以科学理论为指导。"总体国家安全观彰显了极为重要的国家安全法治价值，新时代维护国家安全、加强国家安全法治建设必须坚持以总体国家安全观为指导，国家安全法治建设既是总体国家安全观的重要内容，也是实现国家总体安全观的重要保障，"不同时期国家安全观有着各自侧重，它们指引相应时期国家安全法治建设和国家安全工作具体方向，为维护我国国家安全发挥了重要作用。"在实行全面依法治国的新时代背景下，面对百年未有之大变局以及经济社会发展、科学技术进步带来的挑战，"国家安全法治研究必须坚持以总体国家安全观为指导，一定会在立法体系科学化、执法能力提升、司法公正权威、全民守法防护等方面不断深化拓展《国家安全法》的研究领域。"

"总体国家安全观是新的法治观"，坚持以总体国家安全观为指导在我国相关法律制度中已经得到贯彻和体现，2015 年通过的《中华人民共和国国家安全法》（以下简称《国家安全法》）明确规定国家安全工作要坚持总体国家安全观。该法在界定国家安全的概念中就体现了总体国家安全观，“国家安全是指国家政权、主权、统一和领土完整、人民福祉、经济社会可持续发展和国家其他重大利益相对处于没有危险和不受内外威胁的状态，以及保障持续安全状态的能力”。在国家安全范围设定中更加充分体现总体国家安全观，将国家安全的涵盖范围大幅度拓展和延伸。以往的国家安全立法只侧重于打击间谍犯罪行为，我国 1993 年的《国家安全法》只是把国家安全事务限定在政治、军事等领域，新《国家安全法》则将安全事务的范围拓展到人民、政治、经济、军事、国土、生态、资源、文化、粮食、社会、网络、信息、科技、核、海外利益、国际、外层空间、国际海底区域、极地等领域的安全事务。

贯彻总体国家安全观必须统筹发展和安全两件大事，而统筹发展和安全需要制度保障尤其是法治保障，全面依法治国必须处理好发展和安全的辩证关系。中国特色社会主义制度为统筹发展和安全提供了坚实的制度保障，习近平指出：“中国特色社会主义制度成为具有显著优越性和强大生命力的制度，保障我国创造出经济快速发展、社会长期稳定的奇迹。”“经济快速发展”是“发展”的奇迹，“社会长期稳定”是“安全”的奇迹，这两大奇迹的创造和实现是在中国特色社会主义制度保障下取得的。习近平强调：“发展环境越是严峻复杂，越要坚定不移深化改革，健全各方面制度，完善治理体系，促进制度建设和治理效能更好转化融合，善于运用制度优势应对风险挑战冲击。”《国家安全法》规定：“维护国家安全，应当与经济社会发展相协调”，充分体现了统筹发展和安全的基本精神。

——蔡宝刚．论习近平法治思想中的国家安全法治理论．法学，2022（1）．

第三节　法与秩序

一、秩序的概念

（一）难度与热度

难度：☆　热度：☆☆

（二）基本理论与概念

1．秩序是指在一定的时间和空间范围内，事物之间以及事物内部要素之间相对稳定的结构状态。

2．秩序可以分为自然秩序和社会秩序。

3．良好的社会秩序是社会进步的基础。

（三）疑难点解析

秩序是与社会生活和实践紧密相关的一个概念，具有较强的宏观性和系统性，一般指向的都是社会秩序。秩序的内涵强调的是一个系统内部各种事物之间的相对稳定的结构状态，即各个要素各自发挥功用、平稳运行的良好状态。广义的秩序可以包含自然秩序和社会秩序，但通常来说，秩序具有更强的社会意义，因为秩序包含着人的参与，是由人发挥主动性和能动性而形成的有序状态。因此，如果没有秩序，社会中的人们就无法发挥各自的主动性和能动性，社会也就无从发展。

二、法的秩序价值

（一）难度与热度

难度：☆　热度：☆☆

（二）基本理论与概念

1. 秩序作为法的价值的意义在于：

（1）社会的秩序需求和秩序维持是法律产生的初始动机与直接目的。

（2）秩序是消解、缓和社会矛盾和冲突的一个基本参照标准。

（3）秩序作为社会的一种理想状态，鼓励社会合作，促进社会和谐。

2. 法律有助于社会秩序的建立。

3. 法律有助于维护社会的阶级统治秩序、权力运行秩序、经济秩序和正常的社会生活秩序。

（三）疑难点解析

良好的社会秩序是社会进步的基础，因此秩序成为法律所追求的一项基本价值。秩序的维护需要法律，法律的良好运行也以秩序为基础和前提，二者相辅相成。理解法的秩序价值，需要掌握以下几点。

1. 法律体现了统治阶级的意志，因此天然地具有维护秩序的倾向。只有维持社会秩序的稳定，法律才能充分发挥其作用。

2. 法律具有维护秩序的巨大优势，法律具有规范性和强制性，能够满足社会对于规则的内在需求。如果没有法律所确立的规则，经济、社会交往活动都无法开展。因此，对于阶级统治秩序、权力运行秩序、经济秩序和社会生活秩序来说，法律的角色是至关重要的。

3. 虽然法律与秩序存在天然的联系，但需要注意的是，并非法律制定得越多、越严密，社会就越有秩序。法律与秩序之间存在动态关系，社会秩序的维持不能仅靠法律，社会自身也存在自我调节系统，可以维持一定意义的自我更新和稳定。

（四）拓展延伸阅读

法律秩序既是一种理想化的社会价值目标，也是现实的社会生活中不断呈现出来的一种和谐状态。在一个具体的层面上，可将法律秩序类型化为“目标形态”、“制度形态”、“行为状态”、“关系形态”、“结构形态”以及“组织形态”等多种迥异的秩序样态。“目标形态”的法律秩序，是在特定时空内不断凸显的一种应然的稳定状态和整体性特征的一种价值样态和意识形态。当然，“意识的任务不能仅仅归结为反映，它必须对未来的世界作出预测”。制度形态的法律秩序，则是指目标形态的法律秩序得以实现的社会基础和社会规范的载体。其中，“‘合目的性’左右了制度的修正和完善，制度的修正和完善使得宪法的‘合目的性’得到不断地矫正。‘可接受程度’则意味着制度作为行为规范存在着向实际行为转化的效率问题，也就是说，‘没有接受’、‘不可接受’、‘不愿接受’的制度很显然是无效的。”

法律是以规范和调整社会关系为己任，由此塑造了关系形态的法律秩序。社会结构则是社会秩序产生的现实基础，也是社会秩序的一种事实状态。就此而言，法律秩序是建立在一定的社会经济结构基础上的上层建筑。相对独立于社会经济结构，其显著特征就是国家制度的形式化。它使得社会结构的内部要素间表现为一种法权关系，这种法权关系“是一种反映着经济关系的意志关系。这种法权关系或意志关系的内容是由这种经济关系本身决定的。”其中，社会结构的生成性规则维持着依照个体间的相互联系特性组合成的社会系统，而当个体这种行为模式在时间上保持延续并由此导致例行化而使交往行动具有可预见性时，就产生了行为规则。法律秩序的构建必须通过充分地调动法律主体的积极性、创造性，规范法律主体的行为，以形成良好的执法、司法和守法秩序来实现。从实证的角度观察，在制度健全的情况下，主体的行为一般具有可测评的特性。作为主体行为状态的法律秩序，其可测评的特性主要体现为法律实施的行为评价。其实证标准就是特定国家既有的法律制度。

——张义清，曾林翊晨. 法律秩序的“国家—社会”分析路径——基于法学方法论的探讨与反思. 法治现代化研究，2018（4）.

第四节　法与自由

一、自由的概念

（一）难度与热度

难度：☆☆　热度：☆☆

（二）基本理论与概念

1. 在法理学的意义上，自由是指主体的行为与法律的既有规定相一致。

2. 自由是人的本性。

3. 自由涉及主体的意志自由和主体在自由意志支配下的行为自由两个方面。

4. 保障主体自由有积极和消极两个方面。

（三）疑难点解析

自由是现代社会的重要价值。对于自由的价值，应当从概念和体现两个方面来理解。

1. 从哲学上来讲，自由主要体现为人不受约束的状态。自由包括意志自由和行为自由两个层面。法律上的自由与哲学上的自由有一定的区别，主要突出主体行为与法律之间的关系，即主体行为与法律的既有规定相一致或相统一。由此可见，法律上的自由内涵是有限定条件的，必须在法律的语境之中对自由的边界作出划分。

2. 自由涉及人的意志自由和行动自由。意志自由是人在思想观念上的自由决定，不受外在的干预和支配。行为自由指的是个体基于意志判断而作出相应行动的自由。因此，自由具有消极和积极两个方面。法律对自由的保障也体现为消极和积极两个方面。在消极方面，法律要保障个人的生活选择不受公权力的干预，让个体能够自由地形成思想意识，做出决定。在积极方面，法律要为个体创造充分的行动空间，比如在就业、医疗、住房等各个领域创造好的社会条件，使得个体可以充分地实现自身目标。

二、法的自由价值

（一）难度与热度

难度：☆☆　热度：☆☆

（二）基本理论与概念

1. 自由作为法的价值的主要意义在于，法律应将确认和保障自由作为自己的价值追求。

2. 法律主要采取以权利和义务规定来设定主体自由的具体范围和实现方式的手段以确认自由。

3. 法律采取四种基本方式保障自由：

（1）法律通过划定国家权力本身的合理权限范围，并明确规定国家权力正当行使的基本程序，排除国家权力对于主体自由的各种非法妨碍。

（2）法律对每个主体享有的自由进行界定和限制，排除主体之间的相互侵害。

（3）法律也禁止主体自身任意放弃自由。

（4）法律为各种对主体自由的非法侵害确立救济手段与程序。

（三）疑难点解析

把自由作为法的价值追求，体现出法律在保障自由上的重要功能和自由的重要性。在一个社会中，只有人们享有充分的自由，才能促进社会繁荣，保障社会秩序。而只有建立起完善的自由保障机制，才能让人们享有充分的自由。所以，法律应当把自由作为自身的价值追求。这主要体现为两个方面。首先，法律确认自由。法律的确认体现出自由的基础价值地位。但法律对自由的确认不同于道德和社会观念对自由的确认，而是通过权利义务的形式体现出自由的范围和实现方式，这也是法律自身特征的体现。其次，法律保障自由。只有通过法律以明确的规则形式才能划定自由的边界，以及自由行使的正确方式和救济手段。

（四）拓展延伸阅读

自古以来，人类就对自由孜孜以求，对于自由的概念内涵、判断标准及其实现路径等的理解各异，观点莫衷一是。在马克思之前，绝大多数思想家抛开了人的经济地位、阶级基础、现实生存环境和物质生产条件，不区分自由的主体和自由的维度，笼统抽象地谈论人的自由。在个人自由与共同体的关系问题上，不区分共同体的性质，或者片面强调个人与共同体的对立，把个人自由的实现归结于摆脱共同体的控制；或者片面强调个人必须无条件地服从任何性质的共同体，全面否定个人自由。因此，从方法论的角度而言，这些对自由问题的研究大多属于主观唯心主义或机械唯物主义的。马克思辩证唯物主义方法论的鲜明特征是将辩证法与历史唯物主义有机融合，“对每一种既成的形式都是从不断的运动中……去理解……按其本质来说，它是批判的和革命的”。运用到对自由问题的分析上，马克思强调自由的实现离不开一定的物质基础和社会关系，不能脱离人的生产生活载体——共同体来谈论抽象的自由，必须运用历史的、普遍联系的、系统的和发展的观点，考察个人自由的产生和发展进程，辩证地看待个人自由与不同性质共同体的对立统一关系，为我们提供了理解和把握自由问题的科学方法论。

具体而言，首先，马克思高度关注自由主体——现实中个人的生存境遇，始终坚持物质第一性的原则，强调个人自由的实现需要有充分的物质利益保障，而个人物质利益的实现程度又取决于由不同历史发展阶段生产力发展水平和社会关系所决定的不同性质共同体，为我们正确判断天然共同体、虚假共同体和真正共同体中个人自由的实现程度，掌握个人自由的历史发展变化趋势，确立了历史唯物主义的根本遵循。其次，马克思指出，既往历史上的共同体都不可能实现所有人的个人利益和个人自由，只有建立社会主义制度才能“给所有的人提供健康而有益的工作，给所有的人提供充裕的物质生活和闲暇时间，给所有的人提供真正的充分的自由”，为我们坚定依靠推动经济发展和完善社会主义共同体来促进个人自由的信念，提供了必须坚持的发展的观点。再次，马克思将自由细化为精神自由、实践自由和个性自由，明确了三者之间的前提基础、实践路径和目标旨归的关系，为我们提供了实现个人自由必须坚持的系统思维。最后，马克思阐明了个人与共同体的对立统一关系，认为只有通过不断协调和解决两者的矛盾，构建个人自由与共同体的和谐一致关系，才能最终实现所有人的个性自由，为我们提供了必须坚持的矛盾对立统一的方法论。

——曹洪军，叶贵梅. 论马克思自由观的共同体向度及其时代价值. 马克思主义与现实，2021 (5).

第五节　法与平等

一、平等的概念

（一）难度与热度

难度：☆☆　热度：☆☆

（二）基本理论与概念

1. 平等的基本含义是社会主体能够获得同等的待遇。形式意义上的平等和实质意义上的平等的区分具有重大意义。

2. 平等是一个历史的范畴，其所表达的内涵是随着社会历史环境和条件的变化而变化的。

3. 平等不等于平均。

4. 平等要求排除特权和消除歧视。

5. 平等与差别对待有条件共存。

（三）疑难点解析

对平等价值的理解需要把握两个方面。

首先，平等价值的核心要义在于针对相同的情形作出同等对待，但相同情形的内涵是模糊的，在实践之中有很多情形是否应当视为相同情形是不确定的。在就业领域，男和女应当同工同酬，这体现了对男女平等的尊重。但针对残疾人就业，国家会有一些优待措施，这并非表明对残疾人和普通人的不平等对待，而是保障残疾人权益的合理措施。因此，平等并不意味着完全的平均、不分情况的绝对平等。

其次，平等的内涵也随着社会历史环境和条件的变化而变化。奴隶社会或封建社会也强调平等，但是奴隶主或者地主阶级的平等、资本主义社会的平等是形式意义上的，也是不完整的。只有社会主义意义上的平等才能体现出平等的真正价值内核。

二、法的平等价值

（一）难度与热度

难度：☆☆　热度：☆☆

（二）基本理论与概念

1. 平等作为法的价值的意义有主体和客体两个方面。

2. 法律确认和保障平等。

（三）疑难点解析

平等体现出对每个个体的尊重，只有在一个平等赋予主体资格的社会之中，才能够充分地保障每个人的自由实践和发展空间。所以，平等成为法律的基本价值。可以从以下几点来理解其价值意义。

1. 平等作为法律的价值有助于通过法律的形式强化平等的价值意义，促进社会形成关于平等的认同，构建起平等、友爱、和谐的社会。

2. 法律对平等的确认和保障是通过具体的规范设计和制度安排来实现的，这是法律具有的独特优势。只有通过明确的权利义务规定、法律责任分配，才能明确平等的内涵及实现方式。

3. 需要注意的是，平等的内涵是抽象的。当把平等价值转化到法律之中时，平等的内涵变得具体，比如社会财富、资源、机会与社会负担的平等分配。平等分配不同于平均分配，在平等价值理念的指导之下，把社会财富等资源的分配转化为法律上的权利和义务，能够保障平等的实现。同样，基于法律上的权利和义务，通过公平地分配法律责任，可以更好地贯彻平等原则。

（四）拓展延伸阅读

我们有必要从考察马克思对共产主义社会真正平等的达成路径入手。毋庸置疑，马克思消灭不平等的实践思路首先聚焦于消灭不平等的根源，即资产阶级私有制和阶级差别，这就决定了马克思在解构不平等中建构的平等概念具备与同样逻辑上建构的自由、正义等量齐观的特征。具体而言，其内容包括：

一是消灭资产阶级私有制进而实现经济领域的平等。在深入考察资本主义社会的生产活动中，马克思发现了分配不公是不平等的集中表现，进而发现私有制是导致不平等的根源。马克思尖锐地问道："什么是'公平的'分配呢？难道资产者不是断言今天的分配是'公平的'吗？难道它事实上不是在现今的生产方式基础上唯一'公平的'分配吗？难道经济关系是由法的概念来调节，而不是相反，从经济关系中产出法的关系吗？"可见，他认为，正是由于资产阶级私人占有生产资料的存在导致了人对人的剥削与不平等。同时，资产阶级私有制也导致"政治体制在很大程度上掌握在那些从分配不公中获益最多的人手中，它们不断被用来扩大、加强和扩大特权阶层和弱势群体之间的差距"，进而加剧社会不平等状况。只有通过消灭资产阶级私有制，"由社会全体成员组成的共同联合体来共同地有计划地利用生产力；把生产发展到能够满足所有人的需要的规模；结束牺牲一些人的利益来满足另一些人的需要的状况；彻底消灭阶级和阶级对立，通过消除旧的分工，通过产业教育、变换工种，所有人共同享受大家创造出来的福利，通过城乡的融合，使社会全体成员的才能得到全面发展，——这就是废除私有制的主要结果”。此处，马克思是从消灭生产资料的私人占有意义上而言的，绝非否定个人占有通过劳动得来的生活资料的合法性，唯其如此，人们才能真正成为社会生活的主人，个人与社会之间才能实现完美和谐的统一，每个人才能真正实现自由而全面的发展，从而实现实质平等。在这里，实现共产主义理想的实践前提，则指向消灭资产阶级私有制进而达到实质平等这一改造经济基础的关键点，显然，对于资产阶级私有制的批判和超越内含着价值评判的元素，而这种元素也意味着平等作为共产主义社会价值旨归的属性特征。

二是消灭阶级差别进而实现社会领域和政治领域的平等。人类社会朝向共产主义目标迈进，必须完成经济基础的革命，同时也离不开上层建筑的变革。在对实现共产主义目标策略的探讨中，马克思之所以强调工人阶级应该以消灭阶级而不是实现平等为目标，并不是因为他否定或贬低平等的价值，而是因为马克思强调“这种平等要求并不是口号，而是以消灭阶级为目标的无产阶级革命为前提的运动，无产阶级的平等为保证社会革命获得胜利和实现革命的最高目标——消灭阶级”。其逻辑就在于，不以消灭阶级为目标的平等运动是不可能真正彻底实现平等目标的，也是不可能真正为实现共产主义奠定基础的。工人阶级解放之后实现的平等是消灭阶级差别的平等，这种平等要求，“只要有可能，每个人都能够获得那些实现幸福、相互关心、尊重和消灭剥削的条件”。马克思还提出：“无产阶级所提出的平等要求有双重意义。或者它是对明显的社会不平等，对富人和穷人之间、主人或奴隶之间、骄奢淫逸者和饥饿者之间的对立的自发反应……或者它是从对资产阶级平等要求的反应中产生的，它从这种平等要求中吸取了或多或少正当的、可以进一步发展的要求……在上述两种情况下，无产阶级平等要求的实际内容都是消灭阶级的要求。任何超出这个范围的平等要求，都必然要流于荒谬。”对此，吉尔伯特认为马克思“并没有把无产阶级的平等要求作为一种意识形态来拒绝，而是从需要的角度来证明它，并把它重新表述为一种消灭阶级的要求”。正如马克思自己所说，他希望无产阶级通过消灭阶级差别来消灭不平等，亦即在消灭占有生产资料与不占有生产资料的阶级差别之后，最终达成一种无阶级的状态；而实现了这种状态，也就意味着“一切由阶级差别产生的社会的和政治的不平等也自行消灭”。

至此，当资产阶级私有制和阶级差别消灭之后，实质平等的社会——共产主义社会就应运而生了。马克思着眼于废除资产阶级私有制、消灭阶级差别而实现的实质平等，超越了资产阶级从自己的特殊地位出发而建立的资产阶级法权平等。这种平等诉求可以转换成为无产阶级革命的思想动力，也可以在“实质平等”的意义上成为共产主义社会实现的价值旨归。

——熊欣. 论马克思平等概念的双重价值维度. 高校马克思主义理论研究，2021(1).

第六节 法与公平正义

一、公平正义的概念

（一）难度与热度

难度：☆☆　热度：☆☆

（二）基本理论与概念

1. “公平正义”一词具有多重含义，但一般认为，作为社会基本结构的社会体制的公平正义，是最为根本的、具有决定意义的、首要的公平正义。

2. 从法律和法学的角度来看，实质公平正义与形式公平正义的分类以及相应的实体公平正义与程序公平正义的分类更为重要。

3. 从观念和制度演进的历史来看，公平正义既有普遍性又有特殊性，既具有超时代性又具有时代性，既具有客观性又具有主观性。

（三）疑难点解析

公平正义的内涵是丰富多彩的，既有个人交往中的公平正义，比如公平交易，也有社会层面的公平正义，比如公平的税收制度。教材中主张的公平正义通常指的是作为社会基本结构的社会体制的公平正义，这也是当前政治哲学中关于公平正义研究的主流观点。公平正义的内涵是丰富的，类型也很多样，但典型的一组分类是实质公平正义和形式公平正义，也称为实体公平正义和程序公平正义。理解这组分类，可以重点把握以下两点：

1. 实体和程序之分的主要依据在于法律规定的是实体权利和义务，还是实现权利和义务的程序。法律上的实体权利和义务规定的是社会合作利益和负担如何分配，法律上的程序则是实现这些权利和义务的必要步骤。实体权利和义务与程序都承载着公平正义这种价值。

2. 在司法实践中，实体公平正义和程序公平正义是贯穿全程的，但实体公平正义强调的是将规定权利义务的规则应用到个案后所得出之结果的正义，程序公平正义则是得出结果的过程中遵守特定步骤的正义。遵守程序正义并不必然实现实体正义，但如果违反了程序正义，则实体正义也无法实现。

二、法的公平正义价值

（一）难度与热度

难度：☆☆　热度：☆☆

（二）基本理论与概念

1. 公平正义作为法律的价值体现了其作为法律的终极目的和存在根据，也体现了通过法律对社会基本结构及其制度的理想性的规范建构。

2. 公平正义对法律的作用。

（1）公平正义是法律评价标准的核心。

（2）公平正义是法律发展和进步的根本动因。

（3）公平正义适用于具体的现实法律实践。

3. 法律对公平正义的保障。

（1）公平正义的基本内涵融入法律规范和制度。

（2）通过法律权利、义务和责任的规定以及法律程序实现公平正义。

（3）通过法律效果认可机制保障实体和程序正义。

（三）疑难点解析

公平正义与法律是天然相连的。法律如果不追求公平正义，则违背了法律的基本属性。学习本部分内容，需要重点理解以下几点：

1. 公平正义是法律的终极目的和存在根据，这意味着公平正义是法律的判断标准。

2. 公平正义对法律的约束意义体现在公平正义是法律评价标准的核心、法律发展和进步的根本动因，以及可以适用于具体的法律实践。公平正义像活水一样在法律实践的全过程之中流淌，这使得法律有价值源头可寻。特别是在法律实践之中，公平正义可以用来解决法律疑难，比如法官可以对公平正义的内涵进行解读，结合具体的案件事实进行法律推理，弥补成文法的空白和漏洞。

3. 公平正义是价值表达，法律则是制度化的规范，通过法律保障公平正义，可以将抽象的正义价值转化为具体的法律权利和义务，从而能够将公平正义落实到具体的社会实践之中。

（四）拓展延伸阅读

在不同的社会历史背景下，思想家、法学家们对“正义”一词从不同角度展开探讨，并构建了各自不同的关于法的“正义”理论。事实上，在正义概念的最基本的层面上，人们的认识有共通的一面。马克思主义正义观认为：（1）正义具有阶级性。按照历史唯物主义的观点，正义在本质上属于一定阶级意识形态的核心范畴，属于上层建筑，具有阶级性。在阶级社会，各个阶级之间的社会经济关系和利益要求是不同的，处于统治地位的阶级往往把本阶级的利益说成是整个社会的普遍利益。马克思尖锐地批判这种形式上的正义，明确指出在阶级社会，正义具有阶级性，正义是统治阶级的正义。在马克思看来，人类社会从来不存在超越历史的永恒正义，从来不存在超越阶级的正义，从来不存在绝对普遍的正义，如果说有，那也只是统治阶级用来欺骗、麻痹人民群众的虚辞。在资本主义社会，资产阶级的自由主义正义观实质是资产阶级的人性论和天赋人权观，他们所谓的自由、平等、博爱只是对资产阶级的正义，而他们对无产阶级雇佣劳动的剥削和掠夺正是在正义的掩饰下大胆地进行。马克思指出：“资产阶级生存和统治的根本条件，是财富在私人手里的积累，是资本的形成和增殖。”所以说，资本主义社会的正义是在维护资产阶级经济利益和社会财富的基础上的正义，无产阶级不可能享有真正的正义。这种正义，是虚伪的，是统治阶级粉饰平等、公平的工具。（2）正义具有具体性。正义的具体性首先表现为正义受一定社会的物质生活条件决定，不同的社会物质生活条件决定着不同的正义观。例如，恩格斯在批判普鲁东时指出：“这个公平则始终只是现存经济关系的或者反映其保守方面或者反映其革命方面的观念化的神圣化的表现。”其次，正义的具体性还表现为在特定的社会物质生活条件下，每一个阶级、阶层、集团或个人都有不同的、利于自己的公正标准。罗尔斯的正义原则，只能在自己预先设定的理想的分配模式中发挥作用，当它在面对不同的个体、群体、组织、地区、国家以及不同历史时期、同一历史时期的不同阶段时，以抽象的正义标准作为法的价值就显得虚无缥缈而难以把握，正义显得多元而无法统一。（3）正义具有历史性。正义是历史的产物，每一个时代都有自己的正义观，并随着历史的发展而不断变化。马克思指出："希腊人和罗马人认为奴隶制是公正的，资产阶级的公正观则要求废除被宣布为不公正的封建制度……所以，关于永恒公平的观念不仅是因时因地而变，甚至也因人而异。"唯心主义哲学家杜林从历史唯心主义的永恒真理观出发，主张在人类社会历史领域存在永恒正义，恩格斯对此予以深刻批判："平等的观念，无论以资产阶级的形式出现，还是以无产阶级的形式出现，本身都是一种历史的产物。这一观念的形成，需要一定的历史条件，而这种历史条件本身又以长期的以往的历史为前提。所以这样的平等观念说它是什么都行，就不能说是永恒的真理。"

——刘祥林．论法的正义价值及其实现路径．江海学刊，2012（4）．

第七节　法与人权

一、人权的概念

（一）难度与热度

难度：☆☆　热度：☆☆

（二）基本理论与概念

1．人权是人作为人所享有或应当享有的那些权利。

2．人权是综合性、本源性、最普遍性的权利。

3．人权的历史发展体现出若干明显的特点：

（1）从人权的主体来看，人权主体的发展是一个从特殊的有限主体到普遍主体发展的过程。

（2）从人权的内容来看，人权内容的发展表现为从简单到丰富、从个体性权利到集体性权利，甚至整个人类共同性的权利的过程。

（3）从人权保障的角度来看，人权的发展已经从一般的人权观念与原则的宣告，逐渐发展到在国际层面、区域层面和国家层面建立起了人权保障和人权救济机制。

（三）疑难点解析

人权的概念具有抽象性，在理解上存在一定的难度。准确地理解人权的概念，需要把人权和一般的权利相区分，同时也要在人权的思想史中辨析人权的内涵。

1．人权的基础在于人的特殊地位。人作为人，应当享有人权。所以人权具有普遍性、本源性和综合性。这些特征体现出人权对于人的基础地位和意义。

2．按照马克思主义的观点，人权是历史地产生的，而不是天生就有的。这体现出人权主体、人权内容、人权保障的方式都是历史发展的，是人类社会物质生活条件的反映。

3．由于人权的基础和普遍意义，人权的国内和国际保护成为共识。在多数国家，除了国内的人权保障机制，还有区域层面和国际层面的人权保障和救济机制。这些综合性的保障机制使得人权在现代政治和法律实践中的基础地位越来越彰显。

二、法的人权价值

（一）难度与热度

难度：☆☆　热度：☆☆

（二）基本理论与概念

1. 人权作为法的价值具有非常重要的意义。

2. 人权的法律保护既表现为国内法的保护，又表现为国际法的保护，两种保护互为补充、互为促进、互为保障。

（1）人权的国内法保护是人权法律保护的最主要、最经常、最有效的形式，主要包括宪法保障、立法保护、行政保护、司法救济四个方面。

（2）人权的国际法保护，必须建立在尊重国家主权的基础上。

3. 在人权问题上必须坚持中国特色社会主义人权理论。

（三）疑难点解析

法律与人权的关系非常密切。人权是诸多法律权利的基础，因此对法律具有基础性价值意义。法律反过来也是保护人权的主要途径。对于人权作为法的价值的意义和人权的法律保护，要注意以下两点：

1. 人权作为法的价值，表明了法律对人的主体地位的尊重，以及人权对于法律的价值指引作用。由于人权是人之为人的本有权利，所以人权并非法律赋予的，而是作为法律的价值来源与价值依据。但需要注意的是，人权在法律中也有规定，比如我国《宪法》第 33 条规定“国家尊重和保障人权”，这体现的是法律把人权法律化，转化成为法律意义上的人权，但不能直接把人权等同于宪法或其他法律中所规定的人权。

2. 人权的法律保护是当今国家政治和社会发展的重大议题，既有国内法的充分保障，也有国际法层面的人权公约和合作行动。国内法保护和国际法保护是相辅相成的，但国内法保护是最主要、最经常和最有效的方式。国际法保护作为一种有益的补充，需要以尊重国家主权为前提，在国际合作的基础上促进形成人权保障的新局面。

（四）拓展延伸阅读

1. 人权主体

人权主体理论在人权理论研究中具有重要地位，因为所有的人权理论都是建立在对人权主体预设的基础之上。自 20 世纪 90 年代初期以来，我国法学界许多学者加入了对中国特色社会主义人权主体观问题的论证，并形成了三种具有代表性的理论观点。第一种观点认为只有个人才是人权主体，如有学者提出“人是人权的唯一主体”。也有学者指出人权的主体主要是个体，即马克思所说的“有感觉的、有个性的、直接存在的人”，“从事实际活动的人”，“可以通过经验观察到的发展过程中的人”。第二种观点认为人权主体包括三类：个人、法人与集体。例如，有学者指出人权主体范围的扩展大体可归结为三个过程，即“从有限主体到普遍主体”“从生命主体到人格主体”“从个体到集体”。在他们看来，个体、法人、集体均为人权主体，但只有个体是目的性主体，法人、集体则是手段性主体。第三种观点则认为人权主体包括个人、社会群体、民族、一国人民、全人类。在人权主体问题上，尽管理论分歧还将持续，但目前在人权保障上既强调对集体人权又强调对个人人权的保障已是不争的事实。

2. 人权内容

学界对于人权内容的理解有狭义与广义两种内涵。有人认为“人权概念无论是在被发明出来的时候，还是现代的使用中，都不指涉和涵盖公民的全部权利，而仅指涉那些基本的和普遍的权利”，或者说“屈指可数的主要的权利”。人权指“人身自由和其他民主权利”。显然这一理解比较狭窄，没有概括出中国特色社会主义人权理论的全部内容。与之相对，另一种倾向是对人权内容解释得过于宽泛。如有些人将某些社会团体或组织中的成员在其组织中的权利视为“人权”；有些人将一个买卖合同中合同双方当事人约定的“权利”视为“人权”；有些人将法官、检察官、警察及政府行政工作人员在其特定岗位上所享有的权利视为“人权”等。这一理解对中国特色社会主义人权理论的人权内容做了扩大解释。科学理解中国特色社会主义人权理论的内容，关键在于对人权与权利之间度的把握。人权是一种权利，但并非所有的权利都是人权。就人权的历史发展来看，中国特色社会主义人权至少包括公民权利、政治权利、经济权利、社会权利、文化权利和集体人权等内容。

3. 人权形态

首先，人权的本义就是指人的应有权利，即人之为人的权利、人区别于动物的权利。人的应有权利是一个历史范畴，其内涵并非永恒不变，随着经济、政治、文化等因素的发展而发展。从唯物史观角度来看，应有权利是从人的生产与生活中发展而来的，没有社会生活本身，不可能存在应有权利。这一内涵已经被马克思揭示，即“贫民在自己的活动中已经发现了自己的权利”。这表明，当一个社会的生产力发展到一定程度，新的应有权利就应运而生。例如，作为新的应有权利的公民权利和政治权利主要是在资本主义生产方式下产生的。其次，在法治社会里，人权的发展主要体现为通过立法，将人的应有权利转化为法定权利，使得人的应有权利获得法律保障。在人权法定化状态之下，人的各种应有权利具体表现为公民的各种法定权利，因此尊重和保障公民的法定权利是法治社会的基本要求。

——陈佑武. 中国特色社会主义人权理论的基本范畴. 人权，2015 (1).

第三部分　拓展阅读文献、案例研习与同步练习

第一节　拓展阅读文献

1. 李德顺. 价值论. 3版. 北京：中国人民大学出版社，2020.
2. 杨震. 法价值哲学导论. 北京：中国社会科学出版社，2004.
3. 卓泽渊. 论法的价值. 中国法学，2000 (6).
4. 张文显. 新时代的人权法理. 人权，2019 (3).
5. 孙笑侠. 法的形式正义与实质正义. 浙江大学学报（人文社会科学版），1999 (5).
6. 闫国智. 现代法律中的平等——平等的主体条件、法律平等的本体及价值. 法学

论坛，2003（5）.

7. 林道海. 论法的自由价值. 政治与法律，2006（5）.

第二节　本章案例研习

案例名称：郑州电梯劝阻吸烟猝死案

（一）基本案情

2017年5月2日，段某与杨某先后进入电梯内，因段某在电梯内吸烟，杨某对其进行劝阻，二人发生言语争执。段某与杨某走出电梯后，仍有言语争执，双方被物业工作人员劝阻后，杨某离开，段某同物业工作人员进入物业公司办公室，后段某心脏病发作猝死。之后，段某的妻子田某将杨某告上法庭。

（二）法院判决

一审法院判决：杨某补偿田某15 000元，驳回田某的其他诉讼请求。田某不服一审判决，向河南省郑州市中级人民法院提出上诉。

郑州中院认为，杨某劝阻段某在电梯内吸烟的行为未超出必要限度，属于正当劝阻行为。在劝阻段某吸烟的过程中，杨某保持理性，平和劝阻，其与段某之间也没有发生肢体冲突和拉扯行为，也没有证据证明杨某对段某进行过呵斥或有其他不当行为。杨某没有侵害段某生命权的故意或过失，其劝阻段某吸烟行为本身不会造成段某死亡的结果。段某自身患有心脏疾病，在未能控制自身情绪的情况下，发作心脏疾病不幸死亡。虽然从时间上看，杨某劝阻段某吸烟行为与段某死亡的后果是先后发生的，但两者之间并不存在法律上的因果关系。因此，杨某不应承担侵权责任。

郑州中院认为虽然杨某没有上诉，但一审判决适用法律错误，损害了社会公共利益，故判决撤销一审判决，驳回田某的诉讼请求。

（三）法理分析

本案是在司法裁判中贯彻社会主义核心价值观的经典案例。社会主义核心价值观是社会主义理念在价值实践领域中的体现，只有在社会各个领域中人们按照社会主义核心价值观的要求行事，才能提升社会整体的价值观念和凝聚力。社会主义核心价值观的内涵涉及社会生活方方面面，既有对个人道德认知的要求，也有规范社会交往的一系列行为指引。在本案中，段某在电梯里吸烟，这种行为会对其他人的健康带来不利影响，属于典型的违反社会主义核心价值观要求的行为。因此，杨某对段某进行劝阻是符合社会主义核心价值观要求的合理行为。

本案的难点在于，由于杨某与段某之间发生言语争执，致使段某心脏病发作而死亡，杨某是否应当对此承担法律责任。基于社会主义核心价值观的内涵可以看出，核心价值观的要求与法律的要求并非完全等同，也不意味着法律需要全部贯彻社会主义核心价值观的要求。虽然杨某的劝阻行为在道德上是合理的，但毕竟与段某的死亡存在一定因果关系，因此法律上的评价就存在争议。一审法院判决杨某承担部分赔偿责任，是基于法律逻辑而作出的判断，虽然是基于《侵权责任法》作出的推理，但这个判断过于机械，并未兼顾劝阻行为的道德意义，也未考虑该判决的社会效果。

二审法院的判决是社会主义核心价值观与法律结合的典范，体现了社会主义核心价值观的内在精神与法律逻辑的有机融合。虽然杨某的劝阻行为与段某的死亡存在一定关联，但段某死亡并非由杨某所直接引发，主要是自身心脏病所导致。而且段某突发心脏病的事因在于电梯里吸烟被劝阻，并非出自他人的伤害行为，所以不能将段某死亡的法律责任归结给其他人。所以，尽管杨某的劝阻与段某的死亡存在一定关联，但这种关联性不应当成为让杨某承担法律责任的基础，而是应当融合社会主义核心价值观的要求，豁免杨某的法律责任，维护核心价值观在该案中的社会意义，实现法律效果与社会效果的统一。

第三节　本章同步练习

一、选择题

（一）单选题

秦某以虚构言论、合成图片的手段在网上传播多条“警察打人”的信息，造成恶劣影响，县公安局对其处以行政拘留 8 日的处罚。秦某认为自己是在行使言论自由权，遂诉至法院。法院认为，原告捏造、散布虚假事实的行为不属于言论自由，为法律所明文禁止，应承担法律责任。对此，下列哪一说法是正确的？（　　）（法考）

A. 相对于自由价值，秩序价值处于法的价值的顶端

B. 法官在该案中运用了个案平衡原则解决法的价值冲突

C. “原告捏造、散布虚假事实的行为不属于言论自由”仅是对案件客观事实的陈述

D. 言论自由作为人权，既是道德权利又是法律权利

（二）多选题

1. 下列关于法的价值的表述，能够成立的有（　　）。（考研）

A. 法的价值影响人们的法律实践活动

B. 法律的各种主要价值之间存在一定的冲突

C. 与法律原则相比，法律规则更能体现法的价值

D. 除了正义、自由与秩序外，不存在其他法的价值

2. 2016 年 9 月，国务院新闻办公室公布《国家人权行动计划（2016—2020 年）》，对我国人权事业发展做出全面部署，对此下列说法正确的有（　　）。（考研）

A. 国家对保障人权负有重要责任

B. 人权就是公民依据宪法和法律享有的权利

C. 现代人权的保护需要通过立法予以确认

D. 司法机关在审判时应尊重和保障当事人的人权

二、论述题

试论“正义不仅要实现，而且要以看得见的方式实现”。（考研）

参考答案及解析

一、选择题

（一）单选题

答案：D

解析：本题考查对自由、秩序、人权等法律价值的理解。自由、秩序、人权、平等等价值都是法律所追求的基本价值，这些价值之间难以一概而论地确定哪种价值的位阶更高。通常情况下，自由价值和人权价值的意义更为突出。秩序价值是重要的，但一般不作为法的价值的顶端。除非特殊情况，不能以秩序为由对个人自由和人权作出过多限制，A 选项错误。在本案中，秦某虚构言论传播谣言，这并非言论自由的体现，而是突破了必要的界限，已经无法得到法律保护。因此，在该案中，并不存在言论自由和网络秩序的冲突，仅仅是为了维持网络秩序而对滥用言论自由的行为进行打击。所以法官并非运用个案平衡方法，而是优先保护秩序价值，B 选项错误。对秦某的行为是否构成言论自由的判断，显然是基于言论自由的价值内涵而作出的，不仅仅是对事实的描述，所以 C 选项错误。言论自由作为人权的一种具体体现，既是本源性和基础性的道德权利，也是被宪法所规定的法律权利，因此 D 选项正确。

（二）多选题

1. 答案：AB

解析：本题考查对法的价值的基本内涵的理解。法的价值是法所体现出的积极意义和有用性，法律实践是这些积极意义的载体，因此法的价值会对人们的法律实践活动产生影响，A 选项正确。法律的各种价值内涵不同，在一些实践领域，会存在一定的冲突，比如为了维护交通秩序，禁止某些类型的车辆进入道路，体现的正是秩序和自由之间的冲突，B 选项正确。法律原则和法律规则都是法律规范，但法律规则更为具体，法律原则则是法的价值的原理表达，比如尊重人权原则、平等原则等，因此法律原则更能体现法的价值，C 选项错误。法的价值非常多元，除了正义、自由、秩序之外，还有人权、平等等很多价值，D 选项错误。

2. 答案：ACD

解析：人权是法的基本价值之一，由于人权具有基础意义，所以国家应当通过国内法和国际法的多种形式对人权进行保护，以体现人权的重要性，所以国家对保障人权负有重要责任，这也是写入我国宪法的一条基本原则，A 选项正确。人权是人之为人所当有的权利，是基础性和本源性权利，所以不能把人权直接等同于法律权利。虽然宪法和法律规定了人权，但这些规定是通过法律的形式对人权加以确认，不能说人权就是公民依据宪法和法律享有的权利，B 选项错误。通过法律对人权加以规定，可以体现人权的重要性，也能通过法律具体规定人权保障的方式，所以需要通过立法加以确认，C 选项正确。人权的重要体现之一是程序性人权，比如犯罪嫌疑人得到辩护的人权，所以司法机关在审判时应当尊重和保障当事人的人权，诉讼法也被视为对当事人的程序性人权进行保障的“小宪章”。

二、论述题

参考答案：正义是法的核心价值之一，是对利益的正当分配，正义的类型多样，主要的分类有实体正义和程序正义。该句话是法的正义价值在司法中得以实现的形象概括，强调法既要实现实体正义，又要实现程序正义。实体正义是指通过法律规定的实体权利和义务来公正地分配社会利益与负担；程序正义是指为了实现法律上的实体权利与义务，设定必要程序以实现正义。从司法角度看，应避免单纯地追求实体正义而忽视程序正义，司法机关应严格执行法定程序，防范冤假错案的出现。只有体现程序正义，才能实现实体正义。如果违背了程序正义，则实体正义是无法实现的。

解析：正义价值是司法实践所追求的基本价值，实体正义和程序正义在司法裁判中体现得尤为明显，本题考查的重点即在于通过这句谚语彰显实体正义和程序正义的意义。正义就其内涵来说，指的是利益的正当分配。实体正义体现的是利益正当分配的结果，程序正义体现的是实现这些分配结果过程之中的正当步骤。因此，在司法裁判中，实体正义和程序正义缺一不可。裁判结果要实现正义，裁判的过程也要符合正义，即能够“以看得见的方式实现正义”。

第四章　法的渊源与效力

第一部分　本章知识点速览

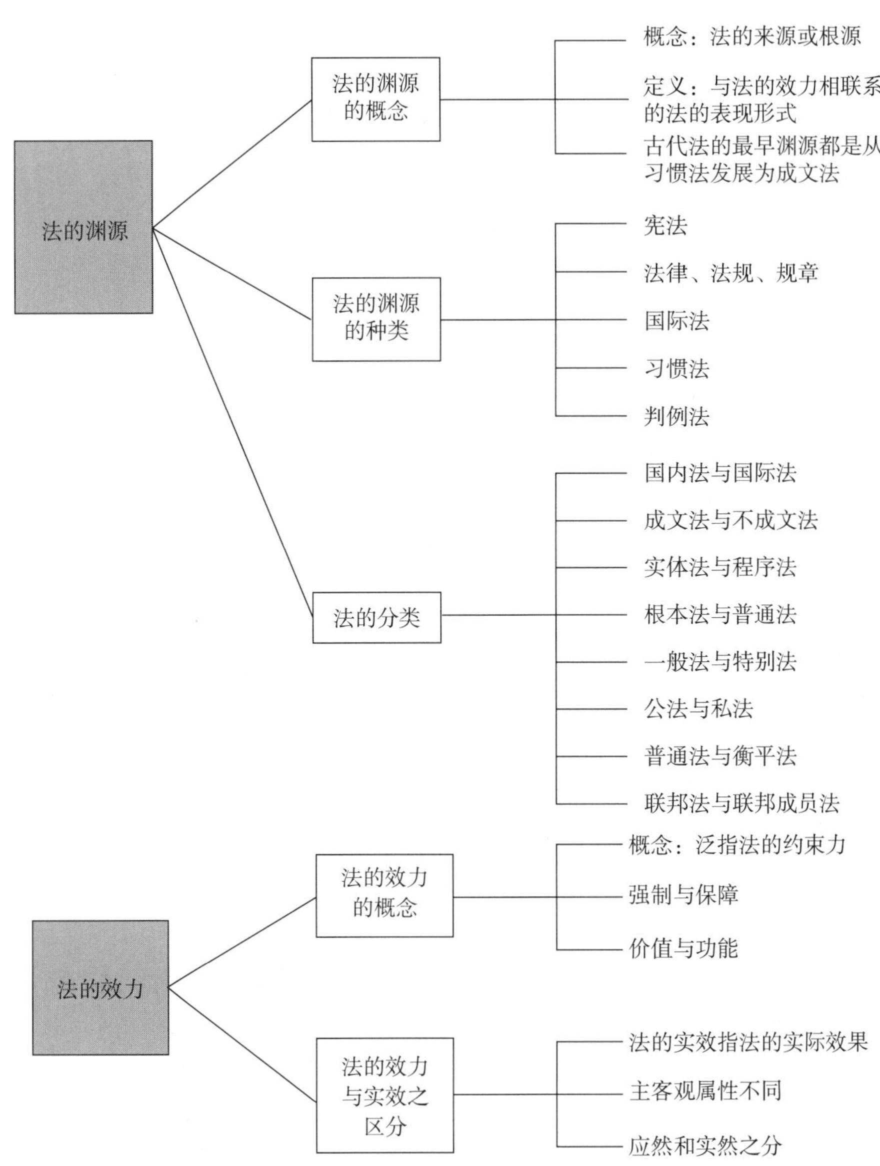

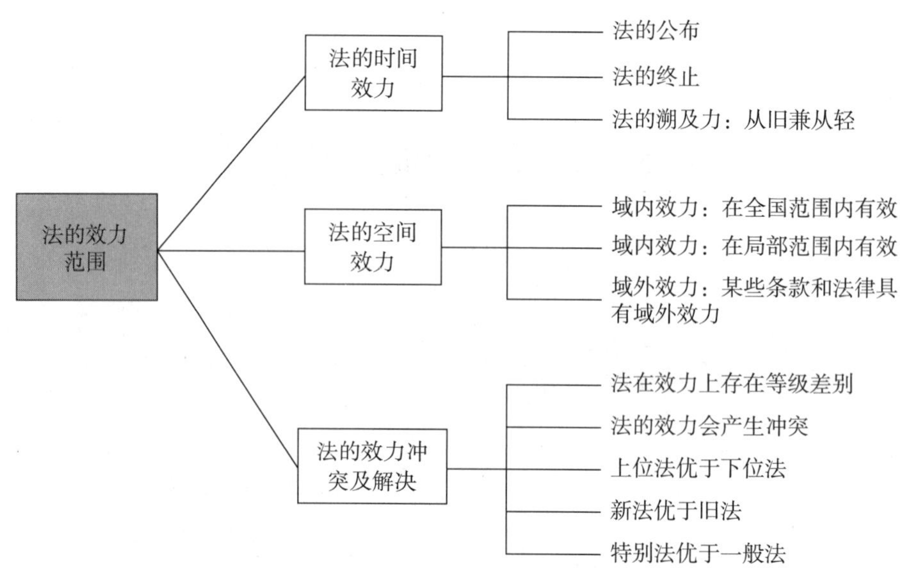

第二部分　本章核心知识要点解析

第一节　法的渊源

一、法的渊源的概念

（一）难度与热度

难度：☆　热度：☆

（二）基本理论与概念

1. 法的渊源，简称“法源”，指法的来源或根源。该词始于古罗马法中的用语“fontes juris”，原义为“源泉”。法的渊源一般分为实质意义上的渊源和形式意义上的渊源。

2. 法的渊源是指与法的效力相联系的法的表现形式。正确理解和深入研究法的渊源具有重大意义。

3. 法的渊源的历史发展是：无论在中国还是外国，古代法的最早渊源都是从习惯法发展为成文法的。

（三）疑难点解析

法的渊源之所以有多种不同的定义，是因为可以从不同的层面和不同的角度看待或理解“法的渊源”中的“法”。这也就是法的渊源可以被分为内容上的渊源与形式上的渊源、立法上的渊源与司法上的渊源的原因。而在研究法学方法论的过程中，特别是从法教义学的角度上看，我们所称的法的渊源一般是从司法或法律适用角度来理解的，所探究的问题便是哪些法律文本和资料能被用来当作法律推理和法律裁判的考量因素。

（四）拓展延伸阅读

（1）表现形式说

“表现形式说”一直以来是中国学界的主流观点。它主张，法的渊源就是法的形式、法的存在形式或法的表现形式。在很长一段时间里，形式说都是法理学界的主流观点。或许这也可以解释，为什么在宪法学、行政法学、民法学等部门法学界，均将形式说作为主流学说。有学者指出，国内学界将法的渊源等同于法的形式的做法，可能源自日本学者的著述。例如，商务印书馆1913年出版的日本学者织田万的《法学通论》中译本，就把法的渊源分为两大部分，其中一个部分主要就是法的形式。而民国时代专门讨论法的渊源的著作《法形论》直截了当地指出“法形就是法源”，也即法律形式就是法的渊源。新中国成立后，从20世纪50年代直至本世纪初，形式说都牢牢占据着统治地位。例如80年代比较有影响力的教材中，王勇飞编辑的《法学基础理论参考资料》（1980年初版、1984年修订）一书在介绍这一主题时说，“法律渊源就是指法的各种具体表现形式”，“国家机关制定或认可的法律规范的种种表现形式……就是法律渊源”。此外，李放和张哲编著的《法学原理》（1981年）、高等学校法学试用教材《法学基础理论》（1982年）、简明法学教材《法学基础理论讲义（试用本）》（1983年）、北京大学法律系法学理论教研室编写的《法学概论》（1984年）都持这一观点。也有教材将法的渊源或者说法的形式进一步划分为法的创制方式和法律规范的外部表现形式两个层面。尽管形式说在后来遭受到了越来越多的批评，但最近仍有学者试图“拨乱反正”，重新回归到“法的渊源＝法的形式”这一等式上去。

（2）本质渊源说

“本质渊源说”在20世纪50年代以来影响甚巨，直到80年代也有一定影响。它来自苏联传统，认为法的渊源其实就是一定社会的物质生活条件和统治阶级意志的表现形式。当时对中国影响甚巨的一本苏联教材就明确认为，制法活动归根到底是以经济基础为根源的，但法的直接渊源则是具有各种不同表现形式的国家意志。因此，法的渊源就是表现统治阶级意志的特殊方式，统治阶级意志通过这种方式而成为法。当时的《苏联法律词典》也认为，“‘法的渊源’这一术语是一个假借的名词，因为统治阶级意志的内容归根到底是由该阶级的物质生活条件来决定的，所以实际上构成法的渊源的，正是这些物质生活条件”。在此基础上，后来被翻译过来的苏联学者雅维茨的著作直接将法的渊源界定为“社会生活的物质条件和占统治地位的生产关系类型”。受这一传统影响，改革开放后第一本以“法学基础理论”为名的教材就将法的渊源简要定义为“社会的物质生活条件”。在大体相同的意义脉络上，亦有宪法学者指出，宪法渊源是“支撑宪法内容的内在根据，也是决定不同国家宪法内容差异性的隐形力量”。

（3）效力渊源说

“效力渊源说”在时间上产生相对较晚，但近些年却获得了较多学者的赞同。这种学说将法的效力作为法的表现形式的依据或基础。例如，赵震江和付子堂主编的《现代法理学》将法的渊源等于法律的效力来源。周永坤认为，“法律渊源是指法律的权威及强制力的来源或法律的存在样态”。这里的“法律的存在样态”就是法的形式。张文显主编的《法理学》则更详尽地论述了法的效力与法的形式的关系。在其看来，一方面，法的渊源必然与法的效力相联系，只有产生法的效力的法律文本或其他规范才有可能成为法的渊源；另一方面，法的渊源必然要表现为一定的法的形式。法律文件的效力和形式是统一的，凡是具有法的效力的法律文本，都有一定的表现形式。两者都是法的渊源不可或缺的要件。总之，在这种学说看来，法的渊源主要指那些具有法的效力作用和意义的法律的外在表现。简言之，法的渊源就是“有效力的法律表现形式”。但亦有学者明确区分了法的渊源与法的形式。如宪法学者上官丕亮就认为，宪法渊源的本意指的是宪法的效力来源，而宪法形式指宪法的外部表现形式，两者不可混同。

（4）形成渊源说

“形成渊源说”认为，法的渊源指的并不是法的形式，而是法得以形成的原料或内容的来源。民国时代学者欧阳谿就认为，法的渊源是“法律所据以产生之材料”。据此，习惯、判例、先前法、外来法、国际条约、道德、宗教戒律、乡规民约、政策、学说（法理）等等皆可成为法的渊源，立法者可以它们为基础来形成法律规范的内容。在此意义上，有宪法学者将党和国家政策、马克思主义的宪法理论和学说、政治实践、人类文明成果等都列为我国宪法的渊源，因为它们都可能构成宪法内容的来源。在当代法理学者中，周旺生对此进行了最深入的论述。他将“法和法律制度是基于什么样的原料形成的”问题视为法的渊源的重要因素（他称之为“资源性要素”），并立足于此对法的渊源和法的形式进行区分。在他看来，法的渊源是未然的、可能的法，法的形式则是已然的法和正式的法的不同表现形式，它们分别代表了法的形成过程中两个性质不同的阶段和表现形态。法的渊源有可能被选择和提炼为法，或有可能形成为法，但还不是法；而法的形式在很大程度上是法的渊源发展的结果。在此，法的渊源其实构成了法律形成过程中的一个阶段，是预备阶段的法。

（5）司法渊源说

“司法渊源说”将法源这一概念的意义定位于司法裁判的领域，认为这一学说旨在帮助法官寻找到判决的规范基础或者说法律推理的大前提。李龙将对法的渊源的选择和识别视为法律适用的起点，认为对法的渊源的澄清属于一个前法律问题。在陈金钊看来，法的渊源是一个专门描述司法过程的概念，是指法官在哪种法律形式中探寻针对个案的法律、发现探究判决理由的过程。进而，法的渊源就是法官发现法律的场所。这一学说的拥护者一般持有“多元法源观”，反对立法中心主义和制定法实证主义，认为在进行司法裁判时，所依据的除了以制定法的形式存在的“法”，还有许多以其他形式存在的规范。这一观点得到了不少民法学者的支持，也在部分行政法学者那里找到了共鸣。如何海波就认为，法的渊源是争辩法律时所使用的有说服力的“论据”，而不仅是必须遵循的“依据”，因而不限于具有法律效力的成文渊源，也包括法律原则、学说、先例等非成文渊源。基于此，陈金钊进一步指出，法源的要义是在司法语境中，把制定法外的其他社会规范等视为法，即将某些社会规范（习惯、条约、判例、政策、道德、纪律规范等）、思维规则等同于法并加以运用，或者说将它们拟制为“法”。有学者将这些被拟制的法称为“司法之法”，以便与以制定法为主体的“立法之法”相对立。

——雷磊. 法的渊源理论：视角、性质与任务. 清华法学，2021（4）.

将法律渊源划分为两大类别，亦即我们所称之为的正式渊源和非正式渊源，看来是恰当的和可欲的。所谓正式渊源，我们意指那些可以从体现为权威性法律文件的明确文本形式中得到的渊源。这类正式渊源的主要例子有，宪法和法规（我们将在下文“立法”

这个总标题下对它们进行讨论）、行政命令、行政法规、条例、自主或半自主机构和组织的章程与规章（这将在下文“授权立法与自主立法”这个总标题下予以讨论）、条约与某些其他协议，以及司法先例。所谓非正式渊源，我们是指那些具有法律意义的资料和值得考虑的材料，而这些资料和值得考虑的材料尚未在正式法律文件中得到权威性的或至少是明文的阐述与体现。尽管无需对非正式渊源作详尽无遗的列举，但我们仍将非正式渊源分为下述一些种类：正义标准、推理和思考事物本质（natura rerum）的原则、衡平法、公共政策、道德信念、社会倾向和习惯法。

坚定的实证主义者不是倾向于认为非正式渊源与法律过程无关而对之不予考虑，就是倾向于把它们置于司法框架中极为次要的地位。我们在某种意义上同意上述第二种看法，即当一种正式的权威性的法律渊源就某个法律问题提供了一个明确的答案时，那么在绝大多数情形下，就不需要亦不应当再诉诸法律的非正式渊源。在某些罕见和极端的情形中，亦即在适用某种法律正式渊源会与正义及公平的基本要求、强制性要求和占支配地位的要求发生冲突的情形中，当然也有必要允许例外。当一项正式法律文献表现出可能会产生两种解释的模棱两可性和不确定性——事实往往如此——的时候，就应当诉诸非正式渊源，以求获得一种最利于实现理性与正义的解决方法。另外，当正式渊源完全不能为案件的解决提供审判规则时，依赖非正式渊源也就理所当然地成为一种强制性的途径。

——博登海默．法理学：法律哲学和法律方法．邓正来，译．北京：中国政法大学出版社，1998.

二、法的渊源的种类

（一）难度与热度

难度：☆☆　热度：☆☆

（二）基本理论与概念

1. 制定法，如宪法及其他法律、法规、规章、国际法。

2. 习惯法。习惯法是指由国家机关认可并具有法律约束力的习惯规范的总称。

3. 判例法。判例法泛指可作为先例据以裁决的法院判决。

4. 惯例在有些国家的国内法和国际法中也是法的渊源。

（三）疑难点解析

1. 有些法律文本在法律推理中的重要性较大，法官有引用的义务，而有些法律文本在法律推理中的重要性较小，法官可以引用其来进行说理，但并非必须引用。前者被称为正式法律渊源，后者则被称为非正式法律渊源。在我国，正式法律渊源是包括宪法在内的制定法，非正式法律渊源则包括习惯、判例和政策，这便是法律渊源的两分法。但同时，也有学者认为两分法不足以解释中国复杂的司法实践，并提出了更加适合的三分法，三分法将所有的法的渊源划分为必须适用的法的渊源、应当适用的法的渊源和可以适用的法的渊源。所谓必须，是指这种法的渊源对于法律适用者具有强意义上的约束力，如果做决定的人没有提及它，就违背了自己的职责，例如宪法、法律和行政法规等。所谓应当，就是指法律适用者虽然有义务适用该渊源，但如果有正当理由，并承担了足够的说明义务，也可以不适用该渊源，例如部门规章、地方政府规章、立法资料和司法解释文本。所谓可以，就是指法律适用者并没有适用该渊源的义务，但可以在判决中提及它们，例如习惯、政策、判例和法教义学。

2. 制定法是指国家机关依照法定程序创制出来的法律，因为我国有立法权的国家机关很多，所以也就形成了诸如宪法、法律、行政法规、地方性法规等不同的制定法，它们共同构成了广义上的“法律”。其中，宪法具有最高的法律效力，规定了国家根本性事务，具有最高的法律效力，任何其他法律都不得与之抵触。除此之外，国际法则是由该国同他国缔结的条约或参加的国际协定组成，所以也不同于由该国立法机关制定的其他法律。

3. 习惯法起源于习惯，即由一个社群中居民的共同实践和对这种实践认可的心理态度所产生的行为规范。国家对这种规范赋予法律效力的做法是确认，即不改动该习惯的内容，只是明确并认可这些习惯。我国《民法典》第 10 条规定：“处理民事纠纷，应当依照法律；法律没有规定的，可以适用习惯，但是不得违背公序良俗。”这一规定便从法理上对习惯的地位作出了确认，认可其作为法官判决说理的引用来源。

4. 判例是有司法权的法院对个案作出的判决。在英美法系中，判例属于正式法律渊源，因此被称为判例法，法官在作出判决时需要受到“遵循先例”原则的约束。在我国，虽然判例不是正式法律渊源，但依据《最高人民法院关于统一法律适用加强类案检索的指导意见（试行）》的规定，法官在遇到疑难复杂案件时，需要进行类案检索，查阅最高人民法院发布的指导性案例、典型案例及裁判生效的案例，本省（自治区、直辖市）高级人民法院发布的参考性案例及裁判生效的案件，和上一级人民法院及本院裁判生效的案例等作为裁判的参考，如果发现类案是最高人民法院发布的指导性案例，则人民法院应当参照作出裁判。

第二节 法的分类

一、国际法和国内法

（一）难度与热度

难度：☆ 热度：☆

（二）基本理论与概念

1. 国内法专指由有立法权的国家机关制定或认可的，并适用于本国主权范围内的法律规范的总称。

2. 国际法是指作为国际法律关系主体的国家、地区或国际组织之间缔结或参加并适用的法律规范的总称。

（三）疑难点解析

创制主体是指由谁来制定。一般来说，国内法由国内有立法权的国家机关来制定；国际法则由不同的国家、地区或国际组织所缔结。适用主体指的是法律适用于哪些主体。国内法适用于自然人和法人，只有特殊的情况才适用于国家，例如在涉及国家财产权纠纷的问题时。国际法则主要适用于国家和国际组织，只有特殊的情况才适用于个人，例如国际刑法对战争罪犯责任的追究。

二、成文法与不成文法

（一）难度与热度

难度：☆　热度：☆☆

（二）基本理论与概念

1. 成文法亦称制定法，特指由法定的国家机关创制和公布，并以成文的形式出现的规范性法律文件的总称，如宪法、民法等。

2. 不成文法，泛指由法定的国家机关认可的，具有法律效力，一般不具有文字形式或虽有文字表达但不具有系统性的法律规范的总称，如习惯法、判例法等。

（三）疑难点解析

成文法是指，用规范性条文形式表达出来的法律，规范性条文形式一般指法典化，例如《民法典》《刑法》等；不成文法则是指，不用文字或规范性条文形式表达出来的法律，例如英国宪法虽然具有文字形式，但却没有形成法典，所以也被归入不成文法的范畴。

三、实体法与程序法

（一）难度与热度

难度：☆　热度：☆

（二）基本理论与概念

1. 实体法是指以规定法律关系主体权利义务或职权职责为主要内容的法的总称，如民法、行政法、刑法等。

2. 程序法一般是规定以保障法律关系主体权利义务的实现以及诉讼过程中带有程序性的法律关系主体权利义务方面的法的总称，如民事诉讼法、行政诉讼法、刑事诉讼法等。

（三）疑难点解析

实体法主要规定法律关系主体之间的权利义务或职权职责，例如自然人享有什么样的人格权、物权和债权，国家机关享有什么样的权责，以刑法、民法为代表；程序法则主要明确法律关系主体行使权利义务或职权职责时应满足的步骤、要求，和发生争议时，法院与其他争端解决机制应如何解决争议，以刑事诉讼法、民事诉讼法、行政诉讼法等三大诉讼法为代表，还包括仲裁法等非诉讼争端解决机制。

（四）拓展延伸阅读

实体法与程序法是法律所不可缺少的两个方面的内容。简单地区分二者，于法律学习并无多大补益，至少必须明确二者间的原则差异。

1. 效力原则不同。实体法以不溯及既往为其最基本的原则之一。所谓溯及既往，是指新的法律对其颁布实施以前发生，但尚未依法处理的案件具有法律效力。实体法均以不溯及既往为其基本原则。我国刑法中所坚持的从旧兼从轻原则，实际上是不溯及既往原则的灵活运用。但程序法则无此原则，与此相反的是，在新程序法生效时尚未处理的案件，均应采取程序从新原则，依照新程序法处理。

2. 类推原则不同。实体法中除刑法因罪刑法定主义而不能类推、不能以法理、习惯强将无罪作有罪之外，其他实体法均可以类推。尤其是民事、经济、行政案件，法院不得以实体法无相应规定而拒绝审判。因为实体法无规定，可以依照法理判决。在程序法上，不论何种程序法都不能适用类推，也不能援用习惯或依据法理而任意对待。若程序法确有不当，也只能通过立法程序加以解决。

3. 优先原则不同。在法律实施中，程序法与实体法并用时，应坚持程序法优先的原则。从程序法与实体法之间的关系而言，实体法规定的是实体权利与义务，而程序法是为实体法的权利与义务的实现服务的。可以说，实体法是程序法的存在目的，程序法是实体法能否被正确适用的保障。没有实体法的正确适用，程序法的适用就其本身来说有可能正确，但在最终意义上的法律适用依然是错误的；没有程序法的正确适用，实体法的适用就不可能正确，因为程序法本身就是为了正确适用实体法而设定的。因此，程序法是实体法能否被正确适用的先决条件，没有程序法的正确适用就没有实体法的正确适用。因而在实体法与程序法的效力地位上，必须贯彻程序法优先的原则。只有实行程序法优先原则才能保证程序法和实体法，也即是整个法律被科学适用。

——卓泽渊．法学导论．4版．北京：法律出版社，2004.

四、根本法与普通法

（一）难度与热度

难度：☆　热度：☆

（二）基本理论与概念

1. 根本法专指一个国家中具有最高法律效力，在法律体系中具有核心地位，其内容规定国家根本制度，修改程序极为严格的宪法。

2. 普通法是宪法以外的所有法律的总称。

（三）疑难点解析

根本法和普通法的分类仅限于具有成文宪法典的国家。因为在这些国家里，宪法具有最高法律效力，规定了国家根本制度，且修改程序极其严格，故被称作根本法。而除宪法外的其他法律不得与宪法相抵触，必须遵守宪法规定，所以被称为普通法。注意不要混淆这里的普通法和英国普通法。同时，像英国这样的不成文宪法国家，因为宪法性法律只是普通法律中的一种，并没有高于普通法律的效力，所以不存在根本法和普通法的分类。

五、一般法与特别法

（一）难度与热度

难度：☆　热度：☆

（二）基本理论与概念

1. 一般法泛指适用于一般人、一般事并具有普遍约束力的法律。

2. 特别法专指适用范围限于特定的人、特定的时间、特定的地区或特定的事项的法律。

（三）疑难点解析

一般法和特别法的区分是相对而言的，相比于《民法典》，《公司法》是特别法，但相比于《全民所有制工业企业法》，《公司法》则是一般法。因为特别法对其所规制的事项作出了更详细的规定，所以在同一位阶的法律适用上，特别法先于一般法。在判断两部法律之间哪一个是一般法，哪一个是特别法时，可以根据适用对象与适用时间、空间两个标准来进行判断。

六、公法与私法

（一）难度与热度

难度：☆☆　热度：☆

（二）基本理论与概念

1. 古罗马法学家乌尔比安将公法界定为关于国家利益的法律，将私法界定为关于个人利益的法律。

2. 一般来讲，公法主要包括宪法、行政法、刑法、诉讼法等，私法主要包括民法、商法、家庭婚姻法等。

（三）疑难点解析

公法和私法的划分标准争议较大。利益说认为，有关公共利益的法律是公法，有关私人利益的法律是私法，但何为公共利益、何为私人利益却并非一目了然；主体说认为，法律关系中有公主体的法律由公法调整，法律关系中只有私主体的法律由私法调整，但公主体也会参与到民商事活动中，在这时其不应该享有作为公主体的特权；新主体说则认为，法律关系中有公主体，并涉及公共利益的法律由公法调整，法律关系中没有公主体，或者虽然有公主体但不涉及公共利益的法律则由私法调整，可这样的分类同样不是十分清晰。不过，随着兼具公私属性的经济法、社会法和环境法的出现，它们既强调国家权力的管控，也强调私人的意思自治，公私法的界限也不再截然分明。

七、普通法与衡平法

（一）难度与热度

难度：☆☆　热度：☆

（二）基本理论与概念

1. 相对于大陆法系国家的法而言，所谓普通，即“普遍适用”之意。其初期的目的就是用普通法抵消和消除地方政治势力和传统习惯的影响，后来发展成为英国法律制度的主流。

2. “衡平”，即公平正义之意。衡平法是指 14 世纪左右相对于普通法而发展起来的英格兰特有的法律制度的总称。

（三）疑难点解析

普通法和衡平法是英美法系对法的一种分类。普通法是指由英格兰法官通过判例形式发展出来的一种适用于英格兰的法律，后来成为英美法系法律制度的总称。相比于大陆法，普通法有遵循先例、陪审团审理、法律至上、强调程序和救济、使用对抗制审理、重视经验实用等特点，因为它是由法官通过判例形式创制出来的法律，所以又被称作判例法。衡平法则是在试图补救普通法的缺陷过程中演变出来的、与普通法并行的一套法律制度和原则。它起源于普通法，而其存在和发展也从未离开过普通法。按照国王享有维持公正的最终管辖权的习惯，那些不在固定的诉讼程式之内的申诉在普通法法院得不到应有的救济时，当事人可径向国王或御前会议上的国王申请救济，而国王一般将这些事情交由其秘书御前大臣来处理。到14、15世纪，御前大臣们办公的地点也逐渐形成了具备法院特征的"御前大臣法院"，也被称为"衡平法院"。之后的《司法组织法》虽然将分离的普通法管辖权和衡平法管辖权合并起来，但作为实体规则，普通法和衡平法依旧保持各自的鲜明特征，并未因此融合。在提供的救济方面，无论其性质还是范围、程度，衡平法与普通法都有很大的不同。例如根据普通法只能提供损害赔偿的救济，依据衡平法却可令当事人依约特定履行或颁发禁制令。

八、联邦法与联邦成员法

（一）难度与热度

难度：☆☆　热度：☆

（二）基本理论与概念

1. 在联邦制国家中，按照中央与地方的关系，法律一般可以分为联邦法与联邦成员法。

2. 联邦法是联邦的立法机关依照法定程序制定的法的总称。

3. 联邦成员法专指组成联邦的各主体的立法机关制定的法的总称。

（三）疑难点解析

在实行了联邦制的国家里，联邦成员具有相对独立的立法、行政和司法权力，可以制定自己的法律，也因此形成了联邦法和联邦成员法的分类。联邦法的效力及于所有联邦成员，联邦成员法则在本邦内有效。联邦法和联邦成员法之间的权限分配一般会写在一国的宪法之中，其中联邦权限以列举的方式规定出来，而未涉及的事项则由联邦成员自行决定。

第三节　法的效力

一、法的效力的概念

（一）难度与热度

难度：☆☆　热度：☆

（二）基本理论与概念

1. 多数学者认为法的效力泛指法的约束力。

2. 我们应从"强制与保障""价值与功能"两个角度来理解和认识"法的效力"。

3. 法的实效意指法的实质有效性，专指那些法律被实际遵守、执行和适用的状态。法的效力与法的实效既有联系，也有区别。

（三）疑难点解析

1. 除法的约束力外，法效力还可以被理解为法的身份和属性，对法效力问题的探究，也就是去探讨什么样的规范可以被称为法律的问题。在这个问题上，形成了法实证主义和自然法两大阵营。法实证主义主张，法律的效力由社会事实决定，也就是说，一个规范是否得到了立法、行政和司法等国家机关的确认，是判断该规范是否具有法律性和法律效力的重要标准。自然法则主张，法律的效力在社会事实外，还由道德决定，即如果一个规范违反了道德要求，即使其获得国家机关的认可，也不能被称作法律。需要注意的是，法实证主义虽然认为不符合道德的规范也可以被视作法律，但其并不主张人们有服从法律，特别是服从恶法的义务。与之相反，法实证主义只是想理解法律这一现象，并把法律与道德、强力等其他现象区分开来；同时，法实证主义者认为，能清晰地识别出法律，是对法律进行道德批判的首要步骤。

2. 法效力的“强制与保障”，是指法律具有的强制性特征，也就是说，一些人之所以认可法律具有约束力，是因为不服从法律会受到惩罚；但是，并非所有人都因为害怕惩罚才服从法律，法律本身也必须和纯粹的暴力区分开来，因此法律的约束力也来自“价值与功能”，换句话说，很多人是因为认可法律具有保障人权、维护公平与正义和保证社会稳定上的价值追求和功能，才服从法律，如果法律不能满足人们的这些需要，即便有暴力作为后盾，也很难获得人们的服从。

3. 法的效力是指特定规范作为法律的属性，即法律性，这决定了它们是否是法律；而法的实效则是指法律实际被遵守的状态，即作为法律的规范是否被人们施行。即使有些规范并未被实际遵守，例如“行人不能闯红灯”，也不影响这些规范具有法律效力和法律性。换句话说，判断法律是否具有效力的标准（法实证主义主张特定规范只要具有相应社会渊源便可被视为法律，自然法则主张特定规范除了具有相应的社会渊源，还需要符合道德要求）和判断法律是否具有实效的标准是不同的。

（四）拓展延伸阅读

法律效力通常指法律的保护力和拘束力，具体指国家制定或认可的法律对其调整对象所具有的普遍的支配性力量。如果此种力量对主体行为是正面的、积极的，即法律的保护力；如果对主体行为是抑制的、消极的，即法律的拘束力或强制力。

法律为什么能够约束主体、保护主体？法律效力作为法内在的一种“力”，此种“力”是从何而来的？这就涉及法律效力的来源问题。西方关于该问题的探讨有以下几种观点：

（一）自然法学派的观点

自然法学派始终坚持法有善恶之分，恶法非法，法律的道德性是法律的本质特性。因此法律效力必须源于法本身是制定得良好的法，法本身所具有的内在权威使人们由衷地尊重法律并信守法律。以道德标准证成法律效力，原因主要在于：（1）证成一个判决或法规的理由包括着义务论或功利论等道德判断；（2）法与社会现实一致，而社会现实是一个成功的社会所持有的道德态度、原则、理想、价值和行为的复合；（3）不正义的法律和政令总是激起人民的反抗，从而丧失约束力。自然法学派将法律的正当性作为法律效力来源的前设条件和原因，即一个规范当且仅当其被称为法律规范时才是有效力的。

（二）实证法学派的观点

实证法学派坚持法仅仅是“实际上如何的法”，拒绝讨论“应然”意义上的法。在法律效力来源上，实证法学派侧重从规范的形式要件角度和逻辑角度进行讨论。例如，奥地利法理学家凯尔森认为规范的效力不能在现实中寻找，而只能到规范赖以存在的其他规范中寻找。一个共同体的法律构成一个体系，在该体系中，一个规范的效力来自另一个较高的规范；此较高规范的效力来自一个更高规范；最终，法律规范的效力来自一个基本规范。该基本规范是最高的规范，其效力不是从更高的效力中派生出来的，并不是由造法机关用法律程序创造的。而“它之所以有效力是因为它是被预定为有效力的；而它之所以是被预定为有效力的，是因为如果没有这一预定，个人的行为就无法被解释为一个法律行为，尤其是创造规范的行为”。

（三）社会法学派的观点

社会法学派认为法律是一个“事实的概念”。判定一个规则是否有效，要从该规则是否被民众遵守、是否被官员适用、立法者赋予该规则的目的是否实现等角度进行衡量。那些从来没有或无法持续进行社会调控的法律规则是没有效力的。法律对社会成员的实际或事实上的制约和保护，即法律的“实效”，是法律效力的标尺和基准。

（四）社会心理学派的观点

社会心理学派认为法律效力源自人们对法律的心理态度。法律对民众和官员心理施加了影响，使民众和官员认为法律是有约束力的，从而使民众愿意以法律作为自己行动的指南；官员在行动中适用法律。因此，“法律的效力是以它所引起的爱戴和尊重为转移的，而这种爱戴和尊重是以内心感到法律公正和合理为转移的”。

——付子堂．法理学初阶．6版．北京：法律出版社，2021．

二、法的效力的范围

（一）难度与热度

难度：☆　热度：☆☆

（二）基本理论与概念

1．法的时间效力是指法的效力的起始和终止的时限，以及对其实施以前的事件和行为有无溯及力的问题。

2．法的空间效力是指法在哪些空间范围或地域范围内发生效力。法的空间效力与国家主权直接有关，一般分为域内效力与域外效力两个方面。

3．法的对人效力亦称法的对象效力，意指法适用于哪些人或法适用主体的范围。

（1）根据公民的国籍来确定法的适用范围的是属人主义原则。

（2）根据领土来确定法的适用范围的是属地主义原则。

（3）以属地主义为主，但又结合属人主义的是结合原则。

（4）我国法律规定，法对人的效力包括对中国公民的效力和对外国人的效力。

（三）疑难点解析

1．法的效力范围是探究法律在什么时间、什么空间、对什么样的人有拘束力的问题，这对国家机关如何制定和适用法律，公民和组织如何遵守法律，都有很重要的意义。

2．法律溯及力，是指新的法律颁布后，对其生效以前所发生的事件和行为是否适用的问题。如果适用，新法就有溯及力；如果不使用，新的法律就没有溯及力。法律溯及力的原则有三：从新原则，即新法颁布后一律适用于之前的事件和行为；从旧原则，即新法颁布后一律不适用于之前的事件和行为；从旧兼从轻原则，即新法颁布后原则上不适用于之前的事件和行为，但如果适用新法更有利于当事人，则新法具有溯及力。出于维护法的稳定性与保护人权的需要，我国法律以从旧兼从轻原则作为法律溯及力的标准。

3. 法的空间效力分为法的域内效力和域外效力。法的域内效力是基于国家主权产生的，它意味着一国法的效力可以及于该国主权管辖的全部领域，而在该国主权管辖以外的领域无效。一个国家的主权领域通常包括这个国家的领土、领海、领空，以及其他延伸意义上的领域（如驻外使馆、航行或停泊在任何地方的本国船舶及飞机内）。我国是“一国两制”的国家，同时实行二级立法体制。因此，我国法的域内效力具体表现为以下两种形式。

（1）凡中央国家机关，例如全国人大及其常委会、国务院等制定的法律法规都在全国范围内生效，在全国发生效力。其中有些法律法规虽然只在特定范围内适用，但因属普遍性规定，所以也为全国性法律法规。例如国务院颁布的《渔港水域交通安全管理条例》，只是针对沿海渔业的渔港和水域的有关规定，但对全国所有沿海渔业的渔港和水域均有约束力。

（2）凡地方国家机关制定的地方性法规，只能在制定机关所管辖的范围内发生效力，在局部地区生效。其中，香港和澳门是我国的两个特别行政区，其法律分为基本法、港澳原有法律和港澳特别行政区立法机关制定的法律三部分。两个基本法属于全国性法律，在全国范围内发生效力。港澳原有法律和港澳特别行政区立法机关制定的法律则属局部地区生效的法律，只在香港和澳门两个特别行政区内发生效力。

4. 法的域外效力是法的效力及于制定的国家所管辖的领土范围之外。有的法律不仅在国内生效，根据国家主权原则还往往规定适用于国外发生的特定时间和行为。例如我国《刑法》第10条规定：“凡在中华人民共和国领域外犯罪，依照本法应当负刑事责任的，虽然经过外国审判，仍然可以依照本法追究，但是在外国已经受过刑罚处罚的，可以免除或者减轻处罚。”这不但体现了我国法律的域外效力，也体现了我国对外国刑事判决持消极承认的态度，即并不认为外国刑事判决当然有效。

5. 在各国司法实践中，法的对人效力一般分为以下四个原则：属人主义、属地主义、保护主义和折中主义。

（1）属人主义原则主张，法对自然人的效力以国籍为准，适用于本国人，不适用于外国人。具体内容包括：本国人无论是居住在国内还是在国外，本国法律均有效；外国人即使生活在本国领域内，也不适用本国法。这个原则的缺陷在于：不约束生活在本国领域内的外国人；对于生活在其他国家并且受到所在国法律约束的本国人而言，本国法虽然加以约束，实际上却难以实现。

（2）属地主义主张，法对自然人的效力以地域为准，不论本国人还是外国人，凡在本国领域内，一律适用本国法；即使是本国人，只要不在本国领域内，也不适用本国法律。这个原则可以有效克服属人主义原则的上述两个缺陷，但是它仍然会存在下列问题：对于身处外国的本国人，缺乏有效的保护手段；对于发生在本国以外的，侵犯本国利益的行为，缺乏有效约束。

（3）保护主义主张，效力的确认要以维护本国利益为根据，不管是什么国籍的人，在什么地方的行为，只要侵害了本国的利益，就使用本国的法律。该原则虽然强调了对本国利益的保护，但是却容易发生挑战其他国家主权的情形。

（4）鉴于上述三种标准都有各自的优劣点，现代各国的法律多采用以“属地主义”为基础，以“属人主义”为补充，兼及“保护主义”的折中主义原则，即居住在本国领域，一律适用居住国的法律，但有关公民义务，民法中的婚姻、家庭、继承，刑法中有特殊规定的某些犯罪，一般要适用国籍国法。

三、法的效力的冲突及其解决方式

（一）难度与热度

难度：☆　热度：☆☆

（二）基本理论与概念

1. 法的效力等级，亦称效力位阶，指在一国法的体系中因制定的国家机关地位不同而形成的法在效力上的等级差别。

2. 法的效力冲突产生的原因主要是新法的不断制定和多层次的立法体制的实行。

3. 解决法律冲突的一般原则：

（1）根本法优于普通法。

（2）上位法优于下位法。

（3）新法优于旧法。

（4）特别法优于一般法。

4. 如果法的效力冲突不能按照一般原则予以解决，只能采取特殊方式。

（三）疑难点解析

1. 根本法优于普通法、上位法优于下位法、新法优于旧法和特别法优于一般法的原则都是在出现法律冲突时的适用原则。所谓法律冲突，就是指不同的法律对相同的问题作出了截然不同规定的情形。

2. 狭义上的法律是指全国人民代表大会及其常务委员会制定的法律；行政法规是国务院制定的法律；部门规章是国务院各部门、委员会制定的法律；地方性法规是省、自治区、直辖市及设区的市人民代表大会及常委会制定的法律；地方政府规章则是省、自治区、直辖市及设区的市人民政府制定的法律。因此狭义法律的效力高于行政法规；行政法规的效力高于部门规章、地方性法规、规章；地方性法规的效力高于本级和下级地方性政府规章。需要注意的是，部门规章之间、部门规章与地方政府规章之间具有同等效力，当它们发生法律冲突时，由国务院裁决。

3. 当法律的效力冲突不能以原则的方式解决时，只能采取特殊方式。依据《立法法》的规定，出现下列情况可由有权的国家机关予以裁决：

（1）法律之间对同一事项的新的一般规定与旧的特别规定不一致，不能确定如何适用时，由全国人大常委会裁决；行政法规遇到上述同样情况时，由国务院裁决。同一国家机关制定的地方性法规或规章遇到上述情况时，由制定机关裁决。

（2）地方性法规与部门规章对同一事项规定不一致时，由国务院提出意见；认为应适用地方性法规的，应决定在该地方适用地方性法规，如果认为应适用部门规章的，应提请全国人大常委会裁决。部门规章之间、部门规章与地方政府规章不一致时，由国务院裁决。

（3）根据授权制定的法规与法律规定不一致时，由全国人大常委会裁决。

第三部分　拓展阅读文献、案例研习与同步练习

第一节　拓展阅读文献

1. 雷磊. 法的渊源理论：视角、性质与任务. 清华法学，2021（4）.
2. 刘志刚. 上位法与下位法冲突的解决方法. 河南社会科学，2014（12）.
3. 周旺生. 重新研究法的渊源. 比较法研究，2005（4）.
4. 杨忠文，杨兆岩. 法的效力等级辨析. 求是学刊，2003（6）.
5. 刘焯. 法的效力与法的实效新探. 法商研究，1998（1）.

第二节　本章案例研习

案例名称：洛阳种子案

（一）基本案情

2003 年，洛阳市汝阳县种子公司与伊川县种子公司发生合同纠纷，洛阳市中级人民法院对此案进行审理。在审理过程中，伊川公司同意对汝阳公司进行赔偿，但在赔偿损失的计算方法上却与汝阳公司存在差异。关于赔偿损失的计算方法，汝阳公司认为，玉米种子的销售价格应依照国家《种子法》的相关规定，按市场价执行；伊川公司则认为，应当依据《河南省农作物种子管理条例》确定的政府指导价进行赔偿。

（二）法院判决

承办法官、时年 30 岁、拥有刑法学硕士学位的李慧娟在提交审委会讨论后作出判决："《种子法》实施后，玉米种子的价格已由市场调节，《河南省农作物种子管理条例》作为法律阶位较低的地方性法规，其与《种子法》相冲突的条款自然无效，而河南省物价局、农业厅联合下发的《通知》又是依据该条例制定的一般性规范性文件，其与《种子法》相冲突的条款亦为无效条款。"

2003 年 10 月，河南省人大常委会法制室发文称，经省人大常委会主任会议研究认为，《河南省农作物种子管理条例》第 36 条关于种子经营价格的规定与《种子法》没有抵触，应继续适用。且"洛阳中院在其民事判决书中宣告地方性法规有关内容无效，这种行为的实质是对省人大常委会通过的地方性法规的违法审查，违背了我国的人民代表大会制度，侵犯了权力机关的职权，是严重违法行为"，要求洛阳市人大常委会"依法行使监督权，纠正洛阳中院的违法行为，对直接负责人员和主管领导依法作出处理，通报洛阳市有关单位，并将处理结果报告省人大常委会"。

（三）法理分析

本案是我国司法实践中的一个经典案例，具有重要的宪法学和法理学意义。本案涉及的问题有两个：一是《河南省农作物种子管理条例》与《种子法》是否冲突，二是作

为法官的李慧娟是否能够在判决书中宣布规范性文件的某一条款是无效的。

按照法律效力等级的一般原理，上位法优先于下位法。当上位法与下位法冲突的时候，应当优先适用上位法。在本案中，《河南省农作物种子管理条例》是河南省人大常委会制定通过的地方性法规，《种子法》是全国人大常委会制定的法律。因此，从效力等级上来看，《河南省农作物种子管理条例》是下位法，《种子法》是上位法。《河南省农作物种子管理条例》规定玉米种子的销售价格按照政府指导价，而《种子法》规定玉米种子的销售价格按照市场价。由于《种子法》的位阶高于《河南省农作物种子管理条例》，所以本案中赔偿的计算方法应当按照《种子法》规定的市场定价。

本案引发巨大争议的地方在于法官审理案件和撰写判决书的过程中，是否可以对《河南省农作物种子管理条例》中与《种子法》相冲突的条款进行效力宣告。李慧娟法官认为《河南省农作物种子管理条例》关于定价的条款因与《种子法》冲突而成为无效条款，这引发了河南省人大常委会的反对。河南省人大常委会认为这种做法是法官超越职权而对地方性法规进行司法审查，与我国的人大制度不符。支持李慧娟法官的一些观点认为《河南省农作物种子管理条例》与《种子法》相冲突的条款自然是无效的，李法官不过是基于《立法法》的相关规定宣布了这一冲突结果而已，并不存在司法审查。

虽然该案距今已经近二十年，而且随着我国《立法法》的不断完善和合宪性审查制度的不断发展，法律规范之间的冲突解决有了更为完善的制度方案。关于法官应当如何在具体案件中解决规范之间的冲突问题，也有了更具有操作性的规章制度。特别是2014年修正的《行政诉讼法》赋予法官对规范性文件进行审查的权力，化解了这一困境。因此，类似争议在很大程度上可以避免，但其中所蕴含的法理学原理仍然值得深究。

第三节　本章同步练习

一、选择题

（一）单选题

1. 下列关于法律效力问题的表述，正确的是（　　）。（考研）

A. “法不溯及既往”是法治国家通行的法律原则

B. 非规范性法律文件的法律效力属于狭义的法律效力范畴

C. 《中华人民共和国民事诉讼法》在我国驻外使馆内不具有法律效力

D. 折中主义是一种以属人主义为主，与属地和保护主义相结合的法律效力原则

2. 有法谚云：“法律为未来作规定，法官为过去作判决”。关于该法谚，下列哪一说法是正确的？（　　）（法考）

A. 法律的内容规定总是超前的，法官的判决根据总是滞后的

B. 法官只考虑已经发生的事实，故判案时一律选择适用旧法

C. 法律绝对禁止溯及既往

D. 即使案件事实发生在过去，但“为未来作规定”的法律仍然可以作为其认定的根据

（二）多选题

关于不同法律之间的关系，下列表述正确的有（ ）。（考研）

A. 宪法与物权法是根本法与普通法的关系

B. 刑法与刑事诉讼法是实体法与程序法的关系

C. 公务员法与律师法是一般法与特别法的关系

D. 我国领海及毗连区法与联合国海洋法公约是国内法与国际法的关系

二、分析题

2017 年 3 月 15 日，全国人民代表大会通过《中华人民共和国民法总则》，该法第八条规定："民事主体从事民事活动，不得违反法律，不得违背公序良俗。"第十条规定："处理民事纠纷，应当依照法律；法律没有规定的，可以适用习惯，但是不得违背公序良俗。"

请结合上述材料，运用法理学相关知识，回答以下问题：

（1）什么是公序良俗？什么是习惯？

（2）习惯作为处理民事纠纷的依据，需满足哪些条件？（2018 年非法学综合课分析第 51 题）

参考答案及解析

一、选择题

（一）单选题

1. 答案：A

解析：法不溯及既往是现代法治国家通行的法律原则。除了在特殊情况下，法律一般不溯及既往，该原则是为了保障法律的稳定性和可预期性，A 选项正确。法律文件可以分为规范性法律文件和非规范性法律文件。规范性法律文件指的是各种类型的法律，非规范性法律文件是基于法律而作出的不具有一般效力的文件，比如判决书、行政处罚书等。广义的法律效力指的是规范性法律文件和非规范性法律文件的效力，狭义的法律效力仅指规范性法律文件的效力，B 选项错误。我国驻外使馆是我国领土的延伸，因此我国的法律在驻外使馆也具有法律效力，这是法的空间效力的体现，C 选项错误。折中主义是以属地主义为主，与属人主义和保护主义相结合的法律效力原则，D 选项错误。

2. 答案：D

解析：该题具有一定的难度，考查法不溯及既往这一原则。法谚的含义是，法律是面向未来而发挥效力的，但法官是针对已经发生的案件事实作出裁判。但并不意味着法律的内容总是超前，因为法律具有滞后性。也不意味着法官的判决总是滞后，因为法官可以根据新的社会发展状况弥补法律的漏洞，A 选项错误。法官在判案时一般应该适用旧法，但如果适用新法对当事人的利益有利，则可以适用新法，B 选项错误。现代法治国家的要求是法律一般不溯及既往，但并非绝对，必要时可以溯及既往，C 选项错误。案件发生在过去，但案件发生之后新制定的法律也可以溯及既往地适用，D 选项正确。

（二）多选题

答案：ABD

解析：根本法是在一个国家中具有最高效力的法律，普通法是除此之外的其他法律。在我国，宪法是根本法，物权法是普通法，A选项正确。实体法是规定法律关系主体权利义务的法律，程序法是规定司法过程中主体的程序性权利义务的法律。刑法属于典型的实体法，刑事诉讼法规定了刑事诉讼程序中的相关权利义务，二者是实体法与程序法的关系，B选项正确。一般法是适用于一般人和一般事的法律，特别法则针对特定人和特定事项。需要注意的是，一般法和特别法是相对的，即在一般事务和特殊事务上的相对关系。公务员法和律师法并不存在这种相对关系，因为律师并不属于公务员。可以说公务员法和警察法是一般法与特别法的关系，故C选项错误。我国领海及毗连区法是由我国立法机关所制定的国内法，联合国海洋法公约则是由不同国家所签订的国际公约，二者是国内法和国际法的关系，选项D正确。

二、分析题

参考答案：(1) 公序良俗是一个社会的公共秩序和善良风俗。习惯是社会成员长期形成的规律性实践。

(2) 在没有法律规定的情况下，法官可以适用习惯处理民事纠纷；但习惯不得违背公序良俗。

解析：本题考查作为非正式法律渊源的习惯及其在司法裁判中的适用条件。按照正式法源和非正式法源的区分，在我国，正式法源有法律、地方性法规等，非正式法源有习惯、政策和判例。随着司法实践越来越复杂，非正式法源在司法裁判中发挥着重要的作用。2017年《民法总则》将习惯写入法律，2020年《民法典》延续了这一规定，可见习惯的重要性。第(1)题考查公序良俗和习惯的内涵，属于基础知识点。第(2)题则考查习惯在司法裁判中的适用条件。由于习惯只是非正式法源，所以并非法官必须要适用的法理依据，所以只有在没有相关法律规定的情况下，才可以适用习惯。而且，由于习惯的内容并不如成文法那么确定，所以只有在习惯与公序良俗不冲突的情况下才能适用。例如，有些地方形成了娶妻需要付给女方高额嫁妆的习惯，这与公序良俗原则是冲突的，因此不应当在司法之中适用。

第五章 法律关系

第一部分 本章知识点速览

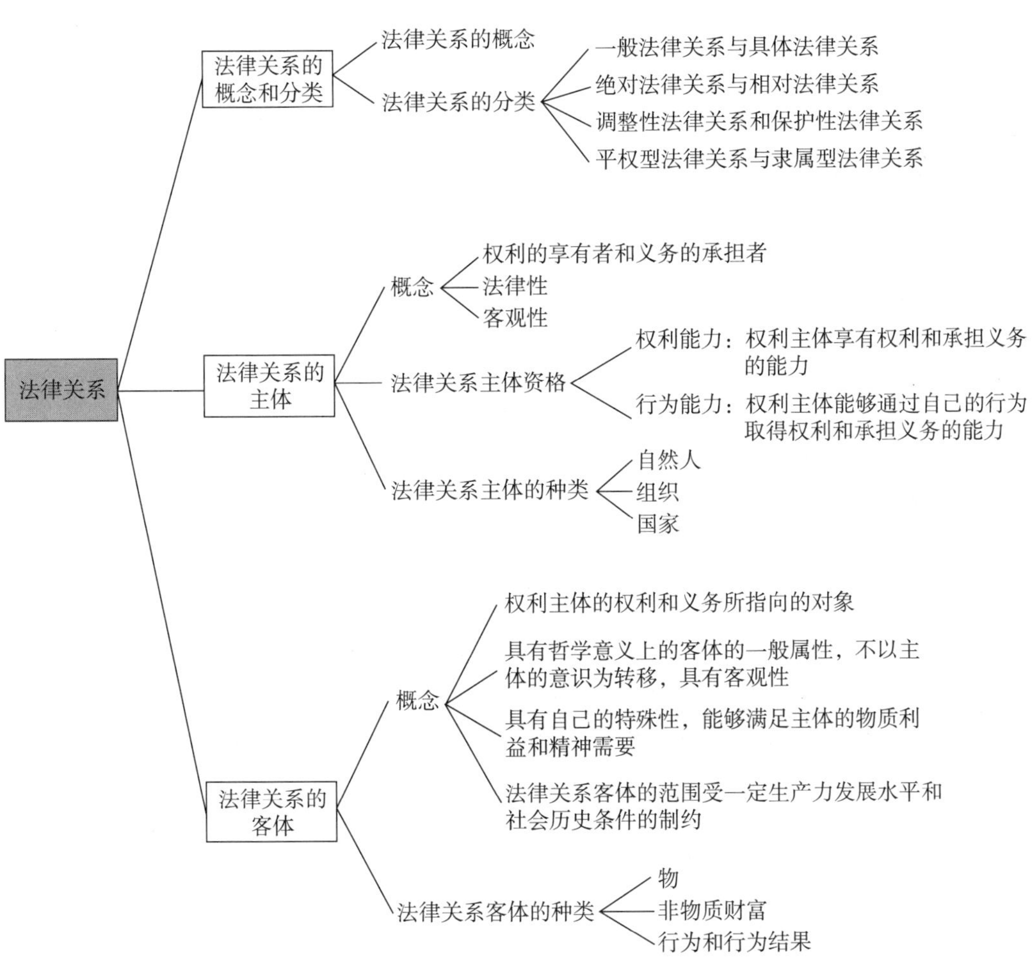

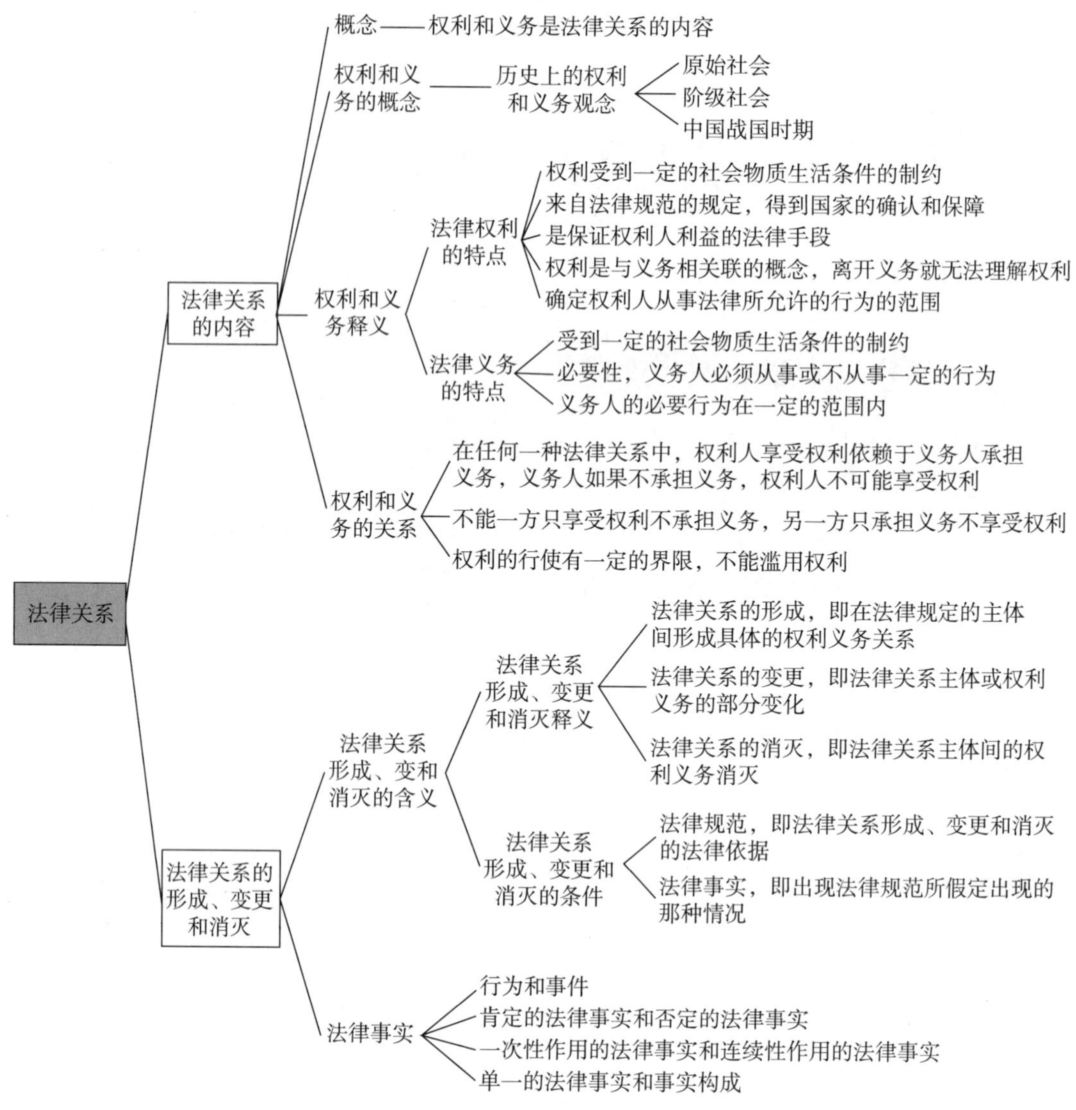

第二部分　本章核心知识要点解析

第一节　法律关系的概念和分类

一、法律关系的概念

（一）难度与热度

难度：☆☆　热度：☆☆

（二）基本理论与概念

1. 法律关系是法律作用于人们的行为和社会关系的中介，它承载着法律规范转化为现实的功能。

2. 法律关系是根据法律规范产生、以主体之间的权利与义务关系的形式表现出来的特殊的社会关系（法律关系的产生过程如下图所示）。

（1）法律关系是社会内容与法律形式的统一。法律关系是一种意志社会关系，是人们有目的、有意识地建立的；法律关系是根据法律规范建立的，而法律规范又是国家意志的体现；法律关系参加者的意志对于法律关系的建立和实现有重要的作用。

（2）法律关系是根据法律规范建立并得到法律保护的关系。与法律规范的联系构成了法律关系不同于其他社会关系的特点。

（3）法律关系是主体之间的法律上的权利和义务关系。主体的权利和义务，在法律规范和法律关系中的表现形式并不相同。在法律规范中，主体及其权利和义务都是抽象的、一般的，只是一种可能性，它并没有确定的和具体的对象，它的要求还不是现实的。只有在法律假定的某种事实发生的情况下，法的一般规定才指向具体主体，权利义务才具体化、现实化，由此构成具体主体间的权利义务关系，即法律关系。在法律关系中，主体的权利和义务不仅是现实的、具体的，而且是统一的。对一方来讲表现为他可以做什么，有什么权利；对另一方来讲则表现为他应该做什么，有什么义务。

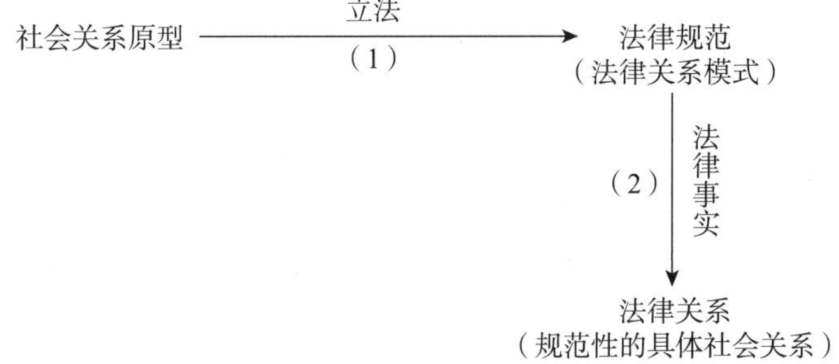

（三）疑难点解析

作为一个基本的法律概念，法律关系与法律、法律规范、法律行为、法律权利、法律义务、法律责任和法律制裁等法律概念，大多都有直接或间接的关联。例如，法律关系是根据法律规范建立的一种社会关系；法律行为可以引起法律关系的形成、变更与消灭；法律关系的内容就是法律关系主体之间的法律权利和法律义务；法律责任与法律制裁是保护性法律关系的内容；等等。

在历史上，法律关系的观念最早来源于罗马法之“法锁”（法律的锁链，juris vinculum）观念。按照罗马法的解释，“债”的意义有二：债权人得请求他人为一定的给付；债务人应请求而为一定的给付。债本质上是根据法律，要求人们为一定给付的“法锁”。然而，在罗马法上，法和权利、法律关系之间并没有明确的概念分界，当时还没有“法律关系”这样一个专门的法律术语。直到 19 世纪，法律关系才作为一个专门的概念而存在。在法学上，德国法学家萨维尼在 1840 年出版的《当代罗马法体系》中第一次对法律关系（Rechtsverh ltnis）作了系统的理论阐述，由此，法律关系就成为法学的专门理论问题之一。萨维尼认为：“从现在的立场出发，对于我们而言，所有的具体法律关系就是通过法规则而界定的人与人之间的联系。”“在每一法律关系中，可以区分出两个部分：第一部分是素材，即联系本身；第二部分是法对此素材的界定。我们可以将第一部分称为法律关系的实质要素，或者称为法律关系中的单纯事实；而将第二部分称为法律关系的形式要素，即据此将事实联系提升为法形式的要素。”[1] 后人正是根据萨维尼的这一论述，将法律关系的要素总结为两部分：第一，法律关系反映了人与人之间的社会关系；第二，并非所有社会关系都是法律关系，只有那些为法律所调整的社会关系才属法律关系。陈锐教授认为，萨维尼的法律关系理论还包含第三部分要素，即法律关系的作用域——“个人意志独立支配的领域”，萨维尼似乎更重视法律关系的这一部分内容，称之为“法律关系的本质”。萨维尼之所以强调这一点，是为了突出法律关系的私法特性。[2]

（四）拓展延伸阅读

法律关系具有一种有机的本质，此本质部分体现在相互包含、互为条件的组成部分的关联之中，部分体现在我们在它之内注意到的持续发展之中，体现在它产生和消灭的方式之中。在所有的既定情形中，法律关系这种生机勃勃的结构都是法实践的精神要素，并将法实践的高贵使命与单纯的机械主义区分开来，而许多外行在法实践中只看到了此种机械主义。

——萨维尼. 当代罗马法体系Ⅰ：法律渊源·制定法解释·法律关系. 朱虎，译. 北京：中国法制出版社，2010：10.

二、法律关系的分类

（一）难度与热度

难度：☆☆　热度：☆☆☆

（二）基本理论与概念

1. 一般法律关系与具体法律关系。一般法律关系概括了法律关系的共性、普遍性，是判断具体法律关系的合理性和实际效力的依据；具体法律关系体现了法律关系的个性、特殊性。

2. 绝对法律关系与相对法律关系。绝对法律关系中主体的一方（权利人）是确定的、具体的；另一方（义务人）则是不确定的，而是除了权利人之外的所有的人。因此，它以“一个主体对其他一切主体”。相对法律关系的主体，无论是权利人还是义务人，都是确定的主体之间的联系。

3. 调整性法律关系和保护性法律关系。调整性法律关系是法律主体在合法行为的基础上形成的，不需要适用法律制裁。保护性法律关系是在主体的权利和义务不能正常实现的情况下通过法律制裁而形成的法律关系，它是在违法行为的基础上产生的，是法的实现的非正常形式。前者是第一性法律关系，后者是第二性法律关系。

4. 平权型法律关系与隶属型法律关系。

（三）疑难点解析

关于调整性法律关系与保护性法律关系的区分，是本部分的一个难点。通常来说，**调整性法律关系**是基于人们的合法行为而产生的、执行法的调整职能的法律关系，它所

---

① 萨维尼. 当代罗马法体系Ⅰ：法律渊源·制定法解释·法律关系. 朱虎，译. 北京：中国法制出版社，2010：258-259.

② 陈锐. 法律关系理论溯源与内容重塑. 政法论丛，2020（6）.

实现的是法律规范（规则）的行为规则（指示）的内容，如各种依法建立的民事法律关系、行政合同关系等。由于各方主体的行为均具有合法性，调整性法律关系不需要适用法律制裁，法律主体之间即能够依法行使权利、履行义务，它使法律规范的内容在社会生活中得到正常实现。**保护性法律关系**是由于违法行为而产生的、旨在恢复被破坏的权利和秩序的法律关系，它执行着法的保护职能，所实现的是法律规范（规则）的保护规则（否定性法律后果）的内容，是法的实现的非正常形式。它的典型特征是一方主体（国家）适用法律制裁，另一方主体（通常是违法者）必须接受这种制裁，如刑事法律关系。举例来说，税法赋予税务机关征税的权利，纳税人有依法纳税的义务，这是调整性法律关系；若纳税人未依法纳税，税务机关可采取税收保全措施和强制措施，以保证税款的征收，这是保护性法律关系。再例如，某公司在民政部门主办的大型赈灾义演会上，当众宣布向民政部门设立的救灾基金捐赠 100 万元。事后，该公司迟迟未支付捐款。受赠人有权请求法院向该公司发出支付令，要求该公司支付 100 万元。在这个案例中，某公司的赠与属救灾、扶贫等社会公益性质，不得撤销；受赠人的权利基于某公司的赠与行为而产生，其合法的权利受法律保护，这是调整性法律关系；当该受赠人的权利由于赠与人的迟迟不履行而未得到实现时，受赠人有权诉请法院根据督促程序要求赠与人履行给付金钱义务，这是保护性法律关系。由此可见，调整性法律关系不依赖于其他法律关系而独立存在，保护性法律关系是基于违法行为而产生的法律责任的承担。

需要注意，张文显教授主编的《法理学》（2018 年第五版）根据法律关系发生的方式区分了调整性法律关系与创设性法律关系，不能与前一分类混淆。这种分类似乎与调整性规则与构成性规则之间的区分是相对应的［可见马工程《法理学》（第二版）第 47－48 页］。调整性法律关系的特点是，在法律规范调整之前已经存在某种社会关系，法律规范的调整只是给它披上法律的外衣，使之成为法律关系，如父母子女关系、买卖关系。创设性法律关系的特点是，在法律规范产生之前某种社会关系并不存在，法律规范作用于社会生活后才出现了该种社会关系，并使之成为法律关系，如破产法律关系。这一分类表明，法不仅具有调整和维护现存社会关系的“定型”作用，还具有塑造和创造新型社会关系的“变革”作用。

除此之外，还有几种法律关系分类，值得大家注意。

第一，单向（单务）法律关系、双向（双边）法律关系和多向（多边）法律关系。根据舒国滢教授主编的《法理学导论》（2019 年第三版）的界定，这是以法律主体的多少及其权利义务是否一致为根据进行分类的。所谓单向（单务）法律关系，是指权利人仅享有权利，义务人仅履行义务，两者之间不存在相反的联系。例如：季某与杨某系多年交往的好友。季某生前立遗嘱，表示死后将所藏徐悲鸿画作一幅赠与杨某。杨某得知后表示接受赠与，但愿意将自己祖传的一对清代乾隆年间青瓷花瓶作为回赠。季某不允，而将自己的赠与遗嘱到公证处公证。这是一个典型的不附义务的“赠与合同”，其中，季某与杨某之间所存在的赠与法律关系是单向的，而不是双向的。其实，一切法律关系无论多么复杂，均可分解为单向的法律关系来加以考察。在法律关系构成的分析上，单向的法律关系仅仅是一个逻辑分析单位，在现实的法律关系中，很少有实际的单向的法律关系。双向（双边）法律关系，是指在特定的双方法律主体之间，存在两个密不可分的单向权利义务关系，其中一方主体的权利对应另一方的义务，反之亦然。例如，买卖法律关系就包含着这样两个相互联系的单向法律关系。多向（多边）法律关系，又称“复合法律关系”或“复杂的法律关系”，是三个或三个以上相关法律关系的复合体。举一事例：阳光公司欲出售“荷花”牌洗衣机 40 台给一国有企业（简称“A 单位”），合同约定 A 单位支付货款 4 万元。在交货之前，40 台洗衣机暂时寄放在临近阳光公司的一所福利工厂（简称“B 单位”）的废旧仓库，阳光公司委托个体运营者赵某将货物按时运抵 A 单位。这个事例涉及多重复杂的法律关系，其中包含阳光公司与 A 单位之间的货物买卖法律关系，阳光公司与 B 单位之间的货物仓储法律关系，阳光公司与赵某之间的货物运输法律关系等。

第二，基本法律关系与普通法律关系。根据张文显教授主编的《法理学》（2018 年第五版）的论述，这是根据构成法律关系内容的社会关系在整个社会关系中的性质、等级和相应的法律关系的重要程度所做的分类。基本法律关系是由宪法或基本法律确认或创立的、存在于基本社会结构中的根本性经济关系和政治关系，包括各阶级之间的统治与被统治或领导与被领导的关系、公民与国家的关系、政党与国家的关系以及社会成员对基本生产资料和社会财富的占有关系和收益关系。基本法律关系是社会中的根本性权利和义务关系，它们体现着社会和国家的根本性质，决定着其他层次法律关系的性质，是其他层次法律关系的法律基础。基本法律关系有很强的续存性和稳定性，只要经济基础和上层建筑的基本性质和格局不变，其就不会发生变化。普通法律关系是具体的自然人之间、法人之间、自然人与法人之间以及法人、自然人与政府各管理部门之间的法律关系，是非基本社会关系的法律表现。其随着具体法律事实的变化而随时可能发生、变更或消灭。普通法律关系或基本法律关系遭到破坏之后所产生的诉讼法律关系也属于普通法律关系。

（四）拓展延伸阅读

早期的法律关系产生表现在下列方面：

（1）刑罚关系。随着奴隶和奴隶主之间对立和矛盾的加剧，出现了旨在镇压敌对阶级反抗的刑罚和刑法。同态复仇和承认“私刑”的氏族习惯被予以废除，代之以规定一般刑罚制度的法律。这样，犯罪人与被害人之间的罪罚关系，就变成了由国家介入的刑罚处罚关系。

（2）契约关系。契约，源于原始部落的物物交换。马克思在评述这一渊源时指出：“还在不发达的物物交换的情况下，参加交换的个人就已经默认彼此是平等的个人，是他们用来交换财物的所有者；他们还在彼此提供自己的财物，相互进行交易的时候，就已做到这一点了，这种通过交换和在交换中才产生的实际关系，后来获得了契约这样的法的形式……”契约，由不完善到逐步完善，由个别到一般，由口头形式到书面形式，反映了习惯→习惯法→成文法在私法领域发展的轨迹。至文明时代，随着商业的发展和金属货币的广泛流通，确认买卖、借贷、租佃诸方面关系的习惯法的出现，契约之债（Contractus）成为最为常见最为普遍的一种债权法律关系，它在双方（或多方）当事人之间锻造出无形的“法锁”（Juris vinculum）。

（3）诉讼关系。诉讼来自纷争，它是人们之间利益冲突的必然结果。诉讼的最早形式是原始氏族的神明裁判程序。其后，在氏族组织向国家质化的过程中，曾先后产生过各种形式主义的诉讼习惯法，如罗马法中的誓金之诉（legis actio sacramento）、程式诉讼（formula）、非常诉讼（extraordiniara actiones）等。诉讼习俗的法律化，使当事人之间简单的争讼关系具有了法律的意义和效力。在诉讼的背后隐含着的，是人们之间权利与义务及其相互关系。

——舒国滢．略论法律关系的历史演进．法学家，1993（3）．

…………

一、民事法律关系内容构成的积极要素

德国著名法学家拉伦茨认为，法律关系是基于一个统一的目的而结合在一起的各种权利、义务和其他拘束的总和。这些权利、义务和拘束具有各不相同的规范属性和规范结构，它们一方面表现为各种的权利（Berechtigung），另一方面表现为各种法律上的负担。这里的 Berechtigung 一词虽也可译为权利，但这一权利是广义的权利，除了我们通常所指的狭义权利外，还包括以下内容：

（一）权能

权能是权利或法律关系的部分内容，它原则上是其据以产生的权利或法律关系不可分割的组成部分。

（二）权限

韩忠谟先生在其《法学绪论》一书中曾指出，所谓权限者只系为他人而在法律上发生作用，其由此所生之效果，皆归属于该他人。

（三）取得期待

基于一定法律关系当事人享有未来取得一定权利的期望，但这种期望尚不足以达到独立的取得权或期待权意义上那样受到法律保护的取得地位的程度，如所有权人对其所有物的孳息取得的期待等。

二、民事法律关系内容构成的消极要素

（一）法律上的拘束或屈从

（二）职责

职责是一种对当事人的行为要求，这种要求大多是为了满足行为人自己的利益而存在的。

（三）负担

——申卫星．对民事法律关系内容构成的反思．比较法研究，2004（1）．

一、刑事法律关系是一种思想的社会关系。

二、刑事法律关系是一种基于犯罪构成与刑事责任而形成的权利义务关系。

三、刑事法律关系是一种复杂的双边关系。

四、刑事法律关系是一种优先性的法律关系。

五、刑事法律关系是一种直接以国家强制力为保证而实现的社会关系。

刑事法律关系应当包括犯罪主体与控罪主体两个方面：

一、犯罪主体。犯罪主体是指实施犯罪行为，导致犯罪事实并应当承担刑事责任的社会活动主体。它包括了两种形式：一是自然人犯罪主体；一是单位犯罪主体。

二、控罪主体。控罪主体是指因犯罪事实的存在，依法有权指控犯罪行为，要求追究犯罪人刑事责任的社会活动主体。它也包括了两种形式：一是公诉罪的控罪主体；一是自诉罪的控罪主体。

只有刑事法律关系主体权利与义务指向的对象——即犯罪构成与刑事责任才是刑事法律关系的客体：

一、犯罪构成，即刑法规定的某一危害行为是否构成犯罪的行为主观要件与行为客观要件的有机统一体；

二、刑事责任，即犯罪主体因其行为构成犯罪而承担刑法规定的责任。

刑事法律关系的内容，是指刑事法律关系主体之间存在的基于解决犯罪构成和刑事责任而由刑事法律规定的权利和义务。作为刑事法律关系主体之间的权利与义务关系是一种相互联系、相辅相成、不可分割的关系。控罪主体基于犯罪事实产生指控权利，犯罪主体就有承担刑事责任的法律义务；同时，刑事法律关系主体一方在行使权利或承担义务之时，又意味着他本身也承担着某种义务或享有某种权利。

——杨兴培. 论刑事法律关系. 法学，1998（2）.

第二节 法律关系的主体和客体

一、法律关系的主体

（一）难度与热度

难度：☆☆☆ 热度：☆☆☆

（二）基本理论与概念

1. 法律关系主体，即法律关系的参加者，是法律关系中权利的享有者和义务的承担者。法律关系主体具有法律性和客观性。

2. 法律关系主体资格：权利能力和行为能力。

（1）权利能力指权利主体享有权利和承担义务的能力，它是权利主体在法律活动中享有权利和承担义务的资格，这种资格是由法律规定的。不同的法律关系，对其参加者的要求有所不同，所需要的权利能力也会有所不同。

（2）行为能力是指权利主体能够通过自己的行为取得权利和承担义务的能力。行为能力必须以权利能力为前提，对自然人来讲，有权利能力不一定有行为能力。在各国的法律中对自然人的行为能力都有年龄方面和健康方面的限制，分为完全行为能力人、限制行为能力人和无行为能力人三种。法人的权利能力从法人成立时产生，其行为能力伴随着权利能力的产生而产生，法人终止时，它的权利能力、行为能力也同时消灭。

3. 我国法律关系主体的种类：（1）自然人，即个人主体；（2）组织：国家机关；政党、社会团体；企业、事业单位；（3）国家：国家作为一个整体，是某些重要法律关系的参加者，它既可以作为国家所有权关系、刑法关系等的主体，又可以成为国际法关系的主体。

（三）疑难点解析

关于法律关系的主体，不同的教科书可能会有不同的表述，但大体上还是一致的，只是细分的标准不同。例如，舒国滢教授主编的《法理学导论》（2019 年第三版）将其区分为：公民（自然人）；机构和组织（法人）；国家。张文显教授主编的《法理学》（2018 年第五版）则界定得更为详尽，法律关系的主体除包括自然人、法人、国家、国家机关这些主要的、常规的法律主体之外，还包括人民、民族、非法人组织等，例如，人民是我国基本法律关系的主体，民族作为法律关系的主体，在我国主要是由宪法、民族区域自治法和其他法律规定的。

有几种特殊情形值得注意：第一，动物作为法律关系主体的可能性。例如，张文显教授主编的《法理学》(2018 年第五版) 提到："在当今世界，随着动物保护主义运动以及生态主义运动的蓬勃兴起，人以外的其他物种——特别是动物——开始被承认与人一样是世界的主体。在法律上，一些西方国家承认动物可以成为某些法律关系的主体。例如，美国等西方国家出现了以动物为原告的诉讼。"孙国华、朱景文主编的《法理学》(2021 年第五版) 也通过一些具体的例子提出了"动物权利"的问题："从法律关系的角度看，动物可以作为权利主体吗？动物权利的实质是什么呢？人类尊重和保护动物，就需要承认动物权利吗？"关于动物作为法律关系主体的问题，包括中国在内的大部分国家都没有承认动物的法律主体地位或"动物权利"，诸如欧盟的《动物保护法》认定，人才是动物保护法律关系的主体，动物则只能是该关系的客体而非主体。[①] 目前学术界普遍接受的是动物福利论：基于仁慈、爱等美好的情感，我们对动物负有一种保障其福利的不完全义务；也有部分学者主张道德意义上的动物权利论：动物为了其本身的利益而享有权利。[②] 随着新冠疫情在我国以及世界范围内的广泛传播，人与动物、人与生态环境之间的关系再次受到全社会的关注。为了保护动物安全和生态安全，2020 年 2 月 24 日，第十三届全国人民代表大会常务委员会第十六次会议通过《关于全面禁止非法野生动物交易、革除滥食野生动物陋习、切实保障人民群众生命健康安全的决定》，该《决定》明确提出，"维护生物安全和生态安全"，"加强生态文明建设，促进人与自然和谐共生"。

第二，关于胎儿和死者是否有权利能力的问题。例如，朱力宇教授主编的《法理学原理与案例教程》(2013 年第三版) 提出，从目前的立法发展趋势和世界各国的立法情况看，对胎儿赋予法律所拟定的主体资格，承认胎儿具有民事权利能力，已经被越来越多的国家认可和接受。

第三，人工智能体作为法律关系主体的可能性。对此，学界既有支持者，但更多是反对者。关于这一问题的讨论仍在进行，因此，现在法理学教材几乎都还没有提及，但随着科学技术的发展，人工智能体的法律地位问题将变得越来越重要。

(四) 拓展延伸阅读

当规范将某个人的行为当作法律条件或法律后果时，意思是只有这个人才有"能力"做或不做这一行为；只有他才有"资格"(competence，最广义的资格)。只有当这个有能力的和有资格的人作或不作时，才发生根据规范来说成为法律条件或法律后果的行为或不行为。

——凯尔森. 法与国家的一般理论. 沈宗灵，译. 北京：中国大百科全书出版社，1996：101.

英国历史法学家梅因在考察古代法发展的历史时，曾得出如下广为人知的结论：

① 常纪文."动物权利"的法律保护. 法学研究，2019 (4).

② 朱振. 论动物权利在法律上的可能性——一种康德式的辩护及其法哲学意涵. 河南大学学报 (社会科学版)，2020 (3).

“所有进步社会的运动，到此处为止，是一个‘从身份到契约’的运动。”这一精彩的概括，描述了法律关系嬗变的基本特征。梅因在这里所指出的一个事实就是：至少在私法领域内，权力服从关系（身份关系）最终要取代于平等的权利义务关系（契约关系）。由权力到权利的演变是社会文明发展的必然结果。同理，在公法领域内，国家权力的分权制衡、行政活动的法制化、人民与国家（政府）之间的权力（利）分配等等，都反映着“由权力到权利”的运动趋向。从另一角度看，上述运动事实上就是法律关系领域内所体现的总体精神由义务本位向权利本位、再由权利本位向社会（责任）本位演进的趋向。

——舒国滢. 略论法律关系的历史演进. 法学家，1993（3）.

人工智能是否应该被赋予法律主体地位？这在学界颇有争议。有支持者认为，从人工智能的特性分析，其具有独立自主意识的智慧工具属性，享有权利并承担责任的独特特点决定了其具有法律人格。另有支持者提出，法律位格既然来自法律拟制，法律既然可以给团体组织构造出法律位格而出现法人制度，也可以给动物构造出法律位格而出现“动物审判”，那么未来的法律自然可以给智能机器构造出法律位格，只要这一位格拟制能实现相应的法律目的即可。持反对意见者亦不在少数。有反对者认为，机器人更接近于动物而不是法人，赋予其法律主体地位既不可能也不可欲。另有人认为，人工智能并不能获得法律人格，义务与权利的分离彻底排除了人工智能的主体性。从上述观点可以看出，人工智能的自主意识和法律拟制的形式性是支持赋予人工智能法律人格的两个理由；反对者则从必要性和可操作性上予以反对。不过，对人工智能法律人格争议，最需要的是从其对人类主体性的威胁角度予以考虑。主张赋予人工智能法律人格者主要试图解决人工智能因其自主行为导致侵权的责任分担问题。如果纠缠于自主决定和责任分担，很难完全有效反对赋予人工智能法律主体地位，因为总是可提出一些妥协性的解决方案，例如，可以赋予人工智能有限法律人格这种特别法律地位，亦可以资金账户等形式为人工智能承担责任建立基础。真正的要害在于：赋予人工智能法律人格将直接威胁人自身。如果说部门法的思维主要着眼于新兴事物的合理规制，那么法理学就必须从整体性的角度反思人类命运问题，以避免片面地考量危害人类的总体利益。就此而论，赋予人工智能法律人格的问题需要以辩驳的方式进行论证，以澄清其中的争议，得出合理的结论。

——陆幸福. 人工智能时代的主体性之忧：法理学如何回应. 比较法研究，2022（1）.

二、法律关系的客体

（一）难度与热度

难度：☆☆☆　热度：☆☆☆

（二）基本理论与概念

1. 法律关系客体，是权利主体的权利和义务所指向的对象。

2. 不是一切独立于主体而存在的客观现象都能成为法律关系的客体，只有那些能够满足主体需要并得到国家法律确认和保护的客观现象，才能成为法律关系的客体，成为主体的权利和义务所指向的对象。

3. 法律关系客体的范围受一定生产力发展水平和社会历史条件的制约。随着生产力的发展，许多原来不属于法律关系客体的社会财富也变为了法律关系客体，如清洁的空气、不受噪音干扰的环境等。

4. 法律关系客体的种类：（1）物（自然物；人的劳动创造物；财产的一般表现形式）；（2）非物质财富；（3）行为和行为结果（包括物化结果和非物化结果）。

（三）疑难点解析

关于法律关系的客体，不同教科书依然可能会有不同的论述或表达。例如，孙国华、朱景文主编的《法理学》（2021 年第五版）认为，法律关系的客体包括：**国家、社会和个人的基本经济、政治和精神文化利益；物、非物质财富；行为结果。**舒国滢教授主编的《法理学导论》（2019 年第三版）则将“人身”单列，于是法律关系之客体包括：**物；人身；精神产品；行为结果。**张文显教授主编的《法理学》（2018 年第五版）又增加了“人格”、“行为”、“信息”以及“其他客体”，于是法律关系的客体就包括：**物；人身、人格；智力成果；行为；信息；其他客体（包括国家权力、企业等）。**

关于人身是否能够成为法律关系的客体，有一定争议。在现代社会，随着现代科技和医学的发展，输血、植皮、器官移植、精子提取、克隆、基因编辑、代孕、卵子冷冻等现象大量出现，同时也产生了此类交易买卖活动及其契约，带来了一系列法律问题。与其他动物类似，人身是人的物质形态，但特殊的地方在于，人身也是人的精神利益的体现，人作为主体拥有尊严这一不可侵犯的属性，这使得人身的物质形态也变得特殊。人的尊严的限制体现在：一方面，与人身有关的行为义务是不能被强制履行的。例如我是一个歌唱家，与某家剧院签订了表演合同，但后来因某种原因不愿按约定来表演，此时剧院方就不能强迫我来演唱，而只能主张赔偿。当然，此时人身并不是作为合同法律关系的客体出现的，只是在履行合同义务时必然涉及我的人身自由。另一方面，在人身作为法律关系客体的情况下，也存在很多的限制：

1. 活人的整个身体不能视为法律上的物。人身不能作为物权、债权和继承权的客体，禁止任何人（包括本人）将整个身体作为“物”来参与有偿的经济活动，所以，买卖人口、买卖婚姻是法律所禁止的违法或犯罪行为。当然，在现代社会，随着科技和医学的发展，出于救死扶伤的目的，人身的一部分（如血液、器官、皮肤等）是可以转移给他人的（被转移方可以给予转移方一定的补偿，但不能买卖）。人身部分的法律性质，要根据阶段进行区分对待：当人身的部分尚未脱离人的整体时，即为所属主体的人身本身；当人身的部分从身体中分离，已成为与身体相脱离的外界之物时，就是法律上的“物”，也就是上一类客体；当该部分已经植入他人的身体时，即为他人人身的组成部分。举例来说，张三和李四通过合同约定，张三将自己的一个健康的肾脏给李四，以挽救后者的生命，李四则给予张三一定的营养费用补偿。在做肾脏移植手术之前，如果张三反悔了，合同就不能强制履行，因为此时这个肾脏属于张三人身的组成部分，不能强制履行。如果肾脏从张三身体上取下来后尚未植入李四的体内，此时张三反悔了，那么由于此时这个肾脏的法律地位是“物”，不享有特别的保护，所以要按照合同的约定植入李四体内。如果肾脏已经植入李四体内，此时张三反悔了，当然更不能让李四返还，因为此时这个肾脏已成为李四人身的组成部分。

2. 权利人对自己的人身不得进行违法或有伤风化的活动。人对自己的身体当然拥有法律权利，但是这种权利同样要受到限制。一般来说，各国的法律都会对权利人滥用人身或者自贱人身或人格的行为作出限制。例如，卖淫、自杀、自残行为在多数国家都属于违法行为，至少是法律所不提倡的行为。

3. 对人身行使权利时必须依法进行，不得超出法律授权的范围。有时，特定主体会对他人的人身拥有一定的权利，例如监护人对被监护人（如父母对未成年子女）就是如此。但这种权利也必须依法行使，不能超出必要的界限，否则就是滥用。所以，父母可以要求未成年子女必须每天几点之前回家，但不能虐待或体罚未成年子女。

4. 关于人身（体）部分（如血液、器官、皮肤等）的法律性质，是一个较复杂的问题。它属于人身，还是属于法律上的“物”，不能一概而论。应从三方面分析：当人身之部分尚未脱离人的整体时，即为所属主体之人身本身；当人身之部分自然地从身体中分离，已成为与身体相脱离的外界之物时，亦可视为法律上之“物”；当该部分已植入他人身体时，即为他人人身之组成部分。

（四）拓展延伸阅读

物理意义上的物要成为法律关系客体，须具备以下条件：第一，应得到法律之认可。第二，应为人类所认识和控制。不可认识和控制之物（如地球以外的天体）不能成为法律关系客体。第三，能够给人们带来某种物质利益，具有经济价值。第四，须具有独立性。不可分离之物（如道路上的沥青、桥梁之构造物、房屋之门窗）一般不能脱离主物，故不能单独作为法律关系客体存在。至于哪些物可以作为法律关系的客体或可以作为哪些法律关系的客体，应由法律予以具体规定。在我国，大部分天然物和生产物可以成为法律关系的客体。但以下几种物不得进入国内商品流通领域，成为私人法律关系的客体：（1）人类公共之物或国家专有之物，如海洋、山川、水流、空气；（2）军事设施、武器（枪支、弹药等）；（3）危害人类之物（如毒品、假药、淫秽书籍等）。

——舒国滢. 法理学导论. 3版. 北京：北京大学出版社，2019：157.

第三节　法律关系的内容

一、法律关系内容的概念

（一）难度与热度

难度：☆☆　热度：☆☆☆

（二）基本理论与概念

1. 法律关系是权利和义务的一种关联形式，权利和义务是法律关系的内容。

2. 权利和义务这一对范畴在不同领域有不同含义。

3. 一旦道德意义、社会学意义上的权利和义务上升到法律层面，得到国家的确认和保证，就转化为法律权利和义务。应有权利和义务上升为法定权利和义务，使这些权利和义务获得了社会普遍的承认和国家的保证。这是权利和义务形态的第一次转变。

4. 当法律规范在实施的过程中转变为具体法律关系时，权利和义务由抽象变为具体，法定权利和义务转变为具体主体所承担的具体的权利和义务，即具体法律关系中的权利和义务。这是权利和义务形态的第二次转变。

5. 由应有权利和义务转变成法定权利和义务是从现实社会关系上升为抽象的法律规范的过程，而从法定权利和义务转变为具体法律关系中的权利和义务则是从法律规范转变为现实社会关系的过程。

（三）疑难点解析

作为法学的基础概念，权利和义务会在许多不同的领域或语境中出现。例如，既有法律意义上的权利和义务，也有道德意义、社会学意义上的权利和义务。道德意义、社会学意义上的权利与义务是权利和义务的初始形态，它们不依赖于法律而存在，是特定社会物质生活条件和文化传统下基于社会自由和社会责任的需要而产生的；通过国家的确认和保证，这种权利和义务就转化为法定的权利和义务，这便是法律规范中的权利和义务，它们是抽象的、应然的权利和义务。法律关系主体之间的法律权利和法律义务是法律规范所规定的法律权利与法律义务在实际的社会生活中的具体落实，这也体现了它们从法律规范转变为现实社会关系的过程，是法的实现过程。这便是马工程《法理学》（第二版）教材第五章开头所强调的内容："法律要实现对人们行为和社会关系的调整，必须经历一个法律运作（法律实施）不可或缺的阶段，即由法律规范转变为法律关系。"舒国滢教授主编的《法理学导论》（2019 年第三版）也提出："法的实现大体经过以下几个阶段：法律规范—法律事实—法律关系—权利义务的实现。"张文显教授主编的《法理学》（2018 年第五版）同样主张："法律关系是法律规范作用于社会生活的过程和结果，是法律从静态到动态的转化，是法律秩序的存在形态。"

正如前述，法律关系的内容是法律规范的指示内容（行为模式、法律权利与法律义务的一般规定）在实际的社会生活中的具体落实，是法律规范在社会关系中实现的一种状态。法律关系主体的权利和义务与作为法律规范内容的权利和义务（法律上规定的权利和义务），虽然都具有法律属性，但它们所属的领域、针对的法律主体以及它们的法的效力还是存在一定的差别。具体表现在三个方面：（1）所属的领域不同。作为法律规范内容的权利和义务是有待实现的法律权利和法律义务，即"应有的"法律权利和义务，属于可能性领域。法律关系主体的权利和义务是法律关系主体在实施法律（遵守法律或适用法律）的活动过程中所实际享有的法律权利和正在履行的法律义务，即"实有的"法律权利和义务，属于现实性领域。（2）针对的主体不同。法律上规定的权利和义务所针对的是一国之内的所有不特定的主体（包括公民、法人、国家机关等）。而法律关系主体的权利和义务所针对的主体是特定的，即在某一法律关系中的有关主体（双方当事人或权利人和义务人）。（3）法的效力不同。法律上的权利和义务由于针对的是不特定的主体，因而属于"一般化的法律权利和法律义务"，其具有一般的、普遍的法的效力。一国之内的所有相关的主体均应遵守法律上的权利和义务的一般规定。而法律关系主体的权利和义务由于针对的是特定的法律主体，故属于"个别化的法律权利和法律义务"，其仅对特定的法律主体有效，不具有普遍的法的效力。

当然，与多数教材不同，沈宗灵教授主编的《法理学》（2014 年第四版）将它们称为抽象的法律关系和具体的法律关系，前者是法律本身规定的抽象的权利义务关系，是纸面上的法律关系，后者是实际生活中现实的权利义务关系，是实际的法律关系。和我们上面所述也是对应的。

（四）拓展延伸阅读

我们应该设法把我们每一个人对世界上其余人的全部法律关系，聚集在一个概念之下。不论这些法律关系的性质和构成是怎样，这些法律关系在集合起来后，就成了一个概括的权利；只要我们仔细记着，在这个用语中不但应该包括权利并且也应该包括义务，则我们对于这个观念就很少有误解的危险。

——梅因. 古代法. 沈景一，译. 北京：商务印书馆，1959：102.

二、权利和义务的概念

（一）难度与热度

难度：☆☆　热度：☆☆☆

（二）基本理论与概念

1. 随着私有财产和商品交换的出现，有了“你的”和“我的”的划分，区分权利和义务才成为必要。私有制是造成阶级社会权利与义务产生、权利与义务相分离的根本原因。在拉丁语中，法和权利是混合在一起使用的，“jus”一词既包括客观意义的法的含义，也包括主观意义的权利的含义，还包括非法律意义的正当的含义。17、18世纪的古典自然法学家利用自然法、自然权利的观念，阐明自然权利是人与生俱有的，它存在于法律产生之前，是法律必须承认和保护的不可剥夺的权利。康德从自由出发界定法律权利，认为法（权利）就是那些使个人自由与他人自由并存的体系和制度。19世纪的功利主义法学一方面批判自然权利的虚构性，另一方面又把权利概念建立在福利、利益的基础上，用利益诠释权利和义务，认为法律权利是法所确认和保护的利益，一个权利的拥有者恰恰是另一个人的义务的获益者。分析法学则把权利和义务分析的重点从应有权利和义务转移到法定权利和义务，霍菲尔德把权利和义务进一步分成四对范畴，其中权利分为权利、特权、权力、豁免，与它们相应的义务则分为义务、无权、责任、无能力。哈特等人认为权利的本质是对义务的控制和选择。奥斯丁等人则认为权利的本质是人们的利益通过义务得到保证。如边沁、奥斯丁、霍菲尔德、凯尔森等人主张义务优先，权利只不过是义务、允许、权力等法律概念的“反射”，只有在他人完成义务的前提下，才可能有权利；另外一些人，如麦考密克、拉兹、威尔曼等人则主张权利优先，有权利才可能有相应的义务，用现有的义务并不能穷尽权利，新产生的权利可以创造与之相应的新义务。美国学者德沃金的权利理论继承了这一传统。

2. 中国在战国时期的文献中已有“权利”两字的连用，但权利的古义异于今义。现代汉语中的“权利”最初是从西方法律中译介而来的。据有关资料考证，清朝洋务运动时期，美国传教士丁韪良在主持翻译亨利·惠顿的国际法著作《万国公法》一书时，首先将英文的right译成“权”或“权利”。

3. 强调物质生活条件对法律关系、权利和义务的制约性，这是马克思主义权利和义务观念区别于其他法学流派的最主要的特点。

4. 法律权利的特点是：其一，权利受到一定的社会物质生活条件的制约；其二，它来自法律规范的规定，得到国家的确认和保障；其三，它是保证权利人利益的法律手段；其四，它是与义务相关联的概念；其五，它确定权利人从事法律所允许的行为的范围，超过这一范围，则是非法的或不受法律保护的。

5. 法律义务同样也受到一定的社会物质生活条件的制约。它的特点在于义务的必要性，义务人必须从事或不从事一定的行为，义务人的必要行为也是在一定的范围内，超过这一范围，则属于义务人的自由，它有权拒绝权利人在这一范围之外的利益要求。

（三）疑难点解析

权利和义务是法学的核心概念，关于权利和义务的各种学说也是法学理论的重点内容。关于权利的本质，舒国滢教授主编的《法理学导论》（2019 年第三版）将不同学者的解释归纳为以下 10 种学说：（1）自由说，认为权利即自由；（2）范围说，认为权利是法律允许人们行为的范围；（3）意思说，认为权利是法律赋予人的意思力或意思支配力；（4）利益说，认为权利就是法律所保护的利益；（5）折中（综合意思说和利益说）说，认为权利是保护利益的意思力或依意思力所保护的利益；（6）法力说，认为权利就是一种法律上的力；（7）资格说，认为权利就是人们做某事的资格；（8）主张说，认为权利是人们对某物的占有或要求做某事的主张；（9）可能性说，认为权利是权利人作出或要求他人作出一定行为的可能性；（10）选择说，认为权利是法律承认一个人有比另一个人更优越的选择。

关于法律权利的结构或者要素，不同学者的解释则更为不同。舒国滢教授主编的《法理学导论》（2019 年第三版）认为，法律权利是自由权、请求权和诉权的统一：（1）自由权，即权利人可以自主决定作出一定行为的权利，不受他人干预；（2）请求权，即权利人要求他人作出一定行为或不作出一定行为的权利；（3）诉权（胜诉权），即权利人在自己的权利受到侵犯时，请求国家机关予以保护的权利。这三个要素是紧密联系，不可分割的。其中，自由权是基础，请求权是实体内容，诉权是保障手段。朱力宇主编《法理学案例教程》（知识产权出版社 2006 年版）认为，构成权利的要素包括：（1）利益，表现为主体的需要和满足这种需要的措施；（2）行为的自由，权利在事实上就是一定社会中所允许的人们行为自由的方式、程度、范围、界限和标准；（3）意志，权利的意志属性所标示的是人们对于利益的正当性的认识，是把个人的主观意志同一定的社会价值标准相协调后的产物。雷磊教授所著的《法理学》（2019 年版）则将权利分为自由、请求权与权力等三种类型，并进行了详尽的分析。

关于权力的概念，在许多教科书中也会有所涉及。权力更多是一种公法概念，在许多学者看来，权力也是法律关系的一种重要内容。[①] 根据舒国滢教授主编的《法理学导论》（2019 年第三版），从字面上说，职权、权限、权力等词，与权利一样，也可以理解为法律关系主体具有自己这样行为或不这样行为，或要求他人这样行为或不这样行为的可能性。但它们与权利有很重要的区别：（1）在中国现行《宪法》中，对中央国家机关使用了“职权”一词，对地方国家机关使用了“权限”一词，对公民则使用了“权利”一词；（2）“权利”一词通常是与个人利益相联系的，但“职权”一词却只能代表国家或公共利益，绝不意味着行使职权者的任何个人利益；（3）人们在讲权利时是指法律承认并保护法律关系主体具有从事一定行为或不从事一定行为的可能性，并不意味着法律要求他必须这样行为，与此不同，“职权”一词不仅指法律关系主体具有从事这种行为的可能性，而且也意味着其有从事这一行为的必要性，否则就构成失职或违法；（4）国家机

① 童之伟. 法律关系的内容重估和概念重整. 中国法学，1999（6）.

关的职权、权力是与国家的强制力密切联系的。

(四) 拓展延伸阅读

权利包括三种类型，即自由、请求权与权力。

1. 自由 (liberty)。自由意味着行为选择，即权利人可以自主决定做或不做一定行为，不受他人干涉。自由并没有揭示出某个拥有自由之人应当做什么或在特定条件下该做什么，而只是表明了做某事的可能。法律自由往往表达就是这种可能，因为它涉及的是对行为选择的法律保护。如果用 a 表示法律关系的一方主体，而用 b 表示法律关系的另一方主体，用 G 表示特定行为的话，那么自由就可以表述为：a 相对于 b 可以做 G，也可以不做 G。这里的“可以”指的是法律上的允许。

2. 请求权 (claim)。请求权意味着权利人可以要求他人作出一定行为或不作出一定行为。运用上述符号，可以将请求权表述为：a 可以请求 b 做或不做 G。这里的“可以”同样指的是法律上的允许。请求权可以被进一步区分为：

(1) 消极行为请求权。消极行为请求权又可以被分为三类，即不阻碍行为的请求权、不损害法益的请求权与不消除法律地位的请求权。不阻碍行为的请求权是指权利人有权请求义务人不得阻碍他实施一定行为，例如宪法上的选举、言论、出版、集会、结社、游行、示威、宗教信仰、劳动、休息、受教育、科学研究、文艺创作等基本权利。不损害法益的请求权是指权利人有权要求义务人不得损害他的合法权益。这种合法权益是广义上的权益，它包括权利享有者的属性、处境或其他相关权益。例如，宪法上基本权利享有者可能被侵害的属性包括“身体健康”“人格尊严”；处境的例子是“住宅不受侵犯”；其他权益如“通信秘密”“华侨的正当的权利和利益”“归侨和侨眷的合法的权利和利益”。不消除法律地位的请求权是指权利人有权要求义务人不得消除他的特定法律地位。这种请求权存在的前提是，一般而言，义务人相对于权利人具有一种政治上的优势地位。例如，义务人的典型情形为“国家”，而权利人为这个国家的公民。

(2) 积极行为请求权。积极行为请求权又可以被分为两类，即积极的事实行为请求权与积极的规范行为请求权。积极的事实行为请求权的对象是一种事实行为。例如，合同缔约一方要求另一方按照约定转移标的物，侵权法上被侵权人要求侵权人进行损害赔偿，宪法上贫困人员要求国家提供最低生活保障。积极的规范行为请求权只在公法领域有意义，因为它的义务人是特定的，即国家；它的对象也是特定的，即制定法律规范的行为。例如，言论自由要求国家提供新闻自由、出版自由的制度保障，学术自由要求国家提供教授委员会、学术委员会等组织保障和大学自治的程序保障，人身自由、住宅自由等要求国家提供刑法上的保护。制度保障、组织与程序保障、法律保护都离不开制定相关规范的国家行为，公民对这种规范制定行为的请求权就是积极的规范行为请求权。

3. 权力 (power)。如果说自由和请求权指的是法律上的“可以” (may) 的话，那么权力就意味着法律上的“能够” (can)。自由和请求权构成狭义上的权利的类型，权力则属于广义上的权利。权力意味着权利人能够通过其行为引发预期的法律效果。权力既存在于私法领域，也存在于公法领域。赋予“私人”的法律权力，即通过实施法律行为创设法律规范，典型如民法上所谓的形成权，也包括缔结契约权等。公法领域的法律权力，如通过起诉、上诉、诉愿或通过行使选举权来参与法律规范的创设等。诉权，即权利人认为自己的自由或请求权受到侵害时，启动国家诉讼程序来对义务人施加不法后果，就是一种典型的权力。由于权力与法律资格密切相关，相比自由或请求权处于更高的位阶（因为权力所创设之法律规范可以包含自由或请求权），所以在专业意义上，权力在广义的权利体系中更为核心。

——雷磊. 法理学. 北京：中国政法大学出版社，2019：100.

在一般法律关系中，权利与义务之间的相互联系的性质突出表现在公民的法律地位上，一般法律关系的每一个参加者即公民都有相同的法律地位，都有针对其他一切主体的权利能力。与公民的权利能力相适应的是，所有其他权利主体承认他的权利能力，并且具有不作出任何妨碍权利人行使权利的行为的义务。在绝对法律关系中，权利与义务以权利人为了满足自己的利益可以从事某种积极行为的权利（在一些法学著作中又称“对世权”“绝对权”）和义务人的消极的不作为的义务的形式表现出来，也即权利的行使无须其他人从事积极行为，只需他们承担消极的不作为的义务。这种消极的法律义务起着保障作用，为人们行使权利创造条件。财产所有权、公民的人身权、人民代表豁免权等，都属于这种权利。与此相适应的是，其他人对他行使权利承担不得干预、侵犯的消极义务。

在相对法律关系中，权利与义务以权利人请求义务人完成某种行为的权利（有的学者称之为“请求权”“相对权”“对人权”）和义务人根据权利人的请求完成某种积极行为的义务的形式表现出来，也即权利人利益的满足需要义务人积极行为的配合，否则，靠权利人自己的积极行为、义务人消极不作为，权利人的利益不可能实现。由于相对法律关系中的权利与义务都是具体的，是权利与义务的典型的表现形式，所以，有的学者又把它们称为“狭义的权利与义务”，以区别于作为各种权利与义务统称的“广义的权利与义务”。民法中的债权、诉讼法中的审判权等，都属于此类权利，与它们相对应的则是义务人按照权利人的请求完成相应的积极行为的义务。

在保护性法律关系中，权利与义务以国家要求违法者接受法律制裁的权利（有的学者称之为“要求权”“保护权”“制裁权”“救济权”等）和违法者对违法行为承担法律责任的义务的形式表现出来。国家的这种权利发生在绝对法律关系中积极行为的权利和相对法律关系中请求义务人为一定行为的权利不能正常行使的情况下，国家通过强制措施向不履行其义务的违法者给予法律制裁，使其承担法律责任。

在隶属型法律关系中，国家机关及其工作人员的职权具有行使国家权力的性质，而承担义务一方按照法律规定处于从属、服从的地位。这种法律关系中的权利、义务不同于平权型法律关系的权利、义务。国家机关工作人员的职权是其职务上的权利，当他们担任这一职务时才具有这一职权，而在不担任这一职务时，不再具有这一职权。这与公民的权利始于出生、终于死亡的情况很不一样。同时，国家法律对职权的范围规定了严格的界限。

——孙国华，朱景文. 法理学. 5版. 北京：中国人民大学出版社，2021：174－175.

三、权利和义务的关系

（一）难度与热度

难度：☆☆☆　热度：☆☆☆

（二）基本理论与概念

权利和义务是紧密关联、相互对应的。法律权利与法律义务是相对而言的，一般来说，法律权利与法律义务具有一致性。

第一，在任何一种法律关系中，权利人享受权利依赖于义务人承担义务，义务人如果不承担义务，权利人不可能享受权利。

第二，不能一方只享受权利不承担义务，另一方只承担义务不享受权利。

第三，权利的行使有一定的界限，不能滥用权利。

（三）疑难点解析

权利和义务作为法律关系的核心内容，它们之间的连接方式和结构关系是十分复杂的。正像马克思所说的："……一个人有责任不仅为自己本人，而且为每一个履行自己义务的人要求人权和公民权"，"没有无义务的权利，也没有无权利的义务"[①]。德国法学家卡尔·拉伦茨也曾经说过："法律关系，一般来说，从一个人看是他的'权利'，从另一个人看就是一种义务，或者说是一种法律上的约束。"[②] 不过，雷磊教授所著的《法理学》（2019 年版）也提出，"没有无义务的权利，也没有无权利的义务"这一权利与义务相关性的一般性原理，并不是在任何情况下都当然成立。[③] 这一原理是否成立，要视权利的类型而定。

1. 如果这里的权利指的是自由，那么它并不对应于他人的义务。如前所述，自由指的只是法律所允许的权利人的行为选择，并不当然意味着此时对应于他人应当做什么或不得做什么的义务。如果某种自由在允许权利人作行为选择的同时，还可以使得权利人可以请求他人做一定的行为（积极请求权）或不做一定的行为（消极请求权），那么它就已经成为"自由权"。自由权其实是自由与请求权的复合，它所包含的请求权部分适用于下面第 2 点。

2. 如果这里的权利指的是请求权，那么它片面对应于义务。这意味着，请求权必然对应义务，但义务未必对应任何请求权。换言之，赋予权利人一项请求权必然意味着相关的义务人承担一项相应的义务。因为 a 可以请求 b 做或不做 G，就意味着 b 有义务相对于 a 去做或不做 G，这是一种概念或逻辑上的必然。例如，我的债权必然对应你的义务。但是反过来，对义务人施加一项义务未必就意味着赋予相关人相应的权利，因为法律可以在通过施加义务来保护一般利益或公共利益的同时并不指定任何个人享有请求权。这里涉及的其实就是上面提到的关系性义务与非关系性义务的区分。请求权必然对应关系性义务，二者是相互蕴含的关系，但非关系性义务则不对应任何请求权。权利和义务相关的原理只有将前者限定为"请求权"，将后者限定为"关系性义务"时才能成立。

3. 如果这里的权利指的是权力，那么它也不对应于义务。权力涉及的是权利人通过自己的行为引发特定的法律效果，即创设特定法律规范或者说改变他人之法律地位的可能性。没有按照法律规定行使权力的后果是"无效"，即不产生特定的法律规范或发生改变他人之法律地位的后果。与之相关的，并非对应于特定或不特定之人的义务，而是对

---

① 马克思恩格斯文集：第 3 卷. 北京：人民出版社，2009：659.

② 拉伦茨. 德国民法通论：上册. 王晓晔，等译. 北京：法律出版社，2003：255-256.

③ 类似观点，参见：陈景辉. 权利和义务是对应的吗？. 法制与社会发展，2014（3）.

权利人的屈从。

（四）拓展延伸阅读

义务的限度具体表现在：（1）实际履行义务的主体资格的限制。例如，某人虽然按照法律应承担义务，但由于其不具备履行义务的行为能力，则权利人不得强迫该义务人履行义务。（2）时间的界限。义务在大多数情况下都是有一定的时效或时间界限的，超过了时效或时间界限，义务就不复存在。例如，父母对子女的抚养义务通常应以子女达到成年为限。（3）利益的界限。在权利和义务的资源分配上，既然权利人不可能永远无限制享有社会的利益，那么义务人也就不可能永远承担社会的不利和损害。要求义务人对国家、社会和他人无限制尽义务，而漠视义务人所应有的正当权益，同样是违背事物的性质和正义原则的，也是非常错误的。正如权利人在享受权利时必须履行相应的义务一样，义务人在尽义务时，也同样有自己的权利。

——舒国滢. 法理学导论. 3 版. 北京：北京大学出版社，2019：159.

第四节　法律关系的形成、变更和消灭

一、法律关系形成、变更和消灭的含义

（一）难度与热度

难度：☆☆　热度：☆☆

（二）基本理论与概念

法律关系的形成、变更和消灭的条件包括：法律规范，法律事实。

（三）疑难点解析

关于法律关系的形成、变更和消灭的条件，马工程《法理学》教材以及大部分法理学教材都将其界定为：法律规范＋法律事实，法律规范是抽象、一般条件，法律事实是具体条件。不过，孙国华、朱景文主编的《法理学》（2021 年第五版）增加了一个条件："权利主体，即法律上权利与义务的承担者。"

二、法律事实

（一）难度与热度

难度：☆☆　热度：☆☆☆

（二）基本理论与概念

1. 法律事实必须是法律所规定的，只有那些具有法律意义的事实才能引起法律后果。

2. 行为和事件。事件以是否由人们的行为而引起可以划分为绝对事件和相对事件。绝对事件不是由人们的行为而是由某种自然原因而引起的事件，例如人的自然死亡和出生、时间的流逝等自发性质的现象。相对事件是由人们的行为引起的事件，但它的出现在该法律关系中并不以权利主体的意志为转移。

3. 肯定的法律事实和否定的法律事实。

4. 一次性作用的法律事实和连续性作用的法律事实。

5. 单一的法律事实和事实构成。

（三）疑难点解析

关于行为和事件的分类，在现实中并不容易区分，就像孙国华、朱景文主编的《法理学》（2021 年第五版）所指出的那样："相对事件表明，行为与事件之间的界限不是绝对的。例如，交通事故，对于由肇事者所直接引起的保护性法律关系而言是行为，肇事者应该承担相应的法律责任；但对于因交通事故而死亡，从而使死者与其生前所在单位的劳动法律关系解除而言，属于事件。"

舒国滢教授主编的《法理学导论》（2019 年第三版）等教材也提出了一种值得关注的分类：法律事件又分成社会事件和自然事件。前者如社会革命、战争等，后者如人的生老病死、自然灾害等，这两种事件对于特定的法律关系主体（当事人）而言，都是不可避免，是不以其意志为转移的。但由于这些事件的出现，法律关系主体之间的权利与义务关系就有可能产生，也有可能发生变更，甚至完全归于消灭。例如，由于人的出生便产生了父母与子女间的抚养关系和监护关系；而人的死亡却又导致抚养关系、夫妻关系或赡养关系的消灭和继承关系的产生；等等。

（四）拓展延伸阅读

构成性、建构性、原因性或处分性事实乃是依有效的一般法律规则足以改变法律关系者，即要么创设新关系，要么消灭旧关系，要么同时起到上述两种作用之事实。譬如，在某甲与某乙的合同之债的形成中，肯定的构成性事实主要有：合同双方皆属人类且其生命皆已存续一定时间（即已"成年"），某甲发出"要约"且某乙作出"承诺"诸如此类。有时还须考虑否定的构成性事实（在某种观点看来便是如此）。譬如，某甲未故意就有关重要事项对某乙作虚假陈述以及某甲尚未"撤回"其要约等事实，就是上述构成性事实作为一个整体所不可或缺的组成部分。

——霍菲尔德. 基本法律概念. 张书友，编译. 北京：中国法制出版社，2009：20-22.

第三部分　拓展阅读文献、案例研习与同步练习

第一节　拓展阅读文献

1. 张文显. 法律关系论纲——法律关系若干基本问题的反思. 天津社会科学，1991（4）.

2. 舒国滢. 略论法律关系的历史演进. 法学家，1993（3）.

3. 王勇飞，张贵成. 中国法理学研究综述与评价. 北京：中国政法大学出版社，1992："第十四章　法律关系"（舒国滢）

4. 萨维尼. 当代罗马法体系Ⅰ：法律渊源·制定法解释·法律关系. 朱虎，译. 北京：中国法制出版社，2010.

5. 王涌. 法律关系的元形式——分析法学方法论之基础. 北大法律评论，1998（2）.

6. 冉昊. 法律关系的内容及其模型建立. 南京大学法律评论，1999（1）.

7. 胡玉鸿. 法律主体概念及其特性. 法学研究，2008（3）.
8. 陈金钊. 论法律事实. 法学家，2000（2）.
9. 常鹏翱. 法律事实的意义辨析. 法学研究，2013（5）.
10. 舒国滢. 权利的法哲学思考. 政法论坛，1995（3）.
11. 陈景辉. 权利和义务是对应的吗?. 法制与社会发展，2014（3）.
12. 雷磊. 法律权利的逻辑分析：结构与类型. 法制与社会发展，2014（3）.

第二节　本章案例研习

浙江乐清女孩乘网约顺风车遇害案

（一）基本案情

2018 年 8 月 24 日 17 时许，浙江乐清警方接群众报警，称当天下午，其女儿即 20 岁女孩赵某乘坐网约顺风车前往永嘉，后失联。经全力侦破，8 月 25 日上午，网约车司机犯罪嫌疑人钟某在乐清一处山上落网。到案后，钟某交代了其对赵某实施强奸，并将其杀害的犯罪事实。受害人尸体已找到。

该案关键在于，赵某失踪后好友联系该网约车平台，客服没有及时处理，使其错过了救援的最佳时机。事发当天，赵某的好友在多次联系赵某未果之后，于 24 日 15 时 42 分、16 时、16 时 13 分、16 时 28 分、16 时 30 分、16 时 36 分、16 时 42 分七次联系该网约车平台，平台曾表示"将有相关安全专家介入处理此事，会在 1 小时内回复"。随后一小时，好友多次向该网约车平台确认事情进展，该网约车平台一线客服反复回复"一线客服没有权限"，"在这里请您耐心等待，您的反馈我们会为您加急标红"。即使在公安部门介入之后，客服依然没能做到及时有效的处理。

而且在赵某遇害前一天，即 2018 年 8 月 23 日下午，另一位女乘客林某曾坐过犯罪嫌疑人的车，司机将其带至偏僻处图谋不轨，林某随后将此事投诉至该网约车平台，但截至女孩赵某受害案发都没有收到相关反馈和处理结果。该案一经报道，舆论一片哗然，因为在距离本案发生仅仅三个月之前，济南空姐李某也是在搭乘该平台网约顺风车时遭司机强奸并被残忍杀害。在强大的舆论压力下，该公司发布了自查进展公告，宣布无限期下线顺风车、整改客服系统、免去相关责任人职务。

2018 年 11 月 6 日，温州市人民检察院对被告人钟某以故意杀人罪、强奸罪、抢劫罪从快提起公诉。2019 年 2 月 1 日上午，温州市中级人民法院一审以故意杀人罪、强奸罪、抢劫罪，判处顺风车司机钟某死刑，剥夺政治权利终身。

（二）法律问题

1. 在本案中存在哪些不同性质的法律关系？

2. 如何认定网约车平台公司和网约车司机之间的法律关系，有哪些可能？

3. 对于网约车平台公司和网约车司机之法律关系的不同认定，分别意味着网约车平台以及钟某要承担什么样的法律责任？

（三）法理分析

如今我们正在加速迈进一个新的共享经济的时代，这种共享模式改写了传统社会的经济模式与法律规则，对原有的法学范式提出了比较大的挑战。例如，网约车的出现带来了许多新的法律难题，其中一个突出的难题便在于相关法律关系的界定，如果不能厘清主体之间法律关系的性质，便无法界定他们的权利义务关系，便无从追究他们的法律责任。单就法律关系而言，通过上述案件可以看出，网约车相关案件主体之间呈现出错综复杂的法律关系：一方面，关于刑事问题，国家与犯罪嫌疑人钟某形成了刑事法律关系，由检察机关代表国家对犯罪嫌疑人的刑事责任进行追究，这一点比较明确。另一方面，关于民事问题，可能涉及网约车平台公司和司机之间的法律关系、网约车平台公司和乘客之间的法律关系、司机与乘客之间的法律关系等等，其中最核心的问题是网约车平台公司和司机之间是一种什么性质的法律关系，这将决定如何确定该案中相关主体的法律责任。①

第一，有些人认为，网约车平台公司和司机之间具有劳动法律关系，网约车平台公司和乘客之间具有运输合同法律关系。当司机因执行平台公司交给的工作任务而导致乘客或第三人损害时，乘客或第三人可依据《民法典》第 1191 条的规定——“用人单位的工作人员因执行工作任务造成他人损害的，由用人单位承担侵权责任”——直接向平台公司主张侵权损害赔偿；在司机致乘客损害的情形中，乘客还可以依据运输合同关系向平台公司主张违约赔偿，从而发生侵权责任与违约责任的竞合，选择其一进行追责。

第二，另一些人认为，网约车平台公司和司机之间具有《民法典》第 809 条规定的居间合同法律关系，平台公司既不与司机构成劳动或雇佣关系，也不同乘客建立运输合同关系，而是由司机与乘客之间成立运输合同法律关系。当司机在履行与乘客之间的运输合同而造成乘客或第三人损害时，乘客或第三人可依据《民法典》第 1165 条的规定——“行为人因过错侵害他人民事权益造成损害的，应当承担侵权责任”——直接向司机主张侵权损害赔偿。例如，北京市顺义区人民法院在（2017）京 0113 民初 9825 号民事判决中认定：被告某公司作为 App 运营商属于居间信息服务，刘某与某公司之间并不存在劳动或雇佣关系，刘某在接单过程中具有自主选择权，接单出车并不构成职务行为，平台公司不应承担侵权赔偿责任。

第三，也有人认为，司机与平台公司之间既不是劳动法律关系，也不构成居间合同法律关系，而是成立民事雇佣法律关系，平台公司与乘客之间成立运输合同关系。当司机在按照平台公司要求从事劳务而导致乘客或第三人损害时，乘客或第三人可依据《最高人民法院关于审理人身损害赔偿案件适用法律若干问题的解释》第 9 条的规定——“雇员在从事雇佣活动中致人损害的，雇主应当承担赔偿责任；雇员因故意或者重大过失致人损害的，应当与雇主承担连带赔偿责任。雇主承担连带赔偿责任的，可以向雇员追偿”——直接向平台公司主张侵权损害赔偿。司机有故意或者重大过失的，乘客或第三人还可以要求平台公司与司机承担连带赔偿责任。在司机致乘客损害的情形，乘客也可以依据运输合同关系向平台公司主张违约赔偿，从而发生侵权责任与违约责任的竞合。例如，上海市杨浦区人民法院在（2017）沪 0110 民初 7068 号民事判决中认定：在提供运输服务的过程中，李某受某公司制定的计费规则、收益分配规则、服务内容、标准及服务质量保障等规章制度的制约，本身并无议价权，其对运营唯一的投入是车辆，以付

① 蒋岩波，朱格锋. 共享经济模式下网约车平台与司机法律关系的辨析与认定. 河南财经政法大学学报，2019（5）.

出的劳动获取相应报酬。故李某与某公司之间符合雇佣关系的一般特征，认定双方存在雇佣关系。李某在履行职务过程中发生交通事故造成他人人身损害，应由某公司承担相应的侵权责任。

第四，还有人认为，网约车平台公司与司机之间是挂靠法律关系，平台公司与乘客之间成立运输合同关系。网约车平台公司是开展租车业务的经营主体，司机因不具备经营主体资格而将其名下所有的车辆挂靠到网约车平台公司，以平台公司名义进行接单和开展具体租车业务，司机和平台公司之间符合挂靠性质的法律关系特征。在属于司机一方责任的交通事故中导致乘客或第三人损害时，乘客或第三人可依据《最高人民法院关于审理道路交通事故损害赔偿案件适用法律若干问题的解释》第3条的规定——“以挂靠形式从事道路运输经营活动的机动车发生交通事故造成损害，属于该机动车一方责任，当事人请求由挂靠人和被挂靠人承担连带责任的，人民法院应予支持”——要求平台公司与司机承担连带赔偿责任。例如，四川省中江县人民法院在（2018）川0623民初573号民事判决中认定：被告林某与被告某公司签订的出行网约车承揽运输协议符合挂靠性质，不符合信息服务合同，应属挂靠协议，因此，被告中某公司作为被挂靠人应当依据《最高人民法院关于审理道路交通事故损害赔偿案件适用法律若干问题的解释》第3条的规定，对被告林某承担的民事赔偿责任承担连带责任。

第五，还有人认为，平台公司与司机之间构成民法上的委托关系，平台公司是委托人，司机是受托人，平台公司与乘客之间成立运输合同关系。受托人的行为视同委托人的行为，行为结果也由委托人来承受。由于司机的接单拉客属于委托人即平台公司的履行运输合同的行为，其结果和法律责任应归属于平台公司，当司机在接受委托履行平台公司与乘客之间的运输合同而造成乘客损害时，乘客可依据《民法典》第1165条——“行为人因过错侵害他人民事权益造成损害的，应当承担侵权责任”——之规定直接向平台公司主张侵权损害赔偿。例如，杭州市上城区人民法院在其（2017）浙0102民初491号民事判决中采纳了委托关系说，在该民事判决中认为：被告储某与被告某公司双方之间系委托代理关系，被告储某相应代理行为产生的民事责任应由被告某公司负担。

（四）参考意见

这里需要看一下权威文件的规定。2016年7月，交通运输部、工信部等七部委联合颁布了《网络预约出租汽车经营服务管理暂行办法》（以下简称《暂行办法》）。《暂行办法》第16条规定：网约车平台公司承担承运人责任，应当保证运营安全，保障乘客合法权益。第18条规定：网约车平台公司应当保证提供服务的驾驶员具有合法从业资格，按照有关法律法规规定，根据工作时长、服务频次等特点，与驾驶员签订多种形式的劳动合同或者协议，明确双方的权利和义务。因此，根据该办法规定，网约车平台公司与司机之间的法律关系并不囿于劳动关系，除可以签订多种形式的劳动合同外，双方还可签订加盟合作合同、委托合同、劳务合同等多种民事合同。例如，网约车司机作为加盟商从事网约车平台公司授权的特许经营行为的，双方可以签订加盟合作合同；网约车平台公司与乘客订立运输合同后，委托网约车司机提供运输服务的，可以签订委托合同；网约车司机已达法定退休年龄的，网约车平台公司也可以与其签订劳务合同。此办法实际上确认了网约车平台公司与乘客之间成立承运合同法律关系，也确认了网约车平台公司与司机不能成立居间合同法律关系，因为这会与网约车平台公司承担承运人责任的规定相抵触。

第三节 本章同步练习

一、选择题

（一）单选题

1. 法律关系的内容是法律关系主体之间的法律权利和法律义务，二者之间具有紧密的联系。下列有关法律权利和法律义务相互关系的表述中，哪种说法没有正确揭示这一关系？（　　）（司考）

A. 权利和义务在法律关系中的地位有主、次之分

B. 享有权利是为了更好地履行义务

C. 权利和义务的存在、发展都必须以另一方的存在和发展为条件

D. 义务的设定目的是为了保障权利的实现

2. 甲京剧团与乙剧院签订合同演出某传统剧目一场，合同约定京剧团主要演员曾某、廖某、潘某出演剧中主要角色，剧院支付人民币 1 万元。演出当日，曾某在异地演出未能及时赶回，潘某生病在家，没有参加当天的演出，致使大部分观众退票，剧院实际损失 1.5 万元。后剧院向法院起诉京剧团，要求赔偿损失。针对此案，下列意见中何者为正确？（　　）（司考）

A. 在这一事例中，法律关系主体仅为甲京剧团与乙剧院

B. 京剧团与剧院的法律关系为保护性法律关系

C. 京剧团与剧院的法律权利和法律义务都不是绝对的

D. 在这一事例中，法律权利和法律义务针对的主体是不特定的

3. 甲影楼为乙拍摄婚纱照，后擅自将乙的婚纱照卖给丙杂志社做封面，乙得知后，与甲和丙交涉未果，提起诉讼。法院经审理认为，甲和丙侵犯了乙的肖像权，应承担相应的法律责任。关于此案涉及的法律关系，下列表述正确的是（　　）。（考研）

A. 法院与乙的关系是诉讼法律关系

B. 法院与甲、丙的关系是绝对法律关系

C. 甲和乙在诉讼中的关系是纵向法律关系

D. 甲和丙因照片使用产生的法律关系是调整性法律关系

4. 甲工作时不慎将手指切断，同事将其送往医院。医院拟为其行断指再植术，手术前发现断指已丢失。对此，下列分析正确的是（　　）。（考研）

A. 甲与医院之间的医疗合同法律关系的客体是人身

B. 按照法律关系客体的相关理论，该断指属于物的范畴

C. 甲的女友因其手指缺失而与其分手，这属于法律事实中的法律行为

D. 由于切断手指是甲个人疏忽所致，其工作单位不必承担任何法律责任

（二）多选题

1. 汪某和范某是邻居，某天，双方因生活琐事发生争吵，范某怒而挥刀砍向汪某，

致汪某死亡。事后，范某与汪某的妻子在中间人的主持下，达成“私了”。后汪某父母得知儿子身亡，坚决不同意私了，遂向当地公安部门告发。公安部门立案侦查之后，移送检察院。最后，法院判处范某无期徒刑，同时判决范某向汪某的家属承担民事责任。就本案而言，下列哪些说法是错误的？（　　）（司考）

A. 该案件形成多种法律关系

B. 引起范某与司法机关之间的法律关系的法律事实属于法律事件

C. 该案件中，范某与检察院之间不存在法律关系

D. 范某与汪某的家属之间不形成实体法律关系

2. 村民甲为修建房屋，盗伐了某林场木材若干。事发后，公安机关依法对甲的违法行为展开调查，并依据我国治安管理处罚法的相关条文对甲处以罚款。对此，下列分析正确的有（　　）。（考研）

A. 甲的盗伐行为引发了多个法律关系的产生

B. 公安机关依法对甲进行处罚运用了演绎推理的方法

C. 甲与林场之间的法律关系属于平权法律关系与相对法律关系

D. 公安机关的行政处罚决定书属于规范性法律文件，具有法的效力

3. 王某恋爱期间承担了男友刘某的开销计 20 万元。后刘某提出分手，王某要求刘某返还开销费用。经过协商，刘某自愿将该费用转为借款并出具了借条，不久刘某反悔，以不存在真实有效借款关系为由拒绝还款，王某诉至法院。法院认为，“刘某出具该借条系本人自愿，且并未违反法律强制性规定”，遂判决刘某还款。对此，下列哪些说法是正确的？（　　）（司考）

A. “刘某出具该借条系本人自愿，且并未违反法律强制性规定”是对案件事实的认定

B. 出具借条是导致王某与刘某产生借款合同法律关系的法律事实之一

C. 因王某起诉产生的民事诉讼法律关系是第二性法律关系

D. 本案的裁判是以法律事件的发生为根据作出的

二、案例分析题

甲驾车闯红灯，将正常过马路的孕妇乙蹭倒，被公安机关交通管理部门罚款 200 元。乙虽未受伤，但因受惊吓，在送往医院途中，产下一子丙。请结合上述材料，运用法理学中法律关系的理论回答下列问题：（考研）

问题 1：上述事件中，甲与公安机关交通管理部门之间、乙与丙之间分别产生了何种性质的法律关系？从主体地位的角度看，这两种法律关系有何区别？

问题 2：导致甲与公安机关交通管理部门之间、乙和丙之间的法律关系产生的法律事实各是什么？这两种法律事实有何不同？

三、论述题

1. 简述法律事实的含义和特征。请结合所学知识，回答相关要点。（考研）

2. 结合有关法的理论与实际，论述法律权利与法律义务之间的关系。结合相关法学理论试论述上述内容，注意条理清晰，逻辑严谨。（考研）

参考答案及解析

一、选择题

(一) 单选题

1. 答案：B

解析：权利和义务是一切法律规范、法律部门（部门法），甚至整个法律体系的核心内容。权利和义务代表了不同的法律精神，它们在历史上受到重视的程度有所不同，因为两者在不同国家的法律体系中的地位是有主、次之分的。在当今的民主法制社会，强调的是对个人权利的保护，即权利本位。义务设定的目的是保护权利的实现。B项认为享有权利是为了更好地履行义务，这违背了“权利本位”的思想。

2. 答案：C

解析：在本案中，甲京剧团与乙剧院以及曾某、廖某、潘某之间的法律关系完全是依法建立的民事法律关系，是调整性法律关系，不是保护性法律关系，因此，B选项是错误的。甲京剧团与乙剧院签订合同演出某传统剧目一场，合同约定京剧团主要演员曾某、廖某、潘某出演剧中主要角色，剧院支付人民币1万元，这就形成了合同法律关系，在这个法律关系中，法律关系主体包括甲京剧团与乙剧院以及曾某、廖某、潘某；观众买票进场，观众和剧院形成了合同法律关系，在这个法律关系中，法律关系的主体包括观众和剧院；演出当日，曾某在异地演出未能及时赶回，潘某生病在家，没有参加当天的演出，致使大部分观众退票，曾某、潘某和剧院之间形成了违约之债，在这个法律关系中，法律关系的主体包括曾某和潘某以及剧院。因此，A选项是错误的。基于以上分析，法律关系的主体，即法律权利和法律义务针对的主体都是特定的，因此，D选项是错误的。甲京剧团与乙剧院签订合同演出某传统剧目一场，合同约定京剧团主要演员曾某、廖某、潘某出演剧中主要角色，剧院支付人民币1万元，甲京剧团与乙剧院形成的是合同法律关系，权利义务对应的主体都是特定的，因此在这一法律关系中，权利义务是相对的权利义务，不是绝对的。C选项正确。

3. 答案：A

解析：由于发生了肖像权侵权纠纷，乙对甲和丙提起了诉讼，由法院进行审理裁判，因此在法院和乙之间构成了诉讼法律关系，故A选项正确。绝对法律关系强调一方主体是不特定的，但是在诉讼中，甲、乙、丙和法院都是特定的主体，故B选项错误。甲和乙一个是原告，一个是被告，原告和被告在诉讼当中享有平等的法律地位。只有法院作为国家司法机关，在面对双方当事人时，是高高在上的。甲和乙的法律地位平等，属于横向法律关系，故C选项错误。调整性法律关系是基于合法行为产生的，而基于违法行为产生的是保护性法律关系，侵犯肖像权属于违法行为，因而属于保护性法律关系，故D选项错误。

4. 答案：B

解析：法律关系的客体是行为结果，这不是一个单纯的手术行为，而是要妥当完成手术并达到预期的效果。所以客体不是一个简单的行为，而是要通过行为达到当事人所期待的效果，A选项错误。根据法律关系客体的相关理论，和身体相脱离的身体器官，就是物的范畴了，B选项正确。分手行为不在法律调整的范围内，这是私人空间内发生的行为，这单纯是私人选择，属于法外空间，C选项错误。甲的断指发生在工作期间，这属于工伤，其工作单位应当承担法律责任，D选项错误。

（二）多选题

1. 答案：BCD

解析：引起范某与司法机关之间的法律关系的法律事实属于法律行为，并且由于范某的行为，在范某与检察院之间形成了刑事诉讼法律关系，在范某与汪某的家属之间形成了因范某的犯罪行为直接导致物质损失而引起的以损害赔偿为内容的民事实体法律关系。故本题中只有选项A的说法正确。

2. 答案：ABC

解析：甲盗伐他人林木，构成民事侵权关系；公安机关的调查与处罚体现了行政管理的法律关系，A选项正确。演绎推理的一个基本特点就是三段论，根据法律规定及案件事实得出结论，公安机关根据《治安管理处罚法》和盗伐情形进行处罚，符合演绎推理的情形，B选项正确。甲和林场都是平等的私人主体，构成普通民事侵权，属于平权型法律关系。侵权人与受损失人都是特定的人，因此属于相对法律关系，C选项正确。处罚决定书具有法律效力，甲应当承受处罚决定书的责任。但是处罚决定书只对甲有效，仅针对该次盗伐行为生效，不具有规范效力，D选项错误。综上，本题正确答案为ABC。

3. 答案：ABC

解析：A选项正确：司法三段论是法官最为常见的裁判形式，在司法三段论中，法律规范对应大前提，案件事实对应小前提。"刘某出具该借条系本人自愿，且并未违反法律强制性规定"显然不是法律规范，因此属于小前提，即案件事实的范畴。"刘某出具该借条系本人自愿，且并未违反法律强制性规定"这一案件事实，并非单纯的客观事实认定，而是考量了法律规范之规定的结果。B选项正确：出具借条属于法律事实当中的法律行为，借贷合同法律关系的产生正是以此为条件产生的。C选项正确：根据法律关系之间的主从地位，法律关系可以分为第一性法律关系（主法律关系）和第二性法律关系（从法律关系），所有的诉讼法律关系相较于实体法律关系而言，均是第二性的，因为没有实体权利的存在和受损，就不可能产生诉权。D选项错误：按照是否以当事人的意志为转移，法律事实可以分为法律行为和法律事件，前者反映当事人意志，后者与当事人意志无关。如前所述，出具借条的行为属于与当事人意志相关的法律行为，不属于法律事件。

二、案例分析题

问题1：参考答案：甲因违法闯红灯而被处以罚款，与公安机关交通管理部门之间产生了行政法律关系；乙的怀孕和分娩事实的发生使丙出生，成为独立的法律主体，乙和丙之间形成亲子关系，产生了民事法律关系。从主体地位的角度看，两者的区别在于甲和公安机关交通管理部门之间是管理与被管理的纵向不平等关系，其间的行政法律关系是隶属型法律关系；乙和丙同为民事主体，双方地位平等，其间的民事法律关系是平权型法律关系。

问题 2：参考答案：导致甲与公安机关交通管理部门之间法律关系产生的法律事实是甲闯红灯的违法行为。导致乙和丙之间法律关系产生的法律事实是丙出生的法律事件。法律行为和法律事件是两种不同的法律事实。两者的区别在于：法律行为以当事人意志为转移；法律事件与当事人意志无关。

三、论述题

1. 参考答案：参见马工程《法理学》教材第 136 页。法律事实与一般意义上的事实有明显的区别：(1) 法律事实是一种规范事实，没有法律规范就不会有法律事实。(2) 法律事实是一种能用证据证明的事实，这意味着法律事实不仅是客观事实，而且是能用证据予以证明。(3) 法律事实是一种具有法律意义的事实，是对法律关系产生了影响的事实。(4) 同一个法律事实可以引起多种法律关系的产生、变更和消灭，一个法律关系的产生、变更或消灭也可以同时由两个或两个以上的法律事实促成，法律事实和法律关系之间并没有固定的数量关系。

2. 参考答案：参见马工程《法理学》教材第 134－135 页。

第六章　法律行为

第一部分　本章知识点速览

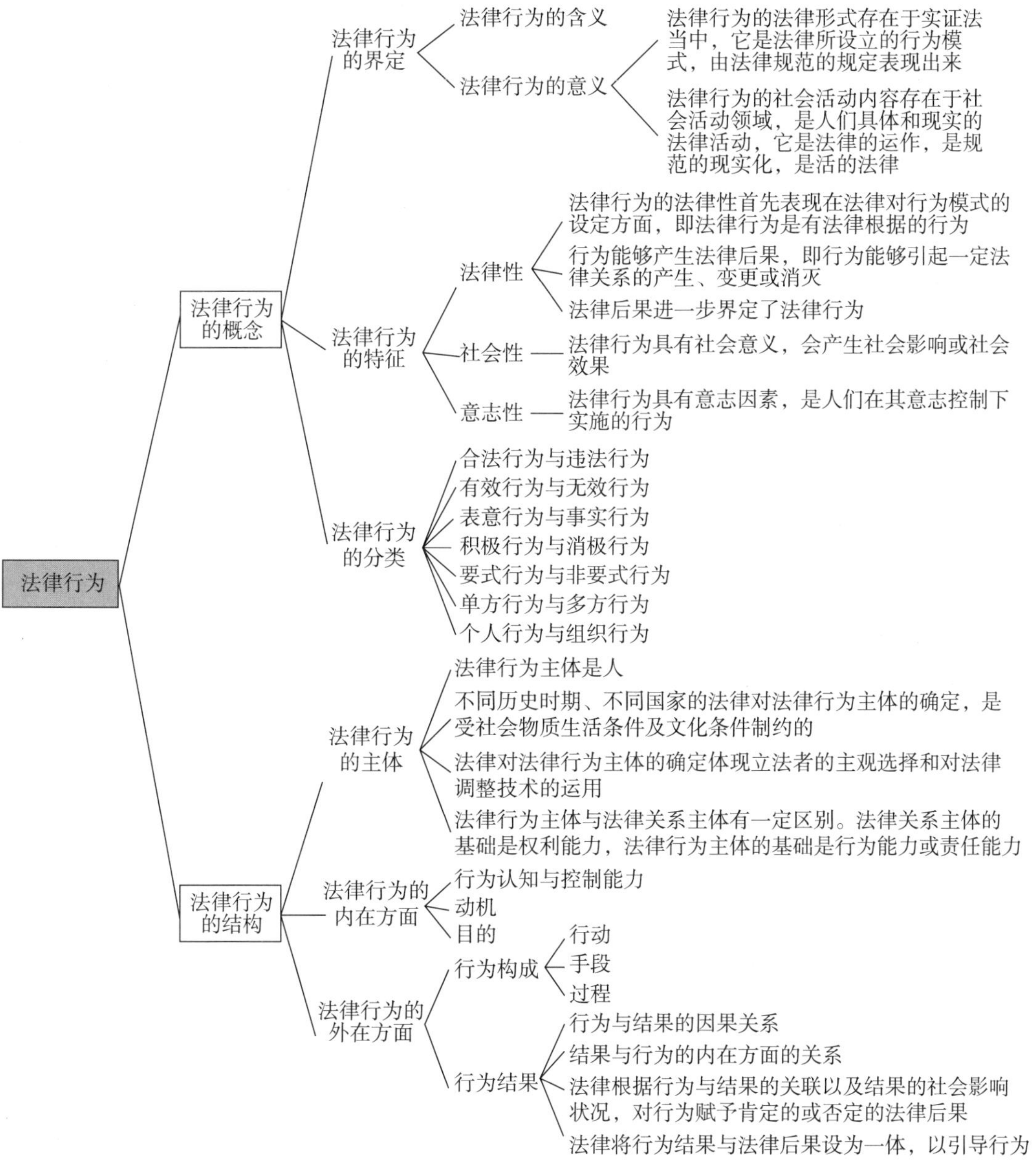

第二部分　本章核心知识要点解析

第一节　法律行为的概念

一、法律行为的界定

（一）难度与热度

难度：☆☆☆　热度：☆☆

（二）基本理论与概念

1. 法律行为在现代法学研究和法律制度构建中是一个被广泛运用的概念，因为构建法律制度最重要的内容就是对相关法律行为作出设定。

2. 法律行为概念的产生与成文法的制定，特别是与判例法对应的法典法的发展密切相关，与法学的一般性研究密切相关。它的出现可以说是法典法文化的重要成果。从历史上看，“法律行为”这一概念首先出现在近代德国的民法领域：“actus cililis”“actus legitmi”。德国法学界从法律的具体行为抽象出一般法律行为的概念，是由制定法典的需要推动的。萨维尼在 1840—1849 年间出版的八卷本《当代罗马法体系》中对法律行为作了系统论述，使之成为一个学理上更为严谨的概念。

3. 在我国，民法上的法律行为称为“民事法律行为”。民事法律行为不包含违反民事法律行为成立要件的违法行为。

4. 对法律制度整体的研究，以及法律制度的整体构建与协调，都需要更一般意义的法律行为概念，即法理学的法律行为的概念。这一概念应当来源于对各部门法法律行为的高度抽象，它涵盖各部门法法律行为，是各种具体法律行为的最上位概念。法律行为可分为两类：合法行为和违法行为。

5. 法律行为是法律与行为的结合，是具有法律形式和实际社会活动内容的行为。法律行为的法律形式存在于实证法当中，它是法律所设立的行为模式，由法律规范的规定表现出来。法律行为的社会活动内容存在于社会活动领域，是人们具体和现实的法律活动，它是法律的运作，是规范的现实化，是活的法律。

（三）疑难点解析

理解“法律行为”的概念，尤其需要注意区分法理学上的“法律行为”概念和民法上的“法律行为”（我国《民法典》规定的“民事法律行为”）概念，前者是各部门法律行为（宪法行为、民事法律行为、行政法律行为、诉讼法律行为等）与各类别法律行为（如合法行为、违法行为、犯罪行为等）的最上位概念，后者只是在民法知识框架内的一个特定概念。孙国华、朱景文主编的《法理学》（2021 年第五版）将它们分别称为“广义的法律行为”和“狭义的法律行为”。法律行为概念在法理学中的重要地位，在很大程度上要归功于 1993 年张文显教授所著之《法学基本范畴研究》的出版。在该本专著中，张文显教授破天荒地将“法律行为”提升为“法学基本范畴”，让它与“法”“权利和义务”“法律关系”“法律责任”“法律文化”“法律价值”“法治”这些概念并驾齐驱。张文显教授重点强调法律行为的理由在于：(1) 法律的调整对象是行为。(2) 法律行为体系是动态的法律现实。因此，只有理解了构成法律现实的法律行为，才能对法律现象有一个全面而深刻的理解。(3) 法律效力和实效存在于法律行为之中，行为是检验法律规范效力和实效的主要标准。(4) 法学本身即是行为科学，在过去一个相当长的时期内，我国法学却没有对法律行为给予应有的重视，虽然也讲法律是人们的行为规范，却未弄清法律行为的全部内涵，没有建立起一套系统的、能够与部门法对接的法律行为理论。①

舒国滢教授主编的《法理学》(2019 年第三版)、雷磊教授所著的《法理学》(2019 年版) 则从外文译语和历史源流上对二者进行了区分：民法上的"法律行为"，即"Rechtsgeschaft"，其准确汉译应为"法律示意（表示）行为"或者"（意思）表示行为"，它与"事实行为"处于同一位阶；法理学上所讲的"法律行为"应是各法律部门中的行为现象的高度抽象，德文名称对应着 Rechtshandlung 或 Rechtsakt（英文 juristic act 或 legal act)。从历史上来说，罗马法很早就形成了法律行为制度，但当时还没有作为一般概念的"法律行为"一词，而仅有"actus"（行为）和"negotium"（事务，交易，行为)，但它们都不是法律术语或技术术语。"法律行为"作为一般的法律概念的出现是近代的事情。据考证，1748 年，德国法学家内特布拉德开始将拉丁文"actus iuridicus"（法律的行为）和"negotia juridica"（法律的交易）引入法学理论之中。1798 年，历史法学派的先驱者胡果使用"juristische Geschafte"来表示"法律行为"。1807 年，德国"学说汇纂"体系（又称"潘德克顿"体系）创立人海泽明确使用了后被译作"法律行为"的德文名词"Rechtsgeschäft"，将它作为与"不法行为"（"不被许可的行为"或"侵权行为"）并列的行为类型，进而提出"法律行为的一般学说"。德国法学家萨维尼在《当代罗马法体系》第三卷中，在"法律关系的产生与消灭"之"法律事实"项下对法律行为概念作了系统论述，萨维尼被认为是法律行为理论的集大成者。萨维尼提出法律行为的"意思学说"，将"法律行为"与"意思表示"相提并论。这一学说对后世民法理论及民事立法影响颇大。这一带有"意思自由"和"私人自治"印记的概念，在民法学上推导出一系列上位和下位的概念，构成一个非常精致的民法上的行为概念体系。按照萨维尼的说法，"意思表示"或"法律行为"作为"法律事实"应做如下理解：它不仅是行为人的自由行为，而且其行为人的意思直接指向某种法律关系之产生或解除。所以，其准确的含义是指"据以设立、变更或废止法律关系之人的意思表示"，这个意思表示的有效前提必须符合法律规定。在此意义上，民法上的"法律行为"只是"合法行为"的一种特殊情形。

因此，这种民法上的"法律行为"不可能作为一个最上位的概念，用来描述和解释一切法律部门（如刑法、行政法）的行为现象，否则将导致法律概念上的困难和混乱。也就是说，在法学上，应当有一个从一般意义上理解的"法律行为"概念，其所描述的是包括 Rechtsgeschäft 在内的一切具有法律意义的行为现象。

（四）拓展延伸阅读

自清末以来，我国民法概念体系及其相应的思维方式即有意或无意、直接或间接师法德国，表现之一，是法律行为概念之继受。起初，法律行为概念在汉语文献中具有高

① 黄金荣. 法理学中的"法律行为"//郑永流. 法哲学与法社会学论丛：总第 10 期. 北京：北京大学出版社，2007；张文显. 法学基本范畴研究. 北京：中国政法大学出版社，1993：124-126.

度稳定性，“学者所下定义，基本上均属相同。”1949年政权更易，情况随之发生剧变。新政权在废除民国民法之后的三十年间，曾组织过三次民法典编纂活动。其间，“法律行为”的命运几经浮沉，加诸其上的含义赋值亦游移不定，歧见层出。1986年，《民法通则》断然放弃“法律行为”语词，而代之以“民事法律行为”，并通过第54条给出立法定义，算是由立法对绵延三十年的概念之争作出了裁断。

如今，“民事法律行为”这一“世界民法立法史上的一个独创”作为法定术语行世已逾二十年。

——朱庆育. 法律行为概念疏证. 中外法学，2008（3）.

法律行为作为法理学的概念，是不同于民法中所说的“法律行为”。民法中规定的“法律行为”，通常是指民事的、合法的、民事法律关系主体的行为，即以发生、变更或消灭一定民事法律关系为目的而进行的合法行为。我国的民法通则把民法中的“法律行为”规定为“民事法律行为”，并同时规定，“民事法律行为是公民或者法人设立、变更、终止民事权利和民事义务的合法行为。”民事法律行为必须具备的条件是：1. 是一种合法行为，它的内容是为法律所承认的，至少不是法律所禁止的；2. 行为人必须具有相应的民事行为能力；3. 行为人应当把要求进行民事法律行为的意思，以一定方式表现于外部，这种意思表示必须是真实的；4. 民事法律行为不得违反法律或者社会公共利益。

法理学中的法律行为，在范围上，包括宪法性法律行为、民事法律行为、经济法律行为、行政法律行为、刑事法律行为、诉讼法律行为等；在性质上，它包括合法行为与违法行为；在行为方式上，它包括作为的法律行为和不作为的法律行为；在主体上，它包括公民的法律行为、法人的法律行为和国家的法律行为；在目的上，它涉及合法与违法，以及经济、行政、民事等多种目的。因而，不论从何种角度看，法律行为与民法的“法律行为”界限分明，不能等量齐观。当然，法律行为具有法理学研究的宽泛的意义，还在于它的内在的质的规定性所决定的。

——李林. 试论法律行为的性质和特征. 宁夏社会科学，1987（2）.

二、法律行为的特征

（一）难度与热度

难度：☆☆　热度：☆☆

（二）基本理论与概念

1. 法律性。法律行为的法律性首先表现在法律对行为模式的设定方面，即法律行为是有法律根据的行为；其次表现为行为能够产生法律后果，即行为能够引起一定法律关系的产生、变更或消灭。

2. 社会性。行为的社会性源于人的本质的社会性并体现这种社会性。

3. 意志性。意志意味着人们能够辨识自己行为的意义并能控制自己的行为。

（三）疑难点解析

法律行为的法律性所指的并非法律行为的合法性，而是指法律行为是受法律调整的行为，也就是说，法律对这种行为有所规定，这种行为能够产生法律后果。其一，它表现在法律对行为模式的设定方面，即法律行为是有法律根据的行为；其二，行为能够产生法律后果，即行为能够引起一定法律关系的产生、变更或消灭；其三，法律后果具有法律所包含的国家强制力保证。

（四）拓展延伸阅读

首先，法律行为是一种行为，是从外部表现出来的法律关系主体的举动。

其次，法律行为的产生，通常是以法律规范的确切规定为前提，没有相应的法律规范，就无法评断行为的法律价值。

第三，法律行为是人们有意识或有意态的举动，意识的有无或强弱，是构成法律行为的必要主观条件。

——李林．试论法律行为的性质和特征．宁夏社会科学，1987（2）.

行为之所以成为法律行为正因为它是由法律规范所决定的。行为的法律性质等于行为与法律规范的关系。行为只是因为它是由法律规范决定并且也只在这一范围内才是一个“法律”行为。

——凯尔森．法与国家的一般理论．沈宗灵，译．北京：中国大百科全书出版社，1996：42.

三、法律行为的分类

（一）难度与热度

难度：☆☆　热度：☆☆☆

（二）基本理论与概念

1. 合法行为与违法行为。
2. 有效行为与无效行为。
3. 表意行为与事实行为。
4. 积极行为与消极行为。
5. 要式行为与非要式行为。
6. 单方行为与多方行为。
7. 个人行为与组织行为。

（三）疑难点解析

关于法律行为的分类，张文显教授主编的《法理学》（2018年第五版）给出了一种更有直观的分类方式，表示如下。

根据行为主体的性质和特点的分类	根据行为主体的特性不同	个人行为、集体行为和国家行为
	根据主体意思表示的形式	单方行为与多方行为
	根据主体实际参与行为的状态	自主行为与代理行为
根据行为的法律性质的分类	根据行为是否符合法律的内容要求	合法行为与违法行为
	根据行为的公法性质或私法性质	公法行为与私法行为
	根据行为的实体法性质或程序法性质	实体法行为与程序法行为
根据行为的表现形式与相互关系的分类	根据行为的表现形式不同	积极行为与消极行为
	根据行为之主从关系	主行为与从行为

这里需要注意的是表意行为与事实行为的区分。表意行为指作出意思表示，法律后果依意思表示而产生的行为，其法律后果的内容是由意思的内容决定的，比如缔结契约的行为，公法上的行政决定、司法判决等行为。事实行为是指法律后果的产生不是因为意思表示，而是由于行为自身作为一种事实引起法律规定的法律后果，法律后果的内容不由意思设立而直接由法律规定，比如民法上的先占、拾得漂流物。

（四）拓展延伸阅读

违法行为有其特定的要件构成。违法构成是引起法律后果所必须具备的法律事实系统，是一种特殊的事实构成。只有具备这一事实系统的全部事实（要件），才能构成违法行为。这些构成要件有以下几个方面：

1. 客体
2. 客观方面
3. 主体
4. 主观方面

——孙国华，朱景文. 法理学. 5版. 北京：中国人民大学出版社，2021：184.

第二节　法律行为的结构

一、法律行为的主体

（一）难度与热度

难度：☆☆　热度：☆

（二）基本理论与概念

1. 法律行为的结构可以分解为三大要件，即法律行为的主体、法律行为的内在方面和法律行为的外在方面。

2. 法律行为主体是法律行为的实施者，任何法律行为都是由法律行为主体实施的行为。但是，社会活动的参与者能否成为法律行为主体或成为哪一类法律行为主体，则是由法律规定的。

3. 法律行为主体由法律规定，这是法律行为主体的一个基本属性。

（1）法律行为主体是人。

（2）不同历史时期、不同国家的法律对法律行为主体的确定，是受社会物质生活条件及文化条件制约的。例如，梅因所说的“从身份到契约”的社会进步。

（3）法律对法律行为主体的确定体现着立法者的主观选择和对法律调整技术的运用。

（4）法律行为主体与法律关系主体有一定区别。

（三）疑难点解析

张文显教授主编的《法理学》和舒国滢教授主编的《法理学导论》都认为，法律行为的结构包括法律行为的内在方面和法律行为的外在方面，而马工程《法理学》教材增加了一个方面，即明确了法律行为的主体也是法律行为结构的构成要件之一：分析一个行为是否为法律行为或是哪一类的法律行为，首先需要考察行为的实施者是否为法律行为主体或是哪一类法律行为主体。比如，博物馆重要文物遭窃，公安机关接报后在路上设卡检查，这就是一个执法行为；如果博物馆自己组织人员上路设卡检查，这就是一个违法行为。马工程《法理学》教材还明确提出，法律行为主体与法律关系主体并不是完全相同的。法律关系主体的基础是权利能力，法律行为主体的基础是行为能力或责任能力。比如，婴儿能够成为法律关系的主体，但不是法律行为的主体；公民能够在行政法律关系中作为主体（相对人），但不是行政行为的主体。

二、法律行为的内在方面

（一）难度与热度

难度：☆☆☆　热度：☆

（二）基本理论与概念

法律行为的内在方面，可以分解为行为认知与控制能力、行为动机和行为目的三个基本方面。

三、法律行为的外在方面

（一）难度与热度

难度：☆☆☆　热度：☆

（二）基本理论与概念

1. 法律行为外在方面可分为行为构成和行为结果两个部分。

2. 行为构成指以一定的行动、手段和过程表现出来的行为状态。任何行为总是以一定的行动、手段和过程表现出来的。

3. 行为结果是法律将行为纳入调整范围的重要根据，也是法律影响行为的重要因素。一方面法律根据行为结果来确定是否调整某类行为，另一方面行为结果也是法律影响行为的作用点。在法律调整中，法律通过对行为结果的肯定或否定来影响人们的行为选择。比如，通过肯定合法交易行为的有效性，鼓励人们分工合作，实现利益互补；根据犯罪行为的结果状况（如既遂、未遂、中止，财产犯罪的不同数额）分别设定法律责任，由此分别震慑潜在违法者对这些行为的选择。法律将行为结果与法律后果设为一体，以引导行为。

第三部分　拓展阅读文献、案例研习与同步练习

第一节　拓展阅读文献

1. 张文显. 法律行为的结构分析. 社会科学，1992（12）.

2. 李林. 试论法律行为的性质和特征. 宁夏社会科学，1987（2）.

3. 黄金荣. 法理学中的“法律行为”//郑永流. 法哲学与法社会学论丛：总第10期. 北京：北京大学出版社，2007.

4. 马驰. 普遍法律行为概念的法理学重构——以“权能”概念为基础. 法制与社会发展，2019（4）.

5. 库德里亚夫采夫. 法律行为与法律调整. 安成，译. 国外社会科学，1983（9）.

6. 朱庆育. 意思表示与法律行为. 比较法研究，2004（1）.

7. 朱庆育. 法律行为概念疏证. 中外法学，2008（3）.

8. 薛军. 法律行为理论在欧洲私法史上的产生及术语表达问题研究. 环球法学评论，2007（1）.

9. 王利明. 法律行为制度的若干问题探讨. 中国法学，2003（5）.

10. 弗卢梅. 法律行为论. 迟颖，译. 北京：法律出版社，2013.

11. 杨代雄. 法律行为论. 北京：北京大学出版社，2021.

12. 拉伦茨. 法律行为解释之方法：兼论意思表示理论. 范雪飞，吴训祥，译. 北京：法律出版社，2018.

第二节 本章案例研习

黄某诉马某侵害赔偿案

（一）基本案情

村民马某傍晚出门，见一头驴在自己家门前面徘徊，便上前仔细观察。经过观察，马某确认这头驴不是本村村民所饲养的，因为担心意外，马某便将驴牵回了家中，并将其和自己的驴拴在一起饲养。第二天，马某便向村委会告知此事，商量寻找失主，并请到邻近村办事的人传话，请丢驴的人前来认领。但是，到了第五天晚上，这头驴咬断缰绳走失。事情凑巧，第六天下午，失主黄某即来认领。由于驴已不见，黄某便与马某交涉，并发生争执。失主认为马某管理不周致其财产受损，将马某告到法院，要求赔偿损失。马某拒绝赔偿，并且提出反诉，要求黄某支付5天的牲畜草料费和人工费。

（二）法律问题

1. 案件中涉及哪些法律行为？

2. 这些行为具有什么样的性质？

（三）法理分析

在该案件中，有些行为是主动行为，行为者不仅有行为的主观意志，而且具有行为的外在表现，不论外在表现是“肢体”还是“言语”（比如以口头方式在法院起诉），这样的法律行为可能包括：（1）村民马某将徘徊的驴牵回家；（2）马某将该驴和自己的驴拴在一起，并且饲养；（3）马某寻找失主；（4）失主黄某前来认领；（5）黄某告到法院；（6）黄某要求赔偿；（7）马某提出反诉。这些行为在法学中往往被抽象地称为“作为”。

实际上还存在另外一种行为的形式。我们可以改变一下案件的情节：村民将徘徊的驴牵回自己家中，并且将该驴和自己的驴拴在一起加以饲养，但是，没有寻找失主；在获得相关消息的情况下，失主依然没有前来认领；失主没有告到法院；失主没有要求赔偿，村民同样没有提出反诉。这里又涉及一系列的法律行为：（1）马某将驴牵回家中；

(2) 马某拴驴并且饲养；(3) 马某没有寻找失主；(4) 失主没有认领；(5) 失主没有告到法院；(6) 失主没有要求赔偿；(7) 马某没有提出反诉。除了 (1) 和 (2) 的行为是作为以外，(3) — (7) 中的行为明显都与之不同，在法学中后者往往被抽象地称为“不作为”。

一般而言，法律往往通过“可以做什么”的表述（可为行为模式）表达权利（包括权力）的意思，通过“应当做什么”（应为行为模式）、“必须做什么”（应为行为模式）、“不得做什么”（勿为行为模式）的表述表达义务（包括职责）的意思。

（四）参考意见

作为与不作为的区分有着重要的意义。例如，在刑法理论中，一般来说，作为是指行为人以积极的身体活动实施刑法所禁止的行为。从表现形式上看，作为是积极的身体活动；从违反法律规范的性质上看，作为直接违反了禁止性的法律规范。例如，抢劫行为，必须是积极的身体动作，它直接违反了严禁抢劫的罪刑规范。不作为，是指行为人在能够履行自己应尽义务的情况下不履行该义务。从表现形式上看，不作为是消极的身体动作；从违反法律规范的性质上看，不作为不仅违反了禁止性罪刑规范，而且直接违反了其他法律、法规中的义务性规范或命令性规范（要求行为人履行作为义务的法规范，不同于主观违法性论所称的命令性规范）。可以看出，在刑法理论中作为与不作为的分类，是仅仅针对法律义务来说的，并不具有法学理论的普遍意义，而且，仅仅适用于刑事犯罪现象。此外，刑法理论中的“作为”是指积极行动的危害动作；“不作为”是指消极静态的危害动作。这种分类不能用作法理学中对法律行为的分类描述。

第三节　本章同步练习

一、选择题

（一）单选题

1. 下列引起法律关系产生、变更或消灭的情形中，属于法律行为的是（　　）。（考研）

A. 地震造成人员伤亡引发保险理赔

B. 某国爆发战争导致投资合同无法如期履行

C. 小李与小张依法进行婚姻登记结成夫妻关系

D. 大刘死亡致其与所在单位的劳动关系消灭

2. 下列选项中，关于法律行为或法律事件的判断，不正确的是（　　）。（考研）

A. 赵某生下一对双胞胎是法律事件

B. 钱某与单位签订聘用合同是法律行为

C. 孙某的房屋在地震中垮塌是法律事件

D. 李某声称自己被外星人劫持是法律行为

3. 甲与乙因琐事发生口角，甲冲动之下将乙打死。公安机关将甲逮捕，准备移送检察机关提起公诉。这时，甲因病而亡。公安机关遂做出撤销案件的决定。公安机关是基于下列哪一种原因撤销案件的？（　　）（司考）

A. 法律行为　　　　B. 违法行为　　　　C. 事实构成　　　　D. 自然事件

（二）多选题

1. 甲公司、乙公司签订的《合作开发协议》约定，合作开发的 A 区房屋归甲公司、B 区房屋归乙公司。乙公司与丙公司签订《委托书》，委托丙公司对外销售房屋。《委托书》中委托人签字盖章处有乙公司盖章和法定代表人王某签字，王某同时也是甲公司法定代表人。张某查看《合作开发协议》和《委托书》后，与丙公司签订《房屋预订合同》，约定："张某向丙公司预付房款 30 万元，购买 A 区房屋一套。待取得房屋预售许可证后，双方签订正式合同。"丙公司将房款用于项目投资，全部亏损。后王某向张某出具《承诺函》：如张某不闹事，将协调甲公司卖房给张某。但甲公司取得房屋预售许可后，将 A 区房屋全部卖与他人。张某要求甲公司、乙公司和丙公司退回房款。张某与李某签订《债权转让协议》，将该债权转让给李某，通知了甲、乙、丙三公司。因李某未按时支付债权转让款，张某又将债权转让给方某，也通知了甲、乙、丙三公司。

关于《委托书》和《承诺函》，下列说法正确的是：（　　）。（司考）

A. 乙公司是委托人

B. 乙公司和王某是共同委托人

C. 甲公司、乙公司和王某是共同委托人

D.《承诺函》不产生法律行为上的效果

2. 属于单方法律行为的是（　　）。（考研）

A. 赠与　　B. 遗赠　　C. 悬赏广告　　D. 订立遗嘱

3. 下列有关法律行为的表述，哪些是正确的？（　　）（考研）

A. 法律行为与意思表示没有关系

B. 不作为一般不构成法律行为

C. 法律行为需要从法律角度进行评价

D. 法律行为本身可以作为一种案件事实来对待

二、案例分析题

1. 2004 年 12 月 8 日清晨，詹某与其称为师傅的柳某约定到崇州市南河大桥上游一家采沙场附近的河堤钓鱼。不知何故，詹某跌进 2 米深的河沟。此时，站在河堤旁边的柳某眼看着詹某在水中挣扎，却没有进行施救。虽然闻声赶到的群众跳入河中进行救助，但詹某最终仍溺水身亡。詹某落水后，柳某虽有不懂水性的客观情况，但在不施救的同时也不呼救，事后又以去通知詹某的家属为由离开现场，但因怕被找麻烦也并未将此消息告知詹某的父母。詹某的父母痛失儿子，遂于 2005 年 3 月 14 日以柳某没有对其子进行施救为由而将其告上法庭，要求被告赔偿各种经济损失 3 万元。四川省崇州市中级人民法院经多次开庭审理后认为，因詹某是成年人，溺水身亡是自身不慎落水导致的，柳某没有法定或约定的救助义务，也不是负有特定职责的人员，不存在过错，因此对詹某的死亡不承担赔偿责任。法庭驳回原告要求赔偿经济损失 3 万元的诉讼请求。但法院同时认为，"救人于危难"是中华民族的传统美德，见义勇为已成为现代文明社会的基本道德规范，柳某的冷漠之举和不作为应受到社会的谴责。

结合上述材料，运用法理学的相关理论，试分析柳某不作为的法律行为。

2. 2003 年 3 月，浙江省浦江县农民李某和同在工厂打工的女青年项某相识并相恋，不久项某就怀孕了。同年 6 月，李某提出要跟项某分手，并要项某去医院做流产手术。项某坚决不同意，几次欲跳楼自杀。2003 年 9 月 5 日中午，李某与项某发生争吵，争吵中，李某还用打火机扔打项某。项某感到绝望，走到走廊里，喝下了事先准备好的一瓶“敌敌畏”，又走进了李某房间。此时，李某不但没有及时去救人，反而一走了之，临走时怕被人知道还将房门锁上。李某走后很长时间，项某才被人发现送往医院，但因救治无效死亡。案发后，李某向公安机关投案自首。

2003 年 12 月，浦江县人民法院开庭审理了由浦江县人民检察院提起公诉的这件罕见的见死不救案。法院经审理认为，李某在发现项某服毒后采取放任态度，将宿舍门锁上外出，致使项某在李某宿舍中得不到及时抢救而身亡。李某作为负有特定义务的人，主观上希望并追求项某死亡结果的发生，以解脱自己的负担，这与他不采取救助义务后造成项某死亡的严重后果有直接的因果关系，其行为已构成不作为形式的故意杀人罪。鉴于李某能够主动投案自首，依法从轻判处其有期徒刑 5 年，并向项某父母赔偿损失 3.5 万元。李某不服一审判决，提出上诉。金华市中级人民法院经过审理，驳回上诉，维持原判。

结合上述材料，运用法理学的相关理论，试分析李某不作为的法律行为。

三、论述题

1. 简述法律行为的特征。
2. 简述表意行为与事实行为的区别。

参考答案及解析

一、选择题

（一）单选题

1. 答案：C

解析：本题中地震、战争、死亡都无法为人力和人的意志所控制，都属于法律事件；婚姻登记是婚姻双方的合意，属于法律行为。

2. 答案：D

解析：生老病死是自然规律，不以人的意志为转移。因此出生是法律事件，A 选项正确。钱某和单位签订聘用合同是双方意思表示一致的后果，合同以意思表示为核心，受到当事人的意志影响，是法律行为，B 选项正确。地震的发生不以当事人的意志为转移，是法律事件，C 选项正确。被外星人劫持是个人的主观臆想，没有事实根据，不属于法律事实的范畴，D 选项错误。

3. 答案：D

解析：本题中甲因病而亡属于事件。

（二）多选题

1. 答案：AD

解析：首先，乙公司与丙公司签订《委托书》，委托丙公司对外销售房屋。《委托书》中委托人签字盖章处有乙公司盖章和法定代表人王某签字。依据《民法典》第 61 条规定，“法定代表人以法人名义从事的民事活动，其法律后果由法人承受”。据此可知，王某的签字行为即作为乙公司法定代表人的代表行为，行为效果归属于法人乙公司，故乙公司是委托人，王某并非委托人。故 A 项正确，当选；B 项错误，不当选。其次，虽然王某同时也是甲公司法定代表人，但《委托书》的双方当事人系乙公司与丙公司，丙公司并无理由相信王某的行为同时代表甲公司，也没有任何其他外观行为表明王某的该行为代表了甲公司。因此，甲公司并非委托人。故 C 项亦错误，不当选。最后，王某向张某出具《承诺函》：如张某不闹事，将协调甲公司卖房给张某。在该约定中王某仅表示协调而并无受到法律约束的效果意思。因此，该约定不成立法律行为，也不产生私法上的效果也即民事法律关系。故 D 项正确，当选。

2. 答案：BCD

解析：赠与须双方当事人意思表示一致，为双方法律行为。因此，A 项错误。单方法律行为是基于一方当事人的意思表示即可成立的民事法律行为，该法律行为无须他方作出一致的意思表示。遗赠、悬赏广告、订立遗嘱均为单方法律行为。

3. 答案：CD

解析：法律行为是指人们所实施的、能够发生法律上的效力、产生一定法律效果的行为。具有以下特点：法律行为具有社会意义，具有社会指向，可以引起法律关系的产生、变更和消灭，是法律事实之一种，故 D 项正确；法律行为具有法律性，需要从法律角度进行评价，故 C 项正确；法律行为是能够为人们的意志控制的行为，具有意志性，故 A 项错误；根据行为的表现不同，可以将法律行为分为积极行为和消极行为，消极行为又称不作为，是指以消极的、抑制的形式表现的具有法律意义的行为，故 B 项错误。

二、案例分析题

1. 参考答案：在本案件中，被告柳某的行为之所以没有被追究法律责任，原因在于，根据现行法律规定，不作为要构成违法，必须是行为人负有法定或约定的义务。如果不是法律上负有特殊义务，普通公民个人的“见死不救”行为不构成违法，无须承担法律责任。因为我国现行的有关法律尚没有对非公职人员的“见死不救”行为作出明确规定，没有将“救人于危难”规定为普通公民的法定义务，而只规定为人民警察等公职人员的职责行为。对国家公职人员实行“见死不救”的责任追究，实际上是一种责任归位。如《人民警察法》第 2 条规定：“人民警察的任务是维护国家安全，维护社会治安秩序，保护公民的人身安全、人身自由和合法财产，保护公共财产，预防、制止和惩治违法犯罪活动。”第 21 条规定：“人民警察遇到公民人身、财产安全受到侵犯或者处于其他危难情形，应当立即救助；对公民提出解决纠纷的要求，应当给予帮助；对公民的报警案件，应当及时查处。人民警察应当积极参加抢险救灾和社会公益工作。”这样，有关公职人员就负有保护公民的人身安全的法定义务，尤其是人民警察，遇到公民人身、财产安全受到侵犯或者处于其他危难情形，必须施救，否则便是以不作为的方式构成违法，需要承担法律责任。依据《人民警察法》第22条第11项和第48条的规定，人民警察玩忽职守，不履行法定义务的，应当给予行政处分；构成犯罪的，依法追究刑事责任。而本案中的詹某作为成年人，柳某对其没有法定的或约定的救助义务，也不是负有特定职责的人，因此柳某的"见死不救"仅仅是不道德行为，应受到谴责。但是，因为此行为没有法律意义，也不会引起法律后果即民事赔偿责任，所以，四川省崇州市人民法院的判决是合法的。

2. 参考答案：在本案中，被告人李某的行为是"见死不救"，这种行为属于违法的消极行为，是间接的故意杀人。从法理学视角来看，以是否符合法律的要求为标准，法律行为可以分为合法行为和违法行为。李某的见死不救的行为属于违法行为。以行为的外部表现形式为标准，法律行为可分为积极行为与消极行为。消极行为是以不作出举动为表现形式的行为，又称为不作为。李某的行为属于违法的不作为。具体来说，从法律行为的内在方面来看，李某具有非法剥夺他人生命的间接故意。间接故意是指行为人明知自己的行为会发生危害社会的结果，并且放任这种结果发生的心理态度。李某与被害人项某有同居关系，其与项某的争吵及其原因和后者服毒有直接因果关系，所以其对防止后者的死亡负有特定的救助义务。而李某却置这种义务于不顾，对项某的服毒放任不管，以致失去抢救时机，造成后者中毒死亡的后果，是为间接故意。从法律行为的外在方面来看，李某以消极不作为的方式，造成了被害人项某死亡的行为结果，属于间接的故意杀人。故意杀人既可以表现为积极作为的形式，也可以表现为消极不作为的形式。不作为形式的故意杀人以行为人对防止被害人的死亡负有特定义务为前提。在本案中，被告人李某在认识方面明知自己不救助已服毒的女朋友，就会发生死亡的结果；在意志方面表现为对后者死亡采取听之任之的态度。虽然李某不像直接故意杀人那样积极追求项某死亡结果的发生，但他在此特定情形之下不阻止死亡结果的发生，具有间接故意剥夺他人生命的主观心理。因此，法院所作的李某犯故意杀人罪，承担刑事及附带民事赔偿责任的判决是正确的。

三、论述题

1. 参考答案：参见马工程《法理学》教材第142－145页。
2. 参考答案：参见马工程《法理学》教材第146－147页。

第七章　法律责任

第一部分　本章知识点速览

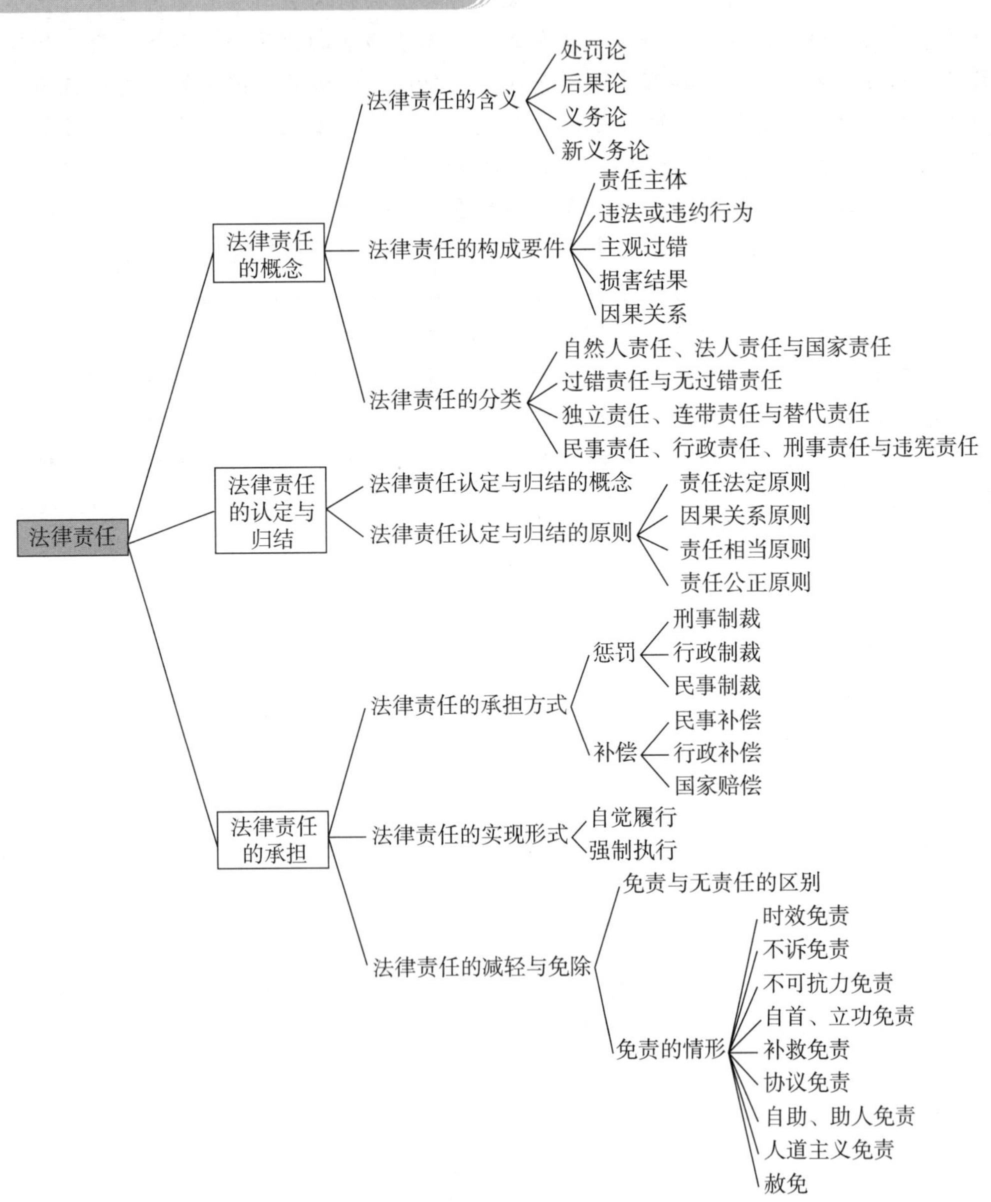

第二部分　本章核心知识要点解析

第一节　法律责任的概念

一、法律责任的含义

（一）难度与热度

难度：☆☆☆　热度：☆☆

（二）基本理论与概念

1. 关于法律责任的释义，主要有三种代表性观点：（1）处罚论：责任主体必须接受的"处罚"、"惩罚"和"制裁"；（2）后果论：责任主体必须承担的不利后果；（3）义务论：责任主体必须承担的某种义务。

2. "第二性义务论"或"新义务论"：法律责任是由于责任主体违反法定或约定的义务，或者因为法律的特殊规定，而必须承担的具有直接强制性的特定义务，亦即由于违反第一性义务而引起的第二性义务。

（三）疑难点解析

关于如何界定法律责任，马工程《法理学》教材给出了处罚论、后果论、义务论以及"第二性义务论"等不同观点。张文显教授主编的《法理学》（2018 年第五版）中也提出类似的三种方案。实际上，所谓的"第二性义务论"是三十年前中国法理学关于"法律责任"的研究成果，其最早可以追溯到张文显教授主编的《法的一般理论》（辽宁大学出版社 1988 年版），在张文显教授的专著《法学基本范畴研究》（中国政法大学出版社 1993 年版）和《法哲学范畴研究》（修订版）（中国政法大学出版社 2001 年版）中均有详细阐述，并被很多主流的法理学教材所采纳。[①]

张文显教授主编的《法理学》（2018 年第五版）还从汉语辞源上对"责任"和"法律责任"进行了考据。在古代汉语中，"责任"同"责"，是一个语义丰富的概念。据《辞源》《辞海》等权威辞书，"责"在六种意义上被使用：（1）求，索取。如："宋多责赂于郑。"（2）要求，督促。如："不教而责成功，虐也。"（3）谴责，诘问，责备。如："文姜通于齐侯，桓公闻，责之姜。""使先生自责，乃反自誉。"（4）处罚，责罚，加刑。如："（刘）崇患太祖慷惰不作业，数加笞责。""责小过以大恶，安能服人。""苟可否多少在户部，则伤财害民，户部无所逃其责矣。"（5）同"则"，责任，负责。如："若尔三王，是有丕子之责于天。"（6）债，所欠的钱财。如："乃有意欲为收责于薛乎？"而在现代汉语中，"责任"一词有三个互相联系的基本词义：（1）分内应做的事，如"岗位责任""尽职尽责"等。这种责任实际上是一种角色义务。（2）特定人对特定事项的发生、发展、变化及其成果负有积极的助长义务，如"担保责任""举证责任"。（3）因没有做好分内的事情（没有履行角色义务）或没有履行助长义务而应承担的不利后果或强制性

---

① 蔡宏伟."法律责任"概念之澄清.法制与社会发展，2020（6）：86.

义务，如“违约责任”“侵权责任”“赔付责任”等。[①]

(四) 拓展延伸阅读

法律责任的本质，是从更深层次回答法律责任是什么和为什么的问题。西方法学家在研究法律责任时，就法律责任的本质问题提出了不同的理论。其中，影响较大的有“三论”，即道义责任论、社会责任论和规范责任论。

道义责任论是以哲学和伦理学上的非决定论亦即自由意志论为理论基础的。它假定人的意志是自由的，人有控制自己行为的能力，有自觉行为和进行自由选择的能力。由此推定，违法者应对自己出于自由意志而作出的违法行为负责，应该受到道义上的责难。如黑格尔宣称：“行动只有作为意志的过错才能归责于我。”[②] 法律责任以道义责任为前提，对违法者的道义责难就是法律责任的本质所在。

与道义责任论相反，社会责任论是以哲学和伦理学上的决定论为理论基础的。它假定一切事物（包括人的行为）都有其规律性、必然性和因果制约性。由此推断，违法行为的发生不是由行为者自由的意志决定的，而是由客观条件决定的，因而只能根据行为人的行为环境和行为的社会危险性来确定法律责任的有无和轻重。确定和追究法律责任，一方面是为了维护社会秩序和社会存在；另一方面是为了使违法者适应社会生活和再社会化，这就是法律责任的本质。

规范责任论则认为，法体现了社会的价值观念，是指引和评价人的行为的规范。它对符合规范的行为持肯定（赞许）的态度，对违反规范的行为持否定（不赞许）的态度。否定的态度体现在法律责任的认定和归结中，这种责任就是法律规范和更根本的价值准则评价的结果。因此，行为的规范评价是法律责任的本质。

上述三种理论各有其合理性与局限性。道义责任论正确地揭示了行为的主观因素的作用，却忽视了社会环境对行为的方式的巨大影响；社会责任论正确揭示了行为发生受制于一定的客观条件，却忽视了行为人主观因素的重要作用。从历史哲学和法律哲学的角度看，前者所理解的个人，是一种脱离了特定社会关系和社会环境的孤立的个人，后者则完全否认了个人在社会整体面前的相对独立性和主观能动性。因而，这些理论的片面性都与其根本的理论出发点直接相联，仅仅靠增加理论的弹性或对之进行有限的改良，都难以完全消除这种片面性。

相对而言，规范责任论更加全面地对法律责任的本质进行了揭示。它强调了法律责任与体现一定价值标准的法律规范有直接联系。由于法律在评价行为时，不能排除对行为的主观因素和社会环境的考虑，这样，规范责任论从研究法律责任的形式特征入手，有可能把法律评价、主观因素和社会环境三者较好地统一起来，当然，这是以充分地理解社会生活中客观规律性与主观能动性的辩证关系为前提的。

——张文显. 法理学. 5版. 北京：高等教育出版社，北京大学出版社，2018：166-167.

哈特在论述责任的时候曾经谈到过一个醉酒船长的故事，该故事尤其是在被克里斯托弗·库茨（Christopher Kutz）稍加修改以后，很能说明这个问题：

“（1）作为一船之长，史密斯对其乘客和船员的安全负责。（2）但是他在最后一次航

---

① 张文显. 法理学. 5版. 北京：高等教育出版社，北京大学出版社，2018：164.

② 黑格尔. 法哲学原理. 范扬，张企泰，译. 北京：商务印书馆，1961：119.

行中，喝得酩酊大醉，他要对那艘船的损失和乘客们的损失负责。（3）医生最初认为，史密斯的醉酒是醉酒性精神障碍的结果，但是后来认为，史密斯在醉酒时实际负有完全的责任。史密斯最初坚持主张，异常的冬季风暴应该对船的损失负责，但是通过法庭审理，（4）他被认定对自己的疏忽行为负有刑法上的责任并被判处10年监禁之后，（5）他宣称任何法律上的惩罚都不能减轻自己的罪责，他要为自己的罪责努力进行赔偿。（6）然而那次海难中的一些幸存者宣称，他们想要忘了可怕的经历，并且原谅了史密斯。同时，游轮公司的总裁发表了如下陈述：（7）尽管游轮公司必须对生命和财产的损失承担自己的法律责任，（8）但是我们个人不应该为那个灾难承担责罚（culpability），因为史密斯以欺骗的方式对我们隐瞒了他之前工作上的问题，我们的酒精检查也没有发现他饮酒。”

根据哈特的观点，“responsibility”有四种主要类型：角色意义的责任（Role-Responsibility）、因果意义的责任（Causal Responsibility）、能力意义的责任（Capacity-Responsibility）、法律上使用“liability”这个术语时所指称的那种必然责任（Legal Liability-Responsibility）。

首先，故事中的情况（1）是角色意义的责任。该责任是指，在社会组织中，一旦某个人占有特定的地位或职位，就会有特定的义务附随于这个特定的地位或职位，来为他人提供福利或者以特定的方式促进所属社会组织的目标。史密斯因其船长的身份，负有保护其船只和乘客的特定义务。哈特认为，一个人基于特定角色而从事的特定义务就是他的责任。

其次，故事中的情况（2）是因果意义的责任。该责任是指，某些有关责任的表达方式可被替换为因果关系的表达方式。史密斯船长的过度饮酒被视为导致船舶损失的原因。

再次，故事中的情况（3）是能力意义的责任。在我们说“一个人对他的行为负责”的时候，我们还常常表达了这个人具有某些正常能力的意思。

最后，故事中的情况（4）、（5）和（7）是法律上使用“liability”这个术语时所指称的那种必然责任。该责任意味着，违法者在法律上必须受到惩罚或者必须做出赔偿。情况（4）对应刑法上的责任，情况（5）对应侵权法上的责任，情况（7）对应合同法上的责任。

——蔡宏伟.“法律责任”概念之澄清.法制与社会发展，2020（6）.

为了进一步明确法律责任的概念，有必要对责任与义务二个概念的区别进行一些分析。

首先，义务与责任的相互“关联”概念分别是权利与权力。所谓“关联”的概念是指两个相辅相成、缺一不可的概念。与义务概念相对应的是权利，与责任概念相对应的是权力。而且，在权利—义务关系中，权利义务是双向的、对等的，而在权力—责任关系中，责任是权力强加的，是单向的。

其次，义务是当为，责任不仅是当为而且更是必为。义务是应当的，义务之履行一般是自愿的，而非强制的，“是基于主体自我良心判断，或自我和社会对利益的共同（或趋同）判断”，因而义务可因权利人的弃权而不必履行；而责任是必须的，既是应当的又是必然的，责任之承担一般是强制的，而非自愿的，因而责任不能因权力行使的专门国家机关弃权而免除，而且这种弃权行为本身构成失职。

再次，义务产生拘束力，责任产生强制力。义务“乃是保障人类之安宁，义务主体所应受法之拘束”。“保障人类之安宁”，“实亦为保护义务人自己应有之权利”。因而义务一般说来是义务人愿意遵守的，其产生的只是自我约束力，虽有一定的强制性而无外在强制力，义务的领域容不得强制力的干预。而责任基于义务违反而产生，具有强制性，能产生强制力。法律的强制性集中体现为责任的强制性。正是因为这种强制性，法律“本身虽无强制力，而能产生外在之强制力”。责任的领域必有强制力的直接或间接的参与，否则就不是责任。

最后，义务只涉及本人的行为，其实现也须经义务人或其代理人的行为；而责任还可能涉及他人的行为，其实现也未必经责任主体的行为。“责任与义务都涉及不法行为，但义务总涉及一个人本人的行为，责任却可以涉及别人所犯的不法行为。”如雇主对雇员受雇范围内的不当行为负责，监护人对被监护人的行为承担责任。

——刘作翔，龚向和．法律责任的概念分析．法学，1997（10）．

二、法律责任的构成要件

（一）难度与热度

难度：☆☆　热度：☆☆☆

（二）基本理论与概念

1．责任主体：具有责任能力是行为人承担法律责任的前提条件。

2．违法或违约行为：违法或违约行为包括作为和不作为两类。

3．主观过错：主观过错包括故意和过失两类。在现代法律责任体系中，也出现了一种特殊的法律责任，即无过错责任。不需要考量行为人的主观心理状态，只要存在法律规定的情形就应当承担相应的法律责任。

4．损害结果：损害结果既包括既得利益的损害，又包括预期利益的丧失。

5．因果关系。

（三）疑难点解析

对于法律责任的构成要件，不同教科书的表述可能也有所不同。张文显教授主编的《法理学》（2018年第五版）认为，根据构成违法行为或违约行为的要素，可以将法律责任的一般构成概括为：责任主体、违法行为或违约行为、损害结果、主观过错四个方面。舒国滢教授主编的《法理学导论》（2019年第三版）认为，一般法律责任的构成为：违法行为、损害事实、因果关系、过错；无过错责任的构成有四个必要条件：法律特别规定、损害行为、损害事实和因果关系。

（四）拓展延伸阅读

所有文明的刑罚制度都不只是依据这样的事实即应受惩罚的人实施了犯罪之外在的行为，而且也依据他是在某种心理或意志构成状态下实施的这一行为，来确定就无论怎样严重的犯罪应承担的受惩罚的义务。

——哈特．惩罚与责任．王勇，等译．北京：华夏出版社，1989：108．

三、法律责任的分类

（一）难度与热度

难度：☆☆　热度：☆☆☆

（二）基本理论与概念

1. 自然人责任、法人责任与国家责任。

2. 过错责任与无过错责任。

3. 独立责任、连带责任与替代责任。

4. 民事责任、行政责任、刑事责任与违宪责任。

（三）疑难点解析

这里尤其需要注意的是，对于过错责任、无过错责任与公平责任的区分。过错责任和无过错责任构成了因违反义务而应承担的不利法律后果的两种责任形式。

过错责任原则是在否定古代法律中的结果责任原则的基础上逐渐形成的，1804 年《法国民法典》正式确立过错责任原则，该法第 1382 条和第 1383 条分别规定了作为和不作为的过错责任。我国自 1987 年开始施行的《民法通则》第 106 条第 2 款也规定了过错责任原则。过错责任原则有利于贯彻诚实守信、遵守诺言、尊重他人劳动和财产的道德规范。例如，依该原则，只要合同当事人尽到了适当的注意，即使因不可抗力或意外事故造成合同不能履行或不能完全履行，也可以依法不承担责任。同时，每个主体对自己的过错行为负责，也有利于强化人们对自己行为负责的意识，从而有利于正当地实施交易行为，鼓励正当交易和竞争。此外，适用过错责任原则可惩罚有过错的当事人，并可对其起到教育和警示的作用。过错责任原则的弊端主要是当事人在违约时可获得较多免责的机会。而由于当事人在订约时很难预知未来可能出现的导致合同不能履行的情况，当这些情况又不可归责于违约方时，就使合同的履行难以保障；并且有时当事人有无过错很难判断，这就可能会使有过错的当事人却得到了无过错的认可，从而使其逃脱违约责任，放纵了违约行为。

无过错责任是从 19 世纪开始逐渐形成的。19 世纪的工业化进程，伴随着不断发生的工业事故。在大量的工业事故中，受害的劳动者要求损害者赔偿，但依过错责任，往往很难获得赔偿，因为过错举证很困难，在很多情况下，双方都无过错。社会充满了各种各样的冲突和对抗，到处是损害，到处是要求赔偿的诉讼和拒绝赔偿的抗辩。这种冲突和其他社会矛盾交织在一起严重冲击着整个社会及其安全，也冲击着私法自治原则和过错责任原则。为此，形成民事责任立法的两个目的参数：一是以受害人为考虑基点，加强对受害人的法律救济和社会救济，以缓和社会矛盾尤其是劳资矛盾；二是以社会利益为准则，对个人自由施加必要的国家干预，以维护社会关系的平衡。于是在过错责任之外，发展出无过错责任。为了防止无过错责任的滥用，法律一般会明文规定承担无过错责任的情形。

公平责任原则只有在双方当事人均无过错的情况下才能适用，双方当事人都应当举证证明自己没有过错，法院应当对此予以认定。公平责任的源流可溯及 1794 年《普鲁士民法典》第 41—44 条对儿童和精神病人的侵权行为，基于公平或衡平的特别考虑可以构成责任的充足理由。这种受自然法观点所影响的理论认为，某个穷人不能承受由某个万贯家财的精神病人对其造成的严重的人身伤害的损失。稍晚的 1811 年《奥地利民法典》1310 条作出了类似的规定。从各国体现公平原则的立法例来看，广义的公平责任条款根据实际的作用，可以分为以下三种类型：首先是特殊侵权责任类型，即在特殊侵权行为类型中适用依据公平原则减轻赔偿责任，适用范围受到法律明文规定的列举性限制；其次是减轻赔偿责任类型，本类公平责任的实质，是依据公平原则，在特定情况下对侵权损害赔偿责任的减轻；最后一类是一般侵权责任基础类型，该类的主要特点是规定了具有普遍适用性的公平责任条款，条文自身就可以单独作为承担侵权责任的依据。[①] 由于我国《民法典》将公平责任确定为损失分担的一般规则，其本身具有被滥用的风险，因此，应严格规范公平责任的适用条件。

（四）拓展延伸阅读

法国民法典第 1382 条确立了过错侵权责任的一般原则，该条规定："任何行为使他人遭受损害时，因自己的过错而致损害发生之人对该他人负赔偿责任。"尽管最近已经有学者对这一原则提出了批评，但是对于大多数法国学者而言，它是显而易见的真理。事实上，自从《拿破仑民法典》的编纂者在 1804 年确立这一原则以来，人们基本上没有对它产生过怀疑。

然而，我们只要简单回顾一下历史就会发现，过错侵权责任的一般原则，即使在法国，也不是一开始就存在的。它是 1789 年法国大革命的历史产物，在法国大革命之前，法国习惯法沿袭罗马法，用以规范过错侵权责任的方式是具体列举式（casuistique）。

——热娜维耶芙·威内. 论过错侵权责任的一般原则. 罗瑶，译. 比较法研究，2016（4）.

无过错责任的共同要件应包括：侵害行为、损害后果、因果关系与法律的特别规定四项。其中前三项，与过错责任的构成要件相同，唯第四项，为无过错责任所独有。当然，无过错责任又不以过错为要件，这又是与过错责任的另一区别。

——刘士国. 论无过错责任. 法学研究，1994（5）.

第二节 法律责任的认定与归结

一、法律责任认定与归结的概念

（一）难度与热度

难度：☆☆ 热度：☆☆

（二）基本理论与概念

法律责任认定与归结是国家机关或授权的组织依照法定职权和程序对违法或违约行为引起的法律责任，进行判断、追究以及减缓或免除的活动。它是一个复杂的法律事实分析和法律价值判断的过程。

（三）拓展延伸阅读

现在法律责任的认定基本上是以行动者的控制力为基础的，即行动者只对自己能够

① 王竹. 我国侵权法上"公平责任"源流考. 甘肃政法学院学报，2008（2）.

掌控的行为负责任；在制度设计上，这体现为过错责任原则。还有一些责任类型注重公平和赔偿的功能，不以控制力为前提，这是人为的制度设计，也是法律责任的优点。社会因素（如家庭出身、贫富差距等）不会成为减轻或免除责任的依据；病理意义上的因素（如精神障碍等）、外在强制等各种客观因素导致的判断力下降或缺失会对责任产生影响，但主观因素（比如醉酒）不在此列；物理意义上的决定论考量，比如人的主观意志完全受物理定律的支配，根本不在减轻或免除责任的考虑范围内。由此可以看出，法律责任更多偏重于意志自由论的看法，即纯粹依据以自主决定为基础的控制力来分配责任和负担。在传统的法律责任归责中，决定论因素存而不论，不在法律归责的考量范围内。但上文所述人工智能时代的另一种类型的外在决定因素已经挑战了传统的法律归责理论，这些挑战不是通过改变现有法律概念的涵括范围或进行目的性扩张解释所能解决的，因为这些挑战有可能或已经在根本上冲击了责任承担主体的存在方式和存在性质，这就是从生物人到合成人或新型“主体”的转变。

以基因编辑为代表的基因工程技术、医疗性人工装置技术和人工智能技术构成了对自由意志的总体挑战，而自由意志是归责的基础，对法律责任的认定影响甚大。这些挑战多数是根本性的，而不是工具性的；因为它们不是自由意志的自然延伸，而是内在地参与了自由意志的形成。这些挑战在法哲学上可以分为两个方面：一是现实挑战，即以基因工程和弱人工智能为代表的新兴科技引发了人类在自由意志方面的争议，最起码对人是否要承担法律责任产生了困扰；二是终极挑战，即强人工智能体被认为具有和人一样的自由意志，能够成为法律主体，从而承担完全的法律责任。这两类挑战，或者指向人类生物基础的自然性，而这种自然性尽管不为我们所完全掌握，但构成了法律上自由意志假设的最深刻的基础；或者指向人类作为唯一理性存在者的地位，从而创造出一种有别于人类的新型自由意志存在者。在这些挑战中，现实的部分构成了承担道德或法律责任的新的“宽恕”条件，可以适当减轻或免除不利后果；而未来的部分也值得认真对待，因为自由意志不仅关乎责任，也关乎人性尊严。因此，法律在回应挑战的同时，也应注意风险防范，并不是所有的挑战都应被允许，毕竟人类福祉本身才是科技发展的边际约束。

——朱振. 归责何以可能：人工智能时代的自由意志与法律责任. 比较法研究，2022(1).

二、法律责任认定与归结的原则

（一）难度与热度

难度：☆☆☆　热度：☆☆☆

（二）基本理论与概念

1. 责任法定原则。

2. 因果关系原则。

3. 责任相当原则。

4. 责任公正原则（有责必究原则、责任平等原则、责任自负原则）。

（三）疑难点解析

关于法律责任认定与归结的原则，大部分法理学教科书的论述都与马工程《法理学》

教材类似，但也会有部分区别。例如，张文显教授主编的《法理学》（2018年第五版）提出了责任法定原则、因果关系原则、责任与处罚相当原则、责任自负原则四个原则；舒国滢教授主编的《法理学》则提出了责任法定原则、责任相称原则、责任自负原则三个原则。

关于责任法定原则，它是法治原则在归责问题上的具体运用。它在不同法律领域的具体表现形式和适用方式有所不同。“法无明文规定不处罚”“法无明文规定不为罪”等法律格言表达了这一原则的精神。在行政法、刑法等公法领域，责任法定原则是一项严格适用的原则。所有违法行为的法律责任都必须由法律事先规定。在民商法等私法领域，责任法定原则主要体现在法律责任的种类和形式上，即民事法律责任的种类和形式由法律明文规定。按照契约自由的原则，违约行为的法律责任可以由当事人自由约定，这种关于法律责任的约定对于双方当事人具有法律约束力。也就是说，刑法上的“法无明文规定不为罪”严格体现了责任法定原则，不允许法律的类推适用；在民法上，这一原则有例外，如允许类推填补法律漏洞。

关于因果关系原则，通常来说，认定法律责任所要求的因果联系应当是客观存在的联系，而不是主观思想的联系。这种因果联系是可以用各种事实和证据加以证实的。在认定和归结法律责任时，不仅要确认行为引起了损害结果或危害结果，确认这种行为是违法行为或违约行为，而且要确认这一违法行为或违约行为与其所引起的损害结果或危害结果之间具有内在的、直接的、逻辑的联系。这种因果联系表现为存在的客观性、因果的顺序性、作用的单向性、内容的决定性。

（四）拓展延伸阅读

在认定“违法者”有无法律责任时，必须搞清楚两种因果联系。一是行为与损害结果之间的因果联系，即特定的物质性或非物质性损害结果是不是由该行为引起的。二是心理活动和行为之间的因果联系，即违法者的行为是不是其思想支配肉体的结果。从认识论上说，原因与结果之间的联系呈现多样性，有内在的、外在的、直接的、间接的、主要的、次要的等等。认定法律责任所要求的因果联系是违法行为（自变量）与损害结果（应变量）之间、心理活动（行为的内在方面）与行为（行为的外在方面）之间存在着内在的、直接的、主要的联系。否则，就不应当认定违法者有法律责任。为此，在确定因果关系时，一要限定变量的范围，即限定在能够认定或排除违法行为与损害结果之间的内在的、直接的、主要的联系的范围，把这些环节从因果链条中抽取出来；二要确定两个或若干变量之间的时序，在任何情况下违法行为都必须是先于损害结果的变量；三要分辨出“干涉变量”（影响自变量对应变量作用的事件或条件），以避免把条件当作原因，把间接产生效应的辐射因素作为直接的、主要的自变量。

——张文显．法律责任论纲．吉林大学社会科学学报，1991（1）.

第三节　法律责任的承担

一、法律责任的承担方式

（一）难度与热度

难度：☆　热度：☆☆

（二）基本理论与概念

1. 惩罚，又称制裁，是指以剥夺或限制责任主体的人身自由、财产利益和其他利益为内容的责任承担方式。

2. 补偿，是指以责任主体的某种作为或不作为形式弥补或赔偿损失的责任承担方式的总称，在这里也包括赔偿，包括防止性的补偿、恢复性的补偿、补救性的补偿等不同功能的责任方式。

二、法律责任的实现形式

（一）难度与热度

难度：☆　热度：☆☆

（二）基本理论与概念

1. 自觉履行，是指责任主体在法律责任认定之后主动向权利人履行应负的法律责任。

2. 强制执行，是指国家机关运用国家强制力强制责任主体履行应负的法律责任，包括司法强制执行和行政强制执行两种形式。司法强制执行可以分为两类，即依职权的强制执行和依申请的强制执行。

三、法律责任的减轻与免除

（一）难度与热度

难度：☆☆☆　热度：☆☆☆

（二）基本理论与概念

1. “免责”同“无责任”或“不负责任”在内涵上是不同的。免责以法律责任的存在为前提。“无责任”或“不负责任”则是指虽然行为人事实上或形式上违反了法律，但因其不具备法律上应负责任的条件，所以没有（即不承担）法律责任的情形。

2. 免责的情形：（1）时效免责；（2）不诉免责；（3）不可抗力免责；（4）自首、立功免责；（5）补救免责；（6）协议免责；（7）自助、助人免责；（8）人道主义免责；（9）赦免。

（三）疑难点解析

关于法律责任的免除，尤其是免责情形或者免责条件，不同教科书可能会作出不同的论述。例如，张文显教授主编的《法理学》（2018 年第五版）认为，在我国，免责的条件和方式主要包括：时效免责；不诉免责；自首、立功免；补救免责；协议免责或意定免责；自助免责；人道主义免责。舒国滢教授主编的《法理学导论》（2019 年第三版）则区分了私法的意定免责条件和公法的免责条件，其中私法的意定免责条件包括自愿协议、受害人放弃、有效补救；公法的免责条件中有不可抗力、正当防卫、紧急避险、超过时效、自首或立功、当事人不诉免责。

关于正当防卫和紧急避险是否应当被当作法定的免责条件，学界有不同的看法。首先，马工程《法理学》教材、沈宗灵教授主编的《法理学》（2014 年第四版）、张文显教授主编的《法理学》（2018 年第五版）都没有将正当防卫和紧急避险作为免责形式或免责条件；与之相反，舒国滢教授主编的《法理学导论》（2019 年第三版）、雷磊教授所著的《法理学》（2019 年版）将正当防卫和紧急避险当作免责条件。其次，在刑法中，关于正当防卫与紧急避险究竟是构成“违法阻却事由”抑或是“责任阻却事由”一直是有争议的：主张“违法阻却事由”者往往不会将其看作免责事由；主张“责任阻却事由”者，则赞同它们是免责条件。雷磊教授所著的《法理学》提出，通过对比《刑法》关于不可抗力的规定①，与关于正当防卫以及紧急避险的规定②，可以明显发现不同：不可抗力造成损害“不是犯罪”，也即没有责任；而正当防卫和紧急避险是“不负刑事责任”，似可认为是有责任但不负（也即免除）。

不过，在刑法中，雷磊教授的这种论证也有反对意见。例如，《日本刑法》第 36 条第 1 款也有类似规定：“面对紧迫的非法侵害，为了防卫自己或者他人的权利不得已实施的行为，不处罚。”但日本法学家山口厚依然认为：“正当防卫是消灭其违法性的违法性阻却事由。”③ 同样，在普通法国家中，常常区分正当化的辩护事由（justification）与可宥的辩护事由（excuse），前者否定行为人行为的不法性，从而否定行为人的刑事责任，后者否定行为人的可谴责性，从而免去行为人的刑事责任。正当防卫作为正当化辩护事由，适用于具体的案件中，则意味着行为人的行为为法律所允许，因而不负任何刑事责任。④ 实际上，我国刑法学界也多将正当防卫和紧急避险当作“违法阻却事由”，而非“责任阻却事由”。例如，张明楷主编的《刑法学》（法律出版社 2021 年第 6 版）将正当防卫和紧急避险当作“违法阻却事由”；马工程《刑法学（上册·总论）》（高等教育出版社 2019 年版）和高铭暄、马克昌主编的《刑法学》（北京大学出版社、高等教育出版社 2022 年第十版）以及冯军、王志祥主编的《刑法学》（清华大学出版社 2019 年第二版）都将正当防卫和紧急避险当作“正当行为”，不具备刑事违法性；曲新久主编的《刑法学》（中国政法大学出版社 2016 年第五版）则将其看作“正当化事由”。

其次，关于特赦作为免责条件的可能性，在这里也要提一下。特赦是国家依法对特定罪犯免除或者减轻刑罚的制度。我国宪法法律中对特赦制度有明确规定。根据现行 1982 年《宪法》第 67 条规定，全国人大常委会决定特赦。第 80 条规定，中华人民共和国主席根据全国人大和全国人大常委会的决定，发布特赦令。特赦涉及刑事责任的问题，在刑法和刑事诉讼法中也有体现。《刑法》第 65 条第 1 款规定：“被判处有期徒刑以上刑罚的犯罪分子，刑罚执行完毕或者赦免以后，在五年以内再犯应当判处有期徒刑以上刑罚之罪的，是累犯，应当从重处罚，但是过失犯罪和不满十八周岁的人犯罪的除外。”第 66 条规定：“危害国家安全犯罪、恐怖活动犯罪、黑社会性质的组织犯罪的犯罪分子，在刑罚执行完毕或者赦免以后，在任何时候再犯上述任一类罪的，都以累犯论处。”《刑事诉讼法》第 15 条规定，经特赦令免除刑罚的，不追究刑事责任，已经追究的，应当撤

---

① 《刑法》第 16 条规定：行为在客观上虽然造成了损害结果，但是不是出于故意或者过失，而是由于不能抗拒或者不能预见的原因所引起的，不是犯罪。

② 《刑法》第 20 条第 1 款规定：为了使国家、公共利益、本人或者他人的人身、财产和其他权利免受正在进行的不法侵害，而采取的制止不法侵害的行为，对不法侵害人造成损害的，属于正当防卫，不负刑事责任。《刑法》第 21 条第 1 款规定：为了使国家、公共利益、本人或者他人的人身、财产和其他权利免受正在发生的危险，不得已采取的紧急避险行为，造成损害的，不负刑事责任。

③ 山口厚. 正当防卫论. 王昭武，译. 法学，2015 (11).

④ 丹尼斯·贝克. 反思正当防卫：来自普通法的经验借鉴. 赵霞，译. 法学评论，2020 (2).

销案件，或者不起诉，或者终止审理，或者宣告无罪。此外，我国引渡法、香港特别行政区基本法、澳门特别行政区基本法中也有涉及特赦的规定。[①] 由此来看，特赦或者赦免作为我国法定免责条件并无不妥。

（四）拓展延伸阅读

法律责任的执行这一论题包括法律责任的免除（即“免责”）的内容。“免责”同“无责任”或“不负责任”在内涵上是不同的。免责以法律责任的存在为前提，是指虽然违法者事实上违背了法律，并且具备承担法律责任的条件，但由于法律规定的某些主观或客观条件，可以被部分或全部地免除（即不实际承担）法律责任。例如，我国刑法第 16 条规定：“又聋又哑的人或盲人犯罪，可以从轻、减轻或者免除处罚。”无责任或不负责任则是因其不具备法律上应负责任的条件，故没有，即不承担法律责任。例如，《刑法》第 15 条规定：“精神病人在不能辨认或者不能控制自己行为的时候造成危害结果的，不负刑事责任。”这两种情况时常被混淆。例如，许多论著和有些法规把未达到法定责任年龄、精神失常、正当防卫、紧急避险等不负法律责任的条件当作免除法律责任的条件。

——张文显. 法律责任论纲. 吉林大学社会科学学报，1991（1）.

第三部分 拓展阅读文献、案例研习与同步练习

第一节 拓展阅读文献

1. 张文显. 法律责任论纲. 吉林大学社会科学学报，1991（1）.

2. 哈特. 惩罚与责任. 王勇，等译. 北京：华夏出版社，1989.

3. 克里斯托弗·库茨. 责任. 杜宴林，译//朱尔斯·科尔曼，等. 牛津法理学与法哲学手册. 上海：上海三联书店，2017：606－652.

4. 皮特·凯恩. 法律与道德中的责任. 罗李华，译. 北京：商务印书馆，2008.

5. 刘作翔，龚向和. 法律责任的概念分析. 法学，1997（10）.

6. 吴昌宇，张恒山. 对法律责任的理解. 中央政法管理干部学院学报，1998（1）..

7. 张骐. 论当代中国法律责任的目的、功能与归责的基本原则. 中外法学，1999（6）.

8. 余军. 法律责任概念的双元价值构造. 浙江学刊，2005（1）.

9. 余军，朱新力. 法律责任概念的形式构造. 法学研究，2010（4）.

10. 翁文刚. 法律责任的构成要件与承担条件应予区分. 法商研究，2001（18）.

11. 蔡宏伟. “法律责任”概念之澄清. 法制与社会发展，2020（6）.

12. 朱振. 归责何以可能：人工智能时代的自由意志与法律责任. 比较法研究，2022（1）.

① 李寿伟. 慎刑恤囚：解读我国第八次特赦. 中国法律评论，2016（1）.

第二节 本章案例研习

西尔克伍德诉科尔—麦克基公司案

(一) 基本案情①

卡伦·西尔克伍德（Karen Silkwood）是科尔—麦克基公司（Kr-Me-Gee）下属西马隆工厂的实验分析员，该厂位于俄克拉荷马州克雷森特附近。这家工厂生产用于核电站的反应堆燃料的钚燃料棒。因此，根据美国原子能法案（42 U. S. C. § 2011 et seq.［1976 ed. and Supp. V］），该工厂要接受美国核能管理委员会（当时是美国原子能委员会）的授权和管理。钚是一种放射性化学元素，危害极大，极少的钚就可以致人死亡。西尔克伍德的工作是使用手套式工作箱研磨、抛光钚燃料棒。手套式工作箱是一个防止钚向外泄漏的封闭装置，它的上面有两个操作孔，附有两个密封手套，工人可以伸手进入，戴上内外封闭的手套进行工作，这样可以避免直接暴露在里面的污染物中。即使是这样，工厂还是要求工人们必须在每次伸手进箱前后都要检测是否受到了辐射。

1974 年 11 月，西尔克伍德在西马隆工厂被钚辐射。在她按照既定程序从手套式工作箱中取出手进行辐射检测时，检测设备显示她的左手、右腕、上臂、脖子、头发和鼻孔都受到了污染。她很快被送到隔离室，并进行了净化处置。第二天，西尔克伍德到达工厂，开始在实验室里做文书工作。离开实验室后，西尔克伍德对自己进行了检测，并再次发现了辐射。她再次被进行净化处置。第三天，西尔克伍德到达工厂后再次接受检测，并被检测到高密度的污染。当天早上提交的四份尿液样本和一份粪便样本也被高度污染。该公司怀疑污染已扩散到工厂之外，于是指示一个净化小组到她的公寓。西尔克伍德的室友，该工厂的另一名员工，经检测也受到了污染，尽管辐射程度不如西尔克伍德。然后，净化小组对公寓展开了检测，发现其中几个房间都有辐射，尤其是浴室、厨房和西尔克伍德卧室的污染程度比较高。西尔克伍德公寓中的辐射程度如此之高，她的许多个人物品不得不被销毁。她本人也被送到实验室，对她重要器官的辐射程度进行检测，检测表明，她的肺部也遭到了辐射。西尔克伍德决定将这一切公之于众。但那天晚上，她在一次与本案无关的车祸中丧生。

她的父亲比尔·西尔克伍德（Bill Silkwood）以其遗产管理人的身份提起诉讼，根据俄克拉荷马州法律的普通法侵权法原则，请求对卡伦·西尔克伍德因为辐射而遭受的人身损害和财产损失进行赔偿。

审判从 1979 年开始，并持续了十个月，是俄克拉荷马州当时持续时间最长的一次诉讼。本案的争点主要在于：其一，关于归责原则的问题，原、被告就该高度危险行业适用严格归责原则争议不大，主要的争点在于谁应当就钚如何跑出来的这一点承担证明责任，被告方提出，原告应当对此承担举证责任，而原告认为他们没有证明的义务。其二，严

① Silkwood v. Kerr-Mcgee Corp. -464 U. S. 238，104 S. Ct. 615（1984）.

格责任并非绝对责任，美国法允许加害方通过证明损害是由于受害人的过错、第三人的过错以及自然原因造成了损害而减轻或免除责任。因此，科尔—麦克基公司一直在试图证明卡伦·西尔克伍德受到辐射是因为“她有意把这个东西从工厂拿出来了”。其三，关于适用惩罚性损害赔偿金的问题。原告方主张7 000万美元的惩罚性损害赔偿金，以“制止那些错误的、粗劣的、蓄意的、鲁莽的、残酷的行为”，使美国工人不再“因受欺骗而失去生命”——对犯法者的惩罚有利于这个社会，但被告方提出抗辩，认为这种惩罚性损害赔偿金实在过重了，不利于美国核能工业的发展——生产的发展是美国社会所需要的。

科尔—麦克基公司承认造成这次污染的钚来自其下属的工厂，且陪审团明确拒绝了科尔—麦克基公司的指控，即卡伦·西尔克伍德是为了使公司难堪，所以故意将钚带离了工厂。除此之外，关于这次污染的原因，没有任何更多的事实发现。在审判过程中，有证据指出科尔—麦克基公司并不总是遵守美国原子能委员会的规定，但也有证据表明科尔—麦克基公司符合大部分联邦法规的规定。

初审法院裁定，科尔—麦克基公司并没有证明这次污染是发生在西尔克伍德工作过程中的。因此，法院指示陪审团对这次人身损害赔偿不得根据俄克拉荷马州《工人赔偿法》进行裁决，这一法案是为工作过程中遭遇到的意外人身伤害进行赔偿的唯一救济渠道。但是，法院要求陪审团根据严格责任和过失的理论对这些诉讼请求进行裁定。法院还指示陪审团就惩罚性损害赔偿金问题进行裁定。

最后陪审团给出了自己的裁定，科尔—麦克基公司承担损害赔偿金50 500美元、惩罚性损害赔偿金10 000美元。在联邦法院的上诉审判决中，损害赔偿金被减至5 000美元，并完全撤销了惩罚性损害赔偿金。但1984年美国联邦最高法院重新恢复了初审的裁定，并且在判决中规定“美国核能管理委员会设置安全标准的绝对权威并不能阻却对于州侵权赔偿法律的适用”。也就是说，即使科尔—麦克基公司的相关举措完全符合美国核能管理委员会设置的安全标准，也不能就此主张自己可以就俄克拉荷马州侵权赔偿免责。1975年科尔—麦克基公司关闭了它的核燃料工厂。1994年美国能源部报告称西马隆工厂已经得到净化并退役。

（二）法律问题

1. 西尔克伍德在西马隆工厂因遭遇到核辐射而受到的损失是否可以适用严格责任来要求其母公司科尔—麦克基公司进行赔偿？

2. 西马隆工厂按照美国核能管理委员会设置的安全标准采取了必要的措施，是否可以构成免责的条件？

3. 西尔克伍德的损失是否可以适用惩罚性损害赔偿金？

（三）法理分析

1. 如何理解严格责任？严格责任是指当被告造成了原告的某种明显的损害，即应对该损害负责，而不管行为人主观上是否存在过错。与严格责任相对应的是过失责任，即被告造成了明显的损害，且须有故意和过失。本案所涉及的是美国法上基于异常危险行为的严格责任，是指从事对周围环境具有异常危险的行为时所承担的无过错责任，在大陆法上被称为“危险责任”，在我国《民法典》中被称为高度危险责任。所谓异常危险行为，在美国的司法实践中一般是指“那些在那个时间、地点和环境下被认为是不寻常、很危险的行为，不管行为人多么谨慎和小心，都不可能排除它给人或财产带来严重伤害的可能性。”根据《美国侵权行为法第三次重述（草案）》（美国法律委员会 2001 年公布）第 20 条第 2 款的规定，从事异常危险活动的被告对由于其所从事的异常危险活动所引起的实质性损害承担严格责任，而一项活动构成异常危险活动需要满足以下两个条件：该活动是一种可预见的、非常明显的产生实质性损害的危险，并且该危险不能通过合理的注意而予以避免；该活动不是一项经常进行的活动。①

2. 严格责任是否是绝对责任？可以说，绝对责任是程度最严格的责任形式，它的适用不受被告人主观上是否有罪过的限制。严格责任不是绝对责任，严格责任主要考虑的是被告的行为与损害之间的因果关系。虽然严格责任的免责条件也是严格的，但也并不是不可抗辩的。例如，《美国侵权行为法第三次重述（草案）》第 25 条规定，如果原告对异常危险行为实质性损害的发生也存在过失，那么由于原告的过失所造成的那部分损害，被告不用承担赔偿责任。这一条实际上确认了原告的过失为被告减轻责任的事由。

3. 惩罚性损害赔偿与补偿性损害赔偿有着什么样的区别？惩罚性赔偿，全称为惩罚性损害赔偿，是一个相对于补偿性损害赔偿的私法概念，是指由法庭所作出的赔偿数额超出实际的损害数额的赔偿。损害赔偿制度的基本要求是，必须存在损害。所谓损害，有双重含义，一是指对一项权利（法益）本身的侵害；二是指对权利的侵害的后果。以第一种损害概念为基础的损害赔偿制度，其功能不限于对受害人的补偿，而且包含伸张或维护私权之义。立足于第二种损害概念的损害赔偿制度，主要发挥补偿受害人所受损失的作用。英美法系的损害赔偿采纳第一种损害概念，并由此确立了名义性损害赔偿规则。大陆法系的损害赔偿制度一般建立在第二种损害概念之上。我国立法与学说也采用第二种损害概念。无论对损害概念作何种理解，惩罚性赔偿必须以传统损害赔偿制度的损害概念为基础，这是将惩罚权分配给私人享有的重要根据，它在法律允许的限度内因应了人类的报复观念。②

（四）参考意见

在该案中，生产打磨钚燃料棒的活动显然构成异常危险活动，可以适用美国法上基于异常危险行为的严格责任，而且被告并没有证据证明原告在该事件中也存在过失，也没有提出其他免责要求，因此，被告的责任不应当被减轻。

要求被告承担惩罚性损害赔偿在美国侵权法中也有正当依据。美国侵权法中的“损害”指的是对一项权利（法益）本身的侵害，这种侵权损害赔偿责任的功能不限于对受害人的补偿，还有维护正义与权利的功能。鉴于核污染事件的严重性和高度危险性，在该类案件中惩罚性损害赔偿的适用可以促进核工业相关部门提高防范意识和防护标准，促进安全生产和作业。

① 赵家仪. 美国法上基于异常危险行为的严格责任. 法商研究，2004（2）：122－123.
② 朱广新. 惩罚性赔偿制度的演进与适用. 中国社会科学，2014（3）：116－117.

第三节　本章同步练习

一、选择题

（一）单选题

1. 张某过马路闯红灯，司机李某开车躲闪不及将张某撞伤，法院查明李某没有违章，依据《道路交通安全法》的规定判定李某承担 10%的赔偿责任。关于本案，下列哪一选项是错误的？（　　）（司考）

A. 《道路交通安全法》属于正式的法的渊源

B. 违法行为并非是承担法律责任的唯一根源

C. 如果李某自愿支付超过 10%的赔偿金，法院以民事调解书加以确认，则李某不能反悔

D. 李某所承担的是一种竞合的责任

2. 中学生小张课间打篮球时被同学小黄撞断锁骨，小张诉请中学和小黄赔偿 1.4 万余元。法院审理后认为，虽然二被告对原告受伤均没有过错，不应承担赔偿责任，但原告毕竟为小黄所撞伤，该校的不当行为也是伤害事故发生的诱因，且原告花费 1.3 万余元治疗后尚未完全康复，依据公平原则，法院酌定被告各补偿 3 000 元。关于本案，下列哪一判断是正确的？（　　）（司考）

A. 法院对被告实施了法律制裁

B. 法院对被告采取了不诉免责和协议免责的措施

C. 法院作出对被告有利的判决，在于对案件事实与规范间关系进行了证成

D. 被告承担法律责任主要不是因为行为与损害间存在因果关系

3. 甲因琐事与乙发生冲突，将乙打伤。甲赶紧打 120 电话，并随救护车将乙送往医院，乙被诊断为轻伤，经及时救治痊愈出院。甲支付了乙的医疗费等费用。事后，甲未被追究法律责任。根据上述材料，甲被免责的原因是（　　）。（考研）

A. 有效补救免责

B. 立功免责

C. 协议免责

D. 自助免责

4. 下列关于法律责任中“免责”的表述，正确的是（　　）。（考研）

A. 免责以法律责任的存在为前提

B. 免责意味着被免责的行为合法

C. 自助行为应当免除全部法律责任

D. 免责制度的目的在于保证无责任者不受法律追究

（二）多选题

1. 下列关于法律责任的表述，能够成立的有（　　）。（考研）

A. 法律责任的种类由法律加以明确规定

B. 法律责任的认定必须以行为人的主观过错为前提

C. 法律责任具有惩罚、救济和预防等功能

D. 法律责任可以通过责任主体自觉履行而实现

2. 下列情形中，体现责任自负原则的有（　　）。(考研)

A. 冯某因盗窃被判有期徒刑三年

B. 陈某饲养的狗咬伤邻家小孩，陈某为此赔偿五百元

C. 褚某因下级官员的渎职行为承担领导责任被撤职

D. 卫某因冒名顶罪被司法机关以包庇罪判处有期徒刑一年

二、案例分析题

1. 某公务员甲因情感纠葛与同事乙发生争执，将乙打伤。事后，甲所在的国家机关对其作出开除公职的处分，并移交司法机关处理。法院认为，甲的行为构成犯罪，判处甲有期徒刑 1 年，并赔偿乙的医药费。甲在狱中接受媒体采访时表示，今后要痛改前非，重新做人，并且希望他人从中吸取教训，不要重蹈覆辙。请运用法理学相关知识和理论，回答下列问题：

上述材料涉及哪几类法律责任？(考研)

2. 教师李某与银行职员刘某因争抢停车位发生冲突，刘某一怒之下将李某的汽车砸坏。李某报警后，县公安局对刘某作出行政拘留 5 日的处罚。处罚执行后，刘某为报复李某将其打成重伤。检察院以涉嫌故意伤害罪依法对刘某提起公诉。法院经审理认为，刘某将李某打成重伤，存在主观故意，构成故意伤害罪。法院根据我国刑法第 234 条及相关法律，判处刘某有期徒刑 5 年，赔偿李某人民币 7 万元整。结合上述材料，运用法理学的相关理论，回答并分析下列问题：(考研)

(1) 法院对刘某刑事责任的归结体现了哪些法律归责原则？

(2) 本案中出现了哪几种法律制裁形式？

三、论述题

1. 简述法律责任的构成要件。请结合所学知识，回答相关要点。(考研)

2. 简述我国法律的归责原则。请结合所学知识，回答相关要点。(考研)

参考答案及解析

一、选择题

(一) 单选题

1. 答案：D

解析：《道路交通安全法》属于正式的法的渊源；违法行为并非承担法律责任的唯一根源，还包括违约和法律直接规定的无过错责任；如果李某自愿支付超过 10% 的赔偿金，法院以民事调解书加以确认，则李某不能反悔，因为法院调解具有约束力；本案中李某承担的是单一责任，不存在责任竞合。

2. 答案：C

解析：本题中，依据公平原则，法院酌定被告各补偿 3 000 元。这表明法院对被告没有实施法律制裁，故 A 选项错误。法院对被告没有采取不诉免责和协议免责的措施，故 B 选项错误。法院作出对被告有利的判决，在于对案件事实与规范间关系进行了证成，故 C 选项正确，为本题的正确答案。法院要求被告承担法律责任是考虑原告毕竟为小黄所撞伤，该校的不当行为也是伤害事故发生的诱因，考虑了小黄的行为与小张的损害间存在因果关系，故 D 选项错误。

3. 答案：A

解析：甲和乙发生冲突并将乙打伤，甲拨打 120 电话，随着救护车把乙送到了医院。乙被诊断为轻伤，经过及时的救治痊愈出院，甲支付了乙的医疗费等费用。甲被免责的事由明显是有效补救，由于采取了有效的补救措施而使被侵权人乙的损失被得到填补，因此事后甲没有被追究法律责任。A 选项正确。案情中不涉及自助行为，甲乙之间没有先前的纠纷；而协议免责是基于合意而私了，但是本案没有涉及双方的合意；立功是指犯罪人犯罪后揭发他人犯罪行为查证属实，或提供重要线索得以侦破其他案件等行为，本案中不存在这类情形，B、C、D 选项错误。

4. 答案：A

解析：A 选项，免责是在已经成就责任的基础上，部分或者全部地免除责任的情形。免责的前提是有责任，如果连责任都没有，则没有免责的适用空间。A 选项正确。B 选项，免责的事由是多样的，比如时效免责、不诉免责、有效补救免责等。而行为合法，一般也不会产生不利的法律后果。B 选项错误。C 选项，免责只是意味着责任的免除，免除既包括全部免责也包括部分免责，并不一定必然能引起全部免责，应当具体情况具体分析。C 选项错误。D 选项，无责任者原本就不会受到法律的追究，也就没有必要进行免责。D 选项错误。综上，本题正确答案为 A。

（二）多选题

1. 答案：ACD

解析：A 选项，根据责任法定原则，一切的法律责任都要由法律明确规定，严禁法外追责。A 选项正确。B 选项，法律责任既包括过错原则，也包括无过错原则。B 选项错误。C 选项，法律责任具有惩罚、救济和预防等功能。对违法行为可以进行制裁，实现惩罚的功能，同时也能够起到威慑作用，以儆效尤，预防他人再次违法。C 选项正确。D 选项，法律责任是一种不利后果，可以由国家强制力介入保证实现，也可以由行为人主动承担。D 选项正确。综上，本题正确答案为 ACD。

2. 答案：ABCD

解析：A 选项，冯某因为盗窃被判了 3 年有期徒刑，自担犯罪行为而引发的刑事责任，A 选项正确。B 选项，陈某因为没有尽到管理义务，需要向被自己宠物咬伤的邻居赔偿。B 选项同样属于责任自负的情形。C 选项，褚某因为下级官员的渎职承担领导责任，这也属于责任自负的特殊情形，C 选项正确。D 选项，因为自己的冒名顶罪行为被司法机关判了一年，没有殃及无辜，自然属于责任自负，D选项当选。综上，本题正确答案为ABCD。

二、案例分析题

1. 参考答案：上述材料中涉及行政责任、刑事责任和民事责任。甲因打伤同事而被开除公职，属于行政责任；甲伤人行为被移交司法机关处置，由法院判决构成犯罪，被判处有期徒刑1年，属于刑事责任；甲依据法院裁判需要赔偿乙的医药费，属于民事责任。

2. 参考答案：(1) 第一，责任法定原则。罪刑法定是刑法的基本原则，也是责任法定原则在刑法中的体现。对行为人的追诉必须有刑法的规定作为依据。法院依据刑法判处刘某承担刑事责任体现了责任法定原则。第二，因果关系原则。刘某的主观恶意与刘某的违法行为之间、刘某的违法行为与李某受到的伤害之间均有直接的、客观的因果关系。第三，责任相称原则。刘某与李某因争执发生冲突，刘某因此将李某打成重伤且具有明显的主观故意，对其认定的犯罪罪名及判决其承担的刑事责任同其主观恶性与造成的损害相当，体现责任相称原则。第四，责任自负原则。刘某作为成年人，具有完全刑事责任能力，应为其犯罪行为所造成的后果承担刑事责任。

(2) 一共有3种：县公安局对刘某作出行政拘留5日的处罚属于行政制裁；法院判处刘某有期徒刑5年属于刑事制裁；法院判处刘某赔偿李某人民币7万元属于民事制裁。

三、论述题

1. 参考答案：参见马工程《法理学》教材第161－163页。

2. 参考答案：参见马工程《法理学》教材第166－169页。

第八章　法律方法

第一部分　本章知识点速览

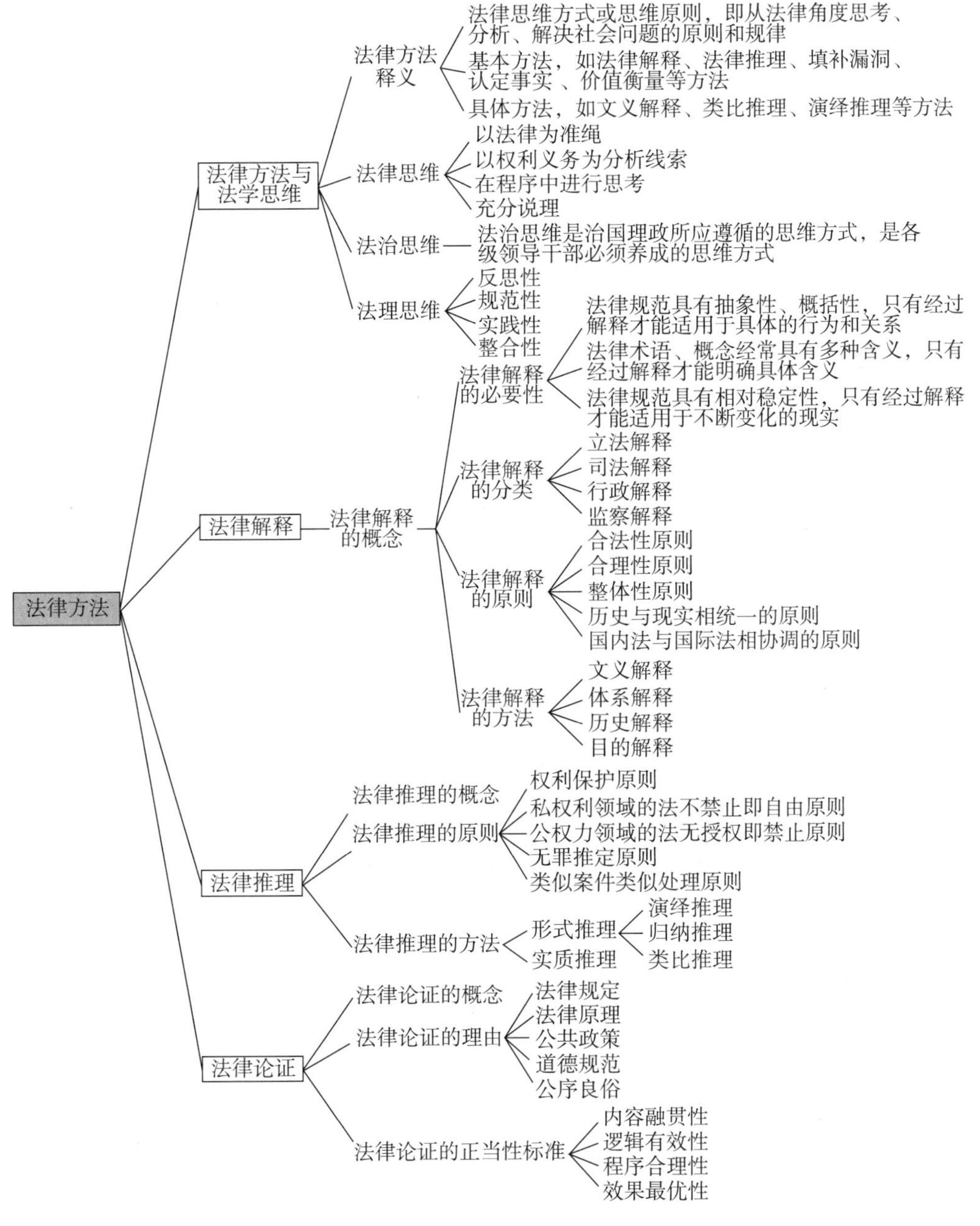

第二部分　本章核心知识要点解析

第一节　法律方法与法学思维

一、法律方法释义

（一）难度与热度

难度：☆☆☆　热度：☆☆

（二）基本理论与概念

1. 法律方法是指法律职业者思考、分析和解决法律问题的方式、技术、方法。

2. 法律方法大体上可以分为三个层次：第一层次，法律思维方式或思维原则；第二层次，基本方法，如法律解释、法律推理、填补漏洞、认定事实、价值衡量等方法；第三层次，具体方法，如文义解释、类比推理、演绎推理等方法。现代法律文明发达的重要标志是，法律方法越来越科学、先进和复杂，使人们能够更精准、更公正地分析和处理各种法律问题。

（三）疑难点解析

马工程《法理学》教材第二版将本章名称从之前第一版中的“法律技术方法”修改为“法律方法”，更加符合当前法学界关于这一领域的通用名称。而且与马工程第一版相比，法律方法一章内容得到了较大幅度的改变，结构更加合理，内容进一步充实，也体现了法律方法领域取得了较大程度的进展，相关讨论变得更加成熟。

在本世纪初，在法学界，关于究竟是使用“法律方法论”还是“法学方法论”用语的讨论，曾一时成为热议话题。受德国、日本以及我国台湾地区法学传统的影响，尤其是德国学者拉伦茨的《法学方法论》读者甚众，“法学方法（论）”的用语得到许多人的支持，而这里的法学指的便是“法教义学”[①]；而也有学者从法学的实践视角和职业性出发，认为“法律方法（论）”用语更能体现该领域的特点。[②] 不过，近些年来，该领域的学者都不再将这一用语的差异当作根本性的分歧：无论是法律方法抑或法学方法，都是用来指称关于法律解释、法律推理、法律论证等法律适用方面的研究的，它们都是以法教义学为基础的，以法律适用方法为核心的，都与“法学研究方法”不同（因此与以社会科学方法为特征的“社科法学”等研究领域不同）。例如，舒国滢教授主编的《法理学导论》（2019 年第三版）便强调，从广义上讲，法学方法包括法学建构的方法、法学研究的方法和法律适用的方法；从狭义上讲，法学方法主要是指法律适用的方法。而且由于法学是实践知识或实践学问，无论是法学建构，还是法学研究，均具有实践的指向，在法律实践中，法律适用总是居于核心的地位。需要大家注意的是，在德国法学传统中，通常治学的方法只有一种即法教义学的方法（法学方法），也就是法律解释、漏洞填补等

---

① 例如：王夏昊. 缘何不是法律方法——原本法学的探源. 政法论坛，2007（2）.

② 例如：姜福东. 为什么不是“法学方法”——与王夏昊先生商榷. 浙江社会科学，2008（10）.

方法。[①] 因此，在这个意义上，法学方法也就是法律方法。

另外，关于法律方法的特征，张文显教授主编的《法理学》（2018 年第五版）中强调了法律方法的三个基本特征：法律方法是法律人思考和解决问题的职业方法；法律方法是根据法律理念、原则和规则思考和解决问题的方法；法律方法以司法实践问题为导向。

（四）拓展延伸阅读

法律方法问题在德国长期以来不受欢迎，即使对著名学者和实践家而言也不例外。直到 20 世纪 60 年代，法学方法才走进法律课堂。更有甚者，对方法论问题的研究被认为患了综合征，而且不仅是门外汉这样认为。

几年之后（1933 年后）则表明，倘若（当时）及时地研究法律方法论，可能非常有帮助。倘若注重了方法问题，那么参与其中的法学家可能就不会对民族社会主义中整个法律秩序通过解释而发生的嬗变那么狂热了。如果（当时）对他们的行为进行反复的分析，就能使他们明白，“民族分裂更新”只不过是将新的世界观添加到现行的法律秩序中的做法。

如果考察一下法律方法在宪法更迭或政治更迭中的作用的历史经验，就可以明显地看出其批判功能。任何以研究法律规范的历史和规范目的为出发点的方法论将不可避免地促使该方法的适用者面临是否有意识地背离立法初始目的的冲突局面。可见，他自己是清楚对法律的背离和更换评价标准的。他必须说明，为什么要背离，为什么要使新的价值标准有效；他看到自己正在转变法的价值。反之，任何放弃探求立法确定的规范目标的人，就意味着他有意识地选择了方法上的“盲目飞行”。他放弃去认识对立法意志可能的背离。

加强在历史上不断丰富的法律方法意识具有法律实践与宪法政治的意义，但是这一点常常被低估。科学认知的可靠性及其成果对社会的有用性在很大程度上取决于科学自身是否有能力并准备认识并纠正自身的弱点和缺点。这也是法律方法论的主要任务之一。法律方法论在对若干时期的法律方法实践的概述和分析中表明，借助什么工具能够对法律内容及其在法律实践中的贯彻产生什么样的影响。因此，对任何法律适用职业的自我认识和作用方式而言，方法可以是有效的监督工具。而对法的内容的实质公正性、适当性或者“正确性”，它只能按照无矛盾性的要求进行形式上的阐述。即使最完美的法律方法论，也是价值中立的。因此，它是将法律规范转化为社会和政治现实的有效工具。所以，它有利于转化为任何立法中现有的价值判断。不过，对这种价值的实质性的、道德的属性，方法论则不具备说服力。方法论决定着法律适用的质量。对法的内容的质量而言，它仍然是中立的。

——魏德士. 法理学. 丁晓春，吴越，译. 北京：法律出版社，2005：281，409 - 410.

二、法律思维

（一）难度与热度

难度：☆☆ 热度：☆☆

---

① 卜元石. 德国法学与当代中国. 北京：北京大学出版社，2021：3 - 9.

（二）基本理论与概念

1. 法律思维是指按照法律的逻辑（包括法律规则、原则和精神）来观察、分析和解决社会问题的思维方式。法律思维方式的重心在于合法性的分析，即围绕合法与非法来思考和判断一切有争议的诉求、利益、行为。

2. 法律思维的特征：

第一，以法律为准绳。

第二，以权利义务为分析线索。

第三，在程序中进行思考。

第四，充分说理。

（三）疑难点解析

法律思维是马工程《法理学》教材第二版新增加的内容，但它早已经是法理学与法律方法中很常见的内容。尤其是关于“法律人思维”或者所谓“像法律人那样思考”的讨论一时成为热点话题①，也加深了学界对于这一问题的思考深度。

虽然舒国滢教授主编的《法理学导论》（2019 年第三版）中所使用的术语是“法学思维”，但其所指称的也是像法律职业人那样去思考问题的思维方式，在其看来，法学思维有五个特点：是实践思维；是以实在法（法律）为起点的思维；是问题思维；是论证的思维、说理的思维；是评价性思维。

（四）拓展延伸阅读

全世界的法学院都号称教学生如何“像法律人那样思考”。法学院认为，学习法律的主要目的并不在于掌握堆积如山的法律规则，因为法律规则远非三年法学教育所能教完的。更何况，学生在法学院中学到的许多法律规则在他们从事法律实务时都会发生改变。法学教育也不在于告诉学生在法庭上该站在哪里或者怎么写一份遗嘱，因为对于这类技巧，相比于大学，学生在实务中会学得更好。了解一些法律规则、掌握一些法律职业技巧对于胜任法律实务来说当然很重要，在法学院学习期间当然也能有效地积累起一部分知识，但真正能将法律人和其他人区分开来的标准，在于能否掌握一些论证和决策的能力，它们笼统地被称作法律推理。所以，法学院坚决认为，即便确实传授法律规则和实践职业技巧，但最重要的使命是通过训练让学生掌握法律论证、法律决策和法律推理的技艺。

——弗里德里克·肖尔. 像法律人那样思考：法律推理新论. 雷磊，译. 北京：中国法制出版社，2016：1.

三、法治思维

（一）难度与热度

难度：☆☆　热度：☆☆☆

（二）基本理论与概念

法治思维是指依法治理、依法办事的思维方式，是把对法律的敬畏、对规则的坚守、

① 例如：苏力. 法律人思维？//北大法律评论：第 14 卷第 2 辑. 北京：北京大学出版社，2013：429－469；孙笑侠. 法律人思维的二元论：兼与苏力商榷. 中外法学，2013（6）.

对程序的遵循转化成思维方式和行为方式。

（三）疑难点解析

法治思维是马工程《法理学》教材第二版新增加的内容，是因应时代变化新增加的知识点。党的十八大报告提出，“法治是治国理政的基本方式”，“提高领导干部运用法治思维和法治方式深化改革、推动发展、化解矛盾、维护稳定能力”。由此来看，法治思维是治国理政所应遵循的思维方式，是各级领导干部必须养成的思维方式，它是对人治思维的革命。法治思维的内容十分丰富，包括人民民主思维、法律至上思维、依法行权思维、公平合理思维、法律责任思维、权力制约思维、利益平衡思维等。

（四）拓展延伸阅读

法治思维和法治方式是对人治思维和人治方式的革命。习近平指出，提倡法治思维和法治方式，实质是把对法治的尊崇、对法律的敬畏转化成思维方式和行为方式，做到在法治之下，而不是法治之外，更不是法治之上想问题、作决策、办事情；其关键是守规则、重程序，做到法定职责必须为、法无授权不可为，尊重和保护人民权益，自觉接受监督。坚持法治思维和法治方式，要抓住领导干部这个关键少数。各级领导干部要做尊法学法守法用法的模范，提高运用法治思维和法治方式的能力，努力以法治凝聚改革共识、规范发展行为、促进矛盾化解、保障社会和谐；牢固树立宪法法律至上、法律面前人人平等、权由法定、权依法使等基本法治观念，彻底摈弃人治思想和长官意志，决不搞以言代法、以权压法；努力营造办事依法、遇事找法、解决问题用法、化解矛盾靠法的法治环境。

——张文显．治国理政的法治理念和法治思维．中国社会科学，2017（4）．

第一，法治思维是受规范和程序约束、指引的思维。

第二，法治思维在现阶段主要是指限制、约束权力任意行使的思维。

第三，法治思维在价值追求上是一种趋于实现公平、正义，保护权利、自由的思维。

第四，法治思维是理性思维，是讲究逻辑推理、修辞论辩和解释技术的思维方式。

——陈金钊．对“法治思维和法治方式”的诠释．国家检察官学院学报，2013（2）．

四、法理思维

（一）难度与热度

难度：☆☆　热度：☆☆☆

（二）基本理论与概念

1．法理思维是指基于对法律、法治本质意义和美德的追求、对法律精神和法治精神的深刻理解，以及基于良法善治的实践理性而形成的思维方式。

2．法理思维的特征：反思性；规范性；实践性；整合性。

（三）疑难点解析

法理思维是马工程《法理学》教材第二版新增加的内容。在张文显教授看来，法理思维反映了法学思维和法学方法论（法律方法论）研究与实践的最新成果，也标志着我国法理学研究的深化和拓展。法理思维作为一种既包容又超越法律思维和法治思维的新的法学思维范式，将引发法学思维发生质的飞跃，推动法学方法论的深刻变革。法理思维把民主、人权、公正、秩序、良善、和谐、自由等价值精神融入法律和法治之内，因而更具包容性、综合性、协调性和公共理性。

（四）拓展延伸阅读

法理思维的整合性体现在诸多方面：

首先，法理思维包容了法律思维和法治思维。

其次，法理思维是借助综合因素进行的整全性思维。

再次，法理思维还具有重要的社会整合功能。

——张文显．法理思维的基本特征．法制日报，2019-03-20（9）．

一、法理思维生成“规则”“合法”“正当”三维融合的法学思维新体系。

二、法理思维促成“明法”“言情”“说理”三元共建的法治实践。

三、法理思维彰显“公正”“人权”“和谐”三位一体的法的核心价值。

——郭晔．法理思维论——新时代法学思维体系的变革．现代法学，2020（6）．

第二节　法律解释

一、法律解释的概念

（一）难度与热度

难度：☆☆　热度：☆☆

（二）基本理论与概念

1．法律解释是通过对法律、法规等法律文件条文、概念、术语的说明，揭示其中所表达的立法者的意志和法的精神，进一步明确法定权利和义务或补充现行法律规定不足的一种国家活动。只有被授权的国家机关才能进行法律解释，法律解释属于官方解释或有权（有效）解释。

2．法律解释的必要性：（1）法律规范具有抽象性、概括性，只有经过解释才能适用于具体的行为和关系；（2）法律术语、概念经常具有多种含义，只有经过解释才能明确具体含义；（3）法律规范具有相对稳定性，只有经过解释才能适用于不断变化的现实。

（三）疑难点解析

在理论层面上如何界定法律解释，素来有不同的见解。第一，最广义的解释包括所有对文化客体的理解，例如对一个雕塑的理解；第二，广义的解释是指对语言或任何其他有意向的交往系统的解释，这种解释是指接受或获得信息的人能够将其作为具有一定意义的东西来理解它，包括对任何语言信息的理解；第三，狭义的解释是指，在一种特殊语境或者交往行动中，对于所用语言的理解存在疑问，也就是说，该语言在其中有不同的意义选项，对于哪一种意义应该被归于这个具体交往行动，或者说，该语言在这个具体语境中的意义是什么，人们产生了争议或疑问。因此，在狭义的解释情形下，涉及对于语言的不同意义的选择问题。① 法律解释就属于一种狭义解释，即有关主体根据立法原意、法律意识和有关需要对法律和其他规范性法律文件的内容、含义和有关术语所作

① NEIL MACCORMICK，ROBERT S SUMMERS. Interpreting statutes：a comparative study. Ashgate Publishing，1991：12-13.

的说明、解答或阐述。特定国家的法律是以日常语言或借助日常语言而发展出来的术语表达的，这些用语具有歧义性、模糊性和价值的开放性，也就是说，它们具有意义的选择空间和多种说明的可能性。这就意味着全部的法律文字在原则上是都可以解释的，并且需要解释。[①] 在这个意义上，法律适用的过程就是一个法律解释的过程。

需要注意的是，马工程《法理学》教材、张文显教授主编的《法理学》（2018 年第五版）等教科书则采纳了更为狭窄的法律解释概念，将其明确界定为官方解释或有权（有效）解释，而将学理解释排除出法律解释的范畴。不过，孙国华、朱景文主编的《法理学》（2021 年第五版）对这种狭窄的法律解释概念进行了批判："承认狭义的法律解释的概念，可能会导致这样的谬误：似乎只有法定的机关解释法律，其他组织和人员甚至法官都不解释法律。公民要加强法律意识、学法懂法，怎么就不可以对法律有自己的理解和看法呢？法学教学中怎么能脱离开教学人员对法律的理解和说明呢？法律解释是一回事，不同主体对法律的解释有无法律上的约束力又是一回事。"因此，沈宗灵教授主编的《法理学》（2014 年第四版）、舒国滢教授主编的《法理学导论》（2019 年第三版）等教科书则将法律解释界定为一切对法律法规的内容所作的必要的理解和说明，既包括正式解释（法定解释），也包括非正式解释（非法定解释）两种。前者便是马工程《法理学》界定的法律解释，而后者既包括所谓的"学理解释"，也包括"任意解释"（在司法活动中的当事人、代理人或公民个人在日常生活中对法律所作的解释）。

如何把握法律解释的概念，我们还需要注意到法律解释具有以下特点：（1）法律解释的对象是法律规定及其附随情况，即法律解释的对象是特定的；（2）法律解释具有实践性，或者说，法律解释主要是在确定个别案件中当事人的权利与义务的时候发生的；（3）法律解释的过程不能以否认或者怀疑解释的前提——法律规范为条件；（4）法律解释具有目的性；（5）所有的解释活动都要受到"解释学循环"的制约。[②]

（四）拓展延伸阅读

（1）法律解释的对象——法律文本

法律解释的对象又称法律解释的标的，学界对此存有争议。有的认为法律解释的对象为法律文本，即制定法规范及习惯和判例。有的认为是法律规范的"条文"和它的附随情况，附随情况指立法过程中的一切记录、文件、立法理由书等资料。有的则认为包括法律文本和法律事实。这里将法律解释的对象限于文本，在解释者不能确定文本的意义时，必然需借助文本以外的东西。

因此，对"附随情况"的考察只是为了寻找解释的依据，使解释更可信，而不能称之为解释的对象。法律事实，严格讲指事实，也不属法律解释而是事实解释。至于法律行为如合同，因兼具法律与事实两重属性，对法律行为的解释既是法律解释也是事实解释。

（2）法律解释的目的——确定立法的原意

为何解释，是要结合事实确定法律规范的语词含义。含义和意义有别，含义是语词本身的意思，而意义是语词以外的东西，它与使用者的目的、使用场合相关。例如住宅

---

① 拉伦茨. 法学方法论. 陈爱娥，译. 北京：商务印书馆，2003：85.

② 舒国滢. 法理学导论. 3 版. 北京：北京大学出版社，2019：230－231.

的含义为人日常休养生息的封闭场所，在人权视角下其意义是“风能进，雨能进，国王不能进”的个人堡垒，而在受父母虐待的孩子看来无异于牢笼。意义的指向可以“感时花溅泪，恨别鸟惊心”“情人眼里出西施”来理解。什么是法律规范的语词含义，当首问立法者的原意。

（3）确定立法者意愿的方法——法律解释及体系构成立法者的原意可通过字义解释、体系解释和历史解释三种方法来获得，因此，法律解释方法的范围仅限于这三种。这三种方法首先是解释学说，而后才成为法律解释的应用惯例，鲜有制定法对它们予以规定。在法律解释的体系构成上，如果将解释的含义限定在追寻立法者原意上，流行的客观目的解释则不属于解释。比较法解释也并不构成单独一类且并非解释，人们在运用其他方法中均可以采用比较方式，如中西“司法解释”的字面含义比较，中美产品责任法的客观目的比较，比较的目的是增强说服力或寻找根据。同理，社会学解释不是法律解释，而是从社会事实角度论证结论的合理性，属法律论证，如一些前店后舍的两用房屋、船民用作打鱼并生活的渔船，习惯上被理解成住宅，而这种理解与立法者原意无关。

——郑永流. 法律方法阶梯. 北京：北京大学出版社，2008：141-142.

一、法无解释不得适用：第一，法律解释有利于实现立法的目的，发挥法律的社会效果；第二，法律解释有利于克服机械适用法律，保障法律的准确适用；第三，法律解释有利于保障法律适用的统一性；第四，法律解释有利于约束法官的自由裁量权，保障法官依法公正裁判；第五，法律解释有利于保障人们行为的合理预期，实现法律的安定性。

二、法律解释是发展和完善立法的必要途径。

三、法律解释是增进判决的说服力和权威性的有效方法。

——王利明. 论法律解释之必要性. 中国法律评论，2014（2）.

二、法律解释的分类

（一）难度与热度

难度：☆☆　热度：☆☆

（二）基本理论与概念

1. 在我国，法律解释可以分为立法解释、司法解释、行政解释和监察解释。

2. 一些法学著作将法学教学研究人员对有关法律或法律条文所进行的理论阐释或注释称为“学理解释”。这种解释具有学术性、理论性、相对自由性等特点，没有法律上的约束力。它们并不属于法律解释的范畴。

（三）疑难点解析

关于正式法律解释的分类，除了大部分法学教材都会涉及的立法解释、司法解释、行政解释之外，马工程《法理学》教材增加了“监察解释”：“国家监察委员会在执法过程中就如何具体应用法律和监察法规的问题所作的解释。这种解释对全国监察工作具有指导意义和效力。”

（四）拓展延伸阅读

司法解释是否具有“造法”性质？对此学者们有不同回答。就中国司法解释的实践看，人们都不否认司法解释除了适用法律外，还起到弥补立法不足的作用，包括补充立法规定的缺漏和解决法律中的矛盾。但是，在理论上是否应该承认这种具有现实性的“越权”现象也具有合理性呢？对于这个问题，尽管目前有越来越多的学者开始采取肯定态度，多数学者却不认为具有合理性。例如，有的学者婉转地指出，司法解释中虽然有一些现行法律中并无直接规定的规定，但这种情况很少，主要是因为立法不完备，而且这些规定也都符合宪法、法律与有关政策，有利于社会秩序的稳定和法制建设，所以，它们并不意味最高司法机关有权创造法律。也有的学者态度鲜明地认为司法解释要遵循合法原则，不能超越职权范围修改、变更法律条文的内容，作出“越权解释”，侵犯立法权或者行政权，更不能脱离法律的规定，创制新的法律规范。

——张志铭．当代中国的法律解释问题研究．中国社会科学，1996（5）．

三、法律解释的原则

（一）难度与热度

难度：☆☆　热度：☆☆

（二）基本理论与概念

1．合法性原则，这里的“法”既指宪法、法律、法规等法律文件关于解释主体及其解释权限和程序的规定，又指法之成为法的效力标准。

2．合理性原则。这里所说的“理”包括情理、公理、道理。

3．整体性原则。

4．历史与现实相统一的原则。

5．国内法与国际法相协调的原则。

（三）疑难点解析

法律解释的目标在于探究法律文本的意思，对于这一问题有所谓的主观说（原意说）与客观说（文本说）之争。①

1．主观说。法律解释的目标应当是探求历史上的立法者事实上的意思，即立法者在制定法律时的意图和目的。这种观点得以形成的理由是：首先，法律语词中表达的明确的含义就是立法者所要表达的意思，反过来说，立法者为什么要通过严格的立法程序制定法律，是因为立法者想利用法律来给社会传达自己的意愿，那么法律解释就应该严格地将立法者所要表达的真实的意思揭示出来，即回到立法者的本来意图和目的中去。其次，立法者真实原意的寻找是可能的，因为立法原意的探求不仅可以依靠法律语词本身，而且借助制定法律时依据的历史材料能较客观地回溯到立法时的意思本身。所以，可以通过对立法文献加以研究去探求历史的事实。最后，尤其基于对权力分立和制衡原则的坚持，必须回到法律制定者的本来意思表达中去，因为立法者的意思是法律适用的决定性因素。如果放弃这一点，让适用法律的人根据自己的立场来解释法律的话，那么法律可能会被滥用，因为适用法律的人由于法律解释的原因又成为制定法律的人，这是现代三权分立的政治体制最不能容忍的。

2．客观说。法律自从颁布时起，就脱离了原有的立法机关成为一个独立的客观存在

---

① 舒国滢．法理学导论．3版．北京：北京大学出版社，2019：232－234；雷磊．再论法律解释的目标——德国主/客观说之争的剖析与整合．环球法律评论，2010（6）．

物，因此具有自身的含义，法律解释的目标就是探求这个内在于法律的意旨。这种观点形成的理由是：首先，由于在实际的立法过程中存在不同的立法主体，存在不同的主张和观点的争论，往往一个法律条文或一个法律规范本身就是不同立法意志妥协的产物，因而，人们很难确定谁的意图在最终意义上是主导某个法律规定或某个法律的，甚至也很难说清楚某个法律条文是哪些立法者的共同的意思表示。也就是说，真正的独立的立法者是不可能存在的，那么，探究立法者的单纯的立法意图也是不可能的。其次，更为重要的是法律一旦被制定出来，不会像人们想象的那样还会附属于立法者，相反，法律是脱离了立法者，成为一种具有自己品质的客观存在。同时，即使存在立法者一定的意图，而且这种意图可以通过立法文献来被辨识和取得，但它已经不具有立法上的效力，而仅仅是对立法历史过程的一种推测。更何况，在一个法治国家，人们所要遵守和追求的是客观的法律文本本身，不可能是主观的立法者的意图。最后，由于法律的经验品质的要求，坚持从文本来解释法律，可以很好地使法律本身能够适应发展变化的社会生活，这样法律才能真正取得良好的社会效果，实现法律解释的补充和创造法律的功能。

根据不同的法律解释目标学说，法律解释方法的优位顺序也可能是不同的。通常来说，主观说的方法次序是：语义学解释＞发生学解释＞体系解释（广义）＞客观目的论解释。而客观说的次序是：语义学解释＞体系解释（广义）＞客观目的论解释＞发生学解释。

（四）拓展延伸阅读

解释的对象是“承载”规范意义的制定法文本，解释就是要理解这种意义。如果我们从文义入手，那么“解释”就是将已包含于文本之中，但被遮蔽的意义“分解”、展开并且予以说明。透过解释，这项意义就可以被“谈论”，也就是说，它能以其他词语更清楚、更精确地表达，并且能够被用于交流。解释过程的特征是：解释者只想谈论文本本身，并不想添加或忽略什么东西。当然，我们很清楚，解释者绝不只是纯粹被动地作为……在事前对要处理的事物一无所知的人面前，文本什么都不会说。它只向对它提出正确问题的人作答。要适用某一制定法的人必须先将未经加工的案件事实，转化为最终的案件事实之后，才能提出问题。为了以正确的方式提问，他需要了解制定法的语言以及规范所在的规则体的结构关联。至少是以提问的方式，解释者不可能不涉入解释结论的形成中。因为提问方式同时也限定了可能的答案。稍后我们会看到，法院对规范所作的每一个新的解释，就其会产生范导作用而言，也会改变实际的规范适用，也就是说会改变规范的实践。然而，一般情况下这并非解释者的意图；他只是想认识，按照正确的理解，规范“原本要表达的内容”。他不只想提出他的解释，也想给出规范本身、规则体的关联结构所要求的解释；他意图借着自己的陈述，让规范“自己开口”。这是我们采取的出发点；至于仿佛在解释者背后，悄悄地通过将经过解释的规范作为事实上适用的规范而可能导致并且经常导致的变化，我们将在下一章讨论。

在 19 世纪后半叶的法哲学和方法论文献中，关于制定法的解释目标已经形成两派观点：一派是“主观理论”或“意志理论”，认为制定法之解释应以研究立法者的历史一心理意志为解释目标；另一派是“客观理论”或称制定法内在意义理论，该理论以阐明制定法本身内在固有的意义为制定法解释的目标。主观解释理论的代表人物有温德沙伊德和比尔林，某种意义上菲利普·赫克也属于这一阵营，而客观解释理论的代表则有科勒、宾丁以及瓦赫，后期代表人物有拉德布鲁赫、绍尔和宾德尔。这两种理论学说的对峙在当代仍在继续，甚至在同一本著作中以及各高等法院之间也存在这种情况。

两种学说都只包含了部分真理，因此都不能毫无保留地接受。主观理论的真理性在于：法律法则与自然法则不同，它是由人类为人类而创造的，它表现了立法者创造某种满足正义可能性和社会需要的秩序的意志。制定法背后隐含了立法参与者追求的某种确定的调整意图、价值、欲求以及对于事理的考量。正如我们的法秩序要求的“受制定法的约束”（《基本法》第 20 第 3 款、第 97 第 1 款），不仅指受制定法文本约束，也包含受制定法立基于其上的（立法当时的）立法者的价值评价和意图的约束。但这还不是全部。而客观理论的真理性就在于：制定法一旦开始适用，就会发展出自身特有的实效性，其将超越立法者当初的意图。制定法涉入的是立法者当时不能全部预见的丰富多彩且变动不居的生活关系；它必须对一些立法者根本没有考虑到的问题做出回答。随着时光流逝，它仿佛逐渐发展出自己的生命，并因此远离它的创造者最初的想法。就此而论，制定法与其他精神作品并无不同。适用中的制定法属于（尼古拉·哈特曼提出的位阶理论中的）客观精神这一存在位阶。它的特征在于它既非物理的，亦非心理上的存在，而是精神的存在，它存在于时间中并与时俱进。纯粹“主观的”解释理论不能切合此事实。

相应地，制定法解释的目标最终只能是：确定制定法在现今法律上的标准意义，也就是确定制定法的规范性意义。而只有同时考虑历史上的立法者的调整意图以及其具体的规范立场，而绝不可能完全独立于它，如此才能确定制定法在法律上的标准意义。这个意义是一种思考过程的结果，当其时，所有上述已经提及的因素，不论是“主观的”或是“客观的”，都应一并考虑，而且这个过程——正如已经指出过的——原则上是没有终点的。

——卡尔·拉伦茨. 法学方法论. 黄家镇，译. 北京：商务印书馆，2020：395 - 396，398 - 402.

四、法律解释的方法

（一）难度与热度

难度：☆☆☆　热度：☆☆☆

（二）基本理论与概念

法律解释的方法：文义解释；体系解释；历史解释；目的解释。

（三）疑难点解析

不同法律人职业共同体的法律解释方法的种类不同，而且不同法学家所总结的法律解释方法的种类也是不同的。例如，舒国滢教授主编的《法理学导论》（2019 年第三版）认为，法律解释的方法大体上包括文义解释、历史解释、体系解释、目的解释等。张文显教授主编的《法理学》（2018 年第五版）将法律解释方法分为一般解释方法与特殊解释方法两大类：一般解释方法，亦称常规解释方法，包括语法解释、逻辑解释、历史解释、目的解释、当然解释等；特殊解释方法亦称非常规解释方法、自由解释方法，包括扩张解释和限缩解释两种情况。孙国华、朱景文主编的《法理学》（2021 年第五版）认为，法律解释可以分为语义解释和论理解释，前者包括字意解释和语法解释，后者包括体系解释、历史解释、目的解释、社会学解释和比较法解释等。张志铭教授所著的《法律解释学》（中国人民大学出版社 2015 年版）提出，主要的法律解释方法包括语义解释，又称语法、文法、文理、文义等解释；体系解释，又称逻辑、系统等解释；法意解释，又称立法、历史、沿革等解释；目的解释；扩充解释；限缩解释；当然解释；合宪性解释；比较法解释；社会学解释；反对解释（反面解释）。我国台湾地区学者杨日然所著的《法理学》（三民书局 2005 年版）则认为，法律解释方法包括文义解释、体系解释和社会法学的解释。

每种解释方法有其各自特殊的功能。语义学解释和立法者意图或目的解释实质上使法律适用者在做法律决定时严格地受制于制定法；相对于其他的法律解释，这两种法律解释方法使法律适用的确定性和可预测性得到最大可能的保证。历史解释和比较解释容许了法律适用者在做法律决定时可以参酌历史的法律经验和其他国家或社会的法律经验。体系解释有助于避免使特定国家的法秩序产生矛盾，从而保障法律适用的一致性。客观目的解释可以使法律决定与特定社会的伦理和道德要求相一致，从而使法律决定具有最大可能的正当性。各种法律解释方法之所以具有不同的功能，是因为它们在法律解释中考虑的因素不同或提出问题的视角不同。而这就意味着在具体的情景下按照不同的解释方法对同一个法律规定进行解释可能会得出完全不同的解释结果，也就是说，不同的法律解释方法可以被用来证成不同的法律决定。这种结果的出现就导致了法律适用的不确定性。消除这种不确定性的最好或最终方法是在各种法律解释方法之间确立一个位序或位阶关系。在这个意义上，法律解释最为困难的问题在于解释方法的排序问题。雷磊教授所著的《法理学》（2019 年版）提出，解释方法的顺序问题涉及的是形式价值与实质价值之间的优先性问题，问题的解决取决于我们如何来理解“法治”或“合法性”的内涵。一般而言，法学方法论认为形式价值初步优先于实质价值，因此基本排序为：文义解释→发生学解释→历史解释→比较解释→客观目的解释。至于体系解释的位置，是有争议的（有的学者认为应紧跟文义解释、在发生学解释之前，有的学者则认为应在发生学解释与历史解释之间）。在这个排序中，文义解释所带来的法的安定性和可预测性最强，而客观目的解释最弱；文义解释赋予法官的自由裁量权最小，而客观目的解释赋予法官的自由裁量权最大。同时，之所以称之为“初步优先”，是因为这是一种柔性的顺序，因而不是绝对的：当具备更强理由时，可逆转优先次序。因此，解释方法只能提供帮助法官进行法律论证的形式，它们能辅助而不能取代实质论证。司法裁判结论的正当性最终取决于个案论证体现出的实质判断及其可接受性。

（四）拓展延伸阅读

法律解释方法

第一款　字义

任何文本的解释都始于对文字文义的解释。我们将文义理解为某一措辞或者文字组合在一般的语言用法中应该具有的意义，或者是按照言说之时的特殊语言用法组成之语句的意义，在这里指的是相关制定法的特殊语言用法。之所以首先考虑从语言的用法开始，是因为能够假定：想说点什么的人通常都会用能让他的意思被人理解的方式来运用语词。立法者常运用一般的语言，因为一般而言立法是要适用于国民的，因此希望他们能够理解法的含义。此外，立法者还广泛地运用法学专业术语，借此他能够进行更精确的表达，而不用作很多繁琐的说明。同样，这些专业术语也经常以一般的语言用法为基础，因为法律是适用于所有人，进而涉及所有人，故而不能放弃最低限度的可理解性。在涉及一般人的领域，也就是说，在日常事务领域，法律语言已经成为一般用语的组成部分，即便它的使用未必如此精确。借此，每个人拥有了直接进入法世界的通道，又由于现行法秩序是社会环境的一部分，为了熟悉社会环境，人们也需要这样一个通道。基于此，制定法的语言不能像其他一些科学部类的语言那样如此远离一般的语言用法。法律语言是一般语言的特殊运用，但绝不是与后者完全脱离的符号语言。就像我们一再强调的，这意味着：法律语言不能达到像符号语言那样的精确度，它的措词表达总是需要解释。

第二款　制定法的意义脉络

当按照语言用法，某一术语有多种意义变化时，一般情况下可从其身处的脉络关联中获知在当时情况下应该选择哪种意义，即便这种选择未必总是最终精确的。正如对某段文字的理解可以从文本的上下文脉络来确定，制定法中某个语句或者表达也可以以同样的方式从制定法的意义脉络来理解。这里涉及的与前述（第一章第三节第二款）所谓的“诠释学上的循环”的最简单形式并无不同。一如前述（第二章第二节），制定法多半是由不完整法条，即说明性的、限制性的或指示参照性的法条所组成，它们需与其他条文结合才构成一个完整法条，或者相互结合成一个规则体。人们只有视其为规则体的组成部分，才能获得个别法条的意义（第二章第三节）。

因此意义脉络标准要求首先考虑文本的上下文关系，这是理解任何具有意义关联性的谈话或文字所必需的。此外，这一标准也意指规则体内部各个条文在事理上的一致性，进而包括对制定法的外部安排及其赖以为基础的概念体系的考虑，然而，这些对于解释都只有有限的价值。只有当人们追溯到制定法的目的、制定法赖以为基础的决定性的价值决定以及原则构成的“内部”体系时，才能全面地、完整地理解制定法的意义脉络。

第三款　历史上的立法者之调整意图、目的及规范立场

如果根据一般语言用法或制定法特殊的语言用法获得的文义、根据制定法的意义脉络以及根据其赖以为基础的概念体系所得出的解释结果，仍然包含不同的解释可能性——这种情况经常会出现——会发生下述问题：哪一种解释最符合立法者的调整意图或者其特有的规范立场。因此正如我们在一开始就强调的，在查明制定法规定的规范性标准意义时，必须考察解释的“历史”因素。特别是立法者的调整意图以及立法者基于此调整意图明确追求的价值决定，这两者对法官而言仍然是具有约束力的准则，即便法官还是可以借助目的论解释或者法续造之方式，调适规则以适应新的、立法者未曾预见到的新环境或者对制定法进行补充。无疑，这里马上就会碰到这样的问题：当我们追问“立法者”的意志或者其规范立场时，谁是“立法者”?

第四款　客观的—目的论的标准

在很多情况下，即便不是所有情况下，立法者通过制定法要实现的目的就是法的客观目的，例如：保卫和平、公正解决争议、在尽可能周全地考虑处于竞争关系的各种利益的基础上实现法律调整的均衡性。此外，我们要求法律调整应“符合实际情况”。只有当人们假定立法者有这样的意图，才有可能通过解释的途径在具体的个案中获得“恰当的"解决方案。

——卡尔·拉伦茨. 法学方法论. 黄家镇，译. 北京：商务印书馆，2020：403-404，409，413-414，419.

各种解释标准之间的关系

正如已经多次强调的，上述各种标准并不是可由解释者任意挑选的不同的解释方法，而是重要性各有不同的指导性观点。不需要再次强调的是：虽然萨维尼早就提出解释的四要素，但这些标准并不是萧规曹随，而是已经有所超越。对于各标准之间的关系现说明如下：

1. 根据一般语言用法获得的文义构成解释的出发点，同时也构成解释的边界，因为在可能的文义范围之外，即使借助"扩张"解释也不能与可能的文义相一致的，也就不能作为制定法的内容来适用。通常而言，文义并不总是清晰明确的，相反存在意义变化的空间。经常有人断言，清晰明确的表达方式无须再作解释。这种观点具有误导性，因为除了数字和专有名词外，大多数日常生活用语甚至制定法用语都是不明确的。确信已经从文义"明确地"得出某种意义，这本身通常已经是一种解释的结果。通常，只要不能从其他标准得出制定法已经偏离其特有的语言用法的结论，制定法的特殊语言用法就应优先于一般语言用法。当按照制定法的特殊语言用法已经足以确定文字表述的意义时，就只需查明制定法的语言用法，并且确定制定法没有偏离其固有的语言用法，解释就可以结束了。这里还可以考虑的就只有法的续造，假如前提条件具备的话。但是，一般而言，预定的制定法的语言用法还存在不同的意义可能；那么其他标准在此时就往往具有决定性的意义。

2. 要理解某术语或语句在其所处的文本关联结构中的特定意义，制定法的意义脉络、文本"上下文"就是不可或缺的。这一点也适用于查明制定法的特殊语言用法以及确定制定法有没有偏离此用法的场合。此外，人们可以预期：处于同一规则体中的不同规范在事理上应相互一致。因此有疑义时，个别规范的解释应采用能取得事理一致性的方式进行。而关于这种法律规定在事理上的脉络关联的说明可以从制定法的外部体系以及其赖以为基础的概念体系中得出。但是后两者的作用不能被高估，因为制定法未必一直固守外部体系，同时一些规定也不能或者不完全能被纳入概念体系之中。

3. 假如制定法的可能文义及其意义脉络仍然有做不同解释的空间，则应优先采纳最能符合立法者的调整意图和相关规范之目的的解释（历史的目的论的解释）。立法者的调整意图和目的可以得自于立法当时的历史情境，特别是调整动机，立法者宣示的意图，官方的立法理由说明以及规则体的内容——如果规则体本身明确地取向于某种目的的话——。原则上，法官在解释制定法时应受制定法的目的以及制定法赖以为基础的立法者价值决定的约束。

4. 与此同时，立法准备工作和起草工作的参与者的规范立场则不具这种约束力。就可以从草案、会议公告和立法理由中获得具体的规范立场而言，它们对规范内容的理解仍是极有价值的辅助材料。但是它们通常并非就是真正的立法者意志，因此对解释者没有约束力。进而言之，由于它们一般情况下只涉及规范和规范适用情况的某个方面，而不是所有方面，基于此，解释者经常不得不超越它们。

5. 如果迄今已经列举的标准仍不够用，解释者就不得不追溯到客观的—目的论的标准，即便立法者很可能没有完全意识到这些标准。此类客观的—目的论的标准，一方面指涉规范领域的事理结构，另一方面指涉法秩序内在固有的法律原则的事理结构。此外，正义的命令（被相同评价的事物应相同处理）要求尽可能避免评价上的矛盾。因此解释者应在可能的文义和（文本上下文的）意义脉络范围内，给予那种足以避免法秩序内部评价矛盾的解释以优先地位。

6. 对解释具有特殊意义的是具有宪法位阶的法伦理原则。“合宪性”解释要求在根据文义和脉络关系可能得出的数个解释中，应给予那种符合宪法原则、因此能够持续采用的规范解释以优先地位。在具体化宪法原则时，法官应尊重立法者的优先权。在宪法性原则的具体化有多种可能性的场合，从事解释的法官应当尊重立法者享有的具体化宪法性原则的优先权。如果宪法性原则的具体化容许有多种方案，只要立法者选择的方案处于立法者被容许的具体化操作空间之内，那么法官就应受该选择的约束。这种具体化工作不论是由立法者，还是由法官——当他进行“合宪性”解释时——来做，都必须始终留意诸宪法原则之间的相互关系，它们能相互补充，但也会彼此限制。据此，可能的文义和上下文脉络主要承担限制性的功能。

——卡尔·拉伦茨. 法学方法论. 黄家镇，译. 北京：商务印书馆，2020：431-434.

第三节 法律推理

一、法律推理的概念

（一）难度与热度

难度：☆☆ 热度：☆☆

（二）基本理论与概念

法律推理是从一个或几个已知的前提（法律事实、法律规范、法律原则、法律概念、司法判例等法律资料）得出某种法律结论的思维过程。无论是立法，还是执法、司法，甚至是守法，都离不开法律推理。

（三）拓展延伸阅读

推理通常是指人们的一种逻辑思维的活动，即，从一个或几个已知的判断（前提）推导出另一个未知的判断。理解这个概念要特别注意，与汉语中的“推理”对应的英文概念分别是：（1）reasoning，即推理、论证、讲理和理由；（2）inference，即推论，表示“推断的结果，（逻辑上的）结论”；（3）英语中还有一些专门表示逻辑推理方法的词，如 deduction 指演绎法或演绎推理，induction 指归纳法或归纳推理。因此，研究法律中的推理，就需要注意不同的推理概念所具有的不同含义。

从推理这个词的英文来看，它表述了两层含义：第一，推理是从一个或几个已知的判断（前提）推导出另一个未知的判断（结论）。这个含义类似于亚里士多德的必然推理或证明的推理，主要指符合特定逻辑形式的三段论推理或演绎推理。这也是我国法理学教科书通常采用的推理概念。第二，通过论证的方式支持自己的主张、证明论题真实性的过程，目的是为所获得的结论提供理由。这类似于亚里士多德的辩证推理或修辞推理。亚氏认为，由必然推理向辩证推理发展的原因在于："并不是所有知识都是可以证明的"，我们并不总能得到其真实性不容怀疑的必然前提，然而人类对知识的追求又不甘停顿下来，因此从人们普遍接受的意见（前提）出发进行的推理就是辩证推理。这种推理形式，一般运用于作为推理的前提不可靠、缺乏必然性的场合。由于前提不可靠，所以，这种推理的结论也不一定必然可靠。在人们的日常生活中，这种推理运用得更为广泛。不过这个意义上的推理，人们有时候更愿意适用论辩、论证一词来表示。

——葛洪义．法律方法讲义．北京：中国人民大学出版社，2009：159．

二、法律推理的原则

（一）难度与热度

难度：☆☆　热度：☆☆

（二）基本理论与概念

1．权利保护原则。

2．私权利领域的法不禁止即自由原则。

3．公权力领域的法无授权即禁止原则。

4．无罪推定原则。

5．类似案件类似处理原则。

（三）拓展延伸阅读

类似案件类似审判原则的具体涵义包括以下几点：

第一，对于最高人民法院发布的指导性案例的裁判要点，法官或法院在审判类似案件时应当参照；

第二，法官负有使用指导性案例的引证义务和不使用类似案例的论证义务，法官使用指导性案例时应当在判决书的理由部分予以引证，在当事人或其律师提出类似案例，而法官以区别或者推翻等形式不使用该指导性案例时，法官有义务在判决书的理由部分给予正当性证明；

第三，在应当参照而没有参照指导性案例审判案件的情况下法官要承受一定的后法律责任，即其判决要被上级法院撤销。当然撤销判决的法律理由不是该判决违反了指导性案例，而是因为它违反了指导性案例所依循的法律。

——张骐．论类似案件应当类似审判．环球法律评论，2014（3）．

三、法律推理的方法

（一）难度与热度

难度：☆☆☆　热度：☆☆☆

（二）基本理论与概念

1．形式推理，又称分析推理，是指运用演绎推理、归纳推理和类比推理解决法律问题的方法。

（1）演绎推理。法院有可以适用的法律规则和原则（大前提），也有通过审理确定的、可以归入该规则或原则的案件事实（小前提），由此法院可以作出一个确定的判决

（结论）。

（2）归纳推理。从特殊到一般的推理，即从个别知识推出一般知识的推理活动。在法律推理中，归纳推理是在没有现成的对号入座的法律规则或原则的情况下，法院从以往的判例中总结出法律规则或原则的活动。

（3）类比推理。在法律推理中，法院有时可以在确定两个案件的事实存在相似性的情况下，推定两个案件适用的法律以及判决结果也应相似。这就是所谓的"类似案件，类似处理"。

2. 实质推理又称辩证推理，是指在法律适用过程中，面临两个或两个以上相互矛盾的法律命题时所进行的选择和权衡过程。在处理疑难案件时，法官要对各种价值进行平衡和选择，适用在特定问题上价值优越的法律规范。

（三）疑难点解析

马工程《法理学》教材、张文显教授主编的《法理学》（2018年第五版）、孙国华和朱景文主编的《法理学》（2021年第五版）等都将演绎推理、归纳推理、类比推理归类为形式推理，与之对应的是辩证推理，即实质推理。这种区分方法似乎受到了美国法学家博登海默的影响，在其作品《法理学——法哲学及其方法》中，他将法律推理分为分析推理和辩证推理两类，而分析推理"意指解决法律问题时所运用的演绎方法（有时用对某个模棱两可的术语所作的解释来补充）、归纳方法和类推方法"[①]。例如，葛洪义教授主编的《法理学》在形式推理的三种类型中引述的便是博登海默的《法理学——法哲学及其方法》。

1. 演绎推理为成文法（制定法）体系（大陆法系）所推崇，它强调从法律规范到案件的三段论式推演，其特征是从大前提和小前提出发推导案件结论。法律适用过程实际上是逻辑上的三段论推理：两个命题作为前提，而且这两个前提借助于一个共同词项联结起来，从而推出另一个命题。这是一种从一般推导出特殊的演绎推理。前提为真，则结论为真。

演绎法律推理实际上就分为三个必要步骤：（1）识别一个权威性的大前提即基点；（2）明确表述一个真实的小前提；（3）推出一个可靠的结论。在演绎法律推理的过程中，要确定作为基点的规范与案件事实之间关联性的重要程度，以便作出判决结论。

演绎推理，也叫涵摄（subsumption），是指将特定事实（S），置于法律规范的要件（T）之下，以获致一定的结论（R）的一种思维过程。

其中法律规范T是大前提，特定的案件事实S是小前提，结论是一定的法的效果R的发生。

根据德国法学家拉伦茨的表述，法律适用的逻辑结构，可以表示如下。

T→R（当具备T的要件时，即适用R的法的效果）

S=T（特定的案件事实符合T的要件）

S→R（特定案件事实S适用T得到法的效果R）

也可以使用现代逻辑符号表述如下。

简单形式：

① 博登海默. 法理学——法哲学及其方法. 邓正来，等译. 北京：华夏出版社，1987：471.

(1)(x)(Tx → ORx)

(2)Ta

(3)Ora

最常见形式

(1)(x)(Tx→ORx)

(2)(x)(M1x→Tx)

(3)(x)(M2x→ M1x)

…………

(4)(x)(Sx→Mnx)

(5)Sa

(6)Ora

2. 类比推理是指根据两个或两个以上事物在某些属性上相同，从而推出它们在其他属性上也相同。类比推理的根本特点在于它的前提不蕴含它的结论，从真的前提并不必然推出真的结论。在遵循先例的英美法系，司法判决的法律推理采用的是类比法律推理。其特征是从案件到案件，坚持同样的案件同样判决。

若用 A 和 B 分别表示两个不同的事物，用 a1，a2，an 和 b 分别表示事物的不同属性，类比推理的形式可以表示为：

A 有属性 a1，a2，……an，b

B 有属性 a1，a2，……an

所以，B 也有属性 b

类比法律推理必须将问题案件与先例进行比较，找出其相同点与不同点，并且判断其重要程度。类比法律推理遵循三个必要步骤：

(1)识别：寻找待决案件的相关判例作为基点；

(2)区别：区分相关判例与待决案件的基本事实的相同点和不同点；

(3)判断：判断相同点与不同点的重要程度，并作出裁决。

3. 归纳推理是指从个别、具体知识的前提推导出一般性的认识结论，即由若干普遍性程度较低的命题导引出普遍性程度较高的命题的推理，是一种“由特殊到普遍”的推理。

第一，归纳推理主要用于大前提的建构；

第二，归纳推理的结论具有或然性。

归纳推理的思维模式：F1 导致了结果 S，F2 导致了结果 S，F3 导致了结果 S……Fn 导致了结果 S，

而且 F1，F2，F3……Fn 又具有共同的特征 F，

因此，可以总结出一个普遍性的规则：F 导致结果 S。

4. 设证推理（又称溯因推理）是由美国实用主义哲学家皮尔斯创立的一种逻辑形式，这种推理从已知的某个结果出发，试图确定与其相关的解释，所以常常被称作寻求最佳解释的推理（inference to the best explanation）。例如，早晨我们发现门前的草坪是湿的，而且知道，如果在晚上天下雨了，草坪就会湿。因此，我们就可以设证下列结论：昨晚天下雨。它由以下几个部分构成：

(1) C（事实、观察到的现象、给定的情形），

(2) A 为 C 之解释（如果选择 A，则可解释 C），

(3) 其他假设均不能像 A 那么好地解释 C，

(4) 结论：因此，A 或为真。

皮尔斯给出的一个案例：

(1) 所有从这个口袋拿出的菜豆是白色的；

(2) 这些菜豆是白色的；

可得出结论：这些菜豆是从这个口袋里拿出的。

设证推论是一种效力很弱的推论，但是它在法律适用的过程中是不可放弃的。原因很简单，任何法律人在听到或看到一个案件事实后，马上就会凭自己的“法感”或“法的前理解”假设一个对该案件的处理结果，然后根据这个假设寻找法律，最后确定一个合理的、有效的法律决定。这就是说法律人在其工作过程中必然会运用到设证推理。相反，如果没有这种假设，法律人就只可能漫无计划、漫无目的地查找法律，看能否找到一个适当的规定。

5. 辩证推理是指这样一种情形：当作为推理前提的是两个或两个以上的相互矛盾的法律命题时，借助于辩证思维从中选择出最佳的命题以解决法律问题。后果推理是一种典型的辩证推理方式。例子：为了救助孕妇或其他需要紧急救助的病人，闯红灯（破坏交通规则）的行为，是否应当受到处罚？

（四）拓展延伸阅读

演绎法律推理的步骤：(1) 识别一个权威性的大前提；(2) 明确表述一个真实的小前提；以及 (3) 推出一个可靠的结论。

1. 规则。普通演绎推理的第一步是识别一个相关的大前提。与此相类似，演绎法律推理的第一步是识别支配手头案件的法律规则。

2. 事实。演绎法律推理的第二步是，以允许推断出一个有效结论的方式陈述事实。一个案件的事实并非事先就包装在规则的语言之中。规则甚至都不可能包含其自身的适用标准。在任何案件中，肯定都需要解释。

3. 判断重要程度。狭义的解释是赋予语言符号如法律规则中所见的语词或者语词的组合以意义的智识过程。对重要程度的判断，要求我们超越法律规则、法律定义和其他类似表述所固有的语言问题。

——伯顿. 法律和法律推理导论. 张志铭，解兴权，译. 北京：中国政法大学出版社，1998：54 以下.

判例学说下的推理主要是通过类比进行的，其基本要求是同样案件同样判决。这是形式主义的要求。类比推理的第一步是识别一个适当的基点。类比推理的第二个步骤是，在确定的基点情况和一个问题情况之间识别事实上的相同点和不同点。类比推理的第三步是，决定在某种情形下两种情况间在事实上的相同点更重要，还是不同点更重要。

——伯顿. 法律和法律推理导论. 张志铭，解兴权，译. 北京：中国政法大学出版社，1998：31 以下.

1. 演绎（导出）是从规则推论到案件。它是法官，甚至所有适用或发现法律之人的思维方式。在演绎，整个推论都是确定的。因为推论只有在它是从规则（普遍）开始时，

才是确定的，所以演绎是个别确定的推论（这涉及依照 barbara 公式所作的三段论法）。演绎推论因而是必然的，但它只是分析的，并未扩展我们的认识。图中也显示出，其他的思维操作，特别是将案件与规范等同处置的思维操作，都发生在演绎的法律适用、包摄之前，这种等置操作不具有演绎的性格，也不是分析的，而是综合的；“新的”事物是隐藏在每一次的法律适用的时候。然而，精明的法律人常不反思这种行为，因为这在例行性案件中是自明之理，所以他们想到是“只要”去包摄就可以了（在大学课程的案例中，常常只有告知和有疑问的规范相关的重要事实，至于等同或不等同处置则已经先作成判断了，因而在案例中只要检视是否可以包摄就行——这实在是一种方法过程中令人遗憾的减缩）。但在联邦法院的案件中，盐酸与武器的等同处置并不是自明的。在能够包摄之前，先必须完全明确地进行等同处置的工作。由此显示出（却未被意识到的），演绎（包摄）只是表明了法律发现的最后环节，某程度而言，是“拿个例子来作（分析的）测试”而已。而且特别清楚的是，将（实践）科学限制在演绎是不可行的，即使演绎对每个科学都是不可或缺的。

2. 归纳（导向）是从案件出发，找到规则（规范）。这是立法者典型的思维方式。它扩展了我们的认识，因为 R 并不是从若 F 则 E 中得出的，因此它是一种综合的推论，但这种推论是在不完全的基础上。因此，它只导出有疑问的判断。因为在归纳法，只有从 F 到 E 这条推论路径是确定的；它符合演绎法（但这不是从案件“推论”到结论——这是不可能的事——而是从规则推论到此处没有疑问的结论）。从 E 到 R 的这条推论路径则是不确定的；它符合设证法。只有在所有的例证都被注意到时，归纳才会是必然的（例如，所有的乌鸦都是黑的），但实际上不会有这样的情形。只有数字才有完全的归纳可言。

3. 设证（导引）是一个从结论出发的推论。它带有从结论发现法律的意味，此是有疑问的。设证是在每次包摄之前就进行了。然而，精明的法律人几乎都在敏捷而不假反思地实施这种推论，以致这种推论法并未被意识到。

只是我们必须知道，设证法的推论所带出的不是最终有效的结论，而“只是”一种假设，以帮助寻找法律之人，能够在方法论证上加工得到终局有效的结论。“诠释学的先前理解”不是一种字面上负面意义的“先前判断”。“是非感”也是这样，作为一种具有正确先前理解的能力，它具有设证的特性，因而只能是一种初步的、暂时的方向上的帮助。必须仔细思考的是，设证法作为一种从结论出发的推论，是一种不确定的、大胆的、有风险的推论，只得出有疑问的判断，以致随时可以强调它的不确定性。

4. 类推（比较）。类推比归纳和设证还要不确定、大胆和有风险。主要是类推程序的有效性所依赖的两个因素。第一，为了扩展比较的基础，人们必须尽可能地出示许多“案例”；法律人也很尽力这样做，但大多数人无意去强调类推。第二，类推的有效性相当根本地取决于比较点（比较的第三者）的选择，而且取决于确定被比较者之特征（在上述火星的例子，这点就很清楚）。比较点的确定主要不是根据一个理性的认识，而是很大程度地根据决断，因而取决于权力的运用，而这绝大部分都未被反思过。因此，视比较点的选择而定，可能会得出完全对立的结论：类推适用或者反面推论。

——阿图尔·考夫曼. 法律哲学：第二版. 刘幸义，等译. 北京：法律出版社，2011：110-116.

在处理棘手案件时，法官要对各种价值进行平衡和选择，适用在特定问题上价值优先的法律规范或原则。司法过程中的辩证推理一般产生于下述具体情况：（1）法律没有明文规定，但对如何处理存在两种对立的理由；（2）法律虽然有规定，但它的规定过于笼统、模糊，以至可以根据同一规定提出两种对立的处理意见，需要法官从中加以判断和选择；（3）法律规定本身就是矛盾的，存在两种相互对立的法律规定，法官同样需要从中加以选择；（4）法律虽然有规定，但是由于新的情况的出现，适用这一规定明显不合理，即出现合法与合理的冲突，如安乐死问题等。

在上述情况下，由于缺乏必要的确定的大前提而无法使用形式推理，法官必须根据一定的价值观和法律信念进行推理，其往往从法理、政策、公共道德、习俗等方面出发，综合考虑与平衡，在相互冲突的价值之间确定处于优先地位的价值。尽管法官在选择时难以避免情感因素甚至偏见的影响，但是，只要制度本身是完善的（特别是高度健全的法律程序），法官的选择基本上就是理性的。同时，法官的选择客观上还要受到自身经验的约束，并不总是服从目的论原则，故将辩证推理等同于非理性主义是很不恰当的。另外，有时，辩证推理与形式推理也是结合使用的。

——张文显. 法理学. 5版. 北京：高等教育出版社，北京大学出版社，2018：299-300.

根据各国的法律实践，在法律适用中，进行实质推理的主要形式有：（1）通过司法机关对法律的精神进行解释，即进行论理解释。一般文字或语义解释不属于实质推理范畴。（2）由法院作出新的判例，修改或推翻以前的判例，确立新的原则。（3）通过衡平法来补充普通法，发展具体规则以填补空白。（4）根据正义、公平等法律伦理意识乃至习惯或法理（权威性法律学说）作出判断，平衡规则之间的冲突，解决法律规范与社会发展之间的矛盾。（5）根据国家的政策或法律的一般原则来作出决定。

——孙国华，朱景文. 法理学. 5版. 北京：中国人民大学出版社，2021：156.

第四节 法律论证

一、法律论证的概念

（一）难度与热度

难度：☆☆ 热度：☆☆

（二）基本理论与概念

在法律实践中，人们往往会对一个法律问题存在多种不同的法律意见。运用法治思维和法治方式处理问题的基本要求是，必须给一个问题提供一个唯一“正确”的答案。从法律专业角度来说，法律推理和法律论证是获得这一“正确”答案的主要方法。

（三）疑难点解析

关于法律论证，自从德国法学家阿列克西的法律论证理论被舒国滢等人引介到汉语世界以来，已经成为法律方法的重要内容。阿尔尼奥、阿列克西、佩彻尼克以及菲特丽丝、麦考密克、诺依曼等重要法律论证理论家的作品也越来越多地被翻译成汉语，成为该领域研究的重要基础。马工程《法理学》第二版几乎对法律论证这一节进行了大幅度的改写，反映了我国法理学界对于该领域的理解和认识有一个不断变化的过程。

根据杨贝教授的总结，对于法律论证，法学界至少有如下几种可能的理解[①]：（1）法律论证是指通过提出一定的根据和理由来证明某种立法意见、法律表述、法律陈述、法律学说和法律决定的正确性与正当性的活动；（2）法律论证被认为是旨在解决纷争的批评性商谈的一部分；（3）法律论证，乃法官用以将其对某一案件之判决证明为当，以及制作说理以使争讼两造信服的方法；（4）论证是一种社会的理性的言词活动，在理性的裁判面前，通过提出一组主张就某个有争议的观点进行证成（或反驳），旨在增强（或削弱）该观点之于听众或读者的可接受性；（5）论证是用某些理由去支持或反驳某个观点的过程或语言形式，通常由论题、论点、论据和论证方式构成。在她看来，法律论证属于广义理解上的法律方法，是一种形成正确的法律决定的方法。她认为，若要准确地理解法律论证的目标与功能，则必须将其与狭义的传统的法律方法加以对比。如果说狭义的法律方法是生产法律决定的方法，那么法律论证更像是质检方法。这两种方法都效命于正当的法律决定的形成，但是关注点和工作任务不尽相同。

在焦宝乾教授看来，法律论证的概念主要应包括以下理论要素：第一，法律论证是通过语言来进行的一种正当化活动；第二，法律论证是一种合法性、合理性、正当性的证明，而不是一种“真/假”的判断；第三，法律论证存在于法律活动的一切场景，但对司法过程中的判断与决定的论证尤具代表性；第四，法律论证作为一种实践理性活动，跟司法裁判的性质甚相契合；第五，法律论证体现了论证结论和论证过程的统一。[②]

雷磊教授所著的《法理学》（2019 年版）等教材都认为，法律适用在本质上就是一种“说理”和“论证”的活动。说理与证成要尽可能地实现法律适用的最终目标，即获得一个正确的或者说理性的法律判决。因此，说理或者论证是提供理由或论据支持相关论点的过程，我们可以称之为 reasoning，即“推理”，也可以称为论证（argument，argumentation）。所谓推理或论证，简单地说，就是举出理由支持某种主张或判断。相应地，法律论证就是举出理由来支持某个法律主张或法律结论的过程。说理和论证的效果在于“证成”（justification，也译为“证立”），即为司法裁判的结论提供充足的理由与根据。

（四）拓展延伸阅读

法律论证理论（法律推理理论）近些年来已经成为国际法律理论与法哲学讨论的核心论题之一。其理由不止一端，在此仅需提及三项结合起来发挥作用的理由。第一项理由涉及法律理论在当代的境况。那些曾经标志着本世纪法律理论进程的旧有边界，正在日渐消解之中。分析学派、法律现实主义以及以一般诠释学与某种版本的自然法（自然法与理性法）为导向的理论，不再能长久地被视为相互隔离的立场，以至于人们要想选择其一，就必须排除其余。

达到上述目标的愿景是良好的。这是基于第二项理由，该理由与第一项和第三项理由一道，对于法律论证理论方面日益增长的兴趣与有责焉，即一般科学理论（一般科学哲学）、哲学以及社会学的境况。在此仅需提及四项关键词：实践哲学的复归；分析立场

① 杨贝．法律论证的能与不能．华东政法大学学报，2017（2）．

② 焦宝乾．法律论证及其在法律方法体系中的地位．法制与社会发展，2008（3）．

与诠释学立场区分的柔化，由此导向一种分析诠释学的概念；社会学与历史学视角融入科学理论的提问方式之中；以及分析哲学与批判理论的沟通。上述所有境况，将法律论证理论从过去的法律理论所频繁陷入的片面性的危险中解救了出来。哲学的最新境况则使得，法律理论能够针对具有不同哲学来源的理念加以相对独立的运用。这就有利于产生一种新的法律理论，它将不再限于对某些哲学成果的被动转述，而是能够为数量众多的难题——尤其是为法律理论与科学理论以及道德哲学所共享的难题——做出贡献。

要使这一问题得到圆满的答复，还应当提及第三项理由。这第三项理由又可以区分出两个方面。从理论视角来看，法律论证理论提供了一个框架，使得一项整全的法律理论这一假定能够得到最大程度的实现。因而一项完全成熟的法律论证理论，应当回答如下问题（在此仅举几例）：什么——以及在何种条件下——应当被视为有效的法律？“真实”、“正确”与“公正”等词汇是否可以适用于法律命题，如果回答是可以，那么究竟何时可以适用？法律证立具有哪些逻辑结构？法律论证理论的一项实质优势在于，它能够将上述问题作为一项更为全面理论的分支问题来处理。伴随着这种理论优势，法律论证理论还具有一种实践优势。法律理论的众多经典问题在法律人的日常工作中很少显得至关重要。它们的重要意义有被忽视的危险。法律论证理论可以通过将这些［法律理论中经典的——译者注］问题作为致力于为法律理论与法律实践搭建桥梁的研究之当然成员，从而解决上述难题，这也就是法律方法论与法律渊源学说的研究。这一研究之所以激起大家的兴趣，其正当理由不仅在于对完善法律裁判的普遍愿望，而且在于以下目标，即：对于依据法律标准、通过司法判决解决社会纠纷之合法性所提出的任何诘难，都能给予得到证立的驳斥。合法性问题，在一个以法律难题的数量以及解决难题的紧迫性都在日益攀升为标志的时代里，具有尤其重要的意义。与静态社会相比，在所有工业化国家中，其复杂的社会结构、激增的社会动力不仅改变了法律难题的数量，更改变了法律难题的质量。与这一客观维度相对应的，是以下主观维度。越来越多的公民期待给予法律问题良好的、充分证立的答案——这些答案能够，至少原则上，不仅仅被法律人所控制。法律论证理论正是致力于为法律人配备一项利器，使他能够满足当代所提出的要求。

——奥利斯·阿尔尼奥，罗伯特·阿列克西，亚历山大·佩彻尼克. 法律论证的基础. 冯威，译//舒国滢. 法理——法哲学、法学方法论与人工智能：第2卷. 北京：商务印书馆，2018.

法律逻辑学也是20世纪的产儿。在其产生时，开始很大程度上未受重视，格奥尔格·亨利·冯·怀特1951年发表论文《道义逻辑》，在文中以元伦理学（alethisch）模态逻辑为样本提出了一种规范逻辑。随后，法律逻辑学发展成一门独立学科，涉及以形式逻辑工具分析法律语言和法律思维。从20世纪90年代早期出现“人工智能和法律共同体”以来，这一努力获得了新的动力，因为恰恰对这些学者来说，以形式工具塑造法律论证的努力是典型的。

作为法律论证理论的第二个先驱学科，应该提到法律论题学，它自然和“特奥多尔·菲韦格”的名字不可分地相连。在其1954年第一次出版的经典文本《论题学与法学》中，菲韦格追溯了一份古代“被遗忘”的遗产，也就是由亚里士多德所建立的论题学。

最后，作为法律论证理论的第三位先驱学科要提到的是，自20世纪中叶以来发展出的一般修辞学和论证理论。图尔敏对论证理论的归属性是显而易见的。“新修辞学”由佩雷尔曼自己引入法哲学，然而也由其他人所接受。

——京特·克罗伊斯鲍尔. 法律论证理论研究史导论. 张青波，译//郑永流. 法哲学与法社会学论丛：2010 年第 1 期. 北京：北京大学出版社，2010.

二、法律论证的理由

（一）难度与热度

难度：☆☆☆　热度：☆☆☆

（二）基本理论与概念

1. 法律论证的理由：

（1）法律规定：最具权威性和说服力。

（2）法律原理：作为法律职业共同体集体智慧的结晶，法律原理往往是法律职业者进行法律论证时所偏好的理由；

（3）公共政策；

（4）道德规范；

（5）公序良俗。

2. 法律论证在于对理由的要求有特殊之处：

其一，理由必须是公开的，而不能是秘密的。

其二，理由必须具有法律上的正当性。

其三，理由必须具有法律上的说服力。

（三）疑难点解析

释法说理成为司法工作的重要要求。2013 年《中共中央关于全面深化改革若干重大问题的决定》提出“增强法律文书说理性”；2014 年《中共中央关于全面推进依法治国若干重大问题的决定》提出“加强法律文书释法说理”；2017 年，最高人民检察院发布了《关于加强检察法律文书说理工作的意见》；2018 年，最高人民法院发布了《关于加强和规范裁判文书释法说理的指导意见》。与之对应，“作为理由之治的法治”也成为学界的共识，法律论证理论变得更为重要。

（四）拓展延伸阅读

法律论证之不能：

（一）法律论证不能确保法律决定唯一正确；

（二）法律论证不能形成绝对共识；

（三）法律论证不能产生普遍说服；

（四）法律论证不能主导法律决定的形成过程。

法律论证之能：

（一）法律论证能增强法律决定的正当性；

（二）法律论证能使法律决定更易于为人接受；

（三）法律论证能增强法律体系对社会的适应性；

（四）法律论证能规范、评价法律人的说理。

——杨贝. 法律论证的能与不能. 华东政法大学学报，2017（2）.

最高人民法院《关于加强和规范裁判文书释法说理的指导意见》（摘引）

（最高人民法院2018年6月印发）

一、裁判文书释法说理的目的是通过阐明裁判结论的形成过程和正当性理由，提高裁判的可接受性，实现法律效果和社会效果的有机统一；其主要价值体现在增强裁判行为公正度、透明度，规范审判权行使，提升司法公信力和司法权威，发挥裁判的定分止争和价值引领作用，弘扬社会主义核心价值观，努力让人民群众在每一个司法案件中感受到公平正义，切实维护诉讼当事人合法权益，促进社会和谐稳定。

二、裁判文书释法说理，要阐明事理，说明裁判所认定的案件事实及其根据和理由，展示案件事实认定的客观性、公正性和准确性；要释明法理，说明裁判所依据的法律规范以及适用法律规范的理由；要讲明情理，体现法理情相协调，符合社会主流价值观；要讲究文理，语言规范，表达准确，逻辑清晰，合理运用说理技巧，增强说理效果。

七、诉讼各方对案件法律适用无争议且法律含义不需要阐明的，裁判文书应当集中围绕裁判内容和尺度进行释法说理。诉讼各方对案件法律适用存有争议或者法律含义需要阐明的，法官应当逐项回应法律争议焦点并说明理由。法律适用存在法律规范竞合或者冲突的，裁判文书应当说明选择的理由。民事案件没有明确的法律规定作为裁判直接依据的，法官应当首先寻找最相类似的法律规定作出裁判；如果没有最相类似的法律规定，法官可以依据习惯、法律原则、立法目的等作出裁判，并合理运用法律方法对裁判依据进行充分论证和说理。法官行使自由裁量权处理案件时，应当坚持合法、合理、公正和审慎的原则，充分论证运用自由裁量权的依据，并阐明自由裁量所考虑的相关因素。

十三、除依据法律法规、司法解释的规定外，法官可以运用下列论据论证裁判理由，以提高裁判结论的正当性和可接受性：最高人民法院发布的指导性案例；最高人民法院发布的非司法解释类审判业务规范性文件；公理、情理、经验法则、交易惯例、民间规约、职业伦理；立法说明等立法材料；采取历史、体系、比较等法律解释方法时使用的材料；法理及通行学术观点；与法律、司法解释等规范性法律文件不相冲突的其他论据。

三、法律论证的正当性标准

（一）难度与热度

难度：☆☆☆　热度：☆☆☆

（二）基本理论与概念

法律论证的正当性标准：

1. 内容融贯性；

2. 逻辑有效性；

3. 程序合理性：不论在什么场合中进行，法律论证都要遵循相应的程序规则和标准，包括地位平等、程序公正、辩论公开、回避原则等；

4. 效果最优性。

（三）拓展延伸阅读

法律论证的一般规则是指各种类型的法律论证都必须遵循的规则，主要包括如下内容：第一，每个论证参与者都享有平等的发言权，都可以参加论证，提出自己的主张；

第二，任何人只能主张自己相信的东西，任何人都不得自我矛盾；第三，任何人都可以质疑任何主张，被质疑的一方有义务直接回答相关质疑，并合理负担举证责任；第四，每个人在提出自己的法律判断时必须引用一个普遍性规范，并且能够从该普遍性规范中合理地推导出该法律判断；第五，主张必须以已经生效的法律规则为依据，依据法律原则提出自己的主张时，则必须确切地证明没有相应的法律规则存在并证明该法律原则存在的真实性、中立性和不偏不倚；等等。

法律论证的特殊规则是指各种类型的法律论证活动各自应该遵循的规则。以法庭辩论和司法决定的形成为例。法庭辩论过程中应遵循的论证规则有：第一，在法庭上，法官不得发表有利于某一方的诱导性言论，原被告双方享有平等地发表意见和质疑对方意见的权利；第二，原告方必须围绕案件直接陈述自己的主张，依据法律提出证据；第三，被告方必须回应且必须直接回应原告方的主张；第四，任何人均不得使用夸张或煽情的方式陈述自己的意见和主张；第五，权利主张必须依据法律提出，任何人不得在法庭上借用公共舆论、领导意见、公共政策、道德、宗教教义支持自己的主张，从而给对方及法庭施加压力；第六，必须区别法律规则的文字含义和对法律规则的解释，任何对法律规则的解释性言论，当对方需要时，必须就其中所涉及的概念进行说明和论证，直到对方不再有疑问；等等。

司法决定形成过程及表述中的论证规则有：第一，参与司法决定（包括司法判决、司法决定、司法裁定等）形成者必须实际参与案件审理的全部过程；第二，任何人对案件审理过程的各个环节都享有平等的发言权；第三，任何人必须有权且有条件独立陈述自己的意见；第四，任何人都负有证明自己的主张符合法律规定的义务；等等。

司法决定文字表达的论证规则有：第一，任何司法文书均须充分说理；第二，判决、裁定、决定意见必须清晰地从普遍性的法律规则中合乎逻辑地推导出来；第三，在关键概念上使用非法律术语时必须进行合法性说明；第四，没有相关法律规则时，形成司法决定的参与者负有更加审慎的义务，必须证明自己的意见不带任何偏见（非歧视、非个人偏好、非个人兴趣和道德倾向），必须证明自己的意见来自“客观”共识，来自基本法理；第五，必须对法庭上有争议的法律问题和事实问题明确表达自己的意见；第六，平等地表述少数人的意见；等等。

综上所述，法律论证作为一个理性的实践活动，需要一系列的论证规则来保证。这些规则的作用在于保证在法律论证的过程中，每个人都能够理性地讨论相关法律问题，使论证活动可以理性地进行，使司法决定可以避免武断的意见并建立在充分论证的基础上。

——张文显. 法理学. 5版. 北京：高等教育出版社，北京大学出版社，2018：303.

一、内部证成与外部证成

法律论证可以分为内部证成与外部证成两个层面。内部证成处理的问题是：所欲证立的法律命题是否从为了证立而引述的前提中逻辑地推导出来，外部证成的对象则是这些前提本身的正确性或可靠性问题。我们可以通过下图来说明内部证成与外部证成：

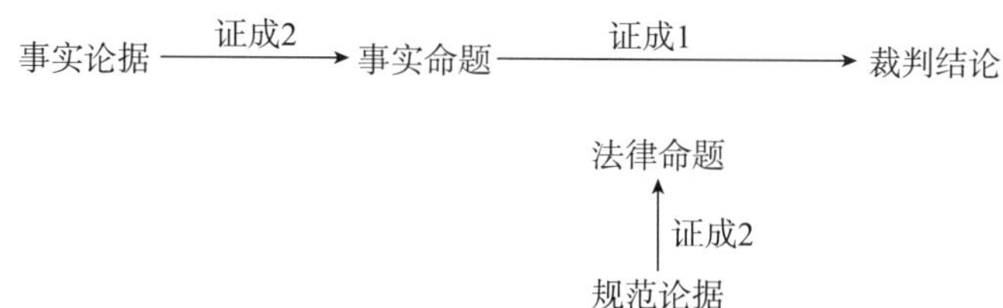

在法律论证中，裁判结论的得出要得到两方面命题的支持，即事实命题与法律命题。显然，从事实命题与法律命题推导出裁判结论的过程构成了一个证成的层次（证成 1），它涉及的是从既定前提中（在不质疑事实命题与法律命题，或者说在两者的正确性或可靠性已得到证明的前提下）推导出作为结论的法律决定的有效性问题，它对应前面所讲的内部证成的层面。但有时候，论证者提出事实命题与法律命题本身会受到质疑，此时就需要对这两个命题本身是否站得住脚进行进一步的论证，其中，事实论据是用以证明事实命题成立的依据（如经验法则、证据法则等），而规范论据是用以证明法律命题成立的依据（通常是它的来源即法源，也可能包括解释性命题、续造型命题等）。在此，规范论据对法律命题的支持、事实论据对事实命题的支持构成了另一个证成的层次（证成 2），它涉及的是证成 1 的层面上所使用之前提（法律命题与事实命题）本身的正确性或可靠性问题，对应前面所讲的外部证成的层面。

内部证成主要实现的是可预测性的要求，而外部证成主要实现的是正当性的要求。一个正确的裁判结论是从正确或可靠的前提出发，经由合乎逻辑的推导过程得出的结论，这样才能同时满足依法裁判与个案正义的目标。需要说明的是，内部证成与外部证成的划分仅仅是从论证层次或结构角度对法律论证的划分，而不是从动态的角度对法律论证活动之阶段和步骤的划分。因此，它是基于论证理性的一种重构，而不是对真实论证活动的复制或描述。

二、内部证成的相关要求

内部证成涉及的是从既定法律论证前提中推导出作为结论的法律命题的逻辑有效性问题。一个论证，当前提皆为真或正确时，则其推出的结论也必为真或正确。涵摄推理就是确保推论有效性的理性形式，即内部证成的逻辑形式。但内部证成并不是一种单纯的逻辑推演，它除了技术意义上的推论外，还提出了下述要求：

1. 连贯性要求。法律论证的前提必须连贯，即无矛盾，这是因为：一方面，如果作为前提的命题之间彼此不连贯，那么它们不可能都为真或正确。但一个能成立的论证，其前提必然都为真或正确，否则无法确保从它们推导出的结论为真或正确。另一方面，从不连贯的前提集合中我们可以推导出任意结论。我们不仅可以推导出所欲证立的命题，也可以推导出它的否定命题，但对于司法裁判而言，两者显然不能同时是真的或正确的。这意味着，以不连贯的命题为前提的论证无法区分正确与错误的结论。

2. 可普遍化要求。论证的前提中必须至少包含一条普遍性的规范和一个充分描述具体案件事实的命题。既然司法裁判是一种法律“适用”活动，即将法律规范适用于个案的活动，而法律规范通常又是以全称命题的形式来表达的，那么第二个要求就不证自明。这里体现了形式正义或平等原则：凡是满足同一构成要件的个案，都应当适用相同的法律后果，换言之，当两个具体案件在重要性特征上完全相同时，应该对它们得出相同的判决结论。

3. 完备性要求。如果具体案件事实的描述与法律规范的构成要件之间存在缝隙，则必须引入解释性命题来加以弥补，直至对具体案件事实是否符合构成要件不存在疑义为止。平等原则不仅要求必须至少引用一条普遍性的规范作为大前提，而且当对这条规范能否适用于具体案件存在疑义时，还必须加入额外的前提来弥补规范与事实之间的缝隙。此时就不能直接得出法律后果，否则就存在论证上的跳跃而不合乎逻辑。要避免跳跃论证，就必须加入额外的前提来弥补这一落差，而这正属于涵摄推理的主要任务。当然，由于这些前提是无法从法条中直接演绎得出的，它们正确与否就成为外部证成的重点。所以，涵摄推理不仅可以避免推论谬误的发生，也使得在论证过程中无法缺失或隐藏某些前提，从而避免规避对它们进行外部证成的工作。

所以，内部证成的要求其实是为司法裁判提出一系列的论证标准，这些标准体现了形式正义，而对它们的满足则属于外部证成的任务。通过内部证成的分析，可以显露出推论出法律后果所需的所有前提，从而确立了需要进行外部证成的对象。

三、外部证成的相关问题

外部证成的对象即内部证成所使用的两个前提：法律命题与事实命题，外部证成就是对这两类命题进行证成。

（一）法律命题的证成

就法律命题的证成而言，其核心问题在于：如何证明裁判者所找到的法律命题是正确适用于当前案件的大前提？裁判者在证立法律命题的过程中可能会遇到以下几方面的问题：

1. 应当去哪里寻找大前提？对于裁判个案的法官来说，适用于当下案件的法律规范并不是给定的，而是需要他自己去寻找。这里遇到的第一个问题就是：他可以用来证立裁判结论的大前提可以从多大范围的权威性材料里寻找。超出特定范围去寻获的法律规范无法成为裁判依据，据此得出的裁判结论也不具有法律效力。处理裁判依据之来源和范围的理论，就是“法的渊源”理论。

2. 大前提与小前提之间存在缝隙怎么办？有时候，法官在特定的法源范围内找到了一个可以直接适用于当下个案的法律规范，却发现这个法律规范（法律命题）与对于个案事实的描述（事实命题）无法直接衔接起来。这是因为法律规范具有一般性，它是面向不特定的主体和不特定的情境来制定的，在这一过程中，它会“抹去”许多个别化的细节，而仅在构成要件中保留那些类型化的特征并赋予其法律后果，但个案事实总是具体的、细节化的。所以，必须有一套能够将抽象的法律命题与具体的事实命题衔接起来的方法，那就是“法律解释”理论。

3. 找不到可直接适用的恰当大前提怎么办？有时候，法官在法源范围内找不到一条可以直接适用于当下个案的法律规范用于裁判案件，但又不能以“法无明文规定”为由拒绝案件的审理。这就造成了两难的困境：一方面是不能拒绝裁判，另一方面则是缺乏明确的裁判依据。此时我们说法律出现了漏洞，也就是应当规定而没有规定的情形。面对这一情形，在不同性质的案件中，法官应采取不同的办法：如果涉及的是刑事案件，那么基于“罪刑法定”这一刑法领域的最高准则，法官须以“法无明文不为罪”为由宣告被告人无罪，此时涉及的为“不可填补的漏洞”；但如果涉及的是民事案件，法官则需要运用特定方法去填补漏洞。这就涉及“法律漏洞的填补”理论。

4. 可适用的大前提在个案中会产生明显不公正的后果时该怎么办？有时候，法官在特定的法源范围内找到了一个可以直接适用于当下个案的法律规则，但是会产生明显不公正的后果。也就是说，个案事实在语义层面上确定地属于法律规则之构成要件的外延（或者说，属于该构成要件之概念的肯定域），但是从评价的层面来看，其后果却普遍地被认为不能接受。例如，在本书第二章所举的“公园内禁止驶入机动车”的例子中，如果发生的个案事实是：有一辆救护车被阻止驶入公园，这辆车上载着生命垂危的病人，公园的后边有一家医院，公园很大，绕道会浪费时间，最快捷的方式就是让救护车穿过公园将病人送往医院。从语义的层面看，救护车无疑属于“机动车”，因而“公园内禁止驶入机动车”这一规则也适用于本案的情形；但从评价的角度来看，如果不让救护车驶入（过）公园，就有可能耗费宝贵的抢救病人生命的时间，导致其死亡。在这里，语义层面与价值论层面发生了冲突。对此，裁判者不能停留于诉诸直觉的方式来抛开可适用的规则，而是必须有一套帮助说理和论证的方法，这就涉及“法律修正”理论。

“法律漏洞的填补”理论与“法律修正”理论合称“法的续造”理论。之所以称之为“法的续造”，是因为“造法”原本属于立法者的当然任务，而在这两种情形中，因法律沉默或者对于个案明显不当，法官不得不接替立法者的任务接着造法，它们已经超越了纯粹的法律适用活动。

（二）事实命题的证成

在外部证成中，事实命题证成的核心问题在于：司法裁判所要采纳的小前提（即案件事实）是什么？案件事实的形成是一个复杂的问题。作为法律论证之小前提，它并不等同于现实世界中发生的事，而是一种语言陈述（所以称为“事实命题”），并且，裁判者不仅使用日常语言进行描述，还要使用法律语言（具有法律意义的语言）进行加工和剪裁，最终成为写进裁判文书中的恰当的“案情”。

为此，一方面，要区分事件与事实。事件是实际上发生的某种状态或过程，而事实是用语言陈述出来的对象。另一方面，在形成事实命题时要处理三个不同层面的问题：①我们要用日常语言描述出，在现实世界中实际发生了什么？②我们如何对生活事实的诸要素选择重构出具有法律意义的事实？③如何对具有法律关联的事实要素进行判断、评价和认定？事实的认定是一个关涉法律规范并综合运用经验法则、自然法则、证据法则、诉讼规定等考量的过程，通过这一过程最终形成的关于案件事实的命题才是法律论证的小前提。

——雷磊. 法理学. 北京：中国政法大学出版社，2019：138.

第三部分 拓展阅读文献、案例研习与同步练习

第一节 拓展阅读文献

1. 卡尔·拉伦茨. 法学方法论. 黄家镇，译. 北京：商务印书馆，2020.

2. 克莱默. 法律方法论. 周万里，译. 北京：法律出版社，2019.

3. 齐佩利乌斯. 法学方法论. 金振豹，译. 北京：法律出版社，2009.

4. 罗伯特·阿列克西. 法律论证理论. 舒国滢，译. 北京：商务印书馆，2019.

5. 罗伯特·阿列克西. 法·理性·商谈：法哲学研究. 朱光，雷磊，译. 北京：中国法制出版社，2011.

6. 阿尔尼奥. 作为合理性的理性：论法律证成. 宋旭光，译. 北京：中国法制出版社，2020.

7. 舒国滢，等. 法学方法论. 北京：中国政法大学出版社，2018.

8. 王夏昊. 论法律解释方法的规范性质及功能. 现代法学，2017（6）.

9. 焦宝乾. 法的发现与证立. 法学研究，2005（5）.

10. 杨知文. 司法裁决的后果主义论证. 法律科学（西北政法大学学报），2009（3）.

11. 郑永流. 法律判断形成的模式. 法学研究，2004（1）.

12. 雷磊. 从“看得见的正义”到“说得出的正义”——基于最高人民法院《关于加强和规范裁判文书释法说理的指导意见》的解读与反思. 法学，2019（1）.

第二节　本章案例研习

于某某盗窃案

（一）基本案情

2013 年 10 月 30 日 20 时 30 分许，被告人于某某用其于 2013 年 9 月 19 日开设的邮政储蓄银行卡（卡号为 6210××××5100271××××），到惠阳区新圩镇塘下衣之家（原创亿）商场旁的中国邮政储蓄银行惠州市惠阳支行（下称惠阳支行）ATM 机存款时，连续 6 次操作存款 300 元，现金均被柜员机退回，于某某发现 ATM 机屏幕显示“系统故障”，且其手机信息显示每次所存的钱已到账，账户余额相应增加，于是其尝试从该 ATM 机旁边的农业银行 ATM 机支取该邮政储蓄账户的 2 000 元和 1 000 元，获得成功，其确认上述所存的款已到账后，遂产生了恶意存款以窃取银行资金的念头。于是于某某返回上述邮政储蓄银行 ATM 机，连续 10 次存款 3 300 元，并到附近银行 ATM 机分 3 次支取 15 000 元和转账 5 000 元后再次返回上述邮政储蓄银行 ATM 机，连续存款 5 000 元 1 次、9 900 元 3 次、1 000 元 3 次，至 2013 年 10 月 30 日 21 时 58 分 59 秒，于某某共恶意存款 17 次，存入人民币 97 700 元，接着于某某到深圳市龙岗区其他网点对该账户内的存款进行支取和转账，至次日 6 时 28 分 10 秒共将存款 90 000 元转移并非法占有。2013 年 11 月 1 日，惠阳支行工作人员清查核算数据时，发现账实不符，后查明系该行位于惠阳区新圩镇塘下衣之家（原创亿）商场旁的 ATM 机发生故障，客户于某某利用 ATM 机故障多次恶意存款，获取该行资金所致。同月 4 日该行联系于某某无果后报警。同年 12 月 12 日于某某在湖北省襄阳市樊城区太平店镇其家中被公安机关抓获。至同年 12 月 15 日止，于某某及其亲属通过转账和汇款方式将人民币 92 800 元转入其卡号为 6210××××5100271××××的账户，退还给惠阳支行。

被告人于某某辩称：我不是盗窃，而是侵占。

辩护人辩护称：于某某的行为并非“秘密窃取公私财物”，不管其当晚存了多少次钱，最后是和银行形成了9万多元不当得利的债权债务关系，其存钱取钱行为均为合法，其行为如果构成犯罪的话，也只能构成侵占罪。于某某刚开始对柜员机故障并不知情，屡次存款存不进去，其在知道柜员机出故障前的这部分金额，不应计入盗窃金额里。同样情形的其他客户经银行通知退清款项不构成犯罪，于某某未及时退款构成犯罪，这不可能是盗窃罪的法律特征，而是侵占罪的法律特征。于某某的犯罪行为在特定条件下才能实施，柜员机存在故障，银行方存在过错在先，诱发了犯罪，望法院对其减轻处罚科刑宣告缓刑。于某某归案后次日就将所有赃款归还了银行，银行方也明确表示不追究他的责任，请法院量刑时充分考虑。

法院认为：首先，于某某的行为构成盗窃罪，因为犯罪的主客体不存在问题。被告人达到法定责任年龄，也具有刑事责任能力，侵犯的客体是银行财产权。被告人利用机器故障，通过存款方式占有银行资金时，银行并不知晓其非法占有的目的，也不知道存款最后被非法占有的情况，即构成秘密窃取。其次，应当对于某某科以较轻处罚，因为于某某主观恶性较轻，作案方式平和，案发概率极低，且被告早年生活困苦，以他的受教育水平对犯罪缺乏足够认识。

（二）法律问题

试从法律论证的角度分析法官的判决理由。

（三）法理分析

法律论证过程中引用的论据多种多样，大致可以作两种区分。依据论据本身是否涉及价值判断，可将论据分为价值无涉的论据和价值有涉的论据。价值无涉的论据，也可以称为正确性理由，它指的是对客观世界的真实（或者推定为真实）的描述。正确性理由可以分为自然（及社会）事实、自然（及社会）规律以及推定为真的表述。自然事实是指客观发生的真实事态，既包括自然事件也包括社会事件。自然规律是指自然世界及人文社会中存在的事物之间的必然性联系。推定为真的表述则是指言说者所提出的对于有关事实或事物间联系的描述被假定具有正确性，如无相反证明可以成为论证的依据。价值有涉的论据，也可以称之为正当性理由，指的是对人的行为作出“应当与否”的评价的理由。凯尔森认为，依据某一有效规范对一种事实行为所作的应当是这样或不应当是这样的判断就是一种价值判断。依据这一观点，正当性理由就是在社会中行之有效的行为规范。它主要指某一法律共同体内部所普遍接受的伦理道德。本案中，法官运用了大量的正当性理由。例如，“本案中，被告人后面17次存款的目的非常明显，其明知ATM机发生故障，积极追求多存款不扣现金的后果，明显具有非法占有公私财产的故意”。“必须对被告人处以刑罚，通过惩罚和警示，将被告人以及有类似想法和行为的人的贪欲限制在一个正常合理的范围之内，以防止类似犯罪行为再次发生。”

依据论据本身的确定与否，论据可以分为必然性论据、或然性论据和不充分论据。必然性论据是指论据本身确定为真，毋庸置疑。如，法律的明文规定、勘察数据、法官关于日升月落等自然现象的陈述，以及生效法律文件确定的事实等等。例如，第十章专题二关于经典案例的法理分析中引用的天津市高级人民法院在（1996）高知终字第2号民事判决书中关于“泥人张”历史的梳理。或然性论据则是指推定为真的论据。或然性论据的最大特点是具有可辩驳性。一旦有人就或然性论据的真实性与正确性提出质疑，那么以或然性论据为依据者就应当提出进一步的理由来证明或然性论据的真实性与正确性，如果不能证明，则该或然性论据将被排除。不充分论据是指论据本身的真实性与正确性有待证明的论据。提出此类论据者有义务就论据的真实性与正确性进行证明。在法律论证过程中，只有当法律人提出必然性论据或或然性论据时，才能免除进一步的论证义务。换言之，只有当论据确定为真或推定为真时，法律人才无须就论据本身的真实性与正确性再提供论据。

法律人在组织论据时应遵循两个基本准则：

第一，论据应具有法律意义。这是指法律人提出的论据应当能够产生相应的法律后果，而是否能够产生法律后果的判断标准又在于法律。通常而言，具有法律意义的论据可以划分为以下三种情形：（1）作为论据的法律规范，比如本案援引的《刑法》第264条之规定；（2）通过与法律规范融合得出的法律判断，比如本案法官认为于某某的行为构成秘密窃取；（3）通过植入法律规范而获得意义的判断，比如关于ATM机是金融机构组成部分的判断，关于身份公开性不等于行为非秘密性等。

第二，论据应具有相关性。论据具有相关性是论据能够对相应论点提供支持的前提条件，也是论据产生法律意义的重要条件。然而，论据是否具有相关性在实践中往往存在争议。以本案为例，被告人以非暴力的形式获取钱财、被告人家境贫寒、初小学历是否可以成为其从轻量刑的理由，就存在争议。

（四）参考意见

法官在分析于某某的行为构成盗窃时，从盗窃罪的犯罪构成的角度进行分析，运用了法律类论据，在分析何为“秘密窃取”时结合了生活经验、法律理论等多种论据。这一部分论述的论据运用得当。

让本判决引起争议的论述不在于犯罪构成的分析，而在于法官衡量刑罚时纳入的论据。有关欲望是人的本性以及于某某家庭条件的讨论与本案的判决不具有法律上的相关性，这些论据的使用有可能产生适得其反的效果。

第三节 本章同步练习

一、选择题

（一）单选题

1. 李某在某餐馆就餐时，被邻桌互殴的陌生人误伤。李某认为，依据《消费者权益保护法》第7条第1款中“消费者在购买、使用商品和接受服务时享有人身、财产安全不受损害的权利”的规定，餐馆应负赔偿责任，据此起诉。法官结合该法第7条第2款中“消费者有权要求经营者提供的商品和服务，符合保障人身、财产安全的要求”的规定来解释第7条第1款，认为餐馆对商品和服务之外的因素导致伤害不应承担责任，遂判决李某败诉。对此，下列哪一说法是不正确的？（　　）（司考）

A. 李某的解释为非正式解释

B. 李某运用的是文义解释方法

C. 法官运用的是体系解释方法

D. 就不同解释方法之间的优先性而言，存在固定的位阶关系

2. 下列关于法律论证的理解，正确的是（　　）。（考研）

A. 法律论证与法律解释、法律推理之间不存在任何联系

B. 法律论证的过程主要是协商过程，不包含逻辑推理

C. 法律论证的融贯性要求裁判过程中价值与事实相统一

D. 法律论证结论的可接受性与司法独立之间存在矛盾关系

（二）多选题

1. 2011 年 7 月 5 日，某公司高经理与员工在饭店喝酒聚餐后表示：别开车了，“酒驾”已入刑，咱把车推回去。随后，高经理在车内掌控方向盘，其他人推车缓行。记者从交警部门了解到，如机动车未发动，只操纵方向盘，由人力或其他车辆牵引，不属于酒后驾车。但交警部门指出，路上推车既会造成后方车辆行驶障碍，也会构成对推车人的安全威胁，建议酒后将车置于安全地点，或找人代驾。鉴于我国对“酒后代驾”缺乏明确规定，高经理起草了一份《酒后代驾服务规则》，包括总则、代驾人、被代驾人、权利与义务、代为驾驶服务合同、法律责任等共六章二十一条邮寄给国家立法机关。关于交警部门的推车前行不属于“酒驾”的解释，下列判断不正确的是：（　　）。（司考）

A. 属于司法解释

B. 属于行政解释

C. 直接运用了类比推理

D. 运用了演绎推理

2. 王某在未依法取得许可的情况下购买氰化钠并存储于车间内，被以非法买卖、存储危险物质罪提起公诉。法院认为，氰化钠对人体和环境具有极大毒害性，属于《刑法》第 125 条第 2 款规定的毒害性物质，王某未经许可购买氰化钠，虽只有购买行为，但刑法条文中的“非法买卖”并不要求兼有买进和卖出的行为，王某罪名成立。关于该案，下列说法正确的是：（　　）。（司考）

A. 法官对“非法买卖”进行了目的解释

B. 查明和确认“王某非法买卖毒害性物质”的过程是一个与法律适用无关的过程

C. 对“非法买卖”的解释属于外部证成

D. 内部证成关涉的是从前提到结论之间的推论是否有效

二、案例分析题

2003 年 5 月，某省甲种子公司与乙种子公司签订合同，约定由甲公司为乙公司代为培育玉米种子。因玉米种子的市场价格上涨，甲公司不愿按原合同价履约。2004 年初，乙公司将甲公司诉至 A 市中级人民法院。在诉讼过程中，两公司因赔偿价格的标准及依据问题争执不下。一方主张适用该省人大 1989 年制定的《农作物种子管理条例》（简称《条例》），该条例规定有关价格的争议应当适用政府指导价。另一方主张适用全国人大常委会 2000 年制定的《中华人民共和国种子法》（简称《种子法》），该法律规定有关价格的争议应当适用市场价。请根据上述材料，运用相关法理学知识，回答下列问题：

根据演绎法律推理，说明A市中级人民法院可能进行的法律推理的基本逻辑。（考研）

三、论述题

1. 联系我国法治建设的需要，论述法律解释的必要性。结合相关法学理论试论述上述内容，注意条理清晰，逻辑严谨。（考研）

2. 2018年，最高人民法院印发《关于加强和规范裁判文书释法说理的指导意见》。联系我国的司法实践，结合法律论证原理，论述释法说理的内涵及目的。（考研）

3. 简述法律论证的正当性标准。请结合所学知识，回答相关要点。（考研）

参考答案及解析

一、选择题

（一）单选题

1. 答案：D

解析：马工程《法理学》教材所界定的法律解释只包括有权（有效）解释或官方解释，也就是所谓的正式解释。除此之外还有非正式解释（非法定解释），既包括“学理解释”，也包括“任意解释”（在司法活动中的当事人、代理人或公民个人在日常生活中对法律所作的解释）。本题中，李某的解释属于任意解释、非正式解释。故而A选项正确。李某运用的是文义解释方法，故B选项说法正确。法官运用的为体系解释方法，故C选项说法正确。法律人在推翻上述位阶所确定的各种方法之间的优先性关系时，必须充分地予以论证，即只有存在更强的理由的情况下，法律人才可推翻那些优先性关系，故D选项说法不正确。

2. 答案：C

解析：A选项，在法律论证的过程当中需要对法律规定进行阐述，需要遵循法律推理的逻辑法则。论证就是为自己的判断来提供理由，而在司法审判当中法官不仅要得出案件的最后处理决定，还要说明论证案件事实的认定和法律规范的选择适用。A选项错误。B选项，要论证、证明结论的正当性，需要合乎逻辑，这是理性的基本要求。B选项错误。C选项，法律论证的融贯性要求裁判当中价值和事实相统一。融贯性就是前后一致，不能够自相矛盾，事实与价值判断应当一致。C选项正确。D选项，司法的独立强调的是裁判过程不受干涉，可接受性指的是论证的结果能够广泛地获得认可。往往是法官受到了法外因素的干扰，影响了自己的专业判断，才会面临民众的批评。如果法官能够真正地独立行使自己的职责，顶住各方压力，坚守法律底线，坚持法律的标准，排除无关的干涉，而法律本身是民意的结晶，是人民民意的体现，就能实现法律论证结论的可接受性。D选项错误。综上，本题正确答案为C。

（二）多选题

1. 答案：ABC

解析：某地交警部门有关推车前行不属于“酒驾”的解释，从解释主体上就可以知道这既不属于司法解释，也非行政解释，而仅仅为一种非正式解释。因此，A、B选项的判断都是不正确的。“某公司高经理与员工在饭店喝酒聚餐后表示：别开车了，‘酒驾’已入刑，咱把车推回去。随后，高经理在车内掌控方向盘，其他人推车缓行。”针对这一推车前行的行为，交警部门作出不属于“酒驾”的解释。这个思维过程没有直接运用类比推理，因此C选项的判断不正确，符合题目要求。“记者从交警部门了解到，如机动车未发动，只操纵方向盘，由人力或其他车辆牵引，不属于酒后驾车。”交警部门有关推车前行不属于“酒驾”的解释显然是根据演绎推理而得出的结论。因此，D选项的判断正确，不符合题目要求。

2. 答案：ACD

解析：“非法买卖”从文义上应理解为兼有买和卖两种行为，但法官将其解释为买或者卖，符合立法者的主观目的和法的客观目的，属于目的解释，故A选项正确。查明和确认“王某非法买卖毒害性物质”的过程属于认定案件事实，确定小前提，是法律适用的一个环节，故B选项错误。“非法买卖”的解释属于外部证成，故C选项正确。D选项中的说法也正确。

二、案例分析题

参考答案：A市中级人民法院进行法律推理的基本逻辑如下：大前提（《种子法》规定）是有关价格的争议应适用市场价；小前提是本案事实有关种子价格的争议属于价格争议；结论是判决种子价格应当依据市场价确定。

三、论述题

1. 参考答案：参见马工程《法理学》教材第178－179页。

2. 参考答案：法律论证主要是指在司法过程中对判决理由的正当性、合法性或合理性进行论证，即在诉讼的过程中，诉讼主体运用证据确定案件事实，得出结论的思维过程。法律论证的目的，是从多种合理甚至合法的法律主张当中作出最佳选择。裁判文书释法说理是法律论证在司法领域的具体应用。对司法过程中判决理由的正当性论证需要达到一定的正当性标准，这些标准有：内容的融贯性；程序的合理性；依据的客观性和逻辑有效性；结论的可接受性。因此，释法说理要阐明事理，说明裁判所认定的案件事实及其根据和理由；要释明法理，说明裁判所依据的法律规范以及适用法律规范的理由；要讲明情理，体现法理情相协调，符合社会主流价值观。释法说理注重了协商性和实践理性，避免了法律与社会脱节，可以防止法律被误用，努力让人民群众在每一个司法案件中感受到公平正义，促进社会和谐稳定。

3. 参考答案：参见马工程《法理学》教材第189－190页。

第九章　中国社会主义法理学的历史文化基础

第一部分　本章知识点速览

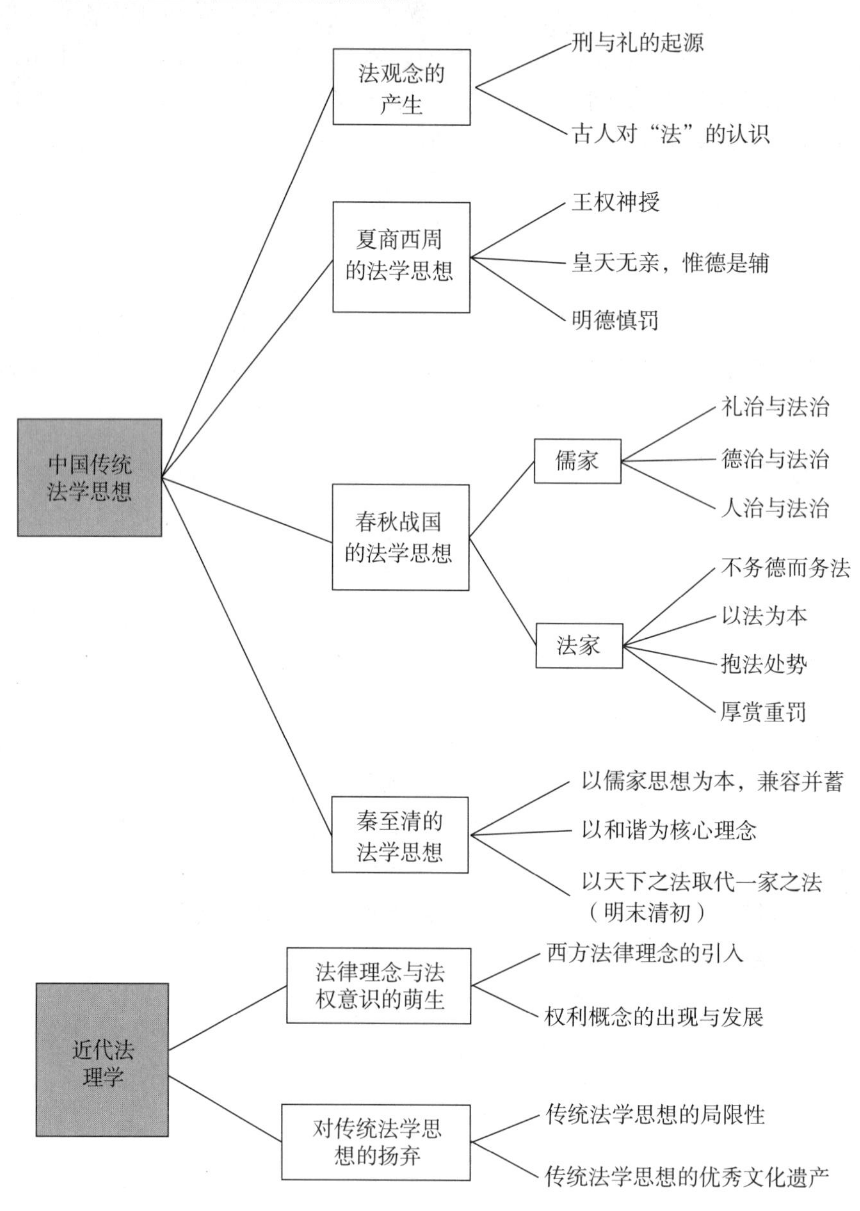

第二部分　本章核心知识要点解析

第一节　中国传统法学思想的形成和发展

一、法观念的产生

(一) 难度与热度

难度：☆☆　热度：☆☆

(二) 基本理论与概念

1. 中国古代法观念的产生与法律的起源密切相连。法律是随着私有财产的日益增多、贫富分化、阶级出现、国家形成而产生的（马克思主义唯物史观）。

2. 中国法律的源头有二：一是部落联盟时期日益频繁的部落战争，导致了“刑”的出现；二是先民的祭祀，导致了“礼”的形成与发展。

(1) 刑起于兵（战争）：氏族社会后期，随着生产力的提高，剩余产品逐渐增加，氏族内部开始出现贫富差别和私有财产。而随着剩余产品的出现，氏族战争中的俘虏不再被杀死，而是被作为奴隶使用，随之出现了阶级。随着私有财产、阶级的出现，氏族社会开始向国家过渡，于是法律产生了。法律的最初形态——“刑”的镇压对象就是战争中的俘虏。

(2) 礼源于祭祀：祭祀须有仪式与程序，这就是“礼”的规范。一方面，“礼”的规范一部分直接源于风俗习惯并通过祭祀而获得更大的权威（风俗习惯不是习惯法，但“礼”已是习惯法）。另一方面，“礼”具有强制性，但仍将人情放在首位。

3. 中国古人对“法”的认识：

(1) 法具有融残酷与温情于一体的两面性：对于“刑”，人们注重它的镇压和威慑作用；对于“礼”，人们更注重它所体现的神意和人情。

(2) 古今之别：一方面，有时古人所说的“法”比我们现在所说的法来得宽泛，它既包括理念意识，也包括制度规则。神意祖制、自然规律、风俗习惯、国家制度、乡规民约皆可以“法”统称。另一方面，有时古人所说的“法”比我们现在所说的法来得狭窄，专指“律”及“刑”。

(3) 中西之别：一方面，中国古人说的“法”大都指制度规章（国家的禁令），而法所体现的精神、道理则用“礼”“理”来表达，而西方的“法”包括了中文的理、礼、法、制所表达的内容。另一方面，由于思维方式的差异，中国人在理解西方“法”时可能产生两种误解：一是以中文“法”字对应西方的“法”，割裂礼与法的关系，认为中国古代“法”只有制度条文、刑罚，缺乏法的精神；二是片面用中国古代“法”去理解西方近代意义的法，认为法就是制度规章，忽略西方“法”背后的精神。

(三) 疑难点解析

1. 本章是过渡性章节，即从一般法理学板块过渡到中国法理学板块。它为接下去的章节，即中国社会主义法与中国社会主义法治奠定历史文化基础。中国特色社会主义法治理论有三个理论来源：一是中国革命法律文化的红色基因，二是马克思主义理论，三是中国传统法律文化。中国社会主义法理学的萌芽、发展与逐渐成熟，离不开中国近代社会发展的具体环境，离不开对中国传统法的创造性转化、创新性发展、批判性继承。

2. 中国传统法学思想经历了从产生到夏商西周、春秋战国、秦至清等几个阶段。中国古代并不存在现代意义上的“法学”，但古代社会对法的理论研究并不缺位，且其中蕴含着积极的因素。不同文明社会的法律发展既有共同性，也有各自的特殊性。

3. 注意区分中国古代“法”的狭义用法与广义用法。狭义用法指的就是典章制度，甚至仅是刑罚制度；广义用法则既包括刑罚制度，也包括伦理规范（礼）。所谓礼法结合是也，包括后来西周时期的“明德慎罚”思想也产生于这一基础之上。所以，中国古代的“法”具有典型的伦理法的色彩。

（四）拓展延伸阅读

在法律起源方面，各古老民族既有其共同之处，又有其独特之处。前者是人类法律文化共同规律的反映，而后者则是人类法律文化多样性的原始起点。

总的来看，法律产生于国家诞生之前的原始社会末期。此间，随着私有财产的出现和由此导致的贫富分化，战争的扩大和奴隶的增加，前所未有的超越了狭小氏族部落范围的部落联盟机关终于诞生了。在新的社会条件下，原先的氏族制度和习惯逐渐失去作用，部落联盟机关肩起创制、认可并保障实施新的行为规范的历史使命。这种以强制力为后盾的、在部落联盟范围内普遍有效的新式行为规范就是最初的法律。

及至原始社会末期，父系家长制度已得到空前的发展。以父系血缘纽带为基础，以父系家长特权为中心的宗法制度及其特征，自然也会渗透到当时的法律之中，并在此后的社会生活中依然保留着它的某种影响力。在这方面，中国古代以“亲亲”“尊尊”为特征的礼制与被称作“原始父权的典型”的古罗马的“家父权”之间没有本质的差别。但是，由于所处的社会条件不同，特别是私有财产制和商品经济发展程度不同，父系家长制走上了不同的发展道路。可以说法律文化从父系家长制这个相同的起点出发，踏上了各不相同的发展道路。

——武树臣. 中国法的起源及其特征. 中外法学，1992（6）.

二、夏商西周的法学思想

（一）难度与热度

难度：☆☆　热度：☆☆

（二）基本理论与概念

1. 夏商西周时期的法律认识：一是法是神意的产物，产生于神意的法是公正的。二是统治者的权力来自“神意”，统治者权力合法必须具备天意和自身有德两个条件（以德配天），有德者才有资格统治天下，“有德”表现在法律上就是“明德慎罚”。

2. 王权神授。“王”的权力是天意或神意的产物，人世间的最高统治者被称为“天子”，代天在人间行使统治权。

3. 皇天无亲，唯德是辅。公正的“天”将统治民众的权力只交给有“德”之人。统治者的“德”是怀着敬畏的心情，兢兢业业地治理国家，关心民众的疾苦，保民并获得民心。

▶重民思想（天命、有德、民心三位一体构成统治权合法性的基础），中国古代民本思想的源头。

4. 明德慎罚。(1)“明德”，一是要求统治者自身有德，以身作则，为民表率；二是以“礼”教化人民，人人都应具有“亲亲”“尊尊”“长长”“男女有别”之情。(2)“慎罚”，要求统治者在使用刑罚时要谨慎，要罚当其罪。

▶法律体系由教化与刑罚构成，教化是这个体系的主导。这是中国古代“德治”的思想之源。

5. 西周时代法律思想的本质在于使宗教等级制度合法化。

(三) 疑难点解析

1. 西周时代是奴隶制时代，但却是后世宗法制度思想的奠定时期。敬天保民、明德慎罚的思想，使得中国古代的法学思想一方面强调伦理与法治的结合，其以德为主（德主刑辅）；另一方面又渲染上了天道的神秘色彩，以增强其权威性，但“天”本身具有伦理品格和理性色彩。

2. 尽管夏商西周的法学思想中有许多值得我们继承的优秀因素，但其核心还在于维护宗法等级社会，所谓明德慎罚，强调礼治和宽仁的一面，强调统治者自身要有德，以德配天，本质还在于更好地维护宗法统治。西周时期的“民”也不是今天意义上的人民，它排除了当时被压迫者（如奴隶）以及不服周人统治的异族。

(四) 拓展延伸阅读

人本主义或人文主义是中国传统法文化的哲学基础。早在夏商时代，占统治地位的主流意识是以“天帝”为主要内涵的天道观，天帝的意志被视为权力的来源。在天道观的影响下“殷人尊神，率民以事鬼，先鬼而后礼”。但是天帝的庇护并没有能延续商朝的统治，相反，其终因残酷压榨使民众叛逃阵前倒戈而被小邦周所推翻。这一历史事实使继起的西周统治者在认识上发生了新的转向。他们发现了“天命棐忱，民情大可见”，即民众对维持政权统治的重要作用，因此提出“敬德”“保民”，宣传“民之所欲、天必从之”，从而将殷商时代对鬼神的尊崇转移到民心的向背上，形成了“人无于水监，当于民监”的政治警世观点，标志着天命与民心结合的开始。中国古代人本主义思想，就是在西周对人事、道德的重视、对人的作用与价值不断肯定的过程中逐渐形成的。

——张晋藩. 综论独树一帜的中华法文化. 法商研究，2005 (1).

三、春秋战国的法学思想

(一) 难度与热度

难度：☆☆　热度：☆☆☆

(二) 基本理论与概念

1. 春秋战国是中国历史由分封制向集权制，由宗法制向官僚制过渡的时期（进入封建社会）。这一时期形成了“百家争鸣”的局面，儒家思想与法家思想的对立与融合，为中国古代法律模式、中华法系的形成奠定了理论基础。

2. 儒家的法律主张：以“仁”为核心，主张中庸之道。

(1) 礼治与法治。礼是法的指导，与具体条文相比，礼所体现的原则是首位的。法只有在与礼的精神一致时才具有价值，与礼相悖的法不仅毫无价值，而且是天下大乱的根源。但重视礼治，并不是无视法的作用，只是强调法的精神（也就是礼）应该高于具体的法条。

（2）德治与法治。德治的主要内容是反对“以力服人”的霸道，反对统治者横征暴敛、严刑峻法，主张效法西周，兴礼教，实行“以理服人”的王道。其核心在于法律的最终目的和社会的根本治理。

德治与法治相结合的学说：一是法律与道德兼用并举，法调整人的行为、规范社会关系，德端正人心、引民向善；二是道德指导法律，根据道德原则制定与实施法律，通过道德教化培育人们对法律的尊重和敬畏；三是法律支持道德，将道德准则纳入法律，以法律强制力保证其实行。

（3）人治与法治。国家的安危取决于统治者，尤其是国君的道德和素质。在治国中，统治者的道德品格比制度和法律更为重要：一是君主的言行表率作用较制度、法律的完善更为重要，二是在治理国家中选拔德才兼备的人比建立制度更为重要。荀子认为，法是由人制定的，法是由人执行的，法不能包罗万象（有漏洞）。

▶*人治思想并不强调“权力大于法律”，而是认为在治理国家中，统治者的素质较制度更为重要。*

3. 法家的法律主张：以法治国。

（1）“不务德而务法”的历史进化观。法与时转则治，法与时宜则有功。以力服人，不务德而务法。

（2）“以法为本”的立法、执法主张。制度与法令是君主治理国家的根本，“以法为本”的核心内容是立法必须完备，执法必须公正。就立法而言，法家的立法原则是：其一，法令必须由国家统一制定；其二，法律必须体现国家的“公”意。就执法而言，法家强调法的公正性，要求君主“缘法而治”或“垂法而治”；国法必须具有绝对的权威，任何人，无论其才智、功勋、道德如何，都没有违背法律的权力，无论谁触犯了法律，都要受到法律严厉的制裁。

▶*以法为本的最终目的是以君为本。*

（3）君主“抱法处势”的治国主张。“抱法”，就是要求君主从国家利益出发，设立完备的法律并遵守它。“处势”，就是要求君主牢牢掌握独尊的地位，掌握最高的立法权和司法权。具体而言：其一，奉法者强则国强，奉法者弱则国弱；其二，法律也是维护君主权威最为有效的手段；其三，当法律与君主的喜怒矛盾时，君主要克制私欲，释私任公。

（4）“厚赏重罚”的治民主张。法是国家、君主设立的规范，民众无权立法，也无权议法，他们只有遵守法律的义务。但君主在制定法律时，应该顺应人性（自为心），应该用“厚赏”充分调动人们的好利之性，使人们趋之若鹜；用“重罚”充分利用人们的“恶害”心理，使人们不敢越雷池一步。

（三）疑难点解析

1. 中国历史上主流的儒法合流的法律思想就来源于春秋战国时代的儒家法律主张与法家法律主张。尽管两者关于治国的理想以及法律在其中所扮演的角色有着诸多不同认识，但两者在目的上是一致的，即维护君主专制制度。法家尽管主张严厉实行“以法治国”，但却极少主张限制君主的权力，韩非甚至主张实行极端的君主专制制度；儒家尽管主张用道德制约君主的权力，但对可能滥用权力的无道君主并没有提出有效的解决办法，其主张的“三纲五常”更是将君主置于不容挑战的地位。所以，两者区别的只是手段，而非目的，是“器”，而非“道”。正因为如此，法家所讲的“以法治国”与今日所讲的“依法治国”不可同日而语，在法家“以法为本”的背后依然矗立着人治（君主之治）的影子。

2. 儒家法律思想中，礼治与法治、德治与法治、人治与法治的关系其实是同一个问题的三个面向。“礼”是载体，“德”是内容，“人治”则是精神，儒家讲究、凸显的是以道德规范为内容的“礼”在治理国家中的重要性，强调的是人治（统治阶级的个人素质和道德修养）相对于法律制度本身的重要性。

3. 德治与法治相结合的思想对于当下的中国特色社会主义法治建设亦有积极意义。2014 年 10 月，习近平总书记在党的十八届四中全会发言中指出：“坚持依法治国和以德治国相结合。国家和社会治理需要法律和道德共同发挥作用。必须坚持一手抓法治、一手抓德治，大力弘扬社会主义核心价值观，弘扬中华传统美德，培育社会公德、职业道德、家庭美德、个人品德，既重视发挥法律的规范作用，又重视发挥道德的教化作用，以法治体现道德理念、强化法律对道德建设的促进作用，以道德滋养法治精神、强化道德对法治文化的支撑作用，实现法律和道德相辅相成、法治和德治相得益彰。”

（四）拓展延伸阅读

礼以“别”为本，以差等著称；法以“齐”为本，以公平闻世。礼的差等式的规范与法的公平性的衡量是矛盾的，但又具有统一性，因为礼与法不仅同源，而且都以维护等级特权秩序为目的。正由于法合于礼，才有可能引礼入法，礼法结合。

中国古代的法律文化，礼制为体，法制为用，出礼入刑，礼法结合。以礼入法，使法律道德化，法由止恶而兼劝善；以法附礼，使道德法律化。违礼与违法同受刑责。这不仅与西方法律文化迥异，也与印度、巴比伦的法律文化有别。礼与法结合，可以推动国家机器有效地运转，安定统治者所惬意的社会秩序，而且适合于中国固有的文化传统与民族心态。因此，礼法的结合和互补构成了中国古代法律文化的核心。

——张晋藩. 综论独树一帜的中华法文化. 法商研究，2005（1）.

德法互补、共治的发展进程，以周初“明德慎罚”为德法共治的发端，以两汉“德主刑辅”为德法共治的发展阶段，以唐代“德礼为政教之本、刑罚为政教之用”为德法共治的定型阶段。德法互补、共治是中国古代国家治理的成功经验，也是历史发展规律的体现。由于历代的历史条件的不同，使德法互补的内涵也不断地丰富，显示了德法互补既有阶段性，也有连续性和一贯性。它符合中国古代的国情，是先哲们充满理性的伟大创造，反映了中国古代具有鲜明特色的道德观、法律观，也彰显了独树一帜的法文化的先进性和特殊性。凡是德法互补、共同治国成功的朝代，均为盛世，因此，从史鉴的角度来考察中国古代德法互补治国方略的设计与实施及其历史经验，很有现实意义。

——张晋藩. 论中国古代的德法共治. 中国法学，2018（2）.

四、秦至清的法学思想

（一）难度与热度

难度：☆☆☆　热度：☆☆☆

（二）基本理论与概念

1. 概况。

（1）自汉初至清灭亡，以儒家学说为主的法律思想始终占据主导地位，与大一统的思想相辅相成。

（2）以儒家学说为主的法律思想经历了秦汉礼法合一（儒法合流）的探索时期、魏晋礼法合一的发展时期、隋唐礼法合一的法典化时期、宋明清礼法合一由完善走向僵化的时期。

（3）以儒家学说为主的法律思想的特点是“以儒家思想为本，兼容并蓄”，其核心内容是“和谐”。

2. 以儒家思想为本，兼容并蓄的思想体系。

（1）以儒家学说为本的法律思想是在汉武帝时期形成的，特点有二：一是强调儒家学说的主导，甚至是独尊的地位（德主刑辅，立法、司法必须以礼教为原则）。二是随着社会实践的发展，法律思想融合、吸收了先秦诸子思想中有利于现实社会治理的各种学说。

（2）以儒家思想为本，兼容并蓄的法学思想将儒家的理念与法家的制度融合成一个和谐统一的体系，使礼法合一的法律模式在实践中不断发展完善，出现了《唐律疏议》这样的中华法系的代表作。

3. 以“和谐”为核心理念的法律思想。法律的目的在于促成而不是破坏社会的和谐，具体内容包括：

（1）人类与自然的和谐。人类社会是自然社会的一部分，人类社会的活动必须符合自然之道（天人合一、司法时令说）。

（2）民族间的和谐。民族无论大小强弱，都应该和睦友好地相处，而不应用武力对弱小的国家民族进行征服或吞并。

（3）家庭与社会的和谐。强调法律对弱者的“保护”，对弱势群众给予充分的关注和体恤，对以强凌弱、以众暴寡的行为进行严惩。

（4）以多种治理方式保障和谐，使社会矛盾通过多种渠道得到解决（礼乐政刑，综合为治；惩罚与旌表并重）。

▶借鉴中国古代法律和谐理念的同时，不应忽视其中与现代法治的冲突之处（过于强调道德自律，等级观念，尤其是君权至上的观念）。

4. 明末清初以“天下之法”取代“一家之法”的主张。

（1）明中叶以后出现了资本主义的萌芽，造就了明末清初的启蒙思想家（黄宗羲、顾炎武、王夫之、唐甄），对秦以来的政治制度和法律制度进行了怀疑和批判。

（2）启蒙思想家继承了先秦儒家，尤其是孟子“民贵君轻”的民本思想，挑战了皇权至上的封建专制主义体制，弘扬了中国传统法律文化中的优秀成分。

（3）黄宗羲提出以维护天下人利益的“天下之法”取代维护帝王一家一姓利益的

“一家之法”的主张。具体而言：其一，以相权制约君权；其二，改善地方与中央的关系；其三，将学校变为议论政治得失的舆论场所。

▶启蒙思想家对于未来社会的设计带有很多空想色彩，也有别于西方法治模式（在法的精神上更注重和谐，在法的内容上更注重与道德的统一，在法的形式上更注重简约易行，在法的实施上更注重人们的自律等）。

（三）疑难点解析

1. 中国古代以儒家学说为本的法律思想并不是一个封闭排他的体系，而是充分容纳了各家各派可以相容的想法。比如用阴阳家的学说解释“德主刑辅”，用法家的思想阐明“凡将立国，制度不可不察”，用道家的哲学论证法的最高境界是“顺其自然”等。这种兼容性赋予了它强大的生命力，造就了博大精深的中华法系。

2. 先秦儒家的理想是“大同之世”，所以特别注重和谐。这种以和谐为核心理念的法律思想对于今天用法治构建和谐社会依然具有借鉴意义。例如“亲亲相隐”对于今天豁免近亲属的作证义务，对达到特定年龄的老年人的尊重和法律责任豁免制度对于今天我国刑法的相关规定（《刑法》第17条之一：已满75周岁的人故意犯罪的，可以从轻或者减轻处罚；过失犯罪的，应当从轻或者减轻处罚）都发挥了影响。但也要看到，古代法律思想中为了和谐过于主张忍让和顺从，无视个人权利（对比西方法律思想：“为权利为斗争”），也有着消极的一面，应当为今日所扬弃。

3. 明末清初的启蒙思想源于当时社会的经济基础和政治环境，它对专制主义法律思想的反省不同于1840年以后的洋务运动、戊戌变法和辛亥革命，是一场发自内部的，不依赖外界推动力的传统更新。一些启蒙思想中已然蕴含着朴素的唯物主义的萌芽。

（四）拓展延伸阅读

在漫长的历史进程中，中华民族创造了独树一帜的灿烂文化，积累了丰富的治国理政经验，其中既包括升平之世社会发展进步的成功经验，也有衰乱之世社会动荡的深刻教训。我国古代主张民惟邦本、政得其民，礼法合治、德主刑辅，为政之要莫先于得人、治国先治吏，为政以德、正己修身，居安思危、改易更化，等等，这些都能给人们以重要启示。治理国家和社会，今天遇到的很多事情都可以在历史上找到影子，历史上发生过的很多事情也都可以作为今天的镜鉴。中国的今天是从中国的昨天和前天发展而来的。要治理好今天的中国，需要对我国历史和传统文化有深入了解，也需要对我国古代治国理政的探索和智慧进行积极总结。

——习近平2014年10月13日在中央政治局就我国历史上的国家治理进行第十八次集体学习时的讲话.

以天下之法取代一家之法是明末清初思想家反对专制主义的重要组成部分，也是最具有时代特色的法律思想。他（黄宗羲）称三代以上之法是为天下之法。天下之法，立法为公，立法为万民。至于三代以下之法，立法为私，这种法是“藏天下于筐箧”，用以桎梏人民手足的“一家之法”。黄宗羲主张以“天下之法”取代“一家之法”，不是意在“复古”，而有其强烈的现实针对性，是对封建专制君权的继续抨击。

从中国法制历史发展的过程来看，法律的出现是和私有制与阶级的出现分不开的。

法律的实质是统治阶级意志的体现，是用来控制社会、维护统治阶级利益的工具。在这一点上，无论天下之法还是一家之法都是一致的。只不过是三代以后秦始皇建立了专制主义的皇帝制度，使得法律成为君主手中任意施为的手段。这样一家之法的“私”便永远超过天下之法的“公”。尽管天下之法的“公”也是建立在“私”的基础之上，二者只有度的差别，没有质的差别。黄宗羲提出以天下之法取代一家之法，是他批判专制主义范畴中的一个组成部分。这种反专制主义的法律观不仅洋溢着反专制主义的战斗精神，也是那个时代的特定产物。

——张晋藩. 明末清初的实学与进步的法律观. 法制与社会发展，2016 (2).

第二节 近代法理学的探索与变革

一、法律理念与法权意识的萌生

(一) 难度与热度

难度：☆☆　热度：☆☆

(二) 基本理论与概念

1. 鸦片战争后，中国的有识之士一方面开始对中国的法律制度和法律文化进行反思，另一方面开始引入有利于富国强兵的西方法律制度和理念。

2. 西方法律理念的引入。

(1) 林则徐：师夷长技以制夷。

(2) 郑观应：上书要求清政府开国会，“西国以公议堂为政事之根本”。

(3) 维新派（康有为、梁启超）：第一，鼓吹变法维新，主张法律应因时而变。第二，反对君主专制，主张开国会、立宪法（主张君主立宪）。第三，改革旧律，制定“为民而立”之法（批判君主专制制度下的法律）。

▶维新派主张全面引进西方的法律制度和理念，从而开启了中国法律近代化的历程。从此以后，主权在民、宪法至上、权利平等等近代西方法律观念开始在中国深入人心。

3. 权利概念的出现与发展。

(1) 近代法权思想以“天赋人权”为基础，其核心内容是：人生来就享有天赐的自由、平等权利，这种权利是不可剥夺的，受到法律的保护和确认。随着西学的涌入，这种以“权利”为核心的法权意识得到社会的认可。

(2) 近代法权意义上的“权利”一词，最早出现于1864年美国传教士丁韪良翻译的《万国公法》中。该书出版后，“权利”一词逐渐成为汉语中表达“正当利益”或“正当资格”的专门词汇。

(3) 梁启超对权利思想的阐述作出了巨大贡献。他认为，是否享有权利是人区别于动物的特征之一，是人作为人就应该享有的。中国古代仁政思想的缺陷就在于治人者有权，治于人者无权。权利要获得保障必须依靠法律。而只有人民具有强烈的权利意识，个人才能有力量，法律才能不断得到完善。

(4) 19 世纪 90 年代后，“民权”一词开始从日本传入中国。“民权”一词一般都是在“人民的权威”或“人民的权利”这两个意义上使用的。

▶戊戌变法和辛亥革命后，西方的权利和民权思想得到中国人的广泛接受，权利思想成了批判封建专制思想和反思传统法律文化的强有力的理论武器。

（三）疑难点解析

1. 中国法律现代化的进程以维新派的崛起和清末修律为起点。前者属于思想的起点，后者属于制度的起点。在西方法律思想传播至中国的过程中，权利思想成为现代法律意识的一面旗帜。权利话语成为具备极大正当性的话语，并得到国人的广泛认可。法律应以保护国民的权利、而非对国民施加义务和责任为价值追求，已成为广泛共识。从此以后，无论掌权者是谁，对权利的罗列都成为宪法和法律的必需内容，从清政府的《钦定宪法大纲》到《中华民国临时约法》概莫能外。直至今天，权利本位论都是法理学思想中的重要一脉。

2. 在建设中国特色社会主义法治的今天，我们反对西方的普世价值学说，但不反对全人类的共同价值，即和平、发展、公平、正义、民主、自由。习近平总书记曾深刻指出：“我们要本着对人类前途命运高度负责的态度，做全人类共同价值的倡导者，以宽广胸怀理解不同文明对价值内涵的认识，尊重不同国家人民对价值实现路径的探索，把全人类共同价值具体地、现实地体现到实现本国人民利益的实践中去。”① 权利就是这样的全人类共同价值的体现，也是法学（法理学）的基本概念。

3. 要注意两个概念的使用：一个是“法权”。“法权”就是“法律”和“权利”的合称。由于起源于拉丁语的欧陆语言中，表示“法”的词汇（如拉丁语 jus，德语 Recht，法语 Droit 等）兼有“权利”的意思，所以在中文翻译时就兼采了两种含义，译作“法权”。德国法律思想传统中有所谓“主观法”和“客观法”的区分，其中“主观法”指的就是“权利”（也有译为“主观权利”的）。这也说明了权利与法律的密不可分——有谚语云：“权利是主观的法律，法律是客观的权利”，就是这个意思。另一个是“民权”。中文中的“民权”与古罗马的“市民权”不同，它是与“君权”相对立的表述。在西方法律思想传播至日本和中国的过程中，两国的进步人士意识到，引入“权利”思想首先要反对的就是君主专制的权力，因此翻译为“民权”，就是为了突出权利的享有主体是“民”，而不是“君”；法律和宪法是保护人民的权利和限制君主的权力的。如果要在英语上找一个对应词的话，那就是“civil right”。

（四）拓展延伸阅读

民权的中文词汇很可能是由日文的“自由”（liberty）经中国的知识者转译而来。日文的“自由”一词含义颇繁，作为西文的译语则有二：一是 freedom，二是 liberty。前者主要指精神的自由，后者主要指政治的自由。法学意义上的“自由”指的是法律上的权利。从这个意义上讲“民权”也可理解为法律意义上的“自由”。中国的知识者或许正是从日文的“法律自由”的意义上使用民权一词的。

既然“民权”与西文的 liberty 一词相通相感，为什么中国的知识者还要将其分为两个独立的词汇？在中国的知识者看来，中国所遇到的最大问题是皇权体制运行机制

① 习近平．加强政党合作 共谋人民幸福——在中国共产党与世界政党领导人峰会上的主旨讲话（2021 年 7 月 6 日）．

的失灵：由传统民本话语提供的君民和谐关系受到了极大的破坏，表现在民对国事的漠不关心和麻木不仁；另一方面也表现在君对民缺少关怀和不负责任。中国的知识者的民权言说是把一个法律意义上的日本化的概念转换为一个与政治体制相关的中国化的政治性概念的一种实践，它所指向的是中国的传统皇权体制，隐含了分享皇权的政治要求。

—— 王人博. 民权词义考论. 比较法研究，2003 (1).

二、对传统法学思想的扬弃

（一）难度与热度

难度：☆☆　热度：☆☆

（二）基本理论与概念

1. 近代以来，许多传统法学思想已经不能适应社会发展的需求，但中国传统法学思想中的不少内容对于今天的法治建设和中国特色法学体系构建仍然具有重要的意义。

2. 传统法学思想的局限性（传统法学思想之“弊”）。

（1）中国传统法学思想的最大问题在于它的核心是维护君主专制制度。

（2）中国传统法学思想的局限性在于缺乏权利思想。近代法学思想的革新首先就是从引入西方的民权、民主观念开始的。

（3）中国以儒家为主体的古代法学思想是一种伦理法思想。它以确认、巩固“君君、臣臣、父父、子子”以及“三纲五常”为核心内容，这与西方法学思想传入后人们对平等和自由的价值追求不相符合。

（4）其他不适合现代社会的内容，如诸法合体、重刑轻民、普遍的重刑主义、行政与司法不分等。

3. 作为优秀文化遗产的传统法学思想（传统法学思想之“利”）。

（1）民本思想与民权和民主。“以民为本”的民本思想在一定程度上对统治者的统治提出了正当性要求，这种思想与强调人民至上的现代民权和民主思想有很多暗通之处。

（2）古代法治思想与现代法治。中国古代的法治思想（尤其是法家的法治思想）与现代法治并不完全相同，但其对法的性质的认识及其主张的某些执法、守法观念（如“刑无等级”“法不阿贵”）与现代法治的要求基本相似。

（3）儒家德治思想与现代法治。儒家主张的“德治”对道德能起到的引导和制约统治者的作用寄予过高的期望，但它倡导的多种治理模式相结合、综合治理的治国方式值得肯定（如“道之以德，齐之以礼，有耻且格”强调道德教育在法治社会促使人们遵纪守法、预防犯罪方面的作用；再如“为政在人”“唯仁者宜在高位”说明，即便在法治社会，有权力的人的道德素质也是至关重要的)。

4. 和谐思想与现代法治。和谐思想在立法和执法时注重“天理、国法和人情”，注重司法的教化功能以及社会效果，值得现代法治社会借鉴。

（三）疑难点解析

传统法学思想诞生的历史语境与今天有很大差别，它的核心追求也不符合当下的中国特色社会主义法治建设。但是，它所蕴含的很多具体内容能够为今天的法治中国建设提供思想资源。如民本思想与“坚持以人民为中心”的人民主体论思想有相通之处，法家法治思想与“严格执法”“公正司法”“全民守法”有相容之处，儒家德治思想对于“坚持依法治国与以德治国相结合”“坚持建设德才兼备的高素质法治工作队伍”“坚持抓住领导干部这个‘关键少数’”有启发意义，和谐思想则对于和谐中国、平安中国建设，以及对于强调司法的法律效果和社会效果相统一，强调“努力让人民群众在每一个司法案件中感受到公平正义”亦可提供借鉴。

（四）拓展延伸阅读

五千年从未中断的中华法文化，凝聚了中华民族的政治智慧和法律智慧，是中华民族的骄傲，也是中国特色社会主义法治建设极其丰富的资源和宝藏。

在中华法文化中，民惟邦本的民本主义，礼法结合的礼治文化，德法互补的治国要略，法情允协的司法原则，天人合一的和谐观念，严以治官、宽以养民的施政方针，明职课责的法律监督，良法善治的法治追求，如此等等，都可以作为构建新时代中华法系的重要文化资源。

但需指出，构建新时代的中华法系，是一个独立的社会主义的法系，它必须具有自己鲜明的特色，既有特殊性，也有典型性，而且还需以它的先进性赢得世界的尊重。因此，非一日之功。

为了实现这个目标，首先要完善中国特色社会主义法律体系，不断丰富中国特色社会主义法治体系，创新发展中国特色社会主义法治理论体系，为坚持和完善中国特色社会主义制度、推进国家治理体系和治理能力现代化提供坚实的法治保障，使各项制度体系都臻于稳定和成熟。其次，要花大力气，发掘优秀的法文化资源，科学地总结古代中国的施政经验，使古与今和谐地融合在一起。除此之外，还需要吸取世界优秀的法文化成就，为我所用。

——张晋藩. 弘扬中华法文化，构建新时代的中华法系. 当代法学，2020（3）.

第三部分　拓展阅读文献、案例研习与同步练习

第一节　拓展阅读文献

1. 习近平. 在中央政治局就我国历史上的国家治理进行第十八次集体学习时的讲话，2014－10－13.

2. 武树臣. 中国法的起源及其特征. 中外法学，1992（6）.

3. 张晋藩. 综论独树一帜的中华法文化. 法商研究，2005（1）.

4. 张晋藩. 明末清初的实学与进步的法律观. 法制与社会发展，2016（2）.

5. 张晋藩. 论中国古代的德法共治. 中国法学，2018（2）.

6. 张晋藩. 弘扬中华法文化，构建新时代的中华法系. 当代法学，2020（3）.

7. 王人博. 民权词义考论. 比较法研究，2003（1）.

8. 徐显明. 人权概念在中国的百年历程. 社会科学论坛，2005（3）.

第二节 本章案例研习

案例名称："常回家看看"第一案

（一）基本案情

储老太太和老伴育有一儿一女，2009年3月，他们与两个子女签订了一份协议，称老夫妻因位于马山的老房卖掉，今后的住处由女儿安排，老两口居住女儿、女婿位于江江苏省无锡市北塘区龙塘家园的一套一楼房屋直至终年。2009年8月，老太太的老伴去世，此后她一直和女儿、女婿住在龙塘家园小区，只是她住在1楼，女儿、女婿则住在4楼。时间一长，女儿、女婿认为老母亲经常把从外面捡回来的垃圾堆满屋子，不但不卫生，还影响邻里关系，让他们很没面子。而储老太太则埋怨虽住同楼，但女儿、女婿平时很少看望自己，自己捡垃圾也是为了解闷。双方矛盾不断升级，2012年8月，储老太太搬离女儿家。后储老太太起诉女儿、女婿，要求他们履行赡养义务，并"常回家看看"。

（二）法院判决

无锡北塘法院对储老太太赡养案进行了判决，除了判决女儿应当支付母亲的房租等日常生活费用外，还支持了老母亲要求女儿常来看望自己的诉请。判决书规定，（女儿）马某某应当在本判决生效之日起，每两个月至少到（母亲）储某某居住处看望、问候一次；端午节、重阳节、中秋节、国庆节、元旦，应当至少安排两个节日期间内予以看望；除夕夜至元宵节期间，应当至少予以看望一次。法官还当庭指出，如果子女不履行看望义务，权利人可申请强制执行，执行过程中将根据情节轻重予以罚款直至拘留。

（三）法理分析

本案涉及对中国传统法律文化，尤其是和谐思想的发扬这个知识点。

《中华人民共和国老年人权益保障法》第18条第1、2款规定："家庭成员应当关心老年人的精神需求，不得忽视、冷落老年人。与老年人分开居住的家庭成员，应当经常看望或者问候老年人。"结合法律规定，"常回家看看"是指与老年人分开居住的家庭成员应当关心老年人的精神需要，经常看望或问候老年人，不得忽视、冷落老年人，给予老年人适当的精神慰藉。其义务主体是家庭成员，包括与老年人共同居住和分开居住的子女等亲属；义务内容是关心老年人的精神需求，经常看望或问候老年人，给予老人适当的精神慰藉。它其实属于"精神赡养"的范畴。

精神赡养指的是家庭成员应当关心老年人的精神需求，包括三个维度，即人格尊重、成就安心和情感慰藉。对于法律是否需要明确精神赡养的范围，甚至进行量化，各国有不同的做法。瑞典、芬兰等北欧国家的法律，将子女对父母的精神赡养量化到居住距离，每年、每月、每周甚至每日应当与父母接触的时间和次数等等，子女与父母谈话的忌语都有明确规定，最大限度地从立法上明确了精神赡养的义务范围。这种详尽的法律规定被理解为"陌生人社会"的法律救济。在过去中国是"熟人"社会，传统道德伦理有很强的强制性。传统文化一方面强调法律与道德兼用并举（礼法并举），法调整人的行为、规范社会关系，德端正人心、引民向善；另一方面强调用法律支持道德，将道德准则纳入法律，以法律强制力保证其实行。在这种德法并举的法律思想中，核心的要义是“和谐”，其中就包括家庭内部的和谐，即讲究父慈子孝、兄友弟恭、夫妻和睦，“孝”构成了中华民族非常重要的传统伦理价值，一直持续至今。反观当下，随着我国经济发展和进入社会转型期，赡养老人的义务逐渐被淡化，甚至出现了只见“啃老”，不见尽孝的怪象，只靠社会道德规范、教育手段来约束赡养人已力不从心。2012 年修订后的《中华人民共和国老年人权益保障法》首次明确了精神赡养的范围包括看望和问候老年人，这就在法律上明确和强化了“孝”，使得今后老年人精神赡养的相关诉求有了明确的法律依据。

同时，中国古代法律文化中的和谐思想也强调司法时注重“天理、国法和人情”，注重司法的教化功能以及社会效果，也即价值导向的功能。虽然不少人质疑“常回家看看”的可执行性，认为该条款并没有量化看望的频率，也没有明确问候的方式，援引该条款直接判决有可能强迫公民去做他们不愿意实现或不可能实现的事情，最终履行效果不佳，更会削弱法律的尊严。但要看到的是，法律的功能并不仅仅局限在惩罚与制裁上，它的社会导向意义同样不容小觑。从微观层面来看，精神赡养更多地应体现为“父慈子孝”这种和谐的伦理关系，法律规定精神赡养的相关内容并明确其范围，不是为了让人们死板地履行法律规定，把“孝”当作一种纯粹的法律义务，其意义远不止法律强制“孝”所表现出来的那样简单，其目的更多地在于提醒公众不常回家看望老人已属违法，引导公众重视老年人的精神赡养问题，鼓励公众主动去履行道德义务。可见，中国传统法律文化中的和谐与“孝”亦可为当下民事法律关系中“精神赡养”的范畴提供精神内核。

第三节　本章同步练习

一、选择题

（一）单选题

《后汉书·陈宠传》就西周礼刑关系描述说：“礼之所去，刑之所取，失礼则入刑，相为表里。”关于西周礼刑的理解，下列哪一选项是正确的？（　　）（*考研*）

A. 周礼分为五礼，核心在于“亲亲”“尊尊”，规定了政治关系的等级

B. 西周时期五刑，即墨、劓、剕（刖）、宫、大辟，适用于庶民而不适用于贵族

C. “礼”不具备法的性质，缺乏国家强制性，需要“刑”作为补充

D. 违礼即违法，在维护统治的手段上“礼”“刑”二者缺一不可

（二）多选题

1. 在明德慎罚思想的指导下，西周实行的刑法原则有？（　　）（*考研*）

A. 宽严适中　　　　B. 诬告反坐

C. 老幼犯罪减免刑罚　　　　D. 区分故意与过失、偶犯与惯犯

2. 下列有关法与社会关系的表述何者为正确？（　　）（*考研*）

A. 中国固有的法律文化深受伦理的影响；而宗教对于西方社会法律信仰的形成具有重要的影响，为确立“法律至上”观念奠定了基础

B. “法的社会化”是西方现代市场经济发展中出现的现象，表明法律是市场经济的宏观调控手段

C. 凡属道德所调整的社会关系，必为法律调整；凡属法律所调整的社会关系，则不一定为道德所调整

D. 生命科学的发展、器官移植技术的成熟对法律具有积极影响

二、论述题

论中国传统法律文化对当代中国法治构建的意义。（考研）

参考答案及解析

一、选择题

（一）单选题

答案：D

解析：“礼之所去，刑之所取”“失礼则入刑”说的是“礼”与“刑”的关系。古代所说的“礼”与“刑”都是今天意义上所讲的法，都具有国家强制性，所以选项C错误。礼是法的指导，与具体条文相比，礼所体现的原则是首位的。“礼”从正面规定行为规范，“刑”则从反面规定违反了礼应施加何种处罚，所以违反礼就相当于违法的效果，它们都是维护统治的手段。D正确。选项A和B与题干所问无关。

（二）多选题

1. 答案：ACD

解析：西周在“明德慎罚”及“刑罚世轻世重”的刑法适用原则的指导下，坚持“三赦之法”的原则，对老幼犯罪减免刑罚，坚持刑法宽严适中；坚持“三宥之法”，区分故意与过失、偶犯与惯犯。ACD正确。对诬告者实行反坐，显然不是“慎罚”的体现，所以B错误。

2. 答案：ABD

解析：中国以儒家为主体的古代法律文化浸透着伦理法思想。它以确认、巩固“君君、臣臣、父父、子子”以及“三纲五常”为核心内容，这与西方法学思想传入后人们对平等和自由的价值追求不相符合。宗教在西方历史上对于西方社会法律信仰的形成具有重要的影响，由于中世纪认为法律是上帝的谕令，所以要得到普遍服从，这就为确立“法律至上”观念奠定了基础。A正确。随着西方现代市场经济的发展，法律越来越被视为社会调控的手段，尤其是政府运用“有形的手”来对市场经济进行宏观调控的手段。B正确。道德调整的对象远比法律广泛；法律调整的对象同样可由道德调整，而道德所调整的对象并不完全能够通过法律来调整。C的说法正好相反，是错误的。科技进步推动了法律进步，大量的技术规范需要转化为法律规范；科技进步也扩大了法律的调整范围，

生命科学的发展、器官移植技术的成熟可以推动法律作出相关调整，对法律具有积极影响。D正确。

二、论述题

参考答案：中国传统法律文化中的很多内容已不能适应现代法治的基本要求，但中国传统法律文化的不少内容作为优秀文化遗产对于当今中国的法治建设仍然具有重要的意义。

首先，传统民本思想为今日的民权和民主思想提供了宝贵资源。“以民为本”的民本思想在一定程度上对统治者的统治提出了正当性要求，这种思想与强调人民至上的现代民权和民主思想有很多暗通之处。当今中国法治建设强调以人民为中心，法治建设为了人民、依靠人民，都可以从传统法律文化中汲取养料。其次，中国古代的法治思想（尤其是法家的法治思想）与现代法治并不完全相同，但其对法的性质的认识及其主张的某些执法、守法观念（如“刑无等级”“法不阿贵”）与现代法治的要求基本相似。这些观念与今天我们讲“严格执法”“公正司法”“全民守法”是相通的。其次，儒家德治思想对于现代法治也有启发意义。儒家主张的“德治”对道德能起到的引导和制约统治者的作用寄予过高的期望，但它倡导的多种治理模式相结合、综合治理的治国方式值得肯定。“坚持依法治国与以德治国相结合”“坚持建设德才兼备的高素质法治工作队伍”“坚持抓住领导干部这个‘关键少数’”，其实都可以从儒家思想中强调道德在社会治理中的意义，强调人在法律运行中的重要性找到关联之处。最后，中国传统法律文化的和谐思想，即在立法和执法时注重“天理、国法和人情”，注重司法的教化功能以及社会效果，值得当代中国法治的某些方面，如现在强调司法的法律效果和社会效果相统一，强调“努力让人民群众在每一个司法案件中感受到公平正义”予以借鉴。

总之，正如习近平总书记指出的，我国古代法制蕴含着十分丰富的智慧和资源，要注意研究我国古代法制传统和成败得失，挖掘和传承中华法律文化精华，汲取营养、择善而用，实现中国传统法治文明的创造性转化和创新性发展，为当今中国的法治建设提供厚实的文化基础。

第十章　中国社会主义法的产生、本质和作用

第一部分　本章知识点速览

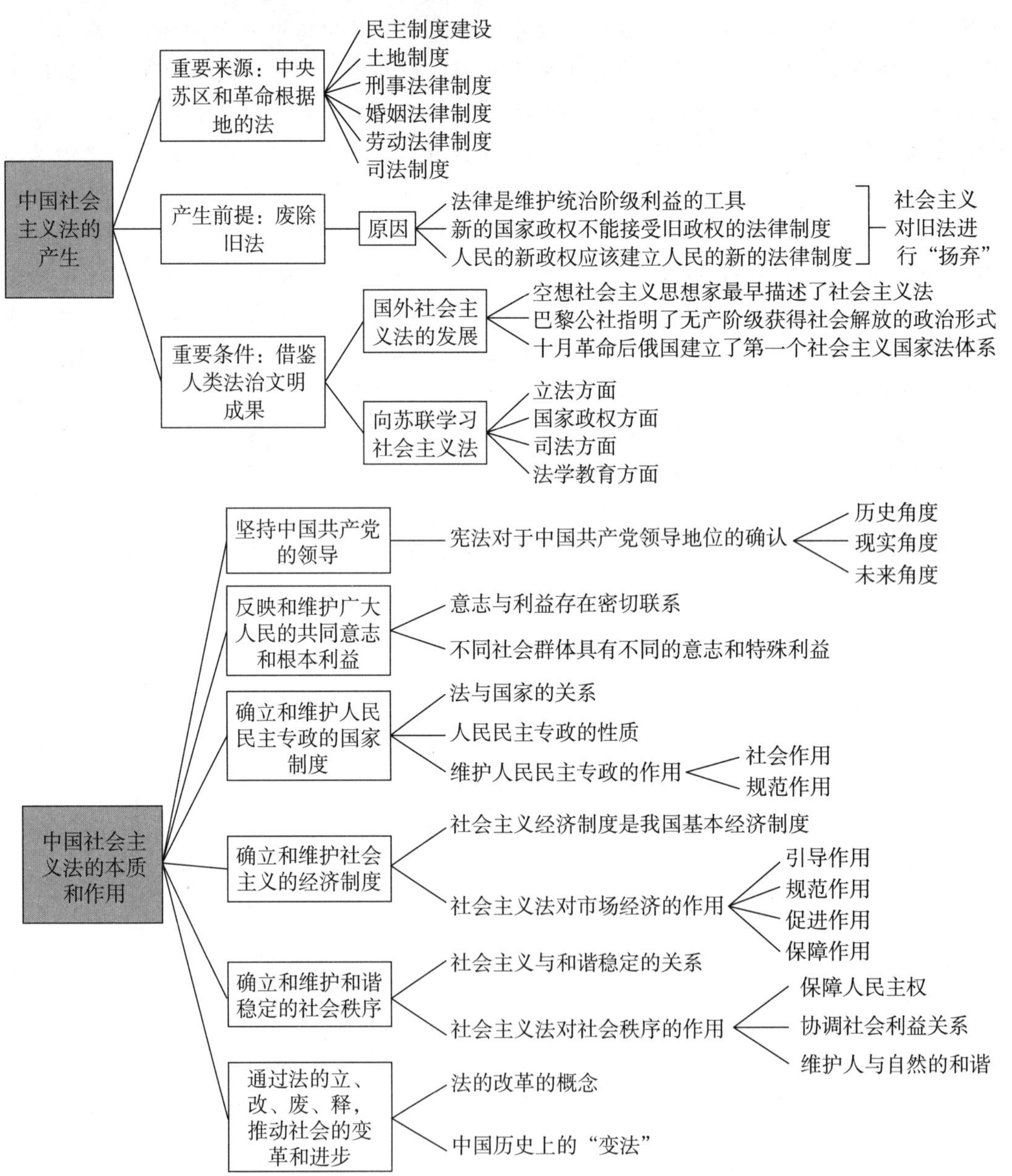

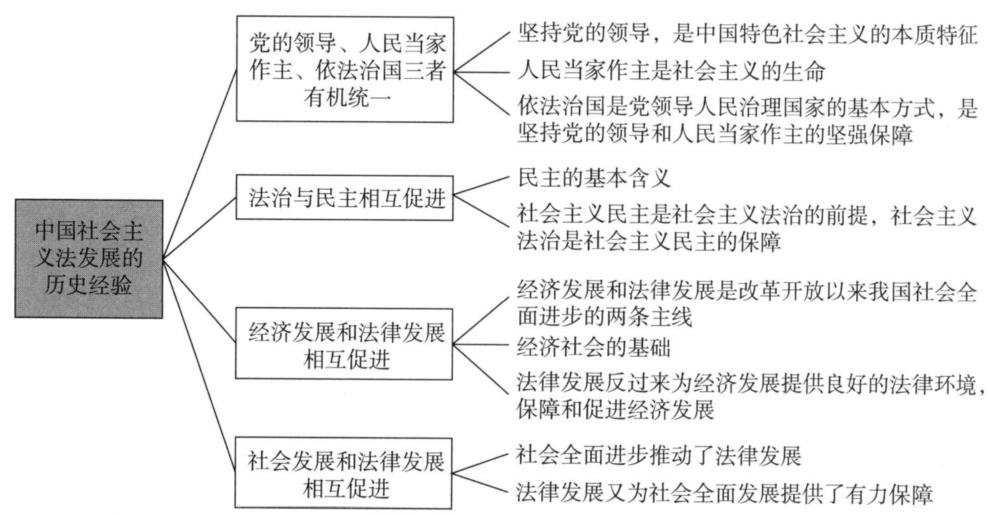

第二部分　本章核心知识要点解析

第一节　中国社会主义法的产生

一、中央苏区和革命根据地的法是社会主义法的重要来源

（一）难度与热度

难度：☆☆☆　热度：☆☆

（二）基本理论与概念

1. 中央苏区和革命根据地的法律制度：是指新民主主义革命时期中国共产党领导下的区域性人民民主政权所创立的法律制度。在新民主主义革命过程中，中共苏区和根据地政权积累了很多法制建设的经验，这些经验成为社会主义法的重要来源。新中国成立后，迫切需要破旧立新、建立新的法律制度，以巩固新生政权。此时，中央苏区和革命根据地法制建设经验成为最直接的经验借鉴来源。

2. 马锡五审判方式：是马锡五在陕甘宁地区进行司法审判的过程中运用，并被推广至整个边区的审判方式，特征表现为：司法干部对纠纷要全面、客观、深入地进行调查，实行审判与调解相结合，断案由司法干部和群众共同进行，诉讼程序简便利民。

（三）疑难点解析

1. 社会主义法借鉴中央苏区和革命根据地法制建设经验的内容

（1）民主制度建设

a. 中央苏区和革命根据地的法

《中华苏维埃共和国宪法大纲》：1931 年第二次国内革命战争时期在江西中央苏区通过。确立了中华苏维埃共和国的性质和政治制度，规定中华苏维埃所建设的是工人和农民的民主专政的国家。

《陕甘宁边区施政纲领》：1941年在陕甘宁边区通过。在边区政权中实行“三三制”原则，即在民意机关和政府机构的工作人员中，共产党员、非党的左派进步分子和不左不右的中间派各占三分之一；明确规定保护人民的民主自由权利，保护财产权及言论、出版、集会、结社、信仰、居住、迁徙等自由。

《陕甘宁边区宪法原则》：解放战争时期制定。确定人民代表会议制度是人民民主政权的基本政治制度。

《华北人民政府施政方针》：1948年解放战争后期由华北临时人民代表大会通过。对解放区的政治制度作了规定，明确要求建立民主制度，建立各级人民代表大会，由各级人民代表大会选举各级人民政府，并明确规定了人民的各项民主权利。

b. 社会主义法

《中国人民政治协商会议共同纲领》：新中国成立前夕由中国人民政治协商会议第一届全体会议通过。规定了经济建设“以公私兼顾、劳资两利、城乡互助、内外交流的政策，达到发展生产、繁荣经济之目的”的根本方针；规定了中华人民共和国是以工人阶级为领导的，以工农联盟为基础的，团结各民主阶级和国内各民族的人民民主专政的国家；人民行使国家政权的机关是在民主集中制基础上建立起来的各级人民代表大会和各级人民政府，全国人民代表大会和中央人民政府为国家最高政权机关。

《中华人民共和国中央人民政府组织法》：新中国成立前夕由中国人民政治协商会议第一届全体会议通过。规定了国家机关的分工和组织原则，国家机构的设置在很多方面以根据地的制度建设为蓝本。

（2）土地制度

a. 中央苏区和革命根据地的法

《井冈山土地法》《兴国土地法》《中华苏维埃共和国土地法》《陕甘宁边区土地租佃条例》《中国土地法大纲》等：土地问题是中国新民主主义革命的核心问题。在封建土地制度下，劳动人民在经济上受到封建地主的经济剥削和政治压迫，因此中央苏区和革命根据地建立的民主政权都把关于土地改革的立法置于法制建设的突出位置。

b. 社会主义法

《中华人民共和国土地改革法》：新中国成立后颁布。旨在废除地主阶级封建剥削的土地所有制，实行农民的土地所有制，借以解放农村生产力，发展农业生产，为新中国的工业化开辟道路。新中国在对农村各阶级实行不同的土地政策、实行耕者有其田等重要问题上都吸取了中央苏区和根据地土地立法的经验。

（3）刑事法律制度

a. 中央苏区和革命根据地的法

《中华苏维埃共和国惩治反革命条例》《陕甘宁边区抗战时期惩治汉奸条例》等：这些刑事立法确立了刑事法律的基本原则和刑罚制度。

b. 社会主义法

《惩治反革命条例》等：由中央人民政府制定。目的是应对新中国成立初期复杂的社会治安状况，为国民经济的恢复创造一个良好的社会环境。这些法律法令沿袭了中央苏区和革命根据地刑事立法中体现党的政策主张而又行之有效的规定。

（4）婚姻家庭法律制度

a. 中央苏区和革命根据地的法

《中华苏维埃共和国婚姻法》《陕甘宁边区婚姻条例》《晋察冀边区婚姻条例》等：这些婚姻立法废除封建婚姻家庭制度，确立了新的婚姻家庭制度的基本原则。

b. 社会主义法

《中华人民共和国婚姻法》：1950 年颁布，被誉为“普遍性仅次于宪法的根本大法”，是新中国第一部法律。通过立法废除旧的婚姻家庭制度、建立新的婚姻家庭制度是新中国成立后的一项重大社会改革。本法确定了婚姻自由、男女权利平等、一夫一妻制、保护妇女和儿童合法权益等基本原则。

（5）劳动法律制度

a. 中央苏区和革命根据地的法

《中华苏维埃共和国劳动法》《陕甘宁边区劳动保护条例》等：这些劳动立法确立了保障工人权利等基本原则。

b. 社会主义法

从 1950 年开始，中央人民政府开始进行劳动关系改革，加强工人的主人翁地位，同时加强劳动立法，保护劳动者合法权益。这个时期的劳动立法主要是政务院颁布的法规和规章，它们以中央苏区和革命根据地的劳动立法为基础，继承和发展了中央苏区和革命根据地劳动立法的基本原则和成功做法。

（6）司法制度

a. 中央苏区和革命根据地的法

《中华苏维埃共和国裁判部暂行组织及裁判条例》《中华苏维埃共和国司法程序》《陕甘宁边区军民诉讼暂行条例》等：确立了以群众公审制度、调解制度、人民陪审制度、公开审判制度、回避制度、辩护制度、上诉制度等为内容的诉讼制度。陕甘宁边区司法实践所创立的“马锡五审判方式”具有深入基层、就地审理，手续简便、便利群众，依靠群众、审判与调解相结合等特点，奠定了新中国的司法传统。中央苏区和革命根据地都成立了人民司法机关，建立了人民司法制度。土地革命时期，从中央到地方都设立了法院，实行四级两审制；红军中设有军事裁判所。

b. 社会主义法

《中华人民共和国人民法院暂行组织条例》《中央人民政府最高人民检察署暂行组织条例》《各级地方人民检察署组织通则》：1951 年由中央人民政府通过。吸收了中央苏区和革命根据地司法制度建设的内容。这些制度符合我国的国情和文化，为人民群众所欢迎，其中有些内容直到现在仍然是我国司法制度的重要组成部分。

（四）拓展阅读和教学案例

1. “黄克功逼婚杀人案”

黄克功，原系延安抗大第六队队长，少年参加红军。被害人刘茜，系太原进步学生，冒险冲破封锁线，到延安抗大十五队学习。黄克功与刘茜短期接触后，有了一定感情，渐涉恋爱。后刘茜转入陕北公学后，两人开始疏远。刘茜对黄克功的一味纠缠渐生反感，屡次劝说，表示拒绝同黄克功结婚。黄克功于是萌发杀害刘茜的意念。1937 年 10 月 5 日夜，黄克功携带手枪，找刘茜谈话，当刘茜明确表示拒绝同其结婚时，黄克功掏枪连击两枪将刘茜杀害于延水畔之沙滩上。

案发后，有的干部以黄克功对革命贡献大为由，请求赦免。黄克功本人亦自恃有功，写信给毛泽东和审判长，请求从轻处罚。但边区高等法院在党中央、毛泽东的决策下，顶住各种压力，坚决贯彻法律面前人人平等的原则，公正地审理了此案。同年 10 月 11 日，在被害人所在的单位陕北公学大操场，召开公审大会，胡耀邦等为公诉人，边区高等法院雷经天任审判长。经过审理，证据确凿，黄克功本人亦供认不讳，遂当庭宣判黄克功死刑，立即执行。

2. “封彦贵与张金才儿女婚姻纠纷案”

封彦贵之女儿（封捧儿）幼时与张金才的次子（张柏）订婚。随后，封彦贵为多索聘礼，暗中又将其女许给张宪芝之子为妻。封捧儿与张柏偶然相遇，一见钟情，双方表示自愿结为夫妻。不久，封彦贵为收取高额聘礼，再次把女儿许给朱寿昌为妻。张金才获悉后，遂带人持械闯进封家，抢人回家成亲。封彦贵告至县上，县司法处认为聚众抢亲是违法的，遂一审判决张金才有期徒刑 6 个月，张柏、封捧儿婚姻无效。封、张两家都不满。

马锡五受理上诉后，首先询问区乡干部及附近群众，多方了解案情，并找平时与封捧儿来往较多的人谈话，再亲自征求封捧儿和张柏的意见，知道她不愿意与朱寿昌结婚。案件事实基本掌握后，马锡五在处理此案时，主要尊重当事人真实意愿，同时深入群众了解情况，对封彦贵和张金才进行思想教育，并多方调解。

经过公开审理，当庭宣判：依法撤销华池县原判；封捧儿、张柏自愿结婚，依据边区婚姻条例规定，符合婚姻自主原则，准予结婚，但应履行登记手续；张金才聚众抢亲，扰乱社会秩序，依法判处徒刑；封彦贵把女儿当财物多次高价出卖，违反婚姻法令，科处劳役。对此判决，当事人表示服判，群众认为入情入理。

二、废除旧法是社会主义法产生的前提

（一）难度与热度

难度：☆☆☆　热度：☆☆

（二）基本理论与概念

旧法：一般是指国民党统治时期所制定的以“六法全书”为主要内容的法律体系。这一法律体系包含宪法、民法、民事诉讼法、刑法、刑事诉讼法和大批行政法规，辅之以判例、法律解释和一些单行法规，经过编纂形成了以“六法全书”为主要内容的法律体系，在国民党统治的地区施行。

（三）疑难点解析

根据中共中央于 1949 年发布的《关于废除国民党的六法全书与确定解放区的司法原则的指示》的内容，结合马克思主义的国家观与法律观，有三个必须废除旧法以制定新法的原因。

第一，法律是维护统治阶级利益的工具。因而以国民党“六法全书”为代表的旧法，实际上都是保护地主与买办官僚资产阶级反动统治的工具，是镇压与束缚广大人民群众的武器，并不代表广大人民的利益，所以需要废除旧法。

第二，新的国家政权不能接受旧政权的法律制度。尽管以“六法全书”为代表的旧

法形式上存在一些维护人民利益的条文，但这也是反动统治阶级出于保障其统治安全的考虑而不得不制定的条文，其剥削压迫人民的本质并未改变，因而代表人民的新政权绝不能接受旧法。

第三，人民的新政权应该建立人民的新的法律制度。人民民主专政的政权自然应以人民的新法律为依据，而旧法则是服务于压迫人民的旧政权。废除旧法是中华人民共和国法律制度的起点，也具有相当强烈的革命性意义，反映了法律制度上的革命。

值得注意的是，废除旧法并不是完全否定法的继承性。由于社会的物质生活条件具有历史延续性以及法的相对独立性，制定社会主义法时不可避免地会在一定程度上继承法律技术和概念以及社会公共事务的管理方式。可以说，社会主义法对旧法进行了一种“扬弃”。

（四）拓展阅读和教学事例

俄国十月革命胜利后，苏维埃第二次代表大会先后通过并公布《告工人、士兵和农民书》、《和平法令》和《土地法令》，基本上废除了旧法，推行了一系列新的法律与政策。新中国成立前夕，中共中央发布《关于废除国民党的六法全书与确定解放区的司法原则的指示》，正式废除国民党执政时期的“六法”体系，之后在《中国人民政治协商会议共同纲领》中正式规定废除“六法”体系。新中国成立后还开展了司法改革等运动。

这两个事例都说明了废除旧法是社会主义法产生的前提。苏俄和新中国都首先废除旧法，在摧毁旧法体系的基础上制定社会主义法。它们都废除了代表原来剥削阶级利益、压迫人民的旧法，制定了代表广大人民群众利益与意志的社会主义法。同时，废除旧法的过程由于不同国家的具体国情不同而略有差异：中国在新中国成立前夕就已基本彻底废除旧法，在新中国成立后主要进行废除旧法的一些收尾工作，并制定新的社会主义法；苏俄则是在保留了一些没有与社会主义法律精神相抵触的旧法的情况下，制定了部分社会主义法，之后才逐步彻底废除旧法，形成苏联的社会主义法体系。

三、借鉴人类法治文明成果是社会主义法产生的重要条件

（一）难度与热度

难度：☆☆　热度：☆☆

（二）基本理论与概念

国外社会主义法的发展：

（1）莫尔、圣西门、傅立叶和欧文等空想社会主义思想家最早描述了社会主义法律。他们在批判资本主义时，也描绘了未来的社会主义法律，提出了人人劳动、男女平等、权利平等以及相关的教育制度。

（2）19 世纪，巴黎公社指明了无产阶级获得社会解放的政治形式，通过革命建立属于自己的政权体制。

（3）十月革命之后，列宁使社会主义从理论转变为实践，总结了俄国社会主义革命和建设的经验，发展了马克思恩格斯的法律思想，建立了第一个社会主义国家法体系。

（三）疑难点解析

新中国成立后，由于苏联是社会主义国家的先驱和榜样，我国向苏联学习社会主义

法是必然的。在立法方面，我国大量学习、移植了苏联的社会主义法，例如婚姻法、土地法、宪法等等。在国家政权方面，我国的人民代表大会制度借鉴了苏联的苏维埃制度。在司法方面，我国的司法程序模仿了苏联的相关诉讼法，检察制度也移植借鉴了苏联的检察制度。在法学教育方面，1950 年代我国的法学教育全面照搬苏联的法学教育，苏联派了大量专家来华，中国也派去了大量留学生。苏联的法律对于新中国初期的法律产生了全面而深远的影响。

除了借鉴苏联的社会主义法，我国的法律也借鉴了其他国家的有益法治文明成果。清末以来，我国大量学者努力翻译外国经典，如《论法的精神》《社会契约论》等等，引入国外人权、民主、权利、义务等概念，这些已经成为我国法律的基础概念。改革开放以后，我国基于兼收并蓄、“取其精华去其糟粕”的立场，广泛借鉴了其他国家的法律思想和法律制度，例如：在民法领域，德国和日本的民法对于我国的法律产生了深远影响；在商法领域，英美法系的公司法、证券法、信托法等等对于我国的商事法律制度建设产生了重大影响。总之，我国社会主义法的产生和发展，离不开对人类法治文明成果的借鉴。

（四）拓展延伸阅读

2010 年以来，我国司法机关开始建立案例指导制度，这是在借鉴国外判例制度的基础上产生的。判例制度最先起源于英国，之后被移植到其各个殖民地，成为英美法系国家和地区的重要法律制度。中国的案例指导制度既借鉴了英美法系的判例制度，也传承了中华法系文化的重要一面，汉代的《春秋决狱》、宋代的编例活动、明清的律例并存、北洋和国民政府都将“例”作为重要法律渊源。案例指导制度具有弥补成文法的滞后性、统一司法裁判、引导社会行为、约束法官自由裁量权等功能价值，未来有着巨大的发展空间。

第二节　中国社会主义法的本质和作用

一、坚持中国共产党的领导

（一）难度与热度

难度：☆☆　热度：☆☆☆☆

（二）基本理论与概念

宪法对于中国共产党领导地位的确认：宪法是我国的根本法，是治国安邦的总章程，具有最高的法律效力，任何法律都不得与宪法相抵触。《中华人民共和国宪法》（以下简称《宪法》）的“序言”和第一章“总纲”都明确规定了中国共产党的领导。《宪法》“序言”指出：“中国各族人民将继续在中国共产党领导下”。《宪法》第 1 条规定：“中华人民共和国是工人阶级领导的、以工农联盟为基础的人民民主专政的社会主义国家。社会主义制度是中华人民共和国的根本制度。中国共产党领导是中国特色社会主义最本质的特征。禁止任何组织或者个人破坏社会主义制度。”

（三）疑难点解析

《宪法》序言对于中国共产党领导的规定，是从三个角度切入的。

首先，从历史角度，以毛泽东主席为领袖的中国共产党领导中国各族人民，在经历了长期的艰难曲折的武装斗争和其他形式的斗争以后，终于推翻了帝国主义、封建主义和官僚资本主义的统治，取得了新民主主义革命的伟大胜利，建立了中华人民共和国。

其次，从现实角度，中国新民主主义革命的胜利和社会主义事业的成就，是中国共产党领导中国各族人民，在马克思列宁主义、毛泽东思想、邓小平理论、“三个代表”重要思想、科学发展观、习近平新时代中国特色社会主义思想的指引下，坚持真理，修正错误，战胜许多艰难险阻而取得的。

最后，从未来角度，中国各族人民将继续在中国共产党领导下，把我国建设成为富强民主文明和谐美丽的社会主义现代化强国，实现中华民族伟大复兴。

（四）拓展延伸阅读

2019 年 1 月《中共中央关于加强党的政治建设的意见》提出：“贯彻落实宪法规定，制定和修改有关法律法规要明确规定党领导相关工作的法律地位。”同年 4 月召开的中央全面依法治国委员会办公室会议，把“研究制定推进党的领导入法入规的指导意见，推进党的领导制度化、法治化”作为工作任务之一。在此之后，一些法律开始规定党的领导。例如，《公职人员政务处分法》规定“给予公职人员政务处分，坚持党管干部原则”；《生物安全法》规定“坚持中国共产党对国家生物安全工作的领导”。

——孟涛. 党内法规体系的形成与完善. 法学研究，2021 (6).

二、反映和维护广大人民的共同意志和根本利益

（一）难度与热度

难度：☆☆ 热度：☆☆☆

（二）基本理论与概念

法的本质：法律是统治阶级意志的体现，是为了实现统治阶级预期的目标。统治阶级通过法定程序，把自己的意志上升为国家意志，形成法律。在我国，统治阶级意志的体现就是广大人民共同意志的体现，我国社会主义法是广大人民的共同意志和根本利益的体现。

（三）疑难点解析

1. 意志和利益有密切联系。首先，法律是统治阶级意志的体现，法律也要调整各种利益关系。因为意志是实现某种目标的愿望，为了实现既定的目标，必须进行利益关系的调整。其次，法律对利益关系的调整是通过设定公民的法律权利和义务实现的。最后，社会主义法体现广大人民的共同意志和根本利益，比如，为了实现社会公平的目标，需要通过社会领域立法对社会财富进行再分配，需要确定国家调整劳动关系的基本原则，以保护广大劳动者和社会弱势群体的利益。

2. 社会主义法既体现广大人民的共同意志和根本利益，又调整不同社会群体的不同意志和特殊利益。首先，我国社会主义立法制度的功能之一就是通过法定程序，准确把握和妥善处理最广大人民的根本利益、现阶段群众的共同利益和不同群体的特殊利益的关系，调节好人民内部的各种利益关系。其次，社会主义法律讲求“全过程人民民主”，立法过程充分发扬民主，广泛听取不同的意见和要求，通过制度化的渠道把不同的甚至

对立的意见和要求整合起来，最大限度地凝聚社会共识，使个别利益服从整体利益，个别主张服从统一意志，以维护广大人民的共同意志和根本利益。在此，中国社会主义法律既体现统治阶级意志，又反映和维护广大人民共同意志和根本利益，两者是相一致的（见下图）。

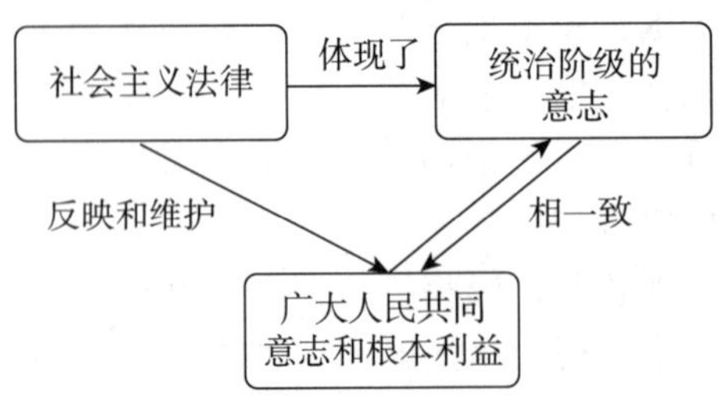

（四）拓展延伸阅读

立法者应该把自己看作一个自然科学家。他不是在创造法律，不是在发明法律，而仅仅是在表述法律，他用有意识的实在法把精神关系的内在规律表现出来。

——马克思恩格斯全集. 2版：第1卷. 北京：人民出版社，1995：347.

三、确立和维护人民民主专政的国家制度

（一）难度与热度

难度：☆☆　热度：☆☆☆

（二）基本理论与概念

1. 法与国家的关系：(1) 国家的存在是法产生和发展的前提，国家的性质决定了法的性质。(2) 国家政权需要法来确认自身的合法性，来实现自己的统治。

2. 人民民主专政：我国的国体，是指工人阶级领导的，以工农联盟为基础的，对人民实行民主和对敌人实行专政的国家制度。

（三）疑难点解析

我国社会主义法确定和维护人民民主专政的国家制度，确定国家的性质，确定国家政权结构形式和组织形式，为国家不同权力机关的运作提供法律依据。社会主义法维护人民民主专政的作用有两个。

第一，社会作用，主要表现在维护阶级统治，具体分为四个层次：一是以法律的形式明确了统治阶级内部的统一行为准则，协调多方利益，同时也对统治阶级和其他同盟者的关系加以明确规定；二是明确了国家权力分配机制，保证国家制度的运作符合人民的意志和利益；三是在维护人民民主的同时，还须对少数敌对势力和敌对分子进行专政；四是履行社会公共事务，维护社会秩序对维护统治具有间接作用，安稳的社会局面是稳定统治所必需的。

第二，规范作用，主要表现在三个层面：一是引导和评价人们的行为；二是预测行为的法律后果，让人们对社会主义法治下自己的日常生活形成合理的预期；三是对违法犯罪行为进行惩戒。社会主义法的规范作用对于维护人民民主专政的最重要的价值在于，通过法律形成统一的行为准则和规范，更好地凝聚社会共识，让人们形成统一的行为评价标准，构建良好的法治秩序，筑牢社会主义法治社会的基础与根基，切实保障人民当

家作主的实现。

（四）拓展延伸阅读

人民是什么？在中国，在现阶段，是工人阶级，农民阶级，城市小资产阶级和民族资产阶级。这些阶级在工人阶级和共产党的领导之下，团结起来，组成自己的国家，选举自己的政府，向着帝国主义的走狗即地主阶级和官僚资产阶级以及代表这些阶级的国民党反动派及其帮凶们实行专政，实行独裁，压迫这些人，只许他们规规矩矩，不许他们乱说乱动。如要乱说乱动，立即取缔，予以制裁。对于人民内部，则实行民主制度，人民有言论集会结社等项的自由权。选举权，只给人民，不给反动派。这两方面，对人民内部的民主方面和对反动派的专政方面，互相结合起来，就是人民民主专政。

——毛泽东．论人民民主专政．1949－06－30．

四、确立和维护社会主义的经济制度

（一）难度与热度

难度：☆☆　热度：☆☆☆

（二）基本理论与概念

1．社会主义经济制度

（1）所有制是经济制度的核心，它对作为上层建筑的法具有决定性作用。我国社会主义经济制度的基础是生产资料的社会主义公有制，即全民所有制和劳动群众集体所有制。

（2）分配制度是经济制度的重要内容。我国在社会主义初级阶段，坚持公有制为主体、多种所有制经济共同发展的基本经济制度，坚持按劳分配为主体、多种分配方式并存的分配制度。

（3）社会主义市场经济是我国基本经济制度。

2．我国社会主义法对市场经济的作用

（1）引导作用：

1）以法律形式调整与经济制度相关的社会关系，改变旧的制度，引导建立符合生产力发展要求的新的经济制度。

2）法律制度对经济发展的需求积极回应，适时调整生产关系，变革不适应经济发展的法律制度，解放生产力。

3）生产力的发展也是检验法的社会效果的重要标准。

（2）规范作用：

1）市场经济在一定意义上就是法治经济，从生产要素的配置到商品的生产、交换和分配的有序、安全、公正和效率，都需要用法来规范。

2）市场经济的很多规则最初表现为习惯，随着商品交换的发展，这些习惯上升成为法，以普遍规则的形式调整日益复杂的经济关系。

3）国家需要通过法律手段对市场经济进行调控以达到市场机制本身不能够实现的社会目标。

（3）促进作用：

1）我国社会主义法通过保护市场经济中的自由竞争、维护交易安全、限制行政权力对市场的干预、推动市场的开放、保护市场主体的法律地位及权利等方面的法律规定，促进社会主义市场经济的发展。

2）在从计划经济体制向社会主义市场经济转型的过程中，从国家统一市场的培育到符合市场经济规律的生产要素的配置，法律制度的变革都成为市场经济发展的动力。

（4）保障作用：

1）法通过设定权利、义务和责任，鼓励、支持符合法定经济制度的行为，惩治违反和破坏法定经济制度的行为，保障社会主义市场经济的顺利发展。

2）法的保障作用体现为：保障市场经济主体的合法权利，使市场经济主体能够平等地参与市场竞争和其他经济活动；维护市场经济秩序，处理经济领域中的矛盾和纠纷，打击经济领域中的违法犯罪活动，为社会主义市场经济的发展创造良好的法律环境。

（三）拓展延伸阅读

公有制为主体、多种所有制经济共同发展，按劳分配为主体、多种分配方式并存，社会主义市场经济体制等社会主义基本经济制度，既体现了社会主义制度优越性，又同我国社会主义初级阶段社会生产力发展水平相适应，是党和人民的伟大创造。必须坚持社会主义基本经济制度，充分发挥市场在资源配置中的决定性作用，更好发挥政府作用，全面贯彻新发展理念，坚持以供给侧结构性改革为主线，加快建设现代化经济体系。

——中共中央关于坚持和完善中国特色社会主义制度推进国家治理体系和治理能力现代化若干重大问题的决定

五、确立和维护和谐稳定的社会秩序

（一）难度与热度

难度：☆☆　热度：☆☆☆

（二）基本理论与概念

1. 社会主义与和谐稳定的关系

（1）社会和谐是中国特色社会主义的本质，维护社会的和谐稳定是我国社会主义法的重要职能。

（2）我国社会主义制度以社会主义公有制为基础，法律体现全体人民的共同意志，反映广大人民的利益和要求，这是社会和谐的前提和基础。

（3）我国处于并将长期处于社会主义初级阶段，人民日益增长的美好生活需要和不平衡不充分的发展之间的矛盾是我国社会的主要矛盾。发展机遇和社会矛盾共存，公共权力和公民权利、公共权力和政府责任、公民权利和义务之间仍然存在矛盾和冲突。这些矛盾和冲突都需要法律予以调整和解决。

2. 社会主义法确认和维护和谐稳定的社会秩序的作用

（1）以法律的手段保障人民群众享有广泛的权利，把人民主权的宪法原则落到实处。

1）人民当家作主的权利是中国人民最根本的人权，我国公民的政治权利得到法律保障。

2）我国社会主义法把社会主义民主制度化法律化，通过制度化法律化的渠道反应大多数人的意志和要求，创造和谐稳定的社会政治秩序。

（2）通过法律制度协调社会利益关系。

1）主权在民的价值在于人民在民主制度下共同享有社会发展的成果。

2）近年来，我国制定了一大批保障民生的法律和政策，逐步建立和完善与社会经济发展水平相适应的社会保障制度，通过法律制度的力量协调利益分配，保障社会弱势群体的权益，维护社会公平。

（3）通过法律制度维护人与自然的和谐。

1）生态文明关系人民福祉和民族未来，是实现中华民族伟大复兴的重要战略任务。

2）党的十八大以来，统筹推进“五位一体”总体布局，环境保护领域中的立法和法律修改工作，以实行最严格的生态环境保护制度为目标，为生态文明建设提供了可靠的法律保障。

（三）拓展延伸阅读

任何社会都不可能没有矛盾，人类社会总是在矛盾运动中发展进步的。构建社会主义和谐社会是一个不断化解社会矛盾的持续过程。我们要始终保持清醒头脑，居安思危，深刻认识我国发展的阶段性特征，科学分析影响社会和谐的矛盾和问题及其产生的原因，更加积极主动地正视矛盾、化解矛盾，最大限度地增加和谐因素，最大限度地减少不和谐因素，不断促进社会和谐。全党同志要坚持解放思想、实事求是、与时俱进，一切从实际出发，自觉按规律办事，立足当前、着眼长远，量力而行、尽力而为，有重点分步骤地持续推进，切实把构建社会主义和谐社会作为贯穿中国特色社会主义事业全过程的长期历史任务和全面建设小康社会的重大现实课题抓紧抓好。

——中共中央关于构建社会主义和谐社会若干重大问题的决定

六、通过法的立、改、废、释，推动社会的变革和进步

（一）难度与热度

难度：☆☆ 热度：☆☆☆

（二）基本理论与概念

1. 改革：在历史上被称为“变法”，含义是对现有法律中阻碍改革和社会进步的法律制度及时修改或废除，把改革的成功经验及时地用法律的形式固定下来。

2. 通过法律的立、改、废、释，推动社会变革与进步，既是我国社会主义法的一项重要职能，也是确保改革有序展开，促进社会进步的有效途径。

（1）一个法律制度的活力，不仅表现在根据社会需求及时立法和修法，还表现在及时废除那些已经不符合发展了的社会现实的法律。

（2）一个成熟的法律体系不是法律数量越来越多，而是经过不断的清理，法律门类越来越清晰，法律数量相对稳定、质量不断提高。

（3）改革开放以来，中国共产党把自己的先进理念制度化法律化，运用法律的力量引领社会主义现代化建设。

（4）今天的中国，全面深化改革和全面依法治国构成了两个最鲜明的时代主题。要树立法治的改革观，以法治作为社会改革的先导，通过法的立、改、废、释，推动社会的变革和进步。

（三）拓展延伸阅读

2015 年 3 月，全国人大常委会修改《立法法》，赋予所有设区的市和 4 个不设区

的地级市（广东省东莞市和中山市、甘肃省嘉峪关市、海南省三沙市）地方立法权。2015 年《立法法》修改之前，除省级地方之外，我国仅有“49 个较大的市”享有地方立法权。2015 年《立法法》修改之后，到 2020 年已有 322 个设区的市享有地方立法权，新增了 273 个地方立法主体。《立法法》的改革，完善了立法体制，做到立法决策和改革决策相统一、相衔接，重大改革于法有据，立法主动适应改革需要，改革和法治同步推进。

第三节　中国社会主义法发展的历史经验

一、党的领导、人民当家作主、依法治国三者有机统一

（一）难度与热度

难度：☆☆　热度：☆☆☆

（二）基本理论与概念

1. 坚持党的领导，是中国特色社会主义的本质特征，是中国特色社会主义最根本的保障，是社会主义法治之魂。

2. 人民当家作主是社会主义的生命，没有民主就没有社会主义。社会主义法必须体现人民意愿，维护人民利益，保障人民各项权利。

3. 依法治国是党领导人民治理国家的基本方式，是坚持党的领导和人民当家作主的坚强保障。

（三）疑难点解析

1. 坚持党的领导、人民当家作主、依法治国的有机统一，是社会主义法发展的成功历史经验，是对中国特色社会主义法治本质特征的科学把握，是对中国特色社会主义民主法治发展规律的本质把握。

2. 党的领导是人民当家作主和依法治国的根本保证。人民当家作主是社会主义民主政治的本质特征，依法治国是党领导人民治理国家的基本方式，三者统一于我国社会主义民主政治的伟大实践。

3. 党的领导、人民当家作主是我国社会主义法的精神实质和内容，依法治国则要求我们尊重法律发展的内在规律和逻辑，建立健全中国特色社会主义法治体系。坚持党的领导、人民当家作主、依法治国的有机统一，最根本的是坚持党的领导。

（四）拓展延伸阅读

人民代表大会制度是“党的领导、人民当家作主、依法治国三者有机统一”的根本政治制度安排，是打通坚持党的领导、人民当家作主、依法治国有机统一的重要制度平台和有效载体。人民代表大会制度是我国的根本政治制度。人民行使国家权力的机关是全国人民代表大会和地方各级人民代表大会，各级人大都由民主选举产生、对人民负责、受人民监督，各级国家机关都由人大产生、对人大负责、受人大监督。同时，人民代表大会制度是党领导国家政权机关的重要制度载体，也是党在国家政权中充分发扬民主、贯彻群众路线的重要实现形式。党对人大工作进行全面领导。

二、法治与民主相互促进

（一）难度与热度

难度：☆☆　热度：☆☆☆

（二）基本理论与概念

1. 民主源于古希腊语，基本含义是：社会政治生活的主体是人民。

2. 民主能够保障公民享有充分的权利，能够依据表达自己意志的规则生活，能够选择自己满意的公职人员从事公共事务。

（三）疑难点解析

1. 社会主义民主是社会主义法治的前提，社会主义法治是社会主义民主的保障。社会主义法治与民主有着非常密切的关系，两者相互依存，不可分离。如果离开社会主义民主讲法治，法治就可能改变性质；如果离开社会主义法治来讲民主，民主就可能失去强有力的保障，就可能偏离社会主义方向。

2. 社会主义民主对社会主义法治的积极作用主要表现在：第一，从民主作为一种国家制度来看，社会主义民主是社会主义法治的政治前提或基础；第二，从民主作为一种公共决策方法和机制来看，社会主义民主决定着法的创制的质量；第三，社会主义民主是社会主义法治的力量源泉，可以充分调动广大人民的积极性，促进社会主义法治的全面发展。

3. 社会主义法治对社会主义民主的积极作用主要表现在：第一，社会主义法治确认人民群众当家作主的地位，确认国家的基本民主体制及其活动原则的合法性；第二，社会主义法治确认和保障广大人民群众享有广泛的民主权利和自由，为政治参与提供畅通的渠道；第三，社会主义法治确认和规范社会主义民主的范围以及实现社会主义民主的程序和方式；第四，社会主义法治是保障社会主义民主的重要方式。

（四）拓展延伸阅读

党的十八大以来，我们深化对民主政治发展规律的认识，提出全过程人民民主的重大理念。我国全过程人民民主不仅有完整的制度程序，而且有完整的参与实践。……我国全过程人民民主实现了过程民主和成果民主、程序民主和实质民主、直接民主和间接民主、人民民主和国家意志相统一，是全链条、全方位、全覆盖的民主，是最广泛、最真实、最管用的社会主义民主。我们要继续推进全过程人民民主建设，把人民当家作主具体地、现实地体现到党治国理政的政策措施上来，具体地、现实地体现到党和国家机关各个方面各个层级工作上来，具体地、现实地体现到实现人民对美好生活向往的工作上来。

——习近平总书记2021年10月13日在中央人大工作会议的讲话

三、经济发展和法律发展相互促进

（一）难度与热度

难度：☆☆　热度：☆☆☆

（二）基本理论与概念

1. 经济发展和法律发展是改革开放以来我国社会全面进步的两条主线。

2. 经济是社会的基础。

3. 法律发展反过来为经济发展提供良好的法律环境，保障和促进经济发展。

（三）疑难点解析

社会物质条件是第一性的，法律是第二性的。经济活动是人类最基本的实践活动，为法律发展提供了原动力。法作为一种行为规范，最初产生于经济活动和经济发展的需要，为经济发展服务。法律归根结底是经济的产物，并将随着经济的发展而不断变化。这就是马克思所讲的“随着经济基础的变更，全部庞大的上层建筑也或慢或快地发生变革”。经济基础决定法律上层建筑的论断，并不意味着法律完全是经济的附庸，更不在于消解法律对经济基础的反作用。在经济基础即将变化的情况下，立法者可以在遵循经济社会发展规律的前提下，通过立法及时调整生产关系，以促进和适应生产力的发展。

（四）拓展延伸阅读

华为，这家与深圳共同成长，如今已发展为引领全球5G技术的科技巨头，让无数国人为之骄傲。鲜为人知的是，华为的诞生与深圳的一份规范性文件有关。1987年2月，《深圳市人民政府关于鼓励科技人员兴办民间科技企业的暂行规定》出台，让犹豫中的任正非决定“下海”，并注册成立了属于自己的公司。任正非的命运由此改变，华为的传奇也从此开启。不只是华为，规定出台短短一年时间里，深圳共批准兴办民营企业104家。此后，深圳相继出台了《深圳经济特区民办科技企业管理规定》《深圳经济特区企业技术秘密保护条例》《深圳经济特区科技创新促进条例》《深圳经济特区改革创新促进条例》等一批法规规章，有力促进了民营经济的快速发展，成为深圳高质量发展的重要动力。

——改革和法治结伴而行 打造法治中国示范城市. 深视新闻，2020-07-16.

四、社会发展和法律发展相互促进

（一）难度与热度

难度：☆☆ 热度：☆☆☆

（二）基本理论与概念

1. 社会全面进步推动了法律发展。

2. 法律发展又为社会全面发展提供了有力保障。

（三）疑难点解析

1. 法律发展与社会发展关系密切，二者相辅相成。法律会随着经济和社会的发展而不断完善；同时，法律又维护经济和社会的发展。

2. 人民群众在各方面的社会需求是完善社会主义法的动力。人民群众民主意识的增强要求我们继续完善社会主义民主政治方面的法律；人民日益增长的物质文化需要和经济、文化建设事业要求我们继续完善保障民生的法律；人民对法治型服务型社会的期待要求我们继续完善保障公民权利、规范公共权力、推进社会事业、规范社会组织、加强社会治理方面的法律。

3. 社会主义法以激励和满足社会发展目标为己任。社会主义法以人民为中心、以人民为主体、尊重和保障人民权利，极大地激励了人民群众的主体性、创新性，增强了社会发展的强大动力；社会主义法以构建和谐社会为目标，促进人与人的和谐、群体与群体的和谐、阶层与阶层的和谐、民族与民族的和谐，使社会主义社会既充满活力又安定有序；社会主义法以社会主义核心价值观为其精神内核，坚持依法治国和以德治国相结合，不断提高公民的法治观念和道德素质，促进人的全面发展。

（四）拓展延伸阅读

2020 年 5 月 28 日，《中华人民共和国民法典》在第十三届全国人民代表大会第三次会议上表决通过，并于 2021 年 1 月 1 日起施行。《民法典》是由民法总则和各部分草案合体而来，共计 1 200 多个条文，涵盖了一个公民从摇篮到坟墓的全部生活，被誉为“中国社会生活的百科全书”。《民法典》的颁布是近年来社会发展、人民对和谐社会和美好生活需求日益增长下的产物。为了进一步处理日益复杂的人民群众之间的权利纠纷，《民法典》细化了多项规定，从而更加切实地保障人民合法权利。在中国特色社会主义法律体系更加完善的背景下，《民法典》无疑对社会发展提供了坚实而稳定的基础，从而促进社会的发展。

第三部分 拓展阅读文献、案例研习与同步练习

第一节 拓展阅读文献

1. 张希坡，韩延龙. 中国革命法制史. 北京：中国社会科学出版社，2007.

2. 孙光妍，于逸生. 苏联法影响中国法治发展进程之回顾. 法学研究，2003（1）.

3. 何勤华. 论新中国法和法学的起步——以“废除国民党六法全书”与“司法改革运动”为线索. 中国法学，2009（4）.

4. 蔡定剑. 对新中国摧毁旧法制的历史反思——建国以来法学界重大事件研究（五）. 法学，1997（10）.

5. 王晨光. 法律移植与转型中国的法制发展. 比较法研究，2012（3）.

6. 安・赛德曼，罗伯特・赛德曼. 通过法律推动发展——全球化时代与中国经验. 河南省政法管理干部学院学报，2008（5）.

第二节 同步练习

一、选择题

1. 关于共产党的政策与社会主义法律的关系，正确的表述是（ ）。（考研）

A. 政策对法律具有指导作用，法律对政策的实施具有保障作用，两者相辅相成

B. 政策决定法律，法律对政策具有积极或消极的作用

C. 政策与法律在指导思想和制定机关方面相同，两者不可分离

D. 政策是法律的评价标准，法律是政策实施的有效手段

2. 社会主义法产生的根本前提是（ ）。（司考）

A. 实现生产资料所有制的社会主义改造

B. 消灭私有制

C. 消灭剥削阶级

D. 无产阶级取得政权

二、论述题

为什么说中央苏区和革命根据地的法是社会主义法的重要来源?（考研）

参考答案及解析

一、选择题

1. 答案：A

解析：政策和法律同属上层建筑，政策对法律具有指导作用并受法律制约，两者相辅相成。具体表现在：政策指导法律的制定、实施，并在国家没有制定相应的法律时直接起法的作用；同时，政策必须受法律的制约，政党必须在宪法和法律的范围内活动。所以，选择A。

2. 答案：D

解析：法是统治阶级的意志体现，由国家强制力保证实施的，社会主义法也不例外。任何阶级，如果没有掌握国家政权，就不可能制定出充分反映自己意志的法律。无产阶级及其领导下的人民群众要把自己的意志用法律的形式固定下来，就必须首先取得政权。所以，D正确。

二、论述题

参考答案：主要有以下三个原因。第一，中华人民共和国继承、发展了中华苏维埃共和国的国体和政体。国体表明哪个阶级是统治阶级，政体表明统治阶级实现其阶级统治的方式，而统治阶级的性质恰恰决定了法律的性质。中华苏维埃共和国的国体，是工农民主专政，政体是各级工农兵代表大会制度。新中国成立时，为实现更广泛的民主，统治阶级的范围从工农拓宽到人民。因此，中华苏维埃共和国与新中国在国体和政体上存在继承、发展的关系。由于法律体现的是统治阶级的意志，这种继承性是中央苏区和革命根据地的法成为新中国社会主义法重要来源的根本原因。

第二，中央苏区和革命根据地的法与社会主义法在理论来源上具有一致性。革命根据地法制建设以借鉴苏联法为基础。新中国成立后的1950年代前期，中国更是全面移植了苏联的立法和司法实践。并且，根据地法制建设始终坚持中国共产党的领导，坚持马克思主义理论的指导，坚持工农民主专政。这在新中国社会主义法中也得到继承和发展。由此可以看出，新中国法制建设与根据地法制建设的理论来源和法制思想是一脉相承的。

第三，中央苏区和革命根据地的法与社会主义法在实践基础上具有一致性。前者产生、发展于新民主主义革命的实践中，旨在建立并巩固苏维埃政权、保障工农群众利益、促进根据地政治经济发展。新中国成立后，面对紧张的国内外局势，中国也面临着巩固新生政权、恢复国民经济等实际问题。两者面临的问题有着较大的相似性，因此，从实践角度来说，中央苏区和革命根据地的法对于新中国的法制建设具有很高的借鉴价值。

第十一章　中国社会主义法与民主政治

第一部分　本章知识点速览

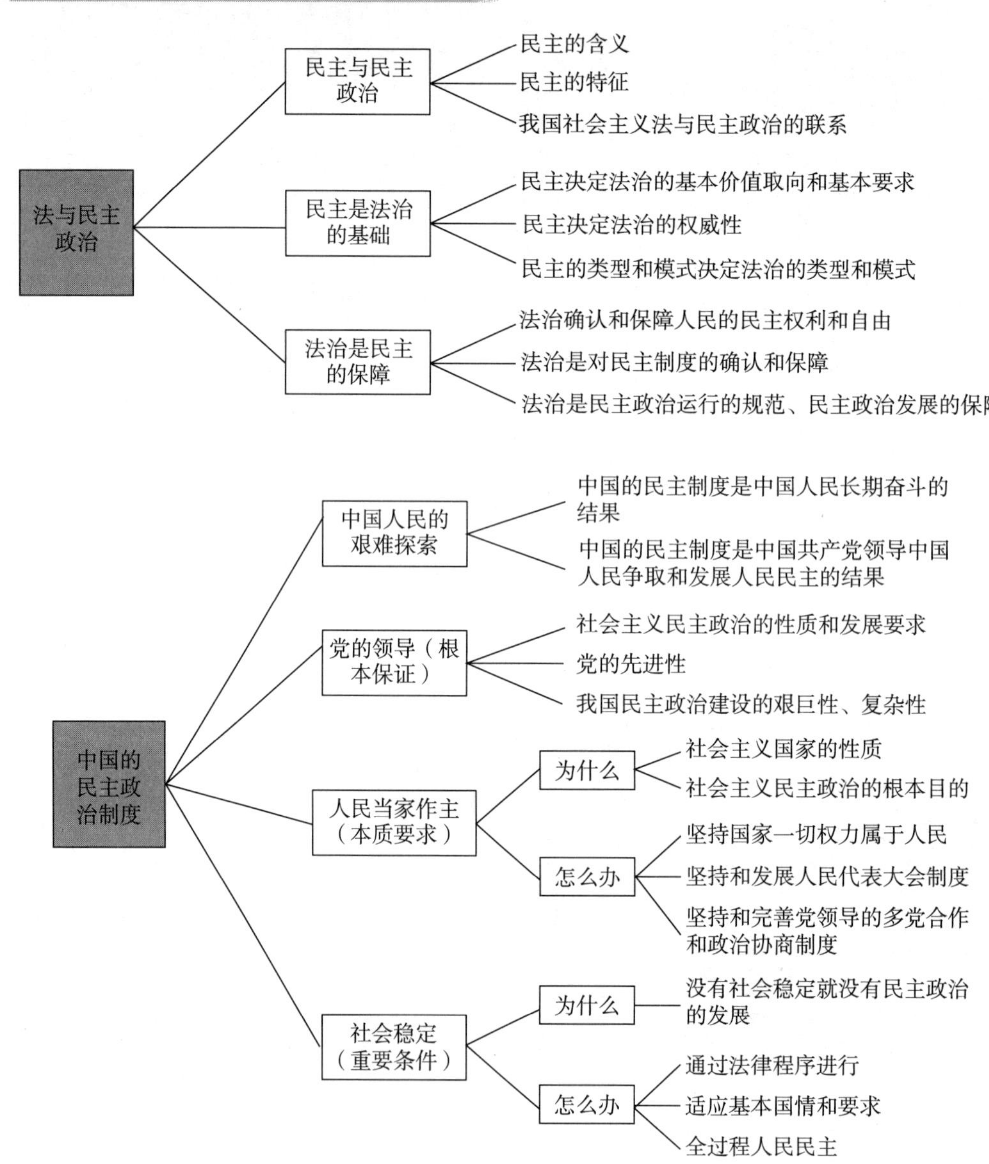

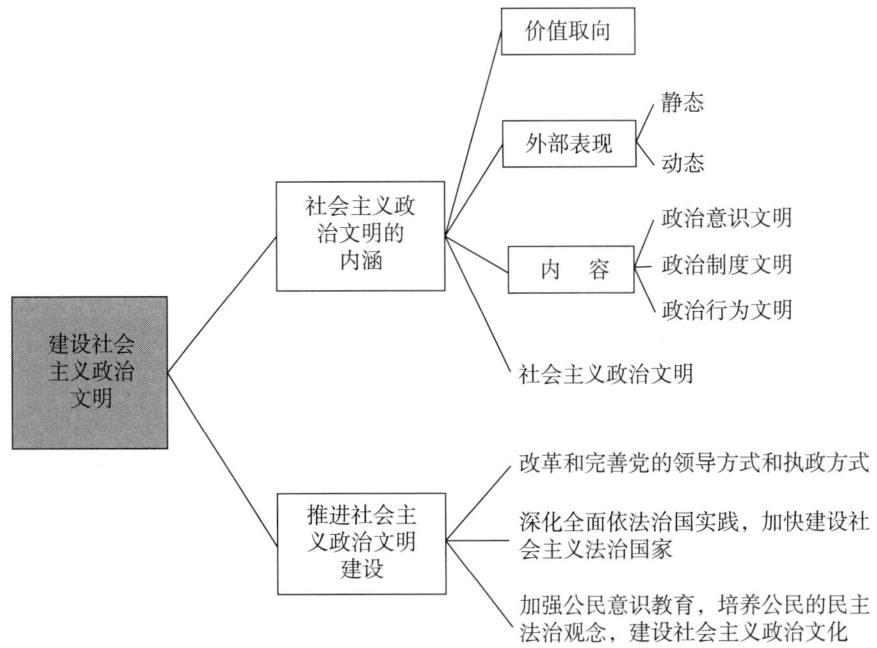

第二部分 本章核心知识要点解析

第一节 法与民主政治的一般关系

一、民主与民主政治

（一）难度与热度

难度：☆☆　热度：☆☆

（二）基本理论与概念

1. 民主的含义

（1）广义：泛指在社会生活的各个领域中按照多数人的意志，由多数人进行决定的社会活动机制。它既适用于国家形态的领域，也适用于非国家形态的领域（原始社会没有国家，但有民主）。包括民主权利、民主管理、民主行为方式等。

（2）狭义：民主政治，主要表现为国家政治制度层面的民主。马克思主义所讲的“民主”主要指的是作为一种特殊的国家形态或国家制度的民主。

2. 民主的特征

（1）民主具有阶级性。只有具体的、阶级的民主，而没有抽象的、超阶级的民主。任何民主制度都是巩固统治阶级的政治统治和维护其经济利益的，总是一定阶级用来实现其统治地位的形式和手段。

（2）民主具有历史性。民主是一个历史范畴，不存在永恒不变的绝对民主。任何一种民主的本质、内容和形式都是由本国具体的社会制度所决定的，并随着本国经济文化的发展而发展。

(3) 民主具有手段性与目的性。一方面，民主是统治阶级组织国家政权的一种形式，是统治阶级管理社会的一种手段。另一方面，争得民主权利，建立人民当家作主的政治制度并通过发展民主制度实现自身解放是工人阶级和劳动人民长期奋斗的目标。

(4) 民主具有普遍性与特殊性。一方面，民主政治作为与专制政治相对立的统治形式和政治形态，体现了现代政治文明的基本特征和要求，具有共同性和普遍性。另一方面，民主政治反映不同国家的阶级本质和社会经济文化的差异，在实行不同社会制度的国家，民主政治的一般原则的具体内容和实施方式有着本质的差别。

3. 我国社会主义法与民主政治的紧密联系

(1) 社会主义民主政治以社会主义法为主要内容之一，社会主义法是社会主义民主政治的重要部分。

(2) 社会主义民主政治是社会主义法的政治基础和必要前提，社会主义法是社会主义民主政治的实现路径与重要保障。

(三) 疑难点解析

1. 民主的四个特征来自马克思主义辩证唯物主义和历史唯物主义基本原理：马克思主义认为，民主属于上层建筑，它随着阶级和国家的产生而产生，随着其变化而变化。民主是一个历史范畴，世界上的民主都是具体的、相对的，而不是抽象的、绝对的。

2. 政策是政治的体现，法与政治的关系在规范层面上就是法与政策的关系。在我国，这体现为社会主义法与党的政策之间的关系。一方面，党的政策对社会主义法有指导作用。党领导立法、保证执法、支持司法、带头守法，也要体现在政策方面。(1) 党的政策是立法的指导思想，国家立法活动以政策为指导是党的领导的体现。《宪法》序言规定："中国各族人民将继续在中国共产党领导下，在马克思列宁主义、毛泽东思想、邓小平理论、'三个代表'重要思想、科学发展观、习近平新时代中国特色社会主义思想指引下，坚持人民民主专政，坚持社会主义道路，坚持改革开放，不断完善社会主义的各项制度，发展社会主义市场经济，发展社会主义民主，健全社会主义法治，贯彻新发展理念，自力更生，艰苦奋斗，逐步实现工业、农业、国防和科学技术的现代化，推动物质文明、政治文明、精神文明、社会文明、生态文明协调发展，把我国建设成为富强民主文明和谐美丽的社会主义现代化强国，实现中华民族伟大复兴。"这就是党基于对社会总体形势的判断制定的总路线方针。(2) 党的政策可以指导法的实施，利用党组织的强大社会动员能力更好地发挥法律为社会服务的效能。另一方面，社会主义法对党的政策有制约作用。党必须在宪法和法律范围内活动。

法与政策的区别体现在规范形式、实施方式、调整范围、稳定化和程序化程度等方面：(1) 法律具体而政策笼统；(2) 法律依靠国家强制而政策依靠党组织贯彻；(3) 法的调整范围特定而政策调整范围宽泛；(4) 法律稳定、程序严格而政策灵活。

3. 我国的社会主义民主与资本主义民主的本质区别在于，社会主义民主是"全过程人民民主"。2021 年 7 月 1 日，在庆祝中国共产党成立 100 周年大会上的讲话中，习近平总书记特别提出要"践行以人民为中心的发展思想，发展全过程人民民主"。

4. 我国是工人阶级领导的、以工农联盟为基础的人民民主专政的社会主义国家，国家的一切权力属于人民。必须坚持人民主体地位，坚定不移走中国特色社会主义政治发展道路，健全民主制度，丰富民主形式，拓宽民主渠道，依法实行民主选举、民主协商、民主决策、民主管理、民主监督，使各方面制度和国家治理更好体现人民意志、保障人民权益、激发人民创造，确保人民依法通过各种途径和形式管理国家事务，管理经济文化事业，管理社会事务。

（四）拓展延伸阅读

"全过程人民民主"是对中国特色社会主义的特色和优势的新概括。理解"全过程人民民主"，需要注意几个关键词："全""过程""人民"。

第一，它是全过程"人民"民主。必须坚持以人民为中心，坚持人民至上。具体而言，有两个要求：一是"一切为了人民"，要始终将实现最广大人民根本利益作为民主政治建设的出发点和落脚点。二是"一切依靠人民"，全过程人民民主是全体人民都能参与的一种民主形态。"人民"民主也是中国特色社会主义民主区别于西方式民主的重要特征。西方式民主虽然也标榜"人民主权"，但是，在实践中，由于其基本的运作逻辑是不同利益集团之间的博弈，弱势群体和边缘群体的政治社会权利很难得到保障，不仅自己参与无门，代表他们利益的主张也很难进入政策议程，更难变成实际的政策；即使变成了政策，也很难得到有效执行。

第二，它是全"过程"人民民主。过程性是民主的内在要求。中国的全"过程"民主是"中国共产党领导人民实行人民民主"，而这个党是没有任何自己的特殊利益的，不代表任何利益集团、任何权势团体、任何特权阶层的利益，而是"始终把最广大人民根本利益放在心上"。与之相比，西方式民主是不同的政党和利益集团为了各自所代表的一部分人的利益而进行的博弈。从国家治理的过程来讲，中国的全"过程"民主的"过程"是一个合作治理的过程，在根本利益一致的前提下，强调共治共建共享；西方式民主的"过程"则是一个零和博弈的过程，不同政治力量相互较劲，各不相让。合作治理追求的是共识，形成的是最大公约数；零和博弈追求的是一己私利，导致的往往是社会撕裂，弱势群体和边缘群体的利益遭到忽视。

第三，它是"全"过程人民民主。"全过程人民民主"应该包括四个方面的含义：一是民主的主体要"全"，必须将"全体人民"都纳入民主过程，要特别注重从体制和机制上解决弱势群体、边缘群体参与渠道的问题；二是参与的内容要"全"，人民尽可能参与国家政治社会生活方方面面的公共事务，大到国家的立法，小到邻里之间的鸡毛蒜皮，都可以通过民主的方式来加以解决；三是覆盖的范围要"全"，要构建环节完整的民主体系，实现广泛、多层制度化发展的要求，从立法、行政到社会生活，从中央、地方到基层，都要建立民主选举、民主决策、民主管理和民主监督的民主制度；四是民主的流程要"全"，既要重视民主选举，也要重视选举后的治理，要形成民主程序上的闭环，不能像西方式民主那样"人民只有在投票时被唤醒、投票后就进入休眠期"。

——谈火生."全过程人民民主"的深刻内涵.人民政协报，2021-09-29.

二、民主是法治的基础

（一）难度与热度

难度：☆☆　热度：☆☆☆

（二）基本理论与概念

1. 民主是法治的基础，没有民主就没有法治。法治与民主有内在的联系和共生性，法治生存、发展和真正实现的政治条件和政治框架，只能是民主政治。

2. 具体内涵：

（1）民主决定法治的基本价值取向和基本要求。

1）民主构成了法治与人治的区分标准：法治与人治的区别不在于法律制度的完备与不完备，不在于对法律的重视与不重视，而在于对人民民主权利的确认和维护。

2）社会主义民主坚持民主集中制的根本原则，它为社会主义法治的实现提供了更充分的条件。

（2）民主决定法治的权威性。

1）法治的一个基本要求是宪法和法律在公共生活中具有最高权威。专制主义政治体制中的法律只维护专制权力，不可能具有真正权威。在民主政治条件下，一方面对国家权力的制约在制度上成为可能，另一方面民主制度使广大社会成员对（确认民主权利、使得立法民主化的）法律具有价值上的认同。

2）社会主义法治的根本出发点和最终目的是确认和保障人民的民主权利，必须坚持民主立法，坚持执法为民、司法民主。

（3）民主的类型和模式决定法治的类型和模式。

1）民主政治的模式，特别是国家制度和政党制度模式直接决定和影响着一个国家的法治模式。法治是民主政治的表现形式，民主决定着法治的性质和发展模式。

2）社会主义越发展，民主也越发展；民主的范围越扩大，民主的内容越丰富，法治也就越可能健全。

（三）疑难点解析

1. 关于“民主”和“法治”的内涵。厘定民主与法治关系大前提是准确认识“民主”和“法治”的内涵。（1）“民主”一词起源于古希腊，本意是指多数人掌管政权的政治统治形式。在现代社会，民主的本质内涵是主权在民。社会主义民主政治的本质是人民当家作主。（2）马工程《法理学》教科书中关于“法治”的认识代表了中国学界主流的法治观，即实质法治观。在这种观念中，法治并不简单地是指法律制度，还意味着健全完备的法制和严格依法办事，尊重和维护法律的权威，尊重和保障人权，坚持法律至上的原则。这样的法治，只有在民主的条件下才能真正实行。因此，“法治”是一个包容性概念，包含着人权、民主、自由等实质价值。也正因为如此，法治才得以区分于人治，因为只有以民主为基础的法治才能与以专制为基础的人治（想一想中国古代的法家，同样极端重视法律制度及其遵守）区分开来。

2. 认识民主与法治之关系的前提是马克思主义关于法律与政治之关系的认识。在马克思主义理论中，政治与法律都属于上层建筑，都由经济基础决定。它们相互影响、相互制约。但是它们的地位依然是不对等的，在政治与法的相互关系之中，政治具有主导作用。这主要表现在：首先，法的产生和实现往往与一定的政治活动相关，反映和服务于一定的政治目标。政治关系的基本状况是法的状况的重要依据。特别是规定国家基本制度的宪法和法律往往是政治力量对比关系的表现。其次，政治可以为法的发展提供条件和环境。在良好的政治环境中法和法治能有较好的发展，在恶劣的政治环境中法和法治的发展就会停滞乃至倒退。再次，政治可以影响和制约法的内容。国家、政党、阶级的政治地位和活动不可避免地影响和制约法的有关内容，社会各阶级的关系也必然会反映在法的权利义务方面。当然，这并不意味着每一部具体的法律都有相应的政治内容，都直接反映某种政治要求。最后，政治关系的发展变化也在一定程度或意义上影响法的发展变化。社会各阶级的力量对比关系会随着社会经济的发展而不断地改变，这些改变会对法律的立、改、废提出新的要求。因此，记住两句话，一句是“只有不讲法治的政治，没有不讲政治的法治”，另一句是“法治当中有政治，没有脱离政治的法治”。

（四）拓展延伸阅读

每一种法治形态背后都有一套政治理论，每一种法治模式当中都有一种政治逻辑，每一条法治道路底下都有一种政治立场。我们要坚持的中国特色社会主义法治道路，本质上是中国特色社会主义道路在法治领域的具体体现；我们要发展的中国特色社会主义法治理论，本质上是中国特色社会主义理论体系在法治问题上的理论成果；我们要建设的中国特色社会主义法治体系，本质上是中国特色社会主义制度的法律表现形式。

——习近平 2015 年 2 月 2 日在省部级主要领导干部学习贯彻党的十八届四中全会精神全面推进依法治国专题研讨班上的讲话.

民主政治是现代法治社会的本质。民主政治是法治的灵魂和核心，法治则是民主政治的外在表现形式。“民主”这一概念为古今中外无数思想家、政治家所津津乐道。现代民主的主要标志在于绝大多数的社会成员享有参与国家事务和社会事务管理的权利，公民的利益和要求能够通过各种渠道体现在国家的法律和决策之中，公民对国家机关及其公职人员可以实行有效的监督。这是公民最基本的民主权利。这种参与的广度和深度，被认为是衡量民主的尺度。因此，在现代法治社会中，人们注重的是公民对国家事务和社会事务的参与，是决策的民主化、科学化和对领导层的监督。

——罗建平. 走向法治. 中外法学，1989（5）.

三、法治是民主的保障

（一）难度与热度

难度：☆☆　热度：☆☆☆

（二）基本理论与概念

1. 民主作为一种国家制度，需要通过法治来体现和保障，必须经由法治来加以确认和巩固。民主不是独立于法治之外的政治运作，而是通过法治实现和运作的一种制度体系或制度结构。

2. 法治既是民主的存在形式，也是民主的实现条件。没有法治，民主就无法制度化法律化，民主就只能是一种理想，甚至会演变为无政府主义。

3. 法治对民主的具体保障作用：

（1）法治确认和保障人民的民主权利和自由。

1）民主政治的基本前提是通过宪法和法律确认和保障人民的民主权利和自由。

2）法治不仅确认人民民主权利和自由的内容和范围，而且规范权利行使的方式以及受侵害权利的救济途径。

（2）法治是对民主制度的确认和保障。

1）只有在法治的框架内，民主才能成为一种可操作的制度。民主的政治决策、民主选举，都必须有法定的、可遵循的程序和规则。

2）人民的意志只有通过法定程序才能得到体现和确认，对权力的制约和平衡也只有通过法定程序来实现。

3）制度化法律化的民主，才是有保障的民主。

（3）法治是民主政治运行的规范，是民主政治发展的保障。

1）民主政治建设只有纳入法治的轨道才能有序运行。没有法治，民主政治的运行和发展必然导致秩序失控，危及政治稳定和社会和谐。

2）在社会转型的关键时期，民主政治发展更需要法治的规范和保障。

（三）疑难点解析

1. 认识法治对民主之作用的基础，在于正确认识法对于政治的作用。法具有确认和调整政治关系并直接影响政治发展的作用。这种作用主要体现在：首先，法可以确认社会各阶层和集团在国家生活中的地位。法可以调整统治阶级与被统治阶级、统治阶级内部以及统治阶级与同盟者的关系。其次，法可以反映和实现一定阶级和集团的政治目的和要求。这些目的和要求可以法的形式确立下来，使其具体化为普遍明确的行为规范，并获得国家强制力的保障。再次，法可以为一定阶级和国家的中心任务服务。如当前中国特色社会主义已进入新时代，它的中心任务就在于把我国建设成为富强民主文明和谐美丽的社会主义现代化强国，实现中华民族伟大复兴，我国的宪法和法律就要反映和服务于这一任务。最后，法还可以对危害统治阶级的行为采取制裁措施，捍卫政治统治。在社会主义国家中，法可以确认和保障人民的民主权利和自由，确认和保障人民当家作主的制度，规范民主政治的运行。

2. 脱离法治的轨道，民主就会“失范”。脱离法治的民主不仅危及社会稳定和有序的发展，而且会最终消灭社会成员个人的权利，包括民主权利。法治以保障每个社会成员权利、包括民主权利的方式来使得民主的国家制度有序运作。这就是“宪制”不仅包括“民主”（人民主权），也要包括“权利”（人民的权利）的原因，也是“民主”和“法治”常常一起出现的原因。

（四）拓展延伸阅读

把民主建设纳入法治轨道是指：中国共产党在领导人民争得了民主、建立了社会主义民主的条件下，还必须继续领导人民为捍卫、发展和完善社会主义民主而斗争；这个斗争必须在现存法律秩序内进行，随着社会主义经济、文化的发展，民主建设的任务只能通过法律的制定修改和不断完善法律的实施、厉行法治而完成。

民主建设纳入法治轨道还意味着：第一，不断发展和完善社会主义民主，是一项宪法规定的法定任务，必须抓紧进行。第二，制定法律、法规必须充分体现人民意志，从有利于人民行使当家作主的权利出发，从有利于体现保障公民正当的权利和自由出发，限制的只应是侵犯这种权利和自由的行为。第三，法律、法规一经制定，必须坚决遵守、确切执行。……第四，在执行法律、法规的过程中发生争执，公民的合法权利和自由受到侵犯时，应通过法律程序获得解决和保护。对法律、法规的制定和实施，实行严格的法律监督。法律、法规一经制定、施行，除非有权监督该项法律、法规的法定机关作出撤销的决定，任何人都必须遵守、执行。

——孙国华. 民主建设必须纳入法治轨道. 中国法学，1990（5）.

发展社会主义民主政治，制度问题更带有根本性、全局性、稳定性和长期性。从制度上、法律上保障和发展人民民主，这是我们党对社会主义民主政治建设规律认识的一个重大转变，对发展社会主义民主政治具有十分重要的意义。制度化的关键是法制化，制度建设的重点是法制建设。社会主义民主政治，一方面要保证和发展人民当家作主，实行民主选举、民主决策、民主管理、民主监督，保证人民享有广泛的权利和自由；另一方面还要动员和组织全体人民以国家主人翁的地位投身社会主义建设，发展社会生产力，不断满足人民日益增长的物质和文化需要，坚定地朝着中华民族伟大复兴的宏伟目标前进。要实现上述要求，只有坚持和实行依法治国基本方略，通过完备的法制，建设社会主义法治国家，使人民当家作主的各项民主权利落到实处，使国家各项事业和各项工作在法治的轨道上进行，使全社会成员在宪法和法律的范围内活动，才有可能做到。

——沈春耀. 推进社会主义民主政治法治化. 中国人大，2014（23）.

第二节　中国的民主政治制度是符合国情的选择

一、中国人民选择民主政治制度的艰难探索

（一）难度与热度

难度：☆　热度：☆☆

（二）基本理论与概念

1. 民主政治作为现代政治文明有其普遍性的要求，但民主政治的具体形式、发展过程总是受到一定社会的经济、政治、文化及历史传统、民族心理等各种因素的制约。

2. 各国的国情不同，民主的发展道路和制度模式也是多样化的。民主制度不可能只有一种模式，也不能照搬别国制度模式。

3. 中国的民主政治制度是近代以来中国人民长期奋斗的结果。

（1）从19世纪末开始，中国一批先进分子力图按照西方资本主义民主政治制度的模式来改变中国的专制统治，但近代中国半殖民地半封建社会的历史条件决定了中国资产阶级的软弱性和革命的不彻底性。

（2）历史证明，在中国，照搬西方资本主义民主政治制度是一条走不通的路，必须开创中国民主的新道路，建立全新的民主政治制度。

4. 中国的民主制度是中国共产党领导中国人民争取和发展人民民主的结果。

（1）中国共产党人将马克思列宁主义的普遍原理与中国的实际相结合，不断探索符合我国国情的民主政治制度。历史证明，我国的社会主义民主政治制度，是在近代以来中国社会特定的历史条件下，在长期的革命和建设实践中，中国共产党领导人民群众不断探索的伟大创造，是符合中国国情的必然选择。

（2）自党的十一届三中全会以来，中国共产党领导人民开辟了中国特色社会主义道路。中国社会主义民主政治制度不断完善，人民民主的内容不断扩展，民主形式不断丰

富，社会主义民主政治展现出旺盛的生命力。坚持中国特色社会主义政治发展道路，既是中国特色社会主义民主政治的根本特征，也是发展社会主义民主政治必须把握的基本要求。

（3）中国特色社会主义民主政治制度，始终坚持马克思主义民主理论为指导，从中国的国情出发，借鉴人类政治文明的有益成果，吸收中国传统文化和制度文明中的民主性因素，是人民当家作主的民主制度。

（三）疑难点解析

1. 要注意区分“民主的理念或价值”与“民主的模式和道路”。前者属于全人类共同价值，具有普遍性；而后者与各国国情有关，具有特殊性。说我们不能照搬他国的民主模式，是在后一种意义上而言的。

2. 党的十七大以来确立了这样的观点：坚持中国特色社会主义政治发展道路，最根本的是要坚持党的领导、人民当家作主和依法治国的有机统一，坚持和完善中国特色社会主义民主政治的制度，包括人民代表大会制度、中国共产党领导的多党合作和政治协商制度、民族区域自治制度、基层群众自治制度等基本政治制度，不断推进社会主义政治制度自我完善和发展。

（四）拓展延伸阅读

人民民主是社会主义的生命。没有民主就没有社会主义，就没有社会主义的现代化，就没有中华民族伟大复兴。社会主义愈发展，民主也愈发展。在前进道路上，要坚定不移走中国特色社会主义政治发展道路，继续推进社会主义民主政治建设、发展社会主义政治文明。

以什么样的思路来谋划和推进中国社会主义民主政治建设，在国家政治生活中具有管根本、管全局、管长远的作用。古今中外，由于政治发展道路选择错误而导致社会动荡、国家分裂、人亡政息的例子比比皆是。中国是一个发展中大国，坚持正确的政治发展道路更是关系根本、关系全局的重大问题。

世界上没有完全相同的政治制度模式，一个国家实行什么样的政治制度，走什么样的政治发展道路，必须与这个国家的国情和性质相适应。新中国成立以来特别是改革开放以来，我们党团结带领人民在发展社会主义民主政治方面取得了重大进展，成功开辟和坚持了中国特色社会主义政治发展道路，为实现最广泛的人民民主确立了正确方向。中国特色社会主义政治发展道路，是近代以来中国人民长期奋斗历史逻辑、理论逻辑、实践逻辑的必然结果，是坚持党的本质属性、践行党的根本宗旨的必然要求。

——中共中央宣传部. 习近平新时代中国特色社会主义思想学习纲要. 北京：学习出版社，人民出版社，2019.

二、党的领导是社会主义民主政治发展的根本保证

（一）难度与热度

难度：☆☆　热度：☆☆☆☆

（二）基本理论与概念

1. 坚持党的领导是中国民主政治制度的本质和优势，是中国社会主义民主政治制度的基本原则，不可动摇，不可转向。

2. 坚持党的领导是由社会主义民主政治的性质和发展要求决定的。

（1）我国民主政治的社会主义性质决定了只有在中国共产党领导下，才能实现和发展民主。

（2）没有中国共产党，就没有新中国，也就没有人民民主制度。中国的民主政治制度，是中国共产党领导中国人民创建的。中国民主制度的发展和完善，是在中国共产党领导下进行的。

3. 坚持党的领导是由党的先进性决定的。

（1）中国共产党是中国工人阶级的先锋队，也是中国人民和中华民族的先锋队。中国共产党代表中国先进生产力的发展要求，代表中国先进文化的前进方向，代表中国最广大人民的根本利益。党的宗旨就是全心全意为人民服务。

（2）中国共产党的执政目的就是领导、支持、保证人民当家作主，最广泛地动员和组织人民群众依法管理国家事务，管理经济和文化事业，管理社会事务，实现好、维护好、发展好最广大人民的根本利益。

（3）党的领导的实质是保证和巩固人民当家作主的地位。

4. 坚持党的领导是由我国民主政治建设的艰巨性、复杂性决定的。在中国这样一个国情复杂的大国发展社会主义民主政治是一项极为艰巨而复杂的任务，尤其是在现阶段处于社会主义现代化建设和中华民族伟大复兴的关键阶段，也处于发展的战略机遇期和社会矛盾凸显期，只有坚持党的领导，才能确保我国社会主义民主政治建设沿着正确的道路前进。

（三）疑难点解析

1. 中国共产党领导是中国特色社会主义最本质的特征，是中国特色社会主义制度的最大优势，党是最高政治领导力量。必须坚持党政军民学、东西南北中，党是领导一切的，坚决维护党中央权威，健全总揽全局、协调各方的党的领导制度体系，把党的领导落实到国家治理各领域各方面各环节。党的领导是社会主义民主政治发展的根本保证，其实就是中国共产党领导作为中国特色社会主义最本质的特征在中国民主政治制度领域的体现。

2. 党的领导就是领导和支持人民当家作主，是人民主权的集中体现，是人民当家作主和依法治国的根本保证。民主不是一个自发过程，人民群众要成为国家、社会和自己命运的主人，其基本前提是组织自己的力量，形成一个代表阶级自觉意识的、能够带领整个阶级前进的政党。尤其是在中国这样一个人口众多、经济文化相对落后且发展很不平衡的大国，人民利益具有广泛性和多样性，实现人民利益具有空前的复杂性、艰巨性，这就必然要求一个能够代表广大人民利益，集中反映和有效体现人民意愿的政治核心，来团结、凝聚和带领人民把革命、建设和改革事业不断推向前进。在当代中国，能担当这一任务的唯有中国共产党。党的领导使民主与集中相统一、民主与科学相统一，使社会发展既满足人民的愿望和要求，又合乎客观规律。党的领导保障了人民当家作主的民主实践沿着正确方向扎实有效地推进。

（四）拓展延伸阅读

走中国特色社会主义政治发展道路，必须坚持党的领导、人民当家作主、依法治国有机统一。党的领导是人民当家作主和依法治国的根本保证，人民当家作主是社会主义民主政治的本质特征，依法治国是党领导人民治理国家的基本方式，三者统一于我国社会主义民主政治伟大实践。在我国政治生活中，党是领导一切的，坚持党的领导、人民当家作主、依法治国有机统一，最根本的是坚持党的领导。

——中共中央宣传部. 习近平新时代中国特色社会主义思想学习纲要. 北京：学习出版社，人民出版社，2019.

三、社会主义民主政治的本质要求是人民当家作主

（一）难度与热度

难度：☆☆　热度：☆☆☆☆

（二）基本理论与概念

1. 为什么社会主义民主政治的本质要求是人民当家作主？

（1）人民当家作主是社会主义民主政治的本质要求，这是由社会主义国家的性质决定的。社会主义国家从根本上否定阶级压迫和阶级剥削的社会制度，真正实现了人民当家作出。社会主义民主是为最广大人民享有的民主，而不是为少数人所享有的民主。社会主义的优越性在政治上的突出表现就是充分发扬人民民主，切实保证人民当家作出的地位。

（2）保证人民当家作主是社会主义民主政治的根本目的。人民民主是社会主义的生命，人民当家作主是社会主义民主政治的本质和核心。

2. 如何落实保证人民当家作主的社会主义民主政治制度？

（1）坚定不移地发展社会主义民主政治，必须坚持国家一切权力属于人民，最广泛地动员和组织人民依法管理国家事务和社会事务、管理经济和文化事业。其一，尊重和保障人权；其二，扩大公民有序政治参与，保障人民享有更多更切实的权利。其三，坚持和完善中国特色社会主义民主政治的基本制度，不断完善人民掌握国家政权、行使国家权力的途径、形式和程序。

（2）坚持和发展中国特色社会主义民主政治，最根本的是要坚持和发展人民代表大会制度。人民代表大会制度是我国的根本政治制度，是支撑中国国家治理体系和治理能力的根本制度，是坚持党的领导、人民当家作主、依法治国的有机统一的根本制度安排。

（3）坚持和发展社会主义民主政治，必须坚持和完善中国共产党领导的多党合作和政治协商制度，发展社会主义协商民主。人民政协作为统一战线的组织、多党合作和政治协商的结构、人民民主的重要实现形式，是国家治理体系的重要组成部分，是具有中国特色的制度安排。

（三）疑难点解析

1. 人民代表大会制度是我国的根本政治制度，是我国的政体。因为：（1）它与我国的国家性质相适应，直接体现我国人民民主专政的国家性质。（2）它能保证人民当家作主的权力，在全部国家政治生活中处于首要地位。（3）它在制定国家各种制度中起着决定性的作用。一切权力属于人民是我国人民代表大会制度的核心内容。

2. 共产党领导的多党合作和政治协商制度是我国的一项基本政治制度。多党合作的主要方式有：各民主党派和无党派人士参加人大、政协参与管理国家和参政议政；共产党与各民主党派通过多种渠道实行政治协商和民主监督；吸收各民主党派和无党派人士中的优秀人才到国家机关担任领导职务。政治协商，就是由中国共产党和各民主党派、

人民团体以及各方面的代表人士，在共同遵守宪法和基本路线的基础上，就有关国家事务和地方事务的重大问题，进行各种形式的充分讨论，集中各方面提出的正确意见，采取协商一致的原则来解决问题。

我国多党合作的特点包括：(1) 中国共产党是社会主义事业的领导核心，是执政党。(2) 中国共产党同各民主党派合作的政治基础，是坚持中国共产党的领导，坚持四项基本原则；共同任务是为把我国建设成为富强、民主、文明的社会主义现代化国家，为统一祖国、振兴中华而奋斗。(3) 各民主党派都参加国家政权，参与国家事务的管理，参与国家大政方针和国家领导人选的协商，参与国家方针、政策、法律、法规的制订执行。(4) 中国共产党和各民主党派都必须以宪法为根本活动准则。

(四) 拓展延伸阅读

人民代表大会制度是坚持党的领导、人民当家作主、依法治国有机统一的根本政治制度安排。在中国实行人民代表大会制度，是中国人民在人类政治制度史上的伟大创造，是深刻总结近代以后中国政治生活惨痛教训得出的基本结论，是中国社会一百多年激越变革、激荡发展的历史结果，是中国人民翻身作主、掌握自己命运的必然选择。人民代表大会制度之所以具有强大生命力和显著优越性，关键在于它深深植根于人民之中。实践充分证明，这一新型政治制度是符合中国国情和实际、体现社会主义国家性质、保证人民当家作主、保障实现中华民族伟大复兴的好制度。

在新的奋斗征程上，必须充分发挥人民代表大会制度的根本政治制度作用，继续通过这一制度牢牢把国家和民族前途命运掌握在人民手中。坚持和完善人民代表大会制度，必须毫不动摇坚持中国共产党的领导，保证党的路线方针政策和决策部署在国家工作中得到全面贯彻和有效执行，支持和保证国家政权机关依照宪法法律积极主动、独立负责、协调一致开展工作；必须保证和发展人民当家作主，支持和保证人民通过人民代表大会行使国家权力，发展更加广泛、更加充分、更加健全的人民民主；必须全面推进依法治国，使民主制度化、法律化，实现国家各项工作法治化；必须坚持民主集中制，切实贯彻落实好这一国家组织形式和活动方式的基本原则，保证国家统一高效组织推进各项事业。

——中共中央宣传部. 习近平新时代中国特色社会主义思想学习纲要. 北京：学习出版社，人民出版社，2019.

中国共产党领导的多党合作和政治协商制度作为我国一项基本政治制度，是中国共产党、中国人民和各民主党派、无党派人士的伟大政治创造，是从中国土壤中生长出来的新型政党制度。说它是新型政党制度，新就新在它是马克思主义政党理论同中国实际相结合的产物，能够真实、广泛、持久代表和实现最广大人民根本利益、全国各族各界根本利益，有效避免了旧式政党制度代表少数人、少数利益集团的弊端；新就新在它把各个政党和无党派人士紧密团结起来、为着共同目标而奋斗，有效避免了一党缺乏监督或者多党轮流坐庄、恶性竞争的弊端；新就新在它通过制度化、程序化、规范化的安排集中各种意见和建议，推动决策科学化民主化，有效避免了旧式政党制度囿于党派利益、阶级利益、区域和集团利益决策施政导致社会撕裂的弊端。政治协商，主要是中国共产党同民主党派协商。坚持和完善中国共产党领导的多党合作和政治协商制度，更好体现这项制度的效能，要坚定不移贯彻长期共存、互相监督、肝胆相照、荣辱与共的方针，着力发挥好民主党派和无党派人士的积极作用。

——中共中央宣传部. 习近平新时代中国特色社会主义思想学习纲要. 北京：学习出版社，人民出版社，2019.

四、社会稳定是社会主义民主政治发展的重要条件

(一) 难度与热度

难度：☆☆　热度：☆☆

(二) 基本理论与概念

1. 为什么社会稳定是社会主义民主政治发展的重要条件?

民主需要安定平稳的社会局面。任何国家的民主都不可能在社会动荡中实现和发展。在中国，没有国家的统一和社会的稳定，就没有国家的繁荣富强和人民的安居乐业，也就没有民主政治的发展。

2. 如何在保持社会稳定的条件下发展民主?

(1) 在保持社会稳定的条件下发展民主，需要通过法律程序来进行。这是在现代法治社会中发展民主政治的必然要求。

1) 法律具有稳定性和确定性，能有效地保障社会秩序的正常维系和延续。

2) 法律具有权威性和强制性，会对那些破坏民主程序的行为进行制裁和制止，从而保障民主政治的稳步发展。

(2) 民主政治发展不能脱离中国社会发展的整体和全局，不能脱离社会主义初级阶段的基本国情和要求。

(3) 深刻认识社会主义民主本身所应有的全过程性，确保社会主义民主逐步地、切实地得以全面实现。

(三) 疑难点解析

“中国的问题，压倒一切的是需要稳定。”中国现代化过程中的社会稳定，是压倒一切的大局，是实现现代化的首要条件。没有社会稳定，就不可能实现国家现代化，实现国家富强、民主和繁荣。西方曾经在东欧推动的“颜色革命”和在中东推动的“阿拉伯之春”严重扰乱这些国家和地区的社会稳定，造成政治动荡和经济滑坡。在这样的背景下，是无法发展民主政治的，最终损害的是民众的利益。

(四) 拓展延伸阅读

社会主义政治是民主政治。民主政治是一种公开政治，它除去了专制政治的神秘面纱，把参与、竞争、决策实施、反馈等政治过程公开出来，实行政治开放和透明，以便公民有机会和可能参政议政、进行监督，而只有用法律把政治过程规范化、制度化，才能实现政治的开放和透明。民主政治又是一种程序政治。参加社会主义政治的各个主体在根本的经济利益和政治方向一致的前提下，由于各自的地位、处境不同，思考问题的角度和方法各异，提出的策略措施不一，在政治期望的预计和政治目标的选定上可能发生重迭和冲突。因此，各政治主体只有按照既定的程序参与政治，才能保障一种公平竞争、稳定合作的政治秩序，避免权力更替中暴力、政变等非程序事件的发生，破坏国家稳定。而这种公正合理的政治秩序只有通过法律的规范和保障才能实现。

——陈春龙. 法治与国家稳定. 法学研究，1992 (1).

第三节　发展社会主义民主，建设社会主义政治文明

一、社会主义政治文明的内涵

（一）难度与热度

难度：☆☆　热度：☆☆

（二）基本理论与概念

1. 在政治思想史上，马克思首次提出了“政治文明”的概念。

2. 政治文明是社会文明的有机组成部分，是人类社会政治生活的进步状态，是人类政治实践活动中形成的文明成果，包括政治思想、政治文化、政治传统、政治结构、政治活动和政治制度等方面的有益成果。

3. 政治文明的具体内涵：

（1）价值取向：政治文明是人类政治生活取得的积极成果和进步状态。

（2）外部表现：①在静态方面，政治文明表现为人类在政治生活方面所取得的积极政治成果；②在动态方面，政治文明表现为人类社会政治进化发展的具体过程，一个不断趋向文明、逐步发展的过程。

（3）内容：①政治意识文明，既包括公平、正义、理性等政治理念，也包括文明的或进步的政治意识形态、文明的政治心理、文明的政治思想和文明的政治道德。②政治制度文明，是指国家各项政治法律制度和政治体制要体现民主、平等、公开、公正、法治的精神，能够适应生产力发展和经济基础变革进步的要求，呈现出合理性和先进性。③政治行为文明，是指政党、政府、社会集团以及公民个人的实际政治活动的文明程度。

4. 社会主义政治文明是一种新型的政治文明，是人类文明的普遍性和特殊性的统一。社会主义政治文明本质上是人民民主的政治文明。

（三）疑难点解析

1. 社会主义政治文明，指的是社会主义国家的执政党以马克思主义为指导，领导人民所形成的与物质生产相适应的在政治上的一种进步过程、进步状态和取得的积极成果的总和。

2. 社会主义政治文明包括四方面的含义：（1）政治民主化，即从中国国情出发，坚持走自己的路，在中国共产党的领导下，支持和保证人民群众当家作主，实现民主选举、民主决策、民主管理、民主监督，保证人民依法享有广泛的权利和自由。（2）政治公开化，即增强政治生活的清晰度和透明度，使广大人民群众能够更好地了解政治过程，更好地知政、议政和参政。（3）政治法治化，即根据法治精神和法治原则，构筑建立在尊重人的人格、尊严、自由、进取精神和合理要求上的法律体系。不断强化政治主体的法律意识，形成良好的法治社会环境。（4）政治科学化，即建立科学的政治决策机构、程序和方法，吸收和运用现代科学技术成果，力求最好的社会和经济效益，尽量避免随意性和主观性。（5）政治清廉化，就是建立健全政治权力的制约监督机制，通过阳光工程，对政治权力实行严密有效的监控和制约，遏制和消除一切政治权力异化和腐败现象，实

现政治权力主体清正廉洁，从而巩固政治制度的阶级基础，使国家长治久安。

二、推进社会主义政治文明建设

（一）难度与热度

难度：☆☆　热度：☆☆

（二）基本理论与概念

1. 社会主义政治文明建设是一个内容广泛的系统工程，涉及政治文化、政治制度、政治行为、政治主体等诸多方面，其核心在于制度建设。

2. 政治体制改革必须坚持社会主义方向，推进社会主义政治制度自我完善和发展，推进社会主义民主政治的制度化、规范化和程序化。

3. 推进政治文明建设的重要举措：

（1）改革和完善党的领导方式和执政方式。科学执政是基本前提，民主执政是本质要求，依法执政是基本方式，三者有机统一，相互联系，相辅相成，缺一不可。

①科学执政，就是党要按照科学的思想理论和科学的制度、方法来执政。包括：其一，必须以科学的思想理论（马克思主义及其中国化思想）为指导。其二，执政必须建立在科学的制度基础上。其三，必须确立科学的执政方式、运用科学的方法，提高党在执政过程中的科学决策水平。

②民主执政，就是党要坚持为人民执政，靠人民执政，支持和保证人民当家作主。包括：其一，坚持立党为公，执政为民。其二，我们党执政就是领导和支持人民当家作主，以实现和发展人民民主为己任。其三，遵循民主原则，要通过社会主义民主制度来执政，按照民主程序行使执政权。

③依法执政，就是党要坚持法治国，领导立法、保证执法、支持司法、带头守法，不断推进国家经济、政治、文化、社会生活的制度化、规范化、程序化。

（2）深化全面依法治国实践，加快建设社会主义法治国家。

①全面落实依法治国基本方略，加快建设社会主义法治国家，要体现以人民为主体的新要求。一是扩大社会主义民主，二是改善民生，三是尊重和保障人权。

②全面落实依法治国基本方略，加快建设社会主义法治国家，要体现全面协调可持续发展的新要求。强调“全面落实”，就是要在依法治国的各个环节全面体现法治的要求，要在经济建设、政治建设、文化建设、社会建设、生态文明建设中全面落实依法治国的要求。

（3）加强公民意识教育，培养公民的民主法治观念，建设社会主义政治文化。

①加强公民意识教育，树立社会主义民主法治、自由平等、公平正义理念，加强社会主义政治文化建设。

②社会主义政治文化建设是社会主义政治文明的重要组成部分，建设社会主义民主政治，既是建设社会主义政治文明的价值取向和根本目标，也是社会主义政治文化的重要内容和内在要求。

③建设社会主义政治文化，一要借鉴人类历史上的一切文明成果，二要健全政治参与机制，三要进一步完善社会主义政治价值体系。

（三）疑难点解析

党的十六大报告提出了全面建设小康社会时期社会主义政治文明建设的具体内容，包括坚持和完善社会主义民主制度，加强社会主义法制建设，改革和完善党的领导方式和执政方式，改革和完善决策机制，深化行政管理体制改革，推进司法体制改革，深化干部人事制度改革，加强对权力的制约和监督，维护社会稳定。

（四）拓展延伸阅读

政治文明是人们政治活动取得的成果，是人们政治生活的进步状态，它包括政治意识或观念、政治制度、政治行为等几个方面，其中国家政治制度是政治文明的核心，政治文明的本质是政治民主。

法治是政治文明得以实现的基本方式。一方面，法治可以预设文明地运行政治权力的制度架构，防治权力专断与野蛮。从实施机制上看，法治通过对权力的制约来保证公民的权利，维护社会的公共秩序，保持社会和谐有序发展，提升政治文明水平。另一方面，法治内置着人权的保障与救济机制，是实现政治文明终极价值的最佳选择。

——汪习根. 法治与政治文明关系三论. 政治与法律，2004（2）.

第三部分　拓展阅读文献、案例研习与同步练习

第一节　拓展阅读文献

1. 中共中央宣传部. 习近平新时代中国特色社会主义思想学习纲要. 北京：学习出版社，人民出版社，2019.

2. 习近平. 在省部级主要领导干部学习贯彻党的十八届四中全会精神全面推进依法治国专题研讨班上的讲话，2015-02-02.

3. 沈春耀. 推进社会主义民主政治法治化. 中国人大，2014（23）.

4. 孙国华. 民主建设必须纳入法治轨道. 中国法学，1990（5）.

5. 陈春龙. 法治与国家稳定. 法学研究，1992（1）.

6. 刘瀚. 政治文明与法治关系论纲. 重庆邮电学院学报（社会科学版），2004（6）.

7. 汪习根. 法治与政治文明关系三论. 政治与法律，2004（2）.

8. 汪习根，汪火良. 论政治文明建设的法治化. 法律科学，2004（6）.

第二节　本章案例研习

案例名称：宁海“36条”——基层民主政治法治化的实践[①]

（一）基本情形

宁海县位于浙江省东部沿海，县域总面积1 843平方公里，总人口为63万。宁海县

① 王杰秀，闫晓英，李玉玲. 宁海“36条”：将村级小微权力关进制度笼子. 中国民政，2015（22）.

经济发达，2014年生产总值409.8亿元，财政总收入65.6亿元。但由于宗族观念较重、基层党组织作用未充分发挥等原因，农村基层民主制度建设进展缓慢，村级治理困难重重。

为解决村民自治实践和村级治理所面临的一系列制度困境，2014年2月，宁海县委、县政府结合群众路线教育实践活动和中央关于权力清单制度改革的相关要求，制订了村级小微权力清单“36条”。这“36条”明确了村级组织和村干部职责权限，建立了规范化运作流程，强化过程监管控制，完善配套管理制度，构建起决策权、执行权、监督权相互制约、相互协调的权力运行体系。

“36条”的主要内容如下：

宁海县村务工作权力清单36条

一、村级重大决策事项
1. 村级重大事项“五议决策法”流程图

二、村级招投标管理事项
2. 物资、服务采购流程图
3. 微型工程流程图
4. 中小型工程流程图
5. 大型工程流程图

三、村级财务管理事项
6. 财务开支流程图
7. 出纳现金支取流程图
8. 非村干部工资报酬发放流程图
9. 招待费支出流程图

四、村级工作人员任用事项
10. 团、妇、民兵组织人员任用流程图
11. 治调、计生等其它工作人员任用流程图
12. 文书、出纳（报账员）任用流程图
13. 临时用人、用工流程图

五、阳光村务事项
14. 党务公开流程图
15. 村务公开流程图
16. 财务公开流程图

六、村级集体资产资源处置事项
17. 集体资产资源处置流程图
18. 财产物资管理流程图
19. 集体土地征收及征收款发放流程图

七、村民宅基地申请事项
20. 农村宅基地审批流程图

八、村民救助救灾款申请事项
21. 低保（五保）申请流程图
22. 救灾、救济款物发放流程图
23. 办理被征地农民养老保障流程图
24. 大病救助申请流程图
25. 党内关爱基金申领流程图

九、村民用章管理事项
26. 印章管理流程图
27. 户籍迁移流程图
28. 分户手续证明流程图
29. 殡葬管理流程图
30. 水、电开户申请流程图

十、计划生育服务事项
31. 计划生育办证流程图
32. 流动人口婚育证明办理流程图
33. 计划生育家庭奖励扶助金发放流程图

十一、服务村民其他事项
34. 入党申请流程图
35. 党员组织关系迁转流程图
36. 矛盾纠纷调解流程图

（二）法理分析

本案涉及民主政治法治化这个知识点。

村级民主是中国民主政治的重点和难点。宁海县推进村级治理改革的经验做法，对于进一步加强和创新村级治理，发展基层民主制度具有重要启示意义。

首先，法治化建设是推进村级民主政治建设的重要基础。党的十八届四中全会指出“全面推进依法治国，基础在基层，工作重点在基层”。推进村级治理法治建设，应加强“硬法”和“软法”相结合的基层治理架构：一是依法治村，依法推行民主选举、民主决策、民主管理、民主监督，推动农村基层治理法治化。发挥基层党组织在全面推进依法治国中的战斗堡垒作用，增强基层干部法治观念、法治为民的意识，提高依法办事能力。二是以约治村。村规民约作为介于法律与道德之间“准法”的自治规范，是全体村民共同意志的载体，是村民自治的表现。宁海县采取法律顾问服务模式，对村民自治章程和村规民约的制订和修订等事项进行指导，确保村规民约的合法性，为基层民主法治化提供了借鉴，即应根据本村特点，突出重点，彰显本地特色。村规民约的制订，还需要积极引导村民积极参与，使制定、修订的过程成为党员干部群众普及法律知识的过程、学法尊法的过程，增强村民的法治水平。

其次，制度优化及其执行力是推进村级民主治理能力建设的有力保障。制度具有根本性、全局性、长远性作用，村级民主治理需要优化、完善的制度保驾护航。宁海县通过全面清权、科学确权、规范用权、严格控权，以及多项保障权力清单改革的可操作性

制度，明确权力清单具体举措、责任单位、责任领导和完成时限，深化基层民主发展，为我国村级治理提供了可借鉴、可复制、可推广的经验做法。由此，在现代村级治理现代化发展中，制度建设及其创新要“全面清权”：按照“职权法定、权责一致”的原则，全面梳理村级各项职权。要“科学确权”：清晰划定权力边界，合理界定村委会与村党支部、村代会之间权责分工，实现各司其责。要“规范用权”：健全村级民主议事制度，落实村务公开和民主管理，对于本社区重大事项，遵循决议公开、实施结果公开，接受本社区居民监督，让权力在阳光下运行。要“严格控权”：把遵守法律、依规办事、民主治村各项制度的落实情况，作为考察村干部、评价村党组织、村代会、村委会的重要指标和条件，以教育引导村干部切实增强规则意识，增强推进村民自治的自觉性和有效性。

再次，协商民主是推进村级民主治理能力建设的有效选择。党的十八届三中全会要求“开展形式多样的基层民主协商，推进基层协商制度化”。在村级治理中推进协商民主，必须建立一个让基层群众、组织和社区等利益相关方能够表达意见、协商讨论的制度化平台，如宁海探索推出的“聊天长廊”“乡贤议事会”等“一聊一议”议事会制度，推动基层党员干部“零距离”收集民意、听取民声、调处民事，取得了积极效果。实践中，协商民主的推进，应注重发挥协商的主体、内容、形式以及协商结果的效力，充分尊重民意，强调村民参与社会治理的主体地位，培育村民的自主性、责任性和参与性；应以程序设计规范协商民主，即议事讨论的规则。

最后，社会主义政治文化是推进村级民主政治的软实力。作为一种对秩序安排和规则意识追求的软实力，社会主义政治文化间接地影响着政治体制的调控过程。宁海县通过强化宣传，营造权力清单改革的浓厚氛围，形成“按清单办事、依规范用权”的社会共识，对发展农村基层民主、规范村级治理有很强的借鉴意义。小微权力清单的实践证明，要转变村干部的观念，将权力意志转变为服务意识，更好地为村民服务。加强与村民的沟通和协商，畅通沟通渠道，了解和分析村民意愿，促进干群关系和谐。要提升村民对村级事务的关注度、参与度。要持续加强民主、法制教育，促进包括村干部在内的全体村民知法、学法、守法、用法，稳步推进农村民主、法治进程。

第三节　本章同步练习

一、选择题

（一）单选题

下列关于法与道德、宗教、科学技术和政治关系的选项中，哪一项表述不成立？（　　）（律考）

A. 宗教宣誓有助于简化审判程序，有时也有助于提高人们守法的自觉性

B. 法具有可诉性，而道德不具有可诉性

C. 法与科学技术在方法论上并没有不可逾越的鸿沟，科学技术对法律方法论有重要影响

D. 法的相对独立性只是对经济基础而言的，不表现在对其他上层建筑（如政治）的关系之中

（二）多选题

1. “近现代法治的实质和精义在于控权，即对权力在形式和实质上的合法性的强调，包括权力制约权力、权利制约权力和法律的制约。法律的制约是一种权限、程序和责任的制约。”关于这段话的理解，下列哪些选项是正确的？（　　）（法考）

A. 法律既可以强化权力，也可以弱化权力

B. 近现代法治只控制公权，而不限制私权

C. 在法治国家，权力若不加限制，将失去在形式和实质上的合法性

D. 从法理学角度看，权力制约权力、权利制约权力实际上也应当是在法律范围内的制约和法律程序上的制约

2. 下列关于法与政治关系的表述，正确的有（　　）。（考研）

A. 政治的变迁可以影响法的发展变化

B. 法能够为政治行为提供合法律性依据

C. 政治可为法的实现提供必要的环境和条件

D. 法治社会需要法律与政治、权力保持适当的距离

3. 关于法律与其他社会现象关系的表述，能够成立的是（　　）。（考研）

A. 在法律与经济基础的关系中，法律并不是消极的，而是积极地服务于经济基础，并始终推动社会的发展

B. 在法律与政治的相互关系中，一般而言，政治对法律的影响和制约作用居于主导地位

C. 国家是法律存在和发展的政治基础，法律促进国家职能的实现，保障和规范国家权力的正常行使

D. 生产力是联系法律与生产关系的中介，法律通过调整生产力而影响生产关系的发展

参考答案及解析

一、选择题

（一）单选题

答案：D

解析：法与宗教都具有仪式性，法律实践的一些仪式其实来自宗教，比如国家元首宣誓就职。在审判活动中，宗教宣誓作证可以简化审判程序（无须再去证明证人证言的真伪），也有助于提高人们守法的自觉性（将对法律的信仰提高到宗教信仰的程度）。A正确。可诉性是法区别于其他社会规范，如道德的特征之一，B正确。科学技术对于法律有重要影响，包括对法律方法论，如当今人工智能和大数据技术对于法律解释、法律推理都有影响，C正确。经济基础决定法，政治主导法，但法对经济基础和政治都具有反作用，法相对于经济基础和政治也都具有相对独立性，D错误，为应选项。

（二）多选题

1. 答案：ACD

解析：法律有其工具性的一面，可以强化权力的统治甚至是暴力统治；也可以实现相互制衡，弱化权力。A 项正确。在法理学中，各种价值、各种权利都不是绝对的，都可以被限制，其限制由法律规定。比如自由，法律保护人的自由，但自由也应受到法律的限制。公权私权都是平等对待的。B 项错误。“一切拥有权力的人都容易滥用权力，这是万古不移的一条经验，拥有权力的人们使用权力一直到要遇有界限的地方才休止。”法国思想家孟德斯鸠对权力扩张性的阐释不仅适用于人治和德治的国家，同样适用于法治国家。无论是公权力还是私权利的无限扩张最后都会损害到别人进而危及权力自身的合法性。法治国家不过是用权力制约权力、权利制约权力的方式限制了权力的无限扩张而已。而在制约的过程中法律和法律程序无疑是最有效的手段。C 项、D 项正确。

2. 答案：ABCD

解析：法律与政治都属于上层建筑，都受制约和反作用于经济基础，两者又相互作用。政治在上层建筑中居主导地位，政治可为法的实现提供必要的环境和条件，C 选项正确。政治活动和政治关系的发展变化必然会在一定程度或意义上影响法律的内容或者对价值追求的发展变化，A 选项正确。法律作为上层建筑中相对独立的部分，对政治具有确认、调整和影响作用，B 选项正确。法律具有相对独立性，法治社会中法律应与政治、权利保持适当的距离，D 选项正确。

3. 答案：BC

解析：在法律和经济基础的关系中，法律并不是消极地适应于经济基础，法律对经济基础具有能动的反作用。经济基础并非总是会和社会的发展成一致的积极关系。法律和政治都属于上层建筑，两者的关系主要体现在二者的相互作用，其中政治对法律的作用一般表现为：政治在上层建筑中居于主导地位，因而一般法律的产生和实现往往和一定的政治活动相关，反映和服务于一定的政治目标，政治活动和政治关系的发展变化必然在一定程度上影响法律的内容或法律的价值。法律和国家是两种不同的社会现象，有各自不同的性质和规定性，但是两者又表现为一致性和共生性。国家是法律存在的基础，法律保障国家职能的实现。法律对国家职能的保障作用体现在三个方面：（1）法律确认和宣告国家权力的合法性；（2）法律促进国家职能的实现；（3）法律制约和监督国家权力的运行。生产力是指人类利用和改造自然、并从自然界获得物质生活资料的能力。法律作为上层建筑的组成部分，是通过调整生产关系而与生产力发生联系的。生产力是通过制约生产关系而制约法律，生产关系是联系法律和生产力的中介。

第十二章　中国社会主义法与经济、科技、文化、社会、生态

第一部分　本章知识点速览

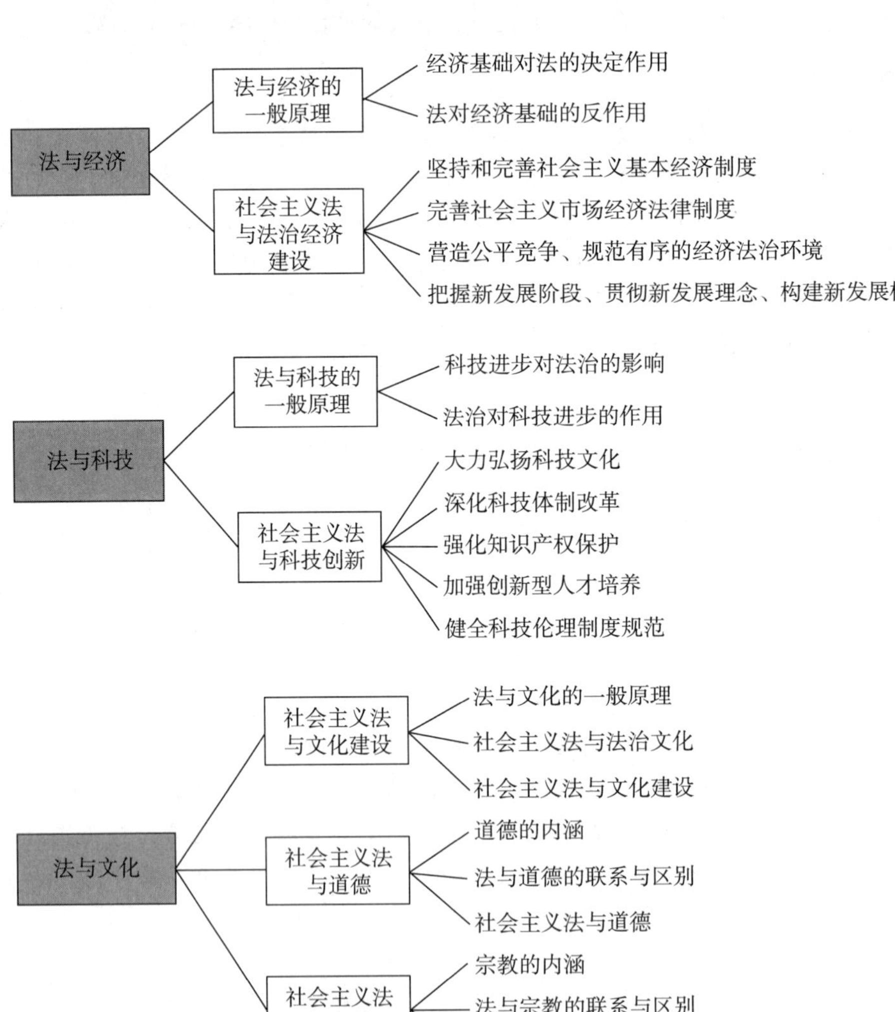

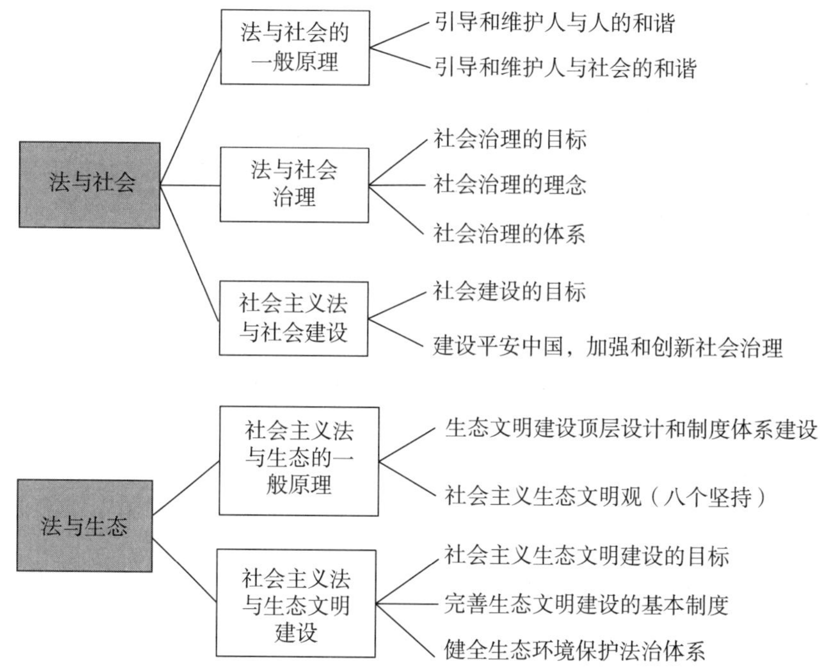

第二部分　本章核心知识要点解析

第一节　中国社会主义法与经济

一、法与经济的一般原理

（一）难度与热度

难度：☆☆☆　热度：☆☆

（二）基本理论与概念

1. 在法与经济的关系中，最根本的是法作为上层建筑由经济基础决定并为经济基础服务。

2. 经济基础对法的决定作用：

（1）经济决定法律的性质，有什么性质的经济基础，就有什么性质的法律上层建筑。

（2）经济决定法律的内容，法律只是经关系的一般性和制度性记载。

（3）经济决定法律的发展变化趋势，经济的发展与变革总会引起法律的发展与变革。

（4）经济决定法律作用的实现程度，法律的有用性是以满足人们的经济生活需要为衡量尺度的。

3. 法服务于经济（法对于经济基础的反作用）：

（1）维护经济制度：通过对社会基本经济关系的确认，使得经济制度得以制度形式合法存在。

（2）规范经济生活：维护正常经济秩序不受干扰，确保经济在法律的轨道上运行。

（3）通过规制、维护和保障经济关系，最终对生产力发展起到促进作用。

（三）疑难点解析

1. 本章论述的是法与其他诸多社会现象（政治除外）之间的关系。无论是掌握法与何种现象之间的关系，都是要把握一个“诀窍”，那就是辩证唯物主义。这包括两点：其一，法与这些现象之间都具有“双向关系”：这些现象影响着法，而法也反过来影响和作用于这些现象。这是辩证的一面。其二，经济对于法具有决定性，政治主导法，所以法对经济和政治的影响，我们通常称为“反作用”。至于其他社会现象，文化（道德、宗教）与法相互影响，社会（民生）与生态则受到法调整。这是唯物的一面。

2. 关于法与经济、政治、文化（道德、宗教）的关系，可按下图来掌握：

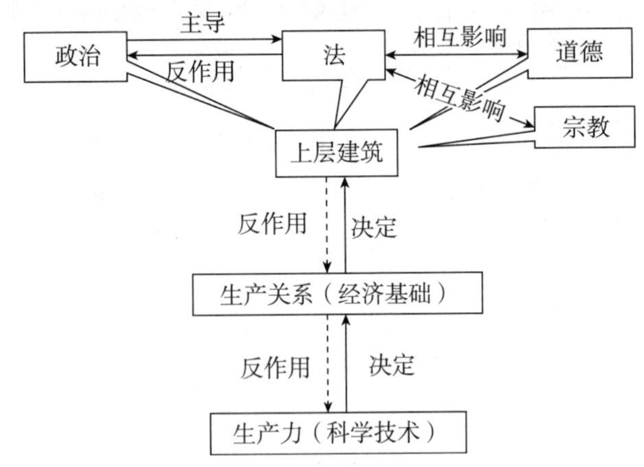

马克思历史唯物主义和辩证唯物主义的四条基本原理：第一条原理是：生产力决定生产关系，生产关系反作用于生产力。第二条原理是：特定社会生产关系的总和是经济基础，经济基础决定上层建筑，上层建筑反作用于经济基础。第三条原理是：上层建筑包括法律、政治、文化（道德、宗教）等等，其中，政治对法律具有主导作用，法律反作用于政治。第四条原理是：法律与文化、法律与道德、法律与宗教相互影响。

所以，法与经济的关系，就是上层建筑与经济基础的关系，适用第二条原理：经济基础对法具有决定作用，法对经济基础具有反作用：一方面，经济基础对法具有决定作用。牢记四句话：（1）经济基础的性质决定法的性质，建立在资本主义经济基础上的必然是资本主义法，建立在社会主义经济基础上的必然是社会主义法；（2）经济基础决定法的内容，我国公有制为主体、多种经济生产关系并存的现实决定了我国宪法中“公有制为主体、多种所有制经济共同发展的基本经济制度”的规定；（3）经济基础的发展变化决定法的发展变化，资本主义生产关系演变为社会主义生产关系，资本主义法也就演变为社会主义法；（4）经济基础决定法的作用的实现程度，与经济关系相适应的法能推动经济基础的发展，反之会妨碍经济基础的发展。最后要明白，经济基础对法的决定作用是从最终的意义上讲的，它要通过人的有意识的活动来实现。回忆第一章第二节中关于“法的阶段本质”的部分：法是统治阶级意志的体现，因为经济基础的决定作用要通过统治阶级的意志来实现。另一方面，法对于经济基础具有能动的反作用，法既对经济基础具有指引和预测的作用，也可能具有限制和削弱作用。

二、社会主义法与法治经济建设

（一）难度与热度

难度：☆☆　热度：☆☆☆☆

（二）基本理论与概念

1. 坚持和完善社会主义基本经济制度

（1）社会主义基本经济制度：公有制为主体、多种所有制经济共同发展，按劳分配为主体、多种分配方式并存，社会主义市场经济体制。

（2）建设法治经济的第一要务是以宪法和其他法律确认和巩固社会主义基本经济制度，引领经济体制改革的社会主义方向，完善和发展社会主义基本经济制度。

（3）以法治的方式适应、引领发展新格局，进一步转变政府职能，妥善处理好政府与市场的关系（市场决定资源配置＋发挥党和政府的积极作用）：给市场这只“看不见的手”设立市场准入负面清单，给政府这只“看得见的手”设立正面清单。

2. 完善社会主义市场经济法律制度

（1）法治经济建设的基础性工作：坚持社会主义市场经济改革方向，遵循社会主义基本制度与市场经济有机结合的规律，以保护产权、维护契约、统一市场、平等交换、公平竞争、有效监管为基本导向，不断完善社会主义经济法律制度。

（2）完善社会主义市场经济法律制度，要加快建设和完善现代产权制度（知识产权、数据资源产权、农村集体产权、产权司法执法保护）。

（3）完善社会主义市场经济法律制度，要加快建设市场经济法律体系（形成充分体现法治精神的经济体系，依法平等保护民营企业产权和企业家权益）。

3. 营造公平竞争、规范有序的经济法治环境

（1）保障各类市场主体享有公平竞争的权利，特别是确认和保障非公有制经济的平等主体地位和平等权利。

（2）维护统一市场和公平竞争，建设高标准市场体系。

（3）打造市场化、法治化、国际化、便利化的营商环境。

（4）积极推进和完善自贸区和经济法治示范区的建设。

4. 把握新发展阶段、贯彻新发展理念、构建新发展格局

（1）新发展理念：创新、协调、绿色、开放、共享。核心是高质量发展。

（2）加快构建以国内大循环为主体、国内国际双循环相互促进的新发展格局。坚持扩大内需这个战略需点，坚持供给侧结构性改革的战略方向，推动形成宏大顺畅的国内经济循环。经济格局决定政治格局，也决定法治使命：通过法治消除诸侯经济、垄断经济，建立国内统一市场；加强重点领域、新兴领域、涉外领域立法。

（三）疑难点解析

1. 社会主义市场经济本质上是法治经济。法治经济，是指国家通过制定法律、法规，调整经济关系，规范经济行为，指导经济运行，维护经济秩序，使整个经济逐步按照法律预定的方式快速、健康、持续有序地发展。法治经济的完整内涵应包括下列内容：有着完善的市场经济法律体系和健全的法律与经济互动机制，民商事活动和私权利得到充分维护，国家宏观调控法律化，社会经济可持续发展和社会基本公平得到有效保障。

市场经济，就是充分发挥市场规律这只看不见的手的作用，实现资源的配置。(1) 市场经济要求每一个市场活动主体都具有足够的活力，都能自主地充分展现自己的活力，全面实现自己在各个方面的能力与价值。为此，市场经济主体就会不断寻求自由，比如人身自由、财产自由和契约自由等等。但是市场经济中的自由，不是能够自我保护和保证的，它会受到来自多个方面的破坏。要制约其中的任一因素，都必须有法治。首先，法治为自由设置范围和轨道，以便市场经济主体充分享有自由而又不至于滥用自由；其次，法治制裁侵犯他人自由的违法犯罪，而且对于侵犯他人自由权利者无一例外地加以制裁，防止对于自由的侵犯，保护自由；再次，法治或法治国家严格约束权力本身，防止国家权力的放任，使自由不受来自国家的威胁或者侵犯。(2) 市场经济主体为了充分展现自己的活力，全面实现自己在各个方面的能力与价值，还要求平等。平等的发展权利是任何市场经济主体都需要、都应当具有的。比如说，市场交易是市场经济中最经常的行为和现象，而市场交易之中最需要的前提条件就是交易的各方是平等的。虽然市场经济讲求的价值规律对于任何主体都是平等适用的，但是在具体的市场行为中，靠市场本身并不能实现市场经济主体的平等。这就需要能满足市场经济平等要求的一视同仁的法律规则。要真正实现市场经济主体的平等，必须有法治来保障。(3) 在市场经济中，法治所能提供的不仅是自由和平等，还有许多其他方面的人的基本权利。它通过对人的基本权利的保障，为人们从事经济活动提供最基本的条件。

2. 自由贸易区（Free Trade Area)，是指签订自由贸易协定的成员国相互彻底取消商品贸易中的关税和数量限制，使商品在各成员国之间可以自由流动。党的十七大把自由贸易区建设上升为国家战略，十八大提出要加快实施自由贸易区战略。党的十八届三中全会提出要以周边为基础加快实施自由贸易区战略，形成面向全球的高标准自由贸易区网络。2013 年 8 月，党中央、国务院决定设立中国（上海）自由贸易试验区。2014 年 12 月，党中央、国务院决定设立中国（广东）自由贸易试验区、中国（天津）自由贸易试验区、中国（福建）自由贸易试验区 3 个自贸区。2016 年 8 月，党中央、国务院决定设立中国（辽宁）自由贸易试验区、中国（浙江）自由贸易试验区、中国（河南）自由贸易试验区、中国（湖北）自由贸易试验区、中国（重庆）自由贸易试验区、中国（四川）自由贸易试验区、中国（陕西）自由贸易试验区 7 个自贸区。2018 年 10 月，国务院发布《国务院关于同意设立中国（海南）自由贸易试验区的批复》，实施范围为海南岛全岛。2020 年 11 月，中国主导的区域全面经济伙伴关系协定签署仪式进行，15 个《区域全面经济伙伴关系协定》成员国经贸部长正式签署该协定，标志着当前世界上人口最多、经贸规模最大、最具发展潜力的自由贸易区正式启航。

3. 习近平总书记指出，新发展理念就是指挥棒、红绿灯。创新、协调、绿色、开放、共享的发展理念，是管全局、管根本、管长远的导向，具有战略性、纲领性、引领性。(1) 创新发展注重的是解决发展动力问题。我国创新能力不强，科技发展水平总体不高，科技对经济社会发展的支撑能力不足，科技对经济增长的贡献率远低于发达国家水平。(2) 协调发展注重的是解决发展不平衡问题。我国发展不协调是一个长期存在的问题，突出表现在区域、城乡、经济和社会、物质文明和精神文明、经济建设和国防建设等关系上。在经济发展水平落后的情况下，一段时间的主要任务是要跑得快，但跑过一定路程后，就要注意调整关系，注重发展的整体效能，否则“木桶”效应就会愈加显现，一系列社会矛盾会不断加深。(3) 绿色发展注重的是解决人与自然和谐问题。我国资源约束趋紧、环境污染严重、生态系统退化的问题十分严峻，人民群众对清新空气、干净饮水、安全食品、优美环境的要求越来越强烈。(4) 开放发展注重的是解决发展内外联动问题。现在的问题不是要不要对外开放，而是如何提高对外开放的质量和发展的内外联动性。我国对外开放水平总体上还不够高，用好国际国内两个市场、两种资源的能力还不够强，应对国际经贸摩擦、争取国际经济话语权的能力还比较弱，运用国际经贸规则的本领也不够强，需要加快弥补。(5) 共享发展注重的是解决社会公平正义问题。我国经济发展的“蛋糕”不断做大，但分配不公问题比较突出，收入差距、城乡区域公共服务水平差距较大。在共享改革发展成果上，无论是实际情况还是制度设计，都还有不完善的地方。

(四) 拓展延伸阅读

现代市场经济的一个重要特征就是崇尚法治，把法律作为对经济运行实行宏观调控和微观调节的最主要手段，其他各种手段也都必须纳入法治的范围，并要求整个社会生活的法治化与之相适应。所以，现代市场经济必然是法治经济。

……现代市场经济既要求经济上的自由贸易和竞争，又要求秩序和机会均等；既追求效率和效益，又必须考虑社会公平和公正；即要求民主、公开的氛围和人的行为自由及独立、自主的权利，又要求对各种利益倾向、利益主体、利益集团施以统一、协调、制衡。因此，法治既可以保障自由竞争和效率，又利于保障和协调社会分配，平衡利益冲突，达到必需的社会公平。……

深切认识和牢固树立现代市场经济就是法治经济的观念，需要正确理解“法治经济”的特征和内涵。……

首先，“法治经济”相对于“人治经济”而言，是人治经济的对立面。二者的对立表现在以下几方面：第一，权力经济是一种人治经济，是无规则的非程序性经济，排斥平等、公平、公开，也无自由、民主可言；法治经济是规范化的程序性经济，它通过完备的法律手段和良好的社会法治环境有效地保障和维护正常的经济秩序，保证平等、公开、公正、公平的竞争环境和发展机遇。第二，权力经济是主观意志型经济，即靠长官意志来驱动经济，靠领导人的才智和经验来支配经济……往往与客观经济规律相背离。法治经济通过法律的规范化、制度化功能来发展经济……有利于经济的稳定发展和实现长远目标。第三，权力经济保护特权……根据主体地位的不同制定不同的法律和政策；法治经济强调主体地位的平等。第四，权力经济只强调法的限制、禁止、约束和惩罚职能；只重视使用强行性规范、禁止性规范和义务性规范；只重视法的实体正义，不注重程序正义。法治经济重视法的引导、调节、预测等积极功能，强调运用法律来组织、管理经济，使法律真正成为经济发展的内在需求；注重使用任意性规范、授权性规范、建设性和奖励性规范来调动人们的积极性；不仅重视法的实体正义，而且重视程序正义，通过实现程序正义来保证实体正义。

其次，“法治经济”至少包括以下层次，即经济法治观念、经济法治制度、经济法治秩序、经济法治环境。只有从它们的系统整体效应着眼，才能完整地把握法治经济的内涵。

——文正邦. 论现代市场经济是法治经济. 法学研究，1994 (1).

计划经济基本上属于人治经济的范畴，而市场经济的实质是法治经济。具体说来，有以下六点区别：第一，计划经济是权力经济，市场经济则是权利经济。第二，计划经济主要依靠行政手段、行政命令和长官意志来进行管理，而市场经济则主要依靠法律手段。第三，计划经济是主观意志型的经济，靠长官意志来驱动经济，靠领导人的才干、经验来支配经济；市场经济则是规范性、程序性的经济，它要通过法律的规范化、制度化功能来发展经济。第四，计划经济是垄断经济，国家像个大工厂，企业都成为国家的附属物，行政权是高度集中的。市场经济则是民主经济，市场主体多元化、自主化，政府要尊重和保障企业的自主权。第五，计划经济是特权经济，它保护特权，重视主体的身份和地位，根据主体身份的差异、地位的不同，制定出不同的法律和政策，不一视同仁，不同等对待。市场经济则是平等经济，它体现了从身份到契约这一历史性的转变，因此市场经济强调主体地位平等，既否定特权，又反对歧视。第六，计划经济是审批经济，企业的经营计划和生产指标都由上级机关来审批，因此它与外界的关系是以纵向关系为主，以上级机关的审批为主。而市场经济是契约经济，它以发展横向关系为主，缔约双方都要按合同办事，按法律意义上的契约性办事。

——吴家麟．析社会主义市场经济实质上是法治经济．宁夏社会科学，1994（6）.

第二节　中国社会主义法与科技

一、法与科技的一般原理

（一）难度与热度

难度：☆☆　热度：☆☆☆☆

（二）基本理论与概念

1．科技进步对法治的影响

（1）现代科学技术活动和科学技术的发展，需要国家以法律形式明确科学技术发展在国家经济和社会发展中的战略地位、科技发展规划和组织、科技管理体制、科技奖励制度、科技活动主体之间的权利和义务等。

▶科技领域的基本法：《中华人民共和国科学技术进步法》

（2）推动了法律进步。随着科学技术的发展，大量的技术规范需要转化为法律规范。

（3）扩大了法律的调整范围。现代科学技术发展大大扩展了人类活动的空间，也相应扩大了法律的调整空间。科学技术的运用在提高劳动生产率的同时造成机器排斥了人，导致传统工业领域的劳动者失业，加剧了社会矛盾。

2．法治对科技进步的作用

（1）推动科技体制改革。

①目的：建立科技与经济密切结合的新型体制，促进科技进步，攀登科技高峰，以实现经济、科技和社会的综合协调发展。

②表现：科技体制的改革一方面需要法律的指引和推动，另一方面需要法律将科技体制改革的成果法律化、制度化、法治化。

(2) 保护知识产权，推动科技进步。

①法律鼓励科技发明创造，激发和保护人们从事发明创造和技术改进的积极性，同时制止那些在科技领域不劳而获、侵犯他人科学技术成果的不道德行为和犯罪行为。

②法律不仅在物质方面促进科学技术进步，而且通过其他奖励手段（如自然科学奖、科技进步奖、国家发明奖等）来鼓励和激发科技工作者的积极性和创造性。

(3) 防止科技及其运用的异化，排除科技伦理风险。科技是把双刃剑，在造福人类社会的同时也制造诸多风险。要以法治的理性、德性和力量引领和规制新一轮科技革命，使之成为促进社会普惠发展的生产力基础。

(三) 疑难点解析

1. “中国社会主义法与科技”是马工程《法理学》第二版新增的内容，其背景是当下已迈入以信息科技和生物科技牵头的新科技时代，给法律带来了诸多挑战，也需要法律作出积极回应。对于这一知识点当引起高度重视。

2. 科学技术是第一生产力。因而法与科学技术的关系，就是上层建筑与生产力的关系。两者的关系适用第一条原理（见上一节“法与经济的一般原理”知识点（三）疑难点解析第 2 点）。

3. 近年来以数据科技、信息技术和人工智能为代表的新科技越来越深刻地改变法律实践，同时也急需法律作出回应。科学技术与法的关系通常以“生产关系”为中介来发生，但有时也可以直接发生联系。一方面，科技进步对法影响巨大。在立法方面：（1）科技发展对传统法律领域提出了新问题，如人工智能作品的知识产权归属问题；（2）科技发展导致出现新的社会关系，亟须立法调整，如网络空间的大量虚拟关系；（3）科技发展提高立法的质量和水平，如通过网络广泛汇聚信息和民意；（4）新技术的出现导致伦理困境和法律评价的困难，如克隆技术、冷冻胚胎、代孕等。在司法方面，“智慧法院”“智慧强检”成为新时代的目标，事实认定和法律适用都受到科技变迁影响，类案推送减轻了法官负担。另一方面，法对科技进步也有重要作用。科技是中立的，但法律必须对科技活动进行管理，促进科技成果商品化（使得民众受惠），要对科技可能导致的问题进行限制，对科技发展方向予以引导。

(四) 拓展延伸阅读

法律的“社会功能”主要在于“控制”，法律是一种社会工程，是社会控制的工具。从这个观点出发，具体说来，法律是通过价值分析技术、权利安排技术和运行操作技术这三大专门技术，对科技、经济一体化进程产生能动作用的。法律的这三大专门控制技术是相互联系的有机整体。法律的价值分析技术，是法律的最终目的——解放与发展生产力的承载者。它根据社会发展各个阶段的特点，通过多种相互依存而又相互冲突的价值的兼顾与均衡，确定科技、经济一体化进程客观需要的最佳价值取向。法律的权利安排技术，根据控制目的，将精神层次的价值予以明确化、具体化，并转化为物质层次的权利义务体系，设定法律标准和规范。法律的运行操作技术，负责法律与科技和经济之间的双向信息传递与交换，将科技和经济发展的实际情况反映到法律部门，法律按照自身标准规范的要求发出控制信号，由法律运行环节传递过去，纠正科技和经济发展过程中不符合法律规范的行为，并将反馈信息反映给法律部门，经由法律部门测定其中的误差并调整标准量值，再次发出控制信号。由此循环往复，周而复始，在动态中实现法律的控制功能，促进科技、经济一体化的进程和社会的协调发展。

——赵震江. 论法律在科技、经济一体化进程中的作用. 中国法学，1996 (1).

二、社会主义法与科技创新

(一) 难度与热度

难度：☆☆　热度：☆☆☆

(二) 基本理论与概念

1. 总体原则：坚持党对科技事业的领导、坚持建设世界科技强国的奋斗目标、坚持走中国特色自主创新道路、坚持以深化改革激发创新活力、坚持创新驱动实质是人才驱动、坚持融入全球科技创新网络。

2. 具体举措：

(1) 大力弘扬科技文化。

1) 科技文化的灵魂在于追求创新与追求真理。

2) 科技文化在日常生活中表现为崇尚科学、崇尚科学家精神、尊重科技工作者和有创新能力的人。

(2) 深化科技体制改革。

1) 科技管理体制应该解放科技人员、保障科技创新。

2) 科技评价体制是保障科技创新的重要支撑。

3) 要坚持科技创新和制度创新“双轮驱动”，优化和强化技术创新体系顶层设计，加快转变政府科技管理职能，着力改革和创新科研经费使用和管理方式，改革科技评价制度。

(3) 强化知识产权保护。

1) 创新是引领发展的第一动力，保护知识产权就是保护创新，要提高知识产权保护工作法治化水平。

2) 要加快完善相关法律法规，加强地理标志、商业秘密等领域立法，强化民事司法保护，提高知识产权案件审判质量和效率，完善刑事法律和司法解释，深化知识产权审判领域改革创新，促进知识产权行政执法标准和司法标准统一，加大行政执法力度，健全知识产权评估体系，完善知识产权反垄断、公平竞争相关法律法规和政策措施，推进我国知识产权有关法律域外适用，形成高效的国际知识产权风险预警和应急机制。

(4) 加强创新型人才培养。

1) 我国科技法领域的基本价值选择：尊重劳动、尊重知识、尊重人才、尊重创造。

2) 要牢固确立人才引领发展的战略地位，创新人才评价机制，完善知识产权制度，完善科技奖励制度，营造良好的创新环境。

(5) 健全科技伦理制度规范。

1) 只有法治才能有效供给和谐、效率和科学伦理（生产力发展必不可少的社会条件）。

2) 要抓紧完善制度规范，健全治理机制，强化伦理监督，细化相关法律法规和伦理审查规范，规范各类科学研究活动。

（三）拓展延伸阅读

人才评价是人才发展体制机制的重要组成部分，是人才资源开发管理和使用的前提。建立科学的人才分类评价机制，对于树立正确用人导向、激励引导人才职业发展、调动人才创新创业积极性、加快建设人才强国具有重要作用。

改革科技人才评价制度。围绕建设创新型国家和世界科技强国目标，结合科技体制改革，建立健全以科研诚信为基础，以创新能力、质量、贡献、绩效为导向的科技人才评价体系。对主要从事基础研究的人才，着重评价其提出和解决重大科学问题的原创能力、成果的科学价值、学术水平和影响等。对主要从事应用研究和技术开发的人才，着重评价其技术创新与集成能力、取得的自主知识产权和重大技术突破、成果转化、对产业发展的实际贡献等。对从事社会公益研究、科技管理服务和实验技术的人才，重在评价考核工作绩效，引导其提高服务水平和技术支持能力。

实行代表性成果评价，突出评价研究成果质量、原创价值和对经济社会发展实际贡献。改变片面将论文、专利、项目、经费数量等与科技人才评价直接挂钩的做法，建立并实施有利于科技人才潜心研究和创新的评价制度。

——中共中央办公厅，国务院办公厅. 关于分类推进人才评价机制改革的指导意见. 2018－02－26.

我国科技创新法律制度建设呈现出一些特点和趋势。一是从关注科技自身发展转向创新驱动全面发展。进入新发展阶段，我国社会主要矛盾的变化也带来了科技法律制度调整范围的变化，从重点关注“科技自身发展”，到“科技促进经济发展”，再到“全面创新驱动全面发展”。在推动科技创新法律制度建设过程中，更加重视同步推进科技创新与体制机制、管理方式等其他方面创新，推动科技和经济社会深度融合；更加强调统筹优化对科技创新的支持，推动形成多元投入科技创新的新格局；更加明确要求加强原始创新，注重基础研究和关键核心技术自主可控；更加关注科学精神和创新文化，营造良好创新生态和社会氛围。

二是从鼓励促进发展为主到统筹发展与安全。改革开放以来，我国科技立法实践侧重于如何有效促进科学研究与技术开发、如何实现科技成果转化应用。21 世纪以来，以信息技术和生物技术为代表的新技术广泛应用催生了许多新产业、新模式、新业态，很大程度上改变了生产生活方式，也带来诸多风险挑战和不安全因素，科技“双刃剑”特性日益显现。在运用法律手段激励创新的同时，要对具有不确定性的新技术、新业态以及新兴科技领域的研发及应用作出规范，划定法律红线，处理好促进与规制的关系，保持对科技创新活动激励和规范的张力。同时，随着国际科技合作与竞争的深度广度不断拓展，特别是应对百年变局和国际格局的深刻调整，通过制定法律、运用法律来捍卫国家主权、安全和发展利益，已成为我国推动科技开放合作、参与全球治理的重要内容。

三是从本领域专门立法向多领域多元立法发展。传统意义上，科技法律更多地被理解为科学技术部门的专门性法律。随着科技创新广泛渗透到各行各业，日益成为支撑推动相关行业领域发展的重要因素，科技立法的范围已远远超出科技发展本身。因此，当前和今后一个时期诸多方面法律的制定和修改，都将与科技创新及其影响密切相关，单纯的本部门立法已不能完全满足现实需求，包含科技创新及其影响在内的多领域多元立法模式已成为科技创新立法较为普遍和日渐常规的范式。

——李学勇．完善科技创新法律制度为建设科技强国提供有力法治保障．中国人大，2021（17）．

第三节 中国社会主义法与文化

一、社会主义法与文化建设

（一）难度与热度

难度：☆☆　热度：☆☆

（二）基本理论与概念

1．法与文化的一般原理

（1）文化的特征

1）文化具有综合性。文化是经济和政治的反映，在内容上是多因素有机联系的综合体。▶法律与其他文化因素的相互影响。

2）文化具有民族性。文化产生于人类的实践活动，而人类的实践都是以一定的社群为基础的。▶法律的民族特点。

3）文化具有历史性。文化的内容和形式随人类实践活动的发展而发展，文化的特定内容或形式又标志了人类社会的历史阶段。▶法的观念与制度的历史性特点。

4）文化具有传递性。文化可以在一代人向下一代人之间纵向传递，可以在不同社群、民族之间横向传递。▶法律文化传统的传承、不同民族间法律观念和制度的不同影响。

（2）文化对法的决定性影响

1）法所包含的基本价值标准是社会中居于主导地位的文化所包含的价值标准。

2）法的规则通常是社会中通行的重要规则（道德、宗教、习惯等）的重述。

3）社会中的亚文化（如民族亚文化、职业亚文化中的合理内容）对法也有重要影响。

（3）社会主义法对社会主义文化的保障和规范作用

1）支持文化事业的发展。

2）繁荣哲学社会科学。

3）强化社会主义核心价值观。

▶社会主义核心价值观：富强、民主、文明、和谐，自由、平等、公正、法治，爱国、敬业、诚信、友善

▶宪法法律将社会主义核心价值观融入中国特色社会主义法律体系，为社会主义价值体系建设提供强大的制度支持，为社会主义核心价值观落地生根创造良好的法治环境。

（4）法需要文化基础的支撑和涵养

1）一般性的文化基础，是整个社会主文化中的重要构成部分，如道德、宗教、习

惯、风俗等，是与法的要求相和谐或至少不抵触的文化构成要素。

2）专门性的文化基础，即法治文化，是法律现象的精神部分。

2. 社会主义法与法治文化

（1）法治文化的定义：由社会的经济基础和政治结构决定的、在历史进程中积累下来并不断创新的有关法与法律生活特别是权利义务的群体性认知评价、心态和行为模式的总汇。

（2）法治文化的内容构成：

1）物质性要素：与法律相关的物质设施、技术手段及支持法律运行的各种资源条件。

2）精神性要素：法律背后的指导思想、文化观念、思维模式及态度、习惯、情感等因素。

3）制度性要素：承载或表达法律内容的规则、规则体系和规则技术等内容。

（3）法治文化的特征：

1）法治文化是法律现象的组成部分。法律现象可分为客观方面和主观方面，人们的法律认识、法律评价、法律心态和行为模式属于主观方面。

2）法治文化是由社会的经济基础和政治结构决定的。

3）法治文化具有历史性，是历史地形成和传输下来，又是历史地变化和不断更新的。

4）法治文化具有群体性。法治文化具有为整个群体或在一定时期为群体的特定部分所接受的特征。

5）法治文化的内核是法律意识和法治精神，具体构成如下图所示。

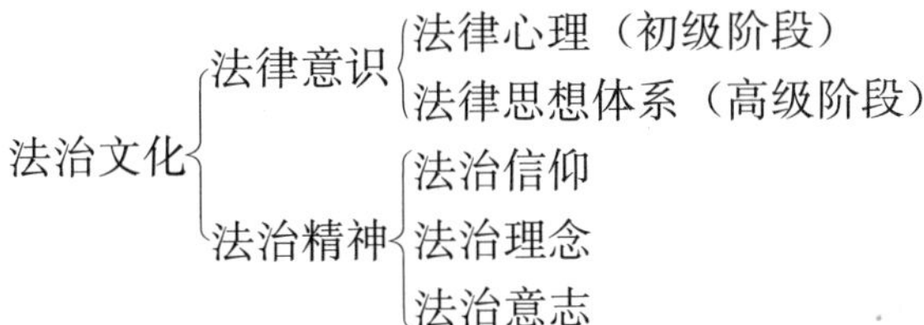

（4）法律意识：

1）基本概念：

法律意识，是人们关于法律的思想、观念、知识、心理的总称。

法律心理，是人们在日常生活中形成的关于法律的零星的感觉、情绪等心理活动。

法律思想体系，是指对法律思想观点的理论概括，是理论化、系统化的法律意识。

2）法律意识的作用：

在法律的创制过程中，法律意识决定人们对立法的必要性、目的及价值取向的认识。

在法律的实施过程中，法律意识直接影响着法律的实现。

人们的法律意识水平反映着国家的法治化程度，决定他们在面临法律问题时的心理预期和行为方式。

（5）法治精神：

1）法治信仰：对法治发自内心的认同和尊崇。

2）法治理念：法治精神的表征，真谛在于“法不阿贵，绳不绕曲”或者说“两个只服从”（只服从事实，只服从法律）。

3）法治意志：宝贵的法治品质，是捍卫法治的勇气、坚守法治的决心。

4）法治信仰、法治理念加上法治意志，最终形成法律职业者的“法治能力”。

3. 社会主义法与文化建设

（1）坚持马克思主义在意识形态领域指导地位的根本制度。

（2）坚持以社会主义核心价值观引领文化建设制度。

（3）健全人民文化权益保障制度。

（4）完善坚持正确导向的舆论引导工作机制。

（5）建立健全把社会效益放在首位、社会效益和经济效益相统一的文化创作生产体制机制。

（三）疑难点解析

1. 本节中所讲的“文化”包括广义和狭义两种。广义上的文化是指包括道德、宗教和（狭义）文化在内的社会文化，涵盖了精神和制度两大部分（或者说，“软的部分”和“硬的部分”）；狭义上的文化则不包括道德、宗教这类制度文化，仅包括信仰、价值、知识、态度等因素（“软的部分”）。后者在本节中专门用“文化建设”来指称，“社会主义法与文化建设”这一知识点主要涉及狭义上的文化。

2. 中国特色社会主义法治道路，应当是在合理吸收中国传统优秀法治文化和适当借鉴域外法治有益经验的基础上构建出的具有中国主体性和原创性的法治道路。一方面，它既强调对中华传统优秀法治文化的挖掘和阐发，又突出中国特色社会主义事业的当前性和现实需要，是继承性与现实性的结合。另一方面，它要适当借鉴域外法治有益经验，但决不能照搬外国模式和做法，而要把握借鉴的根本标准、内容、限度和方式，是开放性与自主性的结合。

3. 社会主义核心价值观是社会主义核心价值体系的内核，体现社会主义核心价值体系的根本性质和基本特征，反映社会主义核心价值体系的丰富内涵和实践要求，是社会主义核心价值体系的高度凝练和集中表达。在 24 字的社会主义核心价值观中，富强、民主、文明、和谐是国家层面的价值目标，自由、平等、公正、法治是社会层面的价值取向，爱国、敬业、诚信、友善是公民个人层面的价值准则。

“富强、民主、文明、和谐”，是我国社会主义现代化国家的建设目标，也是从价值目标层面对社会主义核心价值观基本理念的凝练，在社会主义核心价值观中居于最高层次，对其他层次的价值理念具有统领作用。富强即国富民强，是社会主义现代化国家经济建设的应然状态，是中华民族梦寐以求的美好夙愿，也是国家繁荣昌盛、人民幸福安康的物质基础。民主是人类社会的美好诉求。我们追求的民主是人民民主，其实质和核心是人民当家作主。它是社会主义的生命，也是创造人民美好幸福生活的政治保障。文明是社会进步的重要标志，也是社会主义现代化国家的重要特征。它是社会主义现代化国家文化建设的应有状态，是对面向现代化、面向世界、面向未来的，民族的科学的大众的社会主义文化的概括，是实现中华民族伟大复兴的重要支撑。和谐是中国传统文化的基本理念，集中体现了学有所教、劳有所得、病有所医、老有所养、住有所居的生动局面。它是社会主义现代化国家在社会建设领域的价值诉求，是经济社会和谐稳定、持续健康发展的重要保证。

“自由、平等、公正、法治”，是对美好社会的生动表述，也是从社会层面对社会主义核心价值观基本理念的凝练。它反映了中国特色社会主义的基本属性，是我们党矢志不渝、长期实践的核心价值理念。自由是指人的意志自由、存在和发展的自由，是人类社会的美好向往，也是马克思主义追求的社会价值目标。平等指的是公民在法律面前的一律平等，其价值取向是不断实现实质平等。它要求尊重和保障人权，人人依法享有平等参与、平等发展的权利。公正即社会公平和正义，它以人的解放、人的自由平等权利的获得为前提，是国家、社会应然的根本价值理念。法治是治国理政的基本方式，依法治国是社会主义民主政治的基本要求。它通过法治建设来维护和保障公民的根本利益，是实现自由平等、公平正义的制度保证。

"爱国、敬业、诚信、友善"，是公民基本道德规范，是从个人行为层面对社会主义核心价值观基本理念的凝练。它覆盖社会道德生活的各个领域，是公民必须恪守的基本道德准则，也是评价公民道德行为选择的基本价值标准。爱国是基于个人对自己祖国依赖关系的深厚情感，也是调节个人与祖国关系的行为准则。它同社会主义紧密结合在一起，要求人们以振兴中华为己任，促进民族团结、维护祖国统一、自觉报效祖国。敬业是对公民职业行为准则的价值评价，要求公民忠于职守，克己奉公，服务人民，服务社会，充分体现了社会主义职业精神。诚信即诚实守信，是人类社会千百年传承下来的道德传统，也是社会主义道德建设的重点内容，它强调诚实劳动、信守承诺、诚恳待人。友善强调公民之间应互相尊重、互相关心、互相帮助，和睦友好，努力形成社会主义的新型人际关系。

4. 马克思主义在意识形态领域的指导地位这一根本制度，在我们国家制度架构中属于总的指导思想，对所有制度都发挥着思想引领作用。早在新中国成立之初，毛泽东同志就指出，指导我们思想的理论基础是马克思列宁主义。改革开放以来，邓小平、江泽民、胡锦涛都一贯要求坚持和巩固马克思主义在我国意识形态领域的指导地位。党的十八大以来，习近平总书记反复强调："马克思主义是我们立党立国的根本指导思想。背离或放弃马克思主义，我们党就会失去灵魂、迷失方向。在坚持马克思主义指导地位这一根本问题上，我们必须坚定不移，任何时候任何情况下都不能有丝毫动摇。"[①] 党的十九届四中全会《关于坚持和完善中国特色社会主义制度、推进国家治理体系和治理能力现代化若干重大问题的决定》进一步把坚持马克思主义在意识形态领域的指导地位明确为根本制度，必将进一步坚持和发挥马克思主义对我国制度体系建设的思想引领作用。

（四）拓展延伸阅读

加强社会主义法治文化建设的工作原则：

坚持党对全面依法治国的领导，牢固确立习近平法治思想在全面依法治国中的指导地位，确保社会主义法治文化建设的正确方向，增强"四个意识"、坚定"四个自信"、做到"两个维护"，坚定不移走中国特色社会主义法治道路。

坚持以人民为中心，做到社会主义法治文化建设为了人民、依靠人民，不断满足人民日益增长的对民主、法治、公平、正义的需要。

坚持法安天下、德润人心，把社会主义核心价值观融入社会主义法治文化建设全过程各方面，实现法治和德治相辅相成、相得益彰。

坚持知行合一、重在实践，引导全体人民成为社会主义法治的忠实崇尚者、自觉遵

① 习近平2018年5月2日在北京大学考察同北京大学师生座谈会上的重要讲话.

守者、坚定捍卫者。

坚持继承发展、守正创新，弘扬中华优秀传统文化、革命文化、社会主义先进文化，学习借鉴世界优秀法治文明成果，不断发展和繁荣社会主义法治文化。

——中共中央办公厅，国务院办公厅. 关于加强社会主义法治文化建设的意见，2021-04-05.

中国特色社会主义的法治文化体系，是指以依法治国为原则、以建设社会主义法治国家为目标的法治理念，在社会生活各个领域、各个层面得到充分贯彻的展开和体现。其中，与社会主义市场经济相一致的民主政治，是这一法治文化体系的本质之所在。而围绕这一本质展开的各项条件、措施和效果，如市场经济基础稳固、秩序健全，法治化的制度和体制设计到位，社会治理方式和程序改善，司法体系完备高效，公民普遍法律意识和素质养成，公民的权利义务充分实现，公平正义得以伸张，社会秩序合理稳定，道德风气不断提升，社会呈现和谐发展的良性局面，等等，即以法治为特征的物质文化、政治文化、精神文化的全面生成，则是这一法治文化体系的具体要求和现实标志。

——李德顺. 法治文化论纲. 中国政法大学学报，2007（1）.

二、社会主义法与道德

（一）难度与热度

难度：☆☆☆☆　热度：☆☆☆☆☆

（二）基本理论与概念

1. 道德的内涵

（1）含义：道德是一种靠社会舆论、社会习俗和人们的内心信念来保证实施的社会行为规范，是人们关于善与恶、美与丑、正义与邪恶、光荣与耻辱、公正与偏私的感觉、观点和规范的总和。

（2）道德的特点：

1）道德是特定社会历史文化的产物（具有历史传承性和民族性）。

2）道德具有阶级性。

3）道德具有一定的普遍化内容。

4）道德具有多元性。

2. 法与道德的联系与区别

（1）法与道德的联系：

1）一方面，法律和道德相辅相成、相得益彰。法律是成文的道德，道德是内心的法律。法安天下，德润人心。法律调整人的行为，道德调整人的心灵。法律通过确立特定的道德原则和规范，为道德理念的贯彻提供法律支持，影响道德发展。

2）另一方面，法与道德相互制约。法律可以剔除道德观念中不合时宜的成分，道德可以通过对法律的实质内容进行公正与否的评价，推动法律的制定、修改乃至废除，使法律与主流道德相一致。

（2）法与道德的区别见下表：

区分点	法	道　德	备　注
产生方式	一般通过特定的结构、程序、方式而形成和实现（自觉的）	人们在长期的共同生产和生活中逐渐产生（自发的），产生早于法律	—
表现形式	通常以成文的形式表现出来 存在形式：制定法（法典、单行法）、判例、条约或国家认可的习惯法	一般是不成文的，主要体现在人们的意识、信念和心理之中，通过言论、行为、内心信念、社会舆论、风俗习惯等形式表现出来	—
实现方式	以国家强制力为后盾，主要表现为外在的强制力	主要依靠社会舆论、社会评价的力量，依靠人们的内心信念、内在修养和社会教育的力量来维持	法与道德都具有一定的约束性和强制性，但方式不同：只有法律具有“国家”强制性
调整范围	人的外在行为，通常是与建立和维护正常的社会秩序息息相关的人的行为	人的外在行为＋内在思想、动机	道德调整的对象远比法律广泛；法律调整的对象同样可由道德调整，而道德所调整的对象并不完全能够通过法律来调整
评价尺度和标准	法律自身（合法与不合法、罪与非罪、有效与无效、正当与不正当）	一定社会的价值观念体系（善恶观、公正观、是非观、美丑观、荣辱观）	法律标准比道德标准狭窄，是道德的底线，但更加明确和规范
权利和义务的特点	权利和义务对等，权利和义务法定	道德内容以义务为主，权利和义务具有应然性	两者的区别：法律中是制度化的权利义务，道德中是观念性的权利义务

3. 社会主义法与道德

（1）社会主义法与社会主义道德之间可以达到高度统一。

1）社会主义法追求的是良法之治、善法之治，法律中已包含道德标准。

2）社会主义道德是代表了最大多数人的、人类历史上最先进的道德，体现为社会主义法的精神追求。

（2）社会主义法对社会主义道德具有积极的促进和保障作用。

1）法律通过对社会基本道德原则的确认，使道德义务转化为法律义务，为道德的遵守提供法律支持。

2）社会主义法对道德的促进作用，最鲜明地体现为法律对社会主义核心价值体系的促进和保障作用。

▶社会主义核心价值体系：马克思主义指导思想、中国特色社会主义共同理想、以爱国主义为核心的民族精神和以改革创新为核心的时代精神、社会主义荣辱观以及社会主义公平正义观等。

（3）社会主义道德为法的制定提供价值导引并促进法的实施。

1）社会主义道德是社会主义法制定的价值导引。

2）社会主义道德促进社会主义法的实施。

3）社会主义道德可以弥补社会主义法在调整社会关系方面的不足。

（三）疑难点解析

1. 对法与道德关系的探讨，构成了法律思想史的主流话题之一。学习时可联系法律职业资格考试辅导用书法理学部分“法与道德”知识点：

法与道德的联系体现在概念、内容和功能三个方面。其中，法与道德在概念上是否存在必然联系涉及“法的概念的争议”。这里要记住一句话：实证主义者与非实证主义者的争议紧紧围绕“法与道德在概念上是否存在必然联系”展开，双方都不质疑法与道德在内容上和功能上存在联系。学习时可以牢记以下表格：

（1）法与道德在概念上的关系。

<table>
<tr><th>项目</th><th colspan="2">法律实证主义</th><th colspan="2">非法律实证主义（自然法学）</th></tr>
<tr><td>含　义</td><td colspan="2">法与道德间不存在概念上的必然联系</td><td colspan="2">法与道德间存在概念上的必然联系</td></tr>
<tr><td rowspan="2">定　义
要　素</td><td rowspan="2">权威性制定（A）＋社会实效（B）</td><td>A为主B为辅：分析法学</td><td rowspan="2">权威性制定（A）＋社会实效（B）＋内容正确性（C）</td><td>以C为唯一要素：古典自然法</td></tr>
<tr><td>B为主A为辅：
法社会学、法律现实主义</td><td>A＋B＋C：第三条道路（德沃金、阿列克西）</td></tr>
<tr><td>立　场</td><td colspan="2">恶法亦法</td><td colspan="2">恶法非法</td></tr>
</table>

（2）法与道德在内容上的联系。

时　代	关系状态	倾　向
近代以前	重合程度极高，甚至浑然一体	道德义务→法律义务
近代以后	注意两者重合的限度	“法律是最低限度的道德”

（3）法与道德在功能上的联系。

时　代	关系状态	倾　向
近代以前	道德在社会调控中起主要作用	只强调法的惩治功能
近代以后	法律在社会调控中起主要作用	法治国成为普遍的政治主张

2. 对法与道德关系的探讨，也是坚持依法治国与以德治国相结合的当代中国法学的重大课题。坚持依法治国和以德治国相结合，是中国特色社会主义法治道路的一大优势。在治国理政、建设社会主义法治国家的过程中，必须坚持一手抓法治、一手抓德治，大力弘扬社会主义核心价值观，弘扬中华传统美德，既重视发挥法律的规范作用，又重视发挥道德的教化作用。具体而言，坚持依法治国和以德治国相结合有以下两项重点：一是以法治体现道德理念、强化法律对道德建设的促进作用。法治本身就是一种制度化的道德。要将道德要求贯彻于法治建设的全过程，通过法的制定和实施来为道德要求的落实奠定制度基础。法治不仅从正面弘扬和促进社会主流道德，也从反面惩戒和震慑反道德行为。要运用法治解决道德领域突出问题，整治社会失德行为。二是以道德滋养法治

精神、强化道德对法治文化的支撑作用。要在道德教育中突出法治内涵，引导全社会树立法治意识。要在道德文明中孕育法治文化，稳固依法治国的道德根基。徒法不足以自行，徒善不足以为政。只有坚持以法治体现道德理念，道德才有可靠的制度支撑和刚性约束。只有坚持以道德滋养法治精神，法治才有坚实的社会基础和广阔的发展空间。法治既是维护社会和谐稳定的重要保障，同时也是培育良好道德风尚的有力手段。德治既是促进社会健康发展的基本条件，同时也是创建良好法治环境的内在要求。所以，治国理政必须把行善政与行法令紧密结合起来。

（四）拓展延伸阅读

法律是成文的道德，道德是内心的法律。法律和道德都具有规范社会行为、调节社会关系、维护社会秩序的作用，在国家治理中都有其地位和功能。法安天下，德润人心。法律有效实施有赖于道德支持，道德践行也离不开法律约束。法治和德治不可分离、不可偏废，国家治理需要法律和道德协同发力。

改革开放以来，我们深刻总结我国社会主义法治建设的成功经验和深刻教训，把依法治国确定为党领导人民治理国家的基本方略，把依法执政确定为党治国理政的基本方式，走出了一条中国特色社会主义法治道路。这条道路的一个鲜明特点，就是坚持依法治国和以德治国相结合，强调法治和德治两手抓、两手都要硬。这既是历史经验的总结，也是对治国理政规律的深刻把握。

要强化道德对法治的支撑作用。坚持依法治国和以德治国相结合，就要重视发挥道德的教化作用，提高全社会文明程度，为全面依法治国创造良好人文环境。要在道德体系中体现法治要求，发挥道德对法治的滋养作用，努力使道德体系同社会主义法律规范相衔接、相协调、相促进。要在道德教育中突出法治内涵，注重培育人们的法律信仰、法治观念、规则意识，引导人们自觉履行法定义务、社会责任、家庭责任，营造全社会都讲法治、守法治的文化环境。

要把道德要求贯彻到法治建设中。以法治承载道德理念，道德才有可靠制度支撑。法律法规要树立鲜明道德导向，弘扬美德义行，立法、执法、司法都要体现社会主义道德要求，都要把社会主义核心价值观贯穿其中，使社会主义法治成为良法善治。要把实践中广泛认同、较为成熟、操作性强的道德要求及时上升为法律规范，引导全社会崇德向善。要坚持严格执法，弘扬真善美、打击假恶丑。要坚持公正司法，发挥司法断案惩恶扬善功能。

要运用法治手段解决道德领域突出问题。法律是底线的道德，也是道德的保障。要加强相关立法工作，明确对失德行为的惩戒措施。要依法加强对群众反映强烈的失德行为的整治。对突出的诚信缺失问题，既要抓紧建立覆盖全社会的征信系统，又要完善守法诚信褒奖机制和违法失信惩戒机制，使人不敢失信、不能失信。对见利忘义、制假售假的违法行为，要加大执法力度，让败德违法者受到惩治、付出代价。

——习近平. 坚持依法治国和以德治国相结合（2016 年 12 月 9 日）// 习近平谈治国理政：第 2 卷. 北京：外文出版社，2017：133 - 135.

人们对法律的认同，根本的是对其蕴含的道德价值的认同；人们对法律的遵守，很重要的是源于思想觉悟的提升。坚持依法治国和以德治国相结合，就是要发挥道德对人良知的教化作用，提高社会文明程度，为法治创造良好人文环境。一方面，要在道德体系中体现法治要求。守法是人类最美好的品德。法律是最低层次的道德，道德是更高层次的法律，道德对法治具有滋养作用。另一方面，在道德教育中要突出法治内涵，特别要针对我国人情积习厚重、规则意识淡薄的情况，注重培养人们的法治信仰、法治观念、规则意识，引导人们自觉履行法定义务、社会责任、家庭责任，营造全社会都讲法治、守法治的文化环境，注重在文化传承中涵养法治精神。

要把道德要求贯彻到法治建设中。习近平总书记指出，以法治承载道德理念，道德才有可靠制度支撑。法律法规要树立鲜明道德导向，弘扬美德义行，保障实现善有善报、恩将德报。立法与法律实践都要体现社会主义道德要求，要把社会主义核心价值观贯穿始终，使社会主义法治成为良法善治。立善法于天下，则天下治；立善法于一国，则一国治。人类法治发展演进的一般规律是，法律本于人情，各国无不把基本道德、重要公序良俗通过法定程序上升为法律。立法脱离了人之常情，背离了公平正义，失掉了道德之善，所立之法便难以成为良法。恶法的实施则贻害无穷。文明执法、公正司法本身就是对道德的捍卫。司法不公，既是对法律的亵渎，也是对恶行的纵容、对美德的贬损。执法、司法如果失掉了惩恶扬善的功能，其本身就会成为罪恶的根源。守法是一种善，违法是严重的失德。良好的法律得到普遍的实施才能实现良法善治。

——徐显明. 坚持依法治国和以德治国相结合. 求是，2017（6）.

三、社会主义法与宗教

（一）难度与热度

难度：☆☆　热度：☆☆

（二）基本理论与概念

1. 宗教的内涵：宗教是一种社会意识形态，是对社会活动的超自然和超社会力量的信仰，其产生和发展都是由人类社会的生产力和经济基础决定的。

2. 法与宗教的联系与区别

（1）法与宗教是两种有着历史联系的社会现象。

1）在人类发展的早期及中世纪法与宗教曾合二为一，近代以来政教逐步走向分离。

2）法与宗教均包含着仪式、权利和普遍性等要素，都需要执行机构，都需要借助于解释机制。

（2）法与宗教的区别：

1）法是国家依程序制定的产物，宗教是人类精神意识的产物。

2）法主要调整人的物质世界，宗教主要调整人的精神世界。

3）法由国家机器以强制力为后盾规范人们的行为，宗教以教义规范信众。

4）法一般宣称保护宗教自由，宗教行为有时也成为法调整的对象。

3. 社会主义法与宗教

（1）在我国，宗教信仰自由既是公民的一项基本权利，也是国家的一项基本政策。

（2）是否信仰宗教、信仰何种宗教以及是否改换宗教信仰都属于公民自主的事。

（3）国家对正常的宗教活动给予切实保护，但禁止有人利用宗教从事非法活动，反对邪教。

（三）疑难点解析

美国法学家伯尔曼曾在其名著《法律与宗教》中指出："法律必须被信仰，否则它将形同虚设。"这可能是在中国法学界引用率最高的一句话，其背后所表达的思想是，法律与宗教分享着许多共同的内核，例如普世性、传统性、权威性、仪式性，法律"不仅包含有人的理性和意志，而且包含了他的情感，他的直觉和献身，以及他的信仰"。虽然从马克思主义哲学的角度看，一切宗教都不过是支配着人们日常生活的外部力量在人们头脑中的幻想的反映，但不可否认宗教在当下依然有着很大影响，而且宗教对于劝导人们为善去恶也有着积极意义。所以可以利用宗教的积极意义来引导人们形成法治信仰，塑造法治文化。

（四）拓展延伸阅读

任何社会，即便是最文明的社会，也有对超验价值的信仰，也有信奉终极目的和关于神圣事物的共同观念；同样，即便是在最原始的社会，也会有社会秩序的组织与程序，有分配权利义务的既定方式和关于正义的共同观念。社会生活的这两方面处于对立之中：宗教之预言的和神秘的一面与法律之组织的合理的一面正相矛盾。但它们又相互依存，互为条件。任何一种法律制度都与宗教共享某种要素——仪式、传统、权威和普遍性。人们的法律情感赖此得以培养和外化，否则，法律将退化为僵死的教条。同样，任何一种宗教内部也都具有法律的要素，没有这些，它就会退化为私人的狂信。

——哈罗德·伯尔曼．法律与宗教．北京：生活·读书·新知三联书店，1991：65.

第四节 中国社会主义法与社会

一、法与社会的一般原理

（一）难度与热度

难度：☆☆ 热度：☆☆☆

（二）基本理论与概念

1．基本概念与原理

（1）社会主义和谐社会：民主法治、公平正义、诚信友爱、充满活力、安定有序、人与自然和谐相处的社会。

（2）社会和谐是中国特色社会主义社会的本质特征和要求。

（3）和谐社会与法治社会互为表征，和谐社会必然是法治社会，法治社会当然是和谐社会。

2．法对于构建和谐社会的作用

（1）引导和维护人与人的和谐（个体与个体）。

1）社会公平正义是个体和谐与社会和谐的基本条件，而制度是社会公平正义的根本保证，因此必须加强引导和维护人与人和谐的法律机制的建设。

2）引导和维护人与人和谐的法律机制，包括明确个体身份及其权利和义务的法律机制、确保人与人之间诚实信用的法律机制、化解矛盾和纠纷的法律机制。

(2) 引导和维护人与社会的和谐。

1) 公民与国家的和谐。

第一，建立公民权利对国家权力的制约关系。

第二，充分尊重和保护公民权利，尤其是对社会弱者的权利保护。

▶和谐社会是以人为本的社会，以人为本就是以人的权利为本，尊重和保障人权是和谐社会的基本特征，也是构建和谐社会的前提。

第三，合理地协调公民利益与国家利益的关系。

第四，建立健全权利救济制度，加强法律援助和司法救助。

2) 个体与集体的和谐。

第一，集体是由个体构成的，每个个体相对于集体具有优先性。集体应当为个体提供足够独立而自由的活动空间，保障个体的物质利益和精神利益。

第二，个体只是集体的一部分，个体的独立、自由和利益总是要受到集体共同规则的制约。

第三，在当代，要在集体主义哲学观和社会观的指导下，从法律上合理划分个体与集体的权利和义务，寻找个体利益与集体利益的最佳契合。

3) 居民与社区的和谐。

第一，构建和谐社区是实现和谐社会的基础，良好的社会治安环境是和谐社区的关键因素。

第二，依法打击各类违法犯罪活动，预防、疏导、化解人民内部矛盾，加强对流动人口的服务和管理，加强社区建设。

4) 群体（阶层）与群体（阶层）的和谐。

第一，建立正确、及时反映各方利益的法律机制，让不同社会利益群体和社会阶层都能有平等的机会和渠道充分表达自己的利益诉求。

第二，以中国共产党领导的多党合作和政治协商制度为基本制度，建立健全各利益群体和社会阶层的利益表达和协商机制。

第三，通过在民主基础上制定的法律法规，确定利益主体、界定利益范围、指导利益分配、协调利益关系，并对社会弱势群体给予救济。

第四，避免社会利益之争的激化，使各个阶层实现共赢共荣。

(三) 疑难点解析

1. 要注意区分“大社会”的概念与“小社会”的概念。大社会的概念指涉一切社会现象，包括经济、政治、文化（道德、宗教）、生态等等，法律本身也属于社会现象的一种，法律与这些社会现象的关系也就是社会现象中的一种与其他现象之间的关系。小社会是以民生为主要内容的社会，与经济、政治、文化（道德、宗教）、生态等相对。本节所讲的“社会”是小社会。

2. 对比全国统一法律职业资格考试（简称“法考”）中“法与社会”的部分：法考中的“社会”是大社会的概念。在此可顺便掌握法与（大）社会的关系。首要的是要掌握两句话：第一句，社会是法的基础；第二句，法调整社会。

所谓“法以社会为基础”，其基本原理来自第一章第二节中关于“法的本质是由特定社会的物质生活条件决定的”的理解。按照马克思主义的观点，法是统治阶级意志的体现，但是统治阶级意志的内容是由特定社会的物质生活条件或物质生产方式决定的。这就意味着特定国家的法的内容在最终意义上是由特定国家在特定时空下的物质生活条件或物质生产方式决定的。统治阶级制定与实施法的过程中必须以他们所处的特定社会中的客观物质生活条件或物质生产方式为根本，否则，他们的法就成为无源之水。社会是物质生活条件的载体或场所，所以社会是法的基础。这里要牢记体现“社会是法的基础”的几句话：（1）社会的性质决定法的性质，因此资本主义社会的法律一定是资本主义性质的，社会主义社会的法律一定是社会主义性质的。（2）社会的发展阶段及其特征决定法的发展阶段及其特征，因此中国特色社会主义发展阶段的法律一定具有中国特色社会主义的特征。（3）法的发展重心不在立法、法学或判决，而在社会本身。新的法律总是产生于新的社会需求和社会惯习。（4）国家以社会为基础，国家的法律也以社会的国家为基础，“纸上的法”总是要落实为社会中切实运行的“活法”。

3. 修订知识点的表述：从“和谐社会”到“社会”。马工程《法理学》第一版该部分的表述是“中国社会主义法与和谐社会”，而第二版为了凸显出与经济、文化等相对应的社会治理和社会建设意义上的概念，直接使用了“社会”（民生）的表述，更加严谨，也更具有包容性。但本知识点实际上还是聚焦于“社会主义法与和谐社会”的构建问题。

（四）拓展延伸阅读

和谐社会的科学内涵及其基本特征就是“民主法治、公平正义、诚信友爱、充满活力、安定有序、人与自然和谐相处”。这六个要素当中，第一个、也是最重要的一个，就是“民主法治”。民主法治在和谐社会的全部要素中发挥着统揽全局的作用，而不仅仅是某一方面、某一部分，不仅因为和谐社会必然是民主社会、法治社会，而且只有在一个崇信民主，奉行法治的社会，构建和谐社会的其他要素才能够得到真正的实现。和谐社会的所有问题都必然归结于法治问题，或者与法治密不可分，法律在构建和谐社会中具有至关重要的作用，因而必须依靠法律来推动和谐社会的构建，依靠法律来引导社会和谐的发展，依靠法律来保障和谐社会的实现。

构建社会主义和谐社会有十种法律机制，即构筑民主与共和的机制，尊重和保障权利和人权的机制，激发活力和创造的机制，公正合理协调利益的机制，重建确保社会信用的机制，维护生态平衡、天人和谐的机制，保证舆论引导和舆论监督的机制，反腐倡廉、守护认同的机制，定分止争、化解纠纷的机制，建构和谐世界的机制。

——张文显. 构建社会主义和谐社会的法律机制. 中国法学，2006（1）.

二、法与社会治理

（一）难度与热度

难度：☆☆☆☆　热度：☆☆☆☆

（二）基本理论与概念

1. 社会治理的目标：实现社会治理现代化

（1）保障人民安居乐业（要让人民有获得感、安全感、幸福感）。

（2）维护社会安定有序（建设平安中国）。

▶以总体国家安全观为指导，以政治安全为根本，以经济安全为基础，以军事安全、文化安全、社会安全为保障，还要以促进国际安全为依托。

(3) 促进社会公平正义。

▶立法是在分配正义，执法活动是在落实正义，守法活动是在实现正义，司法活动是在矫正正义。

2. 社会治理的理念

(1) 创新社会治理体制，坚持系统治理、依法治国、综合治理、源头治理，提高社会治理法治化水平。

(2) 加强和创新社会治理，完善党委领导、政府负责、民主协商、社会协同、公众参与、法治保障、科技支撑的社会治理体系，建设人人有责、人人尽责、人人享有的社会治理共同体，确保人民安居乐业、社会安定有序，建设更高水平的平安中国。

(3) 社会治理理念变化可以概括为“四民意识”：社会治理要站稳人民的政治立场，要始终坚持以人民为中心，要始终坚持制度上的人民的主体地位（人民代表大会制度），要始终坚持以人民的权利为目的的社会主义法治。

3. 社会治理的体系

(1) 党委领导：只有实现党委统一领导，社会治理才能坚持正确的政治方向，才能统揽全局、协调各方攻坚克难。

(2) 政府负责：社会治理的主导力量是各级政府，政府要统筹各方面的力量，整合政治、法律、行政、经济、文化等各种资源，共同实施社会治理。

(3) 民主协商：完善共建共治共享的社会治理制度，凝聚社会治理的最大共识，形成社会治理的最大合力。

(4) 社会协同：社会组织特别是每个行业里的自治组织把本行业规范起来，建立自己的权威性。

(5) 公众参与：让人民成为治理的主体，每个人都参与社会治理。

(6) 法治保障：把法治作为社会治理的基本方式，运用法治思维和法治方式进行社会治理。

(7) 科技支撑：把握数字化、网络化、智能化为标志的信息技术革命带来的机遇，充分发挥现代科技对社会治理的支撑作用。

（三）疑难点解析

1. 从“社会管理”到“社会治理”，不仅是表述上的变化，更是理念、方法、手段和制度等多个层面的深刻变革。党的十六届六中全会提出了社会管理概念，而党的十八届三中全会正式提出社会治理的命题，标志着我国社会管理理论与实践的发展与创新达到了一个新的高度。社会管理主要是政府和社会组织为促进社会系统协调运转，对社会系统的组成部分、社会生活的不同领域以及社会发展的各个环节进行组织、协调、监督和控制的过程。而社会治理是指政府、社会组织、企事业单位、社区以及个人等多种主体通过平等的合作、对话、协商、沟通等方式，依法对社会事务、社会组织和社会生活进行引导和规范，最终实现公共利益最大化的过程。

社会治理必须强调“过程”。社会治理是在不断发展变化的社会经济背景下进行的，所以既不能靠制定一套“一刀切”的规章条例，试图在任何时空条件下都以不变应万变；也不能靠一场“运动式”的大轰大嗡，试图在短时间内一蹴而就。而这两者，恰恰是以往“社会管理”的最显著的特点。

社会治理必须倡导“调和”。社会本身是一个有自组织能力的有机体，通常处于一个生机勃勃的过程中。不能试图用某种强力乃至蛮力去“支配”社会，而是要让社会本身发挥其自我生存、自我发展乃至自我纠错、自我修复的功能。因此，社会治理需要高超的“治理艺术”，在收放张弛之间拿捏得恰到好处。而以往的社会管理的缺陷，恰恰是过于迷信强制力量。

社会治理必须兼顾“多元”。社会是由各个社会阶层和社会群体构成的，不同的阶层和群体的经济利益、社会地位和政治诉求都是不一致的。因此，社会治理必须非常重视治理主体的多元化——不论多数少数，不论强势弱势，不论公立民营，共同参与社会治理，共同分享发展成果。而以往的社会管理常常错把高高在上的施恩赐惠当成最高境界，而且极具“社会排斥”的色彩。

社会治理必须注重“互动”。要引导全社会达成利益共识，尤其是针对长期目标的利益共识，就要建立一个适合多元主体参与的治理框架和社会机制，使多元主体都能够提出自己的利益诉求，然后在沟通交流、相互妥协、协商一致的基础上达成社会共识。在行动上，也应该是互动型的，上下配合，同心同德。而以往的社会管理常常是“一言堂”，急功近利，短视而只顾眼前利益。

2. 社会治理是国家治理的重要方面，在法治轨道上实现社会治理体系创新是在法治轨道上推进国家治理体系和治理能力现代化的重要体现。社会治理的首要任务就是要建设平安中国。维护社会稳定，平安是直接标准，法治是内在机制。全面落实依法治国基本方略、加快建设社会主义法治国家，是促进社会和谐稳定、实现党和国家长治久安的必然要求。在新时代，要奋力建设更高水平的平安中国，就要加强党对全面依法治国的集中统一领导，坚定不移走中国特色社会主义法治道路，充分发挥我国在中国共产党领导下以法治维护社会稳定的制度优势。

（四）拓展延伸阅读

全面提升社会治理法治化水平，依法维护社会秩序、解决社会问题、协调利益关系、推动社会事业发展，培育全社会办事依法、遇事找法、解决问题用法、化解矛盾靠法的法治环境，促进社会充满活力又和谐有序。

完善社会治理体制机制。完善党委领导、政府负责、民主协商、社会协同、公众参与、法治保障、科技支撑的社会治理体系，打造共建共治共享的社会治理格局。健全地方党委在本地区发挥总揽全局、协调各方领导作用的机制，完善政府社会治理考核问责机制。引领和推动社会力量参与社会治理，建设人人有责、人人尽责、人人享有的社会治理共同体，确保社会治理过程人民参与、成效人民评判、成果人民共享。加强社会治理制度建设，推进社会治理制度化、规范化、程序化。

——中共中央. 法治社会建设实施纲要（2020—2025 年），2020 - 12 - 07.

建设更高水平的平安中国，法治是根本保障。“法者，治之端也”。法律是治国之重器，具有固根本、稳预期、利长远的基础性作用。人类社会发展的事实证明，法治兴则国家兴，法治衰则国家乱。法律是定分止争的实践理性。合理界定权利义务和责任、从源头上预防矛盾纠纷，公正及时化解矛盾纠纷，促进社会和谐稳定，根本上都要依靠法律、厉行法治。法安天下，法正民安。法律是惩恶维稳的基石，依法严厉打击严重违法犯罪活动，打击暴力恐怖活动，打击新型网络犯罪，深入开展扫黑除恶专项斗争，切实保护人民的人身权、财产权、人格权、信息权等，是建设平安中国的重要保障。经国序民，正其制度。法律制度是国家和社会治理的制度依托和保障，应当加大制度供给侧改革创新，加强平安中国法治体系建设，不断完善国家安全法治体系、社会治理制度体系、互联网治理制度体系、军事法律政策体系、立法制度体系、国家监督制度体系、司法制度体系、生态安全制度体系、文化安全制度体系、科技安全制度体系、从严治党制度体系等，以“中国之制”支撑“中国之治”，强化平安中国建设的制度优势，巩固和发展人民安居乐业、社会安定有序、国家长治久安的良好局面，创造高水平平安中国新奇迹。

——张文显. 建设更高水平的平安中国. 法制与社会发展，2020（6）.

三、社会主义法与社会建设

（一）难度与热度

难度：☆☆　热度：☆☆

（二）基本理论与概念

1. 五位一体总体布局：经济建设、政治建设、文化建设、社会建设和生态文明建设。社会建设的目标是建设社会主义和谐社会。

2. 建设平安中国，加强和创新社会治理，维护社会和谐稳定，确保国家长治久安、人民安居乐业。

▶坚持和发展新时代“枫桥经验”。

（三）疑难点解析

1. 社会建设是中国特色社会主义“五位一体”总体布局的重要组成部分，在“四个全面”战略布局中具有举足轻重的地位和作用。社会建设任务千头万绪，但归结起来，有两个重点：提高保障和改善民生水平，加强和创新社会治理。

2. “枫桥经验”，是指20世纪60年代初，浙江省绍兴市诸暨县（现诸暨市）枫桥镇干部群众创造的“发动和依靠群众，坚持矛盾不上交，就地解决，实现捕人少，治安好”的“经验”，为此，1963年毛泽东同志曾亲笔批示“要各地仿效，经过试点，推广去做”。“枫桥经验”由此成为全国政法战线一个脍炙人口的典型。之后，“枫桥经验”得到不断发展，形成了具有鲜明时代特色的“党政动手，依靠群众，预防纠纷，化解矛盾，维护稳定，促进发展”的枫桥新经验，成为新时期把党的群众路线坚持好、贯彻好的典范。新时代“枫桥经验”可以概括为“矛盾不上交”“平安不出事”“服务不缺位”三大方面，内涵“法治、德治、自治相结合”的精神。《法治社会建设实施纲要（2020—2025年）》指出，要坚持和发展新时代“枫桥经验”，充分发挥人民调解的第一道防线作用，完善人民调解、行政调解、司法调解联动工作体系，探索在矛盾纠纷多发领域建立“一站式”纠纷解决机制，努力将矛盾纠纷化解在基层。

（四）拓展延伸阅读

新时代“枫桥经验”的灵魂在于以人民为中心，其本质在于人民主体性。以人民为中心的思想赋予了“枫桥经验”本质特征，赋予了“枫桥经验”历史内涵、时代内涵。“以人民为中心”统领各个领域，贯穿各个环节，涉及各个方面，也必然是社会治理领域的核心理念和价值根基。纵观“枫桥经验”近60年的发展历程，尽管其在不同的历史时期有不同表现形式，但万变不离其宗，就是坚持走群众路线，从群众中来，到群众中去，把群众工作的触角延伸到千家万户，抓源头、抓苗头、抓基础，把矛盾化解在基层、把问题解决在当地、把隐患消除在萌芽状态，实现一方的和谐平安。

——张文显．新时代“枫桥经验”的核心要义．社会治理，2021（9）．

第五节 中国社会主义法与生态

一、社会主义法与生态的一般原理

（一）难度与热度

难度：☆☆ 热度：☆☆

（二）基本理论与概念

1．党的十八大以来，在习近平新时代中国特色社会主义思想及习近平生态文明思想的指引下，生态文明建设和生态环境保护从认识到实践都发生了历史性、转折性、全局性变化。

2．通过全面深化改革，生态文明建设和生态环境保护制度体系加快形成，美丽中国建设迈出重要步伐。

3．社会主义生态文明观。

内容：（1）坚持生态兴则文明兴；（2）坚持人与自然和谐共生；（3）坚持绿水青山就是金山银山；（4）坚持良好生态环境是最普惠的民生福祉；（5）坚持山水田湖草生命共同体的全方位保护；（6）坚持用最严格制度、最严密法治保护生态环境；（7）坚持建设美丽中国全民行动；（8）坚持共谋全球生态文明建设。

地位：社会主义生态文明观是推进美丽中国建设、实现人与自然和谐共生的现代化的方向指引和根本遵循。

（三）疑难点解析

1．本节是马工程《法理学》教材第二版的新增知识点，应引起高度重视。生态文明，是人类文明发展的一个新的阶段，是以人与自然、人与人、人与社会和谐共生、良性循环、全面发展、持续繁荣为基本宗旨的社会形态。从人与自然和谐的角度来看，生态文明是人类为保护和建设美好生态环境而取得的物质成果、精神成果和制度成果的总和，是贯穿于经济建设、政治建设、文化建设、社会建设全过程和各方面的系统工程，反映了一个社会的文明进步状态。生态文明的核心要素是公正、高效、和谐和人文发展。公正，就是要尊重自然权益实现生态公正，保障人的权益实现社会公正；高效，就是要寻求自然生态系统具有平衡和生产力的生态效率、经济生产系统具有低投入、无污染、高产出的经济效率和人类社会体系制度规范完善运行平稳的社会效率；和谐，就是要谋求人与自然、人与人、人与社会的公平和谐，以及生产与消费、经济与社会、城乡和地区之间的协调发展；人文发展，就是要追求具有品质、品味、健康、尊严的崇高人格。公正是生态文明的基础，效率是生态文明的手段，和谐是生态文明的保障，人文发展是生态文明的终极目的。

2．“社会主义生态文明观”是习近平总书记于 2017 年 10 月 18 日在党的十九大报告中提出的治国理政方针理论。我们曾经存在两种错误观念：一是认为发展必然导致环境的破坏，这构成了唯GDP论的思想基础；二是认为注重保护就要以牺牲甚至放弃发展为代价，成为懒政惰政的借口。社会主义生态文明观的提出，指明了绿色发展方式的转型，确立了生态思维方式，对于纠正上述错误认识具有极其重要的理论意义和实际指导价值。从发展观的角度看，实现绿水青山就是金山银山，其实质就是要实现经济生态化和生态经济化。贫穷不是生态，发展不能破坏。一方面，要保护生态和修复环境，经济增长不能再以资源大量消耗和环境毁坏为代价，引导生态驱动型、生态友好型产业的发展，即经济的生态化；另一方面，要把优质的生态环境转化成居民的货币收入，根据资源的稀缺性赋予它合理的市场价格，尊重和体现环境的生态价值，进行有价有偿的交易和使用，即生态的经济化。

（四）拓展延伸阅读

人与自然是生命共同体，人类必须尊重自然、顺应自然、保护自然。人类只有遵循自然规律才能有效防止在开发利用自然上走弯路，人类对大自然的伤害最终会伤及人类自身，这是无法抗拒的规律。

我们要建设的现代化是人与自然和谐共生的现代化，既要创造更多物质财富和精神财富以满足人民日益增长的美好生活需要，也要提供更多优质生态产品以满足人民日益增长的优美生态环境需要。必须坚持节约优先、保护优先、自然恢复为主的方针，形成节约资源和保护环境的空间格局、产业结构、生产方式、生活方式，还自然以宁静、和谐、美丽。

——习近平. 决胜全面建成小康社会 夺取新时代中国特色社会主义伟大胜利，2017-10-18.

二、社会主义法与生态文明建设

（一）难度与热度

难度：☆☆　热度：☆☆☆

（二）基本理论与概念

1. 社会主义生态文明建设的目标：积极推进生态文明领域立法，健全国家治理急需的法律制度、满足人民日益增长的美好生活需要必备的法律制度，以良法善治保障生态环境健康发展，形成中国特色生态环境法治体系。

2. 完善生态文明建设的基本制度。

（1）健全法律法规。

（2）完善标准体系。

（3）健全自然资源资产产权制度和用途管理制度。

（4）完善生态环境监管制度。

（5）严守资源环境生态红线。

（6）完善经济政策。

（7）推行市场化机制。

（8）健全生态保护补偿机制。

（9）健全政绩考核制度。

（10）严明责任追究制度。

3. 健全生态环境保护法治体系。

(1) 完善生态环境保护法律体系。

(2) 健全生态文明建设执法体制。

(3) 强化生态文明建设的司法保障。

(4) 依法鼓励公众积极参与生态文明建设。

(三) 疑难点解析

1.2015 年 5 月，中共中央、国务院印发《关于加快推进生态文明建设的意见》(以下简称《意见》)，这是中央对生态文明建设的一次全面部署。加快推进生态文明建设是加快转变经济发展方式、提高发展质量和效益的内在要求，是坚持以人为本、促进社会和谐的必然选择，是全面建成小康社会、实现中华民族伟大复兴中国梦的时代抉择，是积极应对气候变化、维护全球生态安全的重大举措。《意见》全文共 9 个部分 35 条，包括总体要求；强化主体功能定位，优化国土空间开发格局；推动技术创新和结构调整，提高发展质量和效益；全面促进资源节约循环高效使用，推动利用方式根本转变；加大自然生态系统和环境保护力度，切实改善生态环境质量；健全生态文明制度体系；加强生态文明建设统计监测和执法监督；加快形成推进生态文明建设的良好社会风尚；切实加强组织领导。

2. 生态补偿机制是以保护生态环境、促进人与自然和谐为目的，根据生态系统服务价值、生态保护成本、发展机会成本，综合运用行政和市场手段，调整生态环境保护和建设相关各方之间利益关系的一种制度安排。它要求科学界定生态保护者与受益者权利义务，形成生态损害者赔偿、受益者付费、保护者得到合理补偿的运行机制（“受益者付费和破坏者付费”原则)。目前我国建立生态补偿机制的重点领域有四个方面，分别为自然保护区的生态补偿、重要生态功能区的生态补偿、矿产资源开发的生态补偿、流域水环境保护的生态补偿。

(四) 拓展延伸阅读

以“生命共同体”为核心，创新生态文明法治建设价值论。生态文明法治理论立足于新时代社会矛盾发生新变化的时代需求，针对中国生态环境保护面临的新形势与新挑战，创造性地提出“生命共同体”的法理命题，从“自然生命共同体”“人与自然生命共同体”“人类命运共同体”三个不同层面，建立了彼此关联、有机统一的法价值，为生态文明法治体系确立了“最严密”“最严格”的价值判断标准。

以“整体观”为要旨，创新生态文明法治建设方法论。生态文明建设必须做到统筹兼顾、整体施策、多措并举，全方位、全地域、全过程开展，其方法论包括追根溯源、分类施策、整体治疗的系统性方法，遵循规律、科学规划、多元共治的协同性方法，补短板、强弱项、设置底线的控制性方法。

以“协同推进”为目标，创新生态文明建设法学理论。生态环境问题既是自然问题又是社会问题、既是经济问题又是政治问题、既是科技问题又是文化问题，其产生也是生产方式、生活习惯、地理历史、生态意识等多种主客观因素相互作用的结果。环境问题的出现，需要人们既要考虑人的社会关系，也要考虑人与自然的关系，使得法律关系中的主体、客体及其内容发生了巨大变化。面对法律必须调整因解决环境问题而产生的新型社会关系的实践需求，亟待创新法学理论，包括在反思人与自然关系基础上，拓展

"法律关系"理论；在完善政府治理体系前提下，建构生态环境多元共治理论；在补强统一保护之网的同时，健全生态环境空间法治理论。

——吕忠梅. 习近平法治思想的生态文明法治理论. 中国法学，2021（1）.

第三部分　拓展阅读文献、案例研习与同步练习

第一节　拓展阅读文献

1. 中共中央办公厅，国务院办公厅. 关于加强社会主义法治文化建设的意见，2021-04-05.

2. 中共中央. 法治社会建设实施纲要（2020—2025年），2020-12-07.

3. 习近平. 坚持依法治国和以德治国相结合（2016年12月9日）//习近平谈治国理政：第2卷. 北京：外文出版社，2017.

4. 文正邦. 论现代市场经济是法治经济. 法学研究，1994（1）.

5. 赵震江. 论法律在科技、经济一体化进程中的作用. 中国法学，1996（1）.

6. 李德顺. 法治文化论纲. 中国政法大学学报，2007（1）.

7. 徐显明. 坚持依法治国和以德治国相结合. 求是，2017（6）.

8. 张文显. 构建社会主义和谐社会的法律机制. 中国法学，2006（1）.

9. 张文显. 建设更高水平的平安中国. 法制与社会发展，2020（6）.

10. 吕忠梅. 习近平法治思想的生态文明法治理论. 中国法学，2021（1）.

第二节　本章案例研习

案例1：无锡冷冻胚胎案

（一）基本案情

沈某与刘某都是独生子女，两人于2010年10月登记结婚。2012年8月，因自然生育困难，沈某与刘某到南京市鼓楼医院，通过人工辅助生殖方式培育了13枚受精胚胎，其中4枚符合移植标准。但就在植入母体前一天，夫妻二人因交通事故死亡。夫妻双方的父母就4枚冷冻胚胎的归属产生争议，协商不成，诉诸法院。2013年11月25日，江苏省宜兴市人民法院立案后，依法追加南京市鼓楼医院为第三人。鼓楼医院认为，根据原卫生部的相关规定，胚胎不能买卖、赠送和禁止实施代孕；由此提出，胚胎不具有财产的属性，原、被告都无法继承；沈某夫妇生前已与医院签署手术同意书，同意将过期胚胎丢弃；所以请求法院驳回原告的诉讼请求。

（二）法院判决

一审法院经审理认为，体外受精胚胎具有发展为生命的潜能，是含有未来生命特征的特殊之物，不能像一般物一样任意转让或继承，故其不能成为继承的标的。沈某夫妇

已死亡，通过手术达到生育的目的已无法实现，故手术过程中留下的胚胎不能被继承。2014 年 5 月 21 日，一审法院驳回了原告的诉请。原告不服，向无锡市中级人民法院提起上诉。

二审法院在审理期间，在充分了解当事人诉求实质的基础上，对一审确定的案由进行了变更，将 4 名失独老人就子女遗留的冷冻胚胎权属矛盾确定为“监管、处置权纠纷”。二审法院审理认为，虽然沈某夫妇生前与医院签订了相关知情同意书，约定胚胎冷冻保存期为一年，超过保存期同意将胚胎丢弃，但是沈某夫妇因意外死亡导致合同不能继续履行，南京市鼓楼医院不能根据知情同意书中的相关条款单方面处置涉案胚胎。在我国现行法律对胚胎的法律属性没有明确规定的情况下，确定涉案胚胎的相关权利归属，应考虑伦理、情感和特殊利益保护三个依据。胚胎具有孕育成生命的潜质，比非生命体具有更高的道德地位，应受到特殊尊重与保护。法院同时认为，原卫生部的相关规定，是卫生行政管理部门对相关医疗机构和人员在从事人工生殖辅助技术时的管理规定。南京市鼓楼医院不得基于部门规章的行政管理规定对抗当事人基于法律享有的正当权利。

2014 年 9 月 17 日，二审法院作出终审判决：撤销一审判决；沈某夫妇存放于南京市鼓楼医院的 4 枚冷冻胚胎由上诉人（沈某父母）和被上诉人（刘某父母）共同监管和处置。

（三）法理分析

本案涉及两个知识点：一个是法与科技的关系，另一个是法与道德的关系。现代科学技术发展大大扩展了人类活动的空间，也相应扩大了法律的调整空间。同时，新技术的出现导致伦理困境和法律评价的困难。本案就属于典型的随着新技术的出现而发生的新型疑难案件。新型案件之新主要在于案件事实之新，有些新型案件虽然事实新颖但仍受既有法律调整，只有那些不受既有法律调整的案件才是疑难案件。这类案件的特殊性是由案件事实之“新”所导致的，这种“新”又突出地和网络、科技联系在一起。伴随着科技和网络的发展，各类新型疑难案件被推向了司法的竞技场。新型疑难案件之“新”在于案件事实的新颖性，其之“难”则在于既有法律相对于这种新颖事实的滞后性及不全面性。可谓前无古人，法官处于一种无所适从的艰难局面。该案引发了社会广泛热议，被称为“全国首例冷冻胚胎继承案”。它是由人工生殖技术所引发的新型法律纠纷，对于人工胚胎的法律属性在法律上并没有明确的界定，相关主体对于胚胎所享有的权利究竟是监管权还是处置权也不甚明了，这是科技发展带给全人类的一种新型疑难案件。

从法律的角度看，解决本案的关键在于准确界定胚胎的法律地位。学理上对于胚胎的法律地位主要有三种代表性观点：（1）主体说，该说认为人类胚胎自怀孕起就成为人，即认为胚胎具有完整之人格；（2）客体说，认为胚胎不具有特殊的道德地位，而应被视为创造它们的夫妻的财产，因此夫妻可以任意处置他们所拥有的胚胎；（3）中间说，主张胚胎既非人亦非物，而是介于二者之间的一个中间体。相比之下，第三种观点是较为可取的。即便是当我们将人工胚胎视为一种中间之物，“受精胚胎具有发展为生命的潜能，是含有未来生命特征的特殊之物”，“胚胎是介于人与物之间的过渡存在，具有孕育生命的潜能，比非生命体具有更高的道德地位，应受到特殊尊重与保护”。二审法院主要也是基于第三种观点作出裁决的。

在法律确认的背后，其实存在非常浓厚的道德考量。法律和道德相互影响、相互制约。法律通过确立特定的道德原则和规范，为道德理念的贯彻提供法律支持，影响道德发展。这里讲的“法律”不仅包括立法活动，也包括司法活动。本案就是在立法缺位的情况下，通过司法裁判来推动贯彻特定伦理道德的典型案例。这鲜明地体现在判决书关于“伦理”和“情感”的说理上。法院指出，在我国现行法律对胚胎的法律属性没有明确规定的情况下，结合本案实际，应考虑以下因素以确定涉案胚胎的相关权利归属：一是伦理。施行体外受精—胚胎移植手术过程中产生的受精胚胎，具有潜在的生命特质，不仅含有沈某、刘某的DNA等遗传物质，而且含有双方父母两个家族的遗传信息，双方父母与涉案胚胎亦具有生命伦理上的密切关联性。二是情感。白发人送黑发人，乃人生至悲之事，更何况暮年遽丧独子、独女！沈某、刘某意外死亡，其父母承欢膝下、纵享天伦之乐不再，“失独”之痛，非常人所能体味。而沈某、刘某遗留下来的胚胎，则成为双方家族血脉的唯一载体，承载着哀思寄托、精神慰藉、情感抚慰等人格利益。涉案胚胎由双方父母监管和处置，既合乎人伦，亦可适度减轻其丧子失女之痛楚。三是特殊利益保护。胚胎是介于人与物之间的过渡存在，具有孕育成生命的潜质，比非生命体具有更高的道德地位，应受到特殊尊重与保护。在沈某、刘某意外死亡后，其父母不但是世界上唯一关心胚胎命运的主体，而且应当是胚胎之最近、最大和最密切倾向性利益的享有者。综上，法院判决沈某、刘某父母享有涉案胚胎的监管权和处置权于情于理都是恰当的。当然，权利主体在行使监管权和处置权时，应当遵守法律且不得违背公序良俗和损害他人之利益。法官的这一说理既合乎法理基础，又合乎情理，论述冷静，将法律论证与道德说理很好地结合了起来。

案例2：变性劳动纠纷案

（一）基本案情

高某原在一家网络公司担任产品总监，入职不久，他去做了变性手术，公司知道以后以他的身体条件不能胜任工作岗位为由解聘了他。高某心有不甘，将公司起诉到了法院。

（二）法院判决

法院认为，岗位能否胜任与性别无关，而且现有的证据不能证明高某变性后胜任不了这个岗位，所以公司的解约行为无效。

（三）法理分析

本案涉及社会主义法与文化建设的关系。判决书中有一段非常精彩的说理：“社会变得越来越丰富和多元，我们要学着去接纳新鲜事物。我们总是习惯于按照我们对于生物性别的认识去理解社会，但仍然会有一些人要按照自己的生活体验来表达他们的性别身份。只有我们容忍多元化的生存方式，才能拥有更加丰富的文化观念，才能为法治社会奠定宽容的文化基础。我们尊重和保护变性人的人格、尊严和正当权利，是基于我们对于公民的尊严和权利的珍视，而非我们对于变性进行倡导和推广。”

社会主义法应强化社会主义核心价值观。自由和平等是社会主义核心价值观的重要组成内容。自由是指人的意志自由、存在和发展的自由，是人类社会的美好向往，也是马克思主义追求的社会价值目标。平等指的是公民在法律面前的一律平等，其价值取向是不断实现实质平等。它要求尊重和保障人权，人人依法享有平等参与、平等发展的权利。高某要求按照自己的生活体验来表达他的性别身份，是他的自由和权利，法律尊重和保护变性人的人格、尊严和正当权利，是基于对公民的尊严和权利的珍视。只要这种自由没有侵害国家、集体和他人的正当权益，就应当得到法律的保护。高某的产品总监岗位与性别无关，公司不得因为高某实施了变性手术而解聘他，其劳动权利应得到平等保护。

法也需要文化基础的支撑和涵养。法治的健康、正常的运行不仅需要专门的法治文化，也需要一般性的文化基础的涵养。一般性的文化基础是整个社会主文化中的重要构成部分，如道德、宗教、习惯、风俗等，是与法的要求相和谐或至少不抵触的文化构成要素。法治社会需要宽容的文化基础，需要尊重他人的为法律所保护的自由和平等，容忍与自己不一样的“他者”的存在。否则，如果社会成员（哪怕是大多数）以自己的价值偏好去压制他人的价值偏好，甚至剥夺、侵害“歧见者”的合法权利，必将破坏法治文化，影响法治的有效运作。同时，司法裁判也可以通过倡导特定的文化观念，剔除既有道德观念中不合时宜的成分，来影响文化的塑造。正如判决书所暗示的，在我们的社会中依然有不少人对于变性者怀有歧视和偏见，但我们不能因为观念的不同就去剥夺变性人的尊严和权利，而对变性人尊严和权利的尊重并不意味着我们就是在倡导和推广变性行为。

第三节　本章同步练习

一、选择题

（一）单选题

1. 按照马克思主义的观点，法作为一种社会现象，与其他社会现象都存在不同程度的联系，其中与下列哪一种联系是最根本的？（　　）（考研）

A. 经济　　B. 政治　　C. 国家　　D. 道德

2. 下列关于法与经济的一般关系的表述，能够成立的是？（　　）（考研）

A. 有完善的法律制度，就有发达的市场经济

B. 商品经济越发展，社会对法的要求就越高

C. 法律的数量越多，经济发展水平就会越高

D. 经济发展水平是衡量法治状况的重要标志

3. 有些国家的经济制度或经济发展水平相同，它们的法律却千差万别。这种现象表明（　　）。（考研）

A. 经济条件不是法的内容的唯一决定因素

B. 法的物质制约性原理不具有普遍性

C. 经济以外的因素有时也对法的本质起最终决定作用

D. 一国法律的具体表现形式与该国的经济制度无关

4. 下列哪一种说法没有表明市场经济是法治经济？（　　）（考研）

A. 市场经济是主体独立的经济
B. 市场经济是契约性经济
C. 市场经济是宏观调控下的经济
D. 市场经济是开放性经济

5. 下列有关法与生产力的表述，哪项是不正确的？（　　）（考研）
A. 法可以直接反作用于生产力
B. 法对生产力的作用一般要通过经济基础的中介
C. 法保护了生产力，就等于保护了经济基础
D. 法可能阻碍生产力的进步

6. 下列关于法律文化的表述，正确的是（　　）。（考研）
A. 社会成员对法及法律现象的共同看法不属于法律文化的范畴
B. 法律文化在一定程度上反映了一个民族法律调整所达到的水平
C. 法律文化包括现行法律实践中一切因偶然因素而变化的成分
D. 法律文化的多样性阻碍了不同法律文化之间的交流与传播

7. 下列关于法律意识的表述，能够成立的是（　　）。（考研）
A. 占统治地位的法律意识必须通过法律制度和法律调整才能发挥作用
B. 法律意识是法律文化的重要组成部分，是一种特殊的社会意识
C. 根据专门化和职业化的不同，可以将法律意识分为职业法律意识和法律思想
D. 法律意识是社会主体对法律现象作出的客观价值判断

8. 下列哪项不属于法律意识的范畴？（　　）（考研）
A. 议会对法律所作出的修订
B. 法学家的法学理论
C. 李某对法律的感觉
D. “法盲”对法律的认识和评价

9. 法律与道德相比较而言，下列表述能够成立的是（　　）。（考研）
A. 法律的要求更高
B. 法律规范的产生更早
C. 法律调整的社会关系范围更广
D. 法律规范的内容更加具体和明确

10. 道德与法律都属于社会规范的范畴，都具有规范性、强制性和有效性，道德与法律既有区别又有联系。下列有关法与道德的几种表述中，哪种说法是错误的？（　　）（法考）
A. 法律具有既重权利又重义务的“两面性”，道德具有只重义务的“一面性”
B. 道德的强制是一种精神上的强制
C. 马克思主义法学认为，片面强调法的安定性优先是错误的
D. 法律所反映的道德是抽象的

11. “一般来说，近代以前的法在内容上与道德的重合程度极高，有时浑然一体。……近现代法在确认和体现道德时大多注意二者重合的限度，倾向于只将最低限度的道德要求转化为法律义务，注意明确法与道德的调整界限。”据此引文及相关法学知

识，下列判断正确的是（　　）。（法考）

A. 在历史上，法与道德之间要么是浑然一体的，要么是绝然分离的

B. 道德义务和法律义务是可以转化的

C. 古代立法者倾向于将法律标准和道德标准分开

D. 近现代立法者均持“恶法亦法”的分析实证主义法学派立场

12. 相传，清朝大学士张英的族人与邻人争宅基，两家因之成讼。族人驰书求助，张英却回诗一首：“一纸书来只为墙，让他三尺又何妨？万里长城今犹在，不见当年秦始皇。”族人大惭，遂后移宅基三尺。邻人见状亦将宅基后移三尺，两家重归于好。根据上述故事，关于依法治国和以德治国的关系，下列哪一理解是正确的？（　　）（法考）

A. 在法治国家，道德通过内在信念影响外部行为，法律的有效实施总是依赖于道德

B. 以德治国应大力弘扬“和为贵、忍为高”的传统美德，不应借诉讼对利益斤斤计较

C. 道德能够令人知廉耻、懂礼让、有底线，良好的道德氛围是依法治国的重要基础

D. 通过立法将“礼让为先”“勤俭节约”“见义勇为”等道德义务全部转化为法律义务，有助于发挥道德在依法治国中的作用

13. 王某参加战友金某婚礼期间，自愿帮忙接待客人。婚礼后王某返程途中遭遇车祸，住院治疗花去费用 1 万元。王某认为，参加婚礼并帮忙接待客人属帮工行为，遂将金某诉至法院要求赔偿损失。法院认为，王某行为属由道德规范的情谊行为，不在法律调整范围内。关于该案，下列哪一说法是正确的？（　　）（法考）

A. 在法治社会中，法律可以调整所有社会关系

B. 法官审案应区分法与道德问题，但可进行价值判断

C. 道德规范在任何情况下均不能作为司法裁判的理由

D. 一般而言，道德规范具有国家强制性

14. 关于法与宗教的关系，下列哪种说法是错误的？（　　）（法考）

A. 法与宗教在一定意义上都属于文化现象

B. 法与宗教都在一定程度上反映了特定人群的世界观和人生观

C. 法与宗教在历史上曾经是浑然一体的，但现代国家的法与宗教都是分离的

D. 法与宗教都是社会规范，都对人的行为进行约束，但宗教同时也控制人的精神

15. 下列有关法与宗教的关系的叙述，不正确的是哪一种？（　　）（考研）

A. 在法产生的过程中，法与宗教曾经是不分离的

B. 在现代社会中，有一些国家的宗教规范也是法律规范

C. 现代西方社会的法律内容与宗教没有任何关系

D. 一般来说，宗教规范的适用范围是以属人主义为原则

16. 奥地利法学家埃利希在《法社会学原理》中指出：“在当代以及任何其他的时代，法的发展的重心既不在立法，也不在法学或司法判决，而在于社会本身。”关于这句话含义的阐释，下列哪一选项是错误的？（　　）（法考）

A. 法是社会的产物，也是时代的产物

B. 国家的法以社会的法为基础

C. 法的变迁受社会发展进程的影响

D. 任何时代，法只要以社会为基础，就可以脱离立法、法学和司法判决而独立发展

（二）多选题

1.2007 年 8 月 30 日，我国制定了《反垄断法》，下列说法哪些可以成立？（　　）（法考）

A.《反垄断法》的制定是以我国当前的市场经济为基础的，没有市场经济，就不会出现市场垄断，也就不需要《反垄断法》，因此可以说，社会是法律的母体，法律是社会的产物

B. 法对经济有积极的反作用，《反垄断法》的出台及实施将会对我国市场经济发展产生重要影响

C. 我国市场经济的发展客观上需要《反垄断法》的出台，这个事实说明，唯有经济才是法律产生和发展的决定性因素，除经济之外法律不受其他社会因素的影响

D. 为了有效地管理社会，法律还需要和其他社会规范（道德、政策等）积极配合，《反垄断法》在管理市场经济时也是如此

2. 下列关于法与科学技术的表述中，哪些是正确的？（　　）（考研）

A. 当代自然科学技术的发展扩大了法律调整社会关系的范围

B. 当代法律保护科学技术发展所带来的一切成果

C. 科学技术的发展在一定程度上提高了当代立法的质量和水平

D. 法律能够调整由于科学技术的利用而产生的社会关系

3.2007 年，某国政府批准在实验室培育人兽混合胚胎，以用于攻克帕金森症等疑难疾病的医学研究。该决定引发了社会各界的广泛关注和激烈争议。对此，下列哪些评论是正确的？（　　）（法考）

A. 目前人兽混合胚胎研究在法律上尚未有规定，这是成文法律局限性的具体体现

B. 人兽混合胚胎研究有可能引发严重的社会问题，因此需要及时立法给予规范和调整

C. 如因该研究成果发生了民事纠纷而法律对此没有规定，则法院可以依据道德、习惯或正义标准等非正式法律渊源进行审理

D. 如该国立法机关为此制定法律，则制定出的法律必然是该国全体公民意志的体现

4. 下列有关法与文化之间的关系的表述，哪些选项是正确的？（　　）（考研）

A. 按照马克思主义法学原理，法与文化是相互影响的

B. 特定国家的文化影响该国法律的内容和形式

C. 中国传统法律文化影响了中国现代法治的进程

D. 特定国家的法律本身体现着一种文化

5. 下列有关法律意识的表述，能够成立的有？（　　）（考研）

A. 法律意识无法通过教育形成

B. 法律意识是法律文化的组成部分

C. 法律意识制约着法律实践活动

D. 法律意识的高级形态是法律心理

6. 下列选项中，属于法律意识的有？（　　）（考研）

A. 消费者的维权意识

B. 人们对法律的尊重或反感的情绪
C. 人们关于法律公正的观念
D. 当事人对法律不信任的态度
7. 下列选项中属于法律意识范畴的是？（ ）（考研）
A. 大学生贾某认为偷几本书不构成犯罪
B. 农民工史某年底仍未拿到劳动报酬，自认倒霉
C. 公务员王某认为法律是治理官员贪污腐败最行之有效的途径
D. 消费者薛某以产品质量为由向法院起诉要求销售方进行损害赔偿
8. 下列哪些属于法律意识的范畴？（ ）（考研）
A. 律师对法律条文的认识
B. 法学家的理论
C. 法官在判案时对法律的认识
D. 法律规定的平等原则
9. 下列关于道德与法律的关系的表述，能够成立的有？（ ）（考研）
A. 道德与法律的内容互相渗透
B. 道德因素影响执法与司法
C. 道德水平高低影响法的遵守
D. 法律是道德的价值基础
10. 下列有关法与道德的表述，哪些是不成立的？（ ）（考研）
A. 道德规范可以表述为法律规范
B. 双方当事人违反诉讼程序时，同时必然违反道德规范
C. 法律只规定权利，道德只规定义务
D. 不遵守道德即违法
11. 关于法与道德的论述，下列哪些说法是正确的？（ ）（法考）
A. 法律规范与道德规范的区别之一就在于道德规范不具有国家强制性
B. 按照分析实证主义法学的观点，法与道德在概念上没有必然联系
C. 法和道德都是程序选择的产物，均具有建构性
D. 违反法律程序的行为并不一定违反道德

12. 孙某早年与妻子吕某离婚，儿子小强随吕某生活。小强 15 岁时，其祖父去世，孙某让小强参加葬礼。小强与祖父没有感情，加上吕某阻挡，未参加葬礼。从此，孙某就不再支付小强的抚养费用。吕某和小强向当地法院提起诉讼，请求责令孙某承担抚养费。在法庭上，孙某提出不承担抚养费的理由是，小强不参加祖父葬礼属不孝之举，天理难容。法院没有采纳孙某的理由，而根据我国相关法律判决吕某和小强胜诉。根据这个事例，下面哪些说法是正确的？（ ）（法考）

A. 一个国家的法与其道德之间并不是完全重合的
B. 法院判决的结果表明：一个国家的立法可以不考虑某些道德观念
C. 法的适用过程完全排除道德判断
D. 法对人们的行为的评价作用应表现为评价人的行为是否合法或违法及其程度
13. 有关法与宗教的表述，哪些是正确的？（ ）（考研）

A. 在适用效力上，宗教通常采取属人主义，法律则采取属人主义与属地主义相结合

B. 历史上的宗教教义中没有关于法律规范的内容

C. 宗教规范从来没有代替过法律规范的作用

D. 现代法律所保护的宗教自由，也包括不信仰宗教的自由

14. “社会的发展是法产生的社会根源。社会的发展，文明的进步，需要新的社会规范来解决社会资源有限与人的欲求无限之间的矛盾，解决社会冲突，分配社会资源，维持社会秩序。适应这种社会结构和社会需要，国家和法这一新的社会组织和社会规范就出现了。”关于这段话的理解，下列哪些选项是正确的？（　　）（法考）

A. 社会不是以法律为基础，相反，法律应以社会为基础

B. 法律的起源与社会发展的进程相一致

C. 马克思主义的法律观认为，法律产生的根本原因在于社会资源有限与人的欲求无限之间的矛盾

D. 解决社会冲突，分配社会资源，维持社会秩序属于法的规范作用

二、分析题

1. 近年来，有些人民法院在推进和谐司法过程中，推出了裁判文书中的“法官后语”，试图体现传统法律文化和现代司法理念的结合。下文是一起案件的案情判决和法官后语：

黄某因意外死亡，黄某单位分别给予其父母和其妻周某补偿款 2 万元和 9 万元。黄父、黄母拿到 2 万元补偿款后，诉诸法院，要求儿媳周某另行返还部分补偿费用于养老，法院最终判决周某给付原告 1 万元，并在法官后语中写道：“法律虽然可以公正地处理当事人之间的财产纠纷，但金钱毕竟无法替代感情，真诚以待、敬老爱幼、互相帮助、重修亲情，是本案当事人今后应深思的问题和共同努力的目标。”判决后周某主动将 1 万元给付黄父和黄母。

请根据上述材料回答下列问题：

什么是法律文化？（考研）

2. 2008 年 7 月，某省会城市人大常委会第 S 次会议审议了该市《城市公共交通条例（草案）》（以下简称“草案”），该草案第 N 条规定：“公交车乘客不主动给老弱病残孕让座的，驾驶员售票员有权劝导其让座，对于拒不让座者，可以拒绝其乘坐，市政主管部门还可以处以 50 元罚款”。

在草案讨论过程中，甲认为该规定具有合理性，其根据可以从法律与道德的联系中找到；乙认为该规定不具有合理性，其根据可以从法与道德的区别中找到。

请结合上述材料，从甲、乙观点中选择您较为认同的观点（只能选择其中一种观点），并依据法与道德关系的理论进行分析。（考研）

3. 2013 年 7 月，W 市某区人民法院审理了一起父母诉请子女“常回家看看”的民事案件。该院判决：被告人应自判决生效之日起，每两个月至少到父母居住处看望、问候一次；法定节假日均须履行探望义务。这是新修订的《老年人权益保障法》施行后的全国首例判决。

对此，有人认为，该判决保护了老年人权益，维护了传统伦理道德；有人则认为，

不应当将道德法律化，探望父母虽符合伦理道德，但不应成为法律上的强制义务。

请根据上述材料，运用相关法理学知识，回答下列问题：

（1）如何看待上述两种不同的观点？

（2）如何理解法律与道德的相互关系？（考研）

4. 结合材料回答问题。（考研）

材料一：多年来，江苏省各级法院全面推进“一站式”多元解纷机制、“一站式”诉讼服务中心建设，积极将两个“一站式”融入社会治理大格局，在诉源治理、信息共享等多个领域形成工作合力，同时利用“智慧”手段，提升矛盾化解的效率，探索一条具有江苏特色的“解纷之路”。去年以来，全省法院在积极推进“两个一站式”建设时，特别注重诉源治理，努力把矛盾纠纷发现在第一时间、化解在第一环节。

材料二：完善正确处理新形势下人民内部矛盾有效机制。坚持和发展新时代“枫桥经验”，畅通和规范群众诉求表达、利益协调、权益保障通道，完善信访制度，完善人民调解、行政调解、司法调解联动工作体系，健全社会心理服务体系和危机干预机制，完善社会矛盾纠纷多元预防调处化解综合机制，努力将矛盾化解在基层。（十九届四中全会《中共中央关于坚持和完善中国特色社会主义制度推进国家治理体系和治理能力现代化若干重大问题的决定》，2019 年 10 月 31 日）

（1）结合材料，从法理学角度分析诉讼和调解与纠纷解决、诉讼和调解与权利保障之间的关系。

（2）从法理学角度分析材料中做法。

三、论述题

1. 联系实际论述法律对我国社会主义市场经济的作用。（观点明确，说理充分，条理清晰，语言规范）（考研）

2. 近年来，全国每年发生交通事故 40 多万起，近 10 万人死亡。司机的酒驾、超载和超速驾驶，行人无视红绿灯的“中国式过马路”等行为都是导致交通事故发生的重要原因。

西方思想家曾言，最重要的法律，既不是刻在大理石上，也不是刻在铜表上，而是铭刻在公民的心中。

请根据上述材料，谈谈良好的法律意识对法治的意义以及培养法律意识的措施。要求：观点明确，说理充分，条理清晰，语言规范、流畅。（考研）

3. 论中国语境下德治与法治的关系。（考研）

参考答案及解析

一、选择题

（一）单选题

1. 答案：A

解析：在马克思主义学说中，经济基础决定上层建筑属于第一原理，因此法与经济的联系是最根本的联系，A 项正确。

2. 答案：B

解析：市场经济是法治经济，要求完善社会主义市场经济法律制度，但不能反过来说，有完善的法律制度，就有发达的市场经济，市场经济的发达除了法律制度的完善，还需要相应的法律意识、文化氛围等其他条件，A 项错误。商品经济越发展，就越需要与之相应的关于主体自由、平等保护和产权保护等方面的法律制度的完善，社会对法的要求就越高，B 项正确。选项 C 的错误与选项 A 大体一致，不能以法律的数量来作为衡量经济发展水平高低的标志，C 项错误。法治状况的好坏需要根据一系列法治指数来衡量，只能说经济发展水平越高，就越要求相应的法治跟上，而不能说前者是衡量后者的标志，D 项错误。

3. 答案：A

解析：法律是随着经济发展的需要而产生的，一定生产关系的性质及生产力的发展水平，决定着以该生产关系为基础的法律的本质和特征，并且是法律本质的唯一决定因素，因此 B、C 项错误。法律的本质由经济基础决定，但是法律的内容和具体表现形式等要受诸多因素的影响，包括社会、经济和历史条件等。故 A 项正确，D 项错误。

4. 答案：C

解析：社会主义市场经济本质上是法治经济。市场经济法律制度首先要确保市场主体的独立地位及其独立产权，保证企业不是政府的附属或下级单位，所以 A 项正确。市场经济法律制度要保障市场经济的正常进行和市场秩序的有效维护，就得确保市场主体的地位平等，相互之间通过平等的交换来贸易，而非通过行政指令的调配来分配资源，所以市场经济是契约性经济，B 项正确。市场经济法律制度要确保对外开放和国际经济交往，所以市场经济是开放性经济，D 项正确。至于宏观调控是为了解决市场失灵的问题，在市场经济和计划经济时代都存在，宏观调控可以通过行政指令和政策来进行，无法表明属于法治经济，所以 C 项不选。

5. 答案：C

解析：生产力决定生产关系，一定社会的生产关系的总和是经济基础，经济基础决定上层建筑（包括法在内），所以通常情况下生产力与法不发生直接关系，而是要借助于经济基础的中介发生关系。这种关系，既可以是生产力的（间接）决定关系，也可以是法的（间接）反作用关系，B 项正确。但有的时候，法可以直接反作用于生产力，这就是在推动科学技术发展的情况下（科学技术是第一生产力），A 项正确。法的反作用既可能体现为适应生产力的发展，从而促进生产力进步；也可能体现为不适应生产力的发展，从而阻碍生产力的进步，D 项正确。但生产力与生产关系并不是一回事，所以法保护生产力，并不等于保护经济基础，C 项错误。

6. 答案：B

解析：法律文化是指一个民族在长期的共同生活过程中所认同的、相对稳定的、与法和法律现象有关的制度、意识和传统学说的总体，包括法律意识、法律制度、法律实践，是法的制度、法的实施、法律教育和法学研究等活动中所积累起来的经验、智慧和知识，是人民从事各种法律活动的行为模式、传统、习惯。社会成员对法及法律现象的共同看法属于法律文化的范畴，故A项错误。法律文化不包括因偶然因素变化的成分，故C项错。法律文化的多样性促进了不同法律文化之间的交流与传播，故D项错。正确答案为B项。

7. 答案：B

解析：法律意识是社会意识的一种特殊形式，是法律文化的组成部分，故B项正确。法律意识是人们关于法律现象的思想、观点、知识和心理的总称，是一种主观活动，不可能是客观价值判断，故D项错误。一个国家占统治地位的法律意识渗透到法律制度、法律调整的过程中，而且在一定的条件下，特别是在一个国家法律制度不完备、缺乏法律的明确规定时，统治阶级的法律意识往往直接起到法的作用，故A项错误。依据专门化和职业化，可以把法律意识分为职业法律意识和群众法律意识，而非法律思想，C项错误。

8. 答案：A

解析：法律意识，是人们关于法律的思想、观念、知识、心理的总称。它包括法律心理和法律思想体系两个阶段。法律心理是法律意识的初级阶段，它是人们在日常生活中形成的关于法律的零星的感觉、情绪等心理活动。法律思想体系是法律意识的高级阶段，它是指对法律思想观点的理论概括，是理论化、系统化的法律意识。议会对法律所作出的修订是立法行为，而非法律意识，A项不属于。法学家的法学理论属于法律思想体系，李某对法律的感觉与“法盲”对法律的认识和评价都属于法律心理，故而B、C、D三项都属于法律意识。要注意的是，法律意识只是人们关于法律的思想、观念、知识、心理，无论这种思想、观念、知识、心理是否符合法律的规定和精神，因此即便是“法盲”关于法律的错误认识，也属于法律意识。

9. 答案：D

解析：法律是最低限度的道德，道德不仅要求行为，而且要求动机与其保持一致，故而道德的要求比法律的高，A项错误。法与道德起源和存在的时间不同，法的出现晚于道德，B项错误。道德调整的范围远大于法，C项错误。法律规范具有具体性、明确性、统一性，道德规范的要求一般比较笼统和具有原则性，故D项正确。

10. 答案：D

解析：法律具有权利和义务的对等性，道德体系主要是义务体系，其中虽有权利的内容，但其在同一主体身上不具有对称性，所以A项正确。法律与道德都具有强制性，但道德强制主要依靠人们的内心信念、内在修养和社会教育的力量，是一种精神强制、而非像法律那样的外在强制，B项正确。马克思主义既强调法的安定性，又强调通过法律实现实质正义，C项正确。道德是特定社会历史文化的产物，具有民族性，法律所反映的道德也必然是具体的、历史的，所以D项错误。

11. 答案：B

解析：法与道德在内容上存在相互渗透的密切联系，而不是绝对的浑然一体或绝然分离，A 项错误。近现代法在确认和体现道德时大多注意二者重合的限度，倾向于将最低限度的道德要求转化为法律义务，因此道德义务和法律义务是可以转化的，B 项正确。古代立法者倾向于将法律标准和道德标准结合，法律与道德的重合程度极高，有时浑然一体，C 项错误。近现代关于法律与道德的在本质上的联系有两种学说，一种是实证主义法学派的“恶法亦法”，一种是非实证主义法学派的“恶法非法”，D 项错误。

12. 答案：C

解析：材料中“三尺巷”的故事表明道德对法律的影响，特别是道德在功能上对法律的影响作用。一般而言，古代更多强调道德在社会调控中的首要或主要地位，对法的强调也更多在其惩治功能上。而对借助法明确权利义务以实现对社会生活的全面调整则往往心存疑虑，甚至希望通过推行“德治”来去除刑罚，如中国历史上的“德主刑辅”。近现代后，法学家们一般都倾向于强调法律调整的突出作用，法治国成为普遍的政治主张。在强调依法治国的基础上，明确法律调整与道德调整各具优势，且形成互补。因而 A、B 项表述错误，C 项正确。同时，强调依法治国并不意味着以法律完全取代道德，故 D 项的表述错误。

13. 答案：B

解析：本题关注法与道德的区别之处。法与道德虽然存在密切的联系，但在调整范围、调整手段以及强制方式等诸多方面有着巨大的差异。法律并不能调整所有的社会关系，A 项表述错误。从调整人们的行为方式和社会关系来看，法与道德都是以其规范性内容作为基础的，因而对二者的区分不是事实评价，而是需要诉诸价值判断，B 项正确。非正式法律渊源能够弥补正式法律渊源的漏洞和不足，在缺乏法律明文规定的情况下，政策、法理、道德、习惯等作为非正式的法律渊源能够成为法律适用的大前提，作为行为的正当性根据，C 项表述错误。道德在本质上是良心和信念的自由，因而强制是内在的，主要凭靠内在良知认同或责难，即便是舆论压力和谴责也只能在主体对谴责所依据的道德准则认同的前提下发挥作用，故 D 项表述错误。

14. 答案：C

解析：法作为一种“人造物”不可避免地体现了特定共同体的人们的人生观和世界观。人们的人生观和世界观在一定程度上取决于对人类的“起源”与“未来”的问题的回答。而宗教就是对这个问题的一种回答。故 A、B 项表述正确。从宗教对人的影响上来看，其提倡与人为善、容忍精神等，使公民习惯于循规蹈矩，不为损害他人和社会的行为，因而在行为层面能够起到规范的作用，对人的行为进行约束。宗教与法律的不同之处在于其约束方式不独是对人的行为，更表现在对精神的影响上，这是法律所不具有的，故 D 项表述正确。一般来说，现代国家法律对宗教的影响巨大，在近现代政教分离的国家里，法与宗教分离，法对各种宗教之争持中立态度，法保障宗教信仰自由。但这并不意味着所有国家都实现政教分离，仍然有部分国家实行政教合一，C项表述错误。

15. 答案：C

解析：在法律产生的过程中，经历了从与宗教和道德浑然一体到相对分离的发展过程，所以A选项说在法产生的过程中，法与宗教曾经是不分离的，是对的。现代社会依然存在政教合一的国家，在这些国家中，宗教规范也是法律规范，B项正确。现代西方社会有些法律的内容来自中世纪的宗教教义，如关于宣誓的规定，C项不正确。宗教规范的适用范围是以属人主义为原则，也即以宗教教徒的身份来确定宗教规范的管辖权，D项正确。

16. 答案：D

解析：马克思主义法学认为法以社会为基础，不仅指法律的性质与功能决定于社会，而且指法律变迁与社会发展的进程基本一致：法是社会的产物，社会性质决定法律性质，社会物质生活条件在归根结底的意义上最终决定着法律的本质；制定、认可法律的国家以社会为基础，国家权力以社会力量为基础。故A、B、C项表述正确。另外，尽管法是由社会所决定的，但是法依然有其相对独立性，表现之一即在于其在立法和司法等方面的特定发展规律，故D项表述错误。

（二）多选题

1. 答案：ABD

解析：经济基础决定包括法在内的上层建构。同时，法是社会的产物，社会性质决定法律性质，社会物质生活条件在归根结底的意义上最终决定着法律的本质，故A项表述正确。法对于经济基础具有能动的反作用，能够通过生产关系反作用于生产力，B项正确。法的起源、本质和功能以及发展变化，主要受到经济基础的制约，但是并不意味着其不受社会其他因素的影响，也要受到包括政治、科技、文化等其他因素的制约，C项错误。同时，法律不是万能的，它需要与其他社会规范一起调整社会关系，所以D项正确。

2. 答案：AC

解析：现代科技的发展扩大了法律的调整范围，A项正确。法律既要保护科技带来的积极成果，也要防止科技及其运用的异化，排除科技伦理风险，B项错误。科技的发展在一定程度上提高了当代立法的质量和水平，如网络技术的发展扩大了立法听证的范围，大数据技术的运用丰富了立法的资讯，C项正确。法律具有局限性，并非一切社会关系都可由法律来调整，科技的发展扩大了需要调整的社会关系，这些社会关系中有的适合留给道德伦理来调整，故而D项的表述过于绝对。

3. 答案：ABC

解析：成文法律具有局限性，表现之一就是法律调整社会关系的范围和深度是有限的，具有滞后性，故A项正确。社会决定法律，法律反映社会，后者的方式之一就是及时对可能引发社会问题的现象进行应用范围和性质上的规定，及时立法，以使得社会关系处于相对平衡的状态，故B项正确。非正式法律渊源能够弥补正式法律渊源的漏洞和不足，在缺乏法律明文规定的情况下，政策、法理、道德、习惯等作为非正式的法律渊源能够成为法律适用的大前提，作为行为的正当性根据，C项正确。法所体现的国家意志表面上具有一定的公共性，但是从本质上说，法律所体现的仅仅是统治阶级的意志，绝不反映被统治阶级的利益和意志，D项错误。

4. 答案：ABCD

解析：依据马克思主义的基本原理，法与包括道德、宗教、文化在内的社会文化，不仅共同受社会经济基础的根本制约，它们之间也相互重叠、相互影响，A项正确。文化具有民族性，文化的民族性必然使法律呈现出民族特点，如中国传统“父为子隐、子为父隐，直在其中矣”的儒家文化体现在法律内容中，就是亲属之间没有作证的义务，而文华典章的文化传统则使得我国法律一直以来呈现出成文的形式，B项正确。中国传统法律文化既包括与现代法治不相容的部分，也包括作为优秀遗产的、与现代法治相契合的部分，前者从消极方面影响中国现代法治的进程，后者从积极方面影响中国现代法治的进程，C项正确。法是文化的一个部分，社会主义法是社会主义先进文化的重要组成部分，特定国家的法律本身体现着一种文化，D项正确。

5. 答案：BC

解析：法律意识可以自发形成，也可以自觉培养，我国这些年一直在开展的普法运动，就是为了培养公民的法律意识，A项错误。法律意识是法律文化的组成部分，属于法律文化汇中“软”的部分、精神性的部分，B项正确。无法不足以自行，无论是执法、司法、守法还是监督活动，都要依靠人来实施，法律实践是人依法的实践活动。法律意识是人们关于法律的思想、观念、知识、心理，制约着法律实践活动。C项正确。法律思想体系是法律意识的高级阶段，D项错误。

6. 答案：ABCD

解析：法律意识，是人们关于法律的思想、观念、知识、心理的总称。它包括法律心理和法律思想体系两个阶段。法律心理是法律意识的初级阶段，它是人们在日常生活中形成的关于法律的零星的感觉、情绪等心理活动。法律思想体系是法律意识的高级阶段，它是指对法律思想观点的理论概括，是理论化、系统化的法律意识。消费者的维权意识、人们对法律的尊重或反感的情绪、人们关于法律公正的观念、当事人对法律不信任的态度都属于人们在日常生活中形成的关于法律的零星的感觉、情绪等心理活动，因此都属于法律意识。要注意的是，即便是人们对于法律的反感和不信任，也都属于法律意识。因为法律意识只是“关于”法律的，而非“符合”法律的心理活动。

7. 答案：ABC

解析：选项ABC都属于人们在日常生活中形成的关于法律的零星的感觉、情绪等心理活动，因而都是法律意识。薛某以产品质量为由向法院起诉要求销售方进行损害赔偿，并不仅停留在“心理活动”的层面，而是起诉行为，属于法律行为，而非法律意识，所以D项不选。

8. 答案：ABC

解析：选项B属于法律思想体系，选项A和C可能属于法律心理，也可能属于法律思想体系，因而都属于法律意识。法律意识是一种“心理活动”，而法律规定的平等原则属于客观存在的法律规范（法律原则），而非主观心理活动，因而选项D不选。

9. 答案：ABC

解析：道德义务可以转化为法律义务，法律义务也可能转化为道德义务，A项正确。执法和司法工作者道德素养的高低会影响到执法与司法工作，B项正确。公平道德素质和水平的高度会影响到他们遵守法的程度或者说法的实效，C项正确。道德构成了法律的价值基础和标准，而不是相反，D项错误。

10. 答案：BCD

解析：立法者可以将既有的道德规范规定进法律里，即将其表述为法律规范，如我国《民法典》婚姻家庭编中的相关内容就是如此，A项正确。法律关于诉讼程序的规定一般都是道德无涉的，因为道德规范很多时候不涉及程序性规定，B项错误。法律和道德都规定权利义务，只是在法律中权利义务具有对等性；而在道德中则以义务为主，C项错误。通常道德的调整范围比法律的大得多，所以违反道德不并一定就违反法律，D项错误。

11. 答案：ABD

解析：法和道德的区别包括：在生成方式上，法律具有建构性，道德是非建构性的；在行为标准上，法律具有确定性，道德具有模糊性；在存在形态上，法律具有一元性，道德具有多元性；在调整方式上，法律调整人的外在行为，道德除了调整人的外在行为，还关注人的内心；在运作机制上，法律具有程序性，道德具有非程序性；在强制方式上，法律具有国家强制性，道德依靠内在约束；在解决方式上，法律具有可诉性，道德不具有可诉性。故A项正确，C项错误。按照分析实证主义法学的观点，法与道德在概念上没有必然联系，“恶法亦法”，B项正确。违反法律程序的行为并不一定违反道德，违反道德的行为也不一定违反法律程序，D项正确。

12. 答案：ABD

解析：一个国家的法与道德并不完全重合，一般而言道德调整的对象远比法律调整的广泛；法律调整的对象同样可由道德调整，而道德所调整的对象并不完全能够通过法律来调整，A项正确。国家的立法必然要考虑道德观念，法院判决所依据的是调整家庭关系的法律规范（父母有抚养子女的义务），这个法律规范的内容首先就是一种道德义务，是符合中华民族的传统道德观念的，所以B项不正确。法的适用过程不可能完全排除道德判断，本案中法官的判决没有没有采纳孙某的理由，只是表明不赞成孙某的判断（小强不参加祖父葬礼可以成为免除孙某承担抚养义务的道德理由），而不表明法官没有作道德判断（父母有抚养子女的义务，而且这种义务与子女是否孝顺祖父母没有关系），C项错误。法律评价人的行为的尺度和标准是合法与不合法、罪与非罪等，有时也要进一步作程度性评价（如轻微违法、重大违法等），而道德评价的标准则是善与恶、美与丑、是与非等，D项正确。

13. 答案：AD

解析：宗教的对人效力以属人主义，即以教徒身份为依据，只要是某个宗教的教徒，宗教教义就对其有拘束力，而无论这个人身处何国；而现代法律则以属地主义为基础，结合属人主义来确定自己的管辖权，A项正确。在欧洲中世纪，教会法既是宗教教义，也具有法律的效力。即便到今天，在政教合一的国家，宗教规范也同时具有法律规范的地位，所以B、C项都是错误的。现代法律对宗教自由的保护，包括信教的自由，也包括不信教的自由，D项错误。

14. 答案：AB

解析：马克思主义法学认为法是以社会为基础的，是社会的产物。社会性质决定法律性质，社会物质生活条件决定法的本质。制定、认可法律的国家以社会为基础，国家权力以社会力量为基础，国家法以社会法为基础等等。故法律的性质和功能取决于社会，同时，法律的变迁也与社会发展的进程基本一致，故A、B项正确。马克思主义的法律观认为，法产生的根本原因是随着生产力的发展，产品有了剩余，出现了私有制和阶级剥削，故C项错误。法的作用分为规范作用和社会作用，其中解决社会冲突，分配社会资源，维持社会秩序属于法的社会作用，D项错误。

二、分析题

1. 答案：(1) 法律文化一般是指在一定社会物质生活条件的作用下，国家创制的法律规范、法律制度或人们关于法律现象的态度、价值、信念等的复合有机体。该法官后语反映了法律文化的精神层面，即观念形态的法律文化。

(2) 传统法律文化以伦理为核心，当代社会主义法律文化以法治为核心，二者存在一定的差异和冲突，但也有相契合的因素。本案法官后语吸纳了传统法律文化中的合理因素，并融入了现代法治理念，体现出两种文化的有机结合。后语中提到的"真诚以待、敬老爱幼、互相帮助、重修亲情"既是中国传统法律文化的重要内容，也是当代中国社会主义法律文化需要强调的基本方面，与法治精神不相违背。该法官后语反映了中国传统法律文化与当代社会主义法律文化的和谐统一。

2. 答案：如果支持甲观点，从法与道德的联系角度展开分析：法律与道德都是重要的社会调整手段；它们对社会关系的调整具有一定的关联性和一致性；道德是法律的基础和评价标准，法律是传播道德与保障道德的有效手段。尤其是社会主义法与社会主义道德是高度统一的。本题中，条例草案规定，不给老弱病残孕让座的，驾驶员、售票员可以拒绝其乘坐，市政主管部门也可以给予罚款50元，这种规定是合理的。这是将道德的要求上升为法律，用法律来保障道德的实现。

如果支持乙观点，从法与道德的区别角度展开分析：法与道德的产生方式不同、表现形式不同、实现方式不同、调整范围不同、评价标准和尺度不同、规定的权利义务不同。本题中，该草案规定，驾驶员、售票员可以拒绝其乘坐，市政主管部门也可以给予罚款50元，这种规定是不合理的。因为法与道德虽有联系，但也有所区别。法与道德的调整范围不同，法律的作用是有局限性的。是否给老弱病残孕让座，应该运用道德调整，而不应纳入法律调整的范围。

3. 答案：（1）第一，某些道德上的要求可以上升为法律，并以强制力保障执行。"常回家看看"是我国伦理道德的要求，国家通过立法将其上升为法律规范，并在司法中予以确认，不仅有助于老年人权益的保障，也有助于弘扬关爱老人这一伦理道德。第二，并非所有的道德都应上升为法律。有些道德在条件不成熟的情况下上升为法律，反而可能损害法律的权威。良好社会秩序的形成，需要法律调整与道德调整的相互协调。

（2）第一，道德是法律的基础和评价标准，道德是法律的理论基础，道德是法律的价值基础，道德是法律运行的社会基础；道德是法律的补充，可以弥补法律的漏洞。第二，法律是传播道德、保障道德实施的有效手段：法律通过立法，将社会中的道德理念、信念、基本原则和要求法律化、制度化、规范化，赋予社会的道德价值观念以法律的强制力；法律是道德的承载者；法律是形成新的道德风貌、新的精神文明的强大力量。

4. 答案：（1）（略）

（2）基层社会治理是社会治理的重要环节，社会治理的目标是实现社会治理现代化，它包括三大任务，即保障人民安居乐业、维护社会安定有序、促进社会公平正义。为此，要通过社会主义法加强社会建设。

社会建设的目标是建设社会主义和谐社会。要建设社会主义和谐社会，建设平安中国，推进社会治理法治化，就要依法有效化解社会矛盾纠纷。这就包括坚持和发展新时代"枫桥经验"，畅通和规范群众诉求表达、利益协调、权益保障通道，加强矛盾排查和风险研判，完善社会矛盾纠纷多元预防调处化解综合机制，努力将矛盾纠纷化解在基层。全面落实诉讼与信访分离制度，深入推进依法分类处理信访诉求。充分发挥人民调解的第一道防线作用，完善人民调解、行政调解、司法调解联动工作体系。充分发挥律师在调解中的作用，建立健全律师调解经费保障机制。县（市、区、旗）探索在矛盾纠纷多发领域建立"一站式"纠纷解决机制。

新时代"枫桥经验"可以概括为"矛盾不上交""平安不出事""服务不缺位"三大方面，把矛盾纠纷发现在第一时间、化解在第一环节。"枫桥经验"既是党的群众路线的生动实践，也是以人民为中心的法治观念和社会治理理念的体现。

三、论述题

1. 我国社会主义市场经济与法律有着密切的联系，法律对市场经济的作用主要体现在宏观和微观两个方面。

法律在宏观方面的作用：法律在社会主义市场经济宏观调控方面发挥着重要作用，主要表现在对市场经济运行的引导、促进、保障和必要的制约方面。具体表现为：对经济发展方向的引导作用，对经济体制的确立作用，对宏观经济秩序的保障作用，对市场经济中消极因素的制约作用，对不同主体利益关系的协调作用，确立和保障市场经济的开放性和国际性。

法律在微观方面的作用：确立市场主体的独立性，市场主体的行为需要法律来规范，市场主体的独立地位需要法律来确认和保障；确认和保障契约关系的平等性，市场经济运行过程中的各种活动，几乎都是通过契约来实现的，契约关系是一种法律关系，具有法律约束力，也需要法律来确认和保障；确认市场经济交易过程中的自由与平等竞争的具体规则，法律对市场经济作为自由竞争的经济和平等竞争的规则确认与保护；保护市场经济运行中市场准入与交易的正常法律秩序，市场经济需要有正常的市场准入、市场交易秩序，这些都离不开法律的作用。

以上要点应联系实际，展开论述。（观点明确，说理充分，条理清晰，语言规范）

2. 答案：（1）法律的生命在于实施，法律实施的效果与公民的法律意识密切相关。上述材料说明，良好的法律意识对于法律实施具有重要意义，当前我国公民的法律意识有待提高。

（2）良好的法律意识对于法治具有重要意义。良好的法律意识，有助于保障公民的普遍守法；有助于推进依法行政；有助于维护司法公正和司法权威；有助于加强法律监督，保障法律的有效实施。

（3）为了培养公民的法律意识，需要积极采取有效的普法措施：开展学校法律教育，提高学生的法律意识；加强社会法律宣传，尤其是媒体应承担普法宣传的责任；司法机关通过群众参与司法、司法公开等形式，宣传法律知识，普及法治意识。（如能从法治意识的培养等其他角度合理论述的，酌情给分）

3. 坚持德治（依法治国）和法治（以德治国）相结合，是中国特色社会主义法治道路的一大优势。首先，社会主义法与社会主义道德之间可以达到高度统一。社会主义法追求的是良法之治、善法之治；社会主义道德是代表了最大多数人的、人类历史上最先进的道德。其次，社会主义法对社会主义道德具有积极的促进和保障作用。社会主义法通过对社会基本道德原则的确认，使道德义务转化为法律义务，为道德的遵守提供法律支持。社会主义法对道德的促进作用，最鲜明地体现为法律对社会主义核心价值体系的促进和保障作用。最后，社会主义道德为法的制定提供价值导引并促进法的实施。

在治国理政、建设社会主义法治国家的过程中，必须坚持一手抓法治、一手抓德治，大力弘扬社会主义核心价值观，弘扬中华传统美德，既重视发挥法律的规范作用，又重视发挥道德的教化作用。具体而言，坚持依法治国和以德治国相结合有以下两项重点：一是以法治体现道德理念、强化法律对道德建设的促进作用。二是以道德滋养法治精神、强化道德对法治文化的支撑作用。只有坚持以法治体现道德理念，道德才有可靠的制度支撑和刚性约束。只有坚持以道德滋养法治精神，法治才有坚实的社会基础和广阔的发展空间。所以，治国理政必须把行善政与行法令紧密结合起来。

第十三章　中国社会主义立法和法律体系

第一部分　本章知识点速览

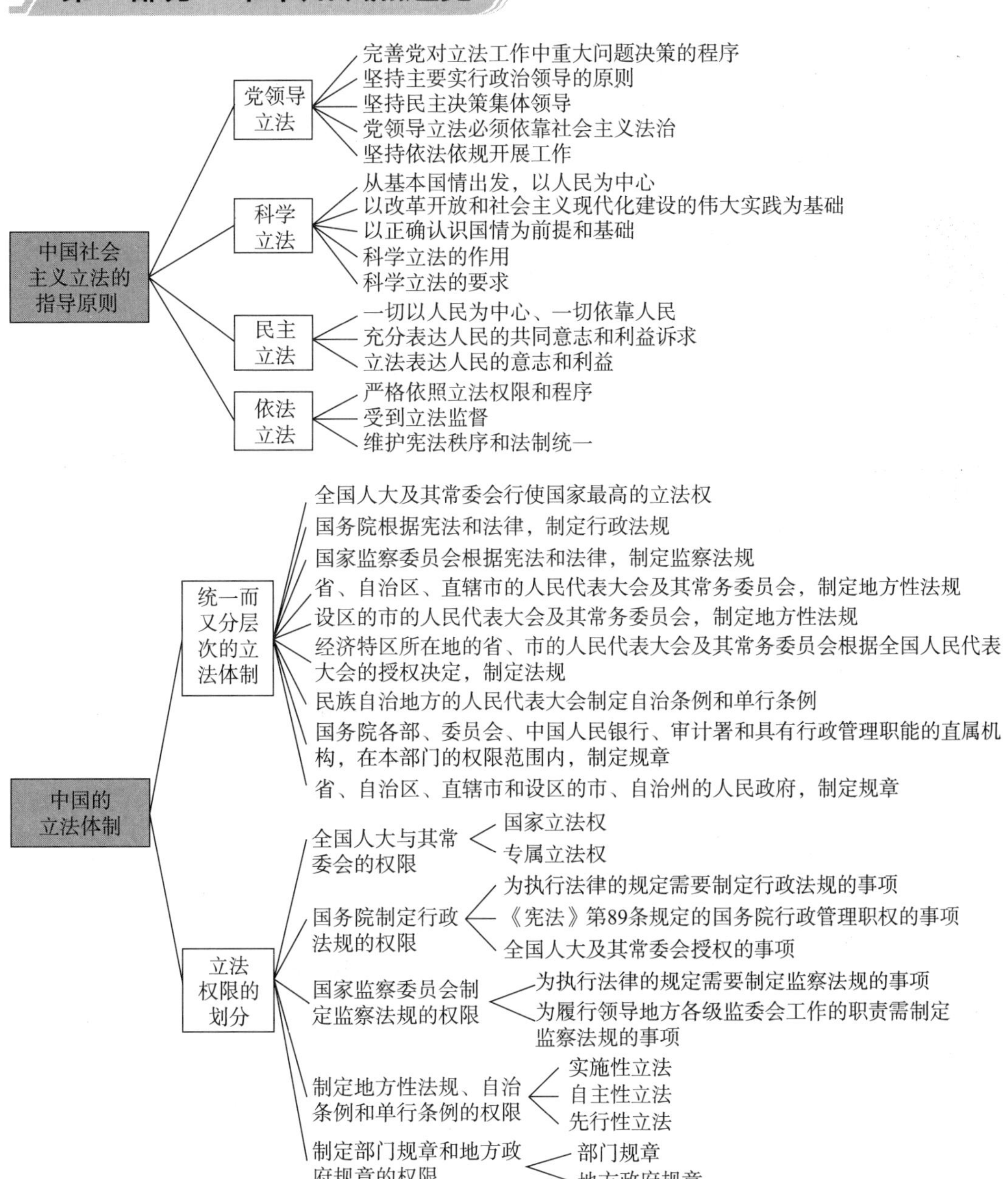

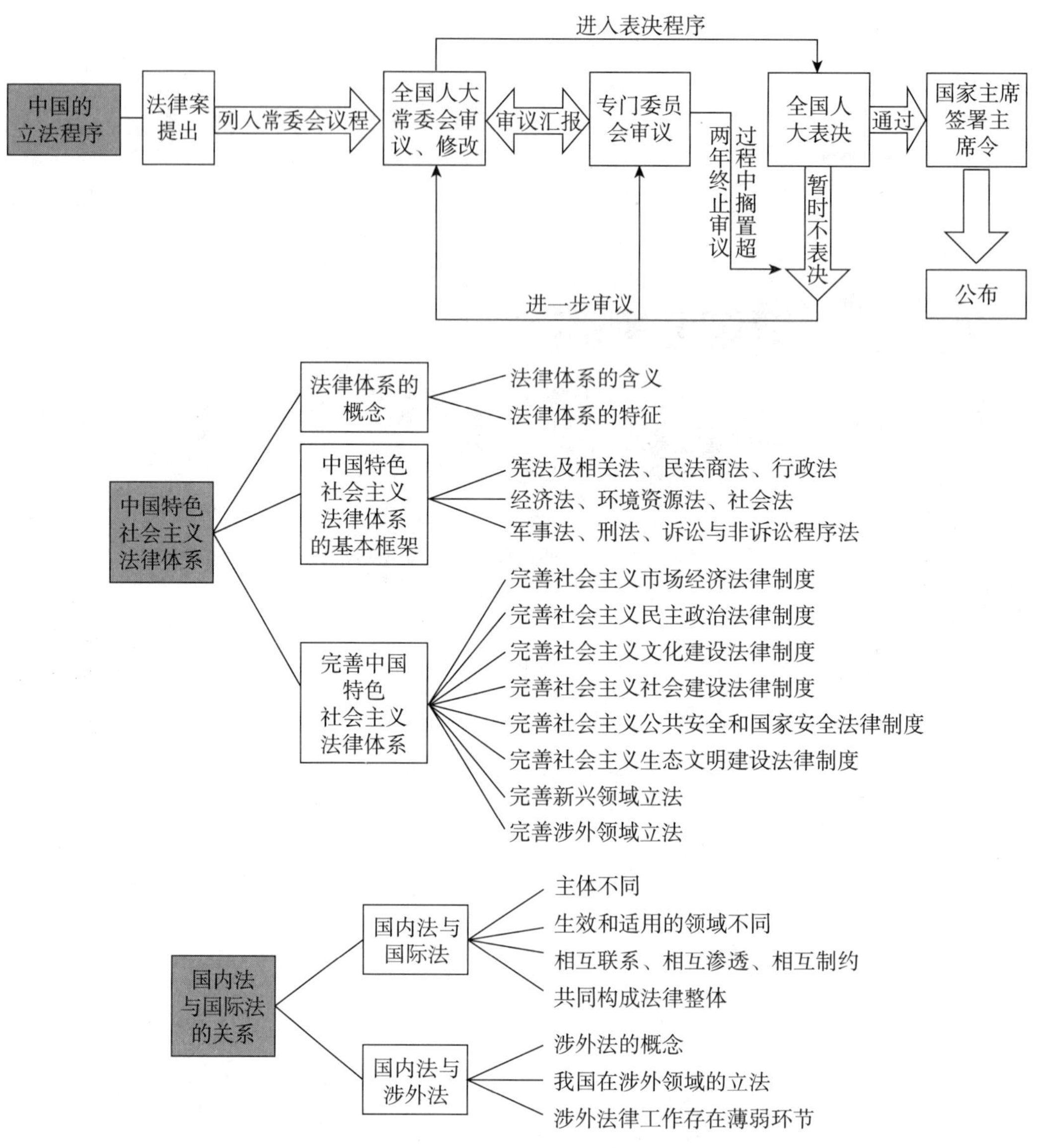

第二部分　本章核心知识要点解析

第一节　中国社会主义立法的指导原则

一、党领导立法

（一）难度与热度

难度：☆☆☆　热度：☆☆☆

（二）基本理论与概念

1. 加强党对立法工作的领导，完善党对立法工作中重大问题决策的程序。

2. 坚持主要实行政治领导的原则。

3. 坚持民主决策集体领导，善于统筹协调不同主张和利益关系，遵循党内重大决策程序规定，集体研究决定立法中的重大问题。

4. 党领导立法必须依靠社会主义法治。

5. 坚持依法依规开展工作。

（三）疑难点解析

中国共产党是中国特色社会主义事业的领导核心，党的领导是全面的，包括立法工作。党领导立法工作的方式，主要是确定立法工作方针、批准立法规划、提出立法工作建议、明确立法工作的重大问题、加强立法队伍建设等，把握正确的政治方向。

在党中央层面，凡是立法涉及重大体制和重大政策调整的，必须报党中央讨论决定。党中央向全国人大常委会提出宪法修改建议，依照宪法规定的程序进行宪法修订。法律制定和修订的重大问题由全国人大常委会党组向党中央报告。

在地方党委层面，拥有立法权的各级地方党委要建立健全立法工作责任制，党委主要负责同志要履行领导立法工作第一责任人职责。要建立健全立法机关党组向党委请示报告制度。立法机关党组要认真履行政治领导责任，在立法工作中发挥好把方向、管大局、保落实的重要作用。

立法工作要善于把党的主张通过法定程序变为国家意志。要充分发挥立法机关作用，符合依法执政的要求，正确处理加强党的领导和支持保证立法机关充分行使立法权的关系。除政治方面的立法和重大经济社会方面的立法外，其他立法由立法机关根据法定权限组织起草审议活动。

最后，党领导立法工作必须在宪法、法律范围内进行，不得随意干预甚至替代立法活动。要做好党领导立法工作程序与立法程序的对接，不允许以党内活动代替立法程序。

（四）拓展延伸阅读

新中国第五次修宪是党领导立法的恰当事例。2017 年 9 月 29 日，习近平总书记主持召开中央政治局会议，决定启动宪法修改工作。2018 年 3 月 11 日，十三届全国人大一次会议通过了《中华人民共和国宪法修正案》，修宪圆满画上句点。在修宪伊始，党中央就提出了修宪的总体要求和基本原则，总体要求的核心是把党的十九大确立的、党章已载明的党的主张、基本理论、基本方略、大政方针转化为根本法规定，实现宪法与党章有机衔接、相辅相成；基本原则是坚持党对宪法修改的领导，依法按程序推进宪法修改，充分发扬民主、广泛凝聚共识，坚持对宪法作部分修改、不作大改。对总体要求的贯彻和对基本原则的遵循，使五个多月的修宪进程有条不紊、有理有据。党中央通过对全国人大提出修宪建议，通过法定程序将党的主张上升为国家意志，用这样的方式领导了对宪法的修正工作。

二、科学立法

（一）难度与热度

难度：☆☆☆　热度：☆☆☆

（二）基本理论与概念

1. 科学立法的核心，在于尊重并体现客观规律，使法律准确适应改革发展稳定安全需要，公正合理地协调利益关系。

2. 坚持问题导向，切实提高法律的针对性、及时性、系统性、协调性，增强法律的可执行性，使每一部法律法规都切实管用。

（1）科学立法的出发点：立法必须坚持从我国仍处于并将长期处于社会主义初级阶段的基本国情出发，以人民为中心。

（2）科学立法的基础：以我国改革开放和社会主义现代化建设的伟大实践为基础，不断总结实践经验，确立体现中国特色社会主义特征要求、符合我国经济社会发展实际的法律制度。

（3）科学立法的前提和基础：正确认识国情。

（4）科学立法的作用：科学合理地规定公民、法人和其他组织的权利与义务，科学合理地规定国家权力机关的权力与责任，正确处理好各种利益关系，促进经济、政治、文化和社会的协调发展。

（5）科学立法的要求：

其一，立法注重深入实际，加强调查研究，分析社会生活各方面提出的具体问题

其二，立法既符合全局的需要，又考虑不同地区的实际情况；既符合长远的发展方向，又切合当前的实际。

其三，坚持立法与经济社会发展进程相适应，区别不同情况作出相应规定。既要及时把改革的成功经验用法律形式固定下来，又要注意为深化改革留下空间。

其四，研究和借鉴国外的有益经验和人类共同创造的文明成果，同时不脱离我国的国情和实际，不照抄照搬国外的法律制度。

（三）拓展延伸阅读

赤水河是长江上游唯一没有修建干流大坝、保持自然流态的一级支流，不仅具有极大的环保价值、文化价值和经济价值，而且关涉长江中下游的环保价值。由于赤水河在云贵川三省的流域面积占比不一样，各地工作实际不同，之前流域内各地在产业布局、环境准入、监管执法尺度等诸多方面不尽一致，如何真正实现“上下游联动、干支流统筹、左右岸合力”的跨区域协同保护治理成为三省共同立法的关注焦点。

2011 年 7 月，贵州省人大常委会通过了《贵州省赤水河流域保护条例》，这是全国第一部针对流域保护而制定的地方性法规；2020 年，云南、四川两省正式启动各自的条例起草工作。同时，三省人大常委会密切协作，定期召开三省人大常委会赤水河流域保护立法秘书长联席会议，衔接《长江保护法》，聚焦三省共同关注的问题，加强研究论证，科学构建制度设计和条款内容，形成了提交审议的条例草案文本。云贵川三省相关立法工作均有序推进，按照全国人大相关要求，条例正式审议通过后，三省将同步施行，实现共抓大保护、不搞大开发、共建共治、生态补偿、联合执法的跨区域合作。这一立法事例，基于三省关于赤水河的实际情况，科学地制定了符合长远情况的法律规范，具有较高的可操作性，为将来的立法提供了创新性模范。

——用法治力量守护好母亲河 筑牢长江上游生态安全屏障. 贵州人大网.

三、民主立法

（一）难度与热度

难度：☆☆☆ 热度：☆☆☆

（二）基本理论与概念

1. 民主立法的核心在于一切以人民为中心、一切依靠人民。

2. 充分表达人民的共同意志和利益诉求，是我国立法必须坚持的基本原则，也是我国社会主义立法的本质特征。

3. 立法表达人民意志和利益的要求：

（1）必须坚持全心全意为人民服务的根本宗旨，始终把维护最广大人民的根本利益作为出发点和落脚点。

（2）必须坚持以人民为中心，关注民生，注重社会公平，认真解决涉及群众切身利益的矛盾和问题。

（3）必须正确处理公共权力与公民权利之间的关系。

（4）必须坚持走群众路线，充分发扬民主，积极主动地逐步扩大公民的有序参与。

（三）疑难点解析

1. 立法要坚持人民主体原则，以人民为中心，完善立法工作机制，拓宽公民参与立法的途径，健全立法机关和社会公众沟通机制，建立重大利益调整论证咨询机制，使得每一项立法都能符合宪法精神、反映人民意志、得到人民拥护。

2. 我国是人民当家作主的社会主义国家，因此为了实现人民当家作主，一个重要的方面就是人民群众要参与国家立法活动，国家机关在立法过程中一定要充分吸取来自人民群众的建议，使得各类法律规范真正体现人民共同意志和人民根本利益。这可以通过两方面实现：一是人民群众通过民主选举各级人大代表，间接反映自己的意见与要求；二是人民群众通过各种途径参加立法活动，直接表达自己的意愿。

3. 立法工作第一要坚持全心全意为人民服务的根本宗旨，始终把维护最广大人民的根本利益作为出发点和落脚点；第二要坚持以人民为中心，注重社会公平，解决涉及群众切身利益的矛盾和问题；第三要正确处理公共权力和公民权利的关系，维护公民正当权益，同时保证公共权力的有效运行；第四要坚持走民主路线，通过座谈会等形式使得人民意见得到充分的体现和吸收，切实维护多数人利益。

（四）拓展延伸阅读

设立基层立法联系点是我国民主立法工作的一个亮点。2015 年，全国人大常委会法工委成立上海市长宁区虹桥街道、湖北襄阳市、江西景德镇市和甘肃定西临洮县人大常委会等 4 个基层立法联系点。基层立法联系点一头连着最高国家权力机关，一头系着基层群众，是发展全过程人民民主的一个缩影。基层立法联系点作为国家立法“直通车”，为人民群众有序参与国家立法提供了有效途径。全国人大常委会法工委通过基层立法联系点能够直接听取基层群众的意见建议，实现了法律从群众中来、到群众中去，增强人民群众民主参与、民主决策的获得感，受到人民群众欢迎。2021 年 7 月，全国人大常委会法工委又新增了 12 个基层立法联系点，使得立法联系点数量扩大到 22 个。通过这些立法联系点，普通民众可以实现对立法过程的直接参与，国家立法机关可以直接调研来自社会治理一线的立法信息、来自基层群众的立法需求，从而有效实现立法机关与人民群众之间的密切联系与沟通互动。

四、依法立法

（一）难度与热度

难度：☆☆☆　热度：☆☆☆

（二）基本理论与概念

依法立法有三个要求：

1. 严格依照立法权限和程序。
2. 受到立法监督。
3. 维护宪法秩序和法制统一。

（三）疑难点解析

党的十九大报告在“科学立法”和“民主立法”的基础上，提出了“依法立法”这一新的原则。在中国特色社会主义进入新时代的背景下，“依法立法”与“科学立法”和“民主立法”并列，是对全面依法治国的深化与推进。

1. 我国《宪法》和《立法法》规定了不同层级的国家机关的立法权限，有关机关都必须在各自立法权限范围内行使立法权，不能越权立法。越权行为是违法的、无效的。立法必须严格按照法律所规定的立法程序，不按照立法程序的立法是无效的。

2. 为了保证依法立法，必须有严格的立法监督程序，拥有立法监督权的不同国家机关要在自己权限范围内切实履行职权，使备案审查和改变撤销机制在立法监督中发挥重要作用。

3. 依法立法要维护宪法的权威和尊严，维护国家法制的统一。宪法是国家的根本法，是一切法律规范的立法基础。宪法确立的基本原则是一切法律规范必须遵循的基本原则。维护宪法秩序，是一切立法活动的最高准则，也是一切立法活动的根本任务。要坚持以宪法为核心和统帅，任何法律、行政法规和地方性法规都不得同宪法相抵触，行政法规不得同法律相抵触，地方性法规不得同法律、行政法规相抵触。在制定各类法律规范时，要从国家整体利益出发，从人民长远、根本利益出发，防止只从地方、部门利益出发的倾向。

（四）拓展延伸阅读

2016 年 4 月，浙江省杭州市居民潘洪斌致信全国人大常委会，建议审查《杭州市道路交通安全管理条例》，并撤销该条例中违反《行政强制法》设立的措施。他认为：《道路交通安全法》的相关规定里没有“扣留非机动车并托运回原籍”这一行政强制手段，《杭州市道路交通安全管理条例》显然违反了法律规定。收到潘洪斌的审查建议后，全国人大常委会法工委认为，该条例关于扣留非机动车并强制托运回原籍的规定与《行政强制法》的规定不一致，要求对其进行修改。2017 年 6 月 28 日，杭州市人大常委会审议通过了一项决定，对《杭州市道路交通安全管理条例》予以修改，删除了“扣留非机动车并托运回原籍”的有关规定。这是“依法立法”的典型事例。

——陈俊. 依法立法的理念与制度设计. 政治与法律，2018（12）.

第二节　中国的立法体制

一、统一而又分层次的立法体制

（一）难度与热度

难度：☆☆☆☆　热度：☆☆☆☆

（二）基本理论与概念

1. 立法体制：主要是指对立法权限进行划分的制度，涉及哪些国家机关，具有什么性质、多大范围的立法权限，以及享有不同性质、不同范围的立法权限的各国家机关之间是一种什么样的关系。

2. 立法权限：一般依据宪法规定来划分，主要包含两个方面：一个是中央与地方之间立法权限的划分，另一个则是中央各国家机关之间立法权限的划分。

3. 各国的立法体制不尽相同，可以分为三类：一级立法体制（立法权由中央统一行使，地方不拥有立法权，单一制国家居多）、二级立法体制（立法权由中央和地方共同行使，联邦制国家居多，宪法对联邦和成员邦的立法权限作出明确划分）、一元两级立法体制（立法权主要掌握在中央，同时允许地方有一定的立法权，联邦制单一制国家均有）。

4. 统一而又分层次的立法体制：我国现行的立法体制，具体包括以下内容：

（1）全国人大及其常委会行使国家最高的立法权，制定法律。

（2）国务院根据宪法和法律，制定行政法规。

（3）国家监察委员会根据宪法和法律，制定监察法规。

（4）省、自治区、直辖市的人民代表大会及其常务委员会根据本行政区域的具体情况和实际需要，在不同宪法、法律、行政法规相抵触的前提下，可以制定地方性法规。

（5）设区的市的人民代表大会及其常务委员会根据本市的具体情况和实际需要，在不同宪法、法律、行政法规和本省、自治区的地方性法规相抵触的前提下，可以对城乡建设与管理、环境保护、历史文化保护等方面的事项制定地方性法规。

（6）经济特区所在地的省、市的人民代表大会及其常务委员会根据全国人民代表大会的授权决定，制定法规。

（7）民族自治地方的人民代表大会有权依照当地民族的政治、经济和文化的特点，制定自治条例和单行条例。

（8）国务院各部、委员会、中国人民银行、审计署和具有行政管理职能的直属机构，可以根据法律和国务院的行政法规、决定、命令，在本部门的权限范围内，制定规章。

（9）省、自治区、直辖市和设区的市、自治州的人民政府，可以根据法律、行政法规和本省、自治区、直辖市的地方性法规，制定规章。

（三）疑难点解析

我国是工人阶级领导的、以工农联盟为基础的人民民主专政的社会主义国家，中国共产党是国家的领导核心，人民代表大会制度是我国的根本政治制度，统一的单一制国家是历史形成的传统，这些因素决定我国的立法权限必须相对集中，不能过于分散，以利于维护法制的统一和国家的统一。同时，由于我国地域广阔，各地情况很不相同，要发挥中央和地方两个积极性；我国是一个统一的多民族的国家，少数民族聚居的地方实行民族区域自治；我国正在进行经济体制改革和其他各项改革，需要不断完善法制，等等，这些因素又决定我国的立法权限不能过于集中，必须适应各种不同情况，有利于充分调动各方面的主动性和积极性，有利于促进改革发展稳定和社会主义民主法制建设。

根据这些实际情况，宪法、立法法和有关法律确立的立法体制既是统一的，又是分层次的。所谓统一，一是所有立法都必须以宪法为依据，不得同宪法相抵触；下位法不得同上位法相抵触。二是国家立法权由全国人大及其常委会统一行使，法律只能由全国人大及其常委会制定。所谓分层次，就是在保证国家法制统一的前提下，国务院、省级人大及其常委会和较大市的人大及其常委会、自治地方人大、国务院各部委、省级人民政府和较大的市人民政府，分别可以制定行政法规、地方性法规、自治条例和单行条例。实践证明，这样一个立法体制，是符合我国国情的。

（四）拓展延伸阅读

在上述立法体制之外，我国还有两个特殊的立法制度：一是中央军事委员会根据宪法和法律制定军事法规，中央军事委员会各总部、军兵种、军区、中国人民武装警察部队，可以根据法律和中央军事委员会的军事法规、决定、命令，在其权限范围内，制定军事规章。军事法规、军事规章在武装力量内部实施。二是根据香港、澳门特别行政区基本法的规定，特别行政区享有立法权，特别行政区的立法机关制定的法律须报全国人民代表大会常务委员会备案，备案不影响该法律的生效。

二、立法权限的划分

（一）难度与热度

难度：☆☆☆☆☆　热度：☆☆☆☆☆

（二）基本理论与概念

1. 立法权

（1）立法权限是立法机关行使立法权的界限范围。

（2）立法权是相对于行政权、司法权而言的国家权力，是指有权立法的机关制定、补充、修改、解释和废止法律的权力。

（3）我国立法权限划分的做法：明确列举全国人大及其常委会的专属立法权，同时对其他立法主体立法权限范围作出原则规定。

2. 全国人大及其常委会的立法权限

全国人大及其常委会的立法权，从性质上讲是国家立法权。国家立法权是立法机关以国家名义制定法律的权力，是独立、完整和最高的国家权力，它集中体现了全体人民的共同意志和根本利益，是维护国家法制统一的根本保障。

专属立法权是指由特定国家机关行使的、针对特定社会关系制定法律的权力。对属于特定国家机关专属立法权限的事项，其他任何机关非经授权，不得自行立法。为了有利于保证人民当家作主的地位，有利于维护国家统一，有利于建立和维护国内统一市场，根据宪法规定，《立法法》确立了全国人大及其常委会的专属立法权，对只能由全国人大及其常委会制定法律的范围列举了 11 项内容：

（1）国家主权的事项；

（2）各级人民代表大会、人民政府、人民法院和人民检察院的产生、组织和职权；

（3）民族区域自治制度、特别行政区制度、基层群众自治制度；

（4）犯罪和刑罚；

（5）对公民政治权利的剥夺、限制人身自由的强制措施和处罚；

（6）税种的设立、税率的确定和税收征收管理等税收基本制度；

（7）对非国有财产的征收、征用；

（8）民事基本制度；

（9）基本经济制度以及财政、海关、金融和外贸的基本制度；

（10）诉讼和仲裁制度；

（11）必须由全国人民代表大会及其常务委员会制定法律的其他事项。

3. 全国人大立法权限与其常委会立法权限的划分

《宪法》第62条、第67条对全国人大立法权限与其常委会的立法权限作了划分。

（1）全国人大制定和修改刑事、民事、国家机构的和其他的基本法律。

（2）全国人大常委会制定和修改除应当由全国人大制定的法律以外的其他法律。

（3）在全国人大闭会期间，全国人大常委会对全国人大制定的法律进行部分补充和修改。

4. 国务院制定行政法规的权限

（1）为执行法律的规定需要制定行政法规的事项。

（2）《宪法》第89条规定的国务院行政管理职权的事项。

（3）根据全国人大及其常委会的授权决定，对应当制定法律而尚未制定法律的部分事项先制定行政法规，但有关犯罪和刑罚、剥夺公民政治权利和限制人身自由的强制措施和处罚、司法制度等事项除外。

5. 国家监察委员会制定监察法规的权限

根据2019年10月26日第十三届全国人大常委会第十四次会议通过的《全国人民代表大会常务委员会关于国家监察委员会制定监察法规的决定》，国家监察委员会根据宪法和法律，制定监察法规。监察法规的权限包括：

（1）为执行法律的规定需要制定监察法规的事项；

（2）为履行领导地方各级监察委员会工作的职责需要制定监察法规的事项。

6. 制定地方性法规的权限

地方性法规主要包括三个方面的内容：

（1）为执行法律、行政法规的规定，需要根据本行政区域的实际情况作具体规定的事项，即实施性立法。

（2）属于地方性事务需要制定地方性法规的事项，即自主性立法。在坚持国家法制统一的前提下，突出地方特色，对本行政区域内特定的经济、文化、社会管理事项作出规定。

（3）对国家尚未制定法律、行政法规的一些事项（上述只能制定法律的事项除外），根据本地区经济社会发展的实际需要，可以先制定地方性法规，即先行性立法。

7. 制定自治条例和单行条例的权限

民族自治地方包括自治区、自治州、自治县。根据《宪法》《民族区域自治法》《立法法》的规定，一方面，民族自治地方的人民代表大会有权依照当地民族的政治、经济和文化的特点，制定自治条例和单行条例；另一方面，自治条例和单行条例可以依照当地民族的特点，对法律和行政法规的规定作出变通规定，但不得违背法律或行政法规的基本原则，不得对《宪法》和《民族区域自治法》的规定以及其他有关法律、行政法规专门就民族自治地方所作的规定作出变通规定。

8. 制定部门规章的权限

根据《立法法》规定，国务院各部、委员会、中国人民银行、审计署和具有行政管理职能的直属机构，可以根据法律和国务院的行政法规、决定、命令，在本部门的权限范围内，制定规章。部门规章规定的事项应当属于执行法律或者国务院的行政法规、决定、命令的事项。没有法律或者国务院的行政法规、决定、命令的依据，部门规章不得设定减损公民、法人和其他组织权利或者增加其义务的规范，不得增加本部门的权力或者减少本部门的法定职责。涉及两个以上国务院部门职权范围的事项，应当提请国务院制定行政法规或者由国务院有关部门联合制定规章。

9. 制定地方政府规章的权限

（1）省、自治区、直辖市和设区的市、自治州的人民政府，可以根据法律、行政法规和本省、自治区、直辖市的地方性法规，制定地方政府规章。

（2）设区的市、自治州的人民政府制定地方政府规章，限于城乡建设与管理、环境保护、历史文化保护等方面的事项。没有法律、行政法规、地方性法规的依据，地方政府规章不得设定减损公民、法人和其他组织权利或者增加其义务的规范。

（三）疑难点解析

我国拥有立法权限的主体众多，制定的规范形式也很多，相互之间难免出现冲突矛盾的问题。对此，根据《立法法》的规定，可以采取如下方式予以解决：

1. 宪法具有最高的法律效力，一切法律、行政法规、地方性法规、自治条例和单行条例、规章都不得同宪法相抵触。

2. 法律的效力高于行政法规、地方性法规、规章。

3. 行政法规的效力高于地方性法规、规章。

4. 地方性法规的效力高于本级和下级地方政府规章。

5. 省、自治区的人民政府制定的规章的效力高于本行政区域内的设区的市、自治州的人民政府制定的规章。

6. 自治条例和单行条例依法对法律、行政法规、地方性法规作变通规定的，在本自治地方适用自治条例和单行条例的规定。

7. 经济特区法规根据授权对法律、行政法规、地方性法规作变通规定的，在本经济特区适用经济特区法规的规定。

8. 部门规章之间、部门规章与地方政府规章之间具有同等效力，在各自的权限范围内施行。

9. 同一机关制定的法律、行政法规、地方性法规、自治条例和单行条例、规章，特别规定与一般规定不一致的，适用特别规定；新的规定与旧的规定不一致的，适用新的规定。

10. 法律之间对同一事项的新的一般规定与旧的特别规定不一致，不能确定如何适用时，由全国人民代表大会常务委员会裁决。

11. 行政法规之间对同一事项的新的一般规定与旧的特别规定不一致，不能确定如何适用时，由国务院裁决。

12. 地方性法规、规章之间不一致时，由有关机关依照下列规定的权限作出裁决：

（1）同一机关制定的新的一般规定与旧的特别规定不一致时，由制定机关裁决；

（2）地方性法规与部门规章之间对同一事项的规定不一致，不能确定如何适用时，由国务院提出意见，国务院认为应当适用地方性法规的，应当决定在该地方适用地方性法规的规定；认为应当适用部门规章的，应当提请全国人民代表大会常务委员会裁决；

（3）部门规章之间、部门规章与地方政府规章之间对同一事项的规定不一致时，由国务院裁决。

（4）根据授权制定的法规与法律规定不一致，不能确定如何适用时，由全国人民代表大会常务委员会裁决。

13. 法律、行政法规、地方性法规、自治条例和单行条例、规章有下列情形之一的，由有关机关依照《立法法》第 97 条规定的权限予以改变或者撤销：

（1）超越权限的；

（2）下位法违反上位法规定的；

（3）规章之间对同一事项的规定不一致，经裁决应当改变或者撤销一方的规定的；

（4）规章的规定被认为不适当，应当予以改变或者撤销的；

（5）违背法定程序的。

14. 改变或者撤销法律、行政法规、地方性法规、自治条例和单行条例、规章的权限是：

（1）全国人民代表大会有权改变或者撤销它的常务委员会制定的不适当的法律，有权撤销全国人民代表大会常务委员会批准的违背《宪法》和《立法法》第 75 条第 2 款规定的自治条例和单行条例；

（2）全国人民代表大会常务委员会有权撤销同宪法和法律相抵触的行政法规，有权撤销同宪法、法律和行政法规相抵触的地方性法规，有权撤销省、自治区、直辖市的人民代表大会常务委员会批准的违背《宪法》和《立法法》第 75 条第 2 款规定的自治条例和单行条例；

（3）国务院有权改变或者撤销不适当的部门规章和地方政府规章；

（4）省、自治区、直辖市的人民代表大会有权改变或者撤销它的常务委员会制定的和批准的不适当的地方性法规；

（5）地方人民代表大会常务委员会有权撤销本级人民政府制定的不适当的规章；

（6）省、自治区的人民政府有权改变或者撤销下一级人民政府制定的不适当的规章；

（7）授权机关有权撤销被授权机关制定的超越授权范围或者违背授权目的的法规，必要时可以撤销授权。

（四）拓展延伸阅读

2021 年 6 月 10 日，第十三届全国人大常委会第二十九次会议作出《关于授权上海市人民代表大会及其常务委员会制定浦东新区法规的决定》。根据该授权决定，上海市人大及其常委会可以制定浦东新区法规。从此之后，上海拥有两类不同性质的地方立法：一类是适用于全上海的地方性法规；另一类是专门为浦东制定的法规，在浦东新区实施。这是全国人大常委会首次授权上海在浦东新区变通适用国家法律、行政法规，是中国特色社会主义新时代我国立法制度的一次重大变革创新。有了这一授权之后，2021 年 9 月 27 日，上海市第十五届人大常委会第三十五次会议表决通过了《上海市浦东新区深化“一业一证”改革规定》和《上海市浦东新区市场主体退出若干规定》，首批浦东新区法规正式出炉。

第三节　中国的立法程序

一、法律案的提出

（一）难度与热度

难度：☆　　热度：☆

（二）基本理论与概念

1. 法律案是指依法享有提案权的机关或者个人向立法机关提出的关于制定、修改、废止某项法律的议案。

2. 法律案的提出主体包括两个方面：

（1）国务院，中央军事委员会，最高人民法院，最高人民检察院，全国人民代表大会各专门委员会；

（2）一个代表团或者 30 名以上的代表联名，或者 10 名以上常委会组成人员联名可以提出法律案。

（三）疑难点解析

法律案的提出是立法程序的第一步，法律案向立法机关提出后，必须经过一定的程序，才能列入会议议程，获得在立法机关进行审议的机会。需要注意：向全国人大和全国人大常委会提出法律案的主体是不同的。

1. 有权向全国人民代表大会提出法律案的主体

一是有关国家机关，即全国人民代表大会主席团、全国人大常委会、国务院、中央军事委员会、最高人民法院、最高人民检察院、全国人大各专门委员会，可以向全国人大提出法律案，由主席团决定列入会议议程。二是一个代表团或者 30 名以上代表联名可以向全国人民代表大会提出法律案。

2. 有权向全国人民代表大会常务委员会提出法律案的主体

一是有关国家机关，即全国人大委员长会议、国务院、中央军委、最高人民法院、最高人民检察院、全国人大各专门委员会，可以向全国人大常委会提出法律案，由委员长会议决定列入常委会会议议程。二是常委会组成人员 10 人以上联名，可以向全国人大常委会提出法律案。

（四）拓展延伸阅读

根据《立法法》的规定，提出法律案，应当同时提出法律草案文本及其说明，并提供必要的参阅资料。修改法律的，还应当提交修改前后的对照文本。法律草案的说明应当包括制定或者修改法律的必要性、可行性和主要内容，以及起草过程中对重大分歧意见的协调处理情况。向全国人民代表大会及其常务委员会提出的法律案，在列入会议议程前，提案人有权撤回。交付全国人民代表大会及其常务委员会全体会议表决未获得通过的法律案，如果提案人认为必须制定该法律，可以按照法律规定的程序重新提出，由主席团、委员长会议决定是否列入会议议程；其中，未获得全国人民代表大会通过的法律案，应当提请全国人民代表大会审议决定。

二、法律案审议

（一）难度与热度

难度：☆☆☆　热度：☆☆

（二）基本理论与概念

1. 法律案的审议程序是立法程序的主体部分，是立法程序中最重要的阶段。

2. 法律案审议流程：全国人大常委会审议、修改→全国人大常委会提请全国人大审议→法律案列入全国人大会议议程→大会全体会议听取提案人关于法律草案的说明→代表团、有关专门委员会审议。

3. 全国人大常委会审议法律案的方式：

（1）全体会议。

①含义：由常委会全体组成人员参加的会议；

②地位：常委会行使职权的基本形式；

③审议内容：对法律案的说明、修改意见的汇报、审议结果报告、法律案的表决。

（2）分组会议。

①含义：将常委会组成人员分成若干个小组开会；

②地位：常委会审议法律案的主要形式；

③审议内容：对法律案的具体审议；

④要求：提案人要派人到会，听取意见，回答询问。

（3）联组会议。

常委会根据需要，可以召开联组会议或全体会议，对法律草案的主要问题进行讨论。

4. 审议制度：三审制。

（1）含义：列入常委会会议议程的法律案，一般要经三次常委会会议审议后再交付常委会全体会议表决。

（2）功能：有利于提高常委会组成人员审议法律案的质量和水平；同时，由于有了具体审次的规定，也有利于防止法律案的久审不决。

（3）特殊情况：

①各方面意见比较一致的，可以两次审议后交付表决。

②只作部分修改的法律案，各方面意见比较一致的，一次审议后交付表决。

③暂不交付表决（搁置状态）：经三次审议后，仍有重大问题需要进一步研究的。（若在规定的时间内法律案成熟了，允许继续进入正常审议程序直至法律通过；如果在规定时间内没有再次提交常委会审议或交付表决的可能——法律案搁置审议满两年或因暂不交付表决经过两年没有再次列入常委会会议议程审议的，则终止审议。）

④新制定的法律案，至少经两次审议才能交付表决。

5. 专门委员会审议与统一审议制度：

(1) 列入常委会会议议程的法律案，由宪法和法律委员会或有关专门委员会进行审议。

(2) 全国人大共设有十个专门委员会，它们在全国人大及其常委会的领导下，研究、审议、拟定有关议案，开展立法、监督等经常性工作。专门委员会协助常委会对法律案进行审议，这是适应立法活动日益复杂化、专业化需要而建立的制度，对于提高审议质量具有重要意义。

(3) 向全国人大常委会提出的法律案，经常委会会议初次审议后，交由专门委员会审议。

(4) 宪法和法律委员会负责统一审议，有关的专门委员会就有关法律进行审议。具体来说，其他有关的专门委员会只对与之有关的法律案进行审议、提出意见、印发常委会会议；由宪法和法律委员会根据常委会组成人员、有关的专门委员会的审议意见和各方面提出的意见，对法律案进行统一审议，向常委会提出法律草案修改稿和修改意见的汇报、审议结果的报告。

(三) 疑难点解析

从 1954 年全国人民代表大会制度建立直至 1982 年，全国人大常委会对于法律案的审议实行的是“一审制”，一次会议审议之后就交付表决。1983 年，第五届全国人大常委会在审议《海上交通安全法（草案）》时，由于一条规定引起了激烈争论，未能在当次会议上将草案交付表决。3 月 5 日下午召开的全国人大常委会委员长会议决定，该草案不交付当次会议表决，同时还决定：今后常委会立法，先在全体会议上听取关于法律草案的说明，然后将法律草案交法律委员会和有关专门委员会进行审议修改，同时，常委会组成人员将草案带回去进行研究，在下次或者以后的常委会会议上再对该草案进行审议。委员长会议的这个决定，标志着常委会的立法程序发生重大变革。据此，《海上交通安全法》草案经过当年 8 月召开的第六届全国人大常委会第二次会议进行第二次审议后，于 9 月 2 日表决通过。自此，“两审制”取代了“一审制”。1987 年发布实施的《全国人民代表大会常务委员会议事规则》正式确立了法律案的“两审制”。

随着我国立法步伐不断加快，提交全国人大及其常委会审议的法律案逐年增多，审议难度加大，两次审议不足以消化和解决一些立法难题，部分法律草案如《治安管理处罚条例》《企业破产法》，都是经过常委会连续三次会议审议后才交付表决通过的。1998 年，九届全国人大常委会开始了“三审制”的尝试，即列入常务委员会会议议程的法律案，一般应当经三次常务委员会会议审议后再交付表决：第一次，在全体会议上听取提案人的说明，由分组会议进行初步审议；第二次，在全体会议上听取法律委员会关于法律草案修改情况和主要问题的汇报，由分组会议进一步审议；第三次，在全体会议上听取法律委员会关于法律草案审议结果的报告，由分组会议对法律草案修改稿进行审议。这一做法最终被写入 2000 年通过的《立法法》。至此，“三审制”成为 21 世纪以来的我国法律案审议制度。

(四) 拓展延伸阅读

《反有组织犯罪法》草案的审议，典型地反映了法律案三审制的过程。

2020 年 12 月 22 日，《反有组织犯罪法》草案首次提请全国人大常委会会议审议。这是对《中华人民共和国反有组织犯罪法》进行的第一次审议。

2021 年 8 月 17 日至 2021 年 8 月 20 日，第十三届全国人大常委会第三十次会议审议《反有组织犯罪法》草案二审稿。这是对《反有组织犯罪法》进行第二次审议。相比于初次审议稿，草案二审稿广泛征求各方面意见，在界定恶势力组织概念、完善涉及未成年人反有组织犯罪相关规定、保障涉案个人和单位合法权益等方面作出进一步修改完善。

2021 年 12 月 20 日下午，第十三届全国人大常委会第三十二次会议对《反有组织犯罪法》草案进行审议。这是对《反有组织犯罪法》进行第三次审议。三审对法律草案进行了进一步的修改。例如，草案二审稿规定，违反本法第 19 条规定的报告制度的，由公安机关给予警告，并责令改正；拒不改正的，处 3 万元以下罚款。草案三审稿进一步加大对违反报告义务的处罚力度，对拒不改正的，增加规定了拘留的处罚措施。至此，完善的法律草案已经形成。

2021 年 12 月 24 日，《反有组织犯罪法》在第十三届全国人大常委会第三十二次会议表决通过。

三、法律案表决

（一）难度与热度

难度：☆☆　热度：☆☆

（二）基本理论与概念

1. 法律案的表决，是指立法机关组成人员对法律案进行赞成、反对或弃权表态的活动。

2. 表决的结果：法律案通过或者不通过。

3. 法律案表决的具体分类：

（1）以表决者的立场是否为他人所知，分为公开表决与秘密表决；

（2）以表决对象是否完整，分为整体表决和部分表决；

（3）全民公决，即由公民直接投票表示对法律案的态度。

（三）疑难点解析

根据《立法法》的规定，全国人大常委会就审议的法律草案的部分条款进行表决，对多部法律中涉及同类事项的个别条款进行修改，一并提出的，经委员长会议决定，可以合并表决/分别表决。法律草案表决稿交付常委会会议表决前，委员长会议可以将个别意见分歧较大的重要条款提请常委会会议单独表决，委员长会议根据表决情况，可将法律草案交付表决，也可暂不付表决，交宪法和法律委员会与有关的专门委员会进一步审议。

我国法律案表决遵循多数原则：法律案经过全国人大或全国人大常委会审议后，分别由全国人大会议主席团或委员长会议决定提交全体会议表决，以全体代表或常委会组成人员的过半数通过；对于宪法修正案草案的表决，由全国人大会议以全体代表三分之二以上的多数通过，表决结果由会议主持人当场宣布；在大会或者常委会进行表决时，每一代表或常委会组成人员，都只有一票的表决权。

（四）拓展延伸阅读

《中华人民共和国公路法》是对公路的规划、建设、养护、经营、使用和管理进行相关规定的法律。1999 年 4 月 29 日，第九届全国人大常委会在表决关于修改公路法的决定草案时，出席会议 125 人，表决结果是 77 人赞成，6 人反对，42 人弃权，而当时常委会组成人员一共有 154 人，赞成的人数未过常委会全体组成人员的半数。主持该会议的李鹏委员长宣布，草案没有通过。

四、法律公布

（一）难度与热度

难度：☆　热度：☆

（二）基本理论与概念

1. 法律案经立法机关表决通过后便成为法律，若未按法定程序和法定形式予以公布，该法律就不具备法律效力。

2. 全国人大及其常委会通过的法律，由国家主席以主席令予以公布。

3. 主席令内容：一是制定机关（全国人大或全国人大常委会），二是通过日期，三是施行时间。

4. 全国人大通过的宪法修正案则由大会主席团发布公告予以公布。

5. 宪法修正案、法律公布后，要及时在全国人大常委会公报、官网和在全国范围内发行的报纸上刊登。

（三）疑难点解析

法律公布是立法程序的最后一个阶段，有着重要的意义。在我国，立法者和法律公布者分离。我国的立法者是全国人大及其常委会，公布者是国家主席。这与许多国家有所区别。我国国家主席的公布权并非是一种实质上的权力，而是一种程序上的步骤。根据宪法规定，国家主席并无修改法律的权力，所以该步骤仅是完成形式上的文本公布。在我国，将立法者和法律公布者分开，国家主席对法律文本进行公布，主要目的是增加法律的权威性。法律修正案是对已通过的法律进行的部分修正，是对修正案的公布，而非法律的公布，故不需要主席令的参与，直接由大会主席团发布通过即可。

（四）拓展延伸阅读

2020 年 5 月 28 日，第十三届全国人民代表大会第三次会议通过了《中华人民共和国民法典》。当天，中华人民共和国主席习近平签署了第 45 号中华人民共和国主席令，公布了《中华人民共和国民法典》，自 2021 年 1 月 1 日起施行。

第四节　中国特色社会主义法律体系

一、法律体系的概念

（一）难度与热度

难度：☆☆　热度：☆☆

（二）基本理论与概念

1. 法律体系是一个国家全部的现行法律规范按照一定的原则和要求，划分为若干法律门类，并由这些法律门类及其所包括的不同法律规范形成相互有机联系的一个整体。一个国家只有一个法律体系。

2. 法律体系具有以下特征：

(1) 法律体系的性质由社会的性质决定；

(2) 法律体系的内容由国情决定；

(3) 法律体系的发展由社会实践的发展决定。

(三) 疑难点解析

法律体系的性质由社会的性质决定，是因为法律体系的本质特征是由它所包含的法律规范的本质特征所决定的，而法律规范的性质是由其所处的社会制度的性质所决定的。国家间由于经济的、政治的、文化的、历史的等因素的不同，而形成各具特色的法律体系，社会制度的不同更决定了法律体系的本质差异。中国形成的中国特色社会主义法律体系以体现人民共同意志、维护人民根本利益、保障人民当家作主为特征，资本主义法律则体现保护私有财产、法律平等、契约自由的原则，这就是社会性质不同带来的极大差异。

法律体系的内容由国家的国情决定，因为不同时期、不同国家的国情不一样，不能生搬硬套过去的或他国的法律体系。法律体系要为治理国家发挥作用，就应该立足于本国国情，才能最大限度地发挥法律保障人民权益的作用。不适用于本国国情的法律体系则会给国家治理带来冲突和矛盾。我们国家正处于并将长期处于社会主义初级阶段的国情奠定了我们建设中国特色社会主义法律体系的现实基础。

法律体系的发展是由社会实践的发展决定的。社会是处在不断变化和发展中的有机整体和复杂系统。社会实践是法律的基础，法律是实践经验的总结。法律体系要与时俱进，紧跟社会实践的发展，才能更好地为人民谋幸福。在探索建立中国特色社会主义法律体系过程中，我国长期坚持渐进式审慎立法，根据社会发展及时增修法律，贯彻与时俱进的精神。在中国特色社会主义法律体系起步阶段，注重数量扩张、呼应改革开放的进程；在初步形成阶段，以提高立法质量、建立社会主义市场经济法律体系为主线；在基本形成阶段，则适应中国加入世界贸易组织等新形势，坚持民主立法、科学立法，不断提高法律质量。

(四) 拓展延伸阅读

不能把法律体系的形成等同于立法任务的大功告成。改革开放 30 多年来，我们已经形成了由宪法、法律、法规构成的法律规范体系，并且各个层次法律规范之间形成了比较合理的配套关系，使我国在经济、政治、文化和社会生活的各方面已经基本做到有法可依。从这个意义上说，中国特色社会主义法律体系将会在今年得以形成。但这并不表明我们在所有方面都已经完全做到有法可依，在相当多的方面还没有相应的法律法规作规定，有些方面虽然有相关规定，但立法层级比较低，有些规定还比较原则或者相互不够协调。可见，从形成法律体系到具有完善的法律体系还有一定的距离。因此，在形成中国特色社会主义法律体系之后，决不意味着立法任务的完成。今后我国的立法任务依然十分繁重，一方面还需要制定一批新的法律，使我国的法律体系更加完备；另一方面还需要根据改革开放和现代化建设的不断深入，对现有的法律法规进行修改完善，使之更加切实可行，更加科学合理。同时，还要进一步加强科学立法民主立法，不断提高立法质量。

——陈斯喜. 认识中国特色法律体系应避免的误区. 人民日报，2010－07－07.

二、中国特色社会主义法律体系的基本框架

（一）难度与热度

难度：☆☆☆☆　热度：☆☆☆☆☆

（二）基本理论与概念

1. 中国特色社会主义法律体系，是以宪法为统帅，以法律为主干，以行政法规、地方性法规为重要组成部分，由宪法相关法、民法商法、行政法、经济法、社会法、刑法、诉讼与非诉讼程序法等多个法律部门组成的有机统一整体。

2. 中国特色社会主义法律体系按照调整对象和调整方法的不同，分为宪法及其相关法、民法商法、行政法、经济法、环境资源法、社会法、军事法、刑法、诉讼法与非诉讼程序法等法律部门。

3. 宪法是国家的根本法，规定国家的根本制度和根本任务、公民的基本权利和义务、国家生活的基本原则和社会生活的根本准则，具有最高的法律效力。

4. 宪法相关法是与宪法相配套、直接保障宪法实施和国家政权运作等方面的法律规范，调整国家政治关系，主要包括国家机构的产生、组织、职权和基本工作原则方面的法律，民族区域自治制度、特别行政区制度、基层群众自治制度方面的法律，维护国家主权、领土完整、国家安全、国家标志象征方面的法律，保障公民基本政治权利方面的法律。

5. 民法是调整平等主体的公民之间、法人之间、公民和法人之间的财产关系和人身关系的法律规范，遵循民事主体地位平等、意思自治、公平、诚实信用等基本原则。商法调整商事主体之间的商事关系，遵循民法的基本原则，同时秉承保障商事交易自由、等价有偿、便捷安全等原则。

6. 行政法是关于行政权的授予、行政权的行使以及对行政权的监督的法律规范，调整的是行政机关与行政管理相对人之间因行政管理活动发生的关系，遵循职权法定、程序法定、公正公开、有效监督等原则，既保障行政机关依法行使职权，又注重保障公民、法人和其他组织的权利。

7. 经济法是调整国家从社会整体利益出发，对经济活动实行干预、管理或者调控所产生的社会经济关系的法律规范。经济法为国家对市场经济进行适度干预和宏观调控提供法律手段和制度框架，防止市场经济的自发性和盲目性所导致的弊端。

8. 社会法是调整劳动关系、社会保障、社会福利和特殊群体权益保障等方面的法律规范，遵循公平和谐和国家适度干预原则，通过国家和社会积极履行责任，对劳动者、失业者、丧失劳动能力的人以及其他需要扶助的特殊人群的权益提供必要的保障，维护社会公平，促进社会和谐。

9. 刑法是规定犯罪与刑罚的法律规范。它通过规范国家的刑罚权，惩罚犯罪，保护人民，维护社会秩序和公共安全，保障国家安全。

10. 诉讼与非诉讼程序法是规范解决社会纠纷的诉讼活动与非诉讼活动的法律规范。诉讼法律制度是规范国家司法活动解决社会纠纷的法律规范，非诉讼程序法律制度是规

范仲裁机构或者人民调解组织解决社会纠纷的法律规范。

11. 环境资源法是关于保护、治理和合理开发自然资源，保护环境、防止污染和其他公害，维护生态平衡的法律规范的总称。

12. 军事法是有关国防和军队建设的法律规范的总称。

（三）疑难点解析

中国特色社会主义法律体系，是新中国成立以来特别是改革开放以来经济社会发展实践经验制度化、法律化的集中体现，是中国特色社会主义制度的重要组成部分，具有十分鲜明的特征。

1. 中国特色社会主义法律体系体现了中国特色社会主义的本质要求

一个国家法律体系的本质，由这个国家的法律确立的社会制度的本质所决定。中国是工人阶级领导的、以工农联盟为基础的人民民主专政的社会主义国家。在社会主义初级阶段，中国实行公有制为主体、多种所有制经济共同发展的基本经济制度，这就决定了中国的法律制度必然是社会主义的法律制度，所构建的法律体系必然是中国特色社会主义性质的法律体系。中国特色社会主义法律体系所包括的全部法律规范、所确立的各项法律制度，有利于巩固和发展社会主义制度，充分体现了人民的共同意志，维护了人民的根本利益，保障了人民当家作主。中国制定哪些法律，具体法律制度的内容如何规定，都坚持从中国特色社会主义的本质要求出发，从人民群众的根本意志和长远利益出发，将实现好、维护好、发展好最广大人民的根本利益作为根本出发点和落脚点。

2. 中国特色社会主义法律体系体现了改革开放和社会主义现代化建设的时代要求

中国新时期最鲜明的特点是改革开放。中国特色社会主义法律体系与改革开放相伴而生、相伴而行、相互促进。一方面，形成中国特色社会主义法律体系，是改革开放和现代化建设顺利进行的内在要求，是在深入总结改革开放和现代化建设丰富实践经验基础上进行的。另一方面，中国特色社会主义法律体系的形成，为改革开放和社会主义现代化建设提供了良好的法制环境，发挥了积极的规范、引导、保障和促进作用。同时，中国特色社会主义法律体系妥善处理了法律稳定性和改革变动性的关系，既反映和肯定了改革开放和现代化建设的成功做法，又为改革开放和现代化建设进一步发展预留了空间。

3. 中国特色社会主义法律体系体现了结构内在统一而又多层次的国情要求

一个国家的法律体系如何构成，一般取决于这个国家的法律传统、政治制度和立法体制等因素。中国是统一的多民族的单一制国家，由于历史的原因，各地经济社会发展很不平衡。与这一基本国情相适应，中国宪法和法律确立了具有中国特色的统一而又多层次的立法体制，这就决定了中国特色社会主义法律体系内在统一而又多层次的结构特征，这既反映了法律体系自身的内在逻辑，也符合中国国情和实际。与其相适应，中国特色社会主义法律体系以宪法为统帅，由法律、行政法规、地方性法规等多个层次的法律规范构成。这些法律规范由不同立法主体按照宪法和法律规定的立法权限制定，具有不同法律效力，都是中国特色社会主义法律体系的有机组成部分，共同构成一个科学和谐的统一整体。

4. 中国特色社会主义法律体系体现了继承中国法制文化优秀传统和借鉴人类法制文明成果的文化要求

各国的法律制度基于本国历史文化传统和社会现实情况不断发展，也随着经济全球化趋势的增强而相互沟通、交流、借鉴。中国特色社会主义法律体系的形成，始终立足于中国国情，坚持将传承历史传统、借鉴人类文明成果和进行制度创新有机结合起来。一方面，注重继承中国传统法制文化优秀成分，适应改革开放和社会主义现代化建设需要进行制度创新，实现了传统文化与现代文明的融合；另一方面，注意研究借鉴国外立法有益经验，吸收国外法制文明先进成果，但又不简单照搬照抄，使法律制度既符合中国国情和实际，又顺应当代世界法制文明时代潮流。这个法律体系具有很强的包容性和开放性，充分体现了它的独特文化特征。

5. 中国特色社会主义法律体系体现了动态、开放、与时俱进的发展要求

一个国家的法律体系通常是对这个国家一定历史发展阶段现状的反映。随着经济社会的发展，法律体系需要不断丰富、完善、创新。中国处于并将长期处于社会主义初级阶段，整个国家还处于体制改革和社会转型时期，社会主义制度还需要不断自我完善和发展，这就决定了中国特色社会主义法律体系必然具有稳定性与变动性、阶段性与连续性、现实性与前瞻性相统一的特点，决定了中国特色社会主义法律体系必然是动态的、开放的、发展的，而不是静止的、封闭的、固定的，必将伴随中国经济社会发展和法治国家建设的实践而不断发展完善。

（四）拓展延伸阅读

立法的发展为法律体系的形成奠定了基础。应该看到，立法是为了适应社会的需要，古今中外都是如此。但是，法律的表现形式即规范性文件与它的内在结构可能不一致：一个规范性文件可能包含多种性质的法律规范，一个法律规范的不同部分也可能分布在不同的法律文件中。而且，同一法律文件从不同角度完全可以作出不同的划分，例如，行政诉讼法既可以归属于行政法，也可归属于程序法；国家机构组织法既可以归属于宪法相关法，也可以归属于行政法，等等。在这种意义上，各个法律部门法律的数量只具有相对意义。法学研究的任务主要是研究一个国家法的内在结构，而这个内在结构不是凭感觉就能认识到的，需要人的理性思维活动。在某种意义上，从立法实践上升到成熟的法律体系，恰恰是法学研究的任务，是法学研究不可推卸的责任。

——朱景文. 中国特色社会主义法律体系：结构、特色和趋势. 中国社会科学，2011 (3).

三、完善中国特色社会主义法律体系

（一）难度与热度

难度：☆☆☆☆　热度：☆☆☆☆

（二）基本理论与概念

1. 完善中国特色社会主义法律体系，要贯彻立法先行、立改废释并举的方针。

2. 最终建立门类齐全、结构严谨、内部协调、体例科学的完备的中国特色社会主义法律体系。

3. 完善社会主义市场经济法律制度。

4. 完善社会主义民主政治法律制度。

5. 完善社会主义文化建设法律制度。

6. 完善社会主义社会建设法律制度。

7. 完善社会主义公共安全和国家安全法律制度。

8. 完善社会主义生态文明建设法律制度。

9. 完善新兴领域立法。

10. 完善涉外领域立法。

（三）疑难点解析

立法先行的方针是指：要把握轻重缓急，抓紧研究制定基本的、急需的、条件成熟的法律，特别是在中国特色社会主义法律体系中起支架作用、必不可少的重要法律。

立改废释并举的方针是指：要坚持立、改、废、释并重，及时修改那些与改革发展形势不相适应的法律法规，并适时进行法律解释，有计划、有重点、有步骤地开展法律的清理和编纂工作，不断拓展法律规范覆盖社会生活的广度，强化法律规范调整社会关系的力度，使法律规范更好地适应经济、政治、文化和社会协调发展的需要。

社会主义市场经济本质上是法治经济。为了使市场在资源配置中起决定性作用和更好发挥政府作用，必须以保护产权、维护契约、统一市场、平等交换、公平竞争、有效监管为基本导向，完善社会主义市场经济法律制度。

制度化、规范化、程序化是社会主义民主政治的根本保障，完善社会主义民主政治法律制度包括：以保障人民当家作主为核心，坚持和完善人民代表大会制度，坚持和完善中国共产党领导的多党合作和政治协商制度、民族区域自治制度以及基层群众自治制度，推进社会主义民主政治法治化。

（四）拓展延伸阅读

古人讲："立善法于天下，则天下治；立善法于一国，则一国治。"要加强国家安全、科技创新、公共卫生、生物安全、生态文明、防范风险等重要领域立法，加快数字经济、互联网金融、人工智能、大数据、云计算等领域立法步伐，努力健全国家治理急需、满足人民日益增长的美好生活需要必备的法律制度。要发挥依规治党对党和国家事业发展的政治保障作用，形成国家法律和党内法规相辅相成的格局。要聚焦人民群众急盼，加强民生领域立法。对人民群众反映强烈的电信网络诈骗、新型毒品犯罪和"邪教式"追星、"饭圈"乱象、"阴阳合同"等娱乐圈突出问题，要从完善法律入手进行规制，补齐监管漏洞和短板，决不能放任不管。这些年来，资本无序扩张问题比较突出，一些平台经济、数字经济野蛮生长、缺乏监管，带来了很多问题。要加快推进反垄断法、反不正当竞争法等修订工作，加快完善相关法律制度。

——习近平. 坚持走中国特色社会主义法治道路 更好推进中国特色社会主义法治体系建设. 求是，2022 (4).

加快建设完备的法律规范体系。聚焦国家治理急需，积极推进国家安全、科技创新、公共卫生、生物安全、防范风险等重要领域立法，加强对数字经济、互联网金融、人工智能、大数据、云计算等立法问题研究，以良法善治保障新业态新模式健康发展。聚焦人民群众急盼，加强民生领域立法，对人民群众反映强烈的电信网络诈骗、新型毒品、黄赌毒和"食药环"犯罪等突出问题，尽快研究制定相关法律法规，补齐监管漏洞和短板。聚焦涉外法治急用，统筹推进国内法治和涉外法治，加强涉外领域立法，推动我国法域外适用法律体系建设。

——陈一新. 深学笃行习近平法治思想 更好推进中国特色社会主义法治体系建设. 求是，2022 (4).

第五节 国内法与国际法的关系

一、国内法与国际法

（一）难度与热度

难度：☆☆ 热度：☆☆

（二）基本理论与概念

1. 国内法与国际法的关系

（1）两者创制和使用的主体不同，在不同的领域生效和适用。

（2）两者是相互联系、相互渗透、相互制约的关系。

（3）两者不能互相干涉但能互相影响，都有可能成为对方的一部分。两者一同构成了法律这一整体。

2. 不同国家国际法的适用情况

（1）对于国际惯例，英国、美国、法国都认可其在国内的法律效力。

（2）对于国际条约，英国是在经过议会立法转化为国内法后才具有国内法的效力；美国需要经过美国参议院和总统认可批准，在不违反美国宪法的情况下把条约划分为自动执行（有国内法律效力）和非自动执行（立法行动认可后可获得国内法律效力）两种；法国也需要在不违宪的情况下批准和公布，同时还要以缔约他方实施该条约为条件；中国宪法并未规定国际条约在国内的有效性问题，但在一些法律中规定了相关情形。

（3）我国并未直接规定国际法与国内法的关系，只对缔结条约的程序作了原则性规定，由国务院、全国人大常委会和国家主席共同参与。

（三）疑难点解析

关于国内法和国际法的关系，有一元论和二元论这两个观点。一元论认为国际法与国内法同属于一个法律体系，过于强调两者联系的一面；二元论认为国际法与国内法是两个不同的法律体系，各自有其不同性质、效力根据、调整对象和适用范围，二者互不隶属，各自独立。无论国际法整体还是其分支都不能当然地成为国内法的一部分，反之亦然。事实上，两者的关系是无法简单地用一元论或二元论来概括的。两者相互联系、相互渗透又相互制约。

据统计，目前世界上 191 个已制定成文宪法的国家中，近 70％国家的宪法包含了对国际法的规定。这些规定形式和内容各不相同，多数规定比较原则，主要传递本国重视并尊重国际法，重视和履行国际条约的态度。其中，包括俄罗斯、美国、法国、德国在内的不少国家明确规定国际法构成本国法律体系的组成部分，有的进一步规定国际条约高于国内法。俄罗斯 2020 年修宪后，虽然规定俄宪法优先于国际法，但国际法仍具有等同于其他一般法律的地位。印度、日本未明确国际法构成本国法律体系的组成部分，但规定其应当得到遵守或尊重。

我国在处理国际条约与国内法关系问题方面实践丰富，也取得了很大的进步，但国际条约在国内法律体系的地位尚不明确。无论是我国《宪法》还是《立法法》，均未对国际条约的法律地位作出明确规定。国际条约如何在我国内适用，从有关法律法规、司法解释和司法判例看，也缺少明确统一的规范。考虑到我国已越来越深地融入现行国际法体系，有必要在国内法上明确我国对国际法的原则立场，明确我国所参加的国际条约在国内法律体系的地位。

（四）拓展延伸阅读

对于国际法与国内法关系的研究，不能仅仅囿于一元论与二元论的学说之争中。而应立足于现实，全面把握。既要看到一元论的合理性和历史进步性，又要正视其谬误和脱离现实的时代局限性；既要看到二元论中的合理部分，也要认清它过分强调形式上的对立，忽视实际上联系的片面性。国际法和国内法是法律的两个不同的、独立的体系，其产生和发展的社会基础、调整对象、效力基础、法律渊源、实施措施等均有不同，但二者也不是彼此孤立的，它们之间有着相互渗透、互相补充的密切联系。国家是国际法与国内法发生联系的最重要的动力，二者都以国家的存在及其意志活动为前提，国家既是国内法的制定者，又是参与制定国际法的主体。国家的对外政策和其对内政策虽分属两个不同的领域，却彼此密切相关。二者不存在谁优谁劣的问题，也不是相互对立的，而是相互渗透、密切联系的两个不同的法律体系。

——唐颖侠. 国际法与国内法的关系及国际条约在中国国内法中的适用. 社会科学战线，2003 (1).

二、国内法与涉外法

（一）难度与热度

难度：☆☆　热度：☆☆

（二）基本理论与概念

1. 涉外法是国家制定的有关涉外领域的法律规范的总称。

2. 在涉外领域，改革开放以来，我国制定了《外商投资法》《海关法》《商品检验法》《对外贸易法》《涉外民事关系法律适用法》《出境入境管理法》以及《外汇管理条例》等一系列骨干性、支撑性的涉外法律法规，在民事、刑事、行政等基本法律中也都规定了专门的涉外条款，为对外开放有序进行提供了法律保障。

3. 涉外法律工作还存在不少薄弱环节。对外投资、对外援助、口岸、开发区、领事保护等领域无法可依或法规层级较低，对外贸易、国籍、在华外国人管理等领域的法律法规比较原则笼统，内外资法律法规不尽统一，一些政策性法规缺乏透明度，都制约着对外开放进一步深化。

（三）疑难点解析

2014 年，党的十八届四中全会审议通过《中共中央关于全面推进依法治国若干重大问题的决定》，首次以党的文件形式明确提出“加强涉外法律工作”。2020 年，习近平总书记在中央全面依法治国工作会议上系统阐释了习近平法治思想中的涉外法治理念，提出：“坚持统筹推进国内法治和涉外法治。加快涉外法治工作战略布局，协调推进国内治理和国际治理，更好维护国家主权、安全、发展利益。要强化法治思维，运用法治方式，有效应对挑战、防范风险，综合利用立法、执法、司法等手段开展斗争，坚决维护国家主权、尊严和核心利益，要推动全球治理变革，推动构建人类命运共同体。”

经过几十年发展，我国涉外法治体系建设已有良好基础。除外交领域的《缔结条约程序法》《外交特权与豁免条例》《领事特权与豁免条例》《领事认证办法》等法律法规和部门规章外，我国在经贸投资、国家安全、司法执法合作等各领域也出台了一系列法律法规，为我国依法处理涉外事务提供了重要遵循。近年来，针对美国频繁对我机构和个人实施“长臂管辖”，我国坚持“以法制法”，完善反制裁、反干涉、反制“长臂管辖”法律法规体系，制定《出口管制法》《不可靠实体清单规定》《反外国制裁法》等，完善外商投资国家安全审查制度，加快推进我国法域外适用的法律体系建设。同时，我国坚持以人类命运共同体理念为引领，积极推动全球治理体系改革和建设，积极参与国际规则制定和实施，推动国际规则变革发展，维护和拓展我国发展新空间，有力维护了国家主权、安全和发展利益。

（四）拓展延伸阅读

三一重工集团关联公司罗尔斯公司（Ralls Corporation）起诉美国外国投资委员会（简称 CFIUS）及总统奥巴马一案，是美国历史上外国投资者首次对 CFIUS 和美国总统的禁令提出司法审查要求的案件。在该案中，时任美国总统奥巴马以国家安全为由，禁止中国企业三一重工集团关联公司的收购项目。2014 年 7 月 15 日，美国哥伦比亚特区联邦巡回法院作出判决，认定美国外国投资委员会对三一重工集团子公司所投资风电项目的国家安全审查存在程序瑕疵。法院虽不具有对总统发布的并购禁令本身的司法审查权，但对禁令发布过程中的程序瑕疵拥有管辖权。这一胜诉将使美国对外资并购案的国家安全审查“有望进行重大程序调整”，在“增加透明度”的同时，也有望给予外资以更大程度的法律保护。三一重工集团充分利用法律武器，在美国法院成功挑战了美国总统的禁令，成为中国企业在美国利用法律武器维护自身合法权益的标志性事件。

第三部分　拓展阅读文献、案例研习与同步练习

第一节　拓展阅读文献

1. 吴邦国. 形成中国特色社会主义法律体系重大意义和基本经验. 求是，2011（3）.

2. 朱景文. 中国特色社会主义法律体系：结构、特色和趋势. 中国社会科学，2011（3）.

3. 陈俊. 依法立法的理念与制度设计. 政治与法律，2018（12）.

4. 唐颖侠. 国际法与国内法的关系及国际条约在中国国内法中的适用. 社会科学战线，2003（1）.

5. 魏枭枭. 美国单边人权制裁的国内运行机制与中国对等法律反制研究. 法治论丛，2021（3）.

6. 冯玉军，王柏荣. 科学立法的科学性标准探析. 中国人民大学学报，2014（1）.

7. 刘松山. 备案审查、合宪性审查和宪法监督需要研究解决的若干重要问题. 中国法律评论，2018（4）.

8. 张志铭. 转型中国的法律体系建构. 中国法学，2009（2）.
9. 许安标. 配套法规建设与法律的有效实施. 华东政法大学学报，2008（1）.
10. 顾昂然. 回顾新中国法制建设的历程. 中国人大，2004（15）.

第二节　本章案例研习

案例：弗兰某某和董某某子女抚养纠纷案

（一）基本案情

德国公民弗兰某某和中国公民董某某经自由恋爱，于2006年8月7日在上海市民政局登记结婚。双方婚后育有一子一女。2008年9月，董某某离开德国回上海定居，弗兰某某并未随行，双方长期分居。女儿董A和儿子董B随董某某在上海居住，每年有三到四周在德国生活，其余时间都在上海。2012年7月董某某诉至法院，要求解除双方婚姻关系，女儿董A、儿子董B均由董某某抚养。法院经审理后认为，我国是联合国《儿童权利公约》的缔约国，关于儿童的一切行动，法院及其他行政、立法机构均应以儿童的最大利益为首要考虑。法院据本案情况分析得出结论：除国籍情况外，在其他重要因素上两名子女均是随董某某生活更符合儿童最大利益原则，因此判决董A和董B随董某某共同生活直至18周岁。

（二）法律问题

1. 关于国际条约的国内法效力，世界各国立法例通常有哪几种处理方法？

2. 我国加入的国际条约在我国有国内法效力吗？为什么？

（三）法理分析

对于国际惯例，英国、美国、法国都认可其在国内的法律效力。英国是在经过议会立法转化为国内法后才具有国内法的效力；美国需要经过美国参议院和总统认可批准，在不违反美国宪法的情况下把条约划分为自动执行（有国内法律效力）和非自动执行（立法行动认可后可获得国内法律效力）两种；法国也需要在不违宪的情况下批准和公布，同时还要以缔约他方实施该条约为条件。

中国宪法并未规定国际条约在国内的有效性问题，《民法典》和《涉外民事关系法律适用法》对国际条约的适用问题也未作规定，但一些其他法律作了相关规定。例如，我国《票据法》第95条、《海商法》第268条、《民用航空法》第184条都规定："中华人民共和国缔结或者参加的国际条约同本法有不同规定的，适用国际条约的规定。但是，中华人民共和国声明保留的条款除外。"总的来说，我国加入的国际条约可以在国内适用，但要通过国内立法程序把条约要求转化为国内法，并可以根据实际情况对有关国际条约中与国内法相冲突的条款根据该国际条约的规定声明保留。同时，条约的国内适用不得违反我国的宪法秩序。所以，我国加入的国际条约在我国的效力受到限制。

第三节 本章同步练习

一、选择题

（一）单选题

1. 对法律汇编与法典编纂之间区别的理解，可以有多种角度。下列哪一表述准确地揭示了二者之间的区别？（　　）

A. 法律汇编既可以由个人进行，也可以由社会团体乃至国家机关进行；法典编纂只能由国家立法、执法和司法机关进行

B. 法律汇编是为了形成新的统一的规范性法律文件；法典编纂是将不同时代的法典汇编成册

C. 法律汇编可以按年代、发布机关及涉及社会关系内容的不同，适当地对汇编的法律进行改变；法典编纂不能改变原来法律规范的内容

D. 法律汇编不属于国家机关的立法活动；法典编纂是一种在清理已有立法文件基础上的立法活动

2. 根据我国《立法法》的规定，下列哪一项属于地方性法规可以规定的事项？（　　）

A. 本行政区内市、县、乡政府的产生、组织和职权的规定

B. 本行政区内经济、文化及公共事业建设

C. 对传染病人的强制隔离措施

D. 国有工业企业的财产所有制度

3. 法律体系是一个重要的法学概念，人们尽可以从不同的角度、不同的侧面来理解、解释和适用这一概念，但必须准确地把握这一概念的基本特征。下列关于法律体系的表述中哪种说法未能准确地把握这一概念的基本特征？（　　）

A. 研究我国的法律体系必须以我国现行国内法为依据

B. 在我国，近代意义的法律体系的出现是在清末沈家本修订法律后

C. 尽管香港的法律制度与大陆的法律制度有较大差异，但中国的法律体系是统一的

D. 我国古代法律是“诸法合体”，没有部门法的划分，不存在法律体系

4. 我国某省人大常委会制定了该省的《食品卫生条例》，关于该地方性法规，下列哪一选项是不正确的？（　　）

A. 该法规所规定的内容主要属于行政法部门

B. 该法规属于我国法律的正式渊源，法院审理相关案件时可直接适用

C. 该法规的具体应用问题，应由该省人大常委会进行解释

D. 该法规虽仅在该省范围适用，但从效力上看具有普遍性

5. 某地法院在审理案件过程中发现，该省人民代表大会所制定的地方性法规规定与国家某部委制定的规章规定不一致，不能确定如何适用。在此情形下，根据我国《宪法》和《立法法》，下列哪种处理办法是正确的？（　　）

A. 由国务院决定在该地方适用部门规章

B. 由全国人民代表大会决定在该地方是适用地方性法规还是适用部门规章

C. 由最高人民法院通过司法解释加以决定

D. 由国务院决定在该地方适用地方性法规，或者由国务院提请全国人民代表大会常务委员会裁决在该地方适用部门规章

6. 法律体系是一个重要的法学概念，人们尽可以从不同的角度、不同的侧面来理解、解释和适用这一概念，但必须准确地把握这一概念的基本特征。下列关于法律体系的表述中哪种说法未能准确地把握这一概念的基本特征？（　　）

A. 研究我国的法律体系必须以我国现行国内法为依据

B. 在我国，近代意义的法律体系的出现是在清末沈家本修订法律后

C. 尽管香港的法律制度与大陆的法律制度有较大差异，但中国的法律体系是统一的

D. 我国古代法律是“诸法合体”，没有部门法的划分，不存在法律体系

7. 某市政府为缓解拥堵，经充分征求广大市民意见，作出车辆限号行驶的规定。但同时明确，接送高考考生、急病送医等特殊情况未按号行驶的，可不予处罚。关于该免责规定体现的立法基本原则，下列哪一选项是不准确的？（　　）

A. 实事求是，从实际出发　　B. 民主立法

C. 注重效率　　D. 原则性与灵活性相结合

8. 根据我国《立法法》的规定，下列哪一项属于地方性法规可以规定的事项？（　　）

A. 本行政区内市、县、乡政府的产生、组织和职权的规定

B. 本行政区内经济、文化及公共事业建设

C. 对传染病人的强制隔离措施

D. 国有工业企业的财产所有制度

9. 下列关于法律部门的表述，正确的是（　　）。

A. 行政法部门是由国务院制定的行政法规构成的

B. 划分法律部门的主要标准是法律所调整的社会关系

C. 部门法的名称总是与某一规范性法律文件的名称相对应

D. 法律部门的划分以客观因素为基础，不受主观因素的影响

10. 下列选项中，属于我国正式法律渊源的是（　　）。

A.《中国共产党章程》

B. 最高人民法院发布的指导性案例

C. 国务院颁布的《职工带薪年休假条例》

D. 某市滨湖区政府发布的《外来务工人员管理暂行办法》

11. 下列关于法律部门的表述，正确的是（　　）。

A. 法律部门划定后应保持相对稳定

B. 法律部门是构成法系的基本单位

C. 法律部门的划分与人的主观意志无关

D. 法律部门划分的首要标准是法律调整的方法

12. 下列关于立法的表述，正确的是（　　）。

A. 立法包括法律的创制、认可、修改和解释，不包括法律的废止

B. 邓析制“竹刑”，说明立法主体不仅限于特定的国家机关

C. 现代国家权力体系中，立法权是最重要、最核心的权力

D. 国家结构形式对一国立法体制形成的影响不大

13. 下列关于立法体制与立法原则的表述，正确的是（　　）。

A. 联邦制国家一般采用一元立法体制

B. 一国立法体制的形成主要由其文化传统决定

C. 我国立法体制的特点是“一元、两级、多层次”

D. 立法公开是我国立法体制中“合法性原则”的集中体现

（二）多选题

1. 1983 年 3 月 1 日，全国人大常委会通过的《商标法》生效；2002 年 9 月 15 日，国务院制定的《商标法实施条例》生效；2002 年 10 月 16 日，最高人民法院制定的《关于审理商标民事纠纷案件适用法律若干问题的解释》施行。对此，下列哪些说法是正确的？（　　）

A.《商标法实施条例》是部门规章

B.《关于审理商标民事纠纷案件适用法律若干问题的解释》是司法解释

C.《商标法实施条例》的效力要低于《商标法》

D.《商标法实施条例》是《关于审理商标民事纠纷案件适用法律若干问题的解释》的母法

2. 根据《立法法》的要求，下列哪些事项只能由全国人民代表大会及其常务委员会制定法律加以规定？（　　）

A. 劳动争议仲裁制度

B. 教育制度

C. 对私有企业的财产征收制度

D. 居民委员会、村民委员会制度

3. 某法院在审理一行政案件中认为某地方性法规与国家法律相抵触。根据我国宪法和法律的规定，下列表述何者为正确？（　　）

A. 法官审理行政案件，如发现地方性法规与国家法律相抵触，可以对地方性法规的合宪性和合法性进行审查

B. 法官审理行政案件，如发现地方性法规与国家法律相抵触，应当适用国家法律进行审判

C. 法官审理行政案件，如发现地方性法规与国家法律相抵触，可以通过所在法院报请最高人民法院，由最高人民法院依法向全国人民代表大会常务委员会书面提出进行审查的要求

D. 法官审理行政案件，如发现地方性法规与国家法律相抵触，可以公民的名义向全国人民代表大会常务委员会书面提出进行审查的建议

4. 根据我国《立法法》的规定，关于不同的法律渊源之间出现冲突时的法律适用，下列哪些选项是错误的？（　　）

A. 自治条例、单行条例与地方性法规不一致的，适用地方性法规

B. 地方性法规和部门规章之间的效力没有高下之分，发生冲突时由国务院决定如何适用

C. 公安部的部门规章与民政部的部门规章不一致时，按照新法优于旧法的原则处理，直接选择后颁布的部门规章加以适用

D. 某市经授权制定的劳动法规与我国《劳动法》的规定不一致，不能确定如何适用时，由全国人大常委会裁决

5. 关于法的渊源和法律部门，下列哪些判断是正确的？（　　）

A. 自治条例和单行条例是地方国家权力机关制定的规范性文件

B. 行政法部门就是由国务院制定的行政法规构成的

C. 国际公法是中国特色社会主义法律体系的组成部分

D. 划分法律部门的主要标准是法律规范所调整的社会关系

6. 关于我国立法和法的渊源的表述，下列选项不正确的是（　　）。

A. 从法的正式渊源上看，“法律”仅指全国人大及其常委会制定的规范性文件

B. 公布后的所有法律、法规均以在《国务院公报》上刊登的文本为标准文本

C. 行政法规和地方性法规均可采取“条例”“规定”“办法”等名称

D. 所有法律议案（法律案）都须交由全国人大常委会审议、表决和通过

7. 下列关于法律渊源的表述，正确的有（　　）。

A. 法律的正式渊源通常包括制定法、习惯法、判例法等

B. 在大陆法系国家中，判例一般不是法律的正式渊源

C. 公共政策与习惯属于非正式法律渊源

D. 我国的法律渊源中不包含国际惯例

8. 下列关于立法体制的表述，正确的有（　　）。

A. 立法体制的核心问题是立法权限的划分

B. 联邦制国家一般采用二元或多元立法体制

C. 国家结构形式对立法体制的形成具有重要影响

D. 人民代表大会制度是决定我国一元立法体制的政治因素

9. 2013 年，全国人大常委会在旅游法草案提请审议表决前，邀请了部分全国人大代表、旅游者、旅游经营者、法律专家召开座谈会，对法律草案内容的合宪性、可行性、法律出台时机以及实施后的社会效果等进行综合评估。该立法过程体现的立法原则有（　　）。

A. 合法性原则　　B. 科学性原则　　C. 民主性原则　　D. 效率性原则

二、论述题

谈谈你对科学立法的认识。

参考答案及解析

一、选择题

（一）单选题

1. 答案：D

解析：法律汇编又称法规汇编，是对已经颁布的规范性法律文件按照一定的目的或

标准进行系统排列，汇编成册。法律汇编不改变汇编的规范性法律文件的内容，不制定新的法律规范，因而不是国家立法活动，而仅是一项技术性整理和归类活动。法律汇编的种类很多，有官方的和非官方的。官方的法律汇编主要是由各级法的创制机关汇编的法律，非官方的法律汇编通常是由有关国家机关、大学、研究机关、社会团体、企事业单位根据工作、学习或教学科研的需要而汇编的。法典编纂是指对散见于不同规范性法律文件中的属于某一部门法的全部现行法律规范，进行审查、修改和补充，编纂成具有完整结构的、统一的法典的活动。法典编纂可以改变原来的规范内容，既可以删除已经过时或不正确的内容，也可以增加新的内容，属于国家的立法活动。其只能由国家的立法机关进行，而不能由执法机关等其他机关、团体和个人进行。

2. 答案：B

解析：《立法法》第64条规定，地方性法规可以就下列事项作出规定：(1) 为执行法律、行政法规的规定，需要根据本行政区域的实际情况作具体规定的事项；(2) 属于地方性事务需要制定地方性法规的事项。除《立法法》第8条规定的事项外，其他事项国家尚未制定法律或者行政法规的，省、自治区、直辖市和较大的市根据本地方的具体情况和实际需要，可以先制定地方性法规。在国家制定的法律或者行政法规生效后，地方性法规同法律或者行政法规相抵触的规定无效，制定机关应当及时予以修改或者废止。故本题应选B项，A、C、D项属于宪法和法律规定的事项。

3. 答案：D

解析：法律体系也称为部门法体系，是指一国全部现行国内法规范构成的体系，不包括完全意义的国际法即国际公法。它反映一国法律的现实情况，不包括历史上废止的已经不再有效的法律，一般也不包括尚待制定、还没有生效的法律。近代意义的法律体系概念是部门法体系，清末沈家本修订法律是中国法制向近代转型的标志，在此之前近代部门法体系意义上的法律体系当然也无从存在。我国大陆（内地）和香港、澳门、台湾地区的法律制度分别属于不同的法系，由于“一国两制”的实行，出现了不同社会制度、不同基本性质和不同法系的法律并行的情况，但这并不意味着两个以上法律体系的并存。由于我国国家主权统一，特别行政区基本法根据宪法授权制定，而宪法是我国全部法律统一的中心和出发点，因此中国仍然可以看作一个统一的法律体系，法系背景的差异并不影响中国法律体系的统一。古代中国法律一直是诸法合体，但是这种法典编纂体例上的“诸法合体，民刑不分”并不能否定法律体系上的诸法并存。因此本题选D项。

4. 答案：C

解析：法律部门是依据调整对象和调整方法对于同类法律规范的划分，因此它与法律渊源中的法律效力划分（宪法、法律、行政法规、地方性法规）是不一样的，或者可以说，它是一个横向的区分，所以法律中、行政法规中和地方性法规中均有行政法部门的内容。另外，行政法规不一定都属于行政法这个法律部门，所以A项正确。B选项表述了一个法律常识，必然正确。D选项的正确之处在于，该法规必然对于该省范围内的不特定主体一律适用，因此必然具备普遍性。

5. 答案：D

解析：《立法法》第 86 条第 1 款第 2 项规定：地方性法规与部门规章之间对同一事项的规定不一致，不能确定如何适用时，由国务院提出意见，国务院认为应当适用地方性法规的，应当决定在该地方适用地方性法规的规定；认为应当适用部门规章的，应当提请全国人民代表大会常务委员会裁决。由此可知，本题答案为 D。

6. 答案：D

解析：法律体系是指一国的全部现行法律规范，按照一定的标准和原则，划分为不同的法律部门而形成的内部和谐一致、有机联系的整体。法律体系具有以下特征：(1) 法律体系是一国国内法构成的体系，不包括完整意义的国际法即国际公法；(2) 法律体系是一国现行法构成的体系，不包括废止的法律，一般也不包括尚待制定的法律；(3) 法律体系是一种客观存在的社会生活现象，反映了法的统一性和系统性。D 项认为我国古代不存在法律体系是错误的，我国古代法律的总体特征虽然是“诸法合体”，但仍然存在民事、刑事等法律部门，也存在法律体系。

7. 答案：C

解析：立法原则是指导立法主体进行立法活动的基本准则，是立法过程中应当遵守的指导思想，包括合宪性与合法性原则，实事求是、从实际出发原则，民主立法原则和原则性与灵活性结合原则。选项 A 说法正确：立法应当尊重社会的客观实际状况，根据客观需要反映客观规律的要求，要以理性的态度对待立法工作。为治堵而限行，因特殊状况而免罚，充分地反映了实事求是、从实际出发原则。选项 B 说法正确：立法应当体现广大人民的意志和要求，确认和保障人民的利益；应当通过法律规定，保障人民通过各种途径参与立法活动，表达自己的意见；立法过程和立法程序应具有开放性，透明度，立法过程应坚持群众路线。题干中的“经充分征求广大市民意见”体现了民主立法原则。选项 C 说法错误：效率并非立法活动的原则，立法活动应当谨慎，充分考虑各方面的利益，意见与建议，注重公平正义。因此，相对于效率来说，更注重公平。选项 D 说法正确：在立法中要做到原则性与灵活性相结合，恰当处理各种关系，注意各方面的平衡；应高度重视立法的技术和方法，提高立法质量。本题中，市政府既以坚持车辆限号行驶的规定为原则，又以接送高考考生、急病送医等特殊情况未按号行驶的，可不予处罚为例外的灵活性规定为补充，充分地体现了原则性与灵活性相结合的立法原则。

8. 答案：B

解析：《立法法》第 73 条第 1 款规定：“地方性法规可以就下列事项作出规定：(一) 为执行法律、行政法规的规定。需要根据本行政区域的实际情况作具体规定的事项；(二) 属于地方性事务需要制定地方性法规的事项。”《立法法》第 8 条规定：“下列事项只能制定法律：(一) 国家主权的事项；(二) 各级人民代表大会会、人民政府、人民法院和人民检察院的产生、组织和职权；(三) 民族区域自治制度、特别行政区制度、基层群众自治制度；(四) 犯罪和刑罚；(五) 对公民政治权利的剥夺、限制人身自由的强制措施和处罚；(六) 对非国有财产的征收；(七) 民事基本制度；(八) 基本经济制度以及财政、税收、海关、金融和外贸的基本制度；（九）诉讼和仲裁制度；（十）必须由全国人民代表大会及其常务委员会制定法律的其他事项。”本行政区内市、县、乡政府的产生、组织和职权的规定属《立法法》第8条第2项的规定，对传染病人的强制隔离措施属第8条第5项的规定，国有工业企业的财产所有制度属第8条第8项的规定，因此只能由法律来规定。

9. 答案：B

解析：行政法律部门是有关国家行政管理活动的法律规范的总称，国务院制定的行政法规有一部分属于行政法部门，但也有一部分属于其他法律部门，行政法与行政法规是两个概念，因此A选项错误；划分法律部门的主要标准是法律所调整的社会关系，B选项正确；法律部门与规范性法律文件是不同的概念，在许多情况下，部门法的名称与规范性法律文件的名称并不对应，C选项错误；法律部门的划分，虽然有着客观的基础，但是最终还是人们主观活动的产物，因此D选项错误。

10. 答案：C

解析：当代中国的正式法律渊源有宪法、法律、行政法规、地方性法规、自治条例和单行条例、特别行政区的法律、行政规章、国际条约和国际惯例。A选项是政党的规则，不是我国正式的法律渊源。B选项是指导性案例，不具有强制力，不是正式的法律渊源。C选项是行政法规，是正式的法律渊源。D选项不是行政规章，区级政府无权制定行政规章，D选项不是正式的法律渊源。

11. 答案：A

解析：法律部门，是指一个国家根据一定原则和标准划分的本国同类法律规范的总称。划分法律部门的两个主要标准是法律调整的对象（即社会关系）和法律调整的方法，其中，法律调整的对象，是划分法律部门的首要标准和第一位标准，法律调整的方法是划分法律部门的辅助标准，D选项错误。法律部门的划分原则有客观原则、合目的性原则、适当平衡原则、辩证发展原则、相对稳定原则和主次原则等。相对稳定原则是指法律部门划分后应保持一定的稳定性，避免法律体系结构的频繁变动，A选项正确。法律部门是主客观相结合的产物，法律部门的划分，虽然有着客观的基础，但最终还是人们主观活动的产物。法律部门的划分与人的主观意志有关，C选项错误。法律体系，是一国的部门法体系，法律部门是构成法律体系的基本单位，但不是构成法系的基本单位。法系与法律体系是两个不同的概念。法系是按照世界上各个国家和地区法律的源流关系和历史传统以及形式上某些特点对法律所做的分类，对资本主义法律影响最大的法系是大陆法系和普通法法系，B选项错误。

12. 答案：C

解析：法律制定，即立法，包括法律的创制、认可、修改和解释，也包括法律的废止，A选项错误；法律制定的主体是特定的国家机关，邓析制“竹刑”，不是立法行为，立法主体必须是特定的国家机关或经授权的机关，B选项错误；一个国家立法体制的形成，主要是由这个国家的国家性质、国家结构形式和文化传统等因素决定的，D选项错误；现代国家权力体系中，立法权是最重要、最核心的权力，C选项正确。

13. 答案：C

解析：立法权是一定的国家机关依法享有的创制、认可、修改或废止规范性法律文件的权力，是国家权力体系中最重要、最核心的权力。立法体制是关于立法权的配置方面的组织制度，其核心是立法权限的划分问题。一个国家立法体制的形成，主要是由这个国家的国家性质、国家结构形式和文化传统等因素决定的。一般来说，国家结构形式对于立法体制形成的影响是非常明显的。在单一制国家，一般采用一元立法体制，在联邦制国家，一般采用二元制或多元立法体制，因此A、B选项错误。我国的立法体制是"既统一而又分层次"，是在全国人大及其常委会统一行使国家立法权的同时，赋予国务院、省级人大及其常委会、民族自治地方、积极特区所在省、市立法的权限。我国的立法权分为中央和地方两级，我国立法体制的特点是一元、两级、多层次，C选项正确。立法公开是立法过程公开，体现立法过程和立法程序具有民主性，体现"民主性原则"，而不是"合法性原则"，D选项错误。

（二）多选题

1. 答案：BC

解析：选项A错误，选项C正确：行政法规是指国家最高行政机关即国务院所制定的规范性文件，其法律地位和效力仅次于宪法和法律。《商标法实施条例》是由国务院制定发布的，属于行政法规。选项B正确：《关于审理商标民事纠纷案件适用法律若干问题的解释》由最高人民法院在审判工作中具体应用法律、法令问题所作的解释，属于司法解释。选项D错误：《关于审理商标民事纠纷案件适用法律若干问题的解释》是对在审判工作中具体应用《商标法》问题所作的说明，其母法为《商标法》。

2. 答案：CD

解析：《立法法》第8条规定：下列事项只能制定法律：（1）国家主权的事项；（2）各级人民代表大会、人民政府、人民法院和人民检察院的产生、组织和职权；（3）民族区域自治制度、特别行政区制度、基层群众自治制度；（4）犯罪和刑罚；（5）对公民政治权利的剥夺、限制人身自由的强制措施和处罚；（6）对非国有财产的征收；（7）民事基本制度；（8）基本经济制度以及财政、税收、海关、金融和外贸的基本制度；（9）诉讼和仲裁制度；（10）必须由全国人民代表大会及其常务委员会制定法律的其他事项。所以应选C、D项。

3. 答案：BCD

解析：按照一般法理，不同的法律规范之间具有一定的效力层次，上位法优于下位法是一条基本原则。具体来说，宪法具有最高法律效力，法律次之，即法规和地方性规章等都不得违反法律的规定。根据《立法法》第88条第1款规定，当某一行政法规的规定违反法律规定时，应当审查该法规的效力，以保证国家法律体系的完整性和统一性。一般来说，有如下途径可以提出对法规的审查：（1）由法律特别规定的机关向全国人民代表大会常务委员会书面提出进行审查的要求，即根据《立法法》第99条第1款的规定进行。(2) 除法定有权机关以外的个人和组织也可以向全国人民代表大会常务委员会书面提出进行审查的建议。即按照《立法法》第 90 条第 2 款的规定。因此，本题的正确答案应是 BCD。

4. 答案：ABC

解析：《立法法》第 90 条第 1 款规定，自治条例和单行条例依法对法律、行政法规、地方性法规作变通规定的，在本自治地方适用自治条例和单行条例的规定。因此，A 项错误。第 95 条第 1 款第 2 项规定，地方性法规与部门规章之间对同一事项的规定不一致，不能确定如何适用时，由国务院提出意见，国务院认为应当适用地方性法规的，应当决定在该地方适用地方性法规的规定；认为应当适用部门规章的，应当提请全国人大常委会裁决。因此 B 项错误。第 95 条第一款第 3 项规定，部门规章之间、部门规章与地方政府规章之间对同一事项的规定不一致时，由国务院裁决。因此，C 项错误。第 95 条第 2 款规定，根据授权制定的法规与法律规定不一致，不能确定如何适用时，由全国人大常委会裁决。因此 D 项正确。

5. 答案：AD

解析：中国特色社会主义法律体系主要由七个法律部门和三个不同层级的法律规范构成。七个法律部门是：宪法及宪法相关法，民法商法，行政法，经济法，社会法，刑法，诉讼与非诉讼程序法。三个不同层级的法律规范是：法律，行政法规，地方性法规、自治条例和单行条例，不包括国际公法。故 C 项错。

行政法部门是调整行政法律关系的法律规范的总和，包括法律、行政法规、地方性法规等，故 B 项错。划分法律部门的主要标准是法律规范所调整的社会关系，即调整对象，次要标准是法律调整方法。D 项正确。自治条例和单行条例是民族自治地方的人大制定的规范性文件，A 项正确。

6. 答案：BD

解析：当代中国法的正式渊源是以宪法为核心的各种制定法，包括宪法、法律、行政法规、地方性法规、民族自治法规、经济特区的规范性文件、特别行政区的法律法规、规章、国际条约、国际惯例等。这里的“法律”是狭义的概念，仅指全国人大及其常委会制定的规范性文件。故 A 项正确。B 项错误，我国公布法律的报刊是全国人大常委会公报以及“在全国范围内发行的报纸”，在全国人大常委会公报上刊登的法律文本为标准文本。行政法规以国务院公报上刊登的文本为标准文本。地方性法规、自治条例和单行条例以本级常务委员会公报上刊登的文本为标准文本。规章以国务院公报或者部门公报和地方人民政府公报上刊登的文本为标准文本。C 项表述正确，我国行政法规的名称，按照 2001 年 11 月国务院发布的《行政法规制定程序条例》第 4 条的规定为“条例”“规定”“办法”。我国的地方性法规，一般采用“条例”“规则”“规定”“办法”等名称。D 项错误，并非所有法律案都交由全国人大常委会审议、表决和通过，比如宪法的修改、基本法律的表决和通过等须交全国人大审议、表决和通过。

7. 答案：ABC

解析：本题考查法律渊源。法律渊源分为正式渊源和非正式渊源。正式渊源具有法律效力，一般包括制定法，习惯法和判例法。因此A选项说法正确。但是，在大陆法系，判例一般不是正式渊源，正式渊源一般是制定法。B选项正确。非正式渊源没有法律效力，只有法律说服力。习惯，政策，道德往往是非正式渊源，C选项正确。当代中国的法律渊源比较复杂，对实行社会主义制度的中国内地的法律渊源而言，可以概括为以宪法为核心、以制定法为主的法律渊源。正式意义上的渊源有：宪法、法律、行政法规、地方性法规、自治条例和单行条例、特别行政区的法律、行政规章、国际条约和国际惯例等。当代中国法的非正式渊源包括政策、道德、习惯等。D选项错误。

8. 答案：ABCD

解析：立法体制是关于立法权的配置方面的组织制度，其核心是立法权限的划分问题，A选项正确。一个国家的立法体制的形成，主要是由这个国家的国家性质、国家结构形式和文化传统等因素决定的。一般来说国家结构形式对于立法体制形成的影响是非常明显的。在实行单一制国家结构形式的国家里一般采用一元立法体制，在实行联邦制国家结构形式的国家里，一般采用二元或多元立法体制，B选项正确。我国是单一制国家，这决定了我国的立法权必须相对集中于中央。人民代表大会制度是我国的根本政治制度，各级人民代表大会是人民行使国家权力的根本途径。这就决定了我国的立法权必须相对集中于国家权力机关，C、D选项正确。

9. 答案：ABC

解析：合法性原则是指法律制定的依据、权限、程序必须遵守宪法和法律的规定。本题中全国人大常委会邀请代表对法律草案内容的合宪性进行评估，体现了法律制定的合法性原则，A选项正确。科学性原则是指法律制定必须从实际出发，尊重客观规律，全国人大常委会邀请代表对法律草案内容的可行性进行评估，体现了法律制定的科学性原则，B选项正确。民主性原则是指法律制定必须从最大多数人的最根本利益出发，立法过程和立法程序具有民主性。本题中全国人大常委会邀请代表对法律草案内容进行评估，使人民群众参与到立法过程中来，体现了法律制定的民主性原则，C选项正确。本题没有体现出效率性原则，邀请代表对草案内容进行评估，没有提高立法效率，D选项错误。

三、论述题

答案：科学立法是当代中国立法的基本原则，这一原则是辩证唯物主义的思想路线在我国立法工作中的体现。实事求是，就是一切从实际出发，理论联系实际，把马列主义的普遍原理同中国革命和建设的具体实践相结合。这是我国法的创制工作的灵魂。要达到立法的高质量、好效果，必须坚持科学立法。科学立法的根本在于，一切立法工作必须实事求是，一切从实际出发。这一原则的具体要求大致有：

（1）立法工作必须从我国社会主义初级阶段的基本国情出发。我国立法工作必须充分考虑到这些国情和实际，以此作为根本依据，而不能脱离、超越社会主义初级阶段的实际。不仅中央的立法是这样，地方的立法也要从本地实际出发，因地制宜。

（2）立法工作必须从建设和改革开放的需要和可能出发。一方面，要反对脱离客观实际，主观主义地为完备法制而进行立法，甚至照搬照抄外国法律的倾向；另一方面，要反对在客观条件已经具备和成熟的情况下不积极主动、抓紧时机去完备法制的倾向。法的制定工作必须与现代化建设和改革开放的进程相适应，不失时机地进行。

（3）法的制定工作必须主观符合客观，加强调查研究。法的制定是人们有目的、有意识的自觉活动，而国家建设和改革开放的需要与可能是客观存在，要想使二者统一起来，立法者就必须使自己的主观符合客观，加强调查研究，深入、广泛了解社会发展的需要，倾听人民群众的意见和建议。这样才能使法的制定符合客观发展规律，才能制定出符合客观需要的法律法规。

第十四章　中国社会主义法律实施

第一部分　本章知识点速览

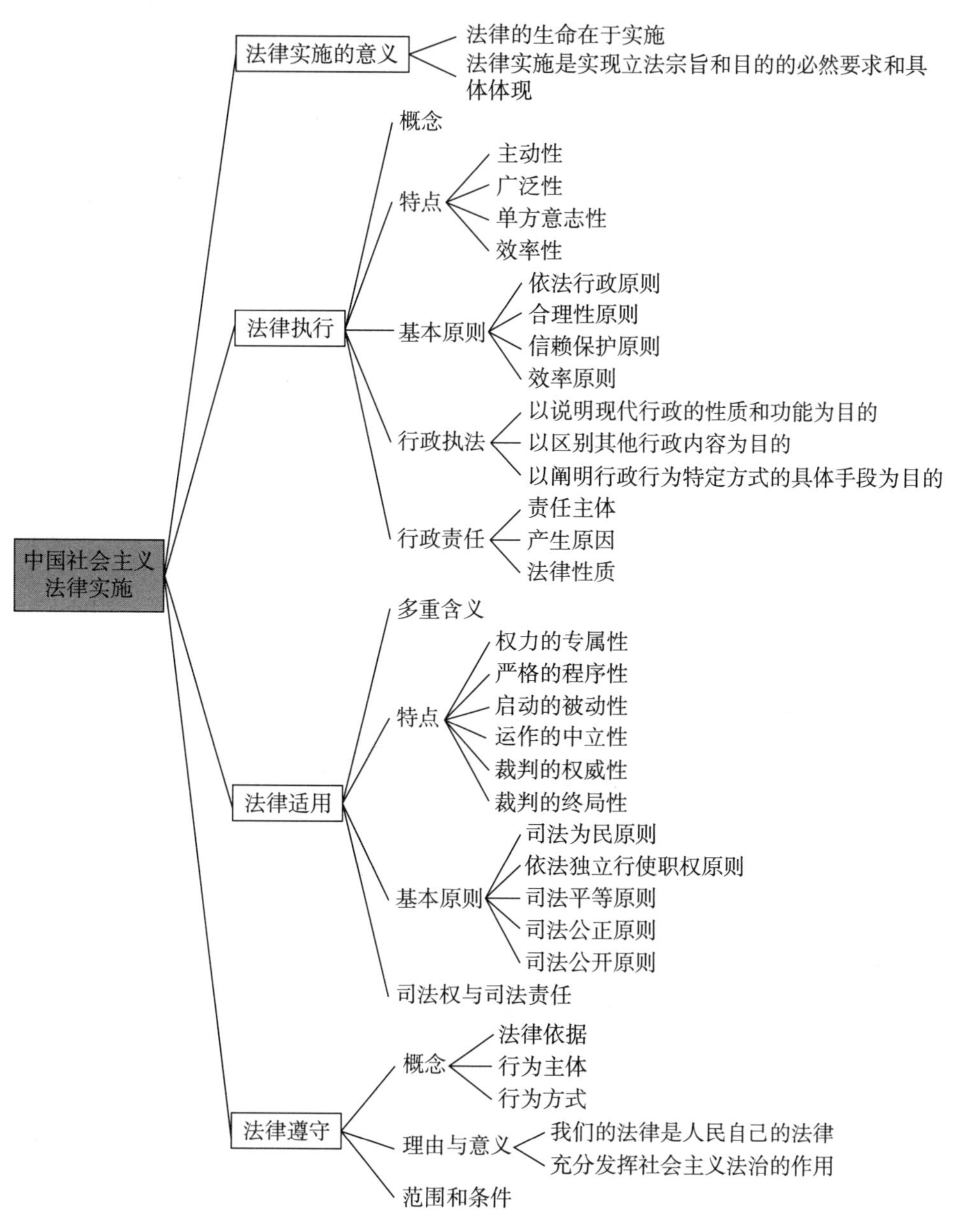

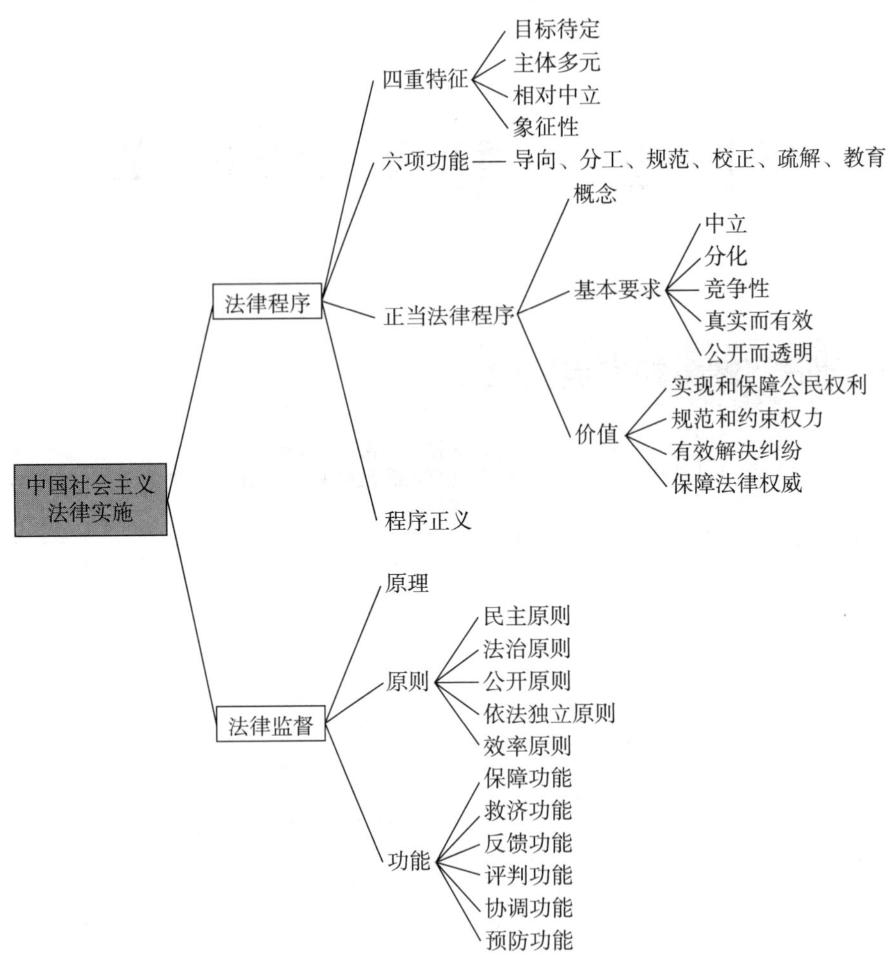

第二部分　本章核心知识要点解析

第一节　法律实施的意义

一、法律的生命在于实施

（一）难度与热度

难度：☆☆　热度：☆☆

（二）基本理论与概念

1. 法律实施是指法律规范的要求通过法律执行、法律适用、法律遵守等形式或途径在社会生活中得以实现的活动。

2. 法律实施就是把立法的要求变成有效的活动，把规定抽象行为模式的法律变成法律关系主体的具体行为，把纸面上的法律变成行动中的法律。社会主义法的实施是全面依法治国的重要环节，是实现立法宗旨和目的的具体体现。

3. 法律实施的基本形式包括法律执行、法律适用和法律遵守。为了保证法律实施，还需要一定的法律程序和法律监督。

4. 法律执行即执法，是指国家行政机关及其公职人员依法行使行政管理权、履行法定职责、执行法律的活动。

5. 法律适用即司法，指国家司法机关根据法定职权和法定程序，具体应用法律处理案件的专门活动。

6. 法律遵守即守法，是指公民、法人、社会组织、武装力量和国家机关都以法律为行为准则，依法行使权利、履行义务、承担责任的活动。

7. 社会主义的法律实施主要涵盖了五个方面：

（1）实现人民的共同意志是法律实施的本质；

（2）依法执政是法律实施的根本保障；

（3）严格执法是法律实施的关键环节；

（4）公正司法是法律实施的内在要求；

（5）全民守法是法律实施的重要条件。

（三）疑难点解析

在法律的运行系统中，立法（法律制定）是法治的起点和前提，法律实施是法治的落实和归宿。

法律实施与法律实效既有联系又有区别。法律实施强调的是把法律规范的要求由抽象向具体、由主观向客观转化的过程、方式和路径。法律实效侧重于强调这种转化所产生的实际效果，是法律实施之后的静态结果。

法律实施为什么重要呢？因为法律来源于实践，并且最终要为社会实践服务。倘若法律被束之高阁，无法为人民所用，那么就是一纸具文。正如清末法学家沈家本所言："法立而不行，与无法等。"法律的生命就在于实施。

法律实施的主要形式或途径是法律执行、法律适用和法律遵守，但不限于此。法律实施也包括公民和法人等运用法律的行为，例如依法维护自己的权利、依法参与管理国家和社会事务等。

"天下之事，不难于立法，而难于法之必行。"推进法治体系建设，重点和难点在于通过严格执法、公正司法、全民守法，推进法律正确实施，把"纸上的法律"变为"行动中的法律"。要健全法律面前人人平等保障机制，维护国家法制统一、尊严、权威，一切违反宪法法律的行为都必须予以追究。各级党组织和领导干部都要旗帜鲜明支持司法机关依法独立行使职权，绝不容许利用职权干预司法、插手案件。

（四）拓展延伸阅读

加快建设高效的法治实施体系。把全面贯彻实施宪法作为首要任务，健全法律面前人人平等保障机制，维护国家法制统一、尊严、权威，一切违反宪法法律的行为都必须予以追究。不断健全保证宪法全面实施的体制机制，加强宪法实施和监督，推进合宪性审查工作，把宪法贯彻实施提高到新水平。把推进严格执法、公正司法作为重要环节，做到严格规范公正文明执法，加大食品药品、公共卫生、生态环境等关系群众切身利益的重点领域执法司法力度，坚守防止发生冤假错案的底线，把打击犯罪同保障人权、追求效率同实现公正、执法目的同执法形式有机统一起来，努力实现最佳的法律效果、政治效果、社会效果。把全面深化政法改革作为强大动力，深化司法体制综合配套改革，着力破解深层次体制机制障碍，加快建设公正高效权威的社会主义司法制度。

——陈一新. 深学笃行习近平法治思想 更好推进中国特色社会主义法治体系建设. 求是，2022（4）.

二、法律实施是实现立法宗旨和目的的必然要求和具体体现

（一）难度与热度

难度：☆　热度：☆

（二）基本理论与概念

1. 立法的宗旨和目的，通常是指一定的社会背景下，立法者依据特定的立法指导思想确定的法律所要达到的目标，如促进社会公平正义、保障人权等。

2. 为了确保立法宗旨和目的实现，需要在法律实施的各个环节都贯彻这种宗旨和目的。

（三）疑难点解析

每一部法律的制定都有其特定的目的和宗旨，都希望回应现实中存在的问题。在我国，立法是充分发扬民主，通过法定程序把党的主张和人民意志相统一起来，上升为国家意志的过程。我国的社会主义法反映了人民通过法律调整社会关系，分配社会利益，实现公平正义的愿望，体现了国家立法机关制定法律的具体目的、根本宗旨和价值追求。例如，《中华人民共和国民法典》第1条就开宗明义规定了立法目的："为了保护民事主体的合法权益，调整民事关系，维护社会和经济秩序，适应中国特色社会主义发展要求，弘扬社会主义核心价值观，根据宪法，制定本法。"

法律实施可以促使立法的宗旨和目的更完善。在现实中，法律文本可能存在难以完整表述、完全涵盖立法的宗旨和目的的难题。法条有限的字数限制和其表面含义常常无法完整地反映立法者的目的。语言本身存在的概括性与立法机关立法时所参考的社会环境会随着时间改变，这使得任何制定良好的法律文本都可能存在漏洞。例如，立法者可能会规定"不得虐待狗"，却未能提及猫等其他动物；法律可能列举了"行凶、杀人、抢劫、强奸、绑架以及其他严重危及人身安全的暴力犯罪"，但却无法涵盖可能出现的新的对个人造成威胁的非传统伤害手段。"一个人可以违反法律的表面规定而不违反法律本身"，这是最古老的法律智慧谚语之一。所以，在法律实施的过程中，往往会采取目的解释等方法，在已有法条的基础上不断完善法律规范。

（四）拓展延伸阅读

1970年代的韩国，某女甲去美容院做隆鼻手术，医师乙操刀，手术失败。乙由于没有医生资格，涉嫌"非法行医罪"被起诉。根据韩国医疗法的规定：没有医生资格的人实施医疗行为，构成该罪。一审法官采用医学上的定义，指出"医疗行为"是"以预防和治疗疾病为目的"的行为。而隆鼻手术是以美容为目的，不是医疗行为，因此不构成犯罪。二审法官认为：法律规定非法行医罪的目的，是禁止没有医生资格的人实施医疗行为，以保障人的生命和身体健康的最终目的。非法的医疗行为会严重损害这一目的，而没有医生资格的人实施美容手术，同样会对人的生命和身体健康造成严重危害。因此，

根据该罪名的立法目的，美容手术应纳入“医疗行为”的概念之中。

在这一案例中，一审法官忽视了非法行医罪的立法目的是“维护公民生命安全和身体健康”，而是机械理解“医疗行为”，认为美容不算医疗，而没有考虑受害者的利益应得到维护的立法宗旨；二审法官从非法行医罪的立法目的出发，认为此次美容手术在事实上侵犯了甲的身体健康，本着维护甲的权益的初衷，认为美容手术也应该被纳入医疗行为，非法行医罪罪名成立。这一司法实践，将立法目的体现在了法律实施中，正确实施了法律，实现了立法的目标。

第二节　法律执行

一、法律执行的概念

（一）难度与热度

难度：☆　热度：☆

（二）基本理论与概念

1. 法律执行，简称执法，又称行政执法，是指国家行政机关及其公职人员依法行使行政管理权、履行法定职责、执行法律的活动。

2. 法律执行具有四个主要特点：

（1）法律执行活动具有主动性。

（2）法律执行内容具有广泛性。

（3）法律执行活动具有单方意志性。

（4）法律执行程序具有效率性。

（三）疑难点解析

法律执行活动具有主动性，这是相对于司法活动而言的。国家行政机关及其公职人员应当依据法律规定，积极主动地履行职责。

法律执行内容具有广泛性。这是由于行政权本质上是管理权和治理权，决定了法律执行内容的广泛性。法律执行涉及国家政治生活、经济生活、文化生活、社会生活和生态环境的各个方面，特别是在现代社会，随着社会事务变得越来越复杂，行政管理和服务的范围也越来越广泛。

法律执行活动具有单方意志性。行政法律关系虽然也涉及行政主体与企业、公民等行政管理相对人等多方法律关系，但由于行政主体代表国家行使行政权，其意思表示和处分行为对该法律关系具有决定性意义。行政主体实施行政行为，只要是在行政法或法律法规授权的范围内，依照法定程序即可自行决定和直接实施，而不必与行政管理相对人协商并征得其同意。

法律执行程序具有效率性。行政主体在法律执行活动中要依照法定程序进行，但它与司法程序不同，法律执行程序强调效率。法律执行要处理诸多紧迫的问题，如果拖延耽搁就会给国家利益、社会公共利益或行政管理相对人的合法权益造成重大损害。因此，在法律执行的程序设计上强调迅速、简便、快捷和效率。

（四）拓展延伸阅读

执法并非等同于行政执法，也并非为行政机关一家所有。行政执法只是国家执法体系中的一种。那么，什么是行政执法呢？从整个执法体系来讲，行政执法可作广义和狭义两种解释。

广义的行政执法，就是指行政机关的一切行政行为，也就是指行政机关运用法律对国家事务进行组织与管理的全部活动。它通常又以行政机关的立法、执法、司法三种形式表现出来。将行政机关的一切行政活动都看成是行政执法活动，这是从行政机关与权力机关之间的从属与执行关系上划分的。

狭义的行政执法，是专指上述广义行政执法中的执法概念。也就是指行政主体（包括主管行政机关和经合法授权、具有行政职能的非行政机关组织）依法对行政相对人采取的具体的直接影响其权利义务，或者对相对人权利的行使和义务的履行情况进行监督检查的具体行政行为。执法的手段主要包括行政检查、行政决定、行政许可、行政奖励、行政征收、行政处罚、行政强制执行、行政合同等。我们认为我国行政法学所要研究的行政执法就是指这一种。

——孟鸿志. 我国行政执法的概念、存在的问题及对策. 中国煤炭经济学院学报，2000（1）.

二、法律执行的基本原则

（一）难度与热度

难度：☆☆☆　　热度：☆☆☆

（二）基本理论与概念

法律执行基本原则即行政执法主体在执法过程中所应遵循的基本准则，主要由依法行政原则、合理性原则、信赖保护原则和效率原则构成。

（1）依法行政原则的含义是行政机关必须依据法律法规的规定取得和行使行政权力，并对行为后果承担相应责任。

（2）合理性原则是指法律执法过程中需正确行使自由裁量权，所采取的措施和所作出的决定都要合乎理性，即符合案件事实情节和执法对象本身的情况，符合公平的原则。

（3）信赖保护原则有三个具体要求：一是出于行政权力的确定力，行为一经作出，若无法定事由和法定程序，不得随意撤销、废止或改变；二是对行政管理相对人的授权行政行为作出后，事后即便发现有轻微违法或有不良后果产生，只要非因相对人过错造成的，也不得撤销、废止或改变；三是行政行为作出后，若事后发现有较严重违法或可能给国家社会公共利益造成重大损失，必须撤销或改变该行为时，行政机关会对因撤销或改变此种行为而给无过错的行政管理相对人造成的损失给予赔偿。

（4）效率原则是指在依法行政前提下，行政机关在对社会提供管理和服务的过程中尽可能简洁快速地以尽可能低的成本取得尽可能大的效益，从而获得最大执法效益。

（三）疑难点解析

依法行政原则中的“法”包括了法律法规、法律的一般原则、精神和目的。依法行政有三个基本内容：一是行政主体合法，行政主体必须具有符合法律规范的主体地位、资格和组织条件，若不满足任一，则其行为不具有法律效力。二是行政权的行使合法，行政权的行使必须有法律法规依据且必须在法定权限内活动，否则不允许且无效。三是行使行政权必须承担相应责任，权责统一，要满足行政主体职权与职责统一、行为主体和责任主体一致以及违法必究。

合理性原则与执法过程中对于自由裁量权的合理行使密不可分。自由裁量权设定的目的是使执法机关能对具体情况作出具体分析，从而更加准确体现法律的公正性。但其并不等同于任意裁量权，仍受到法律制约和监督。行政执法要符合合理性原则，需要遵循三个要求：一是权力行使需符合法律赋予该项权力的目的，二是案件与处理结果轻重幅度要相当，三是类似情况类似处理。

效率原则有三个具体要求：一是提高时间效率；二是节约执法成本，取得最优比；三是提高制度科学性，减少不合理制度负面作用。

（四）拓展延伸阅读

李某是从事饮食业的个体工商户，出售自制的蛋糕，蛋糕未经有关部门进行检验。后来，这一行为被某工商所查获。根据《个体饮食业监督管理办法（试行）》的规定，对此类违法行为，应予以警告、没收违禁区食品和违法所得，并处以违法所得1倍以上5倍以下罚款；没有违法所得的，处以1万元以下罚款；情节严重的，可责令停业整顿或者吊销其营业执照。在工商所查获前，李某出售蛋糕共获利590元。根据上述有关规定，工商所没收了李某尚未出售的蛋糕，没收其违法所得590元。此外，工商所认为李某曾因伤害罪而被判刑3年，一年前刚出狱，因此要重罚，又处以李某1 500元的罚款。这一执法行为违背了合理性原则，违反了案件与处理结果轻重幅度相当这一要求。

三、行政执法与行政责任

（一）难度与热度

难度：☆☆☆　热度：☆☆☆

（二）基本理论与概念

1. 行政执法，从不同的角度出发有不同的含义：

（1）以说明现代行政的性质和功能为目的，行政执法基本等于行政；

（2）以区别其他行政内容为目的，行政执法特指行政行为中的执法行为，即国家机关及其公职人员依法行使行政管理权、履行法定职责、执行法律的活动，区别于“行政司法”和“行政立法”；

（3）以阐明行政行为特定方式的具体手段为目的，行政执法主要包含行政监督检查、实施行政处罚、采取行政强制措施等。

2. 行政责任：是指行政法律关系主体因违反行政法律规范所规定的义务而引起的依法必须承担的法律责任。

（1）承担责任的主体是行政主体和行政管理相对人。

承担责任的主体的权利与义务：行政主体享有行政的职权，负有实施行政管理的义务；行政相对管理人享有接受行政主体所提供的服务的权利，同时也负有协助和配合行政主体的义务。

（2）产生行政责任的原因是行为人的行政违法。

（3）行政责任是行政法上的法律责任。

（三）疑难点解析

行政执法是一个含义模糊而多元的概念，根据教材的介绍，可以按照从广义到狭义、从抽象到具体的顺序进行阐释。

首先，广义的行政执法指行政机关的一切行政行为，基本等同于“行政”。根据我国的根本政治制度人民代表大会制度，人民代表大会是我国的国家权力机关，享有立法权，政府是我国的行政机关，是权力机关的执行机关。行政机关在遵守人民代表大会制定的法律的框架下也具有行政机关的立法、执法、司法活动，这些都可以视为广义的“行政执法”。

其次，狭义的“行政执法”，是指国家行政机关中的一部分职能，与“行政司法”“行政立法”等行政活动并列。

最后，作为行政的一种特定方式而存在的“行政执法”。此时的行政执法是一种相对于抽象行政行为的具体行政行为，对具体事件进行处理并直接影响相对人权利与义务，例如行政处罚、行政强制、行政监督检查等等。

法学中的行政责任的概念，与通常理解的“行政责任”不同。首先，它并不包括政治性的责任，而是一种法律责任，或者说是一种行政法律责任。其次，行政责任的主体是双向的，不仅行政主体或行政机关承担行政责任，行政管理相对人，即行政管理的对象也需要承担行政责任。最后，行政违法行为是其原因，行政责任是违法行为的法律后果，承担方式有行政处罚、行政处分。

（四）拓展延伸阅读

2001 年 7 月，刘云务购买东风运输汽车一辆。2006 年 12 月 12 日，刘云务雇佣的司机驾驶该车行驶至太原市和平路西峪乡路口时，山西省太原市公安局交通警察支队晋源一大队（以下简称晋源交警一大队）执勤民警以该车未经年审为由将该车扣留。2006 年 12 月 14 日，刘云务携带审验手续前往处理。晋源交警一大队执勤民警在核实过程中又发现无法查验该车的发动机号码和车架号码，遂以涉嫌套牌为由继续扣留，并口头告知刘云务提供其他合法有效手续。刘云务虽多次托人交涉并提供更换发动机缸体、更换发动机缸体造成不显示发动机号码、车架用钢板铆钉加固致使车架号码被遮盖等证明材料，但晋源交警一大队一直以其不能提供车辆合法来历证明为由扣留。刘云务不服，提起行政诉讼。法院审理期间，组织当事人对加固车架的钢板铆钉进行了切割查验，显示该车车架号码为 GAGJBDK0110××××2219，而该车行驶证载明的车架号码为 LGAGJBDK0110××××2219。

山西省太原市中级人民法院一审判决驳回刘云务的诉讼请求。山西省高级人民法院二审判决撤销一审判决，责令晋源交警一大队在判决生效后 30 日内对扣留涉案车辆依法作出处理并答复刘云务，驳回刘云务的其他诉讼请求。最高人民法院撤销一、二审判决，确认晋源交警一大队扣留涉案车辆违法，判令晋源交警一大队在判决生效后 30 日内将涉案车辆返还刘云务。

在本案例中，晋源交警一大队是行政主体，刘云务是行政管理相对人。行政主体有权对未经年审的车辆进行审查扣留，同时，刘云务也负有协助和配合晋源交警一大队调查的义务。当交警大队发现涉案车辆涉嫌套牌，有继续扣留的权力，但是应该依法出具书面扣留的决定，口头告知不符合法定程序。在刘云务依法履行提交证明材料的义务后，晋源交警一大队本应承担积极调查核实、处理扣留的涉案车辆的义务，却反复要求行政相对人提供证明，不做处理，滥用职权，属于行政违法行为，应该承担相应的法律责任。

第三节　法律适用

一、法律适用的概念和特点

（一）难度与热度

难度：☆☆☆　热度：☆☆☆

（二）基本理论与概念

1. 法律适用即法的适用，是一个有多重含义的概念，是国家司法机关根据法定职权和法定程序，具体应用法律处理案件的专门活动，即司法。

2. 人民法院是国家的审判机关，人民检察院是国家的法律监督机关，二者都属于国家司法机关。

3. 法律适用主要是指法院进行的法律适用活动，有以下几个特点：

（1）权力的专属性；

（2）严格的程序性；

（3）启动的被动性；

（4）运作的中立性；

（5）裁判的权威性；

（6）裁判的终局性。

（三）疑难点解析

“法律适用”是一个中国特色的法律概念，目前，我国法学界尚未就“法律适用”的概念达成一致。学习的时候可以遵循各自的教材表述。

人民法院和人民检察院的区别是：人民法院是国家的审判机关，依照法律规定独立行使国家审判权，侧重于代表国家通过审理和判决民事、刑事和行政等案件，具体适用法律，实现国家的司法职能；人民检察院是国家的法律监督机关，依照法律规定独立行使国家检察权，侧重于依法履行法律监督职能，通过依法进行侦查、审查批捕、提起公诉、开展对审判和诉讼活动的法律监督、提起抗诉等活动，保证统一法治和正确实施法律。

法律适用是司法机关以国家的名义行使司法权的活动。司法权是一种专有权，具有专属性和排他性。这项权力只能由国家司法机关及司法人员依法行使，其他任何行政机关、社会团体和个人都不能行使此项权力。根据我国《宪法》规定，审判权专属于人民法院，检察权专属于人民检察院。

法律适用是司法机关严格按照法定程序所进行的专门活动。程序性是司法最重要、最显著的特点之一。目前我国的诉讼程序分为三大类，即审理刑事案件的刑事诉讼程序，审理民事、经济等案件的民事诉讼程序，审理行政案件的行政诉讼程序。这些诉讼程序保证了正确地适用法律、实现司法公正。

在解决民事纠纷活动中实行“不告不理”原则，在纠纷业已发生并且当事人愿意将纠纷通过司法途径解决的情况下，审判权在现实中才开始运作。所以审判权的行使不是主动介入当事人之间的纠纷，而是在事后进行救济。

为了确保司法正义，必然要求审判权在运作时不偏向争诉中的任何一方，并以中立的立场平等地对待双方当事人的权利请求和抗辩主张。与立法权和行政权的运行相比，审判权的运作过程实质上是以法律和法理为标准对争议双方的是非曲直进行判断的过程。司法部门既无强制、又无意志，而只有判断。法官不应因其他因素影响这种中立性。法官除了法律就没有别的上司。法官有义务在把法律运用于个别事件时，根据他在认真考察后的理解来解释法律。当然，中立不是要求法官审判时不进行价值选择和是非判断，而是应充分尊重当事人双方的“理由”，站在客观的立场上得出结论。

公众对司法的信任来源于裁判结果的公正性。公正的裁判树立了裁判的权威性。裁判的权威性得以成立的原因是：裁判是法院以国家名义行使司法权活动的结果，因而从权力设定上看，具有权威性；审判权的中立性使法院制作的法律文书是在充分考虑争讼双方提供的信息、法律规定及一般社会正义观和公共道德观之后的结果；裁判的公开性增加了其权威的可信度。公开的法律程序、广泛的参与性使正义能够以人们看得见的方式予以实现。

在法治社会中，进入法定程序后，社会正义的最后一道防线是司法。一个有效司法制度的重要因素是其裁判的终局性。如果法院已经作出的终局裁判可以随意改变，就会产生无休止的争议，或诱导人们通过非正义或非法律的方式来解决纠纷。这样不仅会削弱法院体系的效率和权威，而且会使通过正常的法定渠道来寻求正义变得不可能，从而引发更多的社会纠纷。

（四）拓展延伸阅读

被告××有限公司于 2000 年 9 月 14 日成立。2013 年 12 月，该公司法定代表人为宁某，被告宁某某任该公司董事、经理。2013 年 12 月 1 日，被告××有限公司向原告王某某出具借据一份，内容为：“今借到王某某人民币壹佰万元整，15 日内保证偿还。”借据落款处加盖了“××有限公司”印章，被告宁某某在印章下面签字并加盖了印章。2013 年 12 月 2 日，原告王某某向被告宁某某银行账户转账 100 万元。原告王某某诉称，被告宁某某要求原告将 100 万元的借款直接转到其个人银行账户，宁某某为该借款的实际接收人，故请求判决公司与宁某某共同偿还借款 100 万元并支付利息。

这个案件是一个民间借贷纠纷案件。纠纷的焦点在于：公司出具了借据后，法定代表人个人银行账号接收了借款，最终借款是由公司偿还，还是由法定代表人来偿还？如何认定实际借款人？《最高人民法院关于审理民间借贷案件适用法律若干问题的规定》第二十三条第一款规定：“企业法定代表人或负责人以企业名义与出借人签订民间借贷合同，出借人、企业或者其股东能够证明所借款项用于企业法定代表人或负责人个人使用，出借人请求将企业法定代表人或负责人列为共同被告或者第三人的，人民法院应予准许。”[①] 原告王

---

① 该《规定》已于 2020 年 8 月和 12 月两次修订，现相应条款为第 22 条第 1 款。该款规定：“法人的法定代表人或者非法人组织的负责人以单位名义与出借人签订民间借贷合同，有证据证明所借款项系法定代表人或者负责人个人使用，出借人请求将法定代表人或者负责人列为共同被告或者第三人的，人民法院应予准许。”

某某将借款支付被告宁某某，若被告不能证明收到的款项用于被告××有限公司使用，其履行的系职务行为便不能成立。原告有理由相信宁某某是借款直接使用人。本案被告未提供任何反驳证据，依照法律规定，其应当作为借款人承担还款责任。被告××有限公司出具了借据，能够认定其自愿对借款承担还款责任。故该公司对上述借款承担共同还款责任。

依照《最高人民法院关于审理民间借贷案件适用法律若干问题的规定》第二条第一款、第二十三条第一款、第二十九条以及《最高人民法院关于适用〈中华人民共和国民事诉讼法〉的解释》第九十条之规定，法院判决如下：被告××有限公司、宁某某于本判决生效之日起十日内共同偿还原告王某某借款100万元及利息（自2013年12月17日至本判决确定的履行期届满之日止，按照年利率6%计算）。本案宣判后，双方当事人均未上诉。

——选自李张平．合同纠纷规则与法律适用．中国法制出版社，2018：105．

二、法律适用的基本原则

（一）难度与热度

难度：☆☆☆　热度：☆☆☆

（二）基本理论与概念

1．司法为民原则。

2．依法独立行使职权原则。

3．司法平等原则。

4．司法公正原则。

5．司法公开原则。

（三）疑难点解析

司法为民是社会主义法治的本质要求，是中国共产党以人为本、执政为民的执政信念对法律适用的必然要求，是“一切权力属于人民”的宪法原则在司法工作中的具体体现，是司法工作始终保持正确政治方向的重要保证。人民法院在依法办案时，应怀着对人民群众的深厚情感去落实司法为民的原则，始终把人民群众的冷暖放在心上，诚心诚意为人民群众排忧解难，让人民群众切实感受到社会主义司法制度的温暖。坚持司法为民原则，是社会主义法治的本质要求，是法律适用的社会主义性质的重要特征。坚持司法为民就是坚持以人为本，尊重和保障人权。

司法机关依法独立行使职权是司法机关适用法律的一项重要原则。我国《宪法》规定，人民法院、人民检察院分别依照法律规定独立行使审判权、检察权，不受行政机关、社会团体和个人的干涉。依法独立行使职权原则的基本内容是：国家的司法权只能由国家的司法机关统一行使，其他任何组织和个人都无权行使此项权力；司法机关行使司法权时，必须严格依照法律规定，准确地适用法律。司法机关依法独立行使职权原则不同于西方的“司法独立”。“议行合一”与“三权分立”相对，“议行合一”是社会主义国家的国家机构组织原则。在全国人民代表大会统一行使国家权力的前提下，国家的行政机关、监察机关、审判机关、检察机关等等之间是分工的关系，司法机关只有相对的独立性，就是在办理司法案件时，享有法定的审判权和检察权，这与西方的“司法独立”具有本质区别。

司法平等原则是法律面前人人平等原则在司法活动中的具体体现，是适用法律的重要原则。它是指各级国家司法机关及其司法人员在行使司法权、处理案件时，对于任何公民，无论其民族、种族、性别、职业、宗教信仰、教育程度、财产状况、居住期限等有何差别，也无论其出身、政治历史、社会地位和政治地位有何不同，在适用法律上一律平等，不允许有任何的特殊和差别。司法平等原则具体表现为：司法机关及其司法人员，对于任何公民的违法犯罪行为，都必须同样地追究法律责任；对于所有诉讼参与人都应当平等地、公平地对待，切实保障诉讼参与人充分行使诉讼权利和履行诉讼义务。这一原则不仅适用于公民个人，也适用于法人和其他各种社会组织。

司法公正原则是指司法机关及司法人员在司法活动的过程中应坚持和体现公平和正义的原则，包含实体公正和程序公正。实体公正主要指司法结果公正，程序公正主要指司法过程公正。程序公正推动实体公正的实现，也在很大程度上决定着司法结果的公正性、准确性。我国法律工作的进行、法律体制机制的运作都需要依靠司法过程的公正性。同时，程序公正也在最大限度上维护人民的利益，保障人民应有的权利。实体公正可推动实体正义的实现，推动司法公正的实现，保障社会长治久安。司法公正是司法的生命和灵魂，是司法的本质要求和价值准则。

司法公开是公正司法的必然要求。司法机关要增强主动公开、主动接受监督的意识，完善体制、创新方式、畅通渠道，依法及时公开执法司法依据、程序、流程、结果和裁判文书。“阳光是最好的防腐剂”。权力运行若是不见阳光，必定会滋生腐败。只有让权力运行在阳光之下，让党和人民看得见，司法才能有权威和公信力。司法机关要努力做到“以至公无私之心，行正大光明之事”。

（四）拓展延伸阅读

2018 年 8 月 27 日，江苏省昆山市开发区震川路、顺帆路路口发生一起刑事案件。昆山一轿车与电动车发生轻微交通事故，轿车向右强行闯入非机动车道。双方争执时，车内一名男子不依不饶拿出刀，砍向骑车人。骑车人虽然连连躲让，但仍被砍中。之后，车内男子在砍人时，长刀落地，骑车人出于求生欲捡起长刀，反过来砍向车内男子，车内男子连连躲避逃窜，但骑车人无奈之下连砍数刀，男子被砍伤倒在草丛，最终车内男子刘某某死亡，骑车人于某某受伤。2018 年 8 月 28 日晚，昆山市检察院宣布提前介入此案调查。2018 年 9 月 1 日，江苏省昆山市公安局对“昆山市震川路于某某致刘某某死亡案”发布通报。通报称，于某某的行为属于正当防卫，不负刑事责任，公安机关依法撤销于某某案件。这是一个很好的案例，执法机关和司法机关都遵循了法律适用的基本原则，案件结果得到了人民群众的广泛认同。

三、司法权与司法责任

（一）难度与热度

难度：☆☆☆　　热度：☆☆☆

（二）基本理论与概念

1. 司法权是对具体争论的个案通过审理和适用法律确定当事人的权利与义务关系和法律责任的权力。

2. 司法责任，是司法机关和司法人员在行使司法权过程中侵犯了公民、法人或其他社会组织的合法权益，造成严重后果而应承担的责任。

（三）疑难点解析

1. 司法权与立法权的区别

立法权指的是国家制定、修改和废止法律的权力。法律是国家意志的体现，人民是国家的主人，法律体现的是人民的共同意志。立法权是对人民共同意志的汇集和表达。司法权本质上是执行人民共同意志的权力，主要表现为侦查、起诉、审判、执行等形式。从价值追求来看，立法权作为一种集体意志的表达方式，主要追求民主这一价值目标。司法权主要针对具体的案例，行使不以集体为单位，而是各个机关各司其职，以公正为首要价值目标。在行使方式上，立法权的行使是集体行使，制度设计通常是少数服从多数；司法权的行使相对比较独立，制度设计追求分工、制约和监督。

2. 司法权与行政权的区别

从对象来看，行政权服务的对象是国家、全体公众与社会集体。由于司法活动的独立性、针对性，司法权的对象则是个体案例，比如特定的当事人、组织或者机关。从目的来看，行政权的目的是通过实施宪法与相关法律，用出台政策的方式引领社会发展、维护社会利益，这是一种事前行为，以事前规划的路径使得整个国家和社会按照一定的规则运作。司法权的目的则是捍卫宪法与法律的尊严，以事后追究、事后补偿、事后惩戒的形式维护公众利益和社会秩序。从行使权力的方式来看，行政机关主动行使行政权，司法权呈现出一种被动行使的态势。作为一种事后救济的手段，司法活动必须有相关人员的起诉才能进行。从独立性上来说，行政机关分为多个层级、多个系统，下级服从上级，地方服从中央，上级行政机关的命令直接决定下层行政机关行使行政权。司法机关虽然有等级，但是作为行使司法权的主体，它们行使司法权时都是独立的，只服从法律。

司法责任是根据权力与责任相统一的原则，而提出的一个权力约束机制。有权力必有责任，司法主体拥有司法权的同时必须承担司法责任，这样才能规范、约束司法权的运用，防止误用、滥用的情况，也能更好地维护社会公平正义，减少“冤假错案”的产生。我国的法官法、检察官法、国家赔偿法等等法律都确立了司法责任制度。司法责任的认定，需要遵循三项原则：责任法定原则、责任相称原则、责任自负原则。

（四）拓展延伸阅读

1996 年 4 月 9 日，内蒙古自治区呼和浩特市毛纺厂年仅 18 岁的职工呼格吉勒图夜班休息时，听到女厕内有女子呼救，便拉着工友闫某赶往女厕。当赶到时，呼救女子已经遭强奸，并被扼颈身亡。呼格吉勒图和闫某跑到附近治安亭报案，呼格吉勒图却被时任呼和浩特市公安局新城分局局长冯志明认定为杀人凶手。案件唯一所谓“有力”的证据就是呼格吉勒图指甲里的被害人血迹。相关记录显示，技术人员曾从受害人的体内提取过凶手的精斑。然而，这一关键物证未做 DNA 鉴定。呼格吉勒图在刑讯逼供之下被迫招认。呼和浩特市中级人民法院判处呼格吉勒图死刑。呼格吉勒图不服判决，提起上诉。6 月 5 日内蒙古自治区高级人民法院驳回上诉，维持原判。最终这名无辜的“凶手”在 1996 年 6 月 10 日被执行了死刑。从起诉到执行死刑，仅仅有两个月时间。

2005 年 10 月 23 日，一个名叫赵志红的男子主动承认自己曾经在毛纺厂女厕杀害过一名女性。2014 年 3 月初，内蒙古政法委成立了呼格吉勒图案件复查组。2014 年 12 月

15 日，内蒙古自治区高级人民法院对呼格吉勒图故意杀人、流氓罪一案作出再审判决，撤销原判，宣告呼格吉勒图无罪。此后，有关机关和部门迅速启动追责程序，依法依规对呼格吉勒图错案负有责任的 27 人进行了追责。

第四节 法律遵守

一、法律遵守的概念

（一）难度与热度

难度：☆☆☆ 热度：☆☆☆

（二）基本理论与概念

1. 法律遵守即守法，是指公民、法人、社会组织、武装力量和国家机关都以法律为行为准则，依法行使权利、履行义务、承担责任的活动。

2. 在守法的法律依据上，这里的“法律”是广义的，既包括宪法、法律、法规、规章等抽象规范性文件，也包括法院判决裁定书、行政机关执法意见书、法律关系主体间签订的合同等具有法律效力的具体法律文书。

3. 在守法的行为主体上，法律遵守既是法律实施的一种重要形式，也是法治的基本内容和要求。法律制定出来以后，除依靠国家机关执行法律、适用法律外，主要依靠全社会的公民、法人、社会组织、武装力量以及国家机关的遵守。因此，遵守法律的主体，即守法主体，既包括公民和法人，也包括社会组织、武装力量和国家机关等。

4. 在守法的行为方式上，“遵守”既包括不违法、不做法律所禁止的事这类消极被动的、不作为的守法，也包括根据授权性法律规范积极主动地行使自己权利、履行自己义务的积极作为的守法；既包括“不应当做什么”的行为方式，也包括“应当做什么”和“应当怎样做”的行为方式。

（三）疑难点解析

守法是一个基本法律义务。我国《宪法》第 5 条第 4 款规定：“一切国家机关和武装力量、各政党和各社会团体、各企业事业组织都必须遵守宪法和法律。一切违反宪法和法律的行为，必须予以追究。”第 53 条中规定，“中华人民共和国公民必须遵守宪法和法律”。《中国共产党章程》明确规定，“模范遵守国家的法律法规”是共产党员的义务。

人民是国家的主人，人民群众自觉遵守法律、维护法律尊严，促进法律的有效实施，这是社会主义法律的力量源泉，也是社会主义法制的群众基础。为了实现人民民主权利和自由，仅仅依靠法律的强有力实施和惩戒是远远不够的，人民群众知法守法的主观能动性才是实现法律体系良好运转的关键，只有自觉主动守法才能促进法律运作的效益。

促进人民群众主动遵守法律，离不开利益导向，只有法律条文切实符合人民群众的根本利益，群众守法的积极主动性才能被调动出来。这就要求法律制定过程中要深入群众，制定贴合群众、扎根群众的法律条文。法律宣传和解释工作也是必不可少的，要促进法律条文明晰化、法律解释大众化，让法律真正地深入群众生活当中，才是法律实施的真谛所在。

（四）拓展延伸阅读

2021年6月5日，广东省佛山市“110”接到群众报警，正在执行封控管理的南海某小区有两名男子翻墙外出。接报后警方高度重视，迅速开展调查，当日将两名男子带回。经查询，两人分别于5月29日、6月3日进行核酸检测，结果均为阴性。警方依法对两人处以行政拘留及罚款处罚。

《传染病防治法》第20条规定，在中华人民共和国领域内的一切单位和个人，必须接受疾病预防控制机构、医疗机构有关传染病的调查、检验、采集样本、隔离治疗等预防、控制措施，如实提供有关情况。《突发事件应对法》第57条规定，突发事件发生地的公民应当服从人民政府、居民委员会、村民委员会或者所属单位的指挥和安排，配合人民政府采取的应急处置措施，积极参加应急救援工作，协助维护社会秩序。

在疫情应急处置时期，每一个公民都要自觉遵守疫情防控相关法律法规，这既指消极意义上的不触犯法律、不做法律禁止的事，更指主动地配合政府等机关工作、服从安排，为疫情防控献出自己的一分力量。

二、法律遵守的理由和意义

（一）难度与热度

难度：☆☆☆　热度：☆☆

（二）基本理论与概念

1. 人之所以守法的原因：

（1）出于契约式的利益和信用的需要；

（2）出于文化、信仰、心理或道德上的考虑；

（3）出于惧怕法律的制裁或出于社会、组织等的压力；

（4）出于以上多种原因综合作用的结果。

2. 人民自觉守法，其原因有二：

（1）我们的法律是人民自己的法律，所以人民应该自觉遵守；

（2）人人都守法，才能充分发挥社会主义法治的作用。

（三）疑难点解析

古希腊伟大的哲学家亚里士多德在其著作《政治学》中提到一句话：“从本质上讲，人是一种社会性动物；那些生来离群索居的个体，要么不值得我们关注，要么不是人类。社会从本质上看是先于个体而存在的。那些不能过公共生活，或者可以自给自足不需要过公共生活，因而不参与社会的，要么是兽类，要么是上帝。”马克思在《资本论》第一卷中写道：“人即使不像亚里士多德所说的那样，天生是政治动物，无论如何也天生是社会动物。”因此，人作为一种社会性的动物，遵守法律、道德等行为规范，就成了我们每个人在社会生活中享有安全、自由、平等、权利等的前提。

资本主义社会是一种以生产资料私有制为基础的社会制度，其主要内容是占有生产资料的资产阶级通过购买劳动力进行剥削。在资产者眼中，法律是神圣的，因为这是他们所设立的、旨在保护自身利益而颁布的。但在无产阶级和劳动人民的眼中，资产阶级制定的法律便是一条无形的“鞭子”，对劳动人民和无产阶级进行无情的鞭打，使法律上赋予他们的权利形同虚设。正如列宁所说：“最后，工人将认识到，只要工人对资本家的依赖关系还存在，法律就根本不会改善工人的处境”。所以，在资本主义国家，无产阶级不仅不可能自觉自愿地遵守资产阶级所制定的法律，更会以各种方式同这种资本主义法律作斗争。

在社会主义条件下，人民从本质上应当并且能够自愿遵守社会主义法律。毛泽东主席曾说过：“一定要守法，不要破坏革命的法制。法律是上层建筑。我们的法律，是劳动人民自己制定的。它是维护革命秩序，保护劳动人民利益，保护社会主义经济基础，保护生产力的。”社会主义法律是人民自己的法律，保障人民的利益。所以，在社会主义条件下，人民自觉守法是应然的、应该的。

（四）拓展延伸阅读

某市一位杨阿姨到附近的邮电局营业厅办理电话安装，可此邮电局营业大厅贴出通告，规定凡在本市安装电话的用户，必须到其下属企业购买电话机，用户办理装机手续的同时，先交电话机款，否则不予办理。杨阿姨在办理电话安装业务遭到拒绝后，将邮电局的做法申诉到了工商行政管理部门，工商行政管理部门通过核实，指出企业违反了《反不正当竞争法》，构成了不公平交易行为，责令该企业停止违法行为，并对其处以罚款。邮电局由于没有严格遵守法律，侵害了杨阿姨的合法权益，而杨阿姨同时也运用法律武器保护了自己的合法权益。

三、法律遵守的范围和条件

（一）难度与热度

难度：☆　热度：☆

（二）基本理论与概念

1. 法律遵守的范围，是守法主体应遵守的法律的种类。

2. 法律遵守的条件：

（1）主观条件是守法主体的主观心理状态和法律意识水平。

（2）客观条件是守法主体所处的客观社会环境，如政治状况、经济状况、文化状况、民族传统、国际形势、科学技术的发展等。

（三）疑难点解析

守法主体应遵守的“法律”是广义的，不仅包括宪法和全国人大及其常委会制定的法律，而且包括行政法规、地方性法规、行政规章、自治条例和单行条例等其他具有不同法律效力的规范性文件。其中，宪法居于核心地位。守法必须先遵守宪法，即必须以宪法为根本活动准则，维护宪法的权威，保证宪法的实施。此外，法律关系的有关主体还必须遵守人民法院发生法律效力的判决书和裁定书，遵守国家行政机关依法作出的执法决定，遵守依法签订的发生法律效力的合同、调解书、仲裁决定等法律文书。

法律具有强制性，但法律的遵守不能仅仅依靠法律的强制性，法的内在价值对于法律的遵守尤为重要。这就是德国学者魏德士所谓的法的“道德效力”。“道德效力”是遵守法律的道德基础，具有“道德效力”的法律规范会被人们自愿遵守。法律的约束力不是靠纯粹的“他律”规范，而应该使守法义务得到公民的承认和认可。依靠国家强制力来迫使人们守法，只能事倍功半。法律本身的强制性也是促使人们守法的一个重要因素，但完全建立在强制性甚至暴力基础上的法律不可能长久。

习近平总书记指出："要充分调动人民群众投身依法治国实践的积极性和主动性，使全体人民成为社会主义法治的忠实崇尚者、自觉遵守者、坚定捍卫者，使尊法、信法、守法、用法、护法成为全体人民的共同追求。"① 可见，全面依法治国要求我国人民具有守法的自觉性和主动性。

（四）拓展延伸阅读

一般认为，法律的正当性与守法义务之间存在逻辑相关性，法律的正当性必然导致守法义务。这种观念源于自然法传统，也符合一般人的直觉和通常观念。在自然法哲学占主导地位的背景下，普遍持有的是守法义务肯定论。在西方法律思想史上，守法义务肯定论主要由如下三种理论给予说明和论证：同意理论、公平游戏理论、自然责任理论。其中，同意理论是西方契约论传统的经典理论，后两者是由当代学者哈特、罗尔斯系统阐发的。这些守法义务理论，既具有相当的解释力，也受到广泛的质疑。这些质疑彰显了传统自然法学的局限性，从理论内部催生了守法义务否定论，丰富、深化了对守法义务的理论—实践功能的理解，为在"道德—法律"为轴心的静态法哲学基础上进一步形成以"道德—法律—守法义务"为基本框架的系统性理论，准备了必要的条件和基础。

——刘杨. 道德、法律、守法义务之间的系统性理论——自然法学说与法律实证主义关系透视. 法学研究，2010（2）.

第五节 法律实施的正当程序

一、法律程序概述

（一）难度与热度

难度：☆☆☆　热度：☆☆☆

（二）基本理论与概念

1. 法律程序：是指某一特定主体在完成某一具有法律意义的行为时所应遵守的法律过程和方法以及它们之间的相互关系。

2. 法律程序具有四重特征：

（1）目标特定，即法律程序的目标在于作出特定的法律性决定；

（2）主体多元，即法律程序通常由多个法律主体参与其中，通过主体的互动产生相应的法律性决定；

（3）相对中立，即相对于法律性决定而言，法律程序具有一定的距离，它并不直接指向某一特定的法律性决定，只是规定其中的顺序和步骤；

（4）象征性，即法律程序彰显了一种"看得见的正义"，体现了正义要以人们看得见的方式实现。

3. 法律程序的六项功能：

（1）导向功能，通过提供统一的标准模式，使程序参与者有了明确的行为指引；

① 习近平2014年10月23日在十八届四中全会第二次全体会议上的讲话.

（2）分工功能，通过时空要素分配程序角色，明确各方程序参与者的主要职责；

（3）规范功能，通过时空要素规范程序参与者的行为，克服行为的随意性；

（4）校正功能，通过后续程序及时校正偏差，使各方重回法治轨道；

（5）疏解功能，有助于产生冲突的双方放弃野蛮的暴力对抗，选择相对和平和理性的法律程序解决争议；

（6）教育功能，在潜移默化中增强人们对法律和法治的理解、认可和服从，减少法律实施过程中的障碍。

（三）疑难点解析

美国联邦最高法院大法官威廉姆·道格拉斯曾说过："权利法案的大多数规定都是程序性条款，这一事实决不是无意义的，正是程序决定了法治与恣意的人治之间的基本区别。"法律程序对于法治具有重要意义。法律程序的外延较为广泛，主要包括选举、立法、行政、审判、司法、仲裁和调解程序等。法律程序在公私法领域都普遍存在。在公法领域，政府只有严格遵循法律程序才能作出合格的公权行为。

法律程序是为作出特定的法律性决定而服务的。不同的法律性决定所需要的法律程序不一定相同，这需要具体问题具体分析；法律程序的设计也需要与时俱进、不断结合实际需要去调整、完善。另外，法律程序决定了法律性决定应当按照何种过程和方式被作出。法律程序是否公正合理，很大程度上会影响最终的法律结果是否公正。法律程序不适合，可能相应地也无法得出相对公正合理的结果。

法律程序通常需要多个法律主体的参与和互动，不同法律程序中所涉及的主体也是多元的。法律程序还具有中立性。主体多元的特征与相对中立的特征相辅相成、辩证统一。程序的对立物是恣意，分化和独立才是它的灵魂。在法律程序中，主体的多元性、不同主体之间的分工和分化，以及主体在互动中需要遵循的时间要求和空间要求，都有利于促进法律程序的中立性。立法者以及参与法律程序的各主体的立场会有偏向性，客观上也使法律程序的中立性受到损害。对于法律程序的中立性，法律性决定与法律程序之间具有一定距离，这客观上要求参与法律程序的主体必然是多元的、分工明确的。

法律程序具有仪式性和象征性，是一种"看得见的正义"。法律程序的存在，有利于使参与其中的主体更直观地感受到法的价值，有利于让公平正义能以人们看得见的方式实现，进而有利于人们增强对法律性决定的接受度和参与感。基于此，越来越多人认为，程序法应与实体法具有同等价值。

法律程序就像"指向标"，具有导向功能，在法律活动的不同环节提供行为的标准模式。法律程序具有分工功能，能够通过合理的分工，使各主体相互配合、彼此制衡，为法律活动的顺利开展提供保障。法律程序具有规范功能，它能够把一切与法律有关的活动通过特定程序加以规范，使之运行更科学、高效、公开透明，也有利于维护公平正义、维护人民的合法权益。法律程序具有校正功能，多个程序的设置有利于最大限度规避风险，也有利于合理的法律性结果的实现。法律程序有疏解功能，法律程序有中立性，运行相对和平和理性，有利于合理解决法律纠纷，降低解决法律纠纷的风险与成本。法律程序有教育功能，其所具有的象征性和仪式性，能够使参与者更深刻地感受到法律的价值和正义性，从而增强对法律的敬畏。合理的法律程序有利于促使人们知法、守法、敬法，进而有利于推动和谐法治社会的建设。

（四）拓展延伸阅读

案例一：原告陈某某经营的22公斤猪肉被被告某县商务执法大队查封并扣押，被告向陈某某出具了查封扣押物品通知书、扣押物品清单，并制作了现场检查笔录。2012年2月20日，被告向陈某送达了商务字（2012）第002号行政处罚决定书，作出了没收非法生猪产品并处以罚款人民币1万元、责令立即停止违法行为的行政处罚。原告以被告不符合行政处罚的主体要求，其处罚程序违法为由向某县人民法院起诉。

法院认为，依据中华人民共和国国务院《生猪屠宰管理条例》的相关规定，县级以上地方人民政府商务主管部门负责本行政区域内生猪屠宰活动的监督管理。而某县商务执法大队没有相应的行政处罚权力，故其对原告作出的行政处罚属程序违法。2012年6月25日，某县法院判决撤销了对原告的行政处罚。在这一案例中，行政处罚主体不符致行政程序违法，所以原告诉至法院请求撤销处罚的决定最终获支持。

案例二：1999年9月18日，某市交通稽查支队行政执法人员在该市某路进行例行执法检查时，刘某某驾驶二轮摩托车因不能提供车辆购买凭证及依法应随身携带的公路规费缴讫凭证，交通稽查支队执法人员遂将其车辆扣留，并向刘某某开具了证据登记保存清单，同时下达了“交通违法行为通知书”，告知申请人“可在收到本通知之日起3日内进行陈述申辩，要求组织听证”。9月20日，市交通稽查大队对申请人下达了交通行政处罚书，并依据相关条例对申请人合并处罚230元。申请人于当日交纳了罚款并提走车辆。

申请人对该处罚决定不服，认为被申请人违法扣车、处罚，违反法定程序，向市政府申请行政复议要求撤销该处罚决定。经审查，复议机关认为被申请人行政处罚程序违法，同时证据保存无法律依据，因此复议机关撤销了处罚决定。

其中，相关依据如下：市交通稽查支队向申请人下达的“交通违法行为通知书”中，对被申请人拟作出的行政处罚决定的内容不明确、法律依据不完整，且在已告知申请人可在收到通知书之日起3日内进行陈述申辩的情况下，却又在2日内即作出了处罚决定，影响了申请人依法享有的陈述、申辩权的行使。被申请人也不能提供证据证明申请人已在2日内行使了陈述、申辩权。因此被申请人的行为违反了《行政处罚法》相关规定，属于行政处罚程序违法。

二、正当法律程序

（一）难度与热度

难度：☆☆☆☆　　热度：☆☆☆

（二）基本理论与概念

1. 正当法律程序是一种为了限制恣意，通过角色分派与主体互动而进行的，具有理性选择特征的活动过程。

2. 正当法律程序的基本要求：

（1）法律程序应当是中立的；

（2）法律程序应当是分化的；

（3）法律程序应当是竞争性的；

（4）法律程序应当是真实而有效的；

（5）法律程序应当是公开而透明的。

3. 正当法律程序的价值：

（1）有利于实现和保障公民权利；

（2）是规范和约束权力的有效手段；

（3）更能够有效地解决纠纷；

（4）是法律权威的保障。

（三）疑难点解析

1. 正当法律程序原则在英国确立：古老的“自然正义”原则蕴含了对正当法律程序的诉求→1215 年英国《大宪章》最早以书面形式规定了正当法律程序→1354 年爱德华三世重新颁布的《大宪章》中明确出现了“法律的正当程序”的表达。

2. 移植到北美殖民地的立法中：1776 年的《弗吉尼亚州宪法》→《宾夕法尼亚州宪法》→1789 年美国宪法第五修正案→1868 年美国宪法第十四修正案再次重申→19 世纪中后期“法律的正当程序”由只提供程序上的保障发展到包含了对财产权和自然权利的要求→又由此发展出“实体性正当程序”理论。

3. 影响进一步扩大到中国：从 20 世纪 90 年代开始正当程序的价值和功能成为我国法学理论研究的对象→不仅深化了人们对该原则的认识，还推动了实务界对程序价值的关注→正当程序原则的贯彻和普及对于提高当代中国法治水平具有积极意义。

4. 中立性是正当程序的核心，程序的设计者在设定程序时不能偏向于某些群体的特殊利益，程序的主持者在程序运行的过程中也应该坚持法律面前人人平等的原则，一视同仁，确保特定结果的出现是程序正常运行的结果，而不是强势一方操作的结果。

5. 程序运行不是通过一个人或者一个部门完成的，良好的程序运行状态需要不同角色发挥作用，结果的决定权分散到不同阶段和不同主体那里。比如在刑事审判程序中，判决需要经过立案、侦查、审查起诉、审判等程序作出，在这些不同阶段，警察、法官、原告、被告、公诉人、辩护人、代理人等各司其职，极大降低了权力滥用的可能性。

6. 法律程序的作用之一是为矛盾各方提供交流沟通调解的平台，但在法律程序运行过程中是充满竞争和博弈的，各方当事人为了说服决定者，需要为己方观点提供充分有力的证据，诸如举证、质证和交叉辩论等行为。不经过竞争和博弈的判决是不严谨、不严肃、不遵守法治精神的，最后的结果也是不具备充分说服力的。

7. 法律程序的真实有效，注重当事人和利害相关者参与的自由、平等、及时、有效，参与者可以自由决定是否参与到程序之中，但是一旦参与就应有效参与；另外参与者都是平等的，各方享有平等的资格和机会发表意见，对于孤立或者处于弱势地位的人来说还可以获得额外帮助，而且应当及时参与，过分延迟或者急促都会降低程序的有效性。

8. 法律程序的公开透明是指程序的进行过程、结果和理由都是公开透明的，各方当事人都可以共享作为参与前提的信息资源，有利于各方提高对结果的接受度。

9. 正当法律程序有利于实现和保障公民权利。正当法律程序要求未经正当程序，任何人的生命、自由、财产不被剥夺。正当法律程序，可以制约权力。对于立法机构，正当程序要求立法过程必须是公平公正的；对于政府机构，正当程序通过法律程序来制约政府行为，政府必须按照法律程序办事；对于司法机构，诉讼审判都有着特殊的法律程序规定。这些都有利于“把权力关进制度的笼子”，真正造福民众。

10. 现实生活中有很多解决纠纷的方法，正当法律程序在其中脱颖而出，要得益于其公平、正当、理性、平等等特点，使其赢得公众的信赖，提高公众对纠纷处理结果的接受度，降低解决纠纷的成本。

11. 国家强制力保障法律权威，刚性有余而弹性不足，有时候可能会适得其反。正当法律程序以其公平公正的姿态，有利于形成遵法守法学法用法的社会氛围和环境，让法律真正在民众心理生根发芽。

（四）拓展延伸阅读

案例一：1994 年，美国著名橄榄球运动员辛普森的前妻妮可及其情人高德曼被杀。案发现场发现了辛普森的毛发和血迹。但是，最终美国刑事法院竟宣布辛普森被无罪释放。这一判决结果的产生，是美国司法机关严格遵守法律程序的结果。因为在此案中，辩方认为控方收集的证据存在不合法之处。例如，在没有搜查许可证和非紧急情况下，某警员独自一人在辛普森住宅中大肆搜查，涉嫌严重违反正当法律程序。因而，在此案的庭审中，由于控方不能证明指控辛普森有罪的证据的收集程序合法，一些关键性的定案证据材料被排除，导致陪审团对辛普森有罪的指控存在合理怀疑，最终无法一致作出有罪认定。

案例二：于某系北京大学历史学系 2008 级博士研究生，于 2013 年 7 月 5 日取得历史学博士学位。2013 年 1 月，于某将其撰写的论文《1775 年法国大众新闻业的“投石党运动”》（以下简称《投石党运动》）向《国际新闻界》杂志社投稿。于某亦将该论文作为科研成果列入博士学位论文答辩申请书。2014 年 8 月 17 日，《国际新闻界》发布《关于于某论文抄袭的公告》，认为于某在《投石党运动》一文中大段翻译原作者的论文，直接采用原作者引用的文献作为注释，其行为已构成严重抄袭。随后，北京大学成立专家调查小组对于某涉嫌抄袭一事进行调查。2015 年 1 月 9 日，北京大学作出《关于撤销于某博士学位的决定》（以下简称《撤销博士学位决定》），认定于某在校期间发表的学术论文《投石党运动》存在严重抄袭，决定撤销于某博士学位，收回学位证书。于某不服，提起行政诉讼，请求撤销北京大学作出的《撤销博士学位决定》，并判令恢复于某博士学位证书的法律效力。

原告于某诉称：一、《撤销博士学位决定》在实体上超越职权。被告适用《中华人民共和国学位条例》（以下简称《学位条例》）撤销原告博士学位，但该条例中没有任何一个条款授权高校，可以根据博士学位论文之外的论文涉嫌抄袭而撤销博士学位。二、《撤销博士学位决定》违反法定程序。被告在调查和处理过程中未及时向原告公开相关事实和理由，亦未让原告查阅、复制相关材料，侵犯原告的知情权。被告作出该决定前未让原告申辩，亦未告知原告救济途径和期限。同时，被告向原告送达该决定前，便通过新闻媒体予以报道，属于严重违法。三、《撤销博士学位决定》认定事实不清，证据不足。涉案论文不属于在校期间发表，原告申请博士学位时，涉案论文处于待刊状态，并未发表，该论文亦不是原告申请博士学位的必要条件。同时，被告未对涉案论文存在“严重抄袭”进行具体论证。四、该决定适用法律错误，未写明具体的条款，适用的部分文件不属于法律法规或规章。

被告北京大学辩称：一、原告在北大读书期间严重抄袭境外学者已经发布的文章，并据此以自己名义发表涉案论文，其行为严重违反国家及北大的相关规定。发表论文是一个包括创作、投稿、发表的过程。一旦作者将稿件投送出去，对作者而言，发表的行为即已基本完成，至于稿件何时公开，由出版机构决定，作者一般无法左右。由于涉案论文的成文时间、投稿时间和被使用时间均包含在原告在校期间，因此，原告发表涉案论文，属于在学期间发表学术论文行为。原告的抄袭行为在国内外学界产生负面影响。二、被告撤销原告的博士学位的决定于法有据，程序合法、理由充分。根据《中华人民共和国学位条例》第17条、《国务院学位委员会关于在学位授予工作中加强学术道德和学术规范建设的意见》第5条及《北京大学研究生基本学术规范》第4条的规定，被告系有权、有据、有序作出撤销学位决定。

该案经北京市海淀区人民法院审理后，作出（2015）海行初字第1064号行政判决：一、撤销被告北京大学作出的《撤销博士学位决定》；二、驳回原告于某的其他诉讼请求。宣判后，北京大学向北京市第一中级人民法院提起上诉。北京市第一中级人民法院于2017年6月6日以同样的事实作出（2017）京01行终277号行政判决，驳回上诉，维持一审判决。

于某诉北京大学案，是我国首个因涉嫌论文抄袭导致博士学位被撤销的行政诉讼案件。该案涉及的法律问题很多，但首要问题是高校作出撤销学位决定时，是否应当适用正当程序原则。正当程序原则的核心内容是指行政机关在作出对行政相对人不利的处理决定时，应事先告知相对人拟作出处理决定的事实、理由和依据，并听取相对人的陈述和申辩。正当程序原则是执法活动所应遵循的最低限度的程序标准，行政机关应当遵守。本案中，北京大学作为法律、法规授权的组织，其在行使学位撤销权时，也应当遵守正当程序原则，通过程序来确保其决定的公正性。北京大学在对于某作出撤销博士学位决定前，并未听取于某的陈述和申辩，未履行正当程序原则，因此而被判败诉。

——王茜. 正当法律程序原则在教育管理领域的适用个案探讨. 法律适用，2018(4).

三、程序正义

（一）难度与热度

难度：☆☆☆☆　热度：☆☆☆

（二）基本理论与概念

1. 程序正义指法律程序实施过程中的正义性，是现代法律实施重要准则，与实质正义（结果正义）并称为正义的两种形式。

2. 程序正义的含义，可以从三个方面把握：

（1）程序正义具有独立的价值；

（2）程序本身设计得是否科学合理，可作为衡量程序正义是否得到实现的依据；

（3）程序正义与实体正义可能是相辅相成的关系。

3. 程序正义对于法治具有重要意义：

（1）程序正义承载了诸多法治的价值；

（2）程序正义设定了实体正义的操作框架，并对其有过滤和补救作用；

（3）实体正义和程序正义共享同一个终极评价标准——人的主体性和尊严。

（三）疑难点解析

程序正义的理念起源于13世纪的英国，理论雏形为19世纪初英国学者边沁对于程序工具理论的论述，他提出在符合“功利主义”的前提下将程序规范正当作为实施法律的手段，以保证“实现最大多数人的最大幸福”。到了20世纪60年代，伴随美国联邦最高法院“正当法律程序革命”的开展，大量英美学者开始深入研究有关法律程序价值意义，一些学者继承了程序工具理论的观点，但对于理论中存在否定程序自身独立价值的缺陷，提出了新的程序评价和构建的标准。美国学者罗尔斯在《正义论》中提出的程序正义理论，产生了较大的影响。20世纪80和90年代，程序正义研究进一步发展，如今已深入人心。

程序正义的独立价值，是指法律程序拥有不依赖于结果的，关乎自身的意义和价值的追求。程序的公正在很大程度上能促进结果的公正，但仅仅用结果的公正就认定程序无误，是荒谬的。程序正义中独立价值的意义在于，将程序正义从实质正义的桎梏中解放出来，使人们对程序的规范产生信任，无论结果是否符合人们心理预期，都有严密的程序作为支撑和保障。

程序合理包括但不限于中立、透明、平等、真实、有效等标准。程序正义的最终价值在于：对人的尊严和道德主体地位的尊重。所以，程序合理的评判标准，与某种程度上的道德标准相吻合，程序正义设定了实质正义的操作框架，以最大限度降低因程序不规范产生冤假错案进而产生的经济型错误成本，和防止因程序中出现偏袒等状况而产生的道德成本。更重要的是，因为程序正义，人们加强了对法律程序的信任，在人们无法判定某种行为是否会导致结果是否公正时，程序可以起到辅助作用，将权威的问题转换成公平性的问题，具体的决定或措施的公平性由正当过程来决定，归结为程序的正义和程序的合理性。

在实质正义与程序正义都以人的尊严为终极评价准则的前提下，程序正义对实质正义有过滤和补救作用。程序正义在很大程度上能促进结果的公正，而当实质正义存在缺陷时，程序正义可作为采取措施的准则。例如，作为特殊行政救济中的信访救济，一定程度上能减少上访者所支付的诉讼费用，为畏惧诉讼程序烦琐成本高昂的人提供“接近正义”的通道。在法律援助中，对于身体不便的当事人，可以采取特殊的措施，例如为外国当事人提供翻译等，努力缩小客观条件对于审判结果的影响，以补救实质正义中的不足。

（四）拓展延伸阅读

2014年2月20日，原四川汉龙集团董事局主席刘汉、刘维等36人参与涉嫌故意、包庇杀人，组织参与黑社会组织等重大涉黑案，经依法指定管辖，由湖北省咸宁市人民检察院向咸宁市中级人民法院提起公诉。该案涉案人员涉嫌多个严重犯罪，其中刘汉、刘维等5人被判处死刑立即执行，另有5人被判处死刑缓期执行，4人被判处无期徒刑，其余22人被判处有期徒刑。

首先，该案的管辖体现了程序正义中的回避原则。刑诉法有关于指定管辖的规定，即“上级人民法院可以指定下级人民法院审判管辖不明的案件，也可以指定下级人民法院将案件移送其他人民法院审判”。指定管辖适用于两种情形，其一为管辖权不明确的案件，将指定管辖机关；其二为管辖权明确，但基于特殊原因需要改变管辖。该案属于第二种情况，该案的案发地点，被告人主要活动地区均在四川，因此本应由四川的公安司法机关进行管辖，但由于该案性质恶劣，情节严重，涉及死刑及无期徒刑。为防止犯被告人残余权势及复杂关系影响司法公正，该案采取了个案调整方式，指定进行异地管辖，因此此案由咸宁市中级法院一审审理。湖北咸宁作为指定管辖地，离四川较近，交通便利，沟通方便且能很好地避免属地弊端，有利于公安司法机关调查取证和核实证据以及保护证人。

其次，审理方式体现了程序正义中的程序合理。该案的涉案人员众多，情节轻重不同，且出现案件交叉状况，因此法院采取分案审理，使得每个案件庭审重点突出，脉络清晰，程序合理，保证被告人获得公正的判决。

同时，审理过程公开，体现了程序正义中的透明。该案进行全程公开审理和宣判，各方共计 6 200 多人旁听了庭审，且许多公民在网络上观看了此次庭审。该案通过公开审判，将审判过程置于全社会监督之下，增强了案件审理的公开透明，增强了审理权威和可信度，保障了法官依法公正审判，有助于防止暗箱操作可能造成的裁判不公。

再次，在审理过程中体现了保障人权。在该案中，共有 36 名被告人和 49 名辩护人。辩护人在庭审前均提前会见了被告人，并查阅了案卷材料；出庭受审的被告人均未戴手铐、未穿囚衣、未剃光头；法庭允许刘汉佩戴助听器出庭，并且应其要求在座椅上放了坐垫；审判长依法告知了被告人的各项诉讼权利，很好地体现出程序正义的真正价值基础在于被裁判者人格尊严和道德主体地位的尊重。

总之，该案彰显了程序正义的理念，案件的审理过程合理、规范、高效、人道；审判结果的公正、有效，体现出法治中国建设的目标。

——熊秋红. 刘汉等人涉黑案审理彰显程序正义. 检察日报，2014-05-28.

第六节　法律实施的监督

一、法律实施监督的原理

（一）难度与热度

难度：☆☆　热度：☆☆

（二）基本理论与概念

1. 加强对权力的监督的原因：在我国社会主义条件下，加强对权力的监督是发展社会主义民主政治、落实依法治国基本方略、切实尊重和保障人权的重要内容。

2. 加强对权力的监督的根本目的：保证国家机关及其公职人员始终坚持全心全意为人民服务的根本宗旨，做到权为民所用、情为民所系、利为民所谋，永远不变质、不变色。

3. 法律实施监督：指国家机关、政党组织、社会团体和公民个人等，依法对法律执行、法律适用和法律遵守等活动的合法性进行的监督。

4. 加强对权力的制约和监督，“把权力关进制度的笼子”，构建权力制约与监督体系，使之在法律和制度的范围内正确行使，让权力不再任性。

5. 法律实施监督的对象，包括法律实施的公权力主体，主要是行政机关、监察机关、审判机关、检察机关；也包括法律实施的私权利主体，如公民、法人和社会组织等。

6. 法律实施监督的内容，包括法律的制定、执行、适用和遵守的各个环节，贯穿于法律实施的整个过程。

7. 我国的监督体系：党内监督、人大监督、民主监督、行政监督、司法监督、审计监督、社会监督、舆论监督。

在这个体系当中，各级监察委员会实施的监察监督具有鲜明的中国特色和优势。

（三）疑难点解析

孟德斯鸠指出："一切有权力的人都容易滥用权力，这是万古不易的一条经验。"权力监督的重要性毋庸置疑。在我国，权力监督有着更加重要的意义：发展社会主义民主政治，保障人民当家作主。这一意义突出体现了我国的国家性质，任何国家权力都是来自人民的，所有的国家权力都必须服务人民，权力监督应坚持以人民为中心，坚持为人民服务。

"把权力关进制度的笼子"：一要依法设定权力、规范权力、制约权力、监督权力。二要加强对权力的监督制约，合理分解权力，科学配置权力，形成科学的权力结构，建立既相互制约又相互协调的权力运行机制，保证行政权、监察权、审判权、检察权得到依法正确行使，保证人民、法人和其他组织合法权益得到切实保障，坚决排除对执法司法活动的干预。

党的十八大以来，我国法律实施的监督体系发生了重大变革，其中尤以监察体制改革最为显著。2016 年 11 月，北京市、山西省、浙江省开展国家监察体制改革试点。2017 年 11 月，全国人大常委会决定在全国各地推开国家监察体制改革试点工作。2018 年 3 月，《宪法修正案》和《监察法》通过，改革完成。国家监察体制改革是全面从严治党、实现党内监督与人民监督有机结合的需要，是全面依法治国的需要，也是推进国家治理体系、治理能力现代化的需要。国家监察体制改革取得重大成果，助力我国形成较为完善的法治监督体系。

（四）拓展延伸阅读

万峰湖因"万峰"环绕而得名，属珠江源头南盘江水系，迂回盘绕着黔、滇、桂三省（区）五县（市），是云贵高原上的一颗平湖明珠，更是"珠三角"经济区的重要水源供给地。最高人民检察院第八检察厅在黔西南调研期间，根据当地反映赴实地查看发现，部分水域不同程度存在违法网箱养殖、搭建浮房等损害生态环境的行为，部分水域存在水质严重不达标的情形。

2019 年 12 月 11 日，最高检决定对万峰湖流域生态环境受损情况立案调查，成立由最高检副检察长张雪樵任组长，第八检察厅及广西、贵州、云南三省（区）四级检察机关骨干共同组成的专案组。立案以来，专案组一手抓抗疫，一手抓办案，按照工作方案有序推进各项办案工作。在最高检的统一指挥下，三地检察机关主动向当地党委政府汇报工作，得到大力支持。

据统计，专案组共摸排案件线索 28 件，以挂牌交办方式交三地检察机关 26 件，地方检察机关立案 20 件，磋商解决问题 9 件，发出诉前检察建议 8 件。不到一年，万峰湖湖面上可见的污染全部消灭，干支流生活污水、工业废水污染得到有效遏制。三地检察机关会签了协作意见，沿湖五县会签了"河（湖）长＋检察长"机制，三地人大形成共识，万峰湖保护统一立法有序推进。

这是最高检直接立案办理的第一起公益诉讼案件，是我国法律实施监督得到切实有效落实的生动案例。在这个案例中，法律的有效实施不只需要法律专门监督机关的监督，还需要党委、人大、政府、社会等多方合力，这也是我国监督体系有效运行的生动证明。

——最高检直接立案办理首起公益诉讼案件. 中华人民共和国最高人民检察院门户网站.

二、法律实施监督的原则

(一) 难度与热度

难度：☆☆　热度：☆☆

(二) 基本理论与概念

1. 民主原则：法律实施监督的首要原则，民主的法律实施监督是多元的、双向的、开放的。

2. 法治原则：法律实施监督的主体必须在宪法和法律规定的范围内，按照法定程序，对法律实施监督的客体及其权力行为进行法律监督。

3. 公开原则：既是有效监督权力的必要前提，也是民主法治发展的必然趋势。

4. 依法独立原则：法律实施监督能够有效开展并达到目的的基本条件。

5. 效率原则：是指法律实施监督的措施得力、及时和有效。

(三) 疑难点解析

第一，民主原则。我国是人民当家作主的社会主义国家，实行人民代表大会制度，国家权力机关由人民产生，对人民负责，受人民监督；国家行政机关、监察机关、审判机关和检察机关由人大产生，对人大负责，受人大监督；各级人大常委会按照民主集中制的原则，集体行使监督职权。

第二，法治原则。该原则主要有两个方面：一是法律实施监督主体必须在宪法和法律规定的范围内行使法律实施监督权；二是法律实施监督主体必须按照法定程序行使法律实施监督权，避免随意性。实践证明，法治体系可以增强法律实施监督的准确性、权威性和有效性。

第三，公开原则。这一原则的中心思想与民主原则是一以贯之的。只有重大情况让人民知道，重大事情经人民讨论，才能有效规范权力实施行为，保证法律的正确实施。公开原则能够保障公民的知情权、参与权、表达权和监督权，便于公民监督立法、执法和司法机关的工作，维护自己的合法权益。

第四，依法独立原则。该原则主要有三个方面：一是法律实施监督机构依法设置，任何机关和个人不得违反法律规定任意决定其存废；二是法律实施监督人员依法任命，任何机关和个人都不能随意剥夺其监督权；三是法律实施监督活动依法进行，不受其他任何机关、组织和个人的非法干涉。

第五，效率原则。法律实施监督措施如果得力、及时、有效，便能防止和减少权力滥用，从而达到维护国家和人民利益的目的，最大限度地发挥自身价值。“迟到的正义不是正义”。法律实施的监督越及时有效，越能发挥监督、激励、纠正和惩罚的作用。

(四) 拓展延伸阅读

1985 年 8 月 1 日，浙江省温州市苍南县农民包郑照家在苍南县舥艚镇东面的河滩上抛石填河形成三间屋基，向舥艚镇城建办申请建房，建房审批表中有当地生产大队“同意建房，请主管部门审批”的意见和印章，没有镇城建办和镇政府的审批意见和印章。根据口头同意，包家盖起三间三层楼房，并办理了房屋产权登记手续。但县政府根据相关法规认为，包家的房屋盖在了河堤范围内，对抗洪防汛造成了干扰，要求包家自行拆除，包家没有理会。1987 年 7 月，县政府以未经合法审批、占用水道为由，组织人员将房屋向河道延伸出来的 1.5 米强行拆除。

包郑照依照 1982 年颁布的《民事诉讼法（试行）》“法律规定由人民法院审理的行政案件，适用本法规定”的规定，向法院提起诉讼。这是新中国第一起行政诉讼案件，不过当时立的是民事案号，采用民事诉讼程序审理。这一案件受到浙江省高级人民法院的关注，指定温州中院受理此案，按照民事程序审理。1988 年 8 月 28 日，温州中院作出一审判决，认定原告包郑照等人的房子属违章建筑，影响引洪排洪，危害闸坝安全，苍南县政府强行拆除合法、正确。温州中院据此依法作出驳回原告诉讼请求的判决。

一审败诉后，包家人不服，上诉到浙江省高院。时任最高人民法院院长任建新看到《中国青年报》的报道后，将该报道电传给浙江高院时任院长袁芳烈，批示要求浙江高院依法秉公办理。浙江高院组成精干力量，于 1988 年 11 月 18 日在温州市公开开庭审理了本案，并于 1988 年 12 月 26 日经审判委员会讨论后，作出二审判决。判决认为：国务院和浙江省政府三令五申，严禁毁堤填河设障；包郑照等无视政令，其毁堤填河建房行为，严重违反有关规定，致使河道行洪蓄洪能力减弱，危害海堤安全。为保护水利工程和人民生命财产的安全，县政府强行清障合法。据此判决驳回上诉，维持原判。

包郑照虽然败诉了，但是此案对于中国的法治建设和法律实施监督产生了重大的影响。受此案件的推动，1988 年 10 月，浙江高院和 6 个中院以及 18 个基层法院建立行政审判庭，受理审理行政案件。1989 年 4 月 4 日，第七届全国人民代表大会第二次会议通过《行政诉讼法》，行政诉讼制度正式建立。该法明确规定：公民、法人或其他组织作为当事人，和行政机关作为当事人，“在行政诉讼中的法律地位平等”。1990 年 10 月 1 日该法施行，我国的法律实施监督体制得到了很大的发展。

——“浓墨重彩”的“民告官”第一案——包郑照家诉苍南县人民政府强制拆除案.中国法院网.

三、法律实施监督的性质和功能

（一）难度与热度

难度：☆☆　热度：☆☆

（二）基本理论与概念

1. 中国特色社会主义法律实施监督：是在中国共产党的领导下，以人民代表大会制度为基础，以社会主义民主法治为原则，以权力的合理划分和相互制约为核心，依法对法律执行、法律适用和法律遵守等活动进行监视、约束、控制、检查和督促的法律机制。

2. 法律实施监督的功能：

（1）保障功能：通过对法律执行、法律适用、法律遵守等环节的监视、约束、控制、检查和督促，维护社会主义法律制度和法治秩序，保护国家利益和人民群众利益。

（2）救济功能：通过法律实施监督机制，使侵权行为的受害人得到补偿。

（3）反馈功能：通过法律实施监督机制，及时收集、审查、掌控有关违法违纪行为的信息，向国家决策部门反映法治运行的状态、方式、效果和其他相关信息。

（4）评判功能：通过法律实施监督机制，对立法、行政、司法工作以及守法状态进行识别、判定和评价。

（5）协调功能：通过法律实施监督机制，协调法律行为与立法目的之间的偏差和距离，使社会公平正义的理念能够成为现实。

（6）预防功能：通过法律实施监督活动，提高公民的法律意识和法治观念，加强社会预防。

（三）疑难点解析

马克思强调，社会主义国家的一切权力属于人民，一切公职人员必须“在公众监督之下进行工作”。列宁强调，要提高监督机关的地位、规格、权威，建立起包括党内监督、人民监督、法律监督在内的监督体系，以防止公职人员成为“脱离群众、站在群众之上、享有特权的人物”。中国共产党从成立之日起就高度重视权力监督问题。在中央苏区、延安时期，党探索了一套对苏维埃政府、边区政府和革命根据地人民政权组织及其工作人员的监督办法。新中国成立后，党对加强公权力监督进行了不懈探索。党的十八大之后，党在加强对国家机器的监督、切实把公权力关进制度的笼子方面做了大量探索和努力，目的就是要确保人民赋予的权力始终被用来为人民谋幸福。

法律实施监督的保障功能，不仅是针对国家机关与国家公务人员合法权力、正常活动的保护，它还是对公民、法人和其他社会组织合法权益的保护，也是对社会和谐、政治昌明和国家长治久安的维护。法律实施监督的救济功能，主要是针对不法行为或违法行为已经发生后的一种纠错和补偿，为受害者提供法律救济。法律实施监督的反馈功能，可以使国家决策部门动态监测、及时得知法律实施情况，实现上通下达。法律实施监督的评判功能，有利于使国家机关对自身工作的错误“有则改之，无则加勉”，使公民充分了解其守法行为和违法行为的情况，树立合法的价值观。法律实施监督的协调功能，不仅体现为协调立法机关、执法机关和司法机关，也可以协调国家与社会、公权力与私权利、政府与公民，协调各方面的关系。法律实施监督的预防功能，可以使得违法者对自身的行为有清晰的认知，同时通过号召宣传的活动认识到合法行为以及违法行为的边界，使全体公民以及社会组织能够自觉地遵守法律并积极与违法行为作斗争。

（四）拓展延伸阅读

需要强调的是，权力监督的目的是保证公权力正确行使，更好促进干部履职尽责、干事创业。一方面要管住乱用滥用权力的渎职行为，另一方面要管住不用弃用权力的失职行为，整治不担当、不作为、慢作为、假作为，注意保护那些敢于负责、敢于担当作为的干部，对那些受到诬告陷害的干部要及时予以澄清，形成激浊扬清、干事创业的良好政治生态。

——习近平．在新的起点上深化国家监察体制改革．求是，2019（5）．

第三部分　拓展阅读文献、案例研习与同步练习

第一节　拓展阅读文献

1. 习近平. 在新的起点上深化国家监察体制改革. 求是，2019（5）.
2. 陈一新. 深学笃行习近平法治思想 更好推进中国特色社会主义法治体系建设. 求是，2022（4）.
3. 贝勒斯. 程序正义——向个人分配. 邓海平，译. 北京：高等教育出版社，2005.
4. 泰勒. 人们为什么遵守法律. 黄永，译. 北京：中国法制出版社，2015.
5. 应星. 作为特殊行政救济的信访救济. 法学研究，2004（3）.
6. 范愉. 当代世界多元化纠纷解决机制的发展与启示. 中国应用法学，2017（3）.
7. 陈瑞华. 司法权的性质——以刑事司法为范例的分析. 法学研究，2000（5）.
8. 姜明安. 论行政执法. 行政法学研究，2003（4）.
9. 张智辉. 法律监督三辨析. 中国法学，2003（5）.
10. 夏锦文. 法律实施及其相关概念辨析. 法学论坛，2003（6）.

第二节　本章案例研习

案例 1：聂某某故意杀人、强奸妇女案

（一）基本案情

1994 年 8 月 10 日上午，河北省石家庄市郊区下聂庄村的康某 2 向石家庄市公安局郊区分局报案，称其女儿康某 1 失踪。同日下午，康某 2 和康某 1 的同事余某某等人在孔寨村西玉米地边发现了被杂草掩埋的康某 1 的连衣裙和内裤。8 月 11 日上午，康某 1 的尸体在孔寨村西玉米地里被发现。同日下午，办案机关对康某 1 的尸体进行了检验。办案机关在案件侦查过程中，有群众向其反映，称有一名骑蓝色山地车的男青年常在离案发现场 2 公里外的石家庄市电化厂平房宿舍区公共厕所附近闲转，发现有女人上厕所就进去窥看，有流氓行为。康某 1 被害案专案组遂组织人员在该公共厕所旁蹲守。1994 年 9 月 23 日 18 时许，聂某某骑一辆蓝色山地车路过时，侦查人员认为其像群众反映的男青年而将其抓获，当晚就将聂某某关进石家庄市公安局郊区分局留营派出所内，第二日以监视居住的名义继续关押。同年 10 月 1 日，聂某某以涉嫌犯故意杀人罪、强奸妇女罪被刑事拘留，10 月 9 日被逮捕。一审判决认定：1994 年 8 月 5 日 17 时许，被告人聂某某骑自行车尾随下班的石家庄市液压件厂女工康某 1，至石家庄市郊区孔寨村的石粉路中段，聂某某故意用自行车将骑车前行的康某 1 别倒，拖至路东玉米地内，用拳头猛击康某 1 的头部、面部，致康某 1 昏迷后将其强奸，尔后用随身携带的花上衣猛勒康某 1 的颈部，致其窒息死亡。一审判决结论是：以故意杀人罪判处被告人聂某某死刑，剥夺政治权利终身；决定执行死刑，剥夺政治权利终身。

一审宣判后，聂某某不服，向河北省高级人民法院提出上诉。主要理由是：自己年龄小，没有前科劣迹、系初犯，认罪态度好，一审量刑太重，请求二审法院从轻处罚。当时，法律对死刑二审案件是否要开庭审理没有明确规定，二审法院可以开庭审理，也可以不开庭审理，河北省高级人民法院对聂某某案采取的是不开庭审理即书面审理的方式。合议庭经审理后认为：一审判决认定聂某某故意杀人、强奸妇女的事实、情节正确，证据充分；聂某某拦截强奸妇女，杀人灭口，情节和后果均特别严重；聂某某所述认罪态度好属实，但其罪行严重，社会危害极大，不可以免除死刑。1995 年 4 月 25 日，河北省高级人民法院作出（1995）冀刑一终字第 129 号刑事附带民事判决：维持对聂某某犯故意杀人罪的定罪量刑，撤销对聂某某犯强奸妇女罪的量刑，改判 15 年有期徒刑，与故意杀人罪并罚，决定执行死刑，剥夺政治权利终身。根据最高人民法院授权高级人民法院核准部分死刑案件的规定，河北省高级人民法院同时核准了对聂某某的死刑裁决。1995 年 4 月 27 日，聂某某被执行死刑。

2005 年 1 月，河南省荥阳市公安机关抓获因涉嫌犯故意杀人罪而被河北省公安机关网上追逃的王某某，王某某归案后自认系杀害康某 1 的凶手。2007 年 5 月，聂某某的母亲张某某、父亲聂某 1 和姐姐聂某 2 向河北省高级人民法院和多个部门提出申诉，请求认定王某某为本案真凶，宣告聂某某无罪。2014 年 12 月 4 日，根据河北省高级人民法院的请求，最高人民法院指令山东省高级人民法院复查该案。山东省高级人民法院组成五人合议庭对该案进行了全面审查。山东省高级人民法院审判委员会经讨论后认为，原审认定聂某某犯故意杀人罪、强奸妇女罪的证据不确实、不充分，建议最高人民法院启动审判监督程序重新审判该案。2016 年 6 月 6 日，最高人民法院作出（2016）最高法刑申 18 号再审决定，提审该案并决定由最高人民法院第二巡回法庭审理。最高人民法院再审判决认为：原审认定原审被告人聂某某犯故意杀人罪、强奸妇女罪的主要依据是聂某某的有罪供述，以及聂某某的有罪供述与在案其他证据印证一致。但综观全案，本案缺乏能够锁定聂某某作案的客观证据，聂某某作案时间不能确认，作案工具花上衣的来源不能确认，被害人死亡时间和死亡原因不能确认；聂某某被抓获之后前 5 天讯问笔录缺失，案发之后前 50 天内多名重要证人询问笔录缺失，重要原始书证考勤表缺失；聂某某有罪供述的真实性、合法性存疑，有罪供述与在卷其他证据供证一致的真实性、可靠性存疑，本案是否另有他人作案存疑；原判据以定案的证据没有形成完整锁链，没有达到证据确实、充分的法定证明标准，也没有达到基本事实清楚、基本证据确凿的定罪要求。原审认定聂某某犯故意杀人罪、强奸妇女罪的事实不清、证据不足。根据 1979 年《刑事诉讼法》的相关规定，不能认定聂某某有罪。对申诉人及其代理人、最高人民检察院提出的应当改判聂某某无罪的意见，予以采纳。对申诉人及其代理人提出的王某某系本案真凶的意见，因王某某案不属于本案审理范围，不予采纳。2016 年 1 月 30 日，最高人民法院作出（2016）最高法刑再 3 号刑事判决。2016 年 12 月 2 日，最高人民法院第二巡回法庭公开开庭宣判了再审判决：撤销河北省高级人民法院（1995）冀刑一终字第 129 号刑事附带民事判决和石家庄市中级人民法院（1995）石刑初字第 53 号刑事附带民事判决，原审被告人聂某某无罪。

（二）法律问题

1. 再审的审理范围如何确定？

2. 再审适用何时的《刑事诉讼法》?

3. 原审被告人聂某某的口供是否应作为非法证据予以排除?

(三)法理分析

中共中央《关于全面推进依法治国若干重大问题的决定》明确指出:“公正是法治的生命线。司法公正对社会公正具有重要引领作用,司法不公对社会公正具有致命破坏作用。必须完善司法管理体制和司法权力运行机制,规范司法行为,加强对司法活动的监督,努力让人民群众在每一个司法案件中感受到公平正义。”程序正义与实体正义是司法公正的基础,二者关系紧密,不可偏废。在案件的审理中,不可仅仅追求结果而忽视程序、违反程序,这样将极大地破坏程序正义,因此缺少了程序正义基础的实体正义也就无从谈起。

聂某某案之所以产生如此大的社会影响,主要是因为其说明缺少了程序正义而获得的“正义”的结果可能是不正义的。在本案中,原办案机关在抓获聂某某时没有掌握其涉嫌犯罪的任何证据,违反了相关程序规定;原办案机关在现场勘查时没有邀请见证人参与,且勘查笔录除记录人外,其他参加勘验、检查人员本人均未签名,不符合法律和相关程序规定;原办案机关没有按照法定程序组织辨认、指认。通过违反诉讼法程序而获得的证据,办案人员与审判人员得出了非正义的错误结果。

在聂某某案再审审理中,合议庭将再审的范围限定在审理聂某某案原审案件材料,王某某案未被纳入再审的审理范围。在该案再审的过程中,依据从新原则,适用了现行的刑事诉讼法,这样有利于从程序上体现对被告权利的保护。聂某某的有罪供述虽然存有疑问,其真实性存有质疑,但没有确凿的证据认定为非法或虚假证据。再审法院是基于原审案件证据存在重大的程序瑕疵和缺失,按照疑罪从无原则判决聂某某无罪。

聂某某再审案件体现了程序正义的重要性,程序上的缺陷将严重影响证据的证明力,因此以证据为基础的案件判决将会产生错误,得出非正义的结果。我国公安机关与司法机关必须摒弃重实体、轻程序,重口供、轻其他证据的做法,杜绝刑事逼供等违法程序的司法行为。重视程序正义的价值,树立程序正义理念,才能在司法实践中真正落实程序正义,为实体正义的获得提供坚实的程序保证,真正实现“人民群众在每一个司法案件中感受到公平正义”。

(四)参考意见

1. 在司法裁判中,应坚持程序正义与实体正义并重,不可违反程序法的规定。

2. 在证据和程序存在重大瑕疵的情况下,应按照疑罪从无的原则。

案例2:刘某组织、领导黑社会性质组织案

(一)基本案情

被告人刘某与他人组成具有黑社会性质的犯罪组织,实施犯罪多起。辽宁省铁岭市中级人民法院原一审判决认定,1995年年底至2000年7月,被告人刘某纠集同案被告人宋某某、吴某某、董某某、李某某、程某等人,组成具有黑社会性质的犯罪组织,非法持有枪支和管制刀具,采取暴力手段聚敛钱财,引诱、收买国家工作人员参加黑社会性质组织或者为其提供非法保护,实施犯罪27起。此前,在1989年至1992年间,刘某还伙同他人实施故意伤害犯罪4起。刘某共作案31起,其中直接或者指使、授意他人实施

故意伤害犯罪13起，致1人死亡、5人重伤并造成4人严重残疾、8人轻伤；故意毁坏财物犯罪4起，毁坏财物价值人民币3 170元；非法经营香烟，经营额人民币7 200万元；行贿犯罪6起，行贿人民币41万元、港币5万元、美元950元、物品价值人民币25 700元；非法持有枪支1支；妨害公务犯罪1起。其行为构成组织、领导黑社会性质组织罪、故意伤害罪、故意毁坏财物罪、非法经营罪、行贿罪、非法持有枪支罪、妨害公务罪。刘某在黑社会性质组织的犯罪活动中起组织、领导作用，系首要分子，应对该组织所犯的全部罪行承担责任。其故意伤害犯罪，罪行极其严重，依法应当判处死刑，与所犯其他数罪并罚。辽宁省高级人民法院原二审判决认为，一审判决认定被告人刘某的主要犯罪事实和证据未发生变化，应予以确认。对刘某及其辩护人提出的公安机关在对刘某及其同案被告人讯问时存在刑讯逼供的辩解及辩护意见，经查，不能从根本上排除公安机关在侦查过程中存在刑讯逼供的情况。刘某系黑社会性质组织的首要分子，应当按照其所组织、领导的黑社会性质组织所犯的全部罪行处罚。其所犯故意伤害罪，论罪应当判处死刑，但鉴于其犯罪的事实、性质、情节和对社会的危害程度以及本案的具体情况，对其判处死刑，可不立即执行。

再审被告人刘某对原判认定的部分事实提出异议，辩解称：其未指使程某、宋某某等人殴打被害人王某某，程某、宋某某等人殴打王某某系为绰号叫老狐狸的赵某某进行报复；未指使、授意他人殴打、伤害刘甲、崔某、周某、范某某等被害人；未指使他人打砸沈阳中街大药房；未枪击佟某某、刘某某；故意伤害宁某已经过公安机关调解处理，不应再追究刑事责任；只向马某某行贿2万美元，未向刘乙、姜某某、凌某某行贿，未请托刘乙、马某某等人为自己谋取不正当利益；未组织、领导黑社会性质组织；公安机关在侦查过程中存在刑讯逼供。

最高人民法院认为：再审被告人刘某组织、领导具有黑社会性质的组织，大肆进行违法犯罪活动，其行为已构成组织、领导黑社会性质组织罪。刘某系组织、领导黑社会性质组织的首要分子，应对该组织的全部罪行承担责任。原一审判决认定的事实清楚，证据确实、充分，定罪准确，量刑适当。原二审判决定罪准确，但认定“不能从根本上排除公安机关在侦查过程中存在刑讯逼供情况”，与再审庭审质证查明的事实不符；原二审判决“鉴于其犯罪的事实、性质、情节和对于社会的危害程度以及本案的具体情况”，对刘某所犯故意伤害罪的量刑予以改判的理由不能成立，应予纠正。再审判决：再审被告人刘某犯故意伤害罪，判处死刑，剥夺政治权利终身。维持原二审对刘某以组织、领导黑社会性质组织罪，判处有期徒刑10年；故意毁坏财物罪，判处有期徒刑5年；非法经营罪，判处有期徒刑5年，并处罚金人民币1 500万元；行贿罪，判处有期徒刑5年；妨害公务罪，判处有期徒刑3年；非法持有枪支罪，判处有期徒刑3年的判决部分。对刘某上述被判处的刑罚并罚，决定执行死刑，剥夺政治权利终身，并处罚金人民币1 500万元。再审被告人刘某组织、领导黑社会性质组织犯罪聚敛的全部财物及其收益，依法追缴；供其犯罪使用的工具，予以没收。

（二）法律问题

1. 刘某在侦查阶段的供述是否是由刑讯逼供所致？

2. 如果刘某在侦查阶段的供述是侦查机关的刑讯逼供所致，但其与案件事实相符，那么如此得来的犯罪嫌疑人的供述能否作为认定案件事实的根据？

3. 对于非法证据如何进行准确的认定和界定？

（三）重点提示

刘某案体现出了程序正义与实体正义之间的激烈交锋：在学者看来，刘某虽然罪大恶极，但由于证据存在漏洞，且在侦查过程中他可能受到刑讯逼供，因此应当判处死缓；相反，民众认为对刘某这样一个罪大恶极的黑社会老大还要根据程序正义而不判处死刑立即执行，是极其不公正的。在本案中并无证据证明被告人刘某受到过刑讯逼供，证词证言的取证形式不符合有关法规，且相互矛盾，因此不能认定其受到过刑讯逼供。

第三节　本章同步练习

一、选择题

（一）单选题

1. 保证社会主义法的实施的方法是（　　）。（法考）

A. 单纯的说服教育

B. 必要的强制

C. 说服教育和必要的强制相结合

D. 单纯的强制惩罚

2. 下列哪种行为在我国法律实施的法律监督体系中，属于国家法律监督机关的监督？（　　）。（法考）

A. 人民代表大会及其常委会对检察院和法院的工作进行监督

B. 纪检、监察部门对某法官的违纪行为进行审查

C. 法院对某检察官的犯罪行为进行审理

D. 检察院对某公司经理的贪污犯罪行为起诉后，向该公司提出司法建议

3. 市民张某在城市街道上无照销售食品，在被城市综合管理执法人员查处过程中暴力抗法，导致一名城市综合管理执法人员受伤。经媒体报道，人们议论纷纷。关于此事，下列哪一说法是错误的？（　　）

A. 王某指出，城市综合管理执法人员的活动属于执法行为，具有权威性

B. 刘某认为，城市综合管理机构执法，不仅要合法，还要强调公平合理，其执法方式应让一般社会公众能够接受

C. 赵某认为，如果老百姓认为执法不公，就有奋起反抗的权利

D. 陈某说，守法是公民的义务，如果认为城市综合管理机构执法不当，可以采用行政复议、行政诉讼的方式寻求救济，暴力抗法显然是不对的

4. 下列选项中，不属于我国行政执法基本原则的是（　　）。

A. 合理性原则　　　　B. 正当程序原则

C. 合法性原则　　　　D. 协商性原则

5. 下列关于法律监督的表述，正确的是（　　）。

A. 某检察院对同级法院的判决提起抗诉，属于国家监督

B. 政协委员张某在“两会”期间对地方政府提出批评，属于行政监督

C. 某省纪律检查委员会对有贪污嫌疑的赵某进行调查，属于司法监督

D. 某省人大常委会工作人员孙某举报其领导以权谋私，属于权力机关监督

6.《刑法》第93条第2款规定：“国有公司、企业、事业单位、人民团体中从事公务的人员和国家机关、国有公司、企业、事业单位委派到非国有公司、企业、事业单位、社会团体从事公务的人员，以及其他依照法律从事公务的人员，以国家工作人员论。”下列关于该法律条文的认识，正确的是（　　）。

A. 该条文规定的是技术性内容，没有强制力

B. 该条文表述的既非法律原则，也非法律规则

C. 该条文不能够与其他条文共同表达某个法律规则

D. 该条文包括了假定条件、行为模式和法律后果三个要素

7. 下列关于我国司法权的表述，正确的是（　　）。

A. 我国司法权包括审判权和检察权两种

B. 司法权独立意味着司法权不受一切机关和个人的监督

C. 司法权的终局性意味着一切纠纷最终都应由司法机关作出裁决

D. 司法权的专属性要求司法权只能由国家各级审判机关统一行使

8. 下列关于守法的理解，不正确的是（　　）。

A. 行使法定权利是守法行为

B. 守法通常是法律和道德的共同要求

C. 由于合同不是法律，因而遵守合同并非守法

D. 某企业及时、足额向国家纳税，属于积极的守法

（二）多选题

1. 司法审判中，当处于同一位阶的规范性法律文件在某个问题上有不同规定时，法官可以依据下列哪些法的适用原则进行审判？（　　）

A. 特别法优于一般法

B. 上位法优于下位法

C. 新法优于旧法

D. 法溯及既往

2. 法的实现的评价标准具有复杂性。下列社会事态中，哪些可以作为法的实现的评价标准？（　　）

A. 刑事案件的发案率

B. 普通公民对法律的了解程度

C. 社会大众对社会生活中安全、秩序、自由等法的价值的切身感受

D. 有关法律活动的成本与收益的比率

3. 下列有关执法与守法区别的说法哪些是不正确的？（　　）

A. 执法的主体不仅包括国家机关，也包括所有的法人；守法的主体不仅包括国家机关，也包括所有的法人和自然人

B. 行政机关的执法具有主动性，公民的守法具有被动性

C. 执法是执法主体将法律实施于其他机关、团体或个人的活动，守法是一切机关、

团体或个人实施法律的活动

D. 执法须遵循程序性要求，守法无须遵循程序性要求

4. 近年来，我国部分地区基层法院在民事审判中试点“小额速裁”，对法律关系单一、事实清楚、争议标的额不足 1 万元的民事案件，实行一审终审制度。关于该审判方式改革体现出的价值取向，下列哪些说法是正确的？（　　）

A. 节约司法成本　　　　B. 促进司法民主

C. 提高司法效率　　　　D. 推行司法公开

5. 甲因乙不能偿还欠款将其告上法庭，并称有关证据被公安机关办理其他案件时予以扣押，故不能提供证据。法官负责任地到公安机关调查，并复制了相关证据材料。此举使甲最终胜诉。从法理学角度看，对该案的下列说法，哪些可以成立？（　　）

A. 本案的承办法官对“以事实为根据，以法律为准绳”原则有着正确的理解

B. 法官在审理此案时，违背了法官中立原则

C. 本案的承办法官对司法公正的认识有误，法律职业素养有待提高

D. 本案的审理比较好地体现了通过审判保障公民权利的司法功能

6. 关于司法的表述，下列哪些选项可以成立？（　　）

A. 司法的依据主要是正式的法律渊源，而当代中国司法原则“以法律为准绳”中的“法律”则需要作广义的理解

B. 司法是司法机关以国家名义对社会进行全面管理的活动

C. 司法权不是一种决策权、执行权，而是一种判断权

D. 当代中国司法追求法律效果与社会效果的统一

7. 青年男女在去结婚登记的路上被迎面驶来的卡车撞伤，未能登记即被送往医院抢救。女方伤势过重成为植物人，男方遂悔婚约。女方父母把男方告到法院，要求男方对女方承担照顾抚养的责任。法院以法无明文规定为由，裁定不予受理。关于本案，下列哪些评论是错误的？（　　）

A. 支持不受理，因为法官面对的是法律不调整的“法外空间”事项

B. 支持不受理，因为法官正确运用了类比推理而没有采用设证推理

C. 反对不受理，因为法官违反了“禁止拒绝裁判原则”

D. 反对不受理，因为法官没有发挥法律在社会中的创造作用

8. 甲公司是瑞士一集团公司在中国的子公司。该公司将 SNS 柔性防护技术引入中国，在做了大量的宣传后，开始被广大用户接受并取得了较大的经济效益。原甲公司员工古某利用工作之便，违反甲公司保密规定，与乙公司合作，将甲公司的 14 幅摄影作品制成宣传资料向外散发，乙公司还在其宣传资料中抄袭甲公司的工程设计和产品设计图、原理、特点、说明，由此获得一定的经济利益。甲公司起诉后，法院根据《中华人民共和国著作权法》《伯尔尼保护文学艺术作品公约》的有关规定，判决乙公司立即停止侵权、公开赔礼道歉、赔偿损失 5 万元。针对本案和法院的判决，下列何种说法是错误的？（　　）

A. 一切国际条约均不得直接作为国内法适用

B.《伯尔尼保护文学艺术作品公约》可以视为中国的法律渊源

C.《伯尔尼保护文学艺术作品公约》不是我国法律体系的组成部分，法院的判决违反了“以法律为准绳”的司法原则

D. 《中华人民共和国著作权法》和《伯尔尼保护文学艺术作品公约》分属不同的法律体系，法院在判决时不应同时适用

9. 周某半夜驾车出游时发生交通事故致行人鲁某重伤残疾，检察院以交通肇事罪起诉周某。法院开庭，公诉人和辩护人就案件事实和证据进行质证，就法的适用展开辩论。法庭经过庭审查实，交通事故致鲁某重伤残疾并非因周某行为引起，宣判其无罪释放。依据法学原理，下列判断正确的是（　　）。

A. 法院审理案件目的在于获得正确的法律判决，该判决应当在形式上符合法律规定，具有可预测性，还应当在内容上符合法律的精神和价值，具有正当性

B. 在本案中，检察院使用了归纳推理的方法

C. 法院在庭审中认定交通事故致鲁某重伤残疾并非因周某行为引起，这主要解决的是事实问题

D. 法庭主持的调查和法庭辩论活动，从法律推理的角度讲，是在为演绎推理确定大小前提

10. 某国跨国甲公司发现中国乙公司申请注册的域名侵犯了甲公司的商标权，遂起诉要求乙公司撤销该域名注册。乙公司称，商标和域名是两个领域的完全不同的概念，网络域名的注册和使用均不属中国《商标法》的调整范围。法院认为，两国均为《巴黎公约》成员国，应当根据中国法律和该公约处理注册纠纷。法院同时认为，对驰名商标的权利保障应当扩展到网络空间，故乙公司的行为侵犯了甲公司的商标专用权。据此，下列表述正确的是（　　）。

A. 法律应该以社会为基础，随着社会的发展而变化

B. 科技的发展影响法律的调整范围，而法律可以保障科技的发展

C. 国际条约可以作为我国法的渊源

D. 乙公司的辩称和法院的判断表明：法律决定的可预测性与可接受性之间存在一定的紧张关系

11. 关于法的适用与法律论证，下列哪些说法是错误的？（　　）

A. 法的适用所处理的问题，既包括法律事实问题也包括法律规范问题，还包括法律语言问题

B. 法的适用通常采用逻辑中的三段论推理

C. 法的适用只要有外部证成即可，无须内部证成

D. 法律论证是一个独立的过程，与法律推理、法律解释没有关系

12. 下列关于法律实施的表述，正确的有（　　）。

A. 法律实施是使法律从书本上的法律变成行动中的法律

B. 公安机关对涉嫌嫖娼的黄某采取强制措施属于法的执行

C. 某省人大常委会对该省地方性法规进行解释属于法律监督

D. 某出租车司机向公安机关举报宁某吸毒的行为属于法的适用

13. 下列表述中，符合我国司法机关依法独立行使职权原则要求的有（　　）。

A. 司法权只能由国家审判机关和检察机关行使

B. 司法机关行使司法权受国家监督，不受社会监督

C. 司法权的行使不受行政机关、社会团体和个人的干涉

D. 司法机关行使司法权时必须严格依照法律规定正确适用法律

14. 下列关于法律实现与法律实施的理解，正确的有（　　）。

A. 法律实现是法律实施的目的

B. 法律实现受社会客观物质条件的限制

C. 法律实施是法从应然状态到实然状态的过程

D. 只要法律规范得到实施，就一定能够实现立法的理想与目的

二、分析题

1. 材料分析题（考研）

材料一：江苏某地关于无讼的报道。

材料二：完善正确处理新形势下人民内部矛盾有效机制。坚持和发展新时代“枫桥经验”，畅通和规范群众诉求表达、利益协调、权益保障通道，完善信访制度，完善人民调解、行政调解、司法调解联动工作体系，健全社会心理服务体系和危机干预机制，完善社会矛盾纠纷多元预防调处化解综合机制，努力将矛盾化解在基层。（十九届四中全会《中共中央关于坚持和完善中国特色社会主义制度推进国家治理体系和治理能力现代化若干重大问题的决定》，2019 年 10 月 31 日）

（1）结合材料，从法理学角度分析诉讼和调解与纠纷解决、诉讼和调解与权利保障之间的关系。

（2）从法理学角度分析材料中的做法。

2. 赵某涉嫌杀人，一审法院以故意杀人罪判处其无期徒刑；赵某提起上诉，二审维持原判。多年后，真凶落网。此事经媒体跟踪报道，在社会上引起强烈反响。检察机关继而提起抗诉，经再审，赵某被宣告无罪。

请结合上述材料，运用法理学中法律监督的知识和原理，回答下列问题：

（1）从监督主体角度看，材料中涉及哪些法律监督？

（2）法律监督对我国社会主义法治有何意义？

3. 2014 年 9 月，某基金公司总经理李某涉嫌内幕交易罪，Y 省 S 市人民检察院依照《刑事诉讼法》（2012 年修正，下同）第 172 条提起公诉，S 市中级人民法院依照《刑事诉讼法》第 23 条的规定对该案进行了审理。法院认为：李某犯内幕交易罪，涉案金额 11.2 亿元，非法所得 1 832 万元，情节严重；依照《刑法》第 180 条的规定，应处 5 年以下有期徒刑或拘役；李某案发后，主动到公安机关投案，如实交代自己的罪行，有自首情节，可以从轻处罚。S 市中院判处李某有期徒刑 3 年，缓期 5 年执行。S 市人民检察院认为：李某涉案金额特别巨大，犯罪情节特别严重，依照《刑法》第 180 条的规定应处 5 年以上 10 年以下有期徒刑；一审法院适用法律不当、量刑过轻。S 市人民检察院依照《刑事诉讼法》第 217 条提出抗诉。Y 省高级人民法院依照《刑事诉讼法》第 223 条的规定启动二审程序，最终对一审判决予以改判。

运用法理学的相关知识，回答下列问题：

（1）上述材料中，哪些司法活动体现了对于程序公正的追求？

（2）上述材料中，哪些司法活动体现了对于实体公正的追求？

（3）结合材料，分析司法活动中为何要兼顾实体公正和程序公正。

三、简答题

1. 什么是法律规范的实效（efficacy）？影响法律规范的实效的主要因素有哪些？

2. 简述我国司法机关依法独立行使职权原则的内涵。

四、论述题

1. 请论述程序正义和法治的关系。（考研）

2. 正义是现代法律的核心价值，司法是实现正义的重要途径之一。据统计，2013 年我国各级人民法院受理的案件达到 1 400 多万件。如何“让人民群众在每一个司法案件中都能感受到公平正义”，成为司法机关必须面对和思考的问题。

请根据上述材料，结合我国法治发展的现实，论述通过司法实现正义的途径与措施。

参考答案及解析

一、选择题

（一）单选题

1. 答案：C

解析：社会主义法的实施应依靠说服教育和必要的强制相结合的方法，单纯依靠说服和强制性的惩罚都是片面的。

2. 答案：D

解析：国家法律监督机关的监督是指专门国家机关依照法定权限和程序对法的实施的合法性所进行的监督。本题四选项中：B 项属党的监督，C 项属法的适用，A 项属国家权力机关的监督，D 项属检察机关的监督，因为检察机关属于专门的法律监督机关，故选 D。

3. 答案：C

解析：在日常生活中，人们通常在广义与狭义两种含义上使用这个概念。广义的执法，或法的执行，是指所有国家行政机关、司法机关及其公职人员依照法定职权和程序实施法律的活动。狭义的执法，或法的执行，则专指国家行政机关及其公职人员依法行使管理职权、履行职责、实施法律的活动。人们把行政机关称为执法机关，就是指狭义上的执法。执法的特点之一是以国家的名义对社会进行全面管理，具有国家权威性。因此，A 项正确。执法的基本原则：（1）依法行政的原则。这是指行政机关必须根据法定权限、法定程序和法治精神进行管理，越权无效。这是现代法治国家行政活动的一条最基本的原则。（2）讲求效能的原则。这是指行政机关应当在依法行政的前提下，讲究效率，主动有效地行使其职能，以取得最大的行政执法效益。（3）公平合理的原则。这是指行政机关在执法时应当权衡多方面的利益因素和情境因素，在严格执行规则的前提下做到公平、公正、合理、适度，避免由于滥用自由裁量权而形成执法轻重不一、标准失范的结果。因此，执法不仅要合法，还要强调公平合理，因此，B 项正确。执法具有国家强制性，如果行政当事人对行政机关的执法行为不服，可以根据法律的规定进行复议或提起诉讼来维护自己的合法权益，而不能采取极端的暴力措施进行反抗。因此，C项说法错误，D项说法正确。

4. 答案：D

解析：执法的原则包括依法行政原则、讲求效率原则、合理性原则、正当程序原则四项原则。依法行政原则（合法性原则），是指行政机关必须依照法定的权限、法定程序和法治精神进行管理，越权无效。讲求效率原则，是指行政机关应当在依法行政的前提下，讲求效率，主动有效地行使其权能，以尽可能低的成本取得最大的行政执法效益。合理性原则，是指执法主体在执法活动中，特别是在行使自由裁量权进行行政管理时，必须做到适当、合理、公正。正当程序原则，是指执法机关在实施行政执法行为的过程中，必须遵循法定的步骤、方式、形式、顺序和时限。协商原则不属于行政执法的基本原则。故，选D。

5. 答案：A

解析：国家监督包括国家权力机关的监督、国家监察机关的监督、国家司法机关的监督和国家行政机关的监督。检察院对同级法院的判决提起抗诉属于国家司法机关的监督，也即属于国家监督。故A选项正确。B选项属于国家权力机关的监督；C选项中，纪律检查委员会是党的专门纪检监督机关，对党员领导干部实行党内监督，属于社会监督的政党监督；D选项中孙某是以个人名义举报其领导以权谋私，不是代表国家权力机关监督，属于人民群众的监督。因此BCD选项均错误。

6. 答案：B

解析：法的国家强制力是法的重要特征，该刑法条文具有强制力，故A选项错误；该条文表述的是法律概念，故B选项正确；一个法律规则可能包括在几个法律条文中，即该条文能够与其他条文共同表达某个法律规则，故C选项错误；该条文不是法律规则，不具备法律规则的逻辑构成要素，故D选项错误。

7. 答案：A

解析：司法权是指行使国家司法权力的职责和权力。根据宪法规定，我国的司法权包括审判权和检察权，故A选项正确。司法活动具有被动性、中立性、终极性（终局性）、形式性和专属性等特点。司法权的专属性是指司法权只能由国家各级审判机关和检察机关统一行使，其他任何机关、团体和个人都无权行使此项权利，故D选项错误。司法权的终极性（终局性），是指司法权对于纠纷具有最终的裁判权、最权威的裁判权。司法权的终极性（终局性）不意味着所有的纠纷最终都由司法机关解决，根据法律规定，有些纠纷是由行政机关最终解决的，故C选项错误。司法权的独立性，是指人民法院、人民检察院依照法律独立行使自己的职权，不受行政机关、社会团体和个人的非法干涉，但并不意味着司法机关行使司法权可以不受任何监督和约束。司法权要接受党的领导和监督，要接受国家权力机关的监督，司法机关的上、下级之间以及同级之间也存在监督和约束，故B选项错误。

8. 答案：C

解析：守法，是指公民、社会组织和国家机关以法律为自己的行为准则，依照法律行使权利、履行义务的活动，包括积极守法和消极守法（不违法）。依法行使权利是守法行为，是积极守法，A选项正确。企业及时、足额纳税，是履行法律义务，是守法行为，是积极守法，D选项正确。法律是道德的底线，守法，尤其是消极守法，通常是法律和道德的共同要求，B选项正确。合同本身虽然不是法律，但是根据合同法的有关规定，当事人应当适当、全面地履行合同，遵守、履行合同，就是遵守合同法的规定，是守法行为，C选项不正确。

（二）多选题

1. 答案：AC

解析：选项A、C正确。同一位阶的法的渊源之间的冲突原则，主要包括：(1) 全国性法律优先原则；(2) 特别法优先原则；(3) 后法优先或新法优先原则；(4) 实体法优先原则；(5) 国际法优先原则；(6) 省、自治区的人民政府制定的规章效力高于本行政区域内较大的市的人民政府制定的规章。选项B是不同位阶法的适用原则。选项D讲的是法的时间效力问题。

2. 答案：ABCD

解析：法的实现评价因素包括：(1) 人们按照法律规定的行为模式行为的程度；(2) 刑事案件的发案率等因素；(3) 各类合同的履约率与违约率；(4) 普通公民和国家公职人员对法律的了解程度；(5) 与其他国家与地区的法律实施情况进行可比性研究；(6) 社会大众对社会生活中安全、秩序、自由等法的价值的切身感受；(7) 法律的社会功能与社会目的是否有效实现及其程度；(8) 有关法律活动的成本与收益的比率。因此，本题所有选项皆选。

3. 答案：ABD

解析：执法从广义上讲是指国家行政机关、司法机关及其公职人员依照法定职权和程序实施法律的活动。可见执法主体并不是所有国家机关和所有法人。因此A项是不正确的，应当选。守法是指公民、社会组织和国家机关以法律为自己的行为准则，依照法律行使权利、履行义务的活动。守法不仅包括消极、被动的守法，还包括根据授权性法律规范积极主动地去行使自己权利的行为。B项认为公民的守法具有被动性是不正确的，因此B项当选。执法是执法主体将法律实施于其他机关、团体或个人的活动，守法是一切机关、团体或个人实施法律的活动，二者具有对应的关系，因此C项是正确的，不能选。执法必须遵循程序性要求，守法也需要遵循程序性要求，按照一定的程序来遵守法律、行使权利，因此D项的表达错误，应当选。

4. 答案：AC

解析："小额速裁"程序处理的民事案件的主要特征是法律关系单一、事实清楚、诉讼标的额小、审理周期短、诉讼成本低等，具有便捷、高效、低成本的优势，省时、省钱、省力，其体现的价值取向主要是节约司法成本，提高司法效率，与司法民主、司法公开没有什么关联。故选AC。

5. 答案：AD

解析：司法的中立性原则要求法官不能主动行使调查权，但是本案法官因已知有关证据被公安机关办理其他案件时扣押以致当事人不能提供证据，从而负责任地到公安机关调查，并复制了相关证据材料，这并不违反司法的被动性、中立性原则。同时，本案法官对证据的重视体现了“以事实为根据，以法律为准绳”的精神。

6. 答案：ACD

解析：在司法实践中，先适用法律的正式渊源，然后适用法律的非正式渊源，所以说正式的法律渊源是司法的主要依据。“以法律为准绳”中的法律一词应当作扩大解释，指的是一切规范性文件，而非仅仅指狭义的法律。故 A 项正确。司法是裁决案件、解决纠纷的活动，而行政才是以国家的名义对社会进行全面管理的活动。故 B 项错误。司法权是对案件纠纷的解决，根据法律判断是非，因而属于判断权。故 C 项正确。当代中国的司法不仅追求法律效果，而且要看社会效果如何。故 D 项正确。

7. 答案：ABD

解析：禁止拒绝裁判原则是指，法院有义务对其管辖范围内的待决案件作出裁判，不论法律规定清楚与否，也不论法律有无规定；任何情况下，法官都无权拒绝裁判。虽然我国奉行人民代表大会制度，但依然承认人民代表大会制度下的职能分工，法院所承担的职责与其他欧美国家法院所承担的有诸多相同之处：它依然是提供法律救济的最后的、最终的机构，没有理由将寻求法律救济者推出自己的大门。所以，我国也应该遵循禁止拒绝裁判原则。而法院要遵循禁止拒绝裁判原则，就必须承认法官解释法律和填补法律漏洞的可能性，也必须承认司法解释具有溯及既往的效力。因此，本题的正确答案是 ABD。

8. 答案：ACD

解析：国际条约是指我国作为国际法主体同外国缔结的双边、多边协议和其他具有条约、协定性质的文件。国际条约生效后，对缔约国的国家机关、团体和公民就具有法律上的约束力，因此国际条约也是当代中国法的渊源之一。我国部分国内法中还规定了国际条约的法律效力。例如，《票据法》第 95 条，《海商法》第 268 条，《民用航空法》第 184 条都规定：中华人民共和国缔结或参加的国际条约同中华人民共和国的民事法律有不同规定的，适用国际条约的规定，但中华人民共和国声明保留的除外。而《伯尔尼保护文学艺术作品公约》是我国业已缔结的国际条约，据此《中华人民共和国著作权法》和《伯尔尼保护文学艺术作品公约》都是我国的法律渊源，在审判时可以直接适用。由此可知，本题答案为 ACD。

9. 答案：AD

解析：法律适用的目标就是获得一个合理的法律决定。在法治社会，所谓合理的法律决定就是指法律决定具有可预测性和正当性，前者是形式要求，后者是实质要求。故 A 项正确。法律人适用法律解决个案纠纷的过程，首先，要查明和确认案件事实，作为小前提；其次，要选择和确定相应的法律规范，作为大前提；最后，从两个前提中推导出法律决定。故D项表述正确。但在法律人适用有效的法律规范解决具体个案纠纷的活动中，这三个步骤“绝不是各自独立且严格区分的单个行为，它们之间界限模糊并且可以相互转换”。查明和确认案件事实的过程就不是一个纯粹的事实归结过程，而是一个在法律规范和事实之间的循环过程，即“目光在事实与规范之间来回穿梭”。法院认定鲁某重伤残疾并非因周某行为引起，实际上不仅解决了事实认定问题，也解决了法律适用问题，应当适用什么法律规范已经非常明确了。故C项表述不够准确。B项表述有误，从本题题干尚无法判断检察机关是否使用了归纳推理的方法，即从个别到一般的推理方法。

10. 答案：ABCD

解析：A项涉及法与社会的一般关系。法以社会为基础，包括了法律的经济基础、政治基础、文化基础和道德基础等。法律是社会的产物，是社会的一种制度。社会性质决定法律性质，社会物质生活条件在归根结底的意义上最终决定着法律的本质，法律随着社会的发展而变化。由上可知，A项表述正确，当选。B项考查法与科技的关系。这里对二者的关系进行一下总结。科技对法律的作用表现在：(1) 科技的发展，扩大了法律调整社会关系的范围，导致一些新的法律部门和法律制度的出现；(2) 增加了法律内容中各种科学技术规范的分量，提高了法律的科学水平；(3) 科技的发展为调整传统社会关系的法律规范开拓着新的领域；(4) 科技的发展也改善了法律调整机制。可见，科技对法的影响广泛表现在立法、司法、法律思想以及法律方法论方面。法对科技进步的作用表现在：(1) 运用法律管理科技活动，指导科技活动；(2) 法律促进科技经济一体化，特别是科技成果商品化；(3) 法律也可以预防科技引发的各种社会问题。可见，法律不仅能促进科技发展，对其不良后果也能起到抑制作用。显见，B项正确，当选。C项考查国际条约与国内法冲突时的解决。分两种情况：(1) 在民商事范围内，国际条约与国内法不同，条约可以直接适用。(2) 在民商事范围外，能否直接适用国际条约，视法律的具体规定而定。本题涉及的案例属于民事领域的商标侵权案件，依据上述分析可知，可以直接适用国际条约即《巴黎公约》。也就是说，国际条约可以作为我国法的渊源。可知，C项正确，当选。D项考查法律决定的可预测性与可接受性（正当性）之间的关系。可预测性是形式法治的要求，正当性是实质法治的要求，法律决定的可预测性意味着法官必须将法律决定建立在既存的一般性的法律规范的基础上，而且必须按照一定的方法适用法律规范，如推理规则和解释方法，只有这样才能尽可能地避免裁判的武断和恣意。法律决定的正当性是指按照实质价值或某些道德考量，法律决定是正当的或正确的。在现代法治社会，法律决定的可预测性与法律决定的正当性是人们并行不悖的追求。然而，二者之间存在一定的紧张关系。如本题所涉及的案例中，虽然依照《巴黎公约》对该域名纠纷进行了裁判，实现了法律决定的实质正义，但由于网络域名的注册和使用均超出了中国《商标法》的调整范围，当事人对法律决定的可预测性程度降低。可知D项的说法亦正确，当选。

11. 答案：CD

解析：从整体上来说，法律人适用有效的法律规范解决具体个案纠纷的过程在形式上是逻辑中的三段论推理过程，即大前提、小前提和结论。具体来说，法律人适用法律解决个案纠纷的过程，首先要查明和确认案件事实，作为小前提；其次要选择和确定与上述案件事实相符合的法律规范，作为大前提；最后以整个法律体系的目的为标准，从两个前提中推导出法律决定或法律裁决。这个过程实质上也是法律人在其业务操作中的思维或推理过程。在这个过程中，无论是事实还是法律规范，都涉及法律语言的运用。因此选项A、B说法正确。法的适用是一个运用法律进行论证和说理的过程，法律论证包括内部证成和外部证成两个层面，缺一不可。因此C选项错误。法律论证与法律推理、法律解释既有分工又要相互配合，共同服务于法律适用的过程，以得出合法合理的裁判结论，故而D选项错误。

12. 答案：AB

解析：本题考查的是对法律实施的理解。法律实施，也叫法的实施，是指法在社会生活中被人们实际施行，即在社会生活中通过人们的执法、司法、守法、法律监督等方式对法律的实际施行，A选项正确。狭义上的执法则专指国家行政机关和法律法规授权、行政主体委托的组织及其公职人员依照法定职权和程序行使管理职权、履行职责、实施法律的活动。公安机关对涉嫌嫖娼的黄某采取强制措施属于行政主体履行职责、实施法律的活动，是执法，B选项正确。C选项中某省人大常委会对地方性法规进行解释的行为属于法律解释，不属于法律实施，因此C选项错误。法的适用主体是国家司法机关，出租车司机不是司法机关，其向公安机关举报宁某吸毒的行为不是法的适用，D选项错误。

13. 答案：ACD

解析：我国《宪法》《人民法院组织法》《人民检察院组织法》《刑事诉讼法》《民事诉讼法》和《行政诉讼法》都对司法机关依法独立行使职权作出了明确的规定。根据宪法和有关法律的规定，这项原则的基本含义是：第一，司法权的专属性，即国家的司法权只能由国家各级审判机关和检察机关统一行使，其他任何机关、团体和个人都无法行使此项权力。第二，司法权行使的独立性，即人民法院、人民检察院依照法律独立行使自己的职权，不受行政机关、社会团体和个人的非法干涉。第三，司法权行使的合法性，即司法机关审理案件必须严格依照法律规定，正确适用法律，不得滥用职权，枉法裁判。由此可知A选项、C选项和D选项正确。坚持司法机关独立行使职权原则，并不意味着司法机关行使司法权不受任何监督和约束。司法机关要受到党、国家机关、其上下级之间以及社会舆论的监督。因此B选项错误。

14. 答案：ABC

解析：法律实施，是指法在社会生活中被人们实际施行，即在社会生活中通过人们的执法、司法、守法、法律监督等方式对法律的实际施行。法律的实施使法律从书本上的法律变成行动中的法律，使它从抽象的行为模式变成人们的具体行为，从应然状态进到实然状态，C选项正确。法律实施是实现法的作用和目的的条件，但是法律实施并不必然意味着法的要求的实现，在法律实施过程中可能有各种因素阻碍着法的功能的发挥，D选项错误。法律实现是指法律要求在社会生活中被转化为现实，达到法律设定的权利和义务的目的。法律实现是法律实施活动的直接目的，A选项正确。影响法律实现的因素很多，比如国家的阶级本质，法律、法规等规范性法律文件反映统治阶级意志的程度等，法律实现也受到社会客观物质条件的限制，B选项正确。

二、分析题

参考答案：1.（1）就设问而言，这道题考查的是纠纷解决和权利救济的关系、诉讼和调解的关系。具体回答时还应联系材料进行分析。

1）概念辨析：诉讼是公力救济的一种方式，公力救济是指国家公权力对遭受侵害的权利给予救济、解决纠纷的制度、组织机构、程序和手段。调解是由中立的第三方作为调解人主持的以协调为基础的纠纷解决方式。

2）纠纷解决与权利救济的关系：权利救济与纠纷解决密切相关，权利救济在法律实践中通常表现为纠纷解决的具体目的之一，在多元化纠纷解决机制研究中，二者都体现了通过多元化的方式化解纠纷的问题。但在概念的外延上，纠纷解决可以涵盖权利救济，且权利救济的重点侧重于实体权利的保护和救济，而纠纷解决侧重于解决的方式和机制研究。

3）诉讼和调解的关系：就纠纷解决而言，诉讼和调解具有功能互补的关系

实践中仅仅依靠诉讼途径不足以解决所有纠纷，诉讼本身也存在一定弊端，通过调解解决纠纷可以对纠纷解决起到途径补充和弥补弊端的作用。

诉讼对于纠纷解决和权利救济而言是成本较高的一种方式，同时单纯依靠诉讼途径解决纠纷会增加法院压力，诉讼的增加和滥诉现象的出现也会使社会关系紧张化，不利于社会凝聚力的塑造。

以调解的方式解决纠纷相对来说是一种低成本的解决途径，利于提高司法资源的利用率和纠纷解决效率；在法院压力上也能通过调解的方式相对“和平”地解决纠纷，以诉调对接等方式完善诉讼和调解之间的互动和衔接模式，使调解在纠纷解决中能够承担越来越重要的角色，从而分担法院压力；在社会关系上也能够通过调解这种相对和平的方式维护社会稳定，在正式的诉讼制度和纯粹的民间自治之间起到缓冲过渡作用。

（2）材料重点在于多元化纠纷解决机制，因此需要重点分析多元化纠纷解决机制。同时联系诉讼与非诉讼、正式制度与非正式制度、法律调整与社会自治等概念群，同时注意本题要求分析材料，在答题中需要注意结合材料。

2. 本题考查法律监督的类型以及法律监督对我国社会主义法治的意义。

（1）第一，司法监督，在本案中体现为二审法院对一审法院的监督、检察院对法院的监督；第二，社会监督，在本案中表现为媒体的跟踪报道。

（2）法律监督是现代法治不可缺少的组成部分，它贯穿于法律运行的全过程，对社会生活和经济生活有着广泛的影响。法律监督是社会主义民主政治的保障和重要组成部分，法律监督是全面推进依法治国的重要保证，法律监督是建立和完善社会主义市场经济的需要。

3. 本题考查的是程序公正与实质公正，注意对本题的回答要结合诉讼法和实体法的相关知识。

（1）程序公正体现在：S市人民检察院依法对犯罪嫌疑人提起公诉；S市中级人民法

院依法审理该案；S 市人民检察院依法提出抗诉；Y 省高级人民法院依法启动二审程序。

（2）实体公正体现在：S 市中级人民法院根据李某的犯罪情节和法律规定作出判决；S 市人民检察院以一审法院适用法律不当、量刑过轻，提起抗诉；Y 省高级人民法院对一审判决予以改判。

（3）程序公正是实体公正的前提和保障，没有程序公正，实体公正就无法实现。有程序公正也未必就有实体公正，实体公正是程序公正的目标和追求。S 市人民检察院如果没有依法提出抗诉，高级人民法院如果没有启动二审程序，李某就会被一审法院适用法律不当，量刑过轻，实体公正就无法实现。但是 S 市人民检察院提起抗诉，并不意味着二审必然改判。如果高级人民法院没有改判，而是维持原判，那么实体公正就没有实现。

三、简答题

1. 参考答案：法律的实效，指人们在实际上就按照规范所规定的那样行为，法律规范在实际上被遵守和适用。法律效力和法律实效是两个不同现象。效力是法律的特征，实效是人们实际行为的特征。法律有实效是指人们的实际行为符合法律规范。法律规范在缺乏实效的情况下，仍是有效力的，而且正因为它缺乏实效，才更应当被法院所适用，被民众所遵守。对于法律实效来说，法律实效涉及的问题是法律规范是否实际地被社会民众遵守，而这些社会民众属于法律规范调控的范围，人们的实际行为应合乎法律规范。法律实效涉及的问题是事实上如何、实际上如何的问题，属于实然的范畴领域。

影响法律规范的实效的主要因素可以从以下几个方面分析：（1）立法：法律规范本身的完善程度是法律规范实效实现的基础。制定法自身应该是善法、良法。（2）执法、司法：执法和司法主体对法律的实施和适用质量也直接影响法律规范的实效。执法、司法主体应维护法律尊严，保障法律实施。（3）守法：守法主体对法律规范的遵循程度是法律实效的重要影响因素。（4）民间法和社会道德、习惯对法律实效的影响。

2. 参考答案：司法机关依法独立行使职权原则是司法独立性在法律上的体现，是司法机关所应遵循的最重要原则之一。

（1）司法权的专属性。国家的司法权只能由国家各级审判机关和检察机关依法行使，其他任何机关、团体和个人无权行使。

（2）行使职权的独立性。人民法院、人民检察院依照法律独立行使自己的职权，不受行政机关、社会团体和个人的干涉。

（3）行使职权的合法性。司法机关审理案件必须严格依照法律规定，正确适用法律，不得滥用职权，枉法裁判。

四、论述题

1. 参考答案：（1）程序正义和法治的含义解释。（2）程序正义与实质正义的关系。（3）程序正义对法治的推进作用。（4）法治对程序正义的要求。

注意：联系中国法治建设现状和司法实践分析。

2. 参考答案：（1）正义是人类追求的共同理想，也是现代法律的核心价值。作为现代社会权威的纠纷解决机制，司法是实现正义的重要途径。司法要实现的正义包括实体正义和程序正义两个方面，实体正义注重结果的公正，程序正义注重过程的公正。

(2) 为了让人民群众在司法审判中切实感受到公平正义，必须确保司法机关依法、公正、独立行使职权；切实维护当事人的诉讼权利；加强对司法工作的监督；不断推进司法公开；提高司法人员的业务素质和职业道德。

第十五章　全面依法治国，建设法治中国

第一部分　本章知识点速览

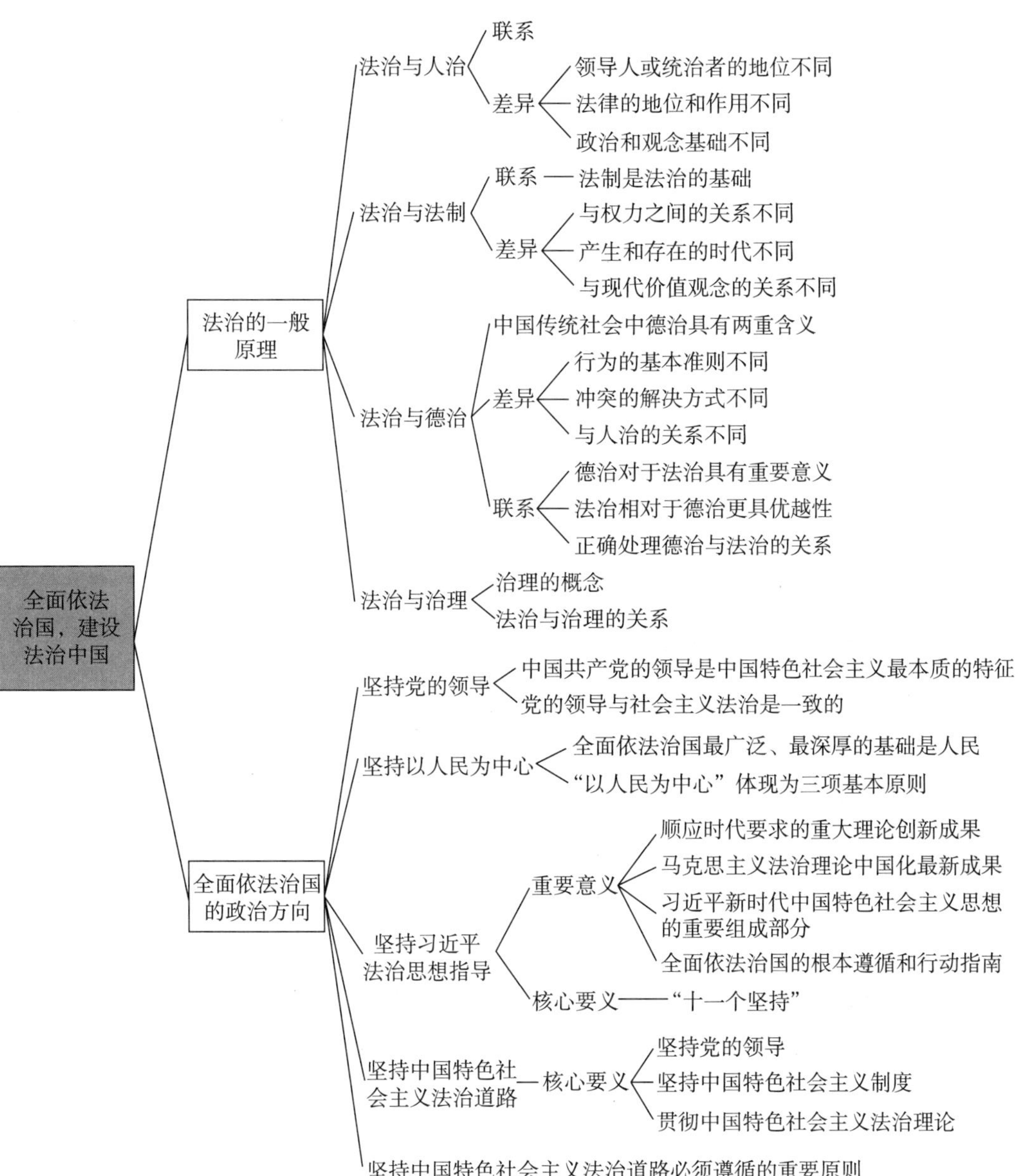

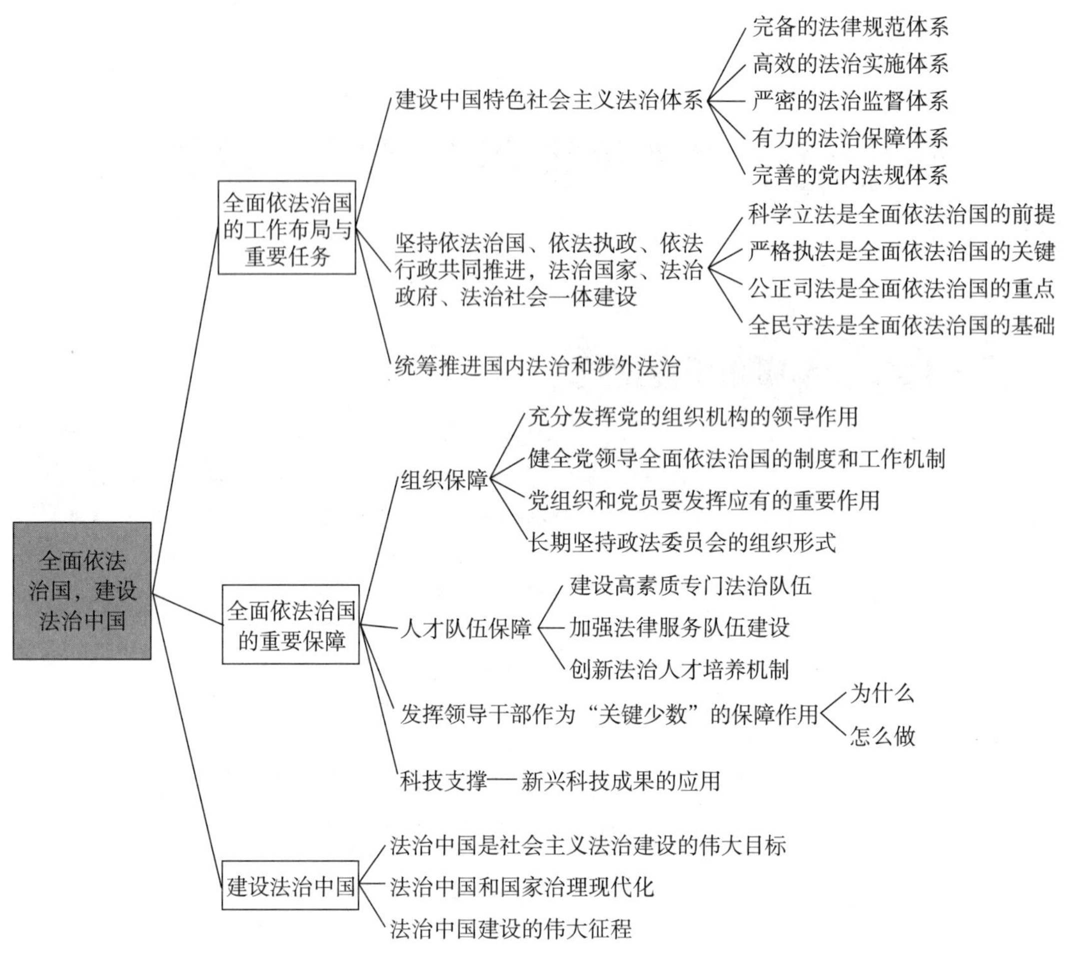

第二部分　本章核心知识要点解析

第一节　法治的一般原理

一、法治与人治

（一）难度与热度

难度：☆☆　热度：☆☆

（二）基本理论与概念

1. 人治是与法治相对的概念，是指一种依靠领导人或统治者的意志和能力来管理国家和社会、处理社会公共事务的治国方式。

2. 人治与法治主要存在三个方面的差异：

（1）领导人或统治者的地位不同；

（2）法律的地位和作用不同；

（3）政治和观念基础不同。

（三）疑难点解析

人治不是不重视法律的作用，但人治国家的法律只是领导人或统治者实现个人意志的工具，领导人或统治者的地位在法律之上，既可以一言立法，也可以一言废法。在法治国家，领导人或统治者在法律之下，必须遵守法律，如果违法需要承担相应的法律后果。在人治国家，法律仅仅作为领导者实现统治的工具，有时无法发挥效用；在法治国家，法律至高无上。法治一般是以民主作为政治基础，而人治总是以专制集权作为政治基础。

现代世界普遍认为法治优于人治。理由主要在于：第一，法治更加明确、稳定，能够保障各种行为预期，实现国家和社会的长治久安，人治国家的命运依赖于一个或少数领导人，容易产生动荡局面。第二，法治保障人的尊严和自由，符合人性的要求，能够激发人的主观能动性、创造性和公共精神，人治不尊重被统治阶级的尊严，压制其自由意志，不符合人的本性需求。第三，人治伴随着腐败、衰退、贫穷、动乱等等恶的治理现象，而法治与繁荣、清廉、富裕、发达等等善的治理有着很强的正相关关系。基于这些缘由，现代国家普遍推崇法治。

（四）拓展延伸阅读

法治和人治问题是人类政治文明史上的一个基本问题，也是各国在实现现代化过程中必须面对和解决的一个重大问题。纵观世界近现代史，凡是顺利实现现代化的国家，没有一个不是较好解决了法治和人治问题的。相反，一些国家虽然一度实现快速发展，但并没有顺利迈进现代化的门槛，而是陷入这样或那样的“陷阱”，出现经济社会发展停滞甚至倒退的局面。后一种情况很大程度上与法治不彰有关。

小智治事、中智治人、大智立法。治理一个国家、一个社会，关键是要立规矩、讲规矩、守规矩。法律是治国理政最大最重要的规矩。推进国家治理体系和治理能力现代化，必须坚持依法治国，为党和国家事业发展提供根本性、全局性、长期性的制度保障。我们提出全面推进依法治国，坚定不移厉行法治，一个重要意图就是为子孙万代计、为长远发展谋。

——习近平 2014 年 10 月 23 日在十八届四中全会第二次全体会议上的讲话.

二、法治与法制

（一）难度与热度

难度：☆☆　热度：☆☆

（二）基本理论与概念

1. 法制，即法律制度的简称，与法治的区别有：

（1）与权力之间的关系不同。法治奉行法律至上，主张一切权力都受法律的制约，不存在超越法律的特权。法制不包含这样的含义。

（2）产生和存在的时代不同。法制自法律出现以来就存在，早在奴隶制社会初期就产生了。在严格意义上，法治是资产阶级革命的产物，产生和建立于资本主义时代。

（3）与民主、自由和人权等现代价值观念的关系不同。在现代社会，民主通常是法治的政治基础，自由和人权是法治所要保障和维护的价值。而法制与这些价值没有什么必然的联系。

2. 法治与法制也存在一定的联系。法制是法治的基础。有法制不一定有法治，但没有法制就一定谈不上法治。法制的含义并不是一成不变的，人们有时也会从法治的含义上理解法制。

（三）疑难点解析

在我国，从“法制”到“法治”，两者虽然只有一字之差，但意义非同一般。法制一词最早出现于《礼记·月令》中记载的“命有司，修法制，缮囹圄，具桎梏”；“法治”一词可追溯至先秦时期，《管子·明法》记：“威不两错，政不二门，以法治国则举错而已”；《韩非子·心度》载：“治民无常，唯治为法”。当时所谓“法治”，与“法制”意思差不多，旨在维护君主的专制统治。我们现在所说的“法治”，是现代意义上的法治（Rule of Law），字面意思是“法律的统治”，是与人治相对的治国之道。

1996 年，八届全国人大四次会议批准的《国民经济和社会发展“九五”计划和 2010 年远景目标纲要》提出了“依法治国，建设社会主义法制国家”。1997 年，党的十五大报告明确提出了“依法治国，建设社会主义法治国家”的目标，法治成为我国的一种治国方略。1999 年，全国人大通过了宪法修正案，增设了一个条款：“中华人民共和国实行依法治国，建设社会主义法治国家。”2018 年，全国人大通过的宪法修正案，将“社会主义法制”修改为“社会主义法治”：一字之改，体现了我国观念上的深刻变革和认识上的巨大变化。

（四）拓展延伸阅读

改革开放初期，为响应党的号召，1980 年《中国法制报》正式创刊，作为我国宣传法制的全国性报纸，目的在于“宣传宪法和各种法律，宣传国家关于政法工作的方针、政策，报道民主与法制建设”。此后众多法制新闻报道栏目如雨后春笋般涌现出来，在当时的时代条件下，这些法制新闻报道大部分是对特定的涉法新闻的简单报道以及对法律制度的浅层解析，目的在于对受众介绍法律常识，进行法律知识宣传。随着国家法治建设进程的加快，现代社会对传媒报道提出了更高的要求，从“法制宣传”到“法治宣传”刻不容缓。新闻报道紧跟国家立法进步的步伐，开始逐渐从“法制报道”转向“法治报道”，更名便是第一步，2020 年《法制日报》（原为《中国法制报》）在其创刊 40 周年的日子里正式改名为《法治日报》。自党的十八大以来，带“法治”二字的报刊不断涌现，如《人民法治》《法治社会》等等。除了名字的改变，众多法治宣传报道内容也呈现出向深层次法治理念转变的趋势。除了对涉法案件的报道解析，也包含了立法、司法、执法、守法等多方面的内容，引导公民自觉树立法律意识，提高法律的公信力和权威性。

——党德强. 论“法制报道”到“法治报道”的嬗变与转型. 今传媒，2021 (11).

三、法治与德治

（一）难度与热度

难度：☆☆　热度：☆☆

（二）基本理论与概念

1. 中国传统社会中的德治

传统中国的德治实际上是一种通过礼治而实现的治国方式，其本质为人治。德治的两重含义分别为：

（1）充分重视道德的教化作用，并通过道德教化与规范作用进行社会管理和国家治理；

（2）重视统治者道德的典范意义，通过典范作用来治理国家和管理社会。

2. 德治与法治的区别

（1）行为的基本准则不同。法治社会中的基本准则是法律规范，德治的基本准则是道德规范。

（2）冲突的解决方式不同。当法律与道德之间产生冲突时，在法治社会，法律通常具有优先性；在德治社会，道德更容易具有优先性。

（3）与人治的关系不同。法治与人治是根本对立的，而德治与人治则具有一定的相通性和一致性。

3. 法治相对于德治的优越性

（1）法治比德治更具实用性、可行性。德治这种治国方式是建立在道德理想主义基础上的。

（2）法律更适合于管理国家和社会，这是法治优于德治的客观基础。道德具有不确定性、多层次性，缺乏外在强制性，而法律的确定性、外在强制性则可以为治理国家和社会提供明确的准则与强有力的手段。

（3）现代法治比中国传统德治具有更强的时代性与先进性。现代法治不排斥道德的应有作用，同时又注入了民主、自由、人权等新的价值元素，因此比中国传统的德治更符合时代特性与要求。

4. 道德对于法治的重要意义

（1）没有良好的道德，不仅法治不可能很好地建立起来，而且运行的成本将非常高昂。

（2）道德是法律与法治的伦理基础和正当性根据，很多法律规范本身就是道德的法律化。

（3）法治要有效和充分地实现，必须依赖必要的道德基础，否则单纯的法治就会导致社会的灾难。

5. 正确处理德治与法治的关系

在厉行法治的同时，也必须大力弘扬崇高的道德风尚。特别值得注意的是，我们今天所强调的德治，已经不是中国传统社会德治的含义，更不是要以德治来取代法治，而是要强调高度重视社会主义道德的重要作用，发扬社会主义道德风尚，弘扬社会美德。习近平指出，中国特色社会主义法治道路的一个鲜明特色，就是坚持依法治国和以德治国相结合，强调法治和德治两手抓、两手都要硬。

（三）疑难点解析

在我国，“德治”理念最早由孔子提出，即“道之以德，齐之以礼”，而事实上，古代中国的实践并非按照孔子所言进行，而是走上了“礼法并用”的道路。在中国古代，“德治”依附于“人治”，实现德治的方式是礼治。中国古代的道德是传统宗族社会的伦理道德，奉行“尊尊、亲亲”的家族制原则，大部分内容已经不适于现代世界。理解“德治”，关键在于搞清楚是何种“道德”。

在任何时代，道德都具有不可替代的作用。道德可以降低法律的运行成本，为法治奠定正当性依据。在法治国家，德治是不可或缺的。法治国家有一套对应的现代道德规范，这些道德保障人的尊严，维护人的自由意志和自治能力，追求公正、人道、诚信、友爱、奉献等等价值观。我国社会主义道德体系由社会公德、职业道德、家庭美德、个人品德所组成。要坚持依法治国和以德治国相结合，重视发挥道德的教化作用，提高全社会文明程度，为全面依法治国创造良好人文环境。

（四）拓展延伸阅读

必须坚持依法治国和以德治国相结合。法律是成文的道德，道德是内心的法律，法律和道德都具有规范社会行为、维护社会秩序的作用。治理国家、治理社会必须一手抓法治、一手抓德治，既重视发挥法律的规范作用，又重视发挥道德的教化作用，实现法律和道德相辅相成、法治和德治相得益彰。

——习近平2014年10月23日在十八届四中全会第二次全体会议上的讲话.

法律是成文的道德，道德是内心的法律。法律和道德都具有规范社会行为、调节社会关系、维护社会秩序的作用，在国家治理中都有其地位和功能。法安天下，德润人心。法律有效实施有赖于道德支持，道德践行也离不开法律约束。法治和德治不可分离、不可偏废，国家治理需要法律和道德协同发力。

——习近平2016年12月9日在十八届中央政治局第三十七次集体学习时的讲话.

要既讲法治又讲德治，重视发挥道德教化作用，把法律和道德的力量、法治和德治的功能紧密结合起来，把自律和他律紧密结合起来，引导全社会积极培育和践行社会主义核心价值观，树立良好道德风尚，防止封建腐朽道德文化沉渣泛起。

——习近平2018年3月10日参加十三届全国人大一次会议重庆代表团审议时的讲话.

要坚持依法治国和以德治国相结合，把社会主义核心价值观融入法治建设，完善诚信建设长效机制，加大对公德失范、诚信缺失等行为惩处力度，努力形成良好的社会风尚和社会秩序。

——习近平2020年2月5日在中央全面依法治国委员会第三次会议上的讲话.

四、法治与治理

（一）难度与热度

难度：☆☆　　热度：☆☆

（二）基本理论与概念

1. 治理的概念：治理是或公或私的个人和机构经营管理相同事务的诸多方式的总和，是使相互冲突或不同的利益得以调和并且采取联合行动的持续的过程，包括有权迫使人们服从的正式机构和规章制度，以及种种非正式安排。

2. 法治与治理的关系：

（1）法治为社会力量参与治理提供制度基础；

（2）法治为政府的治理行为提供基本规范；

（3）法治为治理行政与行为提供程序保障；

（4）法治为治理的良性推进提供救济路径；

（5）法治保证治理的服务本质。

（三）疑难点解析

“治理”一词的概念比较多，可参考治理理论的主要创始人之一詹姆斯·N. 罗西瑙的定义：“治理是通行于规制空隙之间的那些制度安排，或许更重要的是当两个或更多规制出现重叠、冲突时，或者在相互竞争的利益之间需要调解时才发挥作用的原则、规范、规则和决策程序。”[①] 治理更倾向于是一种以维护现有秩序为目的，对出现的规制之间的冲突、矛盾进行处理与化解的行为，强调多元性。

在我国，国家治理体系是在党领导下管理国家的制度体系，包括经济、政治、文化、社会、生态文明和党的建设等各领域体制机制、法律法规安排。推进国家治理体系和治理能力现代化，就是要适应时代变化，既改革不适应实践发展要求的体制机制、法律法规，又不断构建新的体制机制、法律法规，使各方面制度更加科学、更加完善，实现党、国家、社会各项事务治理制度化、规范化、程序化。我国社会主义法治凝聚着我们党治国理政的理论成果和实践经验，是制度之治最基本、最稳定、最可靠的保障。

（四）拓展延伸阅读

坚持在法治轨道上推进国家治理体系和治理能力现代化。法治是国家治理体系和治理能力的重要依托。只有全面依法治国才能有效保障国家治理体系的系统性、规范性、协调性，才能最大限度凝聚社会共识。

新中国成立 70 多年来，我国之所以创造出经济快速发展、社会长期稳定“两大奇迹”，同我们不断推进社会主义法治建设有着十分紧密的关系。这次应对新冠肺炎疫情，我们坚持在法治轨道上统筹推进疫情防控和经济社会发展工作，依法维护社会大局稳定，有序推进复工复产，我国疫情防控取得重大战略成果，我国将成为今年全球唯一恢复经济正增长的主要经济体。在统筹推进伟大斗争、伟大工程、伟大事业、伟大梦想的实践中，在全面建设社会主义现代化国家新征程上，我们要更加重视法治、厉行法治，更好发挥法治固根本、稳预期、利长远的保障作用，坚持依法应对重大挑战、抵御重大风险、克服重大阻力、解决重大矛盾。

——习近平. 坚定不移走中国特色社会主义法治道路 为全面建设社会主义现代化国家提供有力法治保障. 求是，2021（5）.

第二节 全面依法治国的政治方向

一、坚持党的领导

（一）难度与热度

难度：☆☆　热度：☆☆

（二）基本理论与概念

1. 中国共产党的领导是中国特色社会主义最本质的特征，是社会主义法治的根本保证。把党的领导贯彻到依法治国的全过程和各方面，是我国社会主义法治建设的一条基

① 罗西瑙. 没有政府的治理. 南昌：江西人民出版社，2001：9.

本经验。

2. 党的领导与社会主义法治是一致的，社会主义法治必须坚持党的领导，党的领导必须依靠社会主义法治。

（三）疑难点解析

中国共产党肩负为中华民族谋复兴、为中国人民谋幸福的初心与使命，在长期的历史斗争中，中国共产党经历艰苦奋斗成为我国的执政党，这是历史的选择、人民的选择。中国共产党的领导地位是宪法所确立的。党的领导与社会主义法治是一致的，不能割裂与对立，更不能简单归结为“党大还是法大”等似是而非的伪命题。党的执政根基在于深厚而广泛的人民群众基础，党性与人民性是高度一致的，党的领导与人民当家作主、社会主义法治是统一的。

（四）拓展延伸阅读

2015 年，我在中央政治局常委会听取最高人民法院和最高人民检察院党组工作汇报、在省部级主要领导干部学习贯彻党的十八届四中全会精神全面推进依法治国专题研讨班开班式等场合都明确指出，“党大还是法大”是一个政治陷阱，是一个伪命题；对这个问题，我们不能含糊其辞、语焉不详，要明确予以回答。党的领导和依法治国不是对立的，而是统一的。我国法律充分体现了党和人民意志，我们党依法办事，这个关系是相互统一的关系。全党同志必须牢记，党的领导是我国社会主义法治之魂，是我国法治同西方资本主义国家法治最大的区别。离开了党的领导，全面依法治国就难以有效推进，社会主义法治国家就建不起来。

当然，我们说不存在“党大还是法大”的问题，是把党作为一个执政整体、就党的执政地位和领导地位而言的，具体到每个党政组织、每个领导干部，就必须服从和遵守宪法法律。有些事情要提交党委把握，但这种把握不是私情插手，不是包庇性的干预，而是一种政治性、程序性、职责性的把握。这个界线一定要划分清楚。

——习近平. 坚定不移走中国特色社会主义法治道路 为全面建设社会主义现代化国家提供有力法治保障. 求是，2021 (5).

二、坚持以人民为中心

（一）难度与热度

难度：☆☆　热度：☆☆

（二）基本理论与概念

1. 全面依法治国最广泛、最深厚的基础是人民，必须坚持为了人民、依靠人民。

2. 要把体现人民利益、反映人民意愿、维护人民权益、增进人民福祉、促进人的全面发展作为法治建设的出发点和落脚点，落实到全面依法治国各领域全过程。

3. 保证人民在党的领导下通过各种途径和形式管理国家事务、管理经济文化事业、管理社会事务，保证人民依法享有广泛的权利和自由、承担应尽的义务。

4. “以人民为中心”主要体现为三项基本原则：

（1）以人民权利为本位，以保护和保障人权和公民权利为目的。

（2）以公平正义为法治的生命线，把公平正义作为融贯法治实践的核心价值。

（3）要积极回应人民群众新要求新期待，把不断满足人民对美好生活的需要、促进民生改善作为法治工作的着力点，倾听群众呼声，反映群众愿望，回应群众诉求，抓住民生领域实际问题做好法治应对和权利保障。

（三）疑难点解析

习近平总书记指出，“必须牢记我们的共和国是中华人民共和国，始终要把人民放在心中最高的位置，始终全心全意为人民服务，始终为人民利益和幸福而努力工作”①。“坚持以人民为中心”不仅是我们党的性质宗旨的必然要求，是我国制度优势的重要内涵和充分体现，也是新中国成立以来特别是党的十八大以来我们党治国理政经验的深刻总结。

“坚持以人民为中心”，在实践中有着很多体现。从修改宪法部分内容、加强人民当家作主制度建设，到编纂颁布民法典、加强对人民各方面权利的依法保护；从深化经济、社会文化权利和公民、政治权利全面协调发展，到深化司法体制综合配套改革，促进社会公平正义；从加快社会治安防控体系建设、依法保护人民人身权、财产权、人格权，到坚持人民至上、生命至上，依法实施疫情防控和应急处理措施，切实保障人民群众生命健康安全；等等，党和国家始终把体现人民利益、反映人民愿望、维护人民权益、增进人民福祉落实到全面依法治国各领域全过程，使法治建设成果更多更公平惠及全体人民。

（四）拓展延伸阅读

坚持以人民为中心的根本立场，最重要的是用制度体系保证人民当家作主。人民代表大会制度是我国的根本政治制度，是人民当家作主的重要制度平台。中国共产党作为执政党，支持和保证人民通过人民代表大会制度行使国家权力，确保人民依法通过各种途径和形式管理国家事务，管理经济文化事业，管理社会事务。要充分发挥人民代表大会根本政治制度的作用，通过这一制度牢牢把国家和民族前途命运掌握在人民手中。

——信春鹰. 坚持以人民为中心的根本立场是习近平法治思想的重要组成部分. 人民日报，2021－09－27.

三、坚持习近平法治思想指导

（一）难度与热度

难度：☆☆　热度：☆☆

（二）基本理论与概念

1. 习近平法治思想的重要意义：

（1）是顺应实现中华民族伟大复兴时代要求应运而生的重大理论创新成果；

（2）是马克思主义法治理论中国化最新成果；

（3）是习近平新时代中国特色社会主义思想的重要组成部分；

（4）是全面依法治国的根本遵循和行动指南。

2. 习近平法治思想的核心要义是“十一个坚持”：

（1）坚持党对全面依法治国的领导；

（2）坚持以人民为中心；

（3）坚持中国特色社会主义法治道路；

（4）坚持依宪治国、依宪执政；

① 习近平2018年3月20日在十三届全国人民代表大会第一次会议上的讲话.

（5）坚持在法治轨道上推进国家治理体系和治理能力现代化；

（6）坚持建设中国特色社会主义法治体系；

（7）坚持依法治国、依法执政、依法行政共同推进，法治国家、法治政府、法治社会一体建设；

（8）坚持全面推进科学立法、严格执法、公正司法、全民守法；

（9）坚持统筹推进国内法治和涉外法治；

（10）坚持建设德才兼备的高素质法治工作队伍；

（11）坚持抓住领导干部这个“关键少数”。

（三）疑难点解析

2020年11月16日至17日召开的中央全面依法治国工作会议，明确了习近平法治思想在全面依法治国中的指导地位，这是我国社会主义法治建设进程中具有重大现实意义和深远历史意义的大事。深入学习贯彻习近平法治思想，在新时代不断把法治中国建设推向前进，是当前和今后一个时期深入推进全面依法治国的重大政治任务。

党的十八大以来，习近平总书记高度重视全面依法治国，亲自谋划、亲自部署、亲自推动。在这一过程中，习近平创造性提出了关于全面依法治国的一系列新理念新思想新战略，形成了内涵丰富、科学系统的思想体系，为建设法治中国指明了前进方向，把中国特色社会主义法治理论和实践推上了历史新高度。可以说，习近平法治思想来自实践，与中国实际相吻合，它从历史和现实相贯通、国际和国内相关联、理论和实际相结合上深刻回答了新时代为什么实行全面依法治国、怎样实行全面依法治国等一系列重大问题。

“十一个坚持”，深刻阐明了全面依法治国的政治方向，明确了全面依法治国必须遵循的政治准绳；深刻阐明了全面依法治国的重要地位，明确了新时代全面依法治国的职责使命；深刻阐明了全面依法治国的工作布局，明确了法治中国建设的前进方向；深刻阐明了全面依法治国的重点任务，明确了新时代全面依法治国的重点领域和关键环节；深刻阐明了全面依法治国的重大关系，明确了必须正确把握的重大理论问题和科学方法论；深刻阐明了全面依法治国的重要保障，明确了领导干部和人才队伍在推动全面依法治国中的重要性。

（四）拓展延伸阅读

马克思主义法治理论同中国实际相结合的最新成果。习近平法治思想，坚持马克思主义立场观点方法，植根于中华优秀传统法律文化，借鉴了人类法治文明有益成果，在理论上有许多重大突破、重大创新、重大发展，是马克思主义法治理论中国化最新成果，是习近平新时代中国特色社会主义思想的重要组成部分，为新时代推进全面依法治国提供了根本遵循和行动指南。

党领导法治建设丰富实践和宝贵经验的科学总结。党的十八大以来，我国社会主义法治建设之所以能发生历史性变革、取得历史性成就，根本在于习近平法治思想的科学指引。习近平法治思想，在继承和发扬优良传统的基础上，对我国社会主义法治建设经验进行提炼和升华，以新的视野、新的认识赋予新的时代内涵，深入回答了事关新时代我国社会主义法治建设的一系列重大问题，是中国特色社会主义法治理论的历史性飞跃。

法治轨道上推进国家治理体系和治理能力现代化的根本遵循。习近平法治思想，贯穿经济、政治、文化、社会、生态文明建设各个领域，涵盖改革发展稳定、内政外交国防、治党治国治军各个方面，为全党全国各族人民深刻认识全面依法治国在治国理政中的全局性、战略性、基础性、保障性地位提供了科学指引，为依法应对重大挑战、抵御重大风险、克服重大阻力、解决重大矛盾，推进国家治理体系和治理能力现代化提供了行动指南。

引领法治中国建设实现高质量发展的思想旗帜。习近平法治思想是顺应实现中华民族伟大复兴时代要求应运而生的重大战略思想，着眼当今世界百年未有之大变局和中华民族伟大复兴战略全局，统筹推进国内法治和涉外法治，立足新发展阶段、贯彻新发展理念、加快构建新发展格局，为实现法治中国建设高质量发展提供了强有力的思想武器。

——中央全面依法治国委员会办公室．坚持以习近平法治思想为指导奋力开创全面依法治国新局面．求是，2021（5）．

四、坚持中国特色社会主义法治道路

（一）难度与热度

难度：☆☆　热度：☆☆

（二）基本理论与概念

1．中国特色社会主义法治道路本质上是中国特色社会主义道路在法治领域的具体体现。

2．中国特色社会主义法治道路的“三个核心要义”：

（1）坚持党的领导；

（2）坚持中国特色社会主义制度；

（3）贯彻中国特色社会主义法治理论。

3．坚持中国特色社会主义制度，一是要坚持中国特色社会主义政治制度，二是要坚持中国特色社会主义基本经济制度。

（三）疑难点解析

中国特色社会主义法治道路，本质上是中国特色社会主义道路在法治领域的具体体现；中国特色社会主义法治理论，本质上是中国特色社会主义理论体系在法治问题上的理论成果；中国特色社会主义法治体系，本质上是中国特色社会主义制度的法律表现形式。

近代以后，不少人试图在中国照搬西方法治模式，但最终都归于失败。历史和现实告诉我们，只有传承中华优秀传统法律文化，从我国革命、建设、改革的实践中探索适合自己的法治道路，同时借鉴国外法治有益成果，才能为全面建设社会主义现代化国家、实现中华民族伟大复兴夯实法治基础。

“三个核心要义”规定和确保了中国特色社会主义法治体系的制度属性和前进方向，对中国特色社会主义法治道路具有决定性意义，明示了中国特色社会主义法治道路的基本内涵和基本内容，确定了中国特色社会主义法治道路的根本性质和根本要求，描绘出了这条道路的鲜明特征和鲜明标识。深入理解和把握它们，对坚持中国特色社会主义法治道路、全面依法治国、建设法治中国具有方向性、战略性、全局性意义。

（四）拓展延伸阅读

有一点要明确，我们推进全面依法治国，决不照搬别国模式和做法，决不走西方所谓“宪政”、“三权鼎立”、“司法独立”的路子。实践证明，我国政治制度和法治体系是适合我国国情和实际的制度，具有显著优越性。在这个问题上，我们要有自信、有底气、有定力。事实教育了我们的人民群众，人民群众越来越自信。

——习近平．坚定不移走中国特色社会主义法治道路 为全面建设社会主义现代化国家提供有力法治保障．求是，2021（5）．

五、坚持中国特色社会主义法治道路必须遵循的重要原则

（一）难度与热度

难度：☆☆　热度：☆☆

（二）基本理论与概念

1．坚持党的领导，坚持依法执政。

2．坚持人民主体地位，保障人民合法权益。

3．坚持法律面前人人平等，保证宪法法律有效实施。

4．坚持依法治国和以德治国相结合。

5．坚持从中国实际出发，推动法治理论创新。

（三）疑难点解析

中国特色社会主义最本质的特征是中国共产党的领导，中国特色社会主义制度的最大优势是中国共产党的领导。因此，坚持社会主义法治道路必须党的领导。中国共产党是执政党，治国理政是党必须担负的重任。中国共产党作为执政党，必须严格规范自身的行为，通过宪法法律依法执政，通过党内法规管党治党。

中国是人民民主专政的社会主义国家，人民既是国家的主人，也是依法治国的主体和力量源泉。推动中国法治建设，必须始终坚持以人民为中心，坚持法治为了人民、依靠人民、造福人民，保障人民群众的合法权益。要把体现人民利益、反映人民权益、增进人民福祉落实到中国特色社会主义法治道路中。

坚持法律面前人人平等是人民群众对自由、平等、民主的法治社会的追求，也保障公民行使权利和承担义务的能力。只有坚持法律面前人人平等这一准则，才能保障人民群众的合法权益，完善中国特色社会主义法治，走好中国特色社会主义法治道路。

坚持中国特色社会主义法治，应该重视依法治国和以德治国的结合，使法治与德治相得益彰。坚持法治和德治相结合，是与中国特殊的国情相适应的。中华文明延续了数千年，在历史长河中，形成了中华民族独特的道德规范，产生了许多的优良道德传统。对于这些传统，应该转化利用。

中国的现代化建设是一条前无古人的新路，没有现成的经验可以借鉴，也不能把国外的理论直接套用于我国。针对中国的实践问题，我们坚持从中国实际出发，不断总结和运用党领导人民实行法治的成功经验，吸取古今中外的有益部分，推动法治理论创新，建设中国特色社会主义法治理论。

（四）拓展延伸阅读

党的十八大以来，以习近平同志为核心的党中央把马克思主义法治理论和中国法治

实践相结合，带领全国人民坚持和拓展中国特色社会主义法治道路，使这条道路的特色更鲜明、内涵更丰富、优势更凸显。

先进的政治性。中外法治实践表明，每一条法治道路底下都有一种政治立场。西方国家的法治本质上是维护其统治集团和利益集团利益、维护其政治制度和社会制度的工具，有的沦为政党恶斗、种族冲突、社会撕裂的推手。而在我国，党的领导、人民当家作主和依法治国是高度统一的，法治成为党领导人民创造经济快速发展、社会长期稳定“两大奇迹”的压舱石。

广泛的人民性。恩格斯早就说过，对资产者来说，法律当然是神圣的，因为法律是资产者本身的创造物，是经过他的同意并且是为了保护他和他的利益而颁布的；对广大民众来说，法律是资产者给他准备的鞭子。而在我国，法是党的主张和人民意愿的统一体现，根本目的是依法保障人民权益。中国特色社会主义法治道路深深植根于人民之中，能够充分体现人民意志、保障人民权益、凝聚人民力量、激发人民创造力。

深厚的民族性。世界上不存在放之四海而皆准的法治道路。走什么样的法治道路，与一个国家的历史传统、民族文化、法制文明密不可分。中华法系源远流长，在世界五大法系中独树一帜。出礼入刑、隆礼重法的治国策略，民惟邦本、本固邦宁的民本理念，天下无讼、以和为贵的价值追求，德主刑辅、明德慎罚的慎刑思想，援法断罪、罚当其罪的平等观念，保护鳏寡孤独、老幼妇残的恤刑原则等，彰显着中华优秀传统法律文化的智慧。中国特色社会主义法治道路是在传承中华法律文化精华的基础上长期发展、渐进改进、内生演化的成果。

宏阔的开放性。法治是人类文明的重要成果之一。中国共产党人从来不拒绝人类文明的有益成果。中国特色社会主义法治道路是在坚持以我为主、为我所用的基础上，积极借鉴、合理吸收国外法治有益成果，呈现出开放、动态、发展的特点。当然，这种借鉴不是简单的拿来主义，不是照搬照抄。

鲜明的时代性。党的十八大以来，以习近平同志为核心的党中央带领全国人民，把社会主义法治实践发展和理论创新结合起来，不忘本来、借鉴外来、面向未来，与时俱进、守正创新，谱写了法治中国建设的恢弘新篇章，从理论和实践上完善发展了中国特色社会主义法治道路，更好地回答了时代之问，使这条道路越来越彰显出中国特色、时代特征。

——雷东生. 坚持中国特色社会主义法治道路. 人民日报，2021 - 01 - 29.

第三节　全面依法治国的工作布局与重要任务

一、建设中国特色社会主义法治体系

（一）难度与热度

难度：☆☆☆　　热度：☆☆☆☆

（二）基本理论与概念

中国特色社会主义法治体系是推进全面依法治国的总抓手，包括：

（1）完备的法律规范体系；

（2）高效的法治实施体系；

（3）严密的法治监督体系；

（4）有力的法治保障体系；

（5）完善的党内法规体系。

（三）疑难点解析

党的十八届四中全会明确提出全面推进依法治国的总目标是建设中国特色社会主义法治体系、建设社会主义法治国家。中国特色社会主义法治体系，本质上是中国特色社会主义制度的法律表现形式。全面依法治国涉及很多方面，在实际工作中必须有一个总揽全局、牵引各方的总抓手，这个总抓手就是建设中国特色社会主义法治体系。依法治国各项工作都要围绕这个总抓手来谋划、来推进。五大体系相辅相成、相得益彰，构成建设中国特色社会主义法治体系的具体内容。

完备的法律规范体系，是建设中国特色社会主义法治体系的制度基础。加快形成完备的法律规范体系，必须坚持立改废释并举，推进科学立法、民主立法，提高立法质量，加强重点领域、新兴领域、涉外领域立法，注重法律规范体系的系统性、协调性和完整性。有立法权的地方应当紧密结合本地发展需要和实际，突出地方特色和针对性、实效性，创造性做好地方立法工作，同时要加强对地方立法的备案审查，防止地方立法“放水”。截至2021年12月，我国现行有效法律291件，行政法规和监察法规611件，地方性法规1.2万余件。

坚持建设中国特色社会主义法治体系，重点是加快形成高效的法治实施体系。以后，要把全面贯彻实施宪法作为首要任务，加强宪法实施和监督，推进合宪性审查工作，把宪法贯彻实施提高到新水平。要把推进严格执法、公正司法作为重要环节，做到严格规范公正文明执法，加大食品药品、公共卫生、生态环境等关系群众切身利益的重点领域执法司法力度，坚守防止发生冤假错案的底线，把打击犯罪同保障人权、追求效率同实现公正、执法目的同执法形式有机统一起来，努力实现最佳的法律效果、政治效果、社会效果。把全面深化政法改革作为强大动力，深化司法体制综合配套改革，着力破解深层次体制机制障碍，加快建设公正高效权威的社会主义司法制度。要培养全社会普遍守法的风气。

党的十八大以来，党和国家监督体制机制改革取得了显著成效。要强化党内监督，充分发挥党总揽全局、协调各方的领导作用，把党内监督同国家机关监督、民主监督、群众监督、舆论监督贯通起来，健全党统一领导、全面覆盖、权威高效的监督体系，形成法治监督合力，发挥整体监督效能。要强化执法司法监督，加快构建系统完备、规范高效的执法司法制约监督体系，健全纪检监察机关、公安机关、检察机关、审判机关、司法行政机关各司其职，侦查权、检察权、审判权、执行权相互制约的体制机制，确保执法司法各环节、全过程在有效的制约监督环境中进行。要强化法律监督，贯彻落实《中共中央关于加强新时代检察机关法律监督工作的意见》，忠实履行宪法法律赋予的职责，敢于监督、善于监督，做优做实“四大检察”，不断增强法律监督质效，当好公平正义的守护者。

有力的法治保障体系，在中国特色社会主义法治体系中具有基础性地位。党的领导贯穿全面依法治国的全过程，要加强和改进党对全面依法治国的领导，坚持中国特色社会主义法治道路，为全面依法治国提供坚实的政治保障。要加强高素质法治工作队伍建设，重点打造一批思想政治素质过硬、业务工作能力突出、具有较高职业道德水准的法治工作队伍。如今，法官、检察官法学专业出身与本科以上学历的比例均超过 95%。律师人数由党的十八大之前的 30 万增长至 2022 年年初的 54 万。要充分运用大数据、云计算、人工智能等现代科技手段，推进法治建设的数据化、网络化、智能化，全面建设“智慧法治”，为法治中国建设提供有力的科技和信息化保障。要改革不符合法治运行规律、不利于依法治国的体制机制，为全面依法治国提供体制机制保障。要弘扬社会主义法治精神，建设社会主义法治文化，营造良好的文化氛围，为全面依法治国提供有力的社会保障。

完善的党内法规体系是中国特色社会主义法治体系的重要组成部分。在 2021 年建党一百周年之际，我国已经形成了比较完善的党内法规体系。未来，党内法规体系要从“比较完善”走向“完善”。要聚焦首要任务，完善“两个维护”体制机制，完善党的领导制度体系，健全党中央对重大工作的领导体制，把党的领导落实到治国理政各领域。要主动服务大局，为党的事业发展和全面从严治党提供制度保证，更好发挥党内法规制度的引领和保障作用，把党内法规体系的制度优势更好转化为管党治党、治国理政的治理效能。要狠抓制度执行，坚决维护制度的严肃性和权威性，做到用制度管权管事管人，确保各项法规制度落地生根，努力形成国家法律和党内法规制度相辅相成、相互保障的格局。

（四）拓展延伸阅读

当前，法治领域存在的一些突出矛盾和问题，原因在于改革还没有完全到位。要围绕让人民群众在每一项法律制度、每一个执法决定、每一宗司法案件中都感受到公平正义这个目标，深化司法体制综合配套改革，加快建设公正高效权威的社会主义司法制度。要健全社会公平正义法治保障制度，完善公益诉讼制度，健全执法权、监察权、司法权运行机制，加强权力制约和监督。要加快构建系统完备、规范高效的执法司法制约监督体系，加强对立法权、执法权、监察权、司法权的监督，健全纪检监察机关、公安机关、检察机关、审判机关、司法行政机关各司其职，侦查权、检察权、审判权、执行权相互制约的体制机制，确保执法司法各环节、全过程在有效制约监督下进行。要加强统筹谋划，完善法治人才培养体系，加快发展律师、公证、司法鉴定、仲裁、调解等法律服务队伍，着力建设一支忠于党、忠于国家、忠于人民、忠于法律的社会主义法治工作队伍。要深化执法司法人员管理体制改革，加强法治专门队伍管理教育和培养。要深化政法队伍教育整顿，继续依法打击执法司法领域腐败行为，推动扫黑除恶常态化。

——习近平 2021 年 12 月 6 日在十九届中央政治局第三十五次集体学习时的讲话.

二、坚持依法治国、依法执政、依法行政共同推进，法治国家、法治政府、法治社会一体建设

（一）难度与热度

难度：☆☆☆　热度：☆☆☆☆

（二）基本理论与概念

1. 坚持依法治国、依法执政、依法行政共同推进。
2. 坚持法治国家、法治政府、法治社会一体建设。
3. 全面依法治国的基本任务：

(1) 科学立法是全面依法治国的前提;

(2) 严格执法是全面依法治国的关键;

(3) 公正司法是全面依法治国的重点;

(4) 全民守法是全面依法治国的基础。

(三)疑难点解析

全面依法治国是一个系统工程,必须统筹兼顾、把握重点、整体谋划。坚持依法治国、依法执政、依法行政共同推进,法治国家、法治政府、法治社会一体建设,是全面依法治国的工作布局。

依法治国、依法执政、依法行政都是法治的要求,是一个有机联系的整体。三者具有内涵的统一性、目标的一致性、作用的相关性,必须彼此协调、共同推进、形成合力。依法治国必须着眼全局、全面部署,努力确保依法执政、依法行政与之齐头并进。

为什么要三者共同推进?原因在于依法治国、依法执政、依法行政三者具有不同的主体。依法治国的主体是"人民",依法执政的主体是中国共产党,依法行政的主体是国务院及地方各级人民政府。依法治国、依法执政、依法行政共同推进,就是说全体人民、中国共产党、各级人民政府都心往一处想,劲往一处使,朝着法治的目标,共同推动法治的进步发展。

法治国家、法治政府、法治社会相辅相成,法治国家是法治建设的目标,法治政府是建设法治国家的重点,法治社会是构筑法治国家的基础。法治建设涉及立法、执法、司法、守法、普法、督法等多个环节。其中,坚持科学立法、严格执法、公正司法、全民守法,是推进全面依法治国的重要环节。

科学立法是全面依法治国的前提,目前需要提高立法质量。习近平总书记指出:"人民群众对立法的期盼,已经不是有没有,而是好不好、管用不管用、能不能解决实际问题;不是什么法都能治国,不是什么法都能治好国;越是强调法治,越是要提高立法质量。"① 提高我国的立法质量,关键在于五点:第一是尊重和体现经济、政治、文化、社会、生态建设和发展客观规律,使法律准确适应改革发展稳定需要,积极回应人民关切,更好协调利益关系。第二是坚持问题导向,切实提高法律的针对性、及时性、系统性、协调性,发挥立法凝聚共识、统一意志,引领公众、推动发展的作用。第三是注重增强法律的可执行性和可操作性,努力使每一项立法都符合宪法精神,反映人民意愿,得到人民拥护,使法律法规立得住,行得通,切实管用。第四是坚持立改废释并举,全方位推进立法工作,特别是重点领域,新兴领域,涉外领域立法。着力建立健全国家治理急需的法律制度,满足人民日益增长的美好生活需要必备的法律制度。要及时总结实践中的好经验好做法,把成熟的经验和做法上升为制度,转化为法律。第五是坚持民主立法,科学立法,依法立法,完善立法体制和程序,确保立法质量和效率。

严格执法是全面依法治国的关键。法律的生命力在于实施,法律的权威也在于实施,"法令行则国治,法令弛则国乱"。各级国家行政机关、监察机关、审判机关、检察机关是法律实施的重要主体,必须承担法律实施的法定职责,坚决纠正有法不依,执法不严,违法不究现象,坚决整治以权谋私,以权压法,徇私枉法的问题,严禁侵犯群众合法权

① 习近平2013年2月23日在十八届中央政治局第四次集体学习时的讲话.

益。对违法行为必须严格尺度，依法处理，不能迁就。否则，就会产生“破窗效应”。

司法是维护社会公平正义的最后一道防线，所以，司法必须公正。所谓司法公正，就是受到侵害的权利，一定会得到保护和救济，违法犯罪活动一定受到制裁和惩罚，人民群众在每一个司法案件中都能感受到公平正义。如果人民群众通过法律程序不能保障自己的合法权利，司法就没有公信力，人民群众也不会相信司法。司法也是定分止争的最后一道防线，必须发挥法律本来具有的定分止争的功能和终结矛盾纠纷的作用。司法是维护法律尊严和权威的最后一道防线。要发挥维护法律尊严和权威的作用，司法必须公正公开公平，司法机关必须有足够的尊严和权威。

全民守法，就是全国各族人民，一切国家机关和武装力量，各政党和各社会团体，各企事业单位组织都必须以宪法和法律为根本活动原则，必须负有维护宪法和法律尊严、保证宪法和法律实施的职责。任何组织或个人都不得有超越宪法和法律的特权，一切违反宪法和法律的行为都必须予以追究。任何公民、社会组织、国家机关、党政都要依照宪法和法律行使权利或权力、履行义务或职责。

（四）拓展延伸阅读

我多次强调，推进全面依法治国，法治政府建设是重点任务和主体工程，对法治国家、法治社会建设具有示范带动作用，要率先突破。现在，法治政府建设还有一些难啃的硬骨头，依法行政观念不牢固、行政决策合法性审查走形式等问题还没有根本解决。要用法治给行政权力定规矩、划界限，规范行政决策程序，健全政府守信践诺机制，提高依法行政水平。要根据新发展阶段的特点，围绕推动高质量发展、构建新发展格局，加快转变政府职能，加快打造市场化、法治化、国际化营商环境，打破行业垄断和地方保护，打通经济循环堵点，推动形成全国统一、公平竞争、规范有序的市场体系。

——习近平．坚定不移走中国特色社会主义法治道路 为全面建设社会主义现代化国家提供有力法治保障．求是，2021（5）．

三、统筹推进国内法治和涉外法治

（一）难度与热度

难度：☆☆☆　热度：☆☆☆

（二）基本理论与概念

1．坚持统筹推进国内法治和涉外法治，是维护国家主权、安全、发展利益的迫切需要。

2．加强涉外法律工作。

3．积极推进国际法治建设，推动构建人类命运共同体事业。

（三）疑难点解析

当前，世界百年未有之大变局加速演变，和平与发展仍然是时代主题，但国际环境不稳定性不确定性明显上升，新冠肺炎疫情大流行影响广泛深远。面对国际上日趋激烈的制度规则博弈，特别是美国等西方国家滥用“长臂管辖”等霸权行径，只有强化法治思维、运用法治方式，加快涉外法治工作战略布局，才能有效应对挑战，把握斗争战略主动权。

在 2020 年 11 月 16 日至 17 日召开的中央全面依法治国工作会议中，习近平总书记从六个方面就统筹推进国内法治和涉外法治作出部署：一是加快涉外法治工作战略布局，协调推进国内治理和国际治理，更好维护国家主权、安全、发展利益；二是加快形成系统完备的涉外法律法规体系，提升涉外执法司法效能；三是引导企业、公民在走出去过程中更加自觉地遵守当地法律法规和风俗习惯，运用法治和规则维护自身合法权益；四是注重培育一批国际一流的仲裁机构、律师事务所，把涉外法治保障和服务工作做得更有成效；五是坚定维护以联合国为核心的国际体系，坚定维护以国际法为基础的国际秩序，坚定维护以联合国宪章宗旨和原则为基础的国际法基本原则和国际关系基本准则；六是对不公正不合理、不符合国际格局演变大势的国际规则、国际机制提出改革方案，推动全球治理变革，推动构建人类命运共同体。

当前，百年变局和世纪疫情交织叠加，不稳定性不确定性显著上升。为有效应对挑战、防范风险，习近平总书记要求加快涉外法治工作战略布局，更好运用法治手段维护我国主权、安全、发展利益。2021 年 12 月 6 日，十九届中央政治局围绕建设中国特色社会主义法治体系进行第三十五次集体学习，习近平总书记着重从三个方面提出了涉外法治工作要求：一是加强涉外领域立法，进一步完善反制裁、反干涉、反制“长臂管辖”法律法规，推动我国法域外适用的法律体系建设；二是把拓展执法司法合作纳入双边多边关系建设的重要议题，延伸保护我国海外利益的安全链；三是加强涉外法治人才建设。

（四）拓展延伸阅读

2021 年 6 月 10 日，十三届全国人民代表大会常务委员会第二十九次会议表决通过《中华人民共和国反外国制裁法》，习近平主席签署中华人民共和国第 90 号主席令予以公布，自公布之日起施行。《反外国制裁法》是我国为了坚决维护国家主权、尊严和核心利益，反对西方霸权主义和强权政治而制定的一部专门的反外国制裁法，为我国依法反制外国歧视性措施提供有力的法治支撑和保障。2021 年 7 月，我国宣布，为反击美国在香港问题上对我非法制裁，适用《反外国制裁法》对前美商务部长罗斯等 7 个美方人员和实体实施制裁。2022 年 2 月，美方宣布总额为 1 亿美元的售台武器计划。针对美方此举，我国宣布，为了维护中国主权和安全利益，根据《反外国制裁法》有关规定，对长期参与美国向中国台湾地区出售武器的美国军工企业雷神技术公司和洛克希德·马丁公司的侵权行为实施反制。

第四节　全面依法治国的重要保障

一、全面依法治国的组织保障

（一）难度与热度

难度：☆☆　热度：☆☆

（二）基本理论与概念

1. 充分发挥党的组织机构在全面依法治国中的领导作用。

2. 健全党领导全面依法治国的制度和工作机制，完善保证党确定全面依法治国方针政策和决策部署的工作机制和程序。

3. 各个政权机关的党组织和党员要发挥应有的重要作用。

4. 政法委员会是党委领导政法工作的组织形式，必须长期坚持。

（三）疑难点解析

2018 年 3 月，中共中央印发了《深化党和国家机构改革方案》。该方案称：全面依法治国是中国特色社会主义的本质要求和重要保障。为加强党中央对法治中国建设的集中统一领导，健全党领导全面依法治国的制度和工作机制，更好落实全面依法治国基本方略，组建中央全面依法治国委员会，负责全面依法治国的顶层设计、总体布局、统筹协调、整体推进、督促落实，作为党中央决策议事协调机构。2018 年 8 月，党中央组建中央全面依法治国委员会，习近平总书记主持召开中央全面依法治国委员会第一次会议，并发表重要讲话，标志着中央全面依法治国委员会工作正式全面启动。

党领导全面依法治国的制度和工作机制较多，主要包括党委依法决策机制、定期听取政法机关工作汇报机制、党政主要负责人履行推进法治建设第一责任人职责。此外，各级党委要领导和支持工会、共青团、妇联等人民团体和社会组织在依法治国中积极发挥作用。党在非党组织中设立党组，发挥领导作用。人大、政府、政协、监察、审判、检察机关的党组织和党员干部要坚决贯彻党的理论和路线方针政策，贯彻党委决策部署，模范遵守宪法法律。党委政法委员会是党委领导和管理政法工作的职能部门，是实现党对政法工作领导的重要组织形式。党委政法委员会在党委领导下履行职责、开展工作，应当把握政治方向、协调各方职能、统筹政法工作、建设政法队伍、督促依法履职、创造公正司法环境，带头依法依规办事，保证党的路线方针政策和党中央重大决策部署贯彻落实，保证宪法法律正确统一实施。

（四）拓展延伸阅读

中国共产党中央全面依法治国委员会的主要职责是，统筹协调全面依法治国工作，坚持依法治国、依法执政、依法行政共同推进，坚持法治国家、法治政府、法治社会一体建设，研究全面依法治国重大事项、重大问题，统筹推进科学立法、严格执法、公正司法、全民守法，协调推进中国特色社会主义法治体系和社会主义法治国家建设等。中央全面依法治国委员会的主任由习近平总书记担任。中央全面依法治国委员会办公室设在司法部，是中央全面依法治国委员会的常设办事机构，主要任务是开展全面依法治国重大问题的政策研究，协调有关方面贯彻落实中央全面依法治国委员会决定事项、工作部署和任务要求等。

二、全面依法治国的人才队伍保障

（一）难度与热度

难度：☆☆　热度：☆☆

（二）基本理论与概念

1. 建设高素质专门法治队伍。

2. 加强法律服务队伍建设。

3. 创新法治人才培养机制。

（三）疑难点解析

坚持建设德才兼备的高素质法治人才队伍，是推进全面依法治国的一项基础性工作，对于建设中国特色社会主义法治体系，保障法律有效实施，培育社会主义法治文化，实现国家治理体系和治理能力现代化，具有重要意义。

法治专门队伍是法治建设的主力军。“专门法治工作队伍”主要包括在人大和政府从事立法工作的人员，在行政机关从事执法工作的人员，在司法机关从事司法工作的人员。这三支队伍既有“共性”又有“个性”，都十分重要。立法是为国家定规矩、为社会定方圆的神圣工作，立法人员必须具有很高的思想政治素质，具备遵循规律、发扬民主、加强协调、凝聚共识的能力。执法是把纸面上的法律变为现实生活中活的法律的关键环节，执法人员必须忠于法律、捍卫法律，严格执法、敢于担当。司法是社会公平正义的最后一道防线，司法人员必须信仰法律、坚守法治，端稳天平、握牢法槌，铁面无私、秉公司法。习近平总书记指出：全面推进依法治国必须建设一支忠于党、忠于国家、忠于人民、忠于法律的社会主义法治工作队伍。

法律服务队伍是全面依法治国的重要力量；在法律服务队伍中，律师队伍又是最为重要的力量。全国律师人数，已经由党的十八大之前的 30 万增长至 2022 年年初的 54 万。对于法律服务队伍，要把拥护中国共产党领导、拥护我国社会主义法治作为法律服务人员从业的基本要求。要构建社会律师、公职律师、公司律师等优势互补、结构合理的律师队伍。坚持正确政治方向，依法依规诚信执业，认真履行社会责任。此外，还要发展公证员、基层法律服务工作者、人民调解员队伍，推动法律服务志愿者队伍建设，建立激励法律服务人才跨区域流动机制，逐步解决基层和欠发达地区法律服务资源不足和高端人才匮乏问题。

关于法治人才培养，要坚持立德树人，德法兼修，创新法治人才培养机制。目前，全国有 632 所法律院校，德法兼修、明德笃行的法治后备人才充足。要加强对我国法治的原创性概念、判断、范畴、理论的研究，加强中国特色法学学科体系、学术体系、话语体系建设。要把新时代中国特色社会主义法治思想落实到各法学学科的教材编写和教学工作中，推动进教材、进课堂、进头脑，努力培养造就更多具有坚定理想信念、强烈家国情怀、扎实法学根底的法治人才。另外，要健全政法部门和法学院校、法学研究机构人员双向交流机制，实施高校和法制工作部门人员互聘计划，重点打造一支政治立场坚定、理论功底深厚、熟悉中国国情的高水平法学家和专家团队，建设高素质学术带头人、骨干教师、专兼职教师队伍。

(四) 拓展延伸阅读

2015 年 1 月，习近平总书记在《求是》杂志发表《加快建设社会主义法治国家》的署名文章，指出：“我国专门的法治队伍主要包括在人大和政府从事立法工作的人员，在行政机关从事执法工作的人员，在司法机关从事司法工作的人员”，“律师队伍是依法治国的一支重要力量”。2017 年 5 月 3 日，习近平总书记在中国政法大学考察时要求：“加强法学教育、法学研究工作者和法治实际工作者之间的交流”，“培养大批高素质法治人才”。可见，法治队伍内涵丰富，既包括专门的法治队伍，即立法人员、行政执法人员、司法人员等政法干警、纪检监察机关的执法办案人员，也包括律师等法律服务工作者和高校法学教师、学术科研机构的法学专家、学者。各支队伍各司其职，各负其责，相辅相成，共同汇聚成推进全面依法治国的磅礴力量。

——景汉朝. 坚持建设德才兼备的高素质法治工作队伍. 人民日报，2021-03-22.

三、发挥“关键少数”的保障作用

(一) 难度与热度

难度：☆☆　热度：☆☆

(二) 基本理论与概念

1.“关键少数”就是领导干部。

2. 为什么要抓住“关键少数”？

(1) 领导干部具体行使党的执政权和国家立法权、行政权、监察权、司法权，是全面依法治国的关键。

(2) 广大干部群众的民主意识、法治意识、权利意识普遍增强，全社会对公平正义的渴望比以往任何时候都更加强烈，如果领导干部仍然习惯于人治思维、迷恋于以权代法，那十个有十个要栽大跟头。

(3) 法治思维和法治方式只有通过领导干部的具体行为和活动，才能化为真正的法治力量和法治活力，他们是依法治国重点任务的贯彻执行者，也是社会公平正义、人民权利保障的关键落实者。

3. 如何抓住“关键少数”？

(1) 领导干部要带头学习、精准把握习近平法治思想，坚决贯彻落实党中央关于全面依法治国的重大决策部署，做法治建设和法治改革的促进派，真正做到依法执政、依法行政、科学立法、严格执法、公正司法、强化监督，发挥好各级党组织和领导干部在依法治国中的政治核心作用。

(2) 领导干部谋划工作要运用法治思维，处理问题要运用法治方式，把对法治的尊崇、对法律的敬畏转化成思维方式和行为方式，做到在法治之下、而不是法治之外、更不是法治之上想问题、作决策、办事情；不断提高运用法治思维和法治方式深化改革、推动发展、化解矛盾、维护稳定、应对风险的能力；善于以法治凝聚改革共识、规范发展行为、促进矛盾化解、保障社会和谐。

(3) 领导干部要尊崇法治、敬畏法律，了解法律、掌握法律，遵纪守法、捍卫法治，厉行法治、依法办事，做尊法学法守法用法的模范。

(4) 领导干部不仅要自己带头遵守法律、执行法律，还应以实际行动带动全社会维护社会主义法制的尊严和权威，积极营造办事依法、遇事找法、解决问题用法、化解矛盾靠法的法治环境，在全社会形成尊法学法守法用法的良好氛围。

(三) 疑难点解析

“关键少数”是中国法治思想和体系中的一个特有术语。坚持抓住领导干部这个“关键少数”，根据在于：

一是领导干部掌握着推进全面依法治国的重要法治资源。各级领导干部作为具体行使党的执政权和国家立法权、行政权、监察权、司法权的人，在很大程度上决定着全面依法治国的方向、道路、进度。党领导立法、保证执法、支持司法、带头守法，主要是通过各级领导干部的具体行动和工作来体现、来实现。领导干部运用法治思维和法治方式的能力，很大程度上决定着推进国家治理体系和治理能力现代化的水平。

二是中国古代自秦以来就形成了“民以吏为师”的传统。领导干部担当着推进全面依法治国的关键示范角色。领导干部对法治的态度直接决定着社会对法治的态度，领导干部怎样对待法治影响着社会怎样对待法治。

三是领导干部要做尊法学法守法用法的模范。党对全面依法治国的领导要通过领导干部这个媒介和载体来实现。党的领导能不能在全面依法治国实践中得到具体落实，领导干部是关键。领导干部对法治建设既可以起到关键推动作用，也可能起到致命破坏作用。如果领导干部做尊法学法守法用法的典范，就会推动全面依法治国的进程。如果领导干部不能尊法学法守法用法，就可能会阻碍全面依法治国的进程。领导干部比一般公民多一层义务，要做尊法学法守法用法的典范。

四是一些领导干部还不善于运用法治思维和法治方式推进工作。正如习近平总书记指出的："在现实生活中，一些领导干部法治意识比较淡薄，有的存在有法不依、执法不严甚至徇私枉法等问题，影响了党和国家的形象和威信，损害了政治、经济、文化、社会、生态文明领域的正常秩序。"纲纪不彰，党将不党，国将不国。领导干部心中无法、以言代法、以权压法是法治建设的大敌。

基于以上四方面的考虑，全面依法治国要坚持抓住领导干部这个"关键少数"。

（四）拓展延伸阅读

领导干部对法治建设既可以起到关键推动作用，也可能起到致命破坏作用。2100 多年前，司马迁就说过："法之不行，自于贵戚。"改革开放以来特别是党的十八大以来，我国社会主义法治建设取得了重大成就，各级领导干部在推进依法治国进程中发挥了重要作用。同时，在现实生活中，一些领导干部法治意识比较淡薄，有的存在有法不依、执法不严甚至徇私枉法等问题，影响了党和国家的形象和威信，损害了政治、经济、文化、社会、生态文明领域的正常秩序。习近平总书记指出："现在，一些党员、干部仍然存在人治思想和长官意识，认为依法办事条条框框多、束缚手脚，凡事都要自己说了算，根本不知道有法律存在，大搞以言代法、以权压法。""如果我们的领导干部不能尊法学法守法用法，不要说全面推进依法治国，不要说实现'两个一百年'奋斗目标、实现中华民族伟大复兴的中国梦，就连我们党的领导、我国社会主义制度都可能受到严重冲击和损害。"受到查处的那些腐败分子，都是从践踏党纪国法开始的。这方面的案件教训，必须引起我们深刻反思。所有领导干部都要警醒起来、行动起来，坚决纠正和解决法治不彰问题。

领导机关和领导干部带头冲在前、干在先，是我们党走向成功的关键。古人说，民"以吏为师"。"人不率则不从，身不先则不信。"在上面要求人、在后面推动人，都不如在前面带动人管用。领导干部尊不尊法、学不学法、守不守法、用不用法，人民群众看在眼里、记在心上，并且会在自己的行动中效法。领导干部尊法学法守法用法，就会产生"头雁效应"，老百姓就会去尊法学法守法用法。领导干部装腔作势、装模作样，当面是人、背后是鬼，老百姓就不可能信你那一套。如果领导干部都不遵守法律，怎么叫群众遵守法律？正所谓上行下效，"其身正，不令而行；其身不正，虽令不从"。

——陈训秋．坚持抓住领导干部这个"关键少数"．中国法学，2021（3）．

四、全面依法治国的科技支撑

（一）难度与热度

难度：☆☆　热度：☆☆

（二）基本理论与概念

1. 当今世界正处于科技革命的历史巨变之中，互联网、人工智能、物联网、大数据、区块链等技术的产生和运用给人类带来了新的通信、交流、联系、活动方式乃至新的生产生活方式。在这一背景下的全面依法治国若能依赖新兴科技成果的运用，必将得到更好的推进。

2. 在立法、执法、司法、信息公开、普法宣传等法治实践中，科技都发挥了重大作用。

（三）疑难点解析

科技越来越渗入我们生活和国家治理的方方面面，这就决定了科技不可避免地会与依法治国深度融合。如果依法治国能够借助科技的支撑作用，那么对于全面依法治国总目标的实现将大有裨益。

在立法领域，大数据、互联网被广泛运用来收集民意，如今立法过程经常会通过互联网征求社会建议，很多都被采纳，这证明了科技支撑对于提高立法民主性的巨大作用，有利于反映民意、体现民智，提高立法质量和科学性。

在执法领域，互联网、人工智能技术的广泛运用推进了行政体制改革，推动了政府职能的转变，提高了政府的管理与服务能力，可以助推政务公开，有效保障人民群众知情权、表达权、参与权、监督权，推动政府及其工作人员改进工作方法，提高工作效率。互联网大数据技术推动了行政流程再造，减轻人民群众负担，推进“最多跑一趟”乃至“一趟也不用”的实现。

在司法领域，互联网在立案、信息传递、卷宗审阅、证据交换、在线审判、执行等方面的广泛运用，有效促进了办案效率的提升，克服了时空的局限，司法信息的网上公开也有效推动了“阳光司法”，有效保障了当事人合法权益。

在普法中，现代化科技手段的运用大大提升了信息传递的广度和速度，保障了信息的时效性，有力地提升了普法宣传工作的效果，拓展了普法广度、力度和深度，促进了公民的守法意识。

（四）拓展延伸阅读

疫情期间“智慧法院”大显身手，2020 年 2 月 3 日以来，全国法院共在线立案 650 万件、在线开庭 78 万次、在线调解 323 万次，同比分别增长 62%、729%和 195%，电子送达 1 815 万次，实现了“审判执行不停摆、公平正义不止步”，这是习近平法治思想在人民法院的生动实践，在世界各国法院中独树一帜，充分体现了中国特色社会主义司法制度的优越性。在“十四五”时期，网络强国、数字中国建设加速推进，为智慧法院转型升级提供了重大契机。人民法院必须抢抓机遇，推进人工智能、大数据、区块链、5G 等现代科技与司法工作深度融合，让科技为司法赋能。不断增强对现代科技的适应力、掌控力、驾驭力，在保障新业态新模式健康发展、推进网络空间治理法治化方面取得更大成效。健全阳光司法机制，加强互联网法院建设，推进移动电子诉讼应用，着力构建中国特色、世界领先的互联网司法模式，创造更高水平的数字正义。

——周强. 在习近平法治思想指引下沿着中国特色社会主义法治道路奋勇前进. 求是，2021（5）.

第五节 建设法治中国

一、法治中国是社会主义法治建设的伟大目标

（一）难度与热度

难度：☆　热度：☆

（二）基本理论与概念

1. 建设法治中国的要义是依法治国、依法执政、依法行政共同推进，法治国家、法治政府、法治社会一体建设。

2. 建设法治中国，就是要实现中国政治、经济、文化、社会、生态文明等各个方面的法治化，实现中国立法、执法、司法、守法、法律监督等各个方面的法治化，建设中国特色社会主义法律体系，建成社会主义法治国家，成为社会主义法治强国。

（三）疑难点解析

1997 年，党的十五大提出"依法治国，建设社会主义法治国家"的治国基本方略和法治发展目标，不久后，这一目标又被写进我国的宪法。党的十八大之后，习近平总书记提出"建设法治中国"。2013 年党的十八届三中全会把法治建设的长远目标确定为"推进法治中国建设"，并以此为标题统领整个法治建设。2014 年，党的十八届四中全会向全党全国各族人民发出"向着建设法治中国不断前进""为建设法治中国而奋斗"的号召。2019 年，党的十九届四中全会通过的《中共中央关于坚持和完善中国特色社会主义制度、推进国家治理体系和治理能力现代化若干重大问题的决定》再一次明确提出"推进法治中国建设"。

"全面依法治国"是党的十八大特别是 2013 年以后提出的依法治国新任务。2013 年 2 月习近平总书记在主持十八届中央政治局第四次集体学习时发表重要讲话，指出"全面建成小康社会对依法治国提出了更高要求"，并首次提出"全面推进依法治国"的概念。之后，"全面推进依法治国"改为"全面依法治国"，与全面建设社会主义现代化国家、全面深化改革、全面从严治党形成了"四个全面"战略布局。

（四）拓展延伸阅读

2021 年 1 月，中共中央发布《法治中国建设规划（2020—2025 年）》。2021 年 8 月，中共中央、国务院印发了《法治政府建设实施纲要（2021—2025 年）》。这两个纲领性文件与 2020 年 12 月中共中央印发的《法治社会建设实施纲要（2020—2025 年）》一起，标志着"一规划两纲要"的全面依法治国顶层设计基本形成。"一规划两纲要"集中体现了习近平法治思想的工作要求和实践意义，正在对全面依法治国、建设法治中国发挥科学引领和制度保障作用。

《法治中国建设规划（2020—2025 年）》是新中国成立以来第一个关于法治中国建

设的专门规划，是新时代推进全面依法治国的纲领性文件，对新时代更好发挥法治固根本、稳预期、利长远的重要作用具有重大意义。《法治政府建设实施纲要（2021—2025年）》，是继《法治政府建设实施纲要（2015—2020年）》后，中共中央、国务院出台的新的法治政府建设纲领性文件。“一规划两纲要”共同构建起新时代中国特色社会主义法治建设的顶层设计，是“十四五”时期统筹推进法治建设的总蓝图、路线图、施工图，一幅更加恢宏的法治画卷铺展在世人眼前。

二、法治中国和国家治理现代化

（一）难度与热度

难度：☆　热度：☆

（二）基本理论与概念

1. 法治中国建设与国家治理现代化具有密切的内在联系，必须将二者协调起来，统筹推进。

2. 国家治理现代化要求国家治理法治化，法治中国建设是国家治理现代化的重要组成部分。

3. 国家治理现代化必须依赖法治中国建设，法治中国建设是整个国家治理现代化的重要保障。

（三）疑难点解析

我国社会主义法治凝聚着我们党治国理政的理论成果和实践经验，是制度之治最基本最稳定最可靠的保障。实行社会主义法治，坚持全面依法治国，是推进国家治理体系和治理能力现代化的必然选择。

首先，法治是国家治理体系和治理能力的集中体现。法治是治国理政的基本方式，也是衡量一国国家治理体系和治理能力现代化的综合指标。习近平总书记指出，小智治事，中智治人，大智立法。治理一个国家、一个社会，关键是要立规矩、讲规矩、守规矩。法律就是治国理政最大最重要的规矩。推进国家治理体系和治理能力现代化，必须坚持依法治国，把良法善治的要求贯穿到国家治理和社会治理全过程和各方面，为党和国家事业发展提供可靠的法治保障。

其次，法治是实现“两大奇迹”的“制度密码”。新中国成立70多年来，特别是党的十八大以来，党领导人民创造了举世瞩目的经济快速发展和社会长期稳定“两大奇迹”，彰显了中国特色社会主义无可比拟的制度优势，其中，坚持全面依法治国，就是中国特色社会主义国家制度和国家治理体系的显著优势。当前，我们已开启全面建设社会主义现代化国家新征程，需要继续发挥法治的引领、规范、保障作用，及时把推动改革、促进发展、维护稳定的成果以法律形式固化下来，推动各方面制度更加成熟、更加定型，为夯实“中国之治”提供稳定的制度保障。

再次，法治是我们应对重大风险挑战的有效方式。一套成熟有效的制度，不仅能在抵御风险之时“图之于未萌，虑之于未有”，还能在化解风险中对症下药、综合施策。这次面对百年不遇的新冠肺炎疫情，我们坚持依法防控疫情，坚持在法治轨道上统筹推进疫情防控和经济社会发展，全国疫情防控取得举世公认的重大战略成果。当前，世界百年未有之大变局正加速演进，我们将面对更多逆风逆水的外部环境，必须做好应对风险挑战的制度准备，坚持法治、完善法治，坚定信心、临危不乱、迎接挑战。

最后，法治是新发展阶段推进国家治理现代化的内在要求。进入新发展阶段，贯彻新发展理念，构建新发展格局，需要解决的问题会越来越多样、越来越复杂，法治将承载越来越多的使命。要立足新发展阶段的新形势新挑战，强化法治思维、运用法治方式，努力为构建新发展格局营造公平竞争、创新开放的法治化发展环境。

（四）拓展延伸阅读

我多次强调，法治兴则民族兴，法治强则国家强。当前，我国正处在实现中华民族伟大复兴的关键时期，世界百年未有之大变局加速演进，改革发展稳定任务艰巨繁重，对外开放深入推进，需要更好发挥法治固根本、稳预期、利长远的作用。

从国内看，我们已经踏上了全面建设社会主义现代化国家、向第二个百年奋斗目标进军的新征程，立足新发展阶段，贯彻新发展理念，构建新发展格局，推动高质量发展，满足人民对民主、法治、公平、正义、安全、环境等方面日益增长的要求，提高人民生活品质，促进共同富裕，都对法治建设提出了新的更高要求。我们必须提高全面依法治国能力和水平，为全面建设社会主义现代化国家、实现第二个百年奋斗目标提供有力法治保障。

从国际看，世界进入动荡变革期，国际竞争越来越体现为制度、规则、法律之争。我们必须加强涉外法律法规体系建设，提升涉外执法司法效能，坚决维护国家主权、安全、发展利益。

——习近平．坚持走中国特色社会主义法治道路 更好推进中国特色社会主义法治体系建设．求是，2022（4）．

三、法治中国建设的伟大征程

（一）难度与热度

难度：☆　热度：☆

（二）基本理论与概念

到 2035 年，基本实现国家治理体系和治理能力现代化，人民平等参与、平等发展权利得到充分保障，基本建成社会主义法治国家、法治政府、法治社会。

（三）疑难点解析

根据 2020 年《中共中央关于国民经济和社会发展第十四个五年规划和二〇三五年远景目标的建议》，到 2035 年，法治建设的目标主要是围绕着三个“基本建成”和两个“基本实现”。三个“基本建成”是指基本建成法治国家、法治政府、法治社会；两个“基本实现”即基本实现国家治理体系和治理体系现代化、人民平等参与、平等发展权利得到充分保障。

要实现这一目标，根据《中共中央关于国民经济和社会发展第十四个五年规划和二〇三五年远景目标的建议》，要坚持法治国家、法治政府、法治社会一体建设，完善以宪法为核心的中国特色社会主义法律体系，加强重点领域、新兴领域、涉外领域立法，提高依法行政水平，完善监察权、审判权、检察权运行和监督机制，促进司法公正，深入开展法治宣传教育，有效发挥法治固根本、稳预期、利长远的保障作用，推进法治中国建设。促进人权事业全面发展。

（四）拓展延伸阅读

建设法治中国，应当实现法律规范科学完备统一，执法司法公正高效权威，权力运行受到有效制约监督，人民合法权益得到充分尊重保障，法治信仰普遍确立，法治国家、法治政府、法治社会全面建成。

到 2025 年，党领导全面依法治国体制机制更加健全，以宪法为核心的中国特色社会主义法律体系更加完备，职责明确、依法行政的政府治理体系日益健全，相互配合、相互制约的司法权运行机制更加科学有效，法治社会建设取得重大进展，党内法规体系更加完善，中国特色社会主义法治体系初步形成。

到 2035 年，法治国家、法治政府、法治社会基本建成，中国特色社会主义法治体系基本形成，人民平等参与、平等发展权利得到充分保障，国家治理体系和治理能力现代化基本实现。

——法治中国建设规划（2020—2025 年）.

第三部分　拓展阅读文献、案例研习与同步练习

第一节　拓展阅读文献

1. 习近平. 论坚持全面依法治国. 北京：中央文献出版社，2020.

2. 中共中央宣传部，中央全面依法治国委员会办公室组织. 习近平法治思想学习纲要. 北京：人民出版社，学习出版社，2021.

3. 陈训秋. 坚持抓住领导干部这个“关键少数”. 中国法学，2021（3）.

4. 张文显. 法治与国家治理现代化. 中国法学，2014（4）.

5. 塔玛纳哈. 论法治：历史、政治和理论. 李桂林，译. 武汉：武汉大学出版社，2010.

6. 雷磊. 探寻法治的中国之道——中国法治理论研究的历史轨迹. 法制与社会发展，2020（6）.

7. 姜明安. 论法治国家、法治政府、法治社会建设的相互关系. 法学杂志，2013（6）.

8. 徐汉明. 我国网络法治的经验与启示. 中国法学，2018（3）.

9. 孟涛. 党内法规体系的形成与完善. 法学研究，2021（6）.

10. 罗智敏. “法治国”在意大利：涵义、类型与危机. 交大法学，2014（4）.

第二节　本章案例研习

案例 1：中国同性婚姻第一案

（一）基本案情

孙某某、胡某某均为男性。2015 年 6 月 23 日，孙某某、胡某某到湖南省长沙市芙蓉

区民政局要求办理结婚登记。芙蓉区民政局工作人员在审查后，认为孙某某、胡某某均为男性，其结婚登记申请不符合《婚姻法》和《婚姻登记条例》关于结婚必须是男女双方的规定，决定对孙某某、胡某某的结婚登记申请不予办理结婚登记，并当场告知孙某某、胡某某不予办理结婚登记的理由和结果。孙某某、胡某某不服，诉至法院，请求判令芙蓉区民政局为其办理结婚登记。

一审法院判决认为，我国实行婚姻登记制度。《婚姻登记条例》第 2 条规定，内地居民办理婚姻登记的机关是县级人民政府民政部门或者乡（镇）人民政府，省、自治区、直辖市人民政府可以按照便民原则确定农村居民办理婚姻登记的具体机关。据此，芙蓉区民政局具有对辖区内居民结婚登记申请作出是否办理婚姻登记的法定职权。《婚姻法》（现已失效）第 2 条、第 5 条、第 8 条以及《婚姻登记条例》第 4 条、第 7 条规定，结婚必须是男女双方，要求结婚的男女双方必须亲自到婚姻登记机关进行结婚登记，婚姻登记机关应当对结婚登记当事人出具的证件、证明材料进行审查并询问相关情况，对当事人符合结婚条件的，应当当场予以登记，发给结婚证，对当事人不符合结婚条件不予登记的，应当向当事人说明理由。本案中，孙某某、胡某某均为男性，其结婚登记申请不符合我国上述法律、行政法规的规定。芙蓉区民政局对孙某某、胡某某的结婚登记申请，不予办理结婚登记，并当场告知孙某某、胡某某结婚登记申请不符合我国上述法律、行政法规关于男女双方登记结婚的规定。芙蓉区民政局对孙某某、胡某某的结婚登记申请作出不予办理结婚登记行政行为符合法律、行政法规的规定，且行政程序合法。综上所述，孙某某、胡某某的诉讼请求无法律依据，依法不应支持。依照《行政诉讼法》第 69 条的规定，判决驳回孙某某、胡某某的诉讼请求。

上诉人孙某某、胡某某上诉称：行政行为在执法人数、资格、审查核实申请材料、告知理由和结果、陈述申辩权以及送达书面的不予受理通知单等程序上没有依照湖南省的相关行政程序性规章。一审法院没有采信民政局的证据，故行政行为没有证据。一审法院认定民政局工作人员对上诉人的材料进行了审查及依法完成了告知义务，是错误的。《婚姻法》没有明确禁止同性婚姻，《婚姻法》第 2 条的男女平等应当是男女可以平等地和男方结婚，也可以平等地和女方结婚。《刑法》中聚众淫乱罪等包括了同性的情况，婚姻登记也应当涵盖同性婚姻。根据《宪法》等对于平等和人权的规定，婚姻登记排除同性是歧视，对同性申请婚姻登记应予办理。对于本案涉及的《宪法》上的平等权与人权、《婚姻法》的婚姻自由等规定，一审法院对此予以回避，法律适用不当。综上，请求法院判决：（1）撤销一审判决发回重审或者查清事实后改判；（2）由被上诉人承担一、二审诉讼费用。

被上诉人芙蓉区民政局答辩称：民政局作出的行政行为不是不予受理结婚登记，而是受理后不予登记，决定不予登记前对上诉人申请结婚进行了审查和询问。不予登记的依据就是《婚姻法》和《婚姻登记条例》，无须其他证据。对于《婚姻法》的相关条款，立法原意即异性婚姻，行政机关是法律的执行机关，只能严格依法执法，没有超越法律的权力。被诉行政行为程序合法，一审认定事实和适用法律正确，请求驳回上诉，维持原判。

当事人向一审法院提交的证据和依据已随案移送二审法院。经审查，二审法院对一审采信的证据予以确认。但芙蓉区民政局在一审中提交的何某某的自述材料，能够反映案件事实经过，对于上诉人提出结婚登记申请及被上诉人不予登记的事实，对方当事人也予以认可，依法可以作为认定案件事实的依据，应予采信。一审法院以该证据不是作出行政行为时形成的为由不予采信，将证据资格与证明力等同，应予纠正。

二审法院认为，根据起诉状，本案孙某某、胡某某的诉讼请求是请求判令芙蓉区民政局为其办理结婚登记。根据《婚姻法》第2条、第5条、第8条等相关规定，办理结婚登记的必须是男女双方。二上诉人均为男性，明显不符合法律规定的办理结婚登记的条件，其要求判令被上诉人为其办理结婚登记，理由不成立。根据《行政诉讼法》第69条“原告申请被告履行法定职责或者给付义务理由不成立的，人民法院判决驳回原告的诉讼请求”的规定，其诉讼请求应予驳回。一审判决驳回其诉讼请求，符合上述法律规定，上诉人认为被上诉人没有为其办理结婚登记在程序上和实体上均违法，故一审判决驳回其诉讼请求错误，理由不成立，不予支持。上诉人提出《刑法》中聚众淫乱罪的处罚对象包括同性，婚姻登记也应涵盖同性，《婚姻法》中的“男女平等”应当解释为男女可以平等地和男方结婚，也可以平等地和女方结婚等，其理解明显超出《婚姻法》相关规定中“男女”的文义范围，属于曲解法律，不予采信。上诉人认为根据《宪法》等关于平等和人权的要求，婚姻登记排除同性是歧视，对同性申请婚姻登记应予办理，该主张系否认法律的效力，理由不成立，不予支持。综上，上诉人的上诉理由均不能成立，其上诉请求没有法律依据，不予支持。

（二）法律问题

1. 本案的争议焦点是什么？

2. 对我国宪法所规定的“一夫一妻”应作何解释？宪法规定的“婚姻自由”是否包含了同性婚姻？民法中的婚姻权与宪法上的婚姻权是一种怎样的关系？

3. 本案当事人孙某某运用法律武器来维护与同性男友结婚的权益，这体现了何种法治思维？

（三）法理分析

本案进入公众视野并产生了较大的社会影响，关系到同性缔结婚姻的诉求能否获得法律上的支持。该案尽管最终以败诉为告终，但是诉讼本身将同性婚姻这个议题再次推向公众的视野。有人认为这是一种为了爱的勇敢举动，而有人认为这种有悖传统道德的行为拿不出台面。由于其产生的影响之大，被称为“中国同性恋婚姻维权第一案”，并在国内外引发了极大关注。据统计，自该事件被报道后的10天的时间里，仅新浪新闻一家媒体的网友评论量就达到了8万余条，其中支持性的评论占大多数，当然，其中也有不少批评意见。同时，该案也引起了国际社会的一些关注。英国《每日邮电》网站对本案作出报道，并称这是中国同性恋维权迈出的重要一步。尽管一直以来，同性恋群体一直在其他方面（比如就业歧视）通过各种方式维护自己的权利，但是通过诉讼来争取缔结婚姻的权利在中国还是头一回。所以，仅从这一点上讲本案是有重要意义的。

本案涉及的法律主要有：《宪法》第49条规定，“婚姻、家庭、母亲和儿童受国家的保护”，“禁止破坏婚姻自由”，从原则上保障了婚姻自由，与此同时，第3条还规定了平等权：“中华人民共和国公民在法律面前一律平等”。《婚姻法》第2条规定：“实行婚姻自由、一夫一妻、男女平等的婚姻制度。”本案争议的焦点问题，就在于如何理解这里的“夫”和“妻”，以及将婚姻定性为男女异性之结合，是否有违宪法上的平等权。

芙蓉区民政局拒绝办理婚姻登记，其理由是认为，“一夫一妻”说明了结婚对象需为“一男一女”。当事人则主张“一夫一妻”和“一男一女”是两个概念，“一夫一妻”是针对多夫或多妻而言的，而“一男一女”是针对性别。一审法院认为，根据《婚姻法》第2条、第5条以及《婚姻登记条例》相关条款的规定，一夫一妻即缔结婚姻关系的两人须为一男一女，现行法律不存在为同性恋登记婚姻的规定，行政机关只能依据法律行为，因此芙蓉区民政局作出的行政行为程序合法，适用法律正确。换言之，当事人的诉称理由不能成立。

该案上诉以后，二审法院几乎以同样的理由维持了原判决。与一审相比，二审判决进步的地方在于它附带性地回应了上诉人所提出的两个问题：第一，上诉人提出《刑法》中聚众淫乱罪的处罚对象包括同性，婚姻登记也应包括同性，《婚姻法》中的“男女平等”应当解释为男女可以平等地和男方结婚，也可以平等地和女方结婚等。对此，二审法院认为这种理解明显超出《婚姻法》中“男女”的文义范围，属于一种对法律的曲解。第二，上诉人认为根据《宪法》中关于平等和人权的要求，婚姻登记对同性的排除是一种歧视。二审法院认为该主张系对法律之效力的否认，理由不成立、不应予以支持。

本案作为同性恋群体公开通过司法途径维权的第一案，具有标志性的意义。而且从诉讼的过程来看，当事人提出的诉求都附加了相应的法律根据，不仅援引民事法律中的相关规定，更是诉诸了宪法关于平等权和婚姻自由的原则性规定，除此之外还试图运用类比思维（比如《刑法》中聚众淫乱罪中就包括同性之间的淫乱行为）来证立自己的权利，这体现了当事人具有高超的法律思维。除此之外，行政机关拒绝办理婚姻登记，在法律的框架之内提出了相应的理由，这符合法治原则。而行政诉讼中法院审判有两个重要功能：一是解决纠纷和化解矛盾，二是要对行政机关的行政行为进行合法性审查。公权力机关必须严格依法办事，其所作出的行为必须于法有据，否则就将与法治背道而驰。

案例2：耿某诉河南省荥阳市公安局京城路派出所公安行政不作为案

（一）基本案情

原告法定代理人夏某某（原告祖母姓夏）和赵某于2009年6月登记结婚，并于2010年4月9日生育一子，因原告祖父姓耿，故给原告取名耿某。后夏某某到被告河南省荥阳市公安局京城路派出所（以下简称“京城路派出所”）给原告申请出生户籍登记时，被告京城路派出所认为依照《婚姻法》（现已失效）第22条“子女可以随父姓，可以随母姓”的规定，原告的姓氏须与父母一方姓氏保持一致才能进行出生户籍登记，不能更改其他姓氏进行登记，未给原告进行登记。

夏某某认为被告侵犯了原告的姓名权，遂以原告名义起诉，请求法院判决被告履行法定职责，为原告办理出生户籍登记手续。

河南省荥阳市人民法院经审理认为，原告为无民事行为能力人，由其法定代理人代理行使其姓名权符合法律规定。被告作为户口登记机关，有职责对其户籍管辖区内人员进行户口管理。《婚姻法》第22条条款不属于强制性法律规范，原告以耿某为名字进行户籍登记并不违反法律规定。判决：被告京城路派出所依法为原告耿某办理户籍登记。

（二）法律问题

1. 本案中是如何体现法治思维的？

2. 法院在解释《婚姻法》的规定时运用了何种法律解释方法？

3. 行政诉讼坚持“以合法性审查为原则、以合理性审查为例外”，这一原则与行政法治原则之间有什么关系？

（三）重点提示

1. 法治并不是一个单一的概念，在理解法治的概念时，应学会从不同层次去把握，比如形式意义的法治与实质意义的法治。并学会区分法治与法制、人治、德治等基本概念，也应理解法治与德治、法治与法制之间的联系。

2. 不同的学者从多个角度论说法治，由此也产生了形形色色关于法治的定义。在众多的界定中，应当能够尝试揭示出法治的最低限度的内容，亦即它是与人治相对的一个概念，意在限制专断的公权力。

第三节　本章同步练习

一、选择题

（一）单选题

1. “法治应包含两重意义：已成立的法律获得普遍的服从，而大家所服从的法律又应该本身是制订得良好的法律”。这段话是由谁阐述的？（　　）。（法考）

A. 马克思　　B. 恩格斯　　C. 列宁　　D. 亚里士多德

2. 在某法学理论研讨会上，甲和乙就法治的概念和理论问题进行辩论。甲说：①在中国，法治理论最早是由梁启超先生提出来的；②法治强调法律在社会生活中的至高无上的权威；③法治意味着法律调整社会生活的正当性。乙则认为：①法家提出过“任法而治”“以法治国”的思想；②法治与法制没有区别；③“法治国家”概念最初是在德语中使用的。下列哪一选项所列论点是适当的？（　　）

A. 甲的论点②和乙的论点①　　B. 甲的论点①和乙的论点③

C. 甲的论点②和乙的论点②　　D. 甲的论点③和乙的论点②

3. 卡尔·马克思说：“在民主的国家里，法律就是国王；在专制的国家里，国王就是法律。”关于马克思这段话的理解，下列哪一选项是错误的？（　　）

A. 从性质上看，有民主的法律，也有专制的法律

B. 在实行民主的国家，君主或者国王不可以参与立法

C. 在实行专制的国家，国王的意志可以上升为法律

D. 实行民主的国家，也是实行法律至上原则的国家

4. 法治是与人治相对应的治国方略。关于法治，下列说法错误的是（　　）。

A. 法治以民主政治为基础　　B. 法治要求“良法”之治

C. 法治排斥和反对德治　　D. 法治要求加强对权力的制约和监督

5. 下列关于法治的表述，正确的是（　　）。

A. 制约权力与保障权利是法治的基本内涵

B. 全面推进依法治国，首先要规范公民权利的行使

C. 法律至上意味着推进法治要排除道德和宗教的作用

D. 法律的运行离不开人的作用，所以实现法治还要靠人治

（二）多选题

1. 下列关于法治与法制的表述哪些是不适当的？（　　）

A. 法治要求法律全面地、全方位地介入社会生活，这意味着法律取代了其他社会调整手段

B. 法治与法制的根本区别在于社会对法律的重视程度不同

C. 实现了法制，就不会出现牺牲个案实体正义的情况

D. 法治的核心是权利保障与权力制约

2. “近现代法治的实质和精义在于控权，即对权力在形式和实质上的合法性的强调，包括权力制约权力、权利制约权力和法律的制约。法律的制约是一种权限、程序和责任的制约。”关于这段话的理解，下列哪些选项是正确的？（　　）

A. 法律既可以强化权力，也可以弱化权力

B. 近现代法治只控制公权，而不限制私权

C. 在法治国家，权力若不加限制，将失去在形式和实质上的合法性

D. 从法理学角度看，权力制约权力、权利制约权力实际上也应当是在法律范围内的制约和法律程序上的制约

二、论述题

1. 论中国语境下德治与法治的关系。（考研）

2. 论述法治对于国家治理体系和治理能力现代化的作用。（考研）

参考答案及解析

一、选择题

（一）单选题

1. 答案：D

解析：在西方，亚里士多德是最早论述法治问题的先哲。

2. 答案：A

解析：甲①错：我国最早宣传并明确提出法治概念的是梁启超先生。甲②对：“法治”一词明确了法律在社会生活中的最高权威。法治是众人之治，是与民主相联系的。区别于人治，人治指统治者的个人意志高于国家法律。甲③对：“法治”一词蕴涵了法律调整社会生活的正当性。它与专制相对立，可以体现社会主义制度下人民当家作主的要求，维护了公民的自由，增强了公民的安全感。乙①对：春秋战国时期发生了大规模的儒法之争，法家提出过“任法而治”“以法治国”的思想。乙②错：法制一般指法律和制度的总称，而法治指依据法律的治理，其含义更为宽泛。乙③对：法治国家或法治国是一个德语中最先使用的概念。故选A。

3. 答案：B

解析：马克思这段话主要表明在民主的国家里与在专制的国家里法律的地位是不同的，实行民主的国家也是实行法律至上原则的国家；但是没有“在实行民主的国家，君主或者国王不可以参与立法”这样的意思，故B项的说法是对马克思这段话的错误理解。

4. 答案：C

解析：本题为选非题，要求选出错误的说法。民主是法治的基础，法治是民主的保障，A选项说法正确。法治要求良法之治，B选项正确。法治内在地要求对国家权力进行合理的分配和有效的制约，因此D选项正确。法律与道德是人类生存的两大支柱，人类社会和文明要求法律与道德并举并重，相互配合，相互协调。只有法律与道德互助共生，才能真正形成和保持和谐稳定的社会秩序。法治并不反对和排斥德治。因此C选项错误，应选。

5. 答案：A

解析：法治是一种治国方略，是依法办事的原则，是将国家权力的行使和社会成员的活动纳入完备的法律规则系统。法治关注法律制度的内容，讲究“良法”之治，强调对权力的制约与对人权的保障，故A选项正确。全面推进依法治国，首先要限制国家权力的行使，而不是规范公民权利的行使，故B选项错误。法律的运行离不开人的作用，但是法治与人治的区别不在于是否可离开人的作用而运行，法治与人治的主要区别是：法治依据的是反映众人意志的法律，人治依据的是统治者个人或少数人的意志；当法律与当权者个人的意志发生冲突时，法治国中的法律高于个人意志，而在人治国家则相反，故D选项错误。法律是社会的重要调整器，但是法律不是唯一的调整器，法律具有局限性，道德、宗教等也是调整社会关系的重要手段，法律至上是指法律具有至高无上的地位，但并不意味着实现法治要排除宗教和道德的作用，故C选项错误。

（二）多选题

1. 答案：ABC

解析：法制一般是指法律和制度的总称，其核心是依法办事，法治即依法治国的原则和方略，是与人治相对应的一整套治国理论、原则、制度和方法，其核心在于对国家权力的制约。法治明确了法律在社会生活中的最高权威，但是并不意味着法律取代了其他社会调整手段。法治与法制的区别在于强调法律在社会生活中的最高权威，社会对法律的重视程度不为二者的区别。牺牲个案实体正义是由法的作用的局限性导致的，会不会出现牺牲个案实体正义的情况与法制的实现与否之间没有必然的联系。

2. 答案：ACD

解析：法律可以表述和确认国家权力，通过对国家权力的合法性肯定来强化和维护国家权力，所以，法律是可以强化权力的；法的精义在于控权，通过各种法律程序来严格监督国家权力的行使，所以，法律也可以弱化权力，A项正确。法治国家必须具有相对平衡和相互制约的符合制度需要的权力运行的法律机制。不能对权力进行有效约束的国家，不是法治国家；不能运用法律约束权力的国家，也不是法治国家。因而，权力若不加限制，将失去形式和实质上的合法性，C 项正确。权力制约要依靠法律的规定，界定权力之间的关系，使权力服从法律。可见，权力制约权力、权利制约权利是从法律范围内和法律程序上的制约，而不能超越法律之外，D 项正确。私权利与“公权力”相对应，具有“私人”（个人）性质，故常被称为“私权”或“私权利”，它涵盖了一切不为法律明文禁止的个人行为。权利的行使是有边界的。也就是说，法治的目标不仅是控制公权力以防止其侵犯私权利，同时也要限制私权利的滥用，B 项错误。

二、论述题

1. 参考答案：（1）法治是治国理政的一种方式，在中国语境下主要体现为依法治国，德治在中国语境下体现为以德治国的方针。

依法治国，就是广大人民群众依照宪法和法律规定，通过各种形式和途径管理国家事务、管理社会事务、管理经济文化事务，保证国家各项工作都依法进行，逐步实现社会主义民主的制度化、法制化。

以德治国，就是建立与中华民族传统美德相继承的、与社会主义市场经济相适应的、与社会主义法律体系相和谐的社会主义思想道德体系，并使之成为全体人民普遍认同和自觉遵守的行为规范。

（2）确定性、可预测性和有保证性是法律区别于道德的重要性，符合现代经济、现代政治的要求。现代社会需要稳定的秩序，因此法律调整被提到了重要地位，但现代化建设过程中法律作用的加强并不意味着道德作用削弱，二者之间不存在“此消彼长”的关系。

1）法律规范必须有道德基础，失去道德基础，法律规范势必会蜕变为立法者的专横任意。

2）许多社会生活领域，由法律和道德共同调整，道德建设的加强有助于法律调整的顺利进行，并使之取得更好的社会效果；反之，道德建设的削弱，法律调整的任务会被极大地加重，甚至会形成“防不胜防”“罚不胜罚”的局面。

3）有些社会生活领域，加强道德调整有助于弥补法律调整的不足，同时也为以后制定法律准备了条件。

4）还有许多社会生活领域，不适合或不完全适合用法律调整，加强社会主义道德作用有助于形成良好的社会风气和社会环境。

（3）总之，社会主义法与道德是我国社会主义上层建筑的两个紧密相连的部分。社会主义法治的加强有助于社会主义道德建设，社会主义道德建设又能为社会主义法治建设创造良好的思想道德环境。因此，我们必须始终发挥二者相辅相成、相互促进的作用，从我国社会主义现代化建设总体布局的高度，使依法治国与以德国相互配合，协调发展。

2. 参考答案：（1）梳理法治、国家治理系统和治理能力现代化的概念和特征。

法治是一种治国的基本方略，是一种追求良好社会治理秩序的方式。当代中国，法治应该是一个系统完整的概念，它既应该是一种治国之道，也应该内含着对良好法律制度的追求，它既应该在观念上体现为宪法和法律至上、制约权力和保障权利以及民主、自由、平等、人权等价值观念，又应该在国家和社会的治理过程中将这些价值理念付诸实施，转化为一种良好的法律秩序。

国家治理体系是在党领导下管理国家的制度系统，包括经济、政治、文化、社会、生态文明和党的建设等各领域体制机制、法律法规安排，也就是一整套紧密相连、相互协调的国家制度。法律制度是国家治理体系的一部分，其他制度只有上升为法律制度才能具有较大的稳定性和有保障性。国家治理能力则是运用国家制度管理社会各方面事务的能力，即国家制度的执行能力。国家治理能力部分表现为依法办事的能力、法治能力。

（2）法治对促进国家治理体系和治理能力现代化的作用：

将法治具体为立法、执法、司法、守法、法律监督五个环节，分别论述其对国家治理体系和治理能力现代化的作用。

（3）正确认识法治和法的作用：

法治对于国家治理体系和治理能力现代化具有重要作用，但法的作用自身存在一定局限性，要注意关注政策、道德、宗教、社会自治规范等其他社会调整方式对社会生活的作用，建设有机统一的社会控制系统，逐步实现国家治理体系和治理能力现代化。

图书在版编目（CIP）数据

法理学核心知识点精解/雷磊主编. --北京：中国人民大学出版社，2022.10
法学核心课程系列辅助教材
ISBN 978-7-300-31037-4

Ⅰ.①法… Ⅱ.①雷… Ⅲ.①法理学-高等学校-教材 Ⅳ.①D90

中国版本图书馆 CIP 数据核字（2022）第 174972 号

法学核心课程系列辅助教材
法理学核心知识点精解
主编 雷 磊
Falixue Hexin Zhishidian Jingjie

出版发行	中国人民大学出版社		
社　　址	北京中关村大街 31 号	**邮政编码**	100080
电　　话	010－62511242（总编室）		010－62511770（质管部）
	010－82501766（邮购部）		010－62514148（门市部）
	010－62515195（发行公司）		010－62515275（盗版举报）
网　　址	http://www.crup.com.cn		
经　　销	新华书店		
印　　刷	北京七色印务有限公司		
开　　本	787 mm×1092 mm　1/16	**版　　次**	2022 年 10 月第 1 版
印　　张	27.5 插页 1	**印　　次**	2023 年 6 月第 2 次印刷
字　　数	643 000	**定　　价**	68.00 元

《　　　　　　》※任课教师调查问卷

为了能更好地为您提供优秀的教材及良好的服务，也为了进一步提高我社法学教材出版的质量，希望您能协助我们完成本次小问卷，完成后您可以在我社网站中选择与您教学相关的 1 本教材作为今后的备选教材，我们会及时为您邮寄送达！如果您不方便邮寄，也可以申请加入我社的**法学教师 QQ 群：436438859（申请时请注明法学教师）**，然后下载本问卷填写，并发往我们指定的邮箱（cruplaw@163.com）。

邮寄地址：北京市海淀区中关村大街 31 号中国人民大学出版社 806 室收

邮　　编：100080

再次感谢您在百忙中抽出时间为我们填写这份调查问卷，您的举手之劳，将使我们获益匪浅！

基本信息及联系方式：※

姓名：__________ 性别：__________ 课程：__________

任教学校：__________ 院系（所）：__________

邮寄地址：__________ 邮编：__________

电话（办公）：__________ 手机：__________ 电子邮件：__________

调查问卷：※

1. 您认为图书的哪类特性对您选用教材最有影响力？（　　）（可多选，按重要性排序）

   A. 各级规划教材、获奖教材　　B. 知名作者教材

   C. 完善的配套资源　　D. 自编教材

   E. 行政命令

2. 在教材配套资源中，您最需要哪些？（　　）（可多选，按重要性排序）

   A. 电子教案　　B. 教学案例

   C. 教学视频　　D. 配套习题、模拟试卷

3. 您对于本书的评价如何？（　　）

   A. 该书目前仍符合教学要求，表现不错将继续采用

   B. 该书的配套资源需要改进，才会继续使用

   C. 该书需要在内容或实例更新再版后才能满足我的教学，才会继续使用

   D. 该书与同类教材差距很大，不准备继续采用了

4. 从您的教学出发，谈谈对本书的改进建议：__________

选题征集：如果您有好的选题或出版需求，欢迎您联系我们：

联系人：黄　强　宁丹丽　联系电话：010-62515955/5536

索取样书：书名：__________

书号：__________

备注：※ 为必填项。